MANUAL DE DIREITO TRIBUTÁRIO

Grupo Editorial Nacional

O GEN | Grupo Editorial Nacional – maior plataforma editorial brasileira no segmento científico, técnico e profissional – publica conteúdos nas áreas de concursos, ciências jurídicas, humanas, exatas, da saúde e sociais aplicadas, além de prover serviços direcionados à educação continuada.

As editoras que integram o GEN, das mais respeitadas no mercado editorial, construíram catálogos inigualáveis, com obras decisivas para a formação acadêmica e o aperfeiçoamento de várias gerações de profissionais e estudantes, tendo se tornado sinônimo de qualidade e seriedade.

A missão do GEN e dos núcleos de conteúdo que o compõem é prover a melhor informação científica e distribuí-la de maneira flexível e conveniente, a preços justos, gerando benefícios e servindo a autores, docentes, livreiros, funcionários, colaboradores e acionistas.

Nosso comportamento ético incondicional e nossa responsabilidade social e ambiental são reforçados pela natureza educacional de nossa atividade e dão sustentabilidade ao crescimento contínuo e à rentabilidade do grupo.

HUGO DE BRITO
MACHADO SEGUNDO

MANUAL DE DIREITO TRIBUTÁRIO

14ª edição
revista, atualizada e ampliada

gen | atlas

- Fechamento desta edição: *29.01.2024*

- **Atendimento ao cliente: (11) 5080-0751 | faleconosco@grupogen.com.br**

Editora Atlas Ltda.
Uma editora integrante do GEN | Grupo Editorial Nacional
Travessa do Ouvidor, 11 – Térreo e 6º andar
Rio de Janeiro – RJ – 20040-040
www.grupogen.com.br

- Capa: Aurélio Corrêa

CIP-BRASIL. CATALOGAÇÃO NA PUBLICAÇÃO
SINDICATO NACIONAL DOS EDITORES DE LIVROS, RJ

M134m
14. ed.

Machado Segundo, Hugo de Brito
Manual de direito tributário / Hugo de Brito Machado Segundo. - 14. ed., rev. e atual. - Barueri [SP] : Atlas, 2024.
480 p. ; 24 cm.

Inclui bibliografia
Inclui índice alfabético-remissivo
ISBN 978-65-5977-616-0

1. Direito tributário - Brasil. I. Título.

24-87921 CDU: 34:351.713(81)

Meri Gleice Rodrigues de Souza - Bibliotecária - CRB-7/6439

A Hugo de Brito Machado e Maria José de Farias Machado,
premissas e paradigmas do meu caminhar.
E a Lara, Hugo e Paulo, que, apesar da pouca idade, ou talvez por causa
dela, fazem perguntas que levam aos fundamentos
da tributação e não se satisfazem com qualquer resposta.

NOTA DO AUTOR

Dentro do "senso comum jurídico", o Direito Tributário é geralmente visto como excessivamente técnico e abstrato e, por isso mesmo, complexo e enfadonho. Interessaria, ainda, apenas aos dotados de maior capacidade econômica, o que conferiria caráter elitizado aos profissionais que dele se ocupam, pelo menos no que tange aos do setor privado.

É curioso, nesse particular, notar que o senso comum não se caracteriza, necessariamente, pelo equívoco de suas concepções. Algumas podem estar corretas. Seu traço marcante, a rigor, é a falta de sistematicidade e, principalmente, de revisão crítica. Diz-se, simplesmente, que certas coisas são de determinada maneira "porque sim" ou porque "todo mundo sabe", e isso quando se chega a questionar sua razão de ser, algo que raramente acontece.

O mesmo parece ocorrer com as mencionadas concepções hauridas do senso comum em torno do Direito Tributário, pelo que, neste livro, busca-se fornecer ao leitor uma visão sistematizada e fundamentada de seus institutos, conceitos e formas, de modo a, talvez, levar a uma revisão de tais ideias, notadamente nos discentes dos cursos de graduação, que ainda não tiveram contato mais detido com a matéria e principalmente com a realidade das relações econômicas e jurídicas sujeitas à tributação.

A tributação é comum a praticamente todo agrupamento humano dotado de alguma organização política, estando, assim, intimamente ligada à história das civilizações, em todos os tempos e lugares. Está na raiz de inúmeras guerras e, em especial, dos conflitos que legaram à humanidade Direitos Fundamentais e Constituições rígidas nas quais estes se acham atualmente consagrados. Pela mesma razão, nela reside, na contemporaneidade, o centro dos debates relativos aos papéis do Estado e ao seu tamanho. Não se trata, portanto, de assunto abstrato ou de interesse limitado apenas a um grupo de pessoas, algo que se procura demonstrar neste livro.

Tem-se aqui, portanto, um Manual destinado a estudantes de graduação, no qual se objetiva examinar o conteúdo das disciplinas de Direito Tributário I e II, de forma panorâmica, mas que procura não se limitar à descrição das normas que disciplinam como a tributação deve ocorrer, ou das decisões judiciais que indicam como essas normas devem ser interpretadas. Aliás, em livro anterior que elaborei em torno desse mesmo assunto para a editora Atlas, destinado a dar ao leitor uma visão mais sintética e objetiva dos temas estudados – dentro do que isso é possível –, fiz grande esforço para limitar minhas observações ao que seria a visão dominante da literatura especializada a respeito dos textos legais, e às decisões dos tribunais. Neste *Manual*, no qual toda a matéria foi revista a partir de outra abordagem, sensivelmente ampliada, obviamente não se abandonou a visão predominante nos tribunais a respeito dos temas versados. Afinal, é imprescindível, para quem pretende trabalhar com a ordem jurídica, conhecer a forma como ela atua. Mas tais considerações, neste novo livro, encontram-se por vezes acompanhadas de observações a respeito dos motivos – históricos, econômicos ou filosóficos – pelos quais a matéria é entendida ou disciplinada de uma maneira, e não de outra. E, como consequência, a partir de tais premissas e de maneira sensível a elas, eventualmente se procede à crítica da forma como no Direito brasileiro se disciplinam e julgam algumas questões, como ocorre com a restituição do indébito de tributos indiretos, apenas para citar um exemplo.

O mercado editorial brasileiro possui, é certo, inúmeras obras respeitáveis em torno do Direito Tributário. Este livro não tem a pretensão de ser melhor do que nenhuma delas, nem poderia. Almeja-se, apenas, uma abordagem diferente, talvez mais ilustrada, voltada principalmente aos alunos dos cursos de graduação em Direito que têm dessa disciplina específica a pré-compreensão indicada no início desta nota.

Nessa ordem de ideias, inseriram-se, desde a décima edição, QR Codes que, com o uso de dispositivos móveis equipados do aplicativo adequado, permitem ao leitor acessar vídeos nos quais o conteúdo de cada capítulo é rapidamente explicado. Pretende-se, com isso, aumentar a interação entre o autor e os seus leitores, bem como a integração das diversas plataformas e mídias hoje disponíveis à divulgação de ideias. Acrescentaram-se também remissões à Emenda Constitucional 132/2023, que procedeu à mais recente reforma tributária no sistema constitucional brasileiro, com impactos especialmente na parte especial do Direito Tributário, relacionada ao ICMS, ao IPI, ao ICMS e ao PIS e à COFINS, os quais serão sucedidos por um "IVA-Dual" composto por um imposto sobre bens e serviços (IBS) e uma contribuição sobre bens e serviços (CBS). Comentam-se também os reflexos em outros tributos, como o IPVA, o IOF e o ITCMD, e, ainda, as inovações na parte dedicada aos princípios, em especial a necessidade de o sistema tributário pautar-se pela simplicidade, pela transparência, pela cooperação e pela justiça fiscal.

Como ocorre com todo livro, este possui, por certo, imperfeições. Algumas inerentes ao processo de elaboração; outras, ao próprio autor que o elaborou. Fiz o possível para corrigi-las todas, mas, relativamente às que escaparam a mim e à diligente equipe da editora Atlas, peço aos leitores paciência e, se quiserem, a gentileza de me indicá-las por *e-mail* ou pelas redes sociais, que terei muito gosto em corrigi-las, estando ainda à disposição, nesses mesmos meios, para a troca de ideias sobre os temas abordados neste livro.

Fortaleza, 22 de janeiro de 2024.

Hugo de Brito Machado Segundo
hugo.segundo@ufc.br
http://www.facebook.com/hugomachadosegundo/

Acesse e assista à aula explicativa sobre este assunto.

> https://uqr.to/1ph6c

SUMÁRIO

Capítulo 1

NOÇÕES INTRODUTÓRIAS

Acesse e assista à aula explicativa sobre este assunto.

> *https://uqr.to/1phe0*

1.1. SOCIEDADES HUMANAS, PODER POLÍTICO E TRIBUTO

O processo de seleção natural dotou os seres humanos de *características que os habilitam a viver em grupos*, cooperando uns com os outros, pois assim se incrementam suas chances de sobrevivência. É o caso da linguagem, da memória e dos sentimentos morais, aliás presentes, ainda que de forma menos desenvolvida, em outros animais que também vivem em grupos, como primatas, golfinhos e lobos[1]. Em adição a isso, um aparato neurológico mais sofisticado que o desses outros animais permite ao ser humano ter consciência de que sabe[2] – daí ser ele conhecido como *Homo sapiens sapiens* –, e, mais importante, faculta a ele saber que os outros seres humanos também sabem e têm consciência disso.

Em suma, o ser humano tem a aptidão de ver outras pessoas também como seres pensantes e imaginar ou supor o que podem estar pensando, além de saber que tais outras pessoas o veem da mesma forma. Isso permite que se fale a respeito de ideias e se construa um "conhecimento objetivo", incrementando as oportunidades de cooperação[3] e viabilizando uma seleção *cultural*[4], igualmente guiada por processos de tentativa e erro, só que aplicável às

---

1 Há, também, cooperação entre animais não dotados de sistemas neurológicos tão avançados, como formigas e abelhas, ou mesmo em bactérias. Aliás, foi a cooperação, e a maior chance de sobrevivência que ela propicia aos que a adotam, que permitiram o surgimento de seres pluricelulares. O aparecimento de um *cérebro*, porém, torna muito mais sofisticado o processo de cooperação, pois permite aos indivíduos, com o uso da memória, da cognição e dos sentimentos morais, agir de forma mais eficiente nas interações com outros indivíduos do grupo. Confira-se, por exemplo: AXELROD, Robert. **A evolução da cooperação**. Tradução de Jusella Santos. São Paulo: Leopardo, 2010, *passim*; WAAL, Frans de. **Good natured**: the origins of right and wrong in humans and other animals. Cambridge: Harvard University Press, 1996, *passim*.

2 Ao ver-se como alguém que conhece a realidade, ou seja, como sujeito cognoscente, o ser humano adquire consciência da própria existência, sendo essa a base da formação do "eu".

3 Embora também exista egoísmo e agressividade entre humanos, evidentemente, não se pode negar que se trata da espécie mais cooperativa existente no planeta, no sentido de que desenvolve uma rede de trocas na qual uns podem se beneficiar do trabalho especializado de outros. Para ilustrar isso, o leitor pode pensar na quantidade de pessoas que contribuíram para que este livro fosse escrito, impresso e transportado até a livraria onde foi adquirido, ou disponibilizado no site onde foi obtido por meio de *download*, somente para citar um pequeno exemplo.

4 TOMASELLO, Michael. **The cultural origins of human cognition**. Harvard University Press, 1999, *passim*. No mesmo sentido: RICHERSON, Peter; BOYD, Robert. **Not by genes alone.** How culture transformed human evolution. Chicago: The University of Chicago Press, 2005.

ideias[5]. Permite, ainda, até como fruto e instrumento dessa cooperação[6], o aparecimento de *realidades institucionais*, como tal entendidas aquelas que surgem como produto de pactos entre seres racionais ("Combinemos que, entre nós, X vale como Y em circunstâncias Z")[7]. Existem porque se convenciona a sua existência, sendo a habilidade de construí-las o traço marcante dos seres humanos. É o caso dos símbolos, das palavras, do dinheiro, das regras de um jogo e, por igual, do Direito.

Nos grupos humanos, a já referida capacidade de construir realidades institucionais enseja a criação de normas, as quais se destinam a viabilizar a subsistência do grupo enquanto tal, formalizando e implementando, de algum modo, os *sentimentos morais* dos quais os humanos são naturalmente dotados e que também foram naturalmente selecionados por viabilizarem a vida em comunidade. É o que se conhece por Direito, sistema de normas que se diferencia de outros, como a Moral, por ser composto de normas com estrutura binária, ou dupla (endonorma e perinorma), de sorte a que exista a possibilidade de aplicação de uma sanção organizada em caso de descumprimento, e, ainda, por ser composto de normas que disciplinam como outras normas devem ser elaboradas, aplicadas ou excluídas do ordenamento, regulando assim sua própria constituição[8].

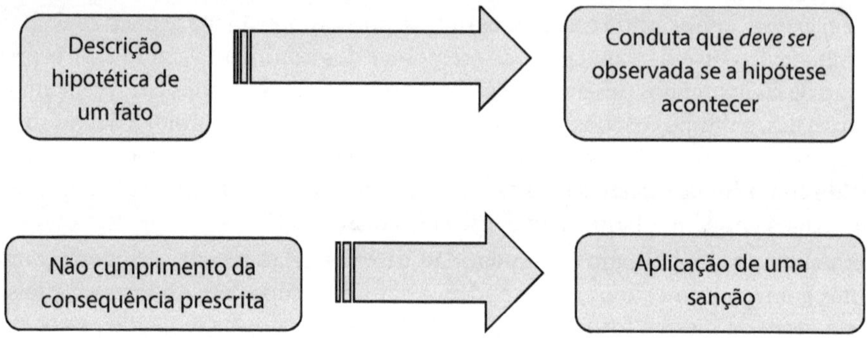

Na figura acima, tem-se representada, de forma bastante simplificada, uma norma jurídica com estrutura de regra. Veja-se que endonorma e perinorma têm características formais iguais, mudando apenas o seu conteúdo. No caso da perinorma, sua "hipótese de incidência" é o descumprimento da consequência prescrita na endonorma, e a consequência que se atrela a essa hipótese é a aplicação de uma sanção. Essa estrutura normativa dupla é uma das características das normas jurídicas, diferenciando-as das que compõem outras espécies de sistemas normativos.

---

5 POPPER, Karl. **A Lógica das Ciências Sociais.** 3. ed. Tradução de Estevão de Rezende Martins. Rio de Janeiro: Tempo Brasileiro, 2004, p. 39; AXELROD, Robert. **A evolução da cooperação**. Tradução de Jusella Santos. São Paulo: Leopardo, 2010, p. 47; RESCHER, Nicholas. **Epistemology** – An Introduction To The Theory Of Knowledge. Albany: State University of New York Press, 2003, p. 69; DAMÁSIO, António R. **E o cérebro criou o homem**. Tradução de Laura Teixeira Motta. São Paulo: Companhia das Letras, p. 48.

6 RIDLEY, Matt. **The rational optimist**: how prosperity evolves. New York: Harper Collins, 2010, p. 56.

7 Sobre as realidades institucionais, confira-se: SEARLE, John. **Libertad y neurobiologia**. Tradução de Miguel Candel. Barcelona: Paidós, 2005, p. 103.

8 HART, Herbert L. A. **O conceito de direito**. Tradução de A. Ribeiro Mendes. 3. ed. Lisboa: Calouste Gulbenkian, 2001, p. 101 e ss.

Há, também, em tais grupos, o exercício do *poder político*, levado a efeito por quem tem a aptidão de decidir e fazer valer suas decisões[9] em torno dos assuntos de interesse da coletividade, notadamente a elaboração e a aplicação das referidas normas[10]. Nas sociedades democráticas da contemporaneidade, o centro por excelência de exercício do poder político é o Estado[11]. É possível observar a manifestação desse poder, porém, em toda sociedade humana ao longo da História, nos mais diversos pontos do planeta, seja no Egito antigo, ou entre os povos que viviam na América antes da chegada dos europeus, ou, na atualidade, em uma favela dominada pelo tráfico de drogas, na qual as instituições estatais não conseguem atuar (mas na qual existem outras instituições "não oficiais" em funcionamento).

Onde quer que se verifique o exercício do poder político, por sua vez, haverá a cobrança de tributos, sendo o poder de tributar, juntamente com o poder de punir, uma das principais manifestações ou facetas do poder político. Retornando-se aos exemplos mencionados no parágrafo anterior, observa-se tanto no Egito antigo, como entre os povos americanos anteriores à chegada do europeu ao continente e, mesmo na atualidade, em uma favela dominada pelo tráfico de drogas, a manifestação de tais facetas do poder. Por isso mesmo, Aliomar Baleeiro afirma que o tributo é "a vetusta e fiel sombra do poder político há mais de 20 séculos. Onde se ergue um governante, ela se projeta sobre o solo de sua dominação. Inúmeros testemunhos, desde a Antiguidade até hoje, excluem qualquer dúvida".[12] O fato de o tributo ser inerente ao poder político, e de este, por sua vez, ser natural aos grupos nos quais o ser humano se organiza por razões até mesmo biológicas, reflete-se na conhecida expressão segundo a qual "nada no mundo é tão certo quanto a morte e os impostos".[13] A presença constante da tributação nas mais diversas sociedades humanas ao longo da história pode ser percebida na arte, na bíblia, e em documentos históricos (a pedra da roseta, por exemplo, contém texto relativo a imunidades tributárias).

---

9 MACHADO, Hugo de Brito.; MACHADO, Schubert de Farias. **Dicionário de Direito Tributário**. São Paulo: Atlas, 2011, p. 176.

10 Algumas sociedades animais têm até mesmo estruturas políticas, com líderes dotados de funções que se assemelham à jurisdicional, as quais podem ser vistas como embriões das instituições humanas. Confira-se, a propósito, WAAL, Frans de. **Good natured**: the origins of right and wrong in humans and other animals. Cambridge: Harvard University Press, 1996, *passim*. O mesmo pode ser dito da linguagem, que no caso dos seres humanos é mais sofisticada, mas que existe, em maior ou menor grau, entre outros seres. Para confirmá-lo, basta ver o quão exímios são os cães no âmbito da chamada linguagem corporal.

11 Expressão que somente começou a ser utilizada no início da Idade Moderna, por Maquiavel, fazendo-se alusão, anteriormente, a figuras como Polis, Reino, Cidade, Império etc. Cf. TABOSA, Agerson. **Teoria Geral do Estado**. Fortaleza: Imprensa Universitária, 2002, p. 23.

12 BALEEIRO, Aliomar. **Limitações constitucionais ao poder de tributar**. 7. ed. Rio de Janeiro: Forense, 1997. p. 1. Charles Adams, em termos semelhantes, afirma: "*there is no known civilization that did not tax*." ADAMS, Charles. For good and evil: the impact of taxes on the course of civilization. 2. ed. New York: Madison Books, 2001, p. 1. Precisamente por isso, diz-se que o surgimento do tributo precede, e muito, o nascimento do Direito Tributário: Cf. COLLET, Martin. **Droit Fiscal**. 6. ed. Paris: PUF, 2007, p. 2.

13 O primeiro registro do uso da expressão (que não significa, necessariamente, a sua autoria) parece ser de **Christopher Bullock, *The Cobler of Preston*** (1716). Ela também é empregada por **Edward Ward**, em ***The Dancing Devils*** (1724), seguido por Daniel Dafoe (***The Political History of the Devil***, 1726), e por Benjamin Franklin, a quem mais comumente é atribuída (***The Works of Benjamin Franklin***, 1817, no qual se reproduz carta a Jean-Baptiste Leroy, de 1789). A expressão constante da carta era "*In this world nothing can be said to be certain, except death and taxes.*" Cf. SHAPIRO, Fred R. (ed.). **The Yale Book of Quotations**. New Haven: Yale University Press, 2006, p. 610.

Carl Gustaf Hellqvist (1851-1890) representa a tributação feita pelo Rei Valdemar IV na cidade medieval de Visby, no verão de 1361. Se os barris de madeira que aparecem na pintura não fossem enchidos com ouro, prata e outras riquezas, a cidade seria por ele e seu exército inteiramente incendiada. Imagem: Wikimedia Commons.

1.2. O ESTADO E OS RECURSOS NECESSÁRIOS À SUA MANUTENÇÃO

Sejam quais forem as finalidades a serem perseguidas pelo Estado, são necessários recursos financeiros para atingi-las. Celebrar cerimônias religiosas, realizar guerras, defender os membros da comunidade de invasores externos, garantir a eficácia das normas jurídicas, prestar serviços públicos, atender os interesses da coletividade, reduzir as desigualdades sociais, garantir e manter privilégios aos que exercem o poder, tudo isso consome recursos, que precisam ser obtidos de alguma forma.

Essa é a razão pela qual o poder de cobrar tributos, faceta da própria soberania que caracteriza o Estado, fundamenta-se, do ponto de vista histórico e sociológico, nos mesmos elementos que dão suporte ao poder político do qual ele é um desdobramento, que, no mundo contemporâneo, é exercido precipuamente pelo (ou no âmbito do) Estado[14]. Se o governante busca legitimar seu poder em elementos religiosos, serão eles invariavelmente utilizados, também, na justificação dos tributos cobrados, algo que, aliás, não era incomum na Antiguidade. Se seu poder é decorrente da força física e da superioridade militar, e do medo que tais atributos geram nos que a ele se submetem, como parecia ser o caso de Valdemar IV em relação à população da cidade retratada na imagem acima reproduzida, e de tantos outros reis e imperadores ao longo da história, serão a força e o medo, por igual, a razão pela qual tributos a tal soberano são pagos, tornando difícil diferenciar a cobrança de impostos, de um lado, de um assalto, de outro. Em suma, é a mesma razão pela qual as pessoas reconhecem o Estado enquanto tal, seja ela qual for, que faz com que paguem tributos. Desse modo, embora essa razão mude no tempo e no espaço, é sempre ela que subjaz à legitimidade de ambos, sendo talvez esse o motivo pelo qual muitas revoluções

---

14 Precisamente por isso, Thomas Fleiner-Gerster inicia seu compêndio de Teoria do Estado com o questionamento a respeito do qual por que as pessoas pagam impostos, partindo dele para perquirir a respeito da própria existência e da razão de ser do Estado. Cf. FLEINER-GERSTER, Thomas. **Teoria Geral do Estado.** Tradução de Marlene Holzhausen. São Paulo: Martins Fontes, 2006, p. 20.

que levam à derrubadas de regimes ou de governos tiveram como estopim o inconformismo com aspectos tributários[15].

"O coletor de tributos", de Quinten Massys (1520). Imagem: Wikimedia Commons.

No mundo contemporâneo, para que se afaste a visão do tributo como mero fruto da imposição do vencedor sobre o vencido, em circunstâncias muito próximas às de um assalto, é preciso que sua instituição e cobrança sejam legitimadas, tanto quando o próprio Estado enquanto tal, em fatores que levam a sociedade a considera-los como "o preço da cidadania" e de um "contrato social" que firmariam, em condições ideais, sendo importante pesquisar como obter isso, ainda que se trate de um ideal difícil de ser alcançado, para que pelo menos se tente a maior aproximação possível. Quanto mais as pessoas consigam visualizar o Estado como importante e eficaz[16] instrumento para a consecução de finalidades e objetivos partilhados por todos, mais a tributação será eficaz, com a obediência das regras que a disciplinam sendo fundada no reconhecimento e na aceitação[17], e não no medo.

É preciso, portanto, que se reconheça no Estado a função de garantir e promover os direitos fundamentais, sendo o tributo necessário à obtenção dos recursos necessários a que isso aconteça. Afinal, um Estado sem recursos não consegue garantir direito algum[18]. É necessário, ainda, que tanto a forma como tais direitos serão garantidos pelo Estado, os papéis

---

15 Schmölders reporta-se, a propósito, à íntima relação entre os fins do Estado e os fins do imposto, estando os últimos invariavelmente atrelados aos primeiros. Cf. SCHMÖLDERS, Günter. **Teoria general del impuesto**. Tradução de Luis A. Martín Merino. Madrid: Editorial Derecho Financiero. 1962, p. 57.

16 Os contribuintes se sentem tanto mais obrigados ao pagamento de tributos quanto maior é a eficiência do Estado na aplicação dos recursos assim arrecadados, e vice-versa. Quando se observa que os recursos públicos são mal-empregados, o sentimento de que existe um *dever moral* de adimplir as obrigações tributárias enfraquece. Cf. BARONE, Guglielmo; MOCETTI, Sauro. *Tax morale and public spending inefficiency*. **Int Tax Public Finance** (2011) 18:724–749, Springer, DOI 10.1007/s10797-011-9174-z.

17 Cf. TORRES, Ricardo Lobo. Liberdade, consentimento e princípios de legitimação do Direito Tributário. **Revista Internacional de Direito Tributário**. Belo Horizonte: Del Rey. v. 5. p. 223-244, jan./jun. 2006; VASCONCELOS, Arnaldo. **Direito, humanismo e democracia**. São Paulo: Malheiros, 1998, p. 26.

18 HOLMES, Stephen; SUNSTEIN, Cass R. **The cost of rights** – why liberty depends on taxes. New York: W.W Norton & Company, 1999, p. 36 e ss.

a serem desempenhados por ele[19], e a maneira e a intensidade com que os tributos a tanto necessários serão cobrados sejam democraticamente determinadas, pela população envolvida na questão. Com isso, será possível, então, obter-se adesão às normas jurídicas tributárias correspondentes, que serão vistas como realidades institucionais e não como ornamentos para uma espoliação arbitrária que ocorreria de qualquer maneira.

A esse respeito, João Ricardo Catarino observa que o tributo, embora tradicionalmente ligado apenas à obtenção de receitas públicas, em geral empregadas apenas na persecução dos fins típicos ao Rei e sua Casa Real, é atualmente associado, também, à ideia de repartição justa dos rendimentos e da riqueza, com a utilização dos sistemas fiscais "para uma alargada diversidade de fins"[20]. Dentre esses fins está, inclusive, a redução das desigualdades sociais e econômicas.

Nos Estados Democráticos de Direito contemporâneos, o tributo é visto como o preço da cidadania, mantendo estrutura necessária a prover as necessidades da população e a garantir iguais oportunidades aos cidadãos. Cidades da Europa possuem eficiente infraestrutura de transportes, segurança pública, hospitais e escolas mantidas com os recursos obtidos com os tributos, os quais são instituídos por representantes eleitos pela população, em obediência a limites previamente estabelecidos. Realidade bem diversa daquela vivida à época de Valdemar IV. Imagem: internet (sem créditos).

Vale lembrar que os recursos necessários à manutenção da máquina pública podem ser obtidos das mais variadas formas. Embora o tributo sempre tenha estado presente nas várias manifestações do poder político ao longo da História, os governantes muitas vezes contavam com outras fontes importantes de financiamento, a exemplo da exploração do próprio patrimônio estatal (minas, riquezas de colônias etc.), ou do exercício de atividades produtivas pelo poder público. Predominou, com efeito, durante muito tempo, a ideia de um *Estado Patrimonial*, assim entendido aquele "no qual o Estado, valendo-se de seus próprios meios, obtém o de que necessita para sua subsistência. Ou seja: o Estado, enquanto agente

---

19 DWORKIN, Ronald. **Is democracy possible here?** (principles for a new political debate). Princeton University Press: Princeton, 2006, p. 105.

20 CATARINO, João Ricardo. A teoria dos sistemas fiscais – a importância da justiça. In. CATARINO, João Ricardo; GUIMARÃES, Vasco Branco (Coord.). **Lições de Fiscalidade**. 2. ed. Coimbra: Almedina, 2013, v. 1, p. 19.

econômico, gera a riqueza que consome."[21] A figura do tributo, em tais Estados, existia por igual, como anteriormente explicado, mas era ele exigido precipuamente de povos vencidos em guerras, visto que havia outras fontes importantes de financiamento.

Hodiernamente, porém, a atividade econômica tornou-se muito mais intensa e complexa do que no passado, desenvolvendo-se, por igual, notadamente em razão de experiências históricas ligadas ao fracasso das economias estatizadas[22], a consciência de que ela, a atividade econômica, deve ser, em regra, livremente explorada pelos particulares. Também não se vive mais um período de guerras de conquista em que a pilhagem de povos vencidos seja vista como fonte legítima e rotineira de receitas públicas[23]. Reforça-se, assim, a ideia de que o tributo – e em especial o imposto[24] – deve ser a principal fonte de custeio do Estado, que obtém a maior parte de sua receita de forma *derivada* da riqueza gerada pela atividade econômica exercida pelos particulares, no âmbito do assim chamado *Estado Fiscal*[25].

É por isso, aliás, que se diz que os tributos, juntamente com as multas, são *receita pública derivada*, pois consistem em riquezas geradas por terceiros, os particulares, e que depois são compulsoriamente transferidas ao patrimônio público sob a forma de impostos, taxas, contribuições, penalidades etc. Diferenciam-se das receitas públicas originárias, como é o caso dos alugueis recebidos pelo Estado, dos *royalties* cobrados pela exploração de seu patrimônio, ou dos dividendos recebidos de empresas estatais, riquezas que não se derivam de maneira compulsória de outros agentes, sendo, como o nome está a dizer, geradas originariamente pela exploração do patrimônio estatal, ou por atividades levadas a efeito pelo próprio Estado, ou nas quais este participa com terceiros que com ele negociam de maneira voluntária.

1.2.1. Tributo e redução de desigualdades

No que diz respeito ao uso do tributo não apenas como instrumento de custeio da máquina pública, mas também como fator de redução das desigualdades sociais ou econômicas, é importante lembrar, de início, que essas desigualdades não são sempre e necessariamente ruins, o que torna o atendimento dessa finalidade um ponto cercado de grande polêmica. Em alguma intensidade, a desigualdade é saudável, e até justa. Suprimi-la inteiramente implicaria a criação de um Estado totalitário opressor das liberdades individuais e da dignidade humana que lhes dá fundamento, gerando mais prejuízos do que benefícios, como a História de países como a extinta União das Repúblicas Socialistas Soviéticas e a Coréia do Norte demonstra[26]. Além disso, em certa medida, a existência de alguma desigualdade serve de *estímulo* ao trabalho, ao esforço, ao empreendedorismo, à ousadia e à criatividade. É por isso que o texto constitucional brasileiro preconiza a *redução* das desigualdades, que no Brasil são muito acentuadas, e não a sua total e completa supressão, a qual terminaria por se mostrar incompatível com o

---

21 SCHOUERI, Luís Eduardo. **Direito Tributário.** 2. ed. São Paulo: Saraiva, 2012, p. 22.

22 MACHADO, Hugo de Brito. **Curso de Direito Tributário**. 37. ed. São Paulo: Malheiros, 2016, p. 24.

23 HARARI, Yuval Noah. **Homo Deus**: uma breve história do amanhã. Tradução de Paulo Geiger. São Paulo: Companhia das Letras, 2016, p. 25; PINKER, Steven. **Os anjos bons da nossa natureza.** Tradução de Bernando Joffily e Laura Teixeira Mota. São Paulo: Companhia das Letras, 2013, *passim*.

24 JÈZE, Gaston. **Cours Élémentaire de Science des Finances et de Législation Financière Française.** 5. ed. Paris: M. Giard & E. Briere, 1912, p. 730-731.

25 TIPKE, Klaus. **Moral tributaria del estado e de los contribuyentes.** Tradução de Pedro M. Herrera Molina, Madrid: Marcial Pons, 2002, p. 27.

26 E mesmo nesses lugares, note-se, não se obteve a almejada igualdade, criando-se, em verdade, a casta dos governantes e membros do partido e seus aduladores, no topo, e todo o restante da população, na base, com pouca ou nenhuma mobilidade, e supressão radical das liberdades.

que determinam outros dispositivos da Constituição, como os que garantem a liberdade de iniciativa e de concorrência, a propriedade e a herança, por exemplo.

No plano da Filosofia contemporânea, sabe-se que pelo menos desde John Rawls a questão das desigualdades voltou a ser mais amplamente discutida, sendo deste autor a ideia do experimento mental da *posição original*, na qual, cobertos por um *véu da ignorância*[27], os criadores das instituições de uma sociedade optariam por construí-la a partir de dois princípios fundamentais, a saber, o *princípio da liberdade*, e o *princípio da diferença*. Em suas palavras, em uma hipotética posição original – destinada a criar condições para que a deliberação tomada fosse imparcial e justa, pois o sujeito não saberia qual posição ocuparia na sociedade a ser criada[28] – as pessoas decidiriam pela criação de instituições sociais calcadas nos seguintes princípios:

> Primeiro: cada pessoa deve ter um direito igual ao sistema mais extenso de iguais liberdades fundamentais que seja compatível com um sistema similar de liberdades para as outras pessoas.
>
> Segundo: as desigualdades sociais e econômicas devem estar dispostas de tal modo que tanto (a) se possa razoavelmente esperar que se estabeleçam em benefício de todos como (b) estejam vinculadas a cargos e posições acessíveis a todos.[29]

Rawls usa essa situação imaginária – como dito, é um experimento mental – para sugerir os termos de um contrato social que seria celebrado, em condições ideais, e assim construir um paradigma de sociedade ideal, a partir do qual as sociedades que existem concretamente poderiam ser avaliadas e eventualmente aprimoradas. Nessa ordem de ideias, conclusões importantes podem ser extraídas dos referidos princípios. A primeira delas é a de que o ideal de igualdade não deve, nem precisa, suprimir as liberdades. E a segunda, não menos importante, é a de que desigualdades são saudáveis, e mesmo desejáveis, desde que conduzam a situação na qual se melhore a situação de todos, e na qual as diferentes posições estejam ao alcance de todos.

Desigualdades que *melhoram* a situação de todos são exatamente aquelas que decorrem de uma mais destacada posição ocupada por algumas pessoas em virtude do trabalho, do esforço, do talento ou da ousadia, pois o estímulo de tais qualidades fará com que os membros da sociedade produzam resultados que terminam, de uma forma ou de outra, por reverter em proveito de todos. Mas note-se que as diferentes posições precisam, para serem justificáveis, estar ao alcance de todos, o que significa dizer que as desigualdades devem corresponder às consequências das escolhas feitas pelos sujeitos. Se alguém trabalhou mais intensamente, ou por um maior número de horas, ou se correu maiores riscos, voluntariamente, enquanto outros

---

27 RAWLS, John. **Uma teoria da justiça**. Tradução de Jussara Simões. São Paulo: Martins Fontes, 2008, p. 14.

28 Imagine-se, por hipótese, que os sujeitos chamados a deliberar a respeito das instituições que governarão uma sociedade serão colocados em uma máquina que os desintegrará e fará com que *nasçam de novo*, no seio da nova sociedade que estão modelando, mas não se sabe se nascerão em uma família rica ou em uma família pobre, se serão ateus, cristãos fervorosos, mulçumanos ou budistas, se terão alguma deficiência, se serão homossexuais ou heterossexuais etc. Isso é o que se entende por "posição original", a qual, na ótica de Rawls, levaria seus partícipes a decidir pela adoção dos princípios que aponta.

29 RAWLS, John. **Uma teoria da justiça**. Tradução de Jussara Simões. São Paulo: Martins Fontes, 2008, p. 73.

decidiram percorrer caminho menos árduo ou menos arriscado, é legítimo que os resultados ou as consequências sejam desiguais também.

O pensamento de Rawls, neste ponto, confirma a existência de desigualdades saudáveis e que não devem ser combatidas, e, por outro lado, de desigualdades que não revertem em proveito de todos e não decorrem das escolhas feitas pelos sujeitos envolvidos, seja pelos que têm mais, seja pelos que têm menos, e que por isso não são moralmente justificáveis. Estas últimas são desigualdades que prejudicam o desenvolvimento da sociedade, e que não representam a consequência de maior ou menor esforço, trabalho, ousadia, criatividade ou mérito; são essas, não justificáveis moralmente, e nocivas economicamente, que precisam ser reduzidas.

Em momento mais recente, Amartya Sen[30] dedicou-se a essas mesmas questões, fazendo retificações importantes no pensamento de Rawls, ao qual, todavia, adere, em larga medida. Para Sen, no trato da questão das desigualdades, as atenções se devem voltar às liberdades, e não propriamente à renda ou ao patrimônio, os quais, em última análise, são *meios* para que seus titulares tenham oportunidade de realizar suas capacidades. O problema da igualdade, assim, deve ser enfrentado tomando-se como critério a capacidade de cada sujeito para transformar tais recursos – renda ou patrimônio – em liberdades.[31]

Com isso, Sen dá solução mais adequada a alguns problemas enfrentados pela Filosofia Moral no trato do assunto. Não incorre nos problemas do utilitarismo, ligados à subjetividade da "felicidade" a ser maximizada, e em uma possível ditadura da maioria que daí poderia decorrer, mas tampouco se deixa embaraçar pelas distorções causadas pelo fato de que renda e patrimônio são apenas meios para que se realizem as capacidades de seus titulares. Chega, assim, a conclusão semelhante à de Dworkin, para quem os dois princípios fundamentais de justiça, decorrentes da ideia de dignidade humana, impõem que todos sejam responsáveis pelo desenvolvimento de suas potencialidades individuais, mas que ao mesmo tempo tenham os meios para desenvolver essas potencialidades[32].

É importante notar, porém, que ao lado de ampla e profunda discussão do assunto sob o prisma da Filosofia Moral, que não se comportaria nos limites deste livro, o mesmo tema – as desigualdades – tem sido mais recentemente objeto das atenções de economistas, que advertem para os efeitos nocivos das desigualdades, quando estas começam a prejudicar o desenvolvimento econômico e, com ele, a situação de todos. Mesmo que não houvesse um problema moral com as desigualdades sociais[33], portanto, elas deveriam ser objeto de preocupação, quando passassem

---

30 SEN, Amartya. **Desenvolvimento como liberdade**. Tradução de Laura Teixeira Mota. São Paulo: Companhia das Letras, 2000, p. 52.

31 GARGARELLA, Roberto. **As teorias da justiça depois de Rawls** – um breve manual de filosofia política. Tradução de Alonso Reis Freire. São Paulo: Martins Fontes, 2008, p. 73; MACHADO SEGUNDO, Hugo de Brito. Amartya Sen como Intérprete e Crítico da Teoria da Justiça de John Rawls. **Revista da Procuradoria Geral do Município de Fortaleza**, v. 17, p. 427-440, 2009.

32 *"These two principles – that every human life is of intrinsic potential value and that everyone has a responsibility for realizing that value in his own life – together define the basis and conditions of humanity dignity."* DWORKIN, Ronald. **Is democracy possible here?** (principles for a new political debate). Princeton University Press: Princeton, 2006, p. 10.

33 Essa visão decorre, por certo, da pressuposição de que existe uma separação entre ética e economia, o que é falso. Afinal, por que o desenvolvimento *deve ser* buscado? Por que a mobilidade é saudável, ou o capital humano deve ser incrementado? Considerações normativas, ou deontológicas, que economistas fazem o tempo inteiro, notadamente em prol de uma maior eficiência, têm, indissociavelmente, componentes axiológicos, guiados por algum tipo de moral. Confira-se, a propósito: SEN, Amartya. **Sobre ética e economia**. Tradução de Laura Teixeira Mota. São Paulo: Cia das Letras, 1999. Não se partilha dessa visão aqui, mas o registro é feito apenas para mostrar que mesmo os que a adotam sinalizam no sentido de que desigualdades sociais são um problema a ser enfrentado.

de certos limites. Economistas[34] apontam, por exemplo, que o incremento das desigualdades sociais leva a uma menor mobilidade social, à perda de capital humano, à distorção no processo democrático, ao rompimento dos tecidos sociais etc. A abordagem multidisciplinar do assunto faz com que, tal como em um jogo de palavras cruzadas (o *crossword puzzle* a que alude o funderentismo de Susan Haack[35]), as conclusões de diferentes especialistas possam convergir e se confirmar reciprocamente, o que intensifica sua verossimilhança.

De tais reflexões se pode perceber, ainda, que não é muito nítida a separação - como não são nítidas as separações em geral - entre *igualdade de resultados* e *igualdade de oportunidades*, pois a desigualdade nos resultados, quando muito intensa, se reflete em desigualdade de oportunidades, notadamente para a geração subsequente de indivíduos. É por isso que se pode dizer que, acima de certos limites, a desigualdade social faz com que, por mais que se esforce, inove, arrisque e trabalhe, alguém nascido na base da pirâmide social tenha cada vez menos chances de ascender. E vice-versa. Alguém nascido no topo, por menos que se esforce, inove, arrisque e trabalhe, dificilmente perderá a posição que ocupa. Além das implicações morais desse cenário, ele é prejudicial à economia como um todo por desincentivar qualidades que poderiam levar a um maior desenvolvimento[36], com benefício para todos[37].

Pode ser difícil determinar, previamente, quais seriam esses limites, os quais poderiam ser aferidos, em um primeiro momento, a partir das causas e dos efeitos das desigualdades correspondentes. Pelos seus efeitos (supressores de uma igualdade de oportunidades) e por suas causas (uma desigualdade de oportunidades) elas podem ser julgadas como saudáveis ou nocivas. Por outro lado, o fato de os limites exatos serem de difícil determinação não impede que se reconheçam casos nos quais ela, a desigualdade, já os teria ultrapassado com folga, como ocorre em sociedades como a brasileira, por exemplo.

Embora a Constituição Brasileira contenha normas que expressamente prescrevem a necessidade de se reduzirem as desigualdades sociais e regionais, o estudo do assunto sob o prisma filosófico, e econômico, é também importante, não se podendo dizer que é "desnecessário", para juristas, pelo fato de o constituinte já ter decidido como o assunto deve ser conduzido. Na verdade, como se viu, há desigualdades saudáveis e mesmo desejáveis, enquanto outras são nocivas e devem ser combatidas, algo que deve ser objeto de reflexão quando do atendimento dos aludidos dispositivos constitucionais.

Estabelecido que acima de certos limites as desigualdades são indesejáveis, devendo ser reduzidas, seja porque são moralmente reprováveis, seja porque são economicamente

---

34 Veja-se, a propósito, ATKINSON, Anthony B. **Inequality**: What can be done? Cambridge: Harvard University Press, 2015. OECD. ***In It Together**: Why Less Inequality Benefits All. Paris:* OECD Publishing, 2015, DOI: http://dx.doi.org/10.1787/9789264235120-en. PIKETTY, Thomas. **O capital no século XXI**. Tradução de Monica Baumgarten de Bolle. Rio de Janeiro: Intrínseca, 2014; STIGLITZ, Joseph. **The price of inequality**: how today's divided society endangers our future. New York: WW Norton Company, 2012.

35 HAACK, Susan. **Evidence and Inquiry**: towards reconstruction in epistemology. Cambridge: Blackwell, 1993, *passim*.

36 KEELEY, B. **Income Inequality**: The Gap between Rich and Poor, Paris: OECD, 2015, http://dx.doi.org/10.1787/9789264246010-en.

37 A questão não consiste apenas em melhorar a situação dos pobres, embora esta de fato seja a mais urgente e grave. A desigualdade, em si mesma, acima de certos limites, começa a ser nociva mesmo que os mais pobres (ou menos ricos) não vivam em situação de miséria. Veja-se, a respeito: RIBEIRO, Ricardo Lodi. Piketty e a reforma tributária igualitária no Brasil. **Revista de Finanças Públicas, Tributação e Desenvolvimento - RFPTD**, v. 3, n. 3. Rio de Janeiro: UERJ, 2015. Disponível em http://www.e-publicacoes.uerj.br/index.php/rfptd/article/view/15587, p. 6.

desinteressantes, seja porque a ordem jurídica brasileira o determina expressamente, assume relevo a questão de saber se e como o tributo deve ser utilizado na consecução desse objetivo.

Diante do texto constitucional vigente, não há dúvida de que a República Federativa do Brasil tem como um de seus objetivos a redução das desigualdades sociais, pelo que União, Estados-membros, Distrito Federal e Municípios devem perseguir essa meta em suas ações.

Entretanto, isso, por si só, não indica *como*. Pode-se sugerir, assim, que as desigualdades sejam reduzidas com a menor interferência possível do Estado na economia, com a tributação mais neutra e reduzida possível também, pois isso levaria a um maior desenvolvimento econômico e, com ele, à geração de emprego e de renda, com redução da pobreza. Pode-se, ainda, insistir no fato de que o nocivo não é a desigualdade, em si, mas a pobreza, tanto que, voltando à ideia de Rawls, uma sociedade em que todos fossem iguais na miséria seria pior que outra na qual houvesse forte desigualdade mas ninguém passasse privações, tendo, mesmo aquele situado na base da pirâmide, todas as suas necessidades básicas atendidas. Reconheça-se que liberais não são, só por serem liberais, insensíveis a tais questões; apenas acreditam que está no mercado, na iniciativa privada, e não no Estado, a melhor forma de resolvê-las.

O que acontece, porém, é que a tributação pode exercer papel importante na redução das desigualdades[38], como a História parece sugerir[39]. Mas não se pode esquecer que seu uso eventualmente tem o poder de conduzir ao efeito contrário, incrementando-as, dependendo de como aconteça. É importante, assim, examinar como os tributos podem contribuir para o atingimento de uma finalidade constitucionalmente determinada, ou ao menos não atuar em sentido contrário. Por outro lado, se se está constatando, justamente, que a desigualdade impede o crescimento econômico, não se pode achar que esquecendo o problema da desigualdade e investindo apenas em outros fatores que conduzem ao crescimento, este será atingido. Ou seja, mesmo quem advoga que primeiro se deve fazer o bolo crescer, para depois dividi-lo, deve lidar com a constatação de que uma divisão menos desigual dele poderá fazer com que cresça mais.

Quanto à questão de se dever combater a pobreza, e não a desigualdade em si, ela é apenas parcialmente verdadeira. Não há dúvida de que o problema mais grave e imediato é o da miséria, mas uma excessiva concentração de renda nas mãos de poucas pessoas, no topo da pirâmide, também causa problemas, ainda que aqueles situados na base não estejam na miséria. Entre eles está uma interferência desequilibrada nos processos democráticos e na tomada de decisões políticas, prejudicando a democracia e fazendo com que o Estado passe a atuar em benefício destas pessoas situadas no topo.

O que não pode ser esquecido, porém, é que o tributo, sozinho, não resolve nenhuma dessas questões. Pode até agravá-las, como já se disse. Ele apenas transfere recursos do setor privado ao setor público, e toda a justiça eventualmente presente nessa transferência pode ser deitada fora, ou até mesmo ser invertida, passando a atuação estatal a maximizar desigualdades, dependendo da forma como os recursos forem pelo Estado aplicados. Quando se discute a justiça da tributação, não raro se perquire a respeito de qual seria a forma ideal

---

38 RIBEIRO, Ricardo Lodi. Piketty e a reforma tributária igualitária no Brasil. **Revista de Finanças Públicas, Tributação e Desenvolvimento – RFPTD,** v. 3, n. 3. Rio de Janeiro: UERJ, 2015. Disponível em http://www.e-publicacoes.uerj.br/index.php/rfptd/article/view/15587, p. 7.

39 Como registram Liam Murphy e Thomas Nagel, *"it is clear that the aim of distributive justice that we have just been discussing under the heading of ends cannot be separated from a view about the legitimacy of certain means. One cannot maintain that it is an appropriate end of government to maximize the general welfare through the provision of social benefits, or to rectify inequality of opportunity or class stratification, unless one is prepared to countenance the use of taxes to finance those activities, and that means inevitably taxing some people for the benefit of others."* (MURPHY, Liam; NAGEL, Thomas. **The myth of ownership**: taxes and justice. New York: Oxford University Press, 2002, p. 58).

de levá-la a efeito. Diversas teorias podem ser construídas, pugnando por tributos que mais oneram o consumo, ou a renda, e assim por diante. Na mesma ordem de ideias, a discussão deve envolver, também, qual seria a forma ideal de gastar as quantias arrecadadas. Afinal, como adverte Piketty, "o imposto não é nem bom nem ruim em si: tudo depende da maneira como ele é arrecadado e do que se faz com ele."[40]

O debate em torno da tributação ideal, e, com ela, da forma ideal de se aplicarem as quantias arrecadadas, mostra que liberdade, igualdade e democracia estão intimamente ligadas, umas às outras e também ao fenômeno da tributação, porquanto vinculadas à figura do Estado, de sua condução e de seu papel nas sociedades humanas[41]. Isso porque a tributação ideal é aquela assim considerada por quem a ela se submete. Embora, obviamente, trate-se de uma utopia, dela é possível alguma aproximação, desde que se esteja em ambiente de liberdade, igualdade e democracia, o qual, por sua vez, depende de como a tributação seja realizada e de como os recursos sejam aplicados. Essa relação é destacada, com propriedade, por Baleeiro, para quem

> [...] A classe dirigente, em princípio, atira o sacrifício às classes subjugadas e procura obter o máximo de satisfação de suas conveniências com o produto das receitas. Em um país governado por uma elite de fazendeiros, por exemplo, é pouco provável que o imposto de renda sobre proventos rurais seja aplicado com o rigor com que atinge os demais rendimentos e bens. Foi o que fizeram a nobreza e o clero por toda a parte. Mais tarde, quando as despojou do poder político, a burguesia preferiu sistemas tributários que distribuíssem a carga fiscal predominantemente sobre o proletariado. É a fase do apogeu dos impostos reais, como o de consumo.[42]

A esse respeito, Eric Zolt[43] faz pertinente análise histórica, voltada não para os efeitos da tributação sobre a desigualdade, mas, ao contrário, para as repercussões da desigualdade sobre a tributação. Segundo Zolt, estudo do surgimento e da evolução da tributação nos Estados Unidos revela que, em Estados-membros originados de colônias mais prósperas e menos desiguais, a tributação dava-se em moldes mais igualitários, com a aplicação dos recursos também voltada a assuntos do interesse da maior parte da população. Já em Estados-membros mais pobres, e com desigualdades mais acentuadas, nos quais por muito tempo prevalecera o uso da mão-de-obra escrava, o sistema tributário assumiu feição marcadamente regressiva, com pouca ou nenhuma preocupação com a destinação dos recursos a políticas públicas voltadas ao interesse da população, em sua maioria mais pobre.

Cria-se, assim, um círculo que se retroalimenta, pois em sociedades desiguais há prejuízo para a democracia e, com isso, o Estado tende a ser usado para incrementar essas desigualdades, o que deixa mais clara uma das razões pelas quais uma acentuada desigualdade social é ruim. Rendimentos mais elevados e maior participação democrática não estão conectados em uma relação direta de causa e efeito, mas seus caminhos estão claramente entrelaçados[44].

---

40 PIKETTY, Thomas. **O capital no século XXI**. Tradução de Monica Baumgarten de Bolle. Rio de Janeiro: Intrínseca, 2014, p. 469.

41 MACHADO SEGUNDO, Hugo de Brito. **Fundamentos do Direito**. São Paulo: Atlas, 2010.

42 BALEEIRO, Aliomar. **Uma introdução à ciência das finanças**. 17. ed. Atualizada por Hugo de Brito Machado Segundo. Rio de Janeiro: Forense, 2010, p. 231-232.

43 ZOLT, Eric. Inequality, Collective Action, and Taxing and Spending Patterns of State and Local Governments. **New york university tax review**. 62 Tax L. Rev. 445 2008-2009, p. 461.

44 ACEMOGLU, Daron. JOHNSON, Simon, ROBINSON, James A.; YARED, Pierre. Income and Democracy. **NBER Working Paper Series**. Working Paper 11205. Cambridge: National Bureau of Economic Research, March 2005, http://www.nber.org/papers/w11205. Acessado em 8, Jan 2016. Afinal de contas, maior

Por outro lado, ainda que não se saiba o que é o ideal, ou que haja fortes divergências sobre o tema, é possível dizer-se, com menor incerteza, o que não é ideal, sendo importante lembrar, nesse ponto, da metáfora da sauna a que alude Amartya Sen[45]. É preciso que se estabeleça debate público em torno do assunto, sendo relevante lembrar, ainda, que a tributação não deve ser orientada apenas por ideais de justiça social e equidade, os quais devem ser conciliados com outros objetivos que o sistema tributário *também* deve tentar perseguir, a exemplo da simplicidade, da praticidade, da igualdade (entre contribuintes), da neutralidade e da eficiência, por exemplo[46].

1.3. PODER E COMPETÊNCIA

Nos itens anteriores, se fez referência ao fato de que a vida em grupos sociais nos quais há o exercício do poder político (com a consequente cobrança de tributos) é natural ao ser humano. Pode-se dizer, portanto, que o poder de cobrar tributos é inerente a todo grupo social no qual há o exercício do poder político, desde o surgimento das primeiras civilizações humanas, há muitas dezenas de séculos. Caso se revisitem essas mesmas noções históricas, porém, perceber-se-á que nem sempre esse poder é legitimado, ou reconhecido, por normas jurídicas pré-estabelecidas, que afirmam em que circunstâncias, e até que ponto, ele pode ser exercitado, limitando-o.

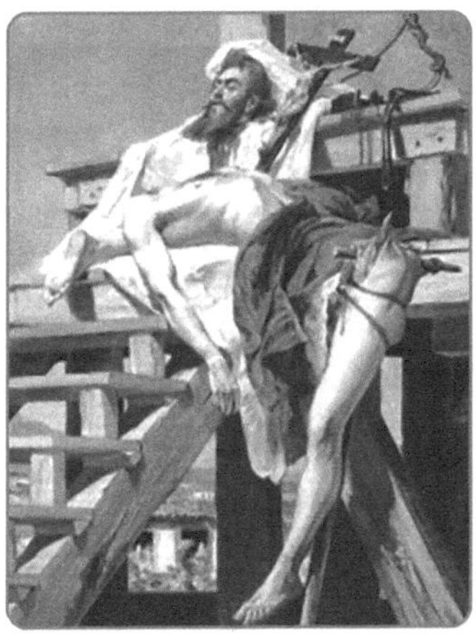

"Tiradentes esquartejado" – quadro de Pedro Américo (1893). Imagem: Wikimedia Commons.

rendimento implica maior liberdade para quem o aufere, ou maiores "capacidades", as quais são essenciais à participação política, mas não se pode negar que os obstáculos ao exercício da liberdade política não têm relação direta com a renda, decorrendo de fatores de gênero, etnia etc.

45 Para Sen, discutir "ideais de justiça" diante de certas injustiças flagrantes de nossa sociedade, ou recusar o enfrentamento dessas injustiças sob a consideração de que a justiça ideal é de impossível determinação consensual, é algo semelhante à situação de algumas pessoas acidentalmente trancadas dentro de uma sauna, em razão de uma porta emperrada, e cujo botão de regulagem da temperatura está localizado do lado de fora. Desesperadas com um calor insuportável dentro da sauna, essas pessoas começam a gritar para que alguém as ajude. Um sujeito que por acaso passava pelo lado de fora ouve os gritos e se dirige à sauna, mas, com a mão sobre o termostato, afirma que só poderá ajustar a temperatura dentro da sauna, que já passa dos 50 graus, quando os que estão dentro dela trancados e desesperados decidirem qual seria a temperatura *ideal*. SEN, Amartya. **The idea of justice.** Cambridge, Massachusetts: Harvard University Press, 2009, p. 104.

46 SANTOS, Ramon Tomazela. A progressividade do imposto de renda e os desafios de política fiscal. **Direito Tributário Atual, n. 33,** São Paulo: Dialética/IBDT, 2015, p 328.

Em verdade, foi necessária uma longa evolução social, com muitas tentativas e erros, para a humanidade conscientizar-se de que o Estado deveria não apenas elaborar e tornar efetivas as normas jurídicas, mas também se submeter a elas. Isso porque há princípios e valores fundamentais, prestigiados por cada sociedade, que devem ser respeitados pelo Direito estatal, que de resto há de ser produzido de forma democrática, em um ambiente de liberdade e igualdade, de modo a que seu conteúdo corresponda, até onde isso seja possível, ao que aqueles cuja conduta será por ele disciplinada esperam, aperfeiçoando-o enquanto realidade institucional[47]. Ademais, percebeu-se que o Estado é composto e representado por pessoas tão falíveis quanto quaisquer outras, sendo necessário limitar a atuação destas enquanto encarregadas do exercício do poder.

Essa evolução, convém insistir, como quase tudo na História, não é linear, seguindo, ao contrário, ciclos, com eventuais retrocessos, sucedidos pelo renascimento de certas ideias. Embora se costume creditar o aparecimento das primeiras limitações ao poder estatal às revoluções burguesas havidas entre o final da idade média e o início da idade moderna (Gloriosa, Francesa, Americana etc.) e, antes delas um pouco, à Magna Carta do Rei João Sem Terra de 1215, eventos históricos conhecidos por terem propiciado o surgimento das primeiras Constituições, já no Direito Romano muitas dessas instituições estiveram presentes[48], sendo possível identificá-las mesmo em civilizações ainda mais antigas, na China e na Mesopotâmia[49]. A inovação dos modernos, talvez, tenha sido não propriamente a criação dessas instituições, já conhecidas por alguns povos antigos, mas sua organização (com o uso de figuras como a separação de poderes ou funções e o estabelecimento de Constituições rígidas) de sorte a propiciar mais eficaz limitação do poder político por elas, que antes eram seguidas apenas quando o governante queria ou quando, circunstancialmente enfraquecido, era a tanto forçado por fatores não jurídicos.

A pintura de John Trumbull (1756-1843), que retrata a apresentação da Declaração de Independência Americana ao Congresso, em junho de 1776. Imagem: Wikimedia Commons.

[47] MACHADO SEGUNDO, Hugo de Brito. **Fundamentos do Direito**. São Paulo: Atlas, 2010, *passim*.

[48] Cf., *v.g.*, BUJÁN Y FERNÁNDEZ, Antonio Fernández de. Principios tributarios: una visión desde el Derecho Romano. *Ius fiscale*: instrumentos de política financiera y principios informadores del sistema tributario romano. In: PISÓN, Juan Arrieta Martínez; YURRITA, Miguel Ángel Collado; PÉREZ, Juan Zornoza. **Tratado sobre la Ley General Tributaria**. Navarra: Aranzadi/Thomson Reuters, 2010. t. I, p. 111 e ss.

[49] ADAMS, Charles. **For good and evil**: the impact of taxes on the course of civilization. 2. ed. New York: Madison Books, 2001, p. 5 e ss.

O que importa, porém, é notar que o poder de tributar, quando reconhecido, delimitado e, eventualmente, dividido em seu exercício por normas constitucionais, no âmbito de um Estado de Direito, chama-se *competência tributária*. Em Estados que adotam a estrutura federal, em que há uma divisão vertical no exercício do poder entre um ente central e entes periféricos, a competência tributária decorre não apenas da apontada limitação, mas também da divisão do exercício do poder de criar tributos entre os entes federativos. É o caso do Brasil, cujo texto constitucional atribui competência para instituir tributos à União, aos Estados-membros, ao Distrito Federal e aos Municípios.

1.4. ATRIBUIÇÃO DE COMPETÊNCIA E REPARTIÇÃO DE RECEITA

Nas federações, a atribuição de competências tributárias nem sempre é suficiente para garantir a autonomia dos entes nos quais se divide internamente o Estado. Isso porque, como o tributo onera a atividade econômica exercida em regra pelos particulares, transferindo a riqueza gerada pela iniciativa privada para os cofres públicos, um local do território onde há pouca riqueza contará, também, com baixa arrecadação tributária. Imagine-se, por exemplo, um Município situado em região mais pobre da federação, onde as pessoas prestam poucos serviços, vendem poucas mercadorias, possuem diminutas propriedades e pouco recebem de rendimentos. Impostos sobre serviços, sobre vendas, sobre propriedades ou rendimentos, ainda que fossem todos de competência do Município, propiciariam receitas pouco expressivas.

Por isso, para garantir receita aos entes federativos, permitindo, ainda, a redução das desigualdades sociais e regionais, há a chamada *repartição de receitas tributárias*, técnica através da qual o ente central é obrigado pela Constituição a partilhar com os entes periféricos um percentual de sua arrecadação, obtida com certos tributos[50]. Pode-se dizer, assim, que existe um gênero, intitulado *divisão de rendas tributárias*, do qual se ramificam as espécies *atribuição de competência* e *repartição de receitas*.

A divisão de rendas tributárias é essencial às federações, sendo feita, em regra, no próprio texto constitucional. É fácil entender a razão. A principal característica de um Estado Federal, que o diferencia de um Estado unitário dividido administrativamente, é que no primeiro as divisões internas são dotadas de autonomia. Respeitados os ditames da Constituição, Estados-membros e Municípios podem governar-se de forma autônoma em relação ao poder central, elegendo seus próprios governantes, elaborando suas leis e implementando suas políticas públicas. Essa autonomia, contudo, pressupõe a existência de recursos financeiros. Do contrário, será meramente ornamental. Imagine-se, por exemplo, uma Federação na qual Estados e Municípios não tivessem recursos próprios, tendo de solicitar do governo central a transferência voluntária das verbas necessárias para o desempenho de suas atividades: tais recursos somente seriam transferidos se as escolhas feitas no âmbito do Estado ou do Município solicitante fossem convergentes com os desígnios do poder central. Do contrário, não haveria o repasse, desaparecendo por completo a imaginada "autonomia" e, com ela, a própria forma federativa que por ela é caracterizada.

No Brasil, a Constituição Federal de 1988 cuida da atribuição de competência nos artigos 145 a 156. No artigo 145, se trata, genericamente, da instituição de impostos, taxas, contribuições de melhoria por União, Estados-membros, Distrito Federal e Municípios. Taxas e contribuições de melhoria poderão ser instituídas por quaisquer dos entes federativos,

---

50 DÓRIA, A. R. Sampaio. **Discriminação Constitucional de Rendas Tributárias.** São Paulo: José Bushatsky, 1972, p. 165; FALCÃO, Amílcar de Araújo. **Sistema Tributário Brasileiro – discriminação de rendas.** Rio de Janeiro: Edições Financeiras, 1965, p. 9-12.

dentro, naturalmente, de sua competência material para exercer o poder de polícia, prestar serviços públicos ou realizar obras públicas, a qual se acha delimitada em outras partes do texto constitucional (*v.g.*, arts. 21, 23, 25, § 1.º e 30).

Em seguida, os arts. 148 e 149 da Constituição tratam de tributos que, em regra, somente a União tem a competência para instituir, que são os empréstimos compulsórios e as contribuições, com exceções, em relação apenas a estas últimas, para os casos de contribuições cobradas de seus próprios servidores efetivos, para financiamento de regime de previdência próprio (art. 149, § 1.º), as quais podem ser também instituídas por Estados, Distrito Federal e Municípios; e da contribuição "de iluminação pública", de competência dos Municípios (art. 149-A). Ainda sobre as contribuições, podem ser citados os arts. 177, § 4.º, e 195, que detalham a competência tributária federal relativamente a algumas espécies ou subespécies desse tributo, a saber, a contribuição de intervenção no domínio econômico relativa ao setor de combustíveis (CIDE-Combustíveis) e as contribuições destinadas à Seguridade Social.

Os artigos 153 a 156-A, por sua vez, tratam da competência tributária impositiva, vale dizer, competência para instituir impostos. No art. 153, delimita-se a competência da União para instituir impostos sobre: (i) importação de produtos estrangeiros (II); (ii) exportação, para o exterior, de produtos nacionais ou nacionalizados (IE); (iii) renda e proventos de qualquer natureza (IR); (iv) produtos industrializados (IPI); (v) operações de crédito, câmbio e seguro, ou relativas a títulos ou valores mobiliários (IOF); (vi) propriedade territorial rural (ITR); (vii) grandes fortunas, nos termos de lei complementar (IGF). O art. 154 também trata da competência da União para instituir impostos, mas o faz relativamente ao imposto extraordinário de guerra, e aos impostos residuais, vale dizer, impostos diversos dos já previstos na Constituição.

O art. 155 dispõe sobre a competência impositiva de Estados-membros e Distrito Federal, aos quais é facultado instituir impostos sobre: (i) transmissão *causa mortis* e doação, de quaisquer bens ou direitos (ITCMD); (ii) operações relativas à circulação de mercadorias e sobre prestação de serviços de transporte interestadual e intermunicipal e de comunicação, ainda que as operações e as prestações se iniciem no exterior (ICMS); (iii) propriedade de veículos automotores. Já a competência impositiva dos Municípios (e também do Distrito Federal, que não é dividido em Municípios e tem competência para instituir os tributos destes) é delimitada relativamente a: (i) propriedade predial e territorial urbana; (ii) transmissão *inter vivos*, a qualquer título, por ato oneroso, de bens imóveis, por natureza ou acessão física, e de direitos reais sobre imóveis, exceto os de garantia, em como cessão de direitos a sua aquisição (ITBI); (iii) serviços de qualquer natureza, não compreendidos entre os já submetidos ao ICMS, definidos em lei complementar (ISS).

O art. 156-A da CF, nela inserido pela EC 132/2023, cuida de uma inusitada competência compartilhada entre Estados, Distrito Federal e Municípios, a ser exercida por meio de lei complementar nacional, para a criação de um grande imposto sobre bens e serviços (IBS), a parcela subnacional de um grande "IVA-Dual" integrado também por uma "contribuição sobre bens e serviços" (CBS).

Tais espécies tributárias serão examinadas mais adiante, em capítulos específicos deste livro, tendo sido aqui indicadas apenas para ilustrar as normas constitucionais que cuidam da atribuição de competência tributária no texto constitucional.

Já os artigos 157 a 162 da Constituição tratam da repartição das receitas tributárias, determinando como União partilhará o produto de sua arrecadação com certos tributos (*v.g.*, imposto de renda e imposto sobre produtos industrializados) com Estados-membros, Distrito Federal e Municípios. No mesmo capítulo se estabelece o dever de Estados-membros dividirem com os Municípios que integram seu território parcela da arrecadação de impostos estaduais (ICMS, IPVA e parcela do IBS).

1.5. DIREITO PÚBLICO, DIREITO FINANCEIRO E DIREITO TRIBUTÁRIO

A realidade, em si mesma, não tem divisões claras entre as partes que a integram. São aqueles que tentam compreendê-la que fazem essas divisões, e estabelecem marcos um tanto arbitrários para que se vejam linhas nítidas e finas onde em verdade existem zonas graduais e cinzentas de transição.

Feita essa ressalva, pode-se dizer que o conjunto de normas jurídicas que vigora em determinado território, em dado espaço de tempo, chama-se ordenamento jurídico, realidade por vezes designada apenas pela palavra "Direito" (que rotula, por igual, uma série de outras coisas, ora mais, ora menos relacionadas ao aludido ordenamento). Dentro desse grande sistema, aquelas normas que tratam da atividade estatal corporificam o que se conhece tradicionalmente por *Direito Público*[51].

No que mais de perto interessa aos propósitos deste livro, entre as ramificações nas quais o Direito Público pode ser dividido, para fins meramente didáticos, encontra-se o *Direito Financeiro*[52], composto das normas que disciplinam a forma como são obtidos, geridos e aplicados os recursos necessários ao funcionamento da máquina estatal (receitas, orçamento, despesas etc.). Em função de sua crescente importância prática, o conjunto de normas que trata da obtenção de receitas *tributárias* passou a ser estudado separadamente do Direito Financeiro, denominando-se *Direito Tributário*.

Vale insistir, ainda, que essa divisão do Direito em ramos (Financeiro, Tributário, Penal, Administrativo etc.) é feita, a rigor, não no Direito enquanto objeto (ordenamento jurídico), mas no seu estudo, nas teorias que são construídas a respeito dele. Assim, o ordenamento é estudado de forma apartada por diversas disciplinas jurídicas, embora, em si mesmo, seja uno e indivisível. Dá-se o mesmo, por exemplo, com o corpo humano, composto de partes ligadas de maneira indissociável, mas que podem ser *estudadas* de maneira separada. Tal estudo, porém, nunca deve perder de vista o fato de que tais partes integram um sistema uno, orientado por valores comuns,[53] e de que as próprias divisões estabelecidas – seja entre as partes que compõem o sistema umas em relação às outras, seja entre o sistema e todo o restante da realidade – são relativas e graduais[54].

---

51 Em razão da relatividade de separações como esta, entre normas de direito público e normas de direito privado, Marco Aurélio Greco considera que a expressão "Direito Público" é um *topos* em extinção ou mutação, devendo ser substituída por outras mais adequadas à realidade atual. Cf. GRECO, Marco Aurélio. **Dinâmica da tributação**: uma visão funcional. 2. ed. Rio de Janeiro: Forense, 2007, p. 51.

52 Vale registrar que se está fazendo alusão ao Direito Financeiro enquanto ramificação do Direito Público, portanto, naturalmente, trata-se do Direito Financeiro Público, diverso daquele que cuida da atividade financeira no âmbito privado, dos mercados financeiros etc. Cf. NABAIS, José Casalta. **Direito Fiscal**. 9. ed. Coimbra: Almedina, 2016, p. 28.

53 BIRK, Dieter. **Steuerrecht**. 7. ed. Heidelberg: C. F. Müller Verlag, 2004, p. 18.

54 Marco Aurélio Greco, a esse respeito, faz alusão à interpenetração de normas consideradas em tese públicas ou privadas, a revelar que também no objeto de estudo – o sistema de normas – não existem divisões nítidas entre as partes que o compõem. GRECO, Marco Aurélio. **Dinâmica da tributação**: uma visão funcional. 2. ed. Rio de Janeiro: Forense, 2007, p. 42.

Capítulo 2
DIREITO TRIBUTÁRIO

Acesse e assista à aula explicativa sobre este assunto.

> *https://uqr.to/1phe5*

2.1. CONCEITO DE DIREITO TRIBUTÁRIO

A partir do que se examinou no capítulo anterior, percebe-se que a expressão *Direito Tributário* pode ser usada para designar duas realidades diferentes. Uma delas consiste no conjunto de normas jurídicas que disciplinam a instituição, a regulamentação, o lançamento e a cobrança de tributos. Trata-se, nesse sentido, de um ramo, ou uma parcela, da ordem jurídica. Se se tiver em mente que as normas consistem em suportes de fato valorados, ou seja, em condutas previamente valoradas como boas ou ruins por quem elabora a norma, e que por isso são tornadas facultativas, obrigatórias ou proibidas, concluir-se-á que a definição em comento não pode excluir, ao lado das normas, também os fatos que dão origem a tais normas e que por elas são disciplinados, bem como os valores que orientam esse disciplinamento.

O outro significado para a expressão Direito Tributário é o de *ramo do conhecimento*, vale dizer, o ramo do saber humano que se ocupa das normas (e dos fatos e valores) referidos no parágrafo anterior, que representam seu *objeto* de estudo. Trata-se de algo semelhante ao que acontece com a palavra *Direito,* sem especificações adicionais, que por igual designa um conjunto de normas (p.ex. "No Direito Brasileiro não há distinção entre filhos biológicos ou adotivos") e o ramo do conhecimento que toma tal conjunto como objeto (*v.g.*, "Wesley é estudante de Direito"). Em uma analogia com a Medicina, e com a vida humana ou o funcionamento do corpo humano, em que a primeira palavra designa o ramo do conhecimento e as expressões seguintes o seu objeto de estudo, no caso do Direito a mesma palavra é empregada como correspondente das duas coisas ("Medicina" e "vida humana").

É nesse segundo sentido, de ramo do conhecimento, que se diz que o Direito Tributário *ganhou autonomia* em relação ao Direito Financeiro, do qual era um capítulo. Metaforicamente, pode-se dizer que o interesse despertado pelo disciplinamento normativo da obtenção das receitas tributárias, e pelos conflitos surgidos nesse âmbito, fez com que o "capítulo" dedicado ao Direito Tributário, no grande manual intitulado Direito Financeiro, ganhasse tamanha extensão que ensejou a edição de um novo livro, no qual se enfatiza o estudo desse assunto específico.

Tanto em um sentido quanto em outro, a distinção entre o Direito Tributário e outras parcelas da realidade a ele relacionadas é apenas relativa e gradual. O conjunto de normas que se ocupa da tributação não pode ser separado, de forma estanque, das normas que cuidam da organização do Estado, da Administração Pública, dos orçamentos, da Seguridade Social, do Direito Penal (*v.g.*, que cuidam dos crimes contra a ordem tributária), do Direito Empresarial, e assim por diante. O mesmo pode ser dito da disciplina que se ocupa de tais normas, que não deve ser estudada de forma divorciada do resultado das pesquisas feitas no âmbito de outros ramos do Direito e de outras espécies de conhecimento, inclusive não jurídicas, que se ocupam do mesmo objeto a partir de outras abordagens, ou de objetos correlatos.

O que se viu no capítulo anterior revela, ainda, que o Direito Tributário, enquanto conjunto de normas que disciplina a atividade de tributação, embora instrumentalize a cobrança de tributos, não surgiu com essa finalidade. É comum, quando se indaga a respeito da finalidade do Direito Tributário, ouvir-se como resposta que ele se presta a "fornecer ao Estado os recursos dos quais este necessita para cumprir suas finalidades". Uma reflexão histórica, porém, revela que o detentor do poder político sempre exigiu tributos, mesmo quando não havia regras pré-estabelecidas disciplinando como isso poderia acontecer. A finalidade do Direito Tributário, portanto, é a de impor limites à tributação, fazendo com que ela aconteça com amparo em normas pré-estabelecidas, respeitando a igualdade, a capacidade contributiva, a segurança etc.[1]

Assim, e em síntese, pode-se dizer que o Direito Tributário é o conjunto de normas jurídicas que disciplina a atividade de tributação, levada a efeito pelo Estado e pelas entidades a ele relacionadas, de forma a que na cobrança de tributos e de penalidades pecuniárias decorrentes da infração a deveres tributários se observem critérios e limites pré-estabelecidos. Essa definição somente estará completa quando se definir o que se entende tributo, o que será feito mais adiante. Quanto à apontada finalidade, que não é a de "prover o Estado" mas a de fazer com que esse provimento se dê em respeito a limites pré-estabelecidos, como proteção dos pagadores de tributos, vale ressaltar que ela deve estar na consciência, também, de quem estuda esse sistema de normas, no âmbito do ramo do conhecimento que delas se ocupa.

2.2. POSIÇÃO, DENOMINAÇÕES E AUTONOMIA

Dentro do sistema jurídico, o Direito Tributário, já se disse, é ramo do Direito Público, relacionando-se diretamente com o Direito Constitucional, que, em certo sentido, historicamente dele se origina[2], e com o Direito Financeiro, por tratar da obtenção da maior parte das receitas públicas cuja previsão orçamentária e posterior aplicação são objeto do regramento deste último. Mas, bem analisado o sistema jurídico, ver-se-á que todos os "ramos" nos quais ele é dividido guardam relação, reforçando a ideia de unidade já mencionada em itens anteriores, a revelar que a autonomia, mesmo meramente didática (ou seja, feita para fins de estudo), é relativa.

Com efeito, o Direito Tributário possui laços com o Direito Penal, visto que este último cuida dos chamados crimes contra a ordem tributária; com o Direito Previdenciário, por conta da disciplina da cobrança das contribuições por meio das quais se procede ao custeio da Seguridade; com o Direito Privado, onde muitas vezes surgem os institutos aos quais a lei tributária refere para atribuir efeitos tributários, como é o caso da pessoa jurídica, da distribuição de lucros, da venda de mercadorias, da prestação de serviços, da sucessão hereditária, e assim por diante. Em síntese, da mesma forma como qualquer órgão do corpo humano guarda relação, mais direta ou mais distante, com qualquer outra parte do mesmo corpo, o mesmo se dá com as partes de um sistema jurídico, não sendo diferente com o Direito Tributário.

---

1 MACHADO, Hugo de Brito. **Teoria Geral do Direito Tributário.** São Paulo: Malheiros, 2015, p. 36-37.

2 Isso porque a maior parte, senão todas, as revoluções que ensejaram, ao longo da História, o surgimento de Constituições escritas, teve motivação em problemas tributários. Cf. BALEEIRO, Aliomar. **Uma introdução à ciência das finanças.** Atualização de Hugo de Brito Machado Segundo. 17. ed. Rio da Janeiro: Forense, 2010, p. 332.

Por isso mesmo, embora o estudo específico de suas disposições por uma disciplina autônoma seja necessário, por permitir maior aprofundamento, algo impossível a quem pretendesse dominar em detalhes todos os ramos do saber, é importante ter a consciência dessas relações, e também das interações entre o sistema jurídico com outras parcelas da realidade, não podendo o estudioso do Direito Tributário isolar-se apenas nele. Aprofundar-se e especializar-se em um setor não é o mesmo que fechar-se a constatações e contribuições oriundas de outras especialidades[3], assunto ao qual se retornará mais adiante.

Quanto à denominação, no Brasil tem predominado o uso da expressão *Direito Tributário*. Mas se usa também a expressão *Direito Fiscal*, que, para alguns[4], seria *mais estrita*, por corresponder apenas às normas alusivas à cobrança de impostos, e não a das demais espécies tributárias (taxas, contribuições etc.). Para outros autores, o adjetivo "Fiscal" teria amplitude *maior* que o "Tributário", pois estaria a designar atividades do Fisco não restritas à tributação, mas envolventes também de outras receitas públicas[5]. Essa segunda compreensão parece mais adequada à realidade brasileira, que inclusive é dotada de figuras como a *Execução Fiscal*, a qual expressamente se presta à cobrança de dívidas *tributárias* e *não tributárias* (Lei 6.830/80, art. 2.º), a reforçar a compreensão de que *fiscal*, por englobar por igual receitas de natureza diversa, é, de fato, mais amplo que *tributário*.

Seja como for, as palavras não têm, já se disse, um significado único correto, dado pela natureza de forma apriorística. Seu sentido é atribuído por quem as ouve, ou lê, partindo de significados anteriores, mas também de elementos do contexto em que são usadas. Por isso, não há uma terminologia objetiva, natural e aprioristicamente "correta", embora, à luz do contexto brasileiro, pareça facilitar a compreensão aludir-se a *Direito Tributário*, e não a *Direito Fiscal*, sabendo-se, contudo, que esta última expressão abrange a primeira e praticamente é sinônima dela em muitos outros países (*p.ex.*, *Droit Fiscal*, na França)[6].

Quanto à autonomia, é relevante notar o que ela significa, tanto no que tange ao objeto, o conjunto de normas (e os fatos e os valores a ele relacionados), quanto no que diz respeito ao ramo do conhecimento que examina esse objeto. Nos dois casos, a autonomia é apenas relativa. Considerando-se o conjunto de normas, sua autonomia é relativa porque a própria definição de uma proposição prescritiva como sendo uma *norma jurídica* pressupõe ter sido ela elaborada em conformidade com o processo previsto em outras normas, por uma autoridade dotada de competência também outorgada por outras normas, sendo assim falsa a ideia de autonomia de qualquer ramo ou divisão do ordenamento jurídico. No que tange ao ramo do conhecimento que se ocupa de tais normas, e dos fatos e valores a elas relacionados, a autonomia é também relativa, até porque o mesmo se dá com a autonomia do objeto. Além disso, as divisões feitas pelo estudioso de qualquer parcela da realidade são artificiais, destinadas a facilitar a compreensão dessa realidade, não podendo ser levadas ao extremo de cegar o estudioso para o fato de que a realidade é bem mais rica e abundante do que a imagem simplificada que se faz dela, por mais detido e completo que seja o seu estudo, dadas as próprias limitações da cognição humana[7].

---

3 FOLLONI, André. **Ciência do Direito Tributário no Brasil**. São Paulo: Saraiva, 2013, p. 396 e p. 400.

4 NABAIS, José Casalta. **Direito Fiscal**. 9. ed. Coimbra: Almedina, 2016, p. 29-30.

5 MACHADO, Hugo de Brito. **Curso de Direito Tributário**. 37. ed. São Paulo: Malheiros, 2016, p. 56.

6 Para o uso das expressões *Direito Tributário* e *Direito Fiscal* como sinônimas, veja-se MARTÍNEZ, Soares. **Direito Fiscal**. 10. ed. Coimbra: Almedina, 2000, p. 25.

7 MACHADO SEGUNDO, Hugo de Brito. **O Direito e sua Ciência**: uma introdução à epistemologia jurídica. São Paulo: Malheiros, 2016, p. 79 e ss.

2.3. CIÊNCIA DO DIREITO TRIBUTÁRIO E RAMOS DO CONHECIMENTO NÃO JURÍDICO RELACIONADOS

O mesmo fenômeno, que é a tributação, pode ser objeto de estudo de outras ciências, inclusive daquelas que não têm na dimensão normativa da tributação o seu ponto de maior atenção. É o caso da Ciência das Finanças, da Economia, da História, da Sociologia e da Contabilidade, apenas para citar alguns exemplos.

É importante frisar uma noção de Epistemologia, também conhecida como Teoria do Conhecimento ou Filosofia da Ciência, relevante para a compreensão desta e de outras questões abordadas neste livro: a realidade é muito mais rica e complexa do que a capacidade do ser humano de compreendê-la. Para facilitar o processo de cognição, a realidade é simplificada pela mente humana, e dividida em "objetos", além de se segmentarem as áreas ou os ramos do saber, mesmo quando cuidam de um mesmo objeto, a partir da abordagem ou do *approach* que fazem dele. Mas essas divisões, se por um lado facilitam, em um primeiro momento, a compreensão e até o aprofundamento do conhecimento sobre determinada parcela da realidade, *empobrecem* o conhecimento, pois geram uma série de estudos segmentados de uma mesma realidade mais complexa, segmentação que conduz a uma mutilação da realidade estudada, deformando a imagem que se constrói dela. Assim, embora o estudioso do Direito Tributário não possa aprofundar suas pesquisas em todos os ramos relacionados ao fenômeno da tributação, isso não significa que ele deva dar as costas para o que as pessoas que realizam esse aprofundamento em tais áreas correlatas têm a lhe dizer.

A Ciência das Finanças, por exemplo, ocupa-se do fenômeno financeiro do Estado por um prisma não jurídico, vale dizer, sem dar ênfase a como o sistema normativo determina que a tributação *deve ser*. Diz-se, por isso, que é uma ciência do *ser*, examinando a tributação tal como ela acontece, por prisma Econômico, Sociológico e Histórico. O estudioso de Ciência das Finanças também se ocupa do componente normativo do fenômeno, mas não o estuda *a partir dele*. Essa é a grande diferença entre a Ciência das Finanças, de um lado, e o Direito Financeiro e o Direito Tributário, de outro, ramos do conhecimento que guardam correspondência semelhante à que existe entre a Ciência Política, de um lado, e o Direito Constitucional e o Direito Eleitoral, de outro.

2.3.1. A "Ciência do Direito Tributário"

Fez-se remissão aos ramos do conhecimento relacionados ao Direito Tributário, mas que seriam "não jurídicos". Em itens anteriores, tratou-se ainda da expressão "Direito Tributário" como sinônimo de um ramo do conhecimento jurídico, e, em um sentido um pouco diferente, como o objeto de estudo desse ramo do conhecimento, a saber, um conjunto de normas dedicadas ao disciplinamento da cobrança de tributos e de aspectos a ela correlatos, destacando a relativa autonomia tanto de um quanto de outro.

No âmbito do Direito Tributário, porém, tem sido bastante mencionado o caráter "científico" do conhecimento que se tem dele, bem como discutidos os requisitos e pressupostos de um conhecimento digno desse rótulo. Fala-se, ainda, na *dogmática* do Direito Tributário, que consistiria em um estudo científico na medida em que procedesse à mera descrição das normas em vigor, sem questioná-las, apartando-as de outros aspectos da realidade que com elas não se confundiriam (econômicos, políticos, sociológicos etc.). Daí a remissão, feita no item anterior, a ramos do conhecimento "não jurídicos" que se ocupam do mesmo fenômeno (a tributação), ramos estes que, nessa visão tradicional, se ocupariam desses outros aspectos, mas que, conforme explicado, diferenciam-se muito mais pela aproximação que fazem da realidade do que propriamente pelos seus objetos de estudo.

Como explicado anteriormente, a realidade é bastante mais complexa do que a capacidade humana de compreendê-la. Isso porque a seleção natural dotou os seres humanos de sentidos, e de um sistema neurológico, apenas adequados o suficiente para permitir-lhes a sobrevivência. A visão que se tem do mundo, portanto, é limitada, intermediada que é pelos sentidos, que são imperfeitos, além de definida a partir da própria posição, no tempo e no espaço, ocupada por quem tenta compreendê-lo.

A partir dessas noções, desenvolveu-se, no âmbito da Epistemologia, ramo do conhecimento também designado pelas expressões Filosofia da Ciência e Teoria do Conhecimento, a noção de que o conhecimento que se tem da realidade é *provisório*. Poder-se-ia, a partir da ideia de que não se tem acesso direto à realidade, mas sim um acesso intermediado por sentidos imperfeitos, que propiciam à mente informações a serem ainda por ela interpretadas à luz de suas pré-compreensões e pré-conceitos, alguns de ordem inclusive biológica, adotar postura cética, segundo a qual nenhum conhecimento é confiável. Ou, no extremo oposto, mas paradoxalmente muito semelhante, a postura relativista, segundo a qual todo conhecimento seria confiável.

Em posição intermediária entre essas duas posturas extremas tem-se o *falibilismo*, segundo o qual existem teorias, descrições da realidade e crenças construídas em torno dela que estão mais razoavelmente fundamentadas do que outras, podendo, assim, ser consideradas verdadeiras até que se demonstre o contrário. O conhecimento, nessa ordem de ideias, não poderia jamais fechar-se à possibilidade de crítica, e de refutação, pois esse fechamento implicaria a pressuposição de sua infalibilidade.

Tais ideias aplicam-se não apenas às ciências da natureza, ou empíricas, mas também às ciências jurídicas. O estudo de um conjunto de normas jurídicas, assim, não pode ser feito de maneira avessa a críticas feitas por pessoas que têm visão diferente a respeito da existência, da validade, do sentido e do alcance de tais normas. Por isso, de saída, objeta-se o uso da expressão *dogmática jurídica* para designar o estudo pretensamente científico do direito. A ciência do direito, mesmo se vista como preocupada apenas com normas, não é, por isso, dogmática, porquanto aberta a posições diferentes a respeito do que tais normas de fato prescrevem. Aliás, existe mesmo a possibilidade de a solução normativamente prescrita para um problema não ser passível de adoção, em determinado caso, o que envolverá ônus argumentativo consideravelmente maior, mas não é de verificação impossível[8].

É preciso lembrar, ainda, que as normas jurídicas, conforme explicado muito rapidamente no primeiro capítulo deste livro, não são realidades brutas, que existem por si, independentemente de alguém para defini-las como tal, constituindo-as. Não são como uma estrela no espaço sideral, ou como um coelho passeando pela floresta, que existem independentemente de seres humanos que os vejam e interpretem. As normas são realidades institucionais, que só existem porque se pactua a sua constituição, a exemplo das regras de um jogo, e de tantas outras convenções humanas. Assim, falar sobre normas não envolve a mesma objetividade e a mesma descritividade relativas a um discurso sobre estrelas, sobre números, ou sobre micróbios. Naturalmente que é possível, também, um conhecimento objetivo sobre elas, que não dependem apenas da *vontade* de quem sobre elas se manifesta[9], mas ele passará, necessariamente,

8 MACHADO SEGUNDO, Hugo de Brito. **Por que dogmática jurídica?** Rio de Janeiro: Forense, 2008, *passim*.

9 Para demonstrá-lo, basta lembrar que realidades como "futebol", "campeonato brasileiro" e "terceira divisão" são puramente institucionais. Existem porque se pactua sua existência. Mas, ainda assim, têm objetividade do ponto de vista epistêmico, ou seja, é possível fazer juízos sobre elas que independem da vontade ou dos valores de quem os faz. Tanto é assim que, por mais que torcedores de

pela compreensão dos fatores que constituem a existência de normas jurídicas, e não pela mera descrição de entes cuja objetividade independe sequer da existência do observador. Isso incrementa o aspecto *falível* de qualquer "descrição" feita da ordem jurídica, e afasta, com ainda mais vigor, a pertinência da expressão "dogmática" para designá-la.

Por outro lado, é impossível separar, no estudo de normas jurídicas, a consideração, também, de fatos e valores. E isso nada tem a ver com um suposto desprezo pelo elemento normativo. Afinal, para conhecer o sentido de um texto, é preciso conhecer a realidade a que ele se reporta, e as intenções pretendidas com ele.

Aliás, dada a influência que os fatos têm na própria determinação do sentido e do alcance dos textos normativos, a influência de múltiplas outras ramificações do conhecimento, que se ocupam dos fatos, é inevitável. Não há como saber se é válido um incentivo à fabricação ou ao uso de determinado produto, concedido sob a justificativa de que ele é menos poluente, se não se sabe se ele é, de fato, menos poluente, sendo outras ciências que poderão esclarecer isso e assim viabilizar a correta compreensão da norma jurídica que o veicula. O mesmo acontece com normas que tratam do início da vida, ou de procedimentos ligados ao seu término digno, e a influência da biologia e da medicina. Ou de normas que tratam de processos decisórios e as descobertas de neurociência a respeito de como o cérebro humano toma decisões.

Assim, a "Ciência do Direito Tributário" deve ocupar-se do fenômeno da tributação, tentando compreendê-lo normativamente, ou, por outras palavras, a partir de como as normas jurídicas vigentes determinam que ele deve acontecer. Para isso, deve proceder a uma análise falibilista dos textos normativos, cujo sentido há de ser determinado à luz dos fatos que disciplinam e dos objetivos a serem com eles alcançados, aberta a crítica e a posicionamentos divergentes[10]. Investigações feitas por outros ramos do conhecimento, como pela Economia, devem ser levadas em conta, na medida em que dizem respeito a uma realidade que, em última análise, foi artificialmente dividida para permitir várias abordagens apenas porque assim poderia ser melhor compreendida. O que não se pode é desprezar o tratamento dado a certos fatos pelo Direito em função de considerações econômicas, ou ligadas a qualquer outro ramo do conhecimento, o que é outra questão.[11]

2.4. FONTES DO DIREITO TRIBUTÁRIO

2.4.1. Explicações preliminares

O estudo das fontes do Direito Tributário exige que se esclareça, primeiro, de que "Direito" se está tratando, visto que essa palavra tem múltiplas significações, algumas intimamente relacionadas, mas ainda assim diversas.

Se por "direito" se compreender o conjunto de normas em vigor, também conhecido como ordenamento jurídico ou simplesmente ordem jurídica, conjunto que naturalmente deve

---

certos times *queiram*, seus clubes há anos não saem da série "c" do campeonato brasileiro de futebol, sendo inafastável para eles reconhecer esse *fato institucional*.

10 É assim que o estudioso do Direito deve se comportar, o que não significa dizer que esse é o comportamento que de fato é adotado por todos eles, sempre. Como adverte Souto Borges, "a afirmação do caráter provisório das teorias não tem nenhuma ressonância na doutrina brasileira", realidade que parece ter começado, ainda que timidamente, a mudar no período que se seguiu ao seu registro. Cf. BORGES, José Souto Maior. "Revisitando a isenção tributária". In: CARVALHO, Maria Augusta Machado de (Coord.). **Estudos de Direito Tributário em homenagem à memória de Gilberto de Ulhoa Canto.** Rio de Janeiro: Forense, 1998, p. 217.

11 Para abordagem mais detida do assunto, veja-se MACHADO SEGUNDO, Hugo de Brito. O Direito e sua Ciência. São Paulo: Malheiros, 2016.

ser compreendido à luz dos fatos que disciplina e dos objetivos a serem com ele alcançados, suas fontes serão os fatores que levam à elaboração de referidas normas. É o que, no plano da Teoria do Direito, se conhece por "fontes materiais", ou fontes do direito objetivo.

Entretanto, se por "direito" se compreender a faculdade de alguém, em determinado caso concreto, de comportar-se de determinada maneira, e não de outra, estar-se-á usando a palavra com o sentido de "direito subjetivo", o qual é fruto da incidência de uma norma sobre um fato. Nesse caso, suas fontes serão as normas, atreladas naturalmente à ocorrência dos fatos nelas previstos como necessários e suficientes para provocar sua incidência e com isso desencadear o direito de cuja "fonte" se cogita. São as chamadas "fontes formais" do Direito Tributário, ou fontes do direito subjetivo.

Quanto à relação entre fontes materiais e fontes formais, convém esclarecer que existe um meio, ou um filtro, que de algum modo dispõe sobre como as primeiras podem dar ensejo às segundas. Trata-se da Constituição[12], que estabelece como, por quais mecanismos, e até que ponto, aspectos econômicos, sociológicos, históricos, morais ou políticos podem penetrar no sistema jurídico e dar origem às normas que o integram[13].

2.4.2. Fontes materiais

A teor do que foi explicado, as fontes materiais do Direito Tributário são os fatores que conduzem à elaboração das normas que o veiculam, no plano hipotético, ou da abstração. Entendida a expressão "Direito Tributário" como parcela da ordem jurídica que disciplina a instituição e a cobrança de tributos, suas fontes são os aspectos de cunho histórico, econômico, político, religioso etc., que levam à elaboração dos textos normativos em matéria tributária.

A fonte do princípio da progressividade da tributação da renda, assim, são as ideias, hauridas da Economia e da Filosofia Política, segundo as quais a renda possui uma utilidade marginal, e a tributação mais pesada daqueles que recebem rendimentos mais elevados, além de realizar a igualdade material e o princípio da capacidade contributiva, ajudaria a conter o recebimento de rendimentos por valores muito elevados.

No que tange às regras constantes da LC 116/2003 relativamente à definição de estabelecimento prestador de serviço e do local em que se considera ocorrido o fato gerador do ISS, suas fontes são encontradas nas fraudes praticadas por contribuintes, na jurisprudência produzida em torno delas e nos problemas que essa jurisprudência criou, sobretudo para contribuintes que agiam corretamente, circunstâncias que conduziram o legislador a estabelecer critérios mais claros e objetivos a respeito dos conflitos de competência em matéria de imposto sobre serviços.

Esses são apenas dois exemplos, mas poderiam ser citados aqui inúmeros outros. A investigação de tais fontes materiais, convém frisar, não é característica de um estudo apenas político, sociológico, econômico ou histórico, sendo supostamente importante apenas para que se compreenda a origem das normas jurídicas vigentes, mas não para determinar seu sentido e alcance. Em verdade, a compreensão de tais fontes é muitas vezes essencial para que se confira ao texto normativo o sentido mais adequado, corrigindo-se os problemas que por meio dele se pretendem resolver. É importante, ainda, para que se proponha a correção de disposições normativas equivocadas, quando erradas se mostram suas bases e raízes.

---

12 LAPATZA, José Juan Ferreiro. **Direito Tributário** – Teoria geral do tributo. Barueri/Madrid: Manone/Marcial Pons, 2007, p. 43.

13 NEVES, Marcelo. **A constitucionalização simbólica**. São Paulo: Martins Fontes, 2007, p. 136-137.

2.4.3. Fontes formais

Por fontes formais, já se disse, se entendem os documentos, textos ou pontos de partida a partir dos quais se podem reconstruir as normas jurídicas que caracterizam o Direito Tributário enquanto objeto de estudo da Ciência do Direito Tributário, vale dizer, o conjunto ou subconjunto de normas jurídicas que disciplina a cobrança de tributos.

Essa, pelo menos, é a classificação feita pela literatura jurídica tradicional, que enumera fontes formais próprias, compostas pela lei (em sentido amplo, de modo a abranger todos os atos normativos escritos), pelos princípios gerais do direito e pelos costumes, e as fontes impróprias, que incluiriam a doutrina, nome dado à literatura especializada construída em torno do assunto, e a jurisprudência, conjunto de decisões proferidas pelos Tribunais a respeito dos assuntos disciplinados normativamente. Doutrina e jurisprudência seriam fontes impróprias por veicularem não propriamente normas jurídicas, mas contribuírem decisivamente na compreensão dos textos que as veiculam.

Caso se recorde, contudo, que as normas jurídicas são realidades institucionais, assim entendidas aquelas que são constituídas por regras pré-estabelecidas, fruto de um pacto intersubjetivo (combinemos que entre nós X vale como Y no contexto Z), não se tem o texto normativo como um dado bruto, análogo a um mineral no fundo de uma mina ou a um animal dentro de uma gaiola. O texto normativo é, ele próprio, uma realidade institucional, assim como são as letras, as palavras e as orações que o compõem, nessa ordem. Há uma sucessão de realidades institucionais, umas constituídas sobre ou a partir das outras. Isso faz com que a distinção entre fontes formais e fontes materiais se torne menos nítida do que parece do traçado feito pela literatura tradicional, visto que são as fontes materiais que fornecerão elementos indicativos do sentido a ser atribuído aos textos usualmente conhecidos como "fontes formais". Do mesmo modo, doutrina e jurisprudência, como fontes formais impróprias, não serão de tão fácil distinção relativamente ao texto normativo que interpretam, visto que elas, as fontes impróprias, indicam como os textos devem ser compreendidos de modo a que, deles, se extraiam - ou reconstruam - as normas tidas como fontes "formais próprias".

Quando se afirma que as fontes formais próprias são a lei, os princípios gerais e os costumes, se designa por "lei" - usada a palavra aqui em sentido muito amplo - todo ato normativo escrito, editado por autoridade competente, de modo a abranger o que o Código Tributário Nacional designa por legislação tributária, ou seja, o conjunto composto pelo texto constitucional, pelas emendas feitas a ele, e pelo texto de leis complementares, ordinárias, medidas provisórias, tratados internacionais, atos infralegais etc. (CTN, art. 96).

Quanto aos costumes, e aos princípios gerais do direito, destaque-se que o próprio CTN os arrola como fontes formais do Direito Tributário (CTN, art. 100, III e art. 108). A jurisprudência, por sua vez, embora definida como fonte "imprópria", tem ganhado importância cada vez maior no âmbito da ordem jurídica brasileira, o que se verifica a partir da importância dada aos precedentes, algo que já poderia ser observado no CPC anterior, e que se tornou mais evidente no CPC/2015.

E, de fato, em uma ordem jurídica que consagra princípios como o da igualdade, e, no caso do Direito Tributário - e Administrativo - da impessoalidade, da moralidade e da eficiência, não há justificativa para que duas pessoas em situação equivalente sejam sujeitas a tratamento diverso. Para que isso ocorra, a autoridade encarregada da aplicação da norma jurídica, seja ela administrativa ou judicial, deverá explicar a existência de particularidades no caso que reclamam a atribuição de tratamento diferente, ou esclarecer que conhece a existência de um entendimento anterior, mas que o está modificando, por considerá-lo equivocado, indicando as razões dessa mudança. Decisões anteriores não são razão para a inalterabilidade dos entendimentos nelas firmados, mas impõem um ônus argumentativo grande para quem o faz. Não é possível simplesmente ignorar decisões anteriores diferentes para casos análogos, e decidir novos casos de maneira diametralmente oposta, o que confere aos precedentes, sejam eles administrativos ou judiciais, papel talvez mais importante do que o de meras "fontes impróprias", a revelar a fluidez e a relatividade desta e, quem sabe, de toda distinção que se pretende estabelecer na realidade, seja ela bruta ou institucional.

2.5. TRIBUTO: CONCEITO E ESPÉCIES

2.5.1. Conceito de tributo

Na definição de Direito Tributário constante de itens anteriores desde livro, fez-se sempre alusão à cobrança de tributos, ou à obtenção de receitas tributárias, como sendo o traço capaz de conferir-lhe identidade. A distinção em relação ao Direito Financeiro, por exemplo, foi estabelecida dizendo-se que este trata do disciplinamento jurídico de toda a atividade financeira do Estado, de obtenção de receitas (com exceção das tributárias), de elaboração dos orçamentos, da dívida pública e da despesa pública, ao passo que o Direito Tributário disciplinaria a obtenção da receita *tributária*. Estão incompletas, portanto, tais explicações, enquanto não se definir o que se entende por *tributo*.

Como já salientado, as palavras não têm um significado que lhes seja dado pela natureza, previamente a qualquer obra do ser humano. Seu sentido é atribuído por quem as ouve ou lê, a partir do conhecimento de situações anteriores nas quais elas foram utilizadas, e, sobretudo, à luz do contexto em que atualmente empregadas. Daí serem acometidas, em regra, de imprecisões ligadas à ambiguidade e à vaguidade.

O mesmo se dá com a palavra *tributo*, que às vezes é usada para designar *(i)* a norma que institui o dever de pagar certa quantia ao Estado, *(ii)* a obrigação decorrente da incidência de tal norma, *(iii)* a quantia em dinheiro usada no adimplemento respectivo etc.[14] O primeiro desses sentidos é frequentemente empregado, no âmbito tributário, quando se cogita da "hipótese de incidência do tributo". O segundo, quando se cogita do "fato que gerou o tributo". Já o terceiro, mais frequente na linguagem coloquial, verifica-se quando se diz que "Nelson levou o cheque do tributo até o banco".

Na definição do art. 3º do Código Tributário Nacional (CTN), a palavra é usada para designar o objeto de uma obrigação de dar dinheiro ao Estado.

Nesse sentido, diz-se que sempre que o cidadão é compelido a pagar algo ao Poder Público, e não se trata de uma multa, de uma obrigação decorrente da vontade, nem de uma indenização, só pode se tratar de um tributo[15]. Essa compreensão do tributo à luz de outras figuras correlatas, que o define por exclusão, é relevante porque tem em conta o fundamento direto da cobrança, o qual encontrará limites imediatos nesse mesmo fundamento. Exemplificando, se se trata de obrigação de natureza contratual, os limites a serem observados em sua gênese e em sua quantificação estarão relacionados ao que livremente pactuaram as partes. Já se se estiver diante de uma indenização, o principal parâmetro a ser observado será a extensão do dano e o grau de culpa ou dolo do seu causador. No que tange às penalidades pecuniárias, o critério por excelência a ser usado em sua quantificação será a gravidade da infração que lhes justifica a cobrança, aliada à culpabilidade do infrator. Se a cobrança não se identificar com

---

[14] CARVALHO, Paulo de Barros. **Curso de Direito Tributário.** 12. ed. São Paulo: Saraiva, 1999, p. 19 e ss.

[15] ATALIBA, Geraldo. **Hipótese de Incidência Tributária.** 6. ed. São Paulo: Malheiros, 2001, p. 36.

nenhuma destas, seu fundamento será o poder de tributar, assumindo relevo a existência de normas que estabeleçam limites a essa cobrança, papel do Direito Tributário.

No Direito Brasileiro, a definição de tributo consta do já mencionado art. 3º do CTN, segundo o qual *tributo é toda prestação pecuniária compulsória, em moeda ou cujo valor nela se possa exprimir, que não constitua sanção de ato ilícito, instituída em lei e cobrada mediante atividade administrativa plenamente vinculada.*

A palavra *toda*, a rigor desnecessária, reforça a ideia de que qualquer prestação que se enquadre nos demais aspectos da definição é tributo. Isso é útil para lembrar a natureza jurídica de algumas figuras não definidas ou referidas expressamente no CTN, como as contribuições. Poder-se-ia criticar a remissão a "toda" prestação, com o argumento de que existem algumas, como os *royalties* pagos à União pela exploração de petróleo, que não são tributo. O problema, porém, não está no "toda", palavra que se pressupõe no início da definição. Do contrário, aliás, não se estaria diante de uma definição, caracterizada por traçar linha divisória entre o que é tributo e o que não é, mas apenas à frente de exemplificações de algumas características não exaustivas do tributo. O problema está na incompletude da própria definição, que deve ser vista em conjunto com aquela veiculada no art. 9.º da Lei 4.320/64, diploma que veicula normas gerais de Direito Financeiro segundo a qual o tributo é *receita pública derivada*[16], vale dizer, receita decorrente de riqueza produzida por agente econômico diverso do Estado e por ele arrecadada (daí dizer-se "derivada", porque oriunda de riqueza gerada por terceiro), característica que os royalties, decorrentes da exploração do patrimônio do próprio Estado (e, portanto, receita originária), não têm.

Toda definição encontra dificuldades dessa ordem, até por conta da inexistência de distinções estanques entre as parcelas que compõem a realidade[17]. Nessa ordem de ideias, se o mundo, seja ele natural ou cultural, é vago e fluido, não se pode exigir das palavras e das expressões, que fazem remissão a esse mundo, que sejam dotadas de absoluta precisão.

Prestação pecuniária significa que o tributo é o objeto de uma obrigação de dar dinheiro, ou de pagar. A explicitação *em moeda ou cujo valor nela se possa exprimir* é uma redundância disso, a dizer que o tributo terá seu montante expresso em moeda. Note-se que a regra é o tributo ser pago em dinheiro, não havendo direito subjetivo do contribuinte de pagá-lo *in natura* (com bens), ou *in labore* (com trabalho). Tributos *in natura* e *in labore* já existiram no passado, podendo ser citado *o quinto* incidente sobre o ouro, durante a colonização brasileira: pagava-se o tributo com parte (1/5) do ouro a ser fundido, não tendo relevância saber qual o valor ou a cotação do ouro em face da moeda então em circulação. Algo semelhante se dava, na Antiguidade, quando o agricultor tinha de dar parte de sua colheita ao Imperador ou ao Faraó.

A eventual possibilidade de quitação do tributo por dação em pagamento de bens imóveis (CTN, art. 156, XI) é exceção que só confirma esta regra, pois depende de expressa disposição de lei que a autorize. Além disso, mesmo nesse caso, o bem terá de ser *avaliado* conforme o valor do tributo, necessariamente expresso em moeda, não se tratando efetivamente de um tributo *in natura*. O mesmo pode ser dito das hipóteses de adjudicação de bens em execução fiscal, vale dizer, daquelas situações nas quais a Fazenda promove execução fiscal contra um contribuinte, vê realizada a penhora de seus bens e, em vez de tê-los vendidos em leilão para

---

16 O art. 9º da Lei 4.320/64 dispõe: "Tributo é a receita derivada instituída pelas entidades de direito público, compreendendo os impostos, as taxas e contribuições nos termos da constituição e das leis vigentes em matéria financeira, destinando-se o seu produto ao custeio de atividades gerais ou especificas exercidas por essas entidades."

17 DEEMTER, Kees Van. **Not exactly**. In Praise of vagueness. Oxford: Oxford University Press, 2010, p. 9.

a obtenção do dinheiro necessário à satisfação da dívida, apropria-se deles como forma de quitação do débito. Também neste caso, além de não haver o direito subjetivo do contribuinte a essa modalidade de quitação, que depende da anuência do Fisco e da presença de uma série de outras condições, o bem precisa ser avaliado a fim de que se afira sua correspondência ao valor – expresso em moeda – do tributo.

A *compulsoriedade*, é importante ressaltar, não diz respeito apenas à "obrigatoriedade" de seu pagamento. Afinal, essa "obrigatoriedade" não é privativa do tributo, visto que o pagamento de uma prestação contratual (*v.g.*, o preço, em um contrato de compra e venda) também é "obrigatório", embora fruto de um acordo de vontades. Na verdade, a compulsoriedade que diferencia e qualifica o tributo diz respeito ao nascimento do respectivo dever jurídico. Ao contrário da obrigação contratual, a obrigação tributária não tem a vontade como ingrediente *formador*.[18] Não é "gerada" por uma manifestação de vontade. Isso faz com que a capacidade tributária passiva (capacidade para ser contribuinte ou responsável pelo tributo) independa da capacidade civil, porquanto esta se relaciona com a possibilidade de emitir validamente a vontade. Daí serem devidos tributos mesmo por pessoas físicas incapazes, ou por pessoas jurídicas constituídas de forma irregular, por exemplo (CTN, art. 126).

Poder-se-ia dizer que, quando o tributo tem como fato gerador um negócio jurídico (*v.g.*, imposto incidente sobre a transmissão de um imóvel), seu fato gerador seria a "vontade" exprimida no citado negócio jurídico, o que demonstraria que o tributo não seria "compulsório". Não é bem assim, contudo. Como explica Amílcar de Araújo Falcão, "de tais classificações não se deve deduzir que a vontade das partes – num negócio jurídico considerado como fato gerador – seja tomada em Direito Tributário como causa eficiente do débito do tributo. Tal vontade é considerada, em matéria fiscal, apenas como elemento objetivo, descritivo do fato gerador: despe-se, por conseguinte, de todo o seu caráter valorativo, ou seja, perde o seu conteúdo negocial".[19] Por isso mesmo, aliás, o tributo será devido, caso tenha por "fato gerador" a celebração de um contrato, ainda que neste a vontade não tenha sido validamente expressa, incorrendo-se assim em invalidade à luz do Direito Privado. Desde que, *de fato*, os efeitos do contrato tenham sido produzidos (v.g., uma venda feita por incapaz que não chegou a ser desfeita por isso), o tributo será devido (CTN, art. 118, I).

Um exemplo poderá ajudar a compreender a distinção entre uma obrigação gerada pela vontade, e de outra, na qual o elemento volitivo não é relevante. Imagine-se que um cidadão vai até uma concessionária de veículos, e adquire um carro novo. Depois de alguma negociação, chegam a um acordo quanto ao preço, e fecham o negócio. Algum tempo depois, o cidadão é comunicado de que terá de pagar o imposto sobre a propriedade de veículos automotores, o IPVA. Ele não poderá dizer, nesse momento, que não sabia desse ônus e de que ele não havia sido mencionado na negociação feita com o vendedor, para com isso legitimamente se recusar a pagá-lo, pois se trata de prestação decorrente da lei, e do fato nela previsto (a propriedade do veículo que passou a ser seu). Suponha-se, então, que, posteriormente, é apresentada para o mesmo cidadão uma cobrança adicional por uma "garantia estendida", ou pela colocação de "película" nos vidros do carro. Nesse caso, sim, como são obrigações de cunho contratual, decorrentes de acordo de vontades, ele poderá dizer que não quer a garantia estendida, tampouco a colocação de películas, e que, ademais, nada disso fora mencionado ou pactuado com o vendedor ou com qualquer outra pessoa, legitimamente opondo-se à cobrança correspondente.

---

18 Nesse sentido: BECHO, Renato Lopes. **Lições de Direito Tributário – teoria geral e constitucional.** São Paulo: Saraiva, 2011, p. 67.

19 FALCÃO, Amílcar de Araújo. **Fato gerador da obrigação tributária.** 7. ed. Rio de Janeiro: Forense, 2002. p. 37.

É também em razão da compulsoriedade do tributo, ligada à irrelevância da vontade para o nascimento do vínculo obrigacional, que eventual "confissão" do contribuinte é inócua para o efeito de tornar devida uma exigência tributária. Como ensina Pontes de Miranda, "só existe confissão de fato, e não de direito; o direito incide: está, portanto, fora da órbita da confissão. Ninguém confessa que o contrato é de mútuo ou de hipoteca, confessa fatos de que pode resultar tratar-se de mútuo, ou de hipoteca".[20] Por isso mesmo, Hugo de Brito Machado adverte que a utilidade da confissão reside unicamente "em inverter o ônus da prova. Comprovado o fato, pela confissão, fica a Administração Tributária dispensada de produzir qualquer outra prova do fato cujo acontecimento gerou a dívida".[21]

É preciso interpretar e aplicar as disposições jurídicas coerentemente. Se a vontade do contribuinte é irrelevante para fazer nascer a obrigação tributária, isso há de ser considerado não apenas para dizer que o tributo será devido sempre que seu fato gerador tiver acontecido, sobre ele incidindo a norma legal correspondente, ainda que ausente o componente volitivo. Do mesmo modo, por óbvio, é preciso reconhecer que o tributo *não será devido* caso o fato gerador não tenha ocorrido, ou não seja válida a norma legal correspondente que sobre ele incide, ainda que presente o elemento volitivo, ou a vontade. Se é irrelevante para evitar o nascimento, também o é para ensejar esse nascimento.

Na jurisprudência do Superior Tribunal de Justiça (STJ),[22] admite-se que o contribuinte, mesmo tendo "confessado" a existência de uma dívida tributária, discuta judicialmente a sua validade. Equivocadamente, porém, só se admite essa rediscussão se fundada em argumentos "de direito", vedando-se qualquer questionamento fático. Com todo o respeito, essa distinção é equivocada, pois se o tributo é inválido, a vontade do contribuinte não terá o condão de convalidá-lo, pouco importando se a invalidade decorre de equívoco na interpretação das normas aplicáveis, ou de incorreta determinação dos fatos pertinentes. Em qualquer caso, ter-se-á norma equivocadamente aplicada a fatos sobre os quais, a rigor, não seria aplicável, não tendo a confissão o condão de mudar isso. Ela deveria, quando muito, como já dito, gerar a presunção de que os fatos dos quais decorre a obrigação "confessada" ocorreram, deixando sempre aberta a possibilidade de o contribuinte provar o contrário. O equívoco do aludido entendimento do STJ não está em associar a confissão a um meio de prova dos elementos de fato que embasam um lançamento, mas em tê-la como algo capaz de gerar presunção absoluta e afastar qualquer outra prova em contrário produzida em juízo.

O fato de o tributo não poder constituir *sanção de ato ilícito*, por sua vez, é o traço que o diferencia da penalidade. Se a prática de um ilícito fosse indispensável ao surgimento da obrigação de pagar, esta obrigação diria respeito a uma penalidade pecuniária (multa), e não a um tributo. A hipótese descrita em lei como necessária ao surgimento da obrigação tributária há de ser algo *lícito*, ou, mais propriamente, uma situação na qual a ilicitude não é componente essencial.

Mas é preciso fazer uma ressalva importante. A ilicitude não pode ser prevista em lei como condição necessária a que o tributo seja devido, mas isso não impede que esteja presente, de modo adicional e circunstancial, quando da ocorrência do fato que faz nascer o dever de pagar esse mesmo tributo. Imagine-se, por exemplo, que um sujeito preste serviços médicos (algo que, *em tese*, é lícito, estando previsto como hipótese de incidência da norma que cuida do

---

20 MIRANDA, Pontes de. **Comentários ao Código de Processo Civil**. 3. ed. atualização legislativa de Sérgio Bermudes, Rio de Janeiro: Forense, 2001. t. IV, p. 320.

21 MACHADO, Hugo de Brito. Confissão de dívida tributária. **Revista Jurídica LEMI**, Belo Horizonte: Lemi, nº 184, p. 10, mar. 1983.

22 STJ, 1ª S., REsp 1.133.027/SP, Rel. p/ Acórdão Min. Mauro Campbell Marques, Primeira Seção, julgado em 13/10/2010, *DJe* 16/3/2011.

imposto sobre serviços), mas o faz não tendo concluído o curso de Medicina nem se habilitado junto ao Conselho de Medicina (circunstâncias que tornam ilícita a prestação do serviço). A ilicitude, nesse caso, será irrelevante para fins tributários (CTN, art. 118, I), e o imposto será devido. Confira-se, a esse respeito, o acórdão do STF no julgamento do HC nº 77.530/RS, no qual se considerou válida a exigência de tributos sobre os rendimentos obtidos com o tráfico de drogas.[23] Em outra ocasião, citando de modo expresso o HC 77.530/RS, o Supremo Tribunal Federal reiterou que a "jurisprudência da Corte, à luz do art. 118 do Código Tributário Nacional, assentou entendimento de ser possível a tributação de renda obtida em razão de atividade ilícita, visto que a definição legal do fato gerador é interpretada com abstração da validade jurídica do ato efetivamente praticado, bem como da natureza do seu objeto ou dos seus efeitos. *Princípio do non olet.* Vide o HC nº 77.530/RS..." (HC 94.240/SP, *DJ* 13/10/2011). O que não pode ocorrer, repita-se, é de a ilicitude ser elemento essencial e indispensável ao nascimento da obrigação tributária, estando descrita em lei como necessária ao seu surgimento (p. ex., se fosse criado um tributo para ser pago especificamente por aqueles que exercitam irregularmente a medicina...), pois, assim sendo, repita-se, ter-se-á uma multa, e não um tributo.

Por outras palavras, a ilicitude não pode ser elemento da *hipótese de incidência* da norma jurídica tributária, ou seja, um elemento suficiente e necessário à incidência da norma e ao surgimento da obrigação, pois nesse caso estar-se-á diante de uma multa. Mas pode, não estando previsto na hipótese de incidência, eventualmente, surgir, como um elemento adicional (e, para esse efeito, irrelevante), quando da realização do *fato gerador*, que nada mais é que a concretização ou a materialização da referida hipótese.

Esclareça-se, por óbvio, que, quando se diz ser irrelevante a ilicitude, não se pretende significar que ela não deva ser punida ou combatida; apenas ela não interfere no nascimento da obrigação tributária, sendo irrelevante nesse sentido.

Instituída em lei significa que o dever de pagar o tributo, em face do princípio da legalidade, deve ser necessariamente veiculado em ato normativo editado pelo Poder Legislativo sob esse rótulo, dentro do processo determinado pela Constituição para essa finalidade. Trata-se de decorrência da ideia de *no taxation without representation*, subjacente ao Estado de Direito.

Dependendo da concepção que se tiver de *Estado de Direito*, pode-se mesmo dizer que ela encerra um pleonasmo, pois todo Estado é, por definição, "de Direito", sendo, aliás, Estado e Direito as duas facetas da mesma realidade. Essa, como se sabe, é a concepção de Hans Kelsen[24]. Pode-se, porém, fazer uma crítica a ela, pois, caso se entenda o Estado de Direito como aquele submetido a normas *pré-estabelecidas*, princípios como o da separação dos poderes e o da irretroatividade das leis, ainda que com configurações ou desdobramentos diferentes em cada caso, devem de algum modo ser respeitados. Do contrário, não se poderá sequer cogitar de normas prévias às quais o Estado – através de seus agentes – se submete, notadamente porque ele poderá alterar, de forma unilateral e retroativa, toda norma que desejar descumprir[25].

---

23 STF, 1ª T., HC 77.530/RS, Rel. Min. Sepúlveda Pertence, j. em 25/8/1998, v. u., *DJ* de 18/9/1998, p. 7.

24 Kelsen, como se sabe, equipara *Direito* e *Estado,* explicando os três elementos deste – povo, território e poder – como sendo também os três elementos daquele – destinatários da ordem jurídica, âmbito espacial de vigência da ordem jurídica e eficácia da ordem jurídica (KELSEN, Hans. **Teoria pura do direito.** Tradução de João Baptista Machado. 6. ed. São Paulo: Martins Fontes, 2000, p. 317 a 321; *Id.* **Teoria geral do direito e do Estado.** Tradução de Luis Carlos Borges. São Paulo: Martins Fontes, 2000, p. 261 e ss.), criando, no dizer de Herman Heller, uma "teoria do Estado sem Estado" (HELLER, Herman. **Teoria do Estado.** Tradução de Lycurgo Gomes da Motta. São Paulo: Mestre Jou, 1968, p. 78).

25 Por isso mesmo, Rodolfo Spisso considera a irretroatividade das leis uma consequência lógica e necessária do próprio princípio da legalidade. SPISSO, Rodolfo R. **Derecho Constitucional Tributario.** Buenos Aires: Depalma, 1993, p. 188.

O fenômeno da tributação revela isso com clareza. A exigência de que o tributo seja instituído em lei faz com que o Poder Executivo não possa exigi-lo conforme seus apetites, havendo o estabelecimento de normas prévias por parte de um órgão, diverso, e independente daquele encarregado da cobrança do tributo. Quando há maior representatividade por parte do Legislativo, o que nem sempre é o caso, se pode dizer, adicionalmente, embora em sentido figurado ou metafórico, que o tributo foi consentido, não pelo contribuinte individualmente, mas pela sociedade, globalmente, pois esta elegeu os parlamentares que aprovaram a lei.

A instituição de tributos por medida provisória será abordada oportunamente, em item dedicado de forma específica ao princípio da legalidade, mas de logo se pode adiantar que a medida provisória pode instituir tributos, excepcionalmente e observadas as limitações e exceções previstas na Constituição, porque tem *força de lei*, o que significa ter a aptidão de tratar de tudo o que a lei teria competência para disciplinar, respeitadas as ressalvas constantes do próprio texto constitucional apenas.

A necessidade de que o tributo seja instituído em lei faz, ainda, com que todos os elementos da norma tributária devam constar do texto legal, ou devam ser passíveis de (re) construção a partir dele. Não basta que a lei *refira* a instituição de um tributo, deixando aos atos infralegais a tarefa de estabelecer suas hipóteses de incidência, alíquotas, bases de cálculo etc. Observadas as exceções previstas na Constituição - que dizem respeito apenas às alíquotas de certos tributos - todos os elementos do antecedente e do consequente da norma tributária devem constar do texto legal, sendo possível, de sua análise, identificar quem pagará o tributo (sujeito passivo), em que montante (alíquota e base de cálculo, ou outro critério de determinação do valor, que pode até ser fixo e estar indicado na lei), a qual entidade (sujeito ativo), e em quais hipóteses (elemento nuclear da hipótese de incidência). É o que didaticamente dispõe o art. 97 do CTN. Assim, ressalvadas as exceções previstas na Constituição, a ausência de um desses elementos do texto legal, que tornar necessária o suprimento da omissão por atos infralegais (de modo a viabilizar a cobrança do tributo), não será possível afirmar que o tributo fora *instituído* por lei, sendo forçoso concluir por sua invalidade.

Mas não só. A *legalidade*, inerente à exigência de tributos, impõe à autoridade o máximo esforço na determinação da verdade quanto à ocorrência dos fatos a serem tributados. De nenhum valor seria a garantia de que os tributos somente podem ser exigidos nos termos da lei, se não houvesse rigor quanto ao dever da autoridade de demonstrar, em cada caso, que os fatos previstos na lei como necessários e suficientes a que o tributo possa ser exigido efetivamente aconteceram. Assim, além de o ônus da prova de que o fato gerador da obrigação tributária ocorreu ser da autoridade da administração tributária, a produção de provas não pode ser jamais vista como um favor ou um benefício concedido ao contribuinte. Trata-se, como dito, de uma decorrência do dever de esclarecimento da verdade quanto aos fatos, o qual, por sua vez, decorre do próprio princípio da legalidade tributária. Do contrário, embora a lei estipule as situações nas quais o tributo deve ser exigido, a autoridade terminaria por exigi-los em outras, diversas daquelas previstas na lei.

Finalmente, com a expressão *cobrada mediante atividade administrativa plenamente vinculada*, a definição legal de tributo torna claro que o tributo é cobrado pelo Poder Público, pois só este exerce "atividade administrativa". E nem poderia ser diferente, pois se trata de uma das espécies de receita pública, embora na contemporaneidade comecem a surgir exceções a essa regra, das quais se cuidará oportunamente.

Essa atividade há de ser plenamente vinculada, ou seja, não há margem para escolhas "discricionárias" das autoridades fiscais. Um fiscal não pode cobrar tributo conforme lhe pareça conveniente e oportuno, mas nos estritos termos fixados em lei. Eventualmente ocorre, é certo, diante da inevitável vaguidade ou da ambiguidade de textos normativos, de aparentemente existir uma liberdade do intérprete na interpretação da lei tributária, que poderia ser confundida com uma "atividade administrativa discricionária". Não se trata, porém, de discricionariedade. É realmente comum, no campo da Teoria do Direito, a referência, principalmente por autores positivistas, a esse "poder discricionário"[26], como sendo a inevitável liberdade do aplicador de uma norma jurídica entre os sentidos possíveis a serem atribuídos ao texto correspondente. A expressão, porém, é aí empregada em sentido bem diverso daquele que tem no campo do Direito Administrativo, quando designa a atividade dentro da qual o agente público tem liberdade para decidir, conforme juízo de conveniência e oportunidade, a respeito do objeto e dos motivos do ato administrativo a ser praticado. Assim, ainda que exista o "poder discricionário" a que aludem os autores positivistas, e que ele seja insuprimível nas autoridades da administração tributária, diante da imprecisão e da vaguidade da linguagem utilizada nos textos normativos, isso não faz discricionária a atividade administrativa por eles desempenhada.

A liberdade conferida pela imprecisão dos textos normativos – que deve ser reduzida, tanto quando possível, pelas chamadas "normas complementares" previstas no art. 100 do CTN – é apenas aparente, pois, diversamente do que se dá no exercício do autêntico poder discricionário, a escolha feita pela autoridade que exerce atividade vinculada, diante de texto impreciso, poderá ser considerada equivocada pela autoridade superior, ou pelo Poder Judiciário, os quais podem considerar que o sentido correto do texto é outro, diverso daquele atribuído pela autoridade correspondente.[27]

Percebe-se, da análise do conceito de tributo, que ele possui elementos descritivos, e outros prescritivos. O tributo, como realidade institucional, somente pode ser considerado como validamente instituído quando todos os elementos da definição em comento forem atendidos, além de respeitadas as demais normas da ordem jurídica que tratam da competência tributária e de seus limites. Mas pode ocorrer de ele ser instituído de maneira deficiente, preenchendo parte, mas não todos, os elementos da definição. Se for instituída exação que não tem natureza contratual (sendo, assim, prestação pecuniária compulsória), que não consiste em indenização tampouco em penalidade pecuniária (não constituindo, desse modo, sanção), ela terá natureza tributária, no sentido de que deverá submeter-se às regras inerentes à criação e à cobrança de tributos. Há o risco, porém, de, mesmo sendo tributo, ela (indevidamente) não ser instituída em lei, ou sua cobrança dar-se por intermédio de atividade discricionária. Nesse caso, ter-se-á *tributo indevido*, mas que, ainda assim, será tributo (visto não se tratar de prestação contratual, indenização ou penalidade). Do contrário, se assim não fosse, não existiriam tributos indevidos e as limitações constitucionais ao poder de tributar não teriam sentido algum: bastaria criar um tributo por decreto para que se pudesse usar a justificativa de que ele "não seria tributo", por não ter sido criado em lei nos termos do art. 3.º do CTN, não se sujeitando assim ao princípio da legalidade. Há de se ter atenção, como dito, para o fato de que o referido artigo possui elementos descritivos e elementos prescritivos, sendo inválida a exação que se caracterize como tributo por preencher os primeiros, mas se mostre como tributo inválido por não atender aos últimos.

---

26 HART, Herbert L. **O conceito de direito**. 3. ed. Tradução de A. Ribeiro Mendes. Lisboa: Fundação Calouste Gulbenkian, 2001, p. 335.

27 Não que no âmbito do poder discricionário não possa haver revisão pela autoridade superior, ou pelo Judiciário. O que ocorre, porém, é que essa revisão, no âmbito da atividade discricionária, é excepcional, em regra não sendo possível se a autoridade houver exercido a sua escolha dentro dos parâmetros legalmente estabelecidos. Confira-se, a propósito: MACHADO, Hugo de Brito. **Comentários ao Código Tributário Nacional**. 3. ed. São Paulo: Atlas, 2015, v. 1, p. 90-91.

É importante, ainda, em item dedicado ao conceito de tributo, esclarecer o significado de algumas palavras a ele relacionadas, as quais até já foram utilizadas em itens anteriores, e o serão ainda muitas outras vezes ao longo deste livro, mas com a qual o leitor não iniciado pode não estar ainda familiarizado.

Diz-se *hipótese de incidência* a descrição, contida na norma jurídica, da situação de fato que, se e quando acontecer, provoca a incidência da norma e a produção de efeitos jurídicos, a saber, a irradiação de direitos e obrigações. Todas as normas, inclusive as não jurídicas, têm suas hipóteses de incidência, não sendo uma particularidade das normas jurídicas, ou mesmo das normas jurídicas que tratam da instituição de tributos.

Fato gerador, por sua vez, é expressão que, embora muitas vezes usada como sinônimo de "hipótese de incidência", designa a ocorrência, no mundo dos fatos, da situação descrita na norma como necessária e suficiente à sua incidência. Em termos mais simples, é a hipótese de incidência, quando efetivamente concretizada.

Por *base de cálculo*, a sua vez, se designa a grandeza econômica sobre a qual o valor devido a título de tributo, quando não é fixado diretamente pela lei, deverá ser, em cada caso, calculado. A base de cálculo consiste, em rigor, na dimensão econômica da situação que configura a hipótese de incidência da norma tributária. Assim, por exemplo, se a norma tributária tem por hipótese de incidência a propriedade imobiliária urbana, a base de cálculo do tributo será o valor do imóvel. Se a hipótese de incidência é a aquisição da disponibilidade de renda e proventos de qualquer natureza, a base de cálculo do tributo assim instituído deverá ser o montante da renda, e assim por diante. Deve haver, necessariamente, essa relação, sob pena de desnaturação do tributo: um imposto sobre a propriedade imobiliária que seja calculado sobre o valor dos automóveis de um contribuinte será um imposto sobre a propriedade de automóveis, disfarçado de imposto sobre a propriedade imobiliária. É importante ter isso em mente, notadamente no que tange às taxas, não raro instituídas como impostos disfarçados, apesar da proibição – meramente didática – prevista no art. 145, parágrafo segundo, da CF/88.

Alíquota, a seu turno, é a parcela da base de cálculo a ser tomada, na quantificação do valor devido. Exemplificando, se a norma tributária incide sobre a aquisição de renda, tendo o montante da renda como base de cálculo, a alíquota será o percentual dessa renda a ser colhido, a título de tributo. As alíquotas são geralmente estabelecidas em termos percentuais, dizendo-se, nesse caso, que são *ad valorem*. Pode ocorrer, porém, de se instituírem alíquotas *específicas*, assim entendidas aquelas que tomam como parâmetro outro elemento da hipótese de incidência que não seu aspecto econômico. É o que acontece quando o tributo toma como critério o peso, ou o volume do produto a ser tributado, algo que eventualmente se verifica com tributos incidentes sobre algumas bebidas, sendo devidos por quantias variáveis a partir do litro de bebida vendido, e não por seu valor (*v.g.*, R$ 2,00 por cada litro de cerveja vendido). Embora previstas no CTN, e empregadas em relação a certos tributos com função marcadamente extrafiscal, as alíquotas específicas podem ser consideradas contrárias ao princípio da capacidade contributiva, configurando forma oblíqua de instituição de "pautas fiscais", sendo, assim, de validade duvidosa.

2.5.2. Espécies de tributo

2.5.2.1. Classificações possíveis

Classificar nada mais é que dividir objetos em grupos ou classes diferentes, a partir de algum critério previamente escolhido. São infinitas, portanto, as possibilidades de classificação de quaisquer objetos, a depender da imaginação e da criatividade de quem as leva a efeito.

Com relação aos tributos não é diferente. Poderiam ser classificados a partir da arrecadação que geram, da competência do ente público para os instituir (federais, estaduais, municipais), do tipo de riqueza alcançada (patrimônio, renda, consumo etc.), e assim por diante.

A classificação mais comumente utilizada, e também mais útil, para os propósitos de um livro sobre Direito Tributário, parece ser a que os divide conforme o *regime jurídico* que lhes é aplicável, agrupando-os nas seguintes *espécies*: impostos, taxas, contribuições de melhoria, contribuições e empréstimos compulsórios.

2.5.2.2. Impostos

O imposto é o tributo cuja obrigação tem por fato gerador uma situação independente de qualquer atividade estatal específica, relativa ao contribuinte (CTN, art. 16). Isso significa que o imposto é aquele tributo devido em virtude da prática, pelo contribuinte, de um fato que revela capacidade para contribuir, revela riqueza, mas que não tem nenhuma relação com atividades estatais específicas. A hipótese de incidência da norma que cria um imposto, realmente, é sempre uma situação relacionada com o contribuinte (auferir renda, ser proprietário de imóveis, ou de veículos, comercializar mercadorias, realizar importação etc.)[28], e não com uma atuação estatal. Daí dizer-se que o imposto é um tributo *não vinculado*, pois o nascimento da obrigação de pagá-lo não está vinculado, nem ligado, à existência de uma atividade ou atuação estatal específica, relacionada com o contribuinte.

Mas por isso não se deve afirmar que a "não vinculação" que caracteriza o imposto significa que o "produto de sua arrecadação" não pode ser vinculado a uma finalidade ou a uma despesa específica. É correto que o produto arrecadado com impostos realmente não pode ser legalmente vinculado a fundos ou despesas específicos, mas isso se deve a uma vedação constitucional expressa (CF/88, art. 167, IV), uma norma de Direito Financeiro, e não à natureza específica do imposto em si mesma. Para confirmá-lo, basta conferir o art. 4º do CTN.

Vale lembrar, a propósito, que a base de cálculo de um tributo, por um dever de coerência, deve corresponder, sempre, ao seu fato gerador *economicamente dimensionado*. Afinal, a base de cálculo, ou *base imponível*, nada mais é que "uma perspectiva dimensível do aspecto material da h.i. que a lei qualifica, com a finalidade de fixar critério para a determinação, em cada obrigação tributária concreta, do *quantum debeatur.*"[29]. Nas palavras de Alfredo Augusto Becker, a base de cálculo de um tributo é a parcela nuclear de sua hipótese de incidência, a partir da qual, transformada em cifra[30] e submetida à aplicação da alíquota, obtém-se o montante do tributo devido[31]. Não é logicamente possível, portanto, haver discrepância entre tais elementos.[32]

---

28 COSTA, Ramón Valdés. **Curso de derecho tributario**. 2. ed. Buenos Aires: Depalma, 1996, p. 104.

29 ATALIBA, Geraldo. **Hipótese de incidência tributária**. 6. ed. São Paulo: Malheiros, 2001, p. 108.

30 Muitos autores, a propósito, denominam "núcleo do fato gerador', ou "elemento nuclear do fato gerador", essa realidade a que Becker chama de "base de cálculo", preferindo usar essa última denominação para o produto de sua transformação em cifra. Seja como for, o importante é perceber a estreita relação que deve haver entre a hipótese de incidência do tributo e a sua base de cálculo. Para uma explicação a respeito do uso do termo "base de cálculo" por Alfredo Augusto Becker, confira-se ROCHA, Valdir de Oliveira. **Determinação do montante do tributo**. São Paulo: Dialética, 1995, p. 116.

31 BECKER, Alfredo Augusto. **Teoria geral do direito tributário**. 3. ed. São Paulo: Lejus, 1998, p. 329.

32 BECKER, Alfredo Augusto. **Teoria geral do direito tributário**. 3. ed. São Paulo: Lejus, 1998, p. 373. No mesmo sentido: ROCHA, Valdir de Oliveira. **Determinação do montante do tributo**. São Paulo: Dialética, 1995, 109; CARVALHO, Paulo de Barros. "A definição da base de cálculo como proteção

Assim, se o imposto tem por fato gerador a propriedade imobiliária, sua base de cálculo não pode ser nada diverso do valor do imóvel a ser tributado. O mesmo pode ser dito do imposto incidente sobre a renda, que tem o montante dessa renda como base de cálculo. Daí a remissão, meramente didática, do art. 145, § 2º, da CF/88, segundo o qual as taxas não podem ter base de cálculo própria de impostos. Afinal, se uma taxa tiver base de cálculo de imposto, também seu fato gerador será típico de imposto. Como é o fato gerador o elemento que diferencia essas duas espécies, em uma situação assim estar-se-ia diante de um imposto disfarçado.

2.5.2.3. Taxa

Nos termos do art. 77 do CTN, as taxas são tributos que têm como fato gerador o exercício regular do poder de polícia, ou a utilização, efetiva ou potencial, de serviço público específico e divisível, prestado ao contribuinte ou posto à sua disposição.

Como se vê, diferentemente dos impostos, as taxas são devidas em face da ocorrência de um fato diretamente ligado, ou *vinculado*, a uma atuação estatal. Seu "fato gerador" não é uma atividade realizada pelo contribuinte (auferir renda, comercializar mercadorias etc.), mas sim algo relacionado a uma atuação do Poder Público (prestação de serviços ou exercício do poder de polícia).

Percebe-se que a distinção entre impostos e taxas reside no fato gerador da respectiva obrigação. Como observa Amílcar de Araújo Falcão, "os fatos geradores dos impostos são, sempre, acontecimentos (fatos, atos, negócios) que denotem, simplesmente, uma capacidade econômica: venda, consignação, exportação, produção, rendimento ou renda. Na taxa, o fato gerador tem que ser uma ocorrência relacionada com a utilização, provocação, ou disposição do serviço ou atividade do Estado: invocação do funcionamento da justiça, regularização de instrumento de medida e pesagem etc. Pouco importará o *nomen juris* que o legislador confira a determinado tributo. Não seria taxa o tributo cobrado sobre vendas, compras, consignações, exportações, importação, produção, pelo simples fato de o legislador assim denominá-lo e vincular seu produto à dotação orçamentária do serviço de caça e pesca, de proteção aos índios ou qualquer outro. Tal tributo assim cobrado será sempre, do ponto de vista jurídico, um imposto".[33]

Do mesmo modo, não importa, para diferenciar taxas e impostos, perquirir o destino legal do produto da arrecadação, a teor do que explicita o art. 4.º, II, do CTN. Se um tributo for criado, tendo como fato gerador a venda de mercadorias por parte de estabelecimentos comerciais, e, consequentemente, tendo por base de cálculo o valor das operações de venda, estar-se-á diante de um imposto, e não de taxa, ainda que a exação seja batizada de algo como "taxa sobre vendas" e tenha o produto de sua arrecadação destinada ao custeio deste ou daquele serviço público[34]. Essa é a razão, como se viu no item anterior, pela qual as taxas não podem ter base de cálculo própria de impostos. Sendo a base de cálculo o próprio "fato gerador" transformado em moeda, uma taxa que tenha base de cálculo de imposto terá, por igual, fato gerador próprio de imposto. Será, portanto, um imposto, apenas com o rótulo de taxa.

Note-se que a atuação estatal que justifica a cobrança da taxa deve ser especificamente relacionada ao contribuinte. Por isso, quando se tratar de serviço público, este deve ser

---

constitucional do contribuinte". In: ASOREY, Rubén O. (Dir.). **Protección constitucional de los contribuyentes.** Madri/Barcelona: Marcial Pons, 2000, p. 69.

33 FALCÃO, Amílcar de Araújo. **Introdução ao direito tributário.** 6. ed. atualizada por Flávio Bauer Novelli. Rio de Janeiro: Forense, 1999. p. 118-119.

34 Nesse sentido: GIANNINI, A. D. **Istituzioni di Diritto Tributario.** 4. ed. Milano: Giuffrè, 1948, p. 38.

específico, e divisível, ou seja, deve ser possível determinar a qual contribuinte o serviço está sendo prestado, e quanto desse serviço está sendo aproveitado, utilizado ou posto à disposição desse mesmo contribuinte, individualmente, até para que seja possível dimensionar o valor da taxa a ser exigido de cada sujeito passivo. Também em relação ao poder de polícia, é necessário que este esteja sendo efetivamente exercitado sobre o contribuinte, para que a taxa possa ser cobrada.

2.5.2.4. Contribuição de melhoria

Na definição do art. 81 do CTN, contribuição de melhoria é o tributo cobrado pela União, pelos Estados, pelo Distrito Federal e pelos Municípios, no âmbito de suas respectivas atribuições, para fazer face ao custo de obras públicas de que decorra a valorização imobiliária, tendo como limite total a despesa realizada e como limite individual o acréscimo de valor que da obra resultar para cada imóvel beneficiado.

Caso, por exemplo, seja construída uma estrada, e dessa obra decorra grande valorização para os imóveis situados em suas margens, ter-se-á situação na qual, atendidos os demais requisitos exigidos pela ordem jurídica (*v.g.*, prévia instituição em lei), será possível cobrar a contribuição de melhoria. Cada contribuinte, contudo, não poderá ser obrigado a pagar montante superior ao da valorização de seu imóvel, e o valor arrecadado com todos os contribuintes não pode superar o custo total da obra. Por isso mesmo, para que seja cobrada essa espécie tributária, deve haver transparência e publicidade a respeito dos orçamentos das obras públicas, oportunizando-se aos contribuintes a impugnação dos itens neles descritos, sendo esta, talvez, uma razão pela qual essa exação é pouco comum em nosso País[35].

É interessante perceber que as contribuições de melhoria situam-se em uma posição intermediária entre impostos e taxas. São vinculadas a uma atuação estatal (obra pública), mas não tão diretamente como as taxas, exigindo também uma manifestação de riqueza do contribuinte (valorização do imóvel provocada pela obra pública).

2.5.2.5. Empréstimo compulsório

Diferentemente dos impostos, das taxas e das contribuições de melhoria, que têm no seu "fato gerador" o principal elemento diferenciador, os empréstimos compulsórios – que apenas a União tem competência para instituir (CF/88, art. 148) – caracterizam-se por serem restituíveis. Embora qualquer tributo deva ser restituído, *caso indevidamente pago*, diz-se que o empréstimo compulsório se caracteriza por ser restituível porque ele é pago, mesmo quando isso se dá devidamente, para ser posteriormente restituído.

Por isso, aliás, economicamente os empréstimos compulsórios não configuram receita, não sendo, também do ponto de vista econômico, tributos[36]. Entretanto, como a Constitui-

---

35 MACHADO, Hugo de Brito. Contribuição de Melhoria. **Fórum de Direito Tributário**, v. 50, p. 07-25, 2011.

36 Na literatura especializada francesa, um dos aspectos mencionados na definição de tributo é o fato de que ele transfere recursos ao ente público *a título definitivo*, ideia que está subjacente à afirmação, muito comum entre estudiosos brasileiros, sobretudo em meados do século XX, segundo a qual o empréstimo compulsório não seria um tributo. Cf. BOUVIER, Michel. **Introduction au droit fiscal général et à la théorie de l'impôt**. 13. ed. Paris: Lgdj, 2016, p. 17; LAMARQUE, Jean; NÉGRIN, Olivier; AYRAULT, Ludovic. **Droit fiscal général**. 4. ed. Paris: Lexisnexis, 201. p. 7. Atente-se, porém, para a distinção feita neste manual entre considerar os empréstimos compulsórios como tributos para fins jurídicos e para fins econômicos.

ção determinou a aplicação do regime jurídico tributário aos empréstimos compulsórios, a literatura especializada e a jurisprudência os consideram, do ponto de vista jurídico, tributos. Aliás, a própria Constituição indiretamente os identifica como tributos, como se depreende da redação do seu art. 150, § 1º, na alusão que faz aos *tributos referidos no art. 148, I.*

Um exemplo pode ilustrar como algo pode ter uma natureza para o Direito, e outra em um contexto diverso.

Para a Biologia, uma pessoa é filha de outra caso tenha sido gerada a partir do material genético desta. Quando um médico indaga pelo *histórico familiar*, ao investigar as possíveis causas de uma doença em determinada criança, é desse tipo de filiação que ele está cogitando. Para o Direito, porém, considera-se filho, sem qualquer distinção, não apenas o biológico, mas também o adotivo, sendo inclusive vedada qualquer diferenciação ou adjetivação entre eles. Não existem "filhos biológicos" e "adotivos", mas apenas filhos, pois, para efeitos jurídicos (de aplicação das normas jurídicas para reconhecimento de direitos e obrigações), a origem do vínculo de filiação é irrelevante. Assim, para que se reconheçam efeitos ou se tirem conclusões no âmbito da Biologia, ou da Medicina, tem relevo, para enquadrar alguém como filho, a origem genética. Mas, para que se reconheçam efeitos ou se girem conclusões para o Direito, para fins de aplicação de normas jurídicas e do reconhecimento de deveres e obrigações, interessa o vínculo jurídico de filiação, não a sua origem.

O mesmo se dá com os empréstimos compulsórios: embora não sejam tributos sob um prisma econômico, pois não transferem em definitivo riqueza do setor privado para o setor público, são, para o Direito, tributos, pois são tratados como tal, para o efeito de reconhecimento de direitos e obrigações para as partes envolvidas.

Os empréstimos compulsórios somente podem ser criados diante de situações específicas (guerra externa ou sua iminência e calamidade pública, ou investimento público de caráter relevante), e a aplicação dos recursos provenientes de sua arrecadação é vinculada à despesa correspondente que justificou sua instituição. Trata-se de exceção, prevista em norma de superior hierarquia (CF/88, art. 148, parágrafo único), ao disposto no art. 4º, II, do CTN.

2.5.2.6. Contribuições

Assim como os empréstimos compulsórios, as contribuições (são também conhecidas como "contribuições especiais", para evitar confusão com as contribuições *de melhoria*) se diferenciam das demais espécies de tributos não propriamente pelo seu "fato gerador", mas por um critério diferente. No caso, pela finalidade a que visam atender. Por isso, a elas também não se aplica o disposto no art. 4º, II, do CTN, pois os recursos obtidos com sua arrecadação devem ser necessariamente aplicados no atendimento da finalidade que justifica a sua cobrança. Deve haver também, em regra, referibilidade entre a atividade estatal custeada pela contribuição e o grupo do qual são colhidos os contribuintes obrigados ao seu pagamento.

De acordo com a Constituição, as contribuições dividem-se da seguinte forma:

a) sociais:

  a.1) de seguridade social;

  a.2) outras contribuições sociais;

b) de intervenção no domínio econômico;

c) de interesse de categorias profissionais ou econômicas;

d) de custeio da iluminação pública.

Da maneira semelhante às contribuições de melhoria, as contribuições situam-se em campo intermédio entre impostos e taxas, no que diz respeito à vinculação que deve haver entre o fato gerador da obrigação de recolhê-las a uma atividade estatal específica, relativa ao contribuinte. Estão, contudo, mais próximas dos impostos que das taxas, pois não se exige uma atividade estatal específica relativa ao contribuinte, mas uma atividade indiretamente referida a ele, por dizer respeito a um *grupo* do qual ele faz parte. É o caso, por exemplo, das contribuições de interesse de categorias profissionais ou econômicas, das quais são exemplo as contribuições pagas pelos que desempenham profissões legalmente regulamentadas aos "Conselhos" encarregados da respectiva fiscalização e regulamentação. Tais contribuições caracterizam-se, como se vê, por uma referibilidade indireta entre o grupo de pessoas no qual se situa o contribuinte (*v.g.*, todos os médicos), e a atividade desempenhada pela entidade paraestatal correspondente (no caso, Conselho Regional de Medicina). A vinculação é bem menos perceptível e indireta do que nas taxas, mas mais significativa do que em relação aos impostos, onde ela não existe.

Há contribuições, contudo, que devem ser pagas "por toda a sociedade", em razão de atividades estatais que também revertem em proveito de todos, como é o caso das contribuições de seguridade social. Isso as aproxima bastante dos impostos, razão pela qual a Constituição, desde sua redação originária, em 1988, lhes reserva certas bases imponíveis (CF/88, art. 195). Voltar-se-á ao tema oportunamente, em capítulo desde livro especificamente dedicado a esta espécie tributária.

Em princípio, a competência para instituir tais contribuições é privativa da União. Há apenas duas exceções. A primeira é a contribuição de custeio da iluminação pública e de sistemas de monitoramento para segurança e preservação de logradouros públicos, que é de competência municipal e distrital. A segunda são as contribuições de seguridade social, que também podem ser instituídas por Estados-membros, Distrito Federal e Municípios, mas desde que cobradas apenas de seus próprios servidores públicos efetivos, para custear suas respectivas aposentadorias ou pensões.

2.6. TRIBUTAÇÃO OCULTA

Ao se definir o tributo, não se pode perder de vista que tais características, enunciadas no art. 3.º do CTN, indicam o que se entende por um tributo *devido*. Alguns elementos da definição, naturalmente, têm conteúdo prescritivo, como quando se afirma que o tributo deve ser instituído em lei. Um tributo que preencha parte do conceito, sendo, por exemplo, prestação pecuniária compulsória e que não configura sanção de ato ilícito, mas instituído por norma infralegal, será um *tributo indevido*.

Eventualmente ocorre de ser criado o tributo, de maneira indevida, mas, para disfarçar essa invalidade, o Poder Público utiliza de artifícios que o assemelham a *outra figura jurídica*, a qual seria, por sua vez, válida no contexto em que utilizada. É o que ocorre, por exemplo, quando se institui uma exação devida em face da prestação de um serviço público específico e divisível, relativamente a um contribuinte, de forma compulsória, mas se exige uma *tarifa*, que teria natureza contratual, para com isso escapar-se da obrigação de se respeitar o princípio da estrita legalidade, que exigiria a indicação de todos os elementos da norma tributária no texto legal.

Também acontece de um ente público que não tem competência para instituir certo tributo, de fazê-lo de forma disfarçada. É o que se verifica quando um Município, que não tem competência para instituir impostos sobre operações de vendas de mercadorias, cria uma "taxa sobre vendas", que evidentemente é um imposto travestido de taxa, visto que o fato gerador da obrigação de pagá-lo é uma situação relativa ao contribuinte, reveladora de capacidade contributiva deste (a venda da mercadoria), e não a prestação de um serviço público ou o efetivo exercício do poder de polícia.

Em teoria inovadora no Brasil, Hugo de Brito Machado identifica, ainda nesse campo dos tributos disfarçados, anômalos ou escondidos, algo que denominou de *tributos ocultos*[37]. São aqueles que decorrem da soberania estatal, alcançam a capacidade econômica dos contribuintes, mas não são criados como tributos, e sim sob outros rótulos, que lhes dão uma aparência de validade. São muito comuns no âmbito dos serviços públicos, como é o caso da cobrança do *valor da outorga*, quantia cobrada do concessionário de serviço público, a fim de que se lhe conceda o direito de prestar o serviço correspondente.

Aparentemente, trata-se de figura do Direito Administrativo, ligada à prestação de serviços públicos e ao contrato de concessão de tais serviços, que nada tem a ver com a tributação, e que, desde que prevista em lei e aceita contratualmente pelo concessionário, de nenhuma invalidade padeceria. Entretanto, reflexão adicional mostra que se está diante de um tributo oculto.

Com efeito, é preciso lembrar da razão pela qual um serviço é definido, pela ordem jurídica, como "público". Isso acontece porque, em razão de sua essencialidade, sua importância para a coletividade, entende-se que a necessidade por ele atendida não poderia ser livremente explorada pelos agentes econômicos, em um regime de livre mercado. Para que sejam prestados de forma universal, contínua e pelo menor preço possível, ou mesmo gratuitamente, são pela ordem jurídica atribuídos ao Estado, que os presta diretamente, ou por meio de agentes aos quais delega a atribuição de prestá-los.

Quando o Estado se aproveita da essencialidade do serviço público para, delegando sua prestação a um particular, cobrar deste um "valor da outorga", o qual será repassado aos usuários do serviço por meio da tarifa a ser fixada, ele está se valendo de sua soberania, e de seu poder de legislar, para tornar o serviço público *mais caro* do que seria se prestado em regime de livre mercado, apenas para auferir receita com isso. Institui, assim, verdadeiro tributo, o qual, todavia, é mascarado ou escondido – oculto, na lição de Hugo de Brito Machado – de forma subverter, completamente, a própria razão pela qual é "público" o serviço.

Assume relevo, no estudo de tais formas ocultas de tributação, a compreensão de institutos geralmente invocados no âmbito do Direito Privado, mas que a rigor têm pertinência no enfrentamento de questões em quaisquer ramos do Direito. É o caso da *simulação, do abuso de direito* e da *fraude à lei*.

Há simulação quando o sujeito deseja praticar o ato "a", mas não deseja se submeter às consequências jurídicas ligadas a esse ato. Por isso, embora efetivamente pratique o ato "a", declara formalmente estar praticando o ato "b". É o caso de um devedor que transfere formalmente a titularidade de seus bens para um terceiro, interposta pessoa, mas continua, *de fato*, sendo seu possuidor, e exercendo todas as faculdades de um proprietário, e o faz apenas para escapar dos efeitos de um processo de execução. Outro exemplo é o do empregado que propõe, a pedido do patrão, reclamação trabalhista infundada, mas que diante de contestação propositalmente deficiente é julgada procedente. Simula-se a existência de uma dívida trabalhista apenas para que o proprietário da empresa possa, através de conluio com os empregados, safar seu patrimônio em caso de falência iminente.[38]

---

37 MACHADO, Hugo de Brito. Tributação Oculta e Garantias Constitucionais. **Fórum de Direito Tributário**, v. 10, p. 91-104, 2004; MACHADO, Hugo de Brito. Serviços Públicos e Tributação. **Interesse Público**, v. 32, p. 81-100, 2005.

38 Foi com o alegado propósito de evitar esse tipo de simulação, aliás, que a legislação brasileira relativa à falência foi alterada, de sorte a que os créditos trabalhistas somente sejam considerados prioritários

Pontes de Miranda afirma, com a precisão que lhe é peculiar, que "na simulação, quer-se o que não aparece e não se quer o que aparece."[39] Realmente, nos exemplos citados no parágrafo anterior tem-se que o empregador/reclamado não "quer" pagar a citada dívida (que nem existe) a seu empregado/reclamante: quer, na verdade, receber de volta a maior parte daquele valor, de maneira informal e não registrada. Do mesmo modo, o devedor insolvente que transfere seus bens a interpostas pessoas também não os quer vender nem doar: quer continuar com eles, mas tê-los a salvo dos credores.

Nesses casos, porque os atos efetivamente praticados têm natureza "a" (negócio dissimulado, ou ocultado), embora aparentem a natureza "b" (negócio simulado, ou aparente), prevalecem os efeitos do ato "a", efetivamente praticado. É o que, didaticamente, dispõe o Código Civil (art. 167), em lição que, como se disse, não se adstringe ao Direito Privado, sendo pertinente em outros ramos do Direito também, por estar relacionada à própria interpretação e aplicação das normas jurídicas em geral.

Há, também, a figura do abuso de direito, prevista no art. 187 do Código Civil Brasileiro, que dispõe: "Também comete ato ilícito o titular de um direito que, ao exercê-lo, excede manifestamente os limites impostos pelo seu fim econômico ou social, pela boa-fé e pelos bons costumes". Parece ser o caso do ente público que, ao regulamentar a prestação de um serviço público, o faz de forma a contrariar – e até mesmo inverter – os fins econômicos e sociais que levam esse serviço a ser definido como "público".

E existe, finalmente, a figura da *fraude à lei*, talvez a mais pertinente aqui. Ela se configura quando um ato é praticado com o propósito de fraudar norma imperativa (CC, art. 166, VI). Embora se use a expressão "fraude" à lei, a figura não se confunde com a fraude propriamente dita, que consiste em ocultar ou declarar falsamente os fatos praticados. Na fraude à lei, o agente utiliza-se de uma forma aparentemente lícita, mas para alcançar propósitos ilícitos.

Tais figuras são muito estudadas no Direito Privado, e bastante invocadas, no Direito Tributário, quando do exame do planejamento tributário, e da análise de atividades e negócios realizados pelo contribuinte, quando através deles se encontra uma forma, em princípio lícita, para pagar menos tributos. É preciso não esquecer delas, porém, quando o Estado se vale de manobras jurídicas para, também ele, contornar normas imperativas, instituindo tributos ocultos, disfarçados ou escondidos, extrapolando os fins econômicos da concessão de serviços públicos com a finalidade de burlar as limitações impostas pela ordem jurídica ao poder de tributar.

2.7. FUNÇÕES DO TRIBUTO

A literatura especializada também divide os tributos de acordo com a sua *função*. Diz-se, então, que podem ser *fiscais*, *parafiscais* e *extrafiscais*.

Tributo com função *fiscal* é aquele cuja finalidade principal é a de obter recursos para o orçamento da entidade estatal correspondente. É o caso, por exemplo, do IPTU cobrado pelos Municípios.

Diz-se que sua função é *parafiscal* quando ele se presta para obter recursos para orçamentos de entidades que atuam como "prolongamentos" da entidade estatal, mas que não se confundem com ela. Podem ser citadas as contribuições pagas aos Conselhos de Regulamentação

---

até o limite de 150 salários mínimos, assunto do qual se tratará no item deste livro dedicado às garantias e aos privilégios do crédito tributário.

39 MIRANDA, Pontes de. **Tratado de Direito Privado**. 3. ed. Rio de Janeiro: Borsoi, 1970, v. I, § 17, n. 8, p. 53.

Profissional (Conselho de Medicina, de Engenharia, de Farmácia etc.), relativamente às quais o sujeito ativo da obrigação tributária é pessoa diversa daquela entidade dotada de *competência tributária* para, por meio de lei, instituir o tributo. No exemplo citado, dos Conselhos (de Medicina, Odontologia, Farmácia etc.), a União é a entidade competente para instituir a contribuição, mas, ao fazê-lo, define como sendo seu sujeito ativo, na lei correspondente, a entidade autárquica encarregada da fiscalização daquela profissão, à qual se destinam os recursos correspondentes.

Por sua vez, fala-se de função *extrafiscal* quando o tributo é utilizado para um fim, ou um propósito, *diferente* da obtenção de receitas. A entidade não institui e cobra o tributo para financiar seu orçamento, ou o orçamento de "prolongamentos" seus, mas sim para atingir outras finalidades, dirigindo comportamentos, estimulando ou desestimulando condutas etc. Todo tributo tem esse efeito na economia, de estimular ou desestimular condutas, ainda que isso não seja conhecido ou desejado por quem o idealiza. A extrafiscalidade consiste em utilizar deliberadamente esse efeito para a consecução de propósitos específicos. É o caso do imposto de importação e do imposto de exportação, que são majorados ou reduzidos para interferir no comércio exterior, ora estimulando importações, ora desestimulando-as, para proteção e controle do mercado interno. Suponha-se que haja uma oferta muito grande de determinado produto importado a preços muito baixos, pondo em risco as fábricas brasileiras desse mesmo produto: o Governo Federal aumentará o imposto de importação, mas não estará fazendo isso para arrecadar mais. Na verdade, aumentará o imposto para que as importações diminuam.

A extrafiscalidade tornou-se mais difundida quando o Estado assumiu postura de maior intervencionismo na economia, a partir do Século XX, o que levou a uma maior teorização do assunto[40], mas existem registros de seu emprego quase tão antigos quanto os do próprio tributo[41]. Ela, em síntese, envolve o uso de critérios ou medidas *diferentes da capacidade econômica para contribuir* para tratar desigualmente contribuintes[42]. Com efeito, sabe-se que a igualdade consiste em tratar igualmente os iguais, e desigualmente os desiguais, na medida em que se desigualam. Essa frase, contudo, é vazia, não no sentido pejorativo, mas porque ela apenas serve de fórmula ou forma que, para ganhar significado, precisa ser preenchida por outros princípios, os quais indicarão qual medida de desigualdade pode ser tomada em consideração, e quais objetivos devem ser buscados com isso. Humberto Ávila observa, a esse respeito, que "não basta ter existência para que a medida de comparação seja válida. É preciso que, além disso, ela seja pertinente à finalidade que justifica sua utilização."[43]

Voltar-se-á a esse ponto oportunamente, quando do trato do princípio da igualdade tributária, e do princípio da capacidade contributiva, mas vale insistir em que a extrafiscalidade leva à adoção de critérios, parâmetros ou medidas diferentes da capacidade contributiva para justificar o tratamento diferente a contribuintes em situação diferente, como fatores ambientais, trabalhistas, ou ligados ao desenvolvimento de regiões mais pobres do País, por exemplo. Assim, *v.g.*, duas grandes empresas, embora tenham aproximadamente a mesma capacidade

---

40 JARACH, Dino. **Finanzas Públicas y Derecho Tributário.** Buenos Aires: Abeledo-Perrot, 1996, p. 3 a 36.

41 Cf. SCHMÖLDERS, Günter. **Teoria General del Impuesto.** Tradução de Luís A. Martin Merino. Madrid: Editorial de Derecho Financiero, 1962, p. 11.

42 TIPKE, Klaus. **Moral tributaria del estado e de los contribuyentes.** Tradução de Pedro M. Herrera Molina, Madrid: Marcial Pons, 2002, p. 74; SIQUEIRA, Natércia Sampaio; XEREZ, Rafael Marcílio. Questões de extrafiscalidade tributária nas democracias contemporâneas. In. MACHADO, Hugo de Brito (Coord.). **Regime Jurídico dos Incentivos Fiscais.** São Paulo/Fortaleza: Malheiros/ICET, 2015, p. 467.

43 ÁVILA, Humberto. **Teoria da igualdade tributária.** São Paulo: Malheiros, 2008, p. 45.

contributiva, podem ser submetidas a ônus tributários diferentes, se uma delas usa processo industrial ecologicamente correto, não agressivo ao meio ambiente, e a outra não.

Deve-se esclarecer, quanto às funções fiscal/parafiscal (custeio do próprio orçamento, ou do orçamento de entidade auxiliar do Estado), de um lado, e à função extrafiscal (finalidade distinta do custeio), de outro, que elas nunca estão presentes de modo exclusivo, puro e absoluto. Os tributos conhecidos como meramente arrecadatórios, instituídos para fins fiscais, também alcançam, de modo desejado ou até não imaginado pelo legislador, propósitos extrafiscais. Do mesmo modo, os tributos instituídos para fins extrafiscais terminam gerando alguma arrecadação e atingindo, assim, uma função fiscal. Quando se fala que um determinado tributo tem função fiscal (*v.g.*, imposto de renda) e outro tem função extrafiscal (*v.g.*, imposto de importação), o que se quer dizer é que a função fiscal, em um caso, e a função extrafiscal, no outro, são *preponderantes*.

Capítulo 3

LIMITAÇÕES CONSTITUCIONAIS AO PODER DE TRIBUTAR

Acesse e assista à aula explicativa sobre este assunto.

> *https://uqr.to/1phe8*

3.1. NOÇÕES GERAIS

Como explicado nos capítulos anteriores, o Estado, enquanto ente soberano, originalmente tem o *poder de tributar*, assim entendida a aptidão para, "de fato", obter dos cidadãos os tributos que desejar. Trata-se de uma das facetas do próprio poder que caracteriza o Estado enquanto tal, juntamente com outros dois elementos (povo e território).

Entretanto, embora o tributo seja inerente a qualquer governo, em qualquer época da História, houve um período em que revoluções (motivadas invariavelmente por razões tributárias) levaram ao estabelecimento, ou a um mais eficaz restabelecimento, visto que algumas já existiam na Antiguidade, de normas que *limitam* esse poder de tributar. Aliás, tais revoluções levaram ao surgimento e à consolidação do próprio *Estado de Direito* e à promulgação das primeiras Constituições e Declarações de Direitos nos quais se estabelecem limites ao poder estatal em seus mais variados aspectos, tal como ainda hoje conhecidas. Foi o que se deu com a revolta dos barões contra João Sem Terra, que levou à Carta Magna de 1215; com a Revolução Gloriosa de 1688; com a independência americana e as tentativas de tributação, por parte da metrópole, sem o voto dos colonos; com a Revolução Francesa diante do inconformismo do povo em relação aos pesados tributos exigidos pela Corte de Luís XVI, dentre vários outros exemplos que poderiam ser aqui apontados.

Em face de tais normas, limitadoras do poder de tributar, este passa a ser conhecido como *competência tributária*, assim entendido o poder de tributar devidamente legitimado, limitado e, se for o caso, dividido em seu exercício por uma Constituição. No caso do Brasil, em virtude de sua forma federativa, o poder, além de limitado, é também *dividido*, em seu exercício, entre União, Estados-membros, Distrito Federal e Municípios. É por isso que se diz que a finalidade do Direito Tributário é disciplinar – estabelecendo critérios e impondo limites – a maneira como o Poder Público poderá instituir e cobrar tributos.

Para dar rigidez aos mais importantes desses limites, evitando que sejam suprimidos ou revogados do ordenamento jurídico, e para que a eles se submetam não apenas as autoridades do Poder Executivo, mas também o próprio Poder Legislativo de cada ente tributante, optou-se por inseri-los no texto da Constituição. Não por acaso, a separação dos poderes, o princípio da legalidade e a ideia de rigidez e supremacia constitucionais surgiram no mesmo período, como fruto das já referidas revoluções liberais, cujas motivações foram marcadamente tributárias. Tem-se, assim, as chamadas limitações constitucionais ao poder de tributar, previstas, na CF/88, precipuamente em seus arts. 150, 151 e 152. Depois de legitimado, delimitado e dividido pela Constituição, o *poder de tributar* é então chamado de *competência tributária*.

É importante que tais limites sejam positivados no texto constitucional, e não na legislação infraconstitucional, pois o Direito Tributário, diferentemente da maior parte dos demais ramos do Direito, é um Direito nitidamente obrigacional, mas nele o Estado, parte credora, detém a chamada *tríplice função*[1] de elaborar as regras aplicáveis às relações em que se vê envolvido, regulamentar e aplicar essas regras, além de julgar os conflitos decorrentes dessa aplicação. Isso não acontece no Direito Civil, no Direito Empresarial, no Direito do Consumidor ou no Direito do Trabalho, em relação aos quais, por maior que seja o desequilíbrio eventualmente observado entre as partes, nenhuma delas é detentora de referidas funções. Em razão disso, para que a relação tributária seja uma relação jurídica, e não uma relação apenas de poder, é importante que a separação de poderes e a jurisdição em face do poder público sejam efetivas, o que pressupõe a existência de uma Constituição que assim estabeleça, em normas que não possam ser alteradas pelo legislador, com o reconhecimento de garantias destinadas a dar independência à magistratura etc.[2]. Mas, mesmo havendo a separação de poderes ou funções, não se pode negar que também os membros do parlamento, e muitas vezes os do próprio Judiciário, têm interesse na arrecadação tributária[3], que em última análise mantém a estrutura da qual fazem parte. Daí a importância de que as principais limitações ao poder de tributar constem da Constituição, que o conforma e disciplina, transformando-o em competência.

Em face da essencialidade e da importância dessas limitações, consagrou-se, dentro de uma terminologia já tradicional na literatura jurídica nacional, chamá-las de "princípios". Tem-se, assim, o princípio da legalidade, o princípio da anterioridade, o princípio da irretroatividade etc.

É importante advertir o leitor, porém, de que se popularizou mais recentemente classificação que reparte normas jurídicas em regras e princípios a partir de critérios diversos da fundamentalidade ou da generalidade de seu conteúdo. Sem entrar, aqui, na discussão relacionada aos critérios usados nessa distinção, o importante é notar que são distinções diferentes, que partem de critérios diferentes, não sendo apropriado misturá-las para dar a normas batizadas como "princípios" a partir de um desses critérios o tratamento conferido a normas chamadas de "princípios" em face do outro.

Exemplificando, a literatura especializada em Direito Tributário denomina, há bastante tempo, a norma veiculada pelo art. 150, III, "b", da Constituição Federal como "princípio da anterioridade". Diz-se que se trata de princípio por se considerar como tal toda norma importante, fundamental, geral etc., julgamento que é feito a partir de seu conteúdo.

Caso se examinem e classifiquem as normas não pelo seu conteúdo, mas pela *forma* como prescrevem condutas, forma que associa a determinadas hipóteses o cumprimento de certas consequências, ou se apenas determina a promoção de determinadas metas, objetivos, valores ou estados ideais de coisas, dizendo-se que as primeiras são regras, e as segundas, princípios, concluir-se-á que a norma veiculada no art. 150, III, "b", da Constituição, que trata da anterioridade tributária, é uma regra, e não um princípio.

---

1 Sobre o exercício da "tríplice função" pelo Estado, e seus reflexos na seara tributária, confira-se o pensamento de James Marins, calcado, nesse ponto, nas lições de Ramon Valdés Costa: MARINS, James. **Defesa e vulnerabilidade do contribuinte**. São Paulo: Dialética, 2009, *passim*.

2 MACHADO, Hugo de Brito. **Direitos Fundamentais do Contribuinte e a Efetividade da Jurisdição**. São Paulo: Atlas, 2010, *passim*.

3 TIPKE, Klaus. **Moral tributaria del estado e de los contribuyentes**. Tradução de Pedro M. Herrera Molina, Madrid: Marcial Pons, 2002, p. 57.

Como ocorre com toda classificação, não faz muito sentido discutir qual dessas duas, acima muito rapidamente resumidas, é "mais correta". São apenas duas formas diferentes de classificar normas, como se podem, por igual, classificar objetos pelas cores (azul, vermelho etc.), ou pelas formas (quadrado, triângulo etc.), ou por qualquer outro critério. O problema, como dito, reside em *misturar inadvertidamente* essas duas classificações, tentando-se tratar normas que são princípios *apenas pela primeira das classificações* como normas que são princípios *apenas pela segunda das classificações.* É o que acontece, por exemplo, quando alguém cogita de "ponderar" normas como as que veiculam a anterioridade ou a irretroatividade tributárias, que ordinariamente não são passíveis de ponderação – diversamente do que se dá, *v.g.*, com a capacidade contributiva ou a igualdade.

Note-se que a expressão *sem prejuízo de outras garantias*, contida no *caput* do art. 150 da CF/88, deixa claro que as limitações constitucionais ao poder de tributar não se exaurem no rol constante do mencionado artigo. Estão ainda previstas em outras partes da Constituição, ou implícitas em seu âmbito. É o caso da exigência de que os atos do Poder Público, inclusive em matéria tributária, sejam proporcionais, vale dizer, além de visarem a uma finalidade legítima, sejam *adequados*, *necessários* e *proporcionais em sentido estrito* para atender a essa finalidade.

3.2. LEGALIDADE

De acordo com o art. 150, I, da CF/88, é vedado à União, aos Estados, ao Distrito Federal e aos Municípios exigir ou aumentar tributo sem lei que o estabeleça. É o conhecido *princípio da estrita legalidade.* Diz-se estrita porque considerada mais "exigente" que a legalidade "ampla", ou "genérica", já contida no art. 5º, II, da CF/88. Com efeito, segundo a legalidade tributária, não apenas o dever de pagar deve estar referido na lei, mas todos os seus atributos devem estar nela expressamente previstos, como explicita o art. 97 do CTN. Por outras palavras, todas as dimensões ou parcelas da estrutura da norma jurídica tributária devem constar, ou devem ser passíveis de reconstrução pelo intérprete, a partir do texto legal. Daí a qualificação de "estrita".

Lei, para fins de atendimento do princípio da estrita legalidade, é o ato normativo editado pelo órgão dotado da função legislativa, nos termos do processo legislativo previsto constitucionalmente (lei em sentido formal). Mas esse ato deve ser, também, dotado de hipoteticidade, ou, por outras palavras, deve ser "geral e abstrato" (lei em sentido material).

Cabe ressaltar que a medida provisória, embora a rigor não seja lei em sentido formal, também pode criar tributos. Isso porque a medida provisória tem *força de lei*, o que significa ter a aptidão de fazer tudo o que a uma lei competiria fazer, desde que, naturalmente, sejam observadas as exigências e as exceções previstas na própria Constituição.

Para que o tributo se considere "criado" pela lei, é preciso que, partindo apenas do texto legal, seja possível determinar em quais circunstâncias será devido (hipótese de incidência), por quem (sujeito passivo), em que montante (base de cálculo e alíquota) e a qual ente tributante (sujeito ativo). Não basta que a lei lhe anuncie o nome e transfira para o decreto, ou para outro ato normativo inferior, a definição de tais elementos essenciais. Apenas o prazo para o recolhimento do tributo, caso já não esteja fixado na lei, pode ser estabelecido e alterado por norma infralegal. É por essa razão que, do princípio da legalidade, extrai-se, como desdobramento, o princípio da *tipicidade tributária*, segundo o qual a lei deve descrever com clareza em quais hipóteses o tributo será devido, fazendo com que, por exclusão, o tributo *não seja devido* em todas as outras hipóteses nela não expressamente referidas. Registre-se, contudo, que é impossível, dada a vaguidade inerente à linguagem (e à própria realidade por ela referida), que as normas legais se exprimam de forma inequívoca, sem um certo grau de indeterminação, o qual admitirá sempre valoração, "deixando uma tarefa problemática ao aplicador", o que torna inútil pretender que essa tipicidade seja "fechada"[4].

Como consequência do princípio da legalidade, ressalvadas as exceções previstas na própria Constituição, somente a lei pode estabelecer a instituição de tributos ou a sua extinção; a majoração de tributos ou a sua redução; a definição do fato gerador da obrigação principal e de seu sujeito passivo; a fixação da alíquota do tributo e de sua base de cálculo; a cominação de penalidades para as infrações nela definidas e as hipóteses de exclusão, suspensão e extinção de créditos tributários, ou de dispensa ou redução de penalidades (CTN, art. 97).

É ainda uma decorrência do princípio da legalidade a exigência de que o texto das leis seja *claro* e *compreensível*,[5] sem contradições, incoerências ou obscuridades, além de dever ser, em regra, prévio aos fatos que visa a disciplinar, aspecto que será explorado quando do trato do princípio da irretroatividade.

As exceções estabelecidas pela Constituição ao princípio da estrita legalidade tributária dizem respeito apenas à fixação das alíquotas do imposto de importação, do imposto de exportação, do IPI e do IOF (e, depois, por obra do poder constituinte derivado, também da CIDE-Combustíveis), que podem ser majoradas ou reduzidas por ato infralegal do Poder Executivo. Mesmo assim, é importante esclarecer que deverão ser atendidos as condições e os limites estabelecidos em lei, ou seja, a lei deve necessariamente determinar uma alíquota máxima e uma mínima (que geralmente é zero), bem como os parâmetros que o Executivo deverá observar para, em cada caso e dentro desses limites, fixar a alíquota correspondente.

A partir da EC nº 33/2001, a contribuição de intervenção no domínio econômico cobrada sobre operações com combustíveis (CIDE-Combustíveis) também passou a figurar como exceção à estrita legalidade, em relação à fixação das alíquotas (CF/88, art. 177, § 4º, I, *b*). Autorização semelhante foi dada ao ICMS incidente sobre combustíveis, que pode ter suas alíquotas definidas, reduzidas e restabelecidas por convênio interestadual (CF/88, art. 155, § 4º, IV). Tais inovações, entretanto, diversamente das demais exceções ao princípio, não constavam do texto originário da Constituição. Foram inseridas pelo poder constituinte "derivado". Assim, e como o princípio da legalidade é considerado "cláusula pétrea", a validade da EC nº 33/2001, neste ponto, pode ser posta em dúvida.

Expediente semelhante, e mais grave, foi adotado um nível normativo hierárquico abaixo, o que o torna ainda mais evidentemente contrário ao princípio da legalidade. Trata-se da permissão, por lei, para que o Executivo altere alíquotas do PIS e da COFINS, dentro dos limites fixados em lei (art. 27, § 2º, da Lei 10.865/2004, e art. 5º, §§ 8º e 11, da Lei 9.718/98, com a redação dada pela Lei 11.727/2008). Tal como se dá em relação ao imposto de importação e ao imposto de exportação, por exemplo, só que sem qualquer remissão, no texto constitucional, quanto a essa possibilidade de delegação. Questionada a validade da delegação, porém, o Supremo Tribunal Federal a considerou válida, até porque o Poder Público havia feito uma manobra – semelhante à feita pela EC 33/01 no art. 177, § 4º, da CF/88 – que terminou por render-lhe a vitória: a lei fixa uma alíquota, e permite ao ato normativo inferior, feito pelo Executivo, reduzi-la ou restabelecê-la. Caso se considere inválida a delegação, a consequência seria o restabelecimento da alíquota legalmente fixada, mais alta. Por isso os contribuintes não se queixaram quando da redução, mas apenas quando do posterior aumento, ainda que este se tenha situado dentro dos limites legais. Com a manobra, porém, a União terminou

---

4 FOLLONI, André. Planejamento tributário e norma antielisiva no direito brasileiro. In: MACHADO, Hugo de Brito (Coord.). **Planejamento tributário**. São Paulo/Fortaleza: Malheiros/ICET, 2016, p. 71.

5 SPISSO, Rodolfo R. **Derecho Constitucional Tributario**. Buenos Aires: Depalma, 1993, p. 188.

por fazer letra morta não só do princípio da legalidade, mas das próprias exceções previstas constitucionalmente a ele, no que se refere às alíquotas. A prevalecer o entendimento firmado pelo STF (RE 1.043.313/RS – Tema 939 da Repercussão Geral; e ADIn 5.277/DF), em relação a qualquer tributo, e não só àqueles referidos no art. 153, § 1º, da CF/88, as alíquotas poderão ser reduzidas e restabelecidas por decreto, desde que respeitado eventual teto fixado em lei. Com o máximo respeito, trata-se de entendimento equivocado, que risca do texto constitucional o art. 153, § 1º, da CF/88 como uma regra excepcional, ainda que tenha sido o que prevaleceu no âmbito da jurisprudência do STF.

Note-se que, como já explicado, a teor do disposto no art. 150, I, da CF/88, todos os aspectos da hipótese de incidência da norma que institui ou majora o tributo devem ser veiculados em lei: fato gerador, base de cálculo, alíquotas (observadas as exceções constitucionais e o deslize jurisprudencial acima comentado), contribuintes, responsáveis etc. Mas não está nesse rol a fixação do prazo para o recolhimento do tributo, que pode ser estabelecido em normas infralegais.[6] Entretanto, caso a lei fixe um determinado prazo para o vencimento, só outra lei poderá alterá-lo. Há, de fato, uma série de matérias que não precisam contar com disciplinamento legal, mas que, se vierem a ser disciplinadas em lei, somente por outra lei poderá haver a devida alteração, ressalvada, é claro, a hipótese de ser inválido esse disciplinamento (*v.g.*, por ser tido como irrazoável – muito curto – o prazo de vencimento fixado na lei) e isso vir a ser reconhecido posteriormente pelo Poder Judiciário, que assim retira a norma legal da ordem jurídica, abrindo espaço a que a matéria volte a ser disciplinada por atos infralegais, o que é outra questão.

Convém insistir, ainda, que decorre do princípio da legalidade a exigência de que a autoridade da administração tributária desenvolva o máximo esforço possível para determinar a verdade quanto à ocorrência dos fatos, quando da cobrança de um tributo. É dever da autoridade que efetua o lançamento do tributo a demonstração de que ocorreram os fatos previstos em lei como pressuposto para a incidência da regra legal tributária, e é seu dever, também, investigar os aspectos de fato suscitados pelo contribuinte em oposição a essa cobrança. A produção de provas não deve ser vista como favor ou benefício concedido ao contribuinte, mas como algo indispensável a que a lei seja corretamente aplicada: afinal, aplicar a lei a fatos diversos dos nela previstos como necessários e suficientes à sua incidência é o mesmo que violar suas disposições[7]. Se, de acordo com a lei, o imposto pode ser exigido se e quando o contribuinte auferir renda, mas o imposto é exigido mesmo sem que o contribuinte tenha auferido renda (tendo ele tentado provar a ocorrência do prejuízo e sido cerceado em seu direito de fazê-lo), a lei estará sendo evidentemente violada, fazendo-se letra morta da garantia de que os tributos somente podem ser exigidos nos termos da lei.

Quando se cogita de legalidade e tributação, a norma veiculada pelo art. 150, I, da Constituição é vista como um importante limite, a dispor sobre como o tributo pode ser cobrado e, *a contrario*, sobre todas as outras situações dentro das quais ele não poderá ser exigido, abrindo espaço para o chamado *planejamento tributário*, do qual se tratará brevemente, em item dedicado ao art. 116 do CTN, *infra*.

É importante lembrar, porém, que a legalidade significa, ainda, uma importante oportunidade de participação democrática, oferecendo aos cidadãos a possibilidade de se organizarem e influírem junto a seus representantes eleitos para que a tributação aconteça de determinada

---

6 STF, Pleno, RE 195.218/MG, Rel. Min. Ilmar Galvão, j. em 28/5/2002, v. u., *DJ* de 2/8/2002, p. 84.

7 TARUFFO, Michele. **La prueba de los hechos**. 3. ed. Traducción de Jordi Ferrer Beltrán. Madrid: Trotta, 2009, p. 86; GUERRA, Marcelo Lima. **Prova judicial**: uma introdução. Fortaleza: Boulesis, 2016, p. 47.

forma, e não de outra[8]. A participação da sociedade no processo de elaboração dos textos normativos dá-se, ainda, de forma pulverizada, tímida e desorganizada, mais como *lobby* para que se favoreça este ou aquele setor, quando poderia ocorrer de forma mais madura e consistente, de sorte a que possa haver uma aproximação entre o sistema tributário positivo e aquele considerado ideal, não por acadêmicos ou estudiosos, mas pela sociedade que a ele se submete[9]. Isso pode ser difícil, mas sem a via aberta pelo art. 150, I, da CF/88 seria impossível.

3.2.1. Legalidade e medida provisória

A medida provisória é instrumento normativo excepcional que tem, segundo a Constituição, *força de lei*. Isso significa que tudo o que a Constituição reservou para a lei, em princípio, também pode ser tratado em medida provisória, inclusive a criação de tributos. Dizemos "em princípio" porque algumas matérias, por sua própria natureza, não podem ser tratadas de modo provisório e precário (é o caso, p. ex., do Direito Penal). E, ademais, a própria Constituição estabelece uma série de exceções, implícitas e explícitas, ao uso da medida provisória (prazo de vigência, matérias vedadas etc.).

Além de só poder ser editada nos casos de relevância e urgência (cuja presença o STF ordinariamente entende não ter competência para avaliar), a medida provisória não pode tratar de matéria privativa de lei complementar (CF/88, art. 62, § 1º, III). Isso significa, no campo tributário, que tal espécie normativa não pode ser utilizada, por exemplo, na criação de empréstimos compulsórios (CF/88, art. 148), do imposto sobre grandes fortunas (CF/88, art. 153, VII) e de impostos ou contribuições "residuais" destinadas à seguridade social (CF/88, art. 154, I, e 195, § 4º). Também não pode ser usada para regulamentar imunidades, para dirimir conflitos de competência entre entes tributantes diversos, nem para traçar normas gerais em matéria de legislação tributária (CF/88, art. 146).

Em se tratando de impostos - excepcionados o imposto extraordinário de guerra e os impostos "flexíveis" (importação, exportação, IPI e IOF, chamados flexíveis porque suas alíquotas podem ser alteradas por atos normativos infralegais) -, é necessário que a medida provisória que os criar seja convertida em lei antes do final do exercício financeiro, para que possa produzir efeitos no exercício subsequente. Em outras palavras, caso uma medida provisória publicada em 2016 aumente o imposto de renda, esse aumento somente poderá ser exigido, a partir de 2017, caso ainda em 2016 essa medida provisória seja *convertida em lei*. Tal exigência praticamente torna inócuo o uso da medida provisória em relação aos impostos, pois a mesma somente produzirá efeitos no exercício seguinte à sua conversão em lei.

3.3. ISONOMIA

É vedado à União, aos Estados, ao Distrito Federal e aos Municípios instituir tratamento desigual entre contribuintes que se encontrem em situação equivalente, proibida qualquer distinção em razão de ocupação profissional ou função por eles exercida, independentemente da denominação jurídica dos rendimentos, títulos ou direitos (CF/88, art. 150, II).

Trata-se de desdobramento, ou explicitação, do princípio geral da isonomia, ou da igualdade, que neste caso foi consagrado expressamente não apenas em seu aspecto formal (atendido com a mera generalidade da lei tributária), mas também em sua feição substancial,

---

8 ROYO, Fernando Pérez. **Derecho financiero y tributario.** Parte general. 7. ed. Madrid: Civitas, 1997, p. 42.

9 GRECO, Marco Aurélio. "Três papéis da legalidade tributária". In: RIBEIRO, Ricardo Lodi; ROCHA, Sérgio André (Coord.). **Legalidade e tipicidade no direito tributário.** São Paulo: Quartier Latin, 2008, p. 110.

que significa tratar igualmente os iguais, e desigualmente os desiguais, na medida em que se desigualam.

O maior problema, nesse caso, como ocorre sempre que se cogita do princípio da isonomia em seu aspecto material, ou substancial, é saber qual *medida de desigualdade* deve ser tomada como critério pelo legislador, para tratar desigualmente os desiguais, e *para que* isso deve ser feito. Em matéria tributária, essa medida será, em regra, a capacidade contributiva, que será examinada a mais adiante. Diz-se em regra porque, em situações excepcionais, nas quais se estiver utilizando o tributo para atingir finalidades extrafiscais, por exemplo, outras medidas de desigualdade podem ser consideradas (*v.g.*, tributos mais altos para o cigarro, não por conta da maior capacidade contributiva de quem fuma, mas em face da nocividade desse produto). Assim, em regra, dois contribuintes serão considerados como "em situação equivalente", a fim de se submeterem ao mesmo tratamento tributário, quando ostentarem a mesma capacidade contributiva, vale dizer, a mesma capacidade econômica para contribuir com o custeio das despesas públicas. Mas pode ocorrer, circunstancialmente, de dois contribuintes receberem tratamento desigual mesmo tendo capacidade contributiva semelhante, em razão, por exemplo, de um deles, no exercício de uma atividade, adotar práticas que preservam o meio ambiente, enquanto o outro, exercendo a mesma atividade, o faz de forma a poluir o meio ambiente. O critério de discriminação, no caso, usado para *tratar desigualmente os desiguais*, não será a capacidade contributiva (que até pode ser a mesma), mas o caráter nocivo ou poluente da atividade exercida.[10]

Registre-se que o princípio da isonomia não veda a concessão de isenções, de maneira geral, mas impede que estas sejam instituídas de maneira discriminatória, a partir de critérios não razoáveis, até como forma de preservação da livre concorrência, no que tange a isenções concedidas a agentes econômicos que concorrem com outros eventualmente não isentos[11]. Afinal, não se pode tratar desigualmente contribuintes que estejam em situação equivalente, o que significa precisamente a igualdade material: tratar desigualmente os desiguais, na medida em que se desigualam. O problema está, como já apontado, em saber que "medida" de desigualdade pode ser tomada como parâmetro.

Em relação ao IPVA, por exemplo, é possível conceder isenções em função do tipo ou do uso dado ao veículo (*v.g.*, táxi, transporte escolar, ambulância etc.), mas não em razão de ser ele vinculado, ou não, a uma cooperativa municipal. Isso porque "a Constituição Federal outorga aos Estados e ao Distrito Federal a competência para instituir o Imposto sobre Propriedade de Veículos Automotores e para conceder isenção, mas, ao mesmo tempo, proíbe o tratamento desigual entre contribuintes que se encontrem na mesma situação econômica". Em tais circunstâncias, admitir que uma isenção de IPVA possa ser condicionada à associação do contribuinte a uma cooperativa municipal implicaria ofensa "aos princípios da igualdade, da isonomia e da liberdade de associação".[12] Também agride a isonomia a isenção de IPTU concedida simplesmente em virtude de o contribuinte ser "servidor público",[13] bem como a

---

10 Como lembra Celso Antônio Bandeira de Mello, "não basta a exigência de pressupostos fáticos diversos para que a lei distinga situações sem ofensa à isonomia. Também não é suficiente o poder-se arguir fundamento racional, pois não é qualquer fundamento lógico que autoriza desequiparar, mas tão-só aquele que se orienta na linha de interesses prestigiados na ordenação jurídica máxima. Fora daí ocorrerá incompatibilidade com o preceito igualitário." MELLO, Celso Antônio Bandeira. **Conteúdo Jurídico do Princípio da Igualdade.** 3. ed. São Paulo: Malheiros, 1998, p. 43.

11 BONFIM, Diego. **Tributação e livre concorrência.** São Paulo: Saraiva, 2011, p. 243-244.

12 STF, Pleno, ADI 1.655/AP, Rel. Min. Maurício Corrêa, j. em 3/3/2004, v. u., *DJ* de 2/4/2004, p. 8.

13 STF, 1ª T., AI 157.871-AgR/RJ, Rel. Min. Octavio Gallotti, j. em 15/9/1995, v. u., *DJ* de 9/2/1996, p. 2081.

norma que estabelece bases de cálculo diferenciadas para incidência da contribuição previdenciária, instituindo tratamento discriminatório entre servidores e pensionistas da União, de um lado, e servidores e pensionistas dos Estados, do Distrito Federal e dos Municípios, de outro. Tal norma, mesmo veiculada em emenda constitucional (EC nº 41/2003, art. 4º, parágrafo único, I e II), é inconstitucional por ofensa "ao princípio constitucional da isonomia tributária, que é particularização do princípio fundamental da igualdade".[14]

Em outras palavras, as diferenciações feitas pelo legislador, para a concessão de isenções, devem prestigiar de modo proporcional os valores constitucionalmente consagrados, em vez de os malferir. A distinção legal deve ser feita tendo em conta, sempre, uma justa ponderação dos valores constitucionais envolvidos, sendo razoável em função da finalidade que com a norma se quer chegar.

Nesse contexto, entende o STF que não ofende a isonomia a norma que:

- concede tratamento tributário favorecido às empresas que contratam empregados com mais de 40 anos (Pleno, ADI 1.276/SP, Rel. Min. Ellen Gracie, j. em 29/8/2002, v. u., *DJ* de 29/11/2002, p. 17);
- "reduz o imposto predial urbano sobre imóvel ocupado pela residência do proprietário, que não possua outro" (Súmula 539/STF);
- concede isenção da "taxa florestal" à empresa que promova o reflorestamento, "por razões óbvias, diante do incentivo fiscal, em forma de redução do tributo, previsto para as indústrias que comprovarem a realização de reflorestamento proporcional ao seu consumo de carvão vegetal" (STF, 1ª T., RE 239.397/MG, Rel. Min. Ilmar Galvão, j. em 21/3/2000, v. u., *DJ* de 28/4/2000, p. 98);
- concede tratamento tributário diferenciado para sociedades de profissionais liberais, "especificamente dos que trabalham sob a responsabilidade pessoal do executante do trabalho e não da pessoa jurídica, seja qual for a profissão das enumeradas na lista que têm, todas, essas características", pois devem-se levar em conta as especificidades de tais entidades, nas quais a organização em sociedade "não autoriza presumir maior capacidade contributiva" (STF, Pleno, RE 236.604/PR, Rel. Min. Carlos Velloso, j. em 26/5/1999, v. u., *DJ* de 6/8/1999, p. 52; a transcrição é de trecho do voto do Min. Sepúlveda Pertence).

3.4. IRRETROATIVIDADE

É proibida a exigência de tributos em relação a fatos ocorridos antes do início da vigência da lei que os houver instituído ou aumentado. Trata-se do princípio da irretroatividade das leis, de resto presente na generalidade dos ramos do direito, ínsito à própria ideia de Direito enquanto sistema de normas que disciplina *previamente* as condutas, que teve sua aplicação ao Direito Tributário devidamente explicitada no art. 150, III, *a*, da CF/88.

Diversamente da anterioridade e da estrita legalidade, a vedação à retroatividade das leis não comporta qualquer exceção relativamente à instituição ou ao aumento de tributos. Não existem situações excepcionais nas quais seja possível exigir tributo em relação a um fato ocorrido antes de iniciar-se a vigência da lei correspondente. Entretanto, como se trata

---

[14] STF, Pleno, ADI 3.105/DF, Rel. Min. Ellen Gracie, Rel. p/ ac. Min. Cezar Peluso, j. em 18/8/2004, m. v. em relação à constitucionalidade da "contribuição dos inativos", mas v. u. quanto à inconstitucionalidade da discriminação apontada entre as bases de cálculo, *DJ* de 18/2/2005, p. 4.

de proteção do cidadão contribuinte em face do Estado, a limitação de que se cuida não impede o poder público de editar normas de efeitos retroativos em benefício do contribuinte (p. ex., anistia, redução de penalidades etc.). Essa ideia resta hoje cristalizada na Súmula 654 do STF ("A garantia da irretroatividade da lei, prevista no art. 5º, XXXVI, da Constituição da República, não é invocável pela entidade estatal que a tenha editado"), que se originou do entendimento segundo o qual "o princípio da irretroatividade da lei tributária deve ser visto e interpretado, desse modo, como garantia constitucional instituída em favor dos sujeitos passivos da atividade estatal no campo da tributação. Trata-se, na realidade, à semelhança dos demais postulados inscritos no art. 150 da Carta Política, de princípio que – por traduzir limitação ao poder de tributar – é tão somente oponível pelo contribuinte à ação do Estado".[15]

Fundado na ideia segundo a qual a irretroatividade não veda a aplicação imediata da lei a fatos "pendentes" e considerando que o fato gerador do imposto de renda também é "complexo", iniciando-se em 1º de janeiro e consumando-se à meia-noite do dia 31 de dezembro, o STF chegou a proferir decisões nas quais considera que leis que majoram o *imposto de renda*, ainda que publicadas no final de dezembro, podem alcançar todo o ano que se encerra, pois o fato gerador iniciado em 1º de janeiro ainda estaria "pendente". Como essa aplicação imediata também encontra obstáculo no princípio da anterioridade, o STF o afastava, interpretando literalmente o art. 150, III, *b*, da CF/88. Considerava que *exercício financeiro*, na legislação do imposto de renda, seria aquele no qual ocorre a "cobrança" do imposto, de sorte que, desde que publicada *antes* do ano da cobrança (exercício financeiro), ainda que nas últimas horas do ano no qual os rendimentos foram auferidos (ano-base), a lei poderia ser aplicada a todo esse ano. Era o entendimento cristalizado na vetusta Súmula 584/STF, segundo a qual "ao imposto de renda calculado sobre os rendimentos do ano-base, aplica-se a lei vigente no exercício financeiro em que deve ser apresentada a declaração".

Tal posicionamento há muito é duramente criticado por abalizados estudiosos da matéria.[16] Interpretando o art. 150, III, *b*, da CF/88, essa corrente de pensamento afirma que a lei publicada durante um exercício financeiro somente *entra em vigor* no início do exercício subsequente, não podendo ser aplicada àquele dentro do qual fora apenas publicada, pois este já estará encerrado quando do início de sua vigência. Está correto o entendimento, pois a anterioridade nada mais estabelece que uma *vacatio legis* obrigatória, porquanto imposta por norma de hierarquia superior. Assim, exemplificando, se uma lei for publicada em agosto de 2017, alterando os critérios de cálculo do IR, entrará em vigor apenas em janeiro de 2018, somente podendo alcançar os fatos (rendimentos) auferidos a partir dessa data. O ano de 2017 não poderá ser por ela alcançado, sob pena de ofensa não apenas à anterioridade, mas à própria irretroatividade.

Não obstante a crítica – irretocável – da quase unanimidade da academia brasileira, que se ampara nos princípios da irretroatividade, da anterioridade, da segurança jurídica, da confiança e da não surpresa, o entendimento cristalizado na Súmula 584 chegou a ser reiterado pelo STF em algumas oportunidades:

- "Medida Provisória publicada em 31.12.94, a tempo, pois, de incidir sobre o resultado do exercício financeiro encerrado: não ocorrência, quanto ao imposto de renda, de

---

[15] STF, Pleno, ADI 712-MC, Rel. Min. Celso de Mello, j. em 7/10/1992, m. v., *DJ* de 19/2/1993, p. 265, *RTJ* 144-2/435.

[16] *V.g.* AMARO, Luciano. **Direito tributário brasileiro.** 4. ed. São Paulo: Saraiva, 1999. p. 125 e ss.; DERZI, Misabel Abreu Machado. Notas de atualização. In: BALEEIRO, Aliomar. **Direito tributário brasileiro.** 11. ed. Atualização de Misabel Abreu Machado Derzi. Rio de Janeiro: Forense, 1999, p. 668.

ofensa aos princípios da anterioridade e da irretroatividade. Precedentes do STF. II – Voto vencido do Ministro Carlos Velloso: ofensa ao princípio da irretroatividade, conforme exposto no julgamento dos RE 181.664/RS e 197.790/MG, Plenário, 19.02.97" (STF, 2ª T., RE 433.878 AgR/MG, Rel. Min. Carlos Velloso, j. em 1º/2/2005, v. u., *DJ* de 25/2/2005, p. 34).

- "Se o fato gerador da obrigação tributária relativa ao imposto de renda reputa-se ocorrido em 31 de dezembro, conforme a orientação do STF, a lei que esteja em vigor nessa data é aplicável imediatamente, sem contrariedade ao art. 5º, XXXVI, da Constituição" (STF, 1ª T., AI 333.209, AgR/PR, Rel. Min. Sepúlveda Pertence, j. em 22/6/2004, v. u., *DJ* de 6/8/2004, p. 23). "O fato gerador do imposto de renda é aquele apurado no balanço que se encerra em 31 de dezembro de cada ano. O Decreto-lei nº 2.462 foi publicado em 31 de agosto de 1988. Foi respeitado o princípio da anterioridade da lei tributária" (STF, 2ª T., RE 199.352/PR, Rel. Min. Marco Aurélio, Rel. p/ o acórdão: Min. Nélson Jobim, j. em 6/2/2001, m.v., *DJ* de 9/8/2002, p. 89. Discutia-se, nesse último aresto, se o Decreto-lei 2.462, conquanto publicado em 31 de agosto de 1988, poderia alcançar os rendimentos relativos àquele mesmo ano, inclusive em relação aos meses de janeiro a agosto. O STF entendeu que sim, pois o fato somente poderia se considerar "ocorrido" em 31 de dezembro).
- A Lei 7.968, de 28/12/1989, majorou o imposto de renda, e essa majoração foi exigida pela União Federal relativamente àquele mesmo ano de 1989. Inconformado, um contribuinte impetrou mandado de segurança, alegando violação ao art. 150, I, *a*, da CF/88. A segurança foi concedida pelo juiz singular, e mantida pelo Tribunal de Apelação. O STF, porém, deu provimento a Recurso Extraordinário interposto pela Fazenda Nacional, afirmando: "O acórdão recorrido manteve o deferimento do Mandado de Segurança. Mas está em desacordo com o entendimento desta Corte, firmado em vários julgados e consolidado na Súmula 584, que diz: 'Ao Imposto de Renda calculado sobre os rendimentos do ano-base, aplica-se a lei vigente no exercício financeiro em que deve ser apresentada a declaração.' Reiterou-se essa orientação no julgamento, do RE nº 104.259-RJ (RTJ 115/1336). 5. Tratava-se, nesse precedente, como nos da Súmula, de Lei editada no final do ano-base, que atingiu a renda apurada durante todo o ano, já que o fato gerador somente se completa e se caracteriza, ao final do respectivo período, ou seja, a 31 de dezembro. Estava, por conseguinte, em vigor, antes do exercício financeiro, que se inicia a 1º de janeiro do ano subsequente, o da declaração. 6. Em questão assemelhada, assim também decidiu o Plenário do Supremo Tribunal Federal, no julgamento do RE nº 197.790-6-MG, em data de 19 de fevereiro de 1997. 7. RE conhecido e provido, para o indeferimento do Mandado de Segurança" (STF, 1ª T., RE 194.612/SC, Rel. Min. Sydney Sanches, j. em 24/3/1998, v. u., *DJ* de 8/5/1998, p. 15).

O Superior Tribunal de Justiça faz algumas ressalvas à Súmula 584 do STF: "a lei vigente após o fato gerador, para a imposição do tributo, não pode incidir sobre o mesmo, sob pena de malferir os princípios da anterioridade e irretroatividade", sendo inaplicável a Súmula 584/STF, porque "construída à luz de legislação anterior ao CTN".[17] Nas situações à luz das quais foram proferidas tais decisões, porém, havia ocorrido a publicação de norma

---

17 STJ, 1ª T., REsp 179.966/RS, Rel. Min. Milton Luiz Pereira, j. em 21/6/2001, *DJ* de 25/2/2002, p. 208. No mesmo sentido: STJ, REsp nº 184.213/RS, Rel. Min. Garcia Vieira, *DJ* de 22/2/1999.

majorando o tributo depois do encerramento do ano, mas antes do momento da cobrança do imposto. Nelas não se discutia o caso em que a lei é publicada ainda dentro do ano-base, mas em seus últimos dias.

No âmbito do próprio STF, aliás, proferiu-se acórdão no qual se considerou que a Lei 8.134/90, editada em 27/12/1990, não poderia incidir sobre o ano-base de 1990, que então se encerrava. Consta da ementa: "O parágrafo único, art. 11, da Lei nº 8.134/90 institui coeficiente de aumento do imposto de renda e, não, índice neutro de atualização da moeda. Por isso, ele não pode incidir em fatos ocorridos antes de sua vigência, nem no mesmo exercício em que editado, sob pena de afrontar as cláusulas vedatórias do art. 150, inciso III, alíneas *a* e *b*, da Constituição Federal. Assim é, porque a obrigação tributária regula-se pela lei anterior ao fato que a gerou, mesmo no sistema de bases correntes da Lei nº 7.713/88 (imposto devido mensalmente, a medida em que percebidos rendimentos e ganhos de capital, não no último dia do ano) em vigor quando da norma impugnada [...]."[18]

Merece leitura o voto do Min. Célio Borja, verdadeira lição de Teoria do Direito, de Direito Constitucional e de Direito Tributário, que afasta a tese segundo a qual bastaria à lei nova estar em vigor no exercício financeiro seguinte, momento no qual o pagamento do imposto será exigido. Em suas palavras, "ainda que seja possível projetar, no tempo, o cumprimento da obrigação, ou desdobrá-la, ela regular-se-á pela lei anterior ao fato que a gerou. Desenganadamente, não há como modificar a obrigação por lei posterior ao seu surgimento".[19]

É uma questão de respeito a noções básicas de Teoria do Direito. Não se há de confundir o tempo da incidência da norma, com o do pagamento do tributo decorrente dessa incidência. No ano de apresentação da declaração e pagamento do tributo apenas se observam os efeitos de uma incidência que ocorreu e se consumou no ano anterior.

Diante dessas premissas, o STF reconheceu a repercussão geral do assunto e revisitou o tema (Repercussão Geral no RE 592.396-7), tendo, por unanimidade, declarado inconstitucional, de forma incidental, o art. 1º, inciso I, da Lei 7.988/89. Em seguida, o Tribunal, por unanimidade, fixou tese nos seguintes termos: "É inconstitucional a aplicação retroativa de lei que majora a alíquota incidente sobre o lucro proveniente de operações incentivadas ocorridas no passado, ainda que no mesmo ano-base, tendo em vista que o fato gerador se consolida no momento em que ocorre cada operação de exportação, à luz da extrafiscalidade da tributação na espécie". A decisão é elogiável, embora a questão não esteja ligada apenas à extrafiscalidade, mas à segurança jurídica, sendo aplicável tanto em situações de tributação fiscal como extrafiscal, devendo a conclusão a que chegou a Corte abranger a generalidade das situações, com o completo afastamento da Súmula 584/STF, o que, inclusive, ocorreu logo em seguida.

Com efeito, caso se veja a anterioridade, da qual cuidará o próximo item, como uma *vacatio legis* obrigatória, o absurdo da Súmula 584/STF fica ainda mais claro, razão pela qual se retornará ao tema quando da análise dessa outra limitação também. Forte nessas premissas, em junho de 2020, julgando o RE 159.180 o Supremo Tribunal Federal decidiu pelo cancelamento da sua Súmula 584.

Outra hipótese em que se discute uma possível ofensa ao princípio da irretroatividade da lei tributária reside na edição de leis interpretativas, a teor do art. 106, I, do CTN, do qual se cuidará oportunamente. Desde logo, porém, se pode adiantar que tal artigo explicita

---

18 STF, Pleno, ADI 513, Rel. Min. Célio Borja, j. em 14/6/1991, v. u., *DJ* de 30/10/1992, p. 19514.

19 Inteiro teor em *RTJ* 141-3/739.

ter aplicação retroativa a lei que seja *meramente interpretativa*, o que suscita controvérsia tanto por ser difícil identificar uma lei com essas características, como porque mesmo que incontroversa a natureza interpretativa de uma lei, seria problemática a sua aplicação retroativa, quando em prejuízo do contribuinte que adotara comportamento diferente do nela determinado. Pode-se mesmo questionar a validade jurídica de normas desse tipo, à luz do princípio da irretroatividade, pois ou a lei nova repete, em seu texto, até mesmo as vírgulas da lei anterior, ou inova seu texto de alguma forma, ainda que apenas para deixá-lo mais claro, sendo, assim, lei nova, como tal devendo ser tratada. Voltar-se-á ao assunto quando do exame do art. 106 do CTN.

3.5. ANTERIORIDADE

Para dar maior segurança jurídica aos contribuintes, a CF/88 estabelece que, além de a lei tributária não poder alcançar fatos ocorridos antes de sua vigência, a mesma também não pode, em regra, tributar fatos ocorridos no mesmo exercício de sua publicação. Textualmente, afirma-se ser vedada a cobrança de tributos no mesmo exercício financeiro em que haja sido publicada a lei que os instituiu ou aumentou (CF/88, art. 150, III, *b*). A limitação alcança, em princípio, todo e qualquer tributo, ressalvados apenas aqueles que a Constituição excepciona expressamente.

Isso significa que, caso uma lei aumente as alíquotas do ISS, por exemplo, e seja publicada em maio de 2017, a cobrança do imposto já com essa majoração somente será possível a partir de janeiro de 2018. O STF já decidiu que se trata de garantia fundamental do cidadão contribuinte, a qual não pode ser afastada nem mesmo por obra do poder constituinte derivado.[20]

Do ponto de vista histórico, a anterioridade pode ser vista como fruto da mitigação que a jurisprudência do STF fez, ainda sob a vigência da Constituição de 1946, ao princípio da anualidade, por meio da Súmula 66/STF – "É legítima a cobrança do tributo que houver sido aumentado após o orçamento, mas antes do início do respectivo exercício financeiro." Essa mitigação foi incorporada ao texto da Emenda Constitucional nº 1, de 1969, à Constituição de 1967, que passou a prever – como prevê a CF/88 – a anterioridade, e não mais a anualidade. Pelo princípio da anualidade, não mais existente no Direito Tributário Brasileiro, os tributos, para poderem ser cobrados validamente, deveriam contar com previsão na lei orçamentária anual, independentemente de quando tivessem sido criados por uma lei específica. O orçamento, nessa ordem de ideias, deveria conter autorização não apenas para as despesas, mas também para as receitas. Se nele não se autorizasse a cobrança de certo tributo, mesmo que ele já tivesse sido criado muitos anos antes, por lei cuja validade não é posta em dúvida, ainda assim, naquele ano em que faltou a autorização orçamentária, sua cobrança não poderia acontecer. No plano da Teoria Geral do Direito, poder-se-ia dizer que o princípio da anualidade condicionava a vigência da lei tributária, a cada ano, à sua previsão orçamentária, sendo ela suspensa no ano em que essa previsão não acontecesse.

Começaram a surgir, porém, situações nas quais a lei orçamentária de determinado ano já havia sido aprovada, com a autorização referente aos tributos que poderiam ser nele cobrados, e, depois dela, mas antes do início desse ano de cujo orçamento se cogita, era publicada lei criando novo tributo. Foi quando o STF entendeu que bastava a lei ter sido publicada antes do início do ano, para que nele o tributo já pudesse ser cobrado, ainda que sem previsão no

---

[20] STF, Pleno, ADI 939/DF, Rel. Min. Sydney Sanches, j. 15/12/1993, m. v., *DJ* de 18/3/1994, p. 5165, *RTJ* 151-3/755.

orçamento, previsão que nesse caso se dispensava porque o orçamento havia sido aprovado antes. Sem entrar aqui no mérito dessa decisão, que em verdade maltratava o princípio da anualidade então vigente, ela representa a origem, como dito, do princípio da anterioridade, atualmente existente na ordem jurídica tributária brasileira.

A anterioridade (que, diga-se de passagem, adotado o critério de classificação empregado por Dworkin e por Alexy, por exemplo, é uma *regra* e não um princípio) configura, diversamente da anualidade (que exigia previsão orçamentária anual como condição de vigência da lei em cada exercício), apenas a imposição constitucional de uma *vacatio legis* à lei que institui ou aumenta tributo. Como se sabe, o início da vigência de uma lei é matéria que, em regra, é tratada livremente pelo legislador. Este apenas não pode situar como termo inicial período *anterior* à publicação da lei (irretroatividade). Nessa ordem de ideias, desde que *posterior* à publicação da lei, o termo inicial de sua vigência é, em regra (em relação às leis em geral, dos mais diversos ramos do Direito), de livre escolha do legislador, sendo certo que a Lei de Introdução às normas ao Direito Brasileiro, a esse respeito, é meramente dispositiva. O que a Constituição faz, nos seus arts. 150, III, *b* e *c*, e 195, § 6º, é estabelecer uma *vacatio legis* obrigatória (porquanto imposta por norma hierarquicamente superior, que não pode ser afastada por disposição da própria lei de cuja *vacatio* se cogita) para as leis que instituem ou aumentam tributos, como forma de prestigiar o princípio da segurança jurídica.

Verificou-se, porém, que mesmo em face da limitação tal como prevista na CF/88, em seu texto originário, o Poder Público vinha adotando práticas que terminavam neutralizando a segurança jurídica trazida pela garantia da anterioridade. Criava ou aumentava tributos através de leis impressas no *Diário Oficial* do dia 31 de dezembro. E, logo em seguida, no dia 2 de janeiro do ano seguinte, atendida a exigência da anterioridade da lei ("publicada" no exercício anterior), o tributo já passava a ser cobrado. Embora a efetiva circulação do *Diário Oficial* – que era apenas impresso, em uma época em que não havia *internet* – só ocorresse no dia 2 de janeiro, a jurisprudência terminou por entender que, estando o jornal formalmente posto à venda nas últimas horas do dia 31/12, ainda que apenas no prédio da imprensa oficial em Brasília, o princípio da anterioridade estaria respeitado.

Tais abusos fizeram com que fosse inserida na Constituição, com a EC nº 42/2003, uma exigência adicional relacionada à anterioridade. Além de o tributo somente poder ser exigido a partir do exercício seguinte ao da publicação da lei, essa cobrança não pode ocorrer antes de decorridos 90 dias da data em que haja sido publicada a lei que o instituiu ou aumentou. São dois prazos que devem ser cumpridos *paralela* e *cumulativamente*: a espera pelo exercício seguinte e o transcurso de 90 dias (CF/88, art. 150, III, *c*).

Se a lei que cria ou aumenta o tributo é publicada mais de 90 dias antes do final do exercício (p. ex., em agosto), sua vigência poderá iniciar-se logo no primeiro dia do exercício seguinte, pois até então já terá transcorrido o prazo de 90 dias exigidos pela alínea *c* do inc. III do art. 150 da CF/88. Entretanto, se a lei é publicada faltando menos de 90 dias para o final do exercício, mesmo depois de iniciado o exercício seguinte será preciso esperar o término do prazo dos 90 dias. Exemplificando, publicada a lei em 31 de dezembro de um ano, somente poderão ser tributados os fatos ocorridos a partir de abril do ano seguinte; publicada em 30 de novembro, sua vigência somente poderá ter início em março do ano seguinte, e assim por diante.

São excepcionados da exigência da *anterioridade do exercício* (CF/88, art. 150, § 1º): *(i)* o empréstimo compulsório cobrado para atender despesas extraordinárias com guerra ou calamidade pública; *(ii)* o imposto de importação; *(iii)* o imposto de exportação; *(iv)* o imposto sobre produtos industrializados – IPI; *(v)* o imposto sobre operações de crédito, câmbio e seguros – IOF, também conhecido como IOC; *(vi)* o imposto extraordinário de guerra. Também configuram exceções a essa limitação, mas apenas em relação a mudanças em suas alíquotas, a CIDE incidente sobre combustíveis (CF/88, art. 177, § 4º, I, *b*), e, também apenas quanto às alíquotas, o ICMS incidente sobre combustíveis. Essa ressalva inerente ao ICMS só será aplicável caso venha a ser adotada a sistemática de incidência diferenciada prevista na EC nº 33/2001, que ainda não foi implantada pelos Estados (CF, art. 155, § 4º, IV, *c*).

Da exigência da *anterioridade de 90 dias*, adicional à do exercício, são excepcionados: *(i)* o empréstimo compulsório cobrado para atender despesas extraordinárias com guerra ou calamidade pública; *(ii)* o imposto de importação; *(iii)* o imposto de exportação; *(iv)* o imposto de renda; *(v)* o imposto sobre operações de crédito, câmbio e seguros – IOF, também conhecido como IOC; *(vi)* o imposto extraordinário de guerra; *(vii)* IPVA e IPTU (apenas quanto à fixação da base de cálculo). Note-se que o IPI e as alíquotas da CIDE-combustíveis e do ICMS-combustíveis são ressalvados da aplicação da anterioridade do exercício, mas não são objeto de exceção quanto à anterioridade de 90 dias (CF/88, art. 150, III, *c* e § 1º).

Já o Imposto de Renda e a fixação da base de cálculo do IPVA e do IPTU somente estão ressalvados da aplicação da anterioridade de noventa dias, mas não da anterioridade do exercício (CF/88, art. 150, III, *b* e § 1º).

Advirta-se, ainda, que a ressalva do ICMS incidente sobre combustíveis (*se* e *quando* adotada a sistemática da EC nº 33/2001) e da CIDE-combustíveis só diz respeito à redução e ao restabelecimento das alíquotas fixadas em lei[21]. Isso significa que todos os demais aspectos ligados à criação e ao aumento desses tributos submetem-se, normalmente, aos dois prazos de anterioridade previstos no art. 150, III, *b* e *c*, da CF. O mesmo pode ser dito em relação ao IPTU e ao IPVA, cuja exceção estabelecida para aplicação da anterioridade nonagesimal diz respeito apenas à fixação de sua base de cálculo.

As contribuições de seguridade social, previstas no art. 195 da Constituição, também não se submetem à anterioridade do exercício (CF/88, art. 150, III, *b*), mas apenas à exigência do transcurso dos 90 dias contados da publicação da lei que as houver instituído ou modificado. É a chamada anterioridade nonagesimal, ou "noventena", que em relação a essas contribuições existe desde 1988 (CF/88, art. 195, § 6º). Publicada uma lei aumentando a COFINS, por exemplo, o início de sua vigência não aguarda pelo exercício seguinte, mas apenas pelo transcurso de 90 dias. Cabe frisar, porém, que se trata de ressalva aplicável às contribuições destinadas especificamente à *seguridade social* (CF/88, art. 195), estando as demais contribuições (CIDEs, outras contribuições sociais etc.) normalmente submetidas à anterioridade do art. 150, III, *b* e *c*, da CF.[22]

As hipóteses de aplicação do princípio da anterioridade, suas exceções e variantes, eram suficientemente claras no texto originário da Constituição. Os retalhos feitos pelas EC nºs 33/2001 e 42/2003, porém, tornaram a compreensão um pouco mais difícil, razão pela qual se elaborou o seguinte quadro esquemático:

---

21 Com essa manobra, de estabelecer que, em relação à CIDE-Combustíveis, o Poder Executivo poderia "reduzir e restabelecer" a alíquota fixada em lei, o Constituinte derivado pretendeu contornar a *legalidade* e a *anterioridade* como garantias oponíveis mesmo às emendas constitucionais. Isso porque, se o contribuinte se insurgir contra a fixação de alíquotas por atos infralegais, a consequência será a retirada desses atos da ordem jurídica e a prevalência da alíquota fixada na lei, sempre a maior.

22 STF, ADI 2556–MC/DF – *DJ* de 8/8/2003, p. 87.

Tributo	Anterioridade do exercício	Anterioridade de 90 dias
– todos (impostos, taxas, contribuições etc.), *salvo os abaixo especificados.*	SIM	SIM
– contribuições destinadas à Seguridade Social, fundadas no art. 195 da CF/88 (p. ex., COFINS, CSL); – imposto sobre produtos industrializados – IPI; – CIDE-combustíveis (apenas quanto às alíquotas); – ICMS-combustíveis (apenas *se* e *quando* for implementada a sistemática da EC nº 33/2001, e somente quanto às alíquotas).	NÃO	SIM
– IPVA e IPTU (somente quanto à fixação da base de cálculo); – Imposto de Renda.	SIM	NÃO
– empréstimo compulsório destinado a atender despesas extraordinárias com guerra ou calamidade pública; – imposto de importação; – imposto de exportação; – imposto sobre operações de crédito, câmbio e seguros – IOC ou IOF; – imposto extraordinário de guerra.	NÃO	NÃO

Finalmente, observe-se que, pela mesma razão que a mera fixação do prazo para pagamento do tributo não se submete ao princípio da legalidade, entende o STF que também não há exigência de que se observe o princípio da anterioridade: "Norma legal que altera o prazo de recolhimento da obrigação tributária não se sujeita ao princípio da anterioridade" (Súmula 669/STF). Afinal, trata-se apenas do prazo para cumprir os efeitos de uma norma já incidente, sobre fatos já ocorridos, sem, contudo, alterar esses efeitos a serem cumpridos.

Discute-se, também, se a exigência de anterioridade da lei tributária aplica-se à lei que revoga uma isenção. Parece-nos claro que, ao revogar uma isenção, o legislador amplia a hipótese de incidência da regra tributária, que deixa de ser recortada pela norma isentiva. Submete-se, assim, à anterioridade. O Supremo Tribunal Federal chegou a adotar entendimento contrário, influenciado por visão equivocada, mas à época difundida, de que a isenção seria uma "dispensa legal de um tributo devido", tanto que tratada pelo CTN como hipótese de "exclusão" do crédito tributário, ao lado da anistia (art. 175). Com base nisso, editou a Súmula 615, segundo a qual "O princípio constitucional da anualidade (§ 29 do art. 153 da Constituição Federal) não se aplica à revogação de isenção do ICM". Mais recentemente, porém, a Corte sinalizou no sentido de que pode corrigir esse entendimento, no julgamento do RE 564.225. Embora esse não tenha sido o aspecto central discutido (há ministros que chegaram à mesma conclusão com o uso de outros fundamentos), alguns ministros mencionaram o referido entendimento sumular, e o afirmaram superado. Restou decidido que "promovido aumento indireto do Imposto Sobre Circulação de Mercadorias e Serviços – ICMS por meio da revogação de benefício fiscal, surge o dever de observância ao princípio da anterioridade, geral e nonagesimal, constante das alíneas 'b' e 'c' do inciso III do artigo 150, da Carta."[23]

3.6. NÃO CONFISCO

Em função do direito de propriedade e da proteção à livre-iniciativa, na Constituição foi explicitada a proibição de que o tributo seja utilizado com efeito de confisco (art. 150, IV). Pode ser difícil determinar, de forma prévia, quando um tributo é confiscatório e quando não o é. Mas isso não impede o Poder Judiciário de, caso considere estar havendo confisco, considerar o tributo inconstitucional por ofensa a esse princípio, porquanto confiscar significa, como esclarece Humberto Ávila, "aniquilar a eficácia mínima dos princípios da proteção da propriedade e da liberdade em favor da tributação."[24]

Para se avaliar se um tributo está sendo usado de forma confiscatória, seu "ônus" deve ser considerado em conjunto com os demais tributos que oneram o mesmo fato, e não isoladamente. Assim, mesmo que a Constituição autorize a União a instituir mais de um tributo sobre um mesmo fato (por exemplo, IRPJ e CSLL, ou IRPF e contribuição previdenciária), haverá inconstitucionalidade se esses dois tributos, somados, tornarem-se confiscatórios, mesmo que cada um, isoladamente, aparentemente não o seja.[25]

Outro dado a ser considerado é a forma como o tributo onera a riqueza revelada pelo contribuinte, notadamente no que tange aos impostos (e às contribuições e aos empréstimos compulsórios, que podem muito se assemelhar aos impostos, no que diz respeito aos seus pressupostos de fato ou "fatos geradores"). Se se alcança a renda imobilizada e estática, que não está a produzir novas riquezas, como geralmente acontece com os impostos incidentes sobre a propriedade imobiliária, alíquotas em torno de 10% já são consideradas muito altas. Em se tratando da renda auferida - passível de ser consumida ou poupada - onerada pelo imposto de renda, alíquotas de 10% seriam brandas, sendo suportáveis percentuais superiores a 30% ou mesmo 40% sem que se pudesse cogitar de confisco (a depender, por igual, das bases por eles alcançadas, que nestes percentuais teriam de ser bases bastante mais expressivas, como será explicado no item dedicado ao imposto de renda, *infra*). Já no que se relaciona a impostos incidentes sobre o consumo, que de forma mais imediata podem levar a um encarecimento do produto ou do serviço de cujo consumo se cogita, alíquotas ainda mais altas serão juridicamente admissíveis, pois, a depender da procura pelo produto e de sua importância para o consumidor, ônus até superiores a 100% serão em tese possíveis, levando apenas a um grande encarecimento do produto, mas não necessariamente à inviabilização de sua produção e de seu comércio. O IPI incidente sobre produtos derivados do tabaco fornece exemplo eloquente disso.

Segundo parte dos estudiosos do Direito Tributário, a vedação ao confisco diz respeito apenas aos tributos, não alcançando as penalidades pecuniárias (multas). Para os partidários de tal corrente, o verdadeiro limite ao poder de aplicar multas é a *proporcionalidade* que deve haver entre o montante da multa e a gravidade da infração praticada. Infrações leves, havidas no âmbito de operações não tributadas, que não causam prejuízos ao Erário, por exemplo, não devem ser punidas com multas pesadas em função da desproporção entre a infração e a multa, e não por conta do suposto caráter "confiscatório" destas. Para outros autores, porém, as multas também estão abrangidas pelo princípio, e não podem ser confiscatórias. Ambos

---

23 STF, 1ª T, RE 564.225 AgR, Rel. Min. Marco Aurelio, j. em 02/09/2014, *DJe* publicado em 18/11/2014.

24 ÁVILA, Humberto. **Conceito de renda e compensação de prejuízos fiscais**. São Paulo: Malheiros, 2011, p. 19.

25 STF, ADInMC 2.010/DF - *DJ* de 12/4/2002, p. 51.

estão corretos, em certo sentido, se admitirmos que as multas realmente não podem ser confiscatórias, e que o confisco acontece não quando se desrespeita a "capacidade contributiva" do infrator, mas sim quando a multa é desproporcionalmente elevada diante da pequena gravidade do ilícito correspondente[26].

Esse parece ter sido o posicionamento assumido pelo STF. No julgamento da ADI 551/RJ, por exemplo, quando da concessão da medida cautelar, o STF simplesmente afirmou que as multas também não podem ser confiscatórias.[27] Ao se pronunciar de modo definitivo, porém, o Tribunal consignou que "a desproporção entre o desrespeito à norma tributária e sua consequência jurídica, a multa, evidencia o caráter confiscatório desta, atentando contra o patrimônio do contribuinte, em contrariedade ao mencionado dispositivo do texto constitucional federal".[28] Em seu voto, o Min. Ilmar Galvão consignou que "o eventual caráter de confisco de tais multas não pode ser dissociado da proporcionalidade que deve existir entre a violação da norma jurídica tributária e sua consequência jurídica, a própria multa". As penalidades pecuniárias (multas tributárias), portanto, não podem ser confiscatórias, desde que assim entendidas não propriamente aquelas que se afigurarem "elevadas", mas sim as que forem desproporcionais ao ilícito que visam combater.

É preciso notar que o tributo, ainda que possa alcançar, circunstancialmente, atividades ilícitas, tem por hipótese de incidência situações nas quais não se exige a presença da ilicitude. Daí dizer-se que incide, em regra, sobre atividades lícitas, que o contribuinte tem o direito de exercitar. É por isso que não pode ser excessivo, a fim de evitar que, por meio dele, se inviabilize o exercício de um direito assegurado pela ordem jurídica. Um tributo muito pesado sobre a propriedade imobiliária urbana, por exemplo, seria uma maneira indireta de negar aos cidadãos o próprio direito de propriedade, assegurado constitucionalmente. O mesmo pode ser dito da importação, da exportação, da prestação de serviços, e assim por diante. Mas o mesmo não pode ser dito das penalidades, e dos fatos que geram o dever de pagá-las. Um contribuinte do imposto sobre serviços pode legitimamente protestar contra a cobrança desse imposto por alíquotas excessivas, afirmando que isso o impede de continuar prestando um serviço lícito e útil à comunidade, nos termos em que lhe assegura o princípio da livre iniciativa, mas seria absurdo que um motorista reclamasse da cobrança de multas elevadas de quem dirige embriagado ou com excesso de velocidade, usando como argumento o fato de que assim ele não poderia continuar dirigindo bêbado ou participando de "rachas", pois as multas elevadas o estariam desestimulando a tanto. Afinal, elas, as multas, servem exatamente para isso. Elas não podem ser desproporcionais à gravidade dos ilícitos que combatem, é certo, mas essa é outra questão.

3.7. LIBERDADE DE TRÁFEGO

Estabelece a Constituição ser vedado à União, aos Estados-membros, ao Distrito Federal e aos Municípios estabelecer limitações ao tráfego de pessoas ou bens, por meio de tributos interestaduais ou intermunicipais, ressalvada a cobrança de pedágio pela utilização de vias conservadas pelo Poder Público. Trata-se do conhecido princípio da liberdade de tráfego, que

---

26 No mesmo sentido, demonstrando ser a proporcionalidade à gravidade da infração, e não propriamente a "vedação ao confisco", o cerne da questão ligada ao dimensionamento das penalidades, veja-se: FERRAZ, Luciano; GODOI, Marciano Seabra de; SPAGNOL, Werther Botelho. **Curso de Direito Financeiro e Tributário.** Belo Horizonte: Fórum, 2014, p. 266.

27 *RTJ* 138-1/55.

28 STF, Pleno, ADI 551/RJ, Rel. Min. Ilmar Galvão, j. em 24/10/2002, v. u., *DJ* de 14/2/2003, p. 58.

tem fundamento na forma federativa de Estado, pois serve para viabilizar a integração entre os diversos entes que compõem o Estado Federal.

O citado princípio não veda, propriamente, a cobrança de tributos em operações interestaduais ou intermunicipais. Não há uma imunidade para essas operações. O que não é possível é tributá-las de modo mais pesado que as operações internas, utilizando-se o tributo como forma de desestimular o tráfego de pessoas e bens dentro do território nacional. Exemplificando, se um comerciante estabelecido no Ceará compra mercadorias de outro, estabelecido no Piauí, pode haver a incidência do ICMS, mas o ônus fiscal não deve ser superior ao que incidiria se a mercadoria tivesse sido comprada dentro do próprio Estado do Ceará.

O fato de haver sido transposta uma fronteira estadual ou municipal não pode ser motivo para a cobrança de um tributo específico, nem fator de discriminação para a elevação de um tributo já existente. Para evitar dúvidas, a Constituição ressalvou a possibilidade de cobrança de pedágio pelo uso de vias conservadas pelo Poder Público, sendo importante observar que esse pedágio, para ser válido, deve ter como fundamento o uso da via, e não a transposição da fronteira em si mesma.

Em razão do princípio em questão, são inconstitucionais as normas estaduais que exigem uma "antecipação" do ICMS pelo simples fato de a mercadoria ser oriunda de outros Estados, especialmente quando o contribuinte que as pretende revender é optante do SIMPLES, sistemática de recolhimento unificada e simplificada de tributos, aplicável às microempresas e empresas de pequeno porte (LC 123/2006), pois não se assegura a tais empresas sequer o direito ao crédito do imposto que são forçadas a "antecipar", o que faz com que paguem a exação novamente quando da venda da mercadoria ao consumidor final. Essa distorção, contudo, ainda não foi corrigida pela legislação, nem coibida pelo Poder Judiciário.

3.8. IMUNIDADES

3.8.1. Imunidades, isenções e não incidência

Imunidade, isenção e não incidência são figuras que se assemelham em seu principal efeito: a configuração de qualquer uma das três faz com que o tributo não seja devido. Apesar disso, há distinções teóricas significativas e que podem ter importantes desdobramentos práticos. Para perceber essas diferenças, o intérprete não deve se impressionar com a palavra usada pelo legislador, que nem sempre utiliza terminologia precisa. O critério correto é determinado pela forma como tais figuras surgem no ordenamento jurídico.

Diz-se que há imunidade quando a Constituição veda a criação e a cobrança de tributos sobre determinados fatos ou sobre determinados sujeitos, retirando-os do âmbito das regras que delimitam a competência tributária, âmbito no qual, do contrário, não fosse a regra imunizante, tais fatos ou sujeitos estariam normalmente abrangidos. Trata-se de um impedimento constitucional, hierarquicamente superior, verdadeira limitação à competência tributária dos entes tributantes. A lei, se pretender criar o tributo sobre a pessoa ou situação imune, será inconstitucional. A isenção, por sua vez, é estabelecida por lei, e não pela Constituição. É o ente tributante (União, Estado, Município...), competente para criar o tributo, que edita norma *mais específica* que a norma de tributação, estabelecendo exceções (as hipóteses de isenção) nas quais o tributo não será devido. Em princípio[29], do mesmo modo que a lei concedeu a isenção, pode também a qualquer tempo revogá-la.

---

29 Diz-se *em princípio* porque há isenções que talvez não estejam tão livremente à disposição do legislador, porquanto decorrem do necessário respeito a certas normas constitucionais. É o que

Já a não incidência abrange todas aquelas situações não descritas na lei como sendo tributadas. Trata-se de mera decorrência lógica da enumeração legal das hipóteses de incidência: por exclusão, o que não está legalmente indicado como sendo tributável configura uma hipótese de não incidência. Se a hipótese de incidência do IPVA é a propriedade de veículos automotores, logicamente a propriedade de computadores, de brinquedos, ou mesmo de veículos de propulsão humana (bicicletas) ou animal (carroças) é hipótese de não incidência desse imposto.

A Pedra da Roseta, registro a partir do qual se fez possível a compreensão contemporânea dos hieróglifos egípcios, contém texto de um decreto dedicado ao que, na realidade atual, seria uma isenção, ou mesmo uma imunidade tributária, sendo o caso de lembrar que àquela época não havia a distinção, criada com as revoluções havidas no final da idade média e início da idade moderna, entre Constituição rígida e leis infraconstitucionais. É sintomático que a desoneração tenha sido registrada em pedra, e não em papiro, como era usual no período[30]. Imagem: internet (sem créditos).

Importantes consequências práticas podem ser extraídas dos conceitos acima resumidos. Primeiro, quanto à imunidade, note-se que o legislador não pode revogá-la. Aliás, em relação a muitas delas, nem mesmo o poder constituinte derivado pode. Isso porque as imunidades geralmente garantem direitos fundamentais, sendo imodificáveis até mesmo por emendas constitucionais (CF/88, art. 60, § 4º, IV). Pela mesma razão – têm *status* constitucional, protegem

acontece com a isenção a rendimentos inferiores a determinados limites, que pode ser tida como decorrência do princípio da capacidade contributiva, ou da própria definição de renda, que excluiria o recebimento de valores suficientes apenas para a subsistência do beneficiário respectivo.

30 Cf. ADAMS, Charles. **For good and evil**: the impact of taxes on the course of civilization. 2. ed. New York: Madison Books, 2001, p. 17 e ss.

direitos fundamentais – as normas que tratam de imunidades comportam interpretação mais ampla que as relativas às isenções, as quais, segundo o CTN, devem ser interpretadas literalmente (CTN, art. 111), disposição que tampouco deve ser entendida literalmente mas que sugere, de qualquer forma, o uso de interpretações que não ultrapassem os sentidos literais possíveis do texto da norma isentiva.

Ainda diferenciando imunidades e isenções, pode-se dizer que, diante de uma imunidade, a falta de referência a ela na *lei* é irrelevante. Se a Constituição concede imunidade aos templos religiosos, por exemplo, e a lei municipal determina a tributação dos imóveis pelo IPTU, sem fazer ressalvas, está implícito que os imóveis pertencentes aos templos de qualquer culto não devem ser tributados. A lei deve ser interpretada *conforme* a Constituição, sob pena de se tornar inconstitucional por violação à imunidade. Já a isenção, por decorrer da lei, deve ser nela expressamente referida. Se não há norma concedendo a isenção, ou se a norma isentiva é revogada, o tributo passa a ser devido. Diante da ausência da norma isentiva, mais específica, os fatos que seriam "isentos" passam a estar abrangidos pela norma que cuida das hipóteses em que o tributo é devido, mais geral.

Finalmente, é importante esclarecer que as hipóteses de não incidência, embora decorram por exclusão da própria enumeração das hipóteses de incidência, são às vezes referidas na lei, para fins didáticos. É o caso de dispositivos da legislação do IPVA, que esclarecem que este imposto não incide sobre a propriedade de veículos de propulsão humana ou animal, ou de disposições da legislação do imposto de renda que reconhecem que o mesmo não incide sobre indenizações. Tais enumerações, repetimos, têm propósito meramente didático, esclarecedor, sendo chamadas de "não incidência legalmente qualificada". Mesmo que não existissem, porém, o tributo continuaria não incidindo sobre as situações ou pessoas que mencionam, e evidentemente não se há de exigir, para reconhecer uma hipótese de não incidência, que ela esteja assim expressamente indicada. Diferentemente, as regras que preveem isenções "sempre preveem hipóteses em que a tributação ocorreria, caso elas não existissem",[31] algo importante de ter em mente principalmente porque o legislador muitas vezes usa a expressão "não incidência" quando, na verdade, está a conceder uma isenção. Desse modo, para se diferenciar uma isenção de uma hipótese de não incidência apenas explicitada na legislação, basta imaginar qual seria a consequência do desaparecimento da regra correspondente. Se o tributo continuar não sendo devido, trata-se de não incidência; se tornar-se devido, tem-se isenção. Imagine-se, por exemplo, que uma lei estadual disponha "O IPVA não incide sobre: (i) ambulâncias; (ii) bicicletas e patinetes". No caso do inciso (i), tem-se uma isenção, e, no (ii), uma não incidência apenas explicitada.

3.8.2. Imunidades e impostos

É comum a afirmação, baseada na redação do art. 150, VI, da CF/88, de que as imunidades dizem respeito apenas aos impostos. Trata-se, porém, de um equívoco, ou, pelo menos, de uma generalização apressada.

Isso porque, mesmo que se considere, como a maioria da jurisprudência, que o art. 150, VI, da CF/88 realmente aplica-se somente aos impostos, não se pode ignorar que a Constituição, em outros dispositivos, trata de imunidades relativas a diferentes espécies de tributos (p. ex., taxas, no art. 5º, XXXIV, e contribuições, no art. 149, § 2º, I).

---

31 CARRAZZA, Roque Antonio. **Curso de direito constitucional tributário.** 11. ed. São Paulo: Malheiros, 1998, p. 503.

E mesmo em relação ao art. 150, VI, da CF/88, ressalte-se que a sua expressão literal deve ser vista com temperamentos, principalmente porque nele estão protegidos direitos fundamentais. Assim, caso a União utilize uma contribuição para perseguir partidos políticos de oposição, ou determinados cultos religiosos, ou ainda destruir Estados e Municípios, apenas para citar alguns exemplos, a imunidade de tais entes, embora literalmente referida aos impostos, poderá ser invocada.

Não se pode deixar de consignar, porém, que a corrente dominante, sobretudo na jurisprudência, é a de que as imunidades previstas especificamente no art. 150, VI, da CF/88, em regra, dizem respeito realmente apenas aos impostos. Mesmo assim, vale insistir que, seja qual for a corrente adotada, como outros artigos da Constituição concedem imunidades em relação a taxas e a contribuições, não é correto falar, genericamente, que as imunidades sempre digam respeito aos impostos.

Quanto à Contribuição sobre Bens e Serviços, que a União passou a ter competência para instituir com o advento da EC 132/2023, há previsão constitucional expressa (art. 149-B) de que seu regime jurídico deve ser mesmo aplicável ao Imposto sobre Bens e Serviços, inclusive no que tange às imunidades. Assim, pelo menos em relação a essa contribuição especificamente, não há dúvida quanto à aplicabilidade das imunidades previstas no art. 150, VI, da CF/88.

3.8.3. Imunidades do art. 150, VI, da Constituição Federal

Segundo o art. 150, VI, da CF/88, é vedado à União, aos Estados, ao Distrito Federal e aos Municípios instituir impostos sobre: *(i)* patrimônio, renda ou serviços, uns dos outros; *(ii)* entidades religiosas e templos de qualquer culto, inclusive suas organizações assistenciais e beneficentes; *(iii)* patrimônio, renda ou serviços dos partidos políticos, inclusive suas fundações, das entidades sindicais dos trabalhadores, das instituições de educação e de assistência social, sem fins lucrativos, atendidos os requisitos da lei; *(iv)* livros, jornais, periódicos e o papel destinado à sua impressão; *(v)* fonogramas e videofonogramas musicais produzidos no Brasil contendo obras musicais ou literomusicais de autores brasileiros e/ou obras em geral interpretadas por artistas brasileiros bem como os suportes materiais ou arquivos digitais que os contenham, salvo na etapa de replicação industrial de mídias ópticas de leitura a laser.

A impossibilidade de cobrança de impostos sobre o patrimônio, renda ou serviços uns dos outros é conhecida como *imunidade recíproca* e representa proteção da forma federativa de Estado. Além de evitar que União, Estados-membros, Distrito Federal e Municípios se destruam mutuamente, ou tentem fazê-lo, com o uso da tributação, a imunidade de que se cuida parte de duas premissas importantes e relacionadas: entes federativos não podem exercer a soberania uns sobre os outros (sendo o poder de tributar uma faceta dessa soberania, como explicado no início deste livro) e tampouco eles estão sujeitos ao dever de solidariedade no pagamento de impostos, pois eles já pertencem à coletividade[32].

Essa imunidade é extensiva às autarquias e fundações instituídas e mantidas pelo Poder Público, no que se refere ao patrimônio, à renda e aos serviços vinculados a suas finalidades essenciais ou às delas decorrentes (CF/88, art. 150, § 2º), mas não abrange o patrimônio, a renda e os serviços da entidade que estejam relacionados à exploração de atividade econômica regida pelas normas inerentes aos empreendimentos privados, ou em que haja pagamento de preço ou tarifa pelo usuário. Também não exime o promitente comprador da obrigação de pagar imposto relativamente a bem imóvel (CF/88, art. 150, § 3º).

---

32 BALEEIRO, Aliomar. **Limitações constitucionais ao poder de tributar**. Atualização de Misabel Abreu Machado Derzi. 7. ed., Rio de Janeiro: Forense, 1997, p. 301.

Essas duas ressalvas se justificam. O Estado, quando atua na economia, concorrendo com os particulares, não pode valer-se de benefícios não extensíveis às empresas privadas (CF/88, art. 173, § 1º, II). Assim, se Estados, Municípios ou a União passam a desempenhar atividade econômica, a imunidade recíproca não se lhes aplica, naturalmente no que toca ao patrimônio, aos serviços e aos bens ligados a essa atividade. Quanto à não abrangência do promitente comprador de imóvel de propriedade do poder público, buscou-se evitar que o promitente, embora já detentor da posse do imóvel, e tendo já celebrado contrato de promessa de compra e venda, invocasse a circunstância formal de o imóvel encontrar-se ainda registrado em nome da entidade pública para beneficiar-se da imunidade.

Quanto à não extensão da imunidade às empresas estatais, merece registro o fato de que o STF tem diferenciado, em sua jurisprudência, *atividade econômica* e *serviço público.* Empresas públicas que exerçam atividade econômica, em regime de livre iniciativa e livre concorrência, não estão abrangidas pela imunidade recíproca, até mesmo em função do disposto no art. 173, § 2º, da CF/88; entretanto, as empresas públicas prestadoras de serviços públicos estão abrangidas pela imunidade. "As empresas públicas prestadoras de serviços públicos distinguem-se das que exercem atividade econômica. A Empresa Brasileira de Correios e Telégrafos é prestadora de serviço público de prestação obrigatória e exclusiva do Estado, motivo por que está abrangida pela imunidade tributária recíproca" (STF, 2ª T., RE 428.821-4/SP, Rel. Min. Carlos Velloso, j. em 21/9/2004, *DJ* de 8/10/2004, p. 22). O mesmo se decidiu a respeito da Infraero (RE 363.412). Considera-se que a empresa pública que presta serviços públicos em regime de monopólio não estaria abrangida pela ressalva à imunidade, que se destina a assegurar a liberdade de concorrência, algo sem pertinência para elas. Essa extensão da imunidade foi explicitada no texto constitucional pela EC 132/2023.

A imunidade dos templos de qualquer culto tem por finalidade proteger o direito fundamental às liberdades de crença e de culto religioso, evitando que o Estado (em sentido amplo) reprima ou interfira no seu exercício através dos impostos. Sua abrangência é ampla, alcançando não apenas o imóvel no qual os cultos são realizados (imune ao IPTU ou ao ITR e ao ITBI), mas quaisquer outros, e mesmo outros bens, rendimentos e serviços, desde que relativos às finalidades essenciais da entidade (CF/88, art. 150, § 4º). Segundo o STF, até mesmo imóveis alugados a terceiros são beneficiados com a imunidade, desde que a receita obtida com o aluguel reverta para o financiamento das finalidades essenciais da entidade religiosa (STF – RE 325.822/SP – *DJ* de 14/5/2004, p. 33). O mesmo vale, inclusive, para as entidades referidas na alínea "c" do art. 150, VI, da CF/88 (Súmula 724/STF). Pode-se dizer, com isso, que a necessidade de preenchimento dos requisitos mencionados no art. 14 do CTN, em certo sentido, aplica-se às entidades mencionadas pelas letras "b" e "c" do art. 150, VI, da CF/88, até como forma de se evitarem desvios de finalidades e abusos no uso de tais instituições imunes, sejam elas religiosas ou não. A EC 132/2023, inclusive, deixou claro que a imunidade é ao templo, no sentido subjetivo, de entidade religiosa, não no sentido de imóvel onde se celebram as cerimônias religiosas.

Observe-se que, com o advento da Emenda Constitucional nº 116/2022, que inseriu no art. 156 da CF/88 um § 1º-A, as igrejas são imunes ao IPTU também na hipótese em que figuram como inquilinas, ainda que o proprietário do imóvel não goze de imunidade. Assim, seja como inquilina do imóvel, seja como sua proprietária (desde que utilize os aluguéis em suas finalidades), a entidade se beneficia da imunidade.

Os partidos políticos, inclusive suas fundações, as entidades sindicais dos trabalhadores e as instituições de educação e de assistência social, sem fins lucrativos, também têm direito à imunidade, relativamente ao seu patrimônio, à sua renda e aos seus serviços. A finalidade, aqui, é proteger a liberdade política, a liberdade sindical e estimular aqueles que desejam colaborar com o Estado na prestação de serviços de assistência social, desde que sem finalidade lucrativa. Ressalte-se que a possibilidade de a lei fazer exigências, como condição para o gozo da imunidade, diz respeito apenas às entidades sem fins lucrativos, e não aos partidos políticos nem às entidades sindicais. E, mesmo em relação a elas, as exigências legais hão de dizer respeito apenas à aferição da ausência de finalidade lucrativa.

Em atenção ao art. 146, II, da CF/88, as condições a serem atendidas pelas entidades sem fins lucrativos, para que tenham direito à imunidade de que cuida o art. 150, VI, *c*, da CF/88, devem ser estipuladas por lei complementar, e não por lei ordinária. Atualmente, estão traçadas no art. 14 do CTN, que tem *status* de lei complementar e exige de tais entidades que: (i) não distribuam qualquer parcela de seu patrimônio ou de suas rendas, a qualquer título; (ii) apliquem integralmente, no País, os seus recursos na manutenção dos seus objetivos institucionais; (iii) mantenham escrituração de suas receitas e despesas em livros revestidos de formalidades capazes de assegurar sua exatidão. Caso tais requisitos sejam descumpridos, a autoridade competente pode suspender a aplicação do benefício. No plano federal, essa suspensão ocorre segundo o procedimento previsto no art. 32 da Lei 9.430/96. Ressalte-se que tais requisitos ou condições aplicam-se também a sindicatos, partidos políticos e templos de qualquer culto, visto que também em relação a eles a natureza da atividade desenvolvida e imunizada não pode servir de fachada para que atos de natureza diversa sejam praticados e se beneficiem da imunidade tributária. Ao decidir que imóveis de propriedade de igrejas podem ser alugados a terceiros, sem que deixem de ser imunes por isso, desde que a receita oriunda do aluguel seja investida nas finalidades da entidade religiosa, o Supremo Tribunal Federal acolheu essa ideia. Assim, por exemplo, partidos políticos no âmbito do qual tenha sido identificada a prática de "caixa 2", porque assim revelam não ter contabilidade regular, nos termos exigidos pelo art. 14, III, do CTN, podem ter sua imunidade suspensa, com a cobrança dos tributos correspondentes.

A jurisprudência do STF incorre, não raro, em inadmissível contradição no julgamento de questões relativas a essas imunidades, ditas subjetivas (porque concedidas em função de características do sujeito), e aos tributos considerados "indiretos" (*v.g.*, ICMS). Quando a imunidade é reclamada pelo chamado "contribuinte de direito", afirma-se que o mesmo "repassa" o ônus do tributo para o consumidor final, "contribuinte de fato", não tendo portanto direito à imunidade: "esta Corte, quer com relação à Emenda Constitucional nº 1/69 quer com referência à Constituição de 1988 (assim, nos RREE 115.096, 134.573 e 164.162), tem entendido que a entidade de assistência social não é imune à incidência do ICM ou do ICMS na venda de bens fabricados por ela, porque esse tributo, por repercutir economicamente no consumidor e não no contribuinte de direito, não atinge o patrimônio, nem desfalca as rendas, nem reduz a eficácia dos serviços dessas entidades".[33] Contraditoriamente, quando o respeito à imunidade é pleiteado pelo "contribuinte de fato", afirma-se que este "não tem relação com o fisco", ou que não é o seu patrimônio que está sendo tributado, não sendo a mesma aplicável. Em caso que Município invocava a imunidade para não se submeter ao ICMS cobrado na fatura de energia elétrica, o STF entendeu que "o fornecedor da iluminação pública não é o Município, mas a Cia. Força e Luz Cataguases, que paga o ICMS à Fazenda Estadual e o inclui

---

33 STF, 1ª T., RE 191.067/SP, Rel. Min. Moreira Alves, j. em 26/10/1999, v. u., *DJ* de 3/12/1999. No mesmo sentido: "A imunidade prevista no art. 150, VI, *c*, da Constituição Federal, em favor das instituições de assistência social, não se estende ao ICMS incidente sobre os bens por elas fabricados, que é pago pelo consumidor, posto que embutido no preço." STF, 1ª T., RE 189.912/SP, Rel. Min. Ilmar Galvão, j. em 23/3/1999, v. u., *DJ* de 25/6/1999. Ver ainda: STF, 1ª T., RE 164.162, Rel. Min. Ilmar Galvão, j. em 14/5/1996, v. u., *DJ* de 13/9/1996, p. 33239.

no preço do serviço disponibilizado ao usuário. A imunidade tributária, no entanto, pressupõe a instituição de imposto incidente sobre serviço, patrimônio ou renda do próprio Município".[34]

Sem entrar aqui na polêmica discussão relativa aos tributos indiretos e à repercussão do seu ônus financeiro, o que importa é que se deve admitir a invocação da imunidade ou pelo contribuinte de fato, ou pelo contribuinte de direito, ou pelos dois. O que não se pode admitir é o emprego de teses contraditórias, ora num sentido, ora noutro, para negar vigência ao dispositivo constitucional imunizante.

Quanto a esse assunto, espera-se que incoerência seja superada nos termos em que parece estar caminhando a jurisprudência, que vem avançando para entender que a imunidade pode ser invocada quando detida pelo chamado "contribuinte de direito", mesmo diante da possibilidade de o ônus do tributo ser repassado ao consumidor final, não imune. Tal entendimento é extraído, como decorrência, de duas teses já acolhidas pelo Plenário do STF: *(i)* a imunidade subjetiva (*v.g.*, de templos ou entidades sem fins lucrativos) abrange também o IPTU incidente sobre seus imóveis, ainda que estes estejam alugados a terceiros (o que naturalmente viabiliza o repasse do ônus do imposto aos inquilinos) e *(ii)* não é pertinente a invocação de critérios de classificação de tributos, colhidos a partir da legislação ordinária, para restringir a abrangência da imunidade. Com base nessas premissas, a Segunda Turma do STF entendeu que a imunidade abrange até mesmo o ICMS incidente sobre produtos vendidos pela entidade imune, desde que a receita respectiva seja revertida no atendimento de suas finalidades institucionais.[35] No julgamento do RE 210.251 Edv/SP, o Plenário do STF discutiu mais uma vez a questão, e consignou que o "contribuinte de direito", em sendo imune (*v.g.*, entidade assistencial sem fins lucrativos), não deve ser onerado pelo ICMS, *ainda que possa eventualmente transferir o ônus do imposto aos consumidores*. Entenderam as vozes majoritárias, com inteiro acerto, que, se o "contribuinte de direito", imune, "repassa" o valor do ICMS ao consumidor final, e não o paga ao Estado (por conta da imunidade), se está atingindo exatamente a finalidade da imunidade, desonerando uma atividade assistencial não lucrativa, que deve ser incentivada pelo Estado; por outro lado, se o produto vendido pela entidade assistencial não tem o ICMS "embutido" em seu preço, sendo assim vendido por quantia inferior à de mercado, isso será melhor para os consumidores, e para a própria entidade assistencial, que terá maior aceitação por parte de seus produtos. Não haverá, finalmente, desequilíbrio na concorrência, considerando a pequeníssima extensão dos negócios da entidade filantrópica.[36]

Já a alínea *d* do art. 150, VI, da CF/88 cuida da imunidade destinada aos livros, jornais, periódicos e ao papel destinado à sua impressão. Trata-se de forma de garantia do direito à liberdade de manifestação do pensamento, que evita a utilização do imposto como forma de censura. Partindo dessa premissa, o STF admite estender essa imunidade a todo tipo de papel, como é o caso do papel fotográfico, mas entende que ela não abrange a tinta, as máquinas e outros itens utilizados na produção do livro, do jornal ou do periódico. Estabeleceu-se grande debate, nas últimas décadas, para saber se tal imunidade se aplica, também, aos chamados *livros eletrônicos*, veiculados, por exemplo, em sites na *web*. A maior parte dos estudiosos da matéria entende que sim.

O TRF da 2ª Região também tem pronunciamento pioneiro nesse mesmo sentido.[37] O STF, porém, passou muito tempo sem se posicionar sobre a questão. Havia, é verdade, despacho

---

34 STF, 1ª T., AC 457-MC, Rel. Min. Carlos Britto, j. em 26/10/2004, v. u., *DJ* de 11/2/2005, p. 5.

35 STF, 2ª T., RE 141.670, AgR/SP, Rel. Min. Nelson Jobim, j. em 10/10/2000, v. u., *DJ* de 2/2/2001, p. 105.

36 STF, Pleno, RE 210.251 EDv/SP, Rel. Min. Ellen Gracie, j. em 26/2/2003, m. v., *DJ* de 28/11/2003, p. 11.

37 TRF da 2ª R. – ROMS 98.02.02873-8 – *DJ* de 18/3/1999, p. 124.

monocrático do Min. Eros Grau, mas que analisava a questão como se se tratasse da mera incidência de impostos sobre programas de computador, sem apreciar o detalhe presente quando tais programas veiculam "livros".[38] Nem é preciso dizer, porém, que se estava pacificada no STF a questão relativa à tributação do *software*, isso não era verdade em se tratando de livros eletrônicos, tema que jamais havia sido discutido na Corte.

Em outra oportunidade, o tema chegou a ser novamente julgado de forma monocrática, mas dessa vez com o uso de outros fundamentos. Na visão do Min. Toffoli, a quem coube a relatoria, o STF já teria decidido que a imunidade não se estende para insumos diversos do papel, fundamento que utilizou para, sozinho, em poucas linhas, reformar acórdão do TJ/RJ que havia confirmado sentença concessiva de segurança com ampla discussão a respeito da imunidade dos livros eletrônicos.[39] Nesse caso, porém, a parte recorrida, que defendia a tese da imunidade tributária do livro eletrônico, interpôs recurso contra a decisão monocrática, para submeter a questão ao colegiado. Isso deu ao Min. Toffoli a oportunidade de perceber que o tema realmente não havia sido ainda apreciado pelo STF. E não havia sido mesmo. Uma coisa é afirmar que a imunidade não abrange máquinas, tinta e outros insumos usados na fabricação de livros de papel; outra, completamente diferente, é afirmar a abrangência, ou não, da imunidade sobre os livros veiculados, eles próprios, em suportes físicos diversos do papel. O Min. Relator admitiu isso apreciando os declaratórios interpostos, percebendo, inclusive, que a repercussão geral da matéria já havia sido reconhecida quando da apreciação de outro recurso (RE nº 595.676/RJ), de relatoria do Min. Marco Aurélio e à época pendente de apreciação pelo Plenário daquela Corte. Assim, pode-se dizer, com segurança, que o próprio STF reconheceu à época não ter ainda apreciado a matéria, tendo, na mesma oportunidade, admitido a necessidade de fazê-lo, o que veio a ocorrer posteriormente, conforme será comentado a seguir.

Não há, convém notar, nenhuma ofensa à literalidade do art. 150, VI, "d", da CF/88, caso se reconheça que a imunidade ali prevista se aplica também a livros eletrônicos. Pelo contrário. Afinal, o dispositivo se refere a livros, jornais, periódicos, e ao papel destinado à sua impressão, o que significa dizer que a própria Constituição diferencia o livro, enquanto entidade imaterial, e o papel que eventualmente pode ser usado caso ele seja impresso. Isso, por outras palavras, significa dizer que, além do livro propriamente dito, o único insumo usado na confecção de um livro impresso que goza de imunidade é o papel, mas daí não se pode concluir – até porque isso não está escrito na Constituição – que a imunidade alcança apenas os livros que se achem impressos em papel.

Por outro lado, o Supremo Tribunal Federal já havia reconhecido, no julgamento da ADIn 1.945, que o ICMS pode incidir sobre *download* de *software*, mesmo sendo tradicional a definição de mercadoria como sendo coisa corpórea destinada ao comércio. Reconhecendo a inexistência de distinção essencial entre adquirir uma caixa com discos magnéticos ou óticos contendo a gravação de um aplicativo, ou discos óticos contendo músicas, e proceder ao *download* dessas mesmas músicas ou aplicativos pela *internet*, o STF asseverou, reconhecendo a validade da uma lei estadual mato-grossense que indicava essa hipótese como sujeita à incidência do ICMS, que seria irrelevante a inexistência de bem corpóreo ou "mercadoria em sentido estrito", pois o "O Tribunal não pode se furtar a abarcar situações novas, consequências concretas do mundo real, com base em premissas jurídicas que não são mais totalmente corretas. O apego a tais diretrizes jurídicas acaba por enfraquecer o texto constitucional, pois

---

38 STF, RE 285.870-6, j. em 3/12/2004, *DJ* de 3/2/2005, *RDDT* 116/189.

39 STF, RE 330.817/RJ, Rel. Min. Dias Toffoli, j. em 4/2/2010, *DJe*-040, de 4/3/2010.

não permite que a abertura dos dispositivos da Constituição possa se adaptar aos novos tempos, antes imprevisíveis" (ADI 1945 MC, *RTJ* 220/50). Esse entendimento, posteriormente, foi modificado, passando-se a considerar incidente o *ISS*, por se tratar de licenciamento (ADI 5.659/MG). Mas, apesar disso, seria incoerente, para dizer o mínimo, que, depois de reconhecer a "abertura dos dispositivos da Constituição" para que esta possa "Se adaptar aos novos tempos", isso para permitir a equiparação do *download* de uma música à compra de um CD ou de um LP de vinil, o STF se aferrasse à compreensão de livro que se tinha em 1988 para negar o reconhecimento da imunidade tributária a livros obtidos pelo mesmo processo e que passaram pela mesmíssima evolução. O importante é que se trate de informação *escrita*, razão pela qual é acertada a denominação de Eduardo Sabbag, que se reporta à regra veiculada pelo art. 150, VI, "d" da CF/88 como dizendo respeito à "imunidade de imprensa", seja ela veiculada por meio tipográfico ou impresso, ou eletrônico ou cibernético[40].

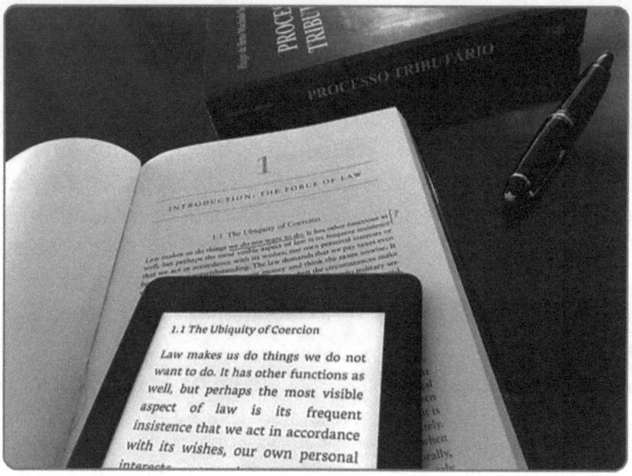

O mesmo livro, em versão impressa e digital. Não há fundamento para que o primeiro seja imune, e o segundo não, notadamente se se considerar que o STF já equiparou o *download* de aplicativos e de dados (*v.g.*, de músicas) à circulação de mercadorias, para efeito de incidência de ICMS (ADI 1945).

Embora o STF não tivesse, à época, se posicionado ainda sobre o tema, as disposições da Lei Complementar 157/2016, que alteraram a lista de serviços anexa à LC 116/2003, na qual se acham arrolados os serviços passíveis de tributação pelo imposto sobre serviços (ISS), de algum modo reconhecem a imunidade do livro eletrônico. Além de reiterar - dentro de seu papel de dirimir conflitos de competência - que sobre tais atividades incide ISS (e não ICMS), a LC 157/2016 alterou o item 1.09 da lista de serviços, para nele incluir, como tributável, a disponibilização de dados sem cessão definitiva (*streaming*), a envolver serviços como o prestado por plataformas como Netflix, Spotify, Deezer, Apple Music, dentre outras. Tal disposição poderia, em princípio, alcançar serviços análogos existentes em relação a livros, como o Kindle Unlimited. A redação, do dispositivo, porém, faz a ressalva, ao arrolar como tributáveis "*disponibilização, sem cessão definitiva, de conteúdos de auto, vídeo, imagem e texto por meio da internet, respeitada a imunidade de livros, jornais e periódicos...*".

---

40 SABBAG, Eduardo. **Manual de Direito Tributário.** 4. ed. São Paulo: Saraiva, 2012, p. 363.

Convém lembrar que cabe à lei complementar regulamentar as limitações constitucionais ao poder de tributar (art. 146, II, da CF/88), gênero no qual se encarta a imunidade tributária dos livros. Assim, a LC 157/2016 representou importante passo no reconhecimento da abrangência da imunidade dos livros àqueles não impressos.

Depois de bastante tempo, é certo, o Supremo Tribunal Federal finalmente pronunciou-se de maneira clara e direta sobre a imunidade do livro eletrônico, reconhecendo a abrangência da regra do art. 150, IV, "d", da CF/88 também a eles, e aos dispositivos destinados à sua leitura (v.g., Kindle e outros *e-readers*). Com efeito, em sede de repercussão geral (no RE 330817), aprovou-se a tese segundo a qual "a imunidade tributária constante do artigo 150, VI, 'd', da Constituição Federal, aplica-se ao livro eletrônico (*e-book*), inclusive aos suportes exclusivamente utilizados para fixá-lo". A matéria, atualmente, se acha disciplinada na Súmula Vinculante 57, do STF, com a seguinte redação: "A imunidade tributária constante do art. 150, VI, d, da CF/88 aplica-se à importação e comercialização, no mercado interno, do livro eletrônico (e-book) e dos suportes exclusivamente utilizados para fixá-los, como leitores de livros eletrônicos (e-readers), ainda que possuam funcionalidades acessórias."

A imunidade de livros, jornais e periódicos abrange inclusive os chamados "álbuns de figurinhas", vale dizer, "álbuns a serem completados por cromos adesivos considerados tecnicamente ilustrações para crianças" (RE 339.124). Isso porque sua finalidade é a de "evitar embaraços ao exercício da liberdade de expressão intelectual, artística, científica e de comunicação, bem como facilitar o acesso da população à cultura, à informação e à educação", não tendo a CF/88 feito quaisquer ressalvas "quanto ao valor artístico ou didático, à relevância das informações divulgadas ou à qualidade cultural de uma publicação". Por isso, "não cabe ao aplicador da norma constitucional em tela afastar este benefício fiscal instituído para proteger direito tão importante ao exercício da democracia, por força de um juízo subjetivo acerca da qualidade cultural ou do valor pedagógico de uma publicação destinada ao público infanto-juvenil".[41] E, por igual razão, a imunidade abrange também o papel destinado à impressão dos álbuns de figurinhas.[42] Correto o entendimento do STF, pois, caso fosse admitida a aplicação da imunidade apenas a livros "valorosos", considerados subjetivamente pelo intérprete como sendo "úteis" ou "positivos", estabelecer-se-ia, por via indireta, precisamente o que a imunidade visa a evitar: a censura através do tributo. Não importa, assim, se o livro tem conteúdo erótico, ou por qualquer critério considerado "negativo", fazendo jus, em qualquer caso, à imunidade tributária[43].

Além dos álbuns de figurinhas, a imunidade do art. 150, VI, *d*, da CF/88 abrange também, segundo o STF:

- importação de encartes e capas para livros didáticos a serem distribuídos em fascículos semanais aos leitores do jornal (RE 225.955-RS – Rel. Min. Maurício Corrêa);
- apostilas (RE 183.403-0/SP, Rel. Min. Marco Aurélio, j. em 7/11/2000, v. u., *DJ* de 4/5/2001, p. 35, *RDDT* 70/199);
- listas telefônicas (RE 134.071/SP, Rel. Min. Ilmar Galvão, j. em 15/9/1992, *DJ* de 30/10/1992, p. 19516). No mesmo sentido, *v.g.*: RE 116.510/RS, *DJ* de 8/3/1991, p. 2204; *RTJ* 133-03/1307; RE 130.012/RS, *DJ* de 8/3/1991, p. 2206.

---

41 STF, 1ª T., RE nº 221.239-6/SP, Rel. Min. Ellen Gracie, j. em 25/5/2004, *DJ* de 6/8/2004, *RDDT* 109/165.

42 STF, RE 339.124 AgR/RJ, Rel. Min. Carlos Velloso, j. em 19/4/2005, v. u., *DJ* de 20/5/2005, p. 26.

43 Cf. SABBAG, Eduardo. **Manual de Direito Tributário**. 4. ed. São Paulo: Saraiva, 2012, p. 367.

Por considerar que a imunidade tributária não está condicionada ao conteúdo – se mais ou menos útil, instrutivo ou culturalmente elevado – do livro, jornal ou periódico, bastando que não se trate de um *livro em branco*, o Supremo Tribunal Federal considerou imunes inclusive as "listas telefônicas", figuras hoje em extinção com o advento da *internet*. O exemplo, contudo, mantém sua atualidade, por fornecer indicações do sentido e do alcance da regra imunizante.

Finalmente, como produto da Emenda Constitucional n.º 75, de outubro de 2013, incluiu-se no rol previsto no art. 150, VI, da CF/88 a imunidade a fonogramas e videogramas musicais produzidos no Brasil contendo obras de autores brasileiros, ou interpretadas por artistas brasileiros, ressalvando apenas a etapa de replicação industrial de mídias ópticas de leitura a laser.

O fato de a imunidade musical não ser aplicável apenas à etapa de replicação industrial de mídias *ópticas* faz com que permaneçam imunes os meios analógicos de reprodução musical, como os vinis, e os que prescindem de suportes físicos específicos, sejam óticos ou não, como o *download* direto de músicas.

A disposição, que tem por finalidade clara incentivar a produção nacional de música e cinema, talvez incorra em violação ao princípio da igualdade, por se restringir ao que for produzido no Brasil e em torno de artistas brasileiros. Ainda que se entenda que, no plano constitucional, haveria justificativa para a discriminação, ela esbarra em tratados internacionais firmados pelo Brasil (p.ex., no âmbito da OMC), em face dos quais se garante a não discriminação entre o produto nacional e o estrangeiro, no que tange aos tributos incidentes no mercado interno (a diferenciação poderia ser feita, apenas, pelo imposto de importação, se fosse o caso). Por outro lado, não parece adequado, em se tratando do texto constitucional, fazer-se alusão tão específica ao tipo de tecnologia, a rigor já ultrapassado quando da edição da emenda constitucional correspondente.

3.8.4. Outras imunidades

Conquanto sejam as mais referidas, as imunidades previstas no art. 150, VI, da Constituição não são as únicas existentes em nosso sistema jurídico. O art. 5º da CF/88, por exemplo, concede imunidades quanto a: *(a)* taxas pelo "serviço" de recebimento de petições pelos órgãos administrativos e pelo fornecimento de certidões (inciso XXXIV)[44]; *(b)* taxas judiciárias relativas ao processamento da ação popular, do *habeas corpus* e do *habeas data* (incisos LXXIII e LXXVII); *(c)* taxas relativas ao serviço de registro de nascimento e de certidão de óbito, aos reconhecidamente pobres (inciso LXXVI). Todas elas têm por finalidade evitar que tais serviços, que são essenciais ao exercício da cidadania, sejam indiretamente cerceados aos cidadãos, notadamente aos mais pobres, que não tiverem condições de arcar com as taxas correspondentes.

O art. 149, § 2º, I, da CF/88 concede imunidade em relação às contribuições (sociais ou de intervenção no domínio econômico), quanto às receitas oriundas de exportações. Essa imunidade tem por propósito estimular as exportações brasileiras, evitando que o ônus representado pelas contribuições tire a competitividade do produto brasileiro no exterior. Estabeleceu-se polêmica, entre os que estudam o assunto, para saber se ela abrange apenas as contribuições que incidem sobre a receita (*v.g.*, COFINS), ou se alcança também aquelas contribuições que incidem sobre outros fatos, quando estes outros fatos estejam ligados a receitas provenientes de exportações (*v.g.*, contribuição sobre o lucro líquido – CSLL incidente sobre o lucro decorrente das receitas de exportação). Apreciando a questão, o STF deu à imunidade significado restritivo, de sorte a abranger apenas aquelas contribuições que incidam diretamente sobre a receita, como a COFINS.

Quanto às contribuições especificamente destinadas à seguridade social, a CF/88 assegura, em seu art. 195, § 7º, imunidade às entidades beneficentes de assistência social, que atendam às exigências fixadas em lei. O STF já decidiu que, embora o dispositivo da Constituição se refira, neste caso, a "isenção", trata-se de verdadeira imunidade (ADIn 2.028/DF). Isso mostra que a terminologia utilizada pelo legislador (*isenção, imunidade, não incidência...*) não é importante para determinar a natureza jurídica da figura. Os requisitos a serem fixados em lei, como se trata de imunidade, devem ser estabelecidos em *lei complementar*, a teor do art. 146, II, da CF/88 (no caso, pelo CTN, em seu art. 14). O Fisco, porém, sustenta que tais requisitos podem ser estabelecidos em lei ordinária. O Supremo Tribunal Federal, por sua vez, tem admitido que requisitos formais sejam estabelecidos por lei ordinária, enquanto os requisitos

---

44 No julgamento da ADI 2.259, o STF reconheceu, expressamente, que o direito à gratuidade no fornecimento de certidões decorre de imunidade tributária autoaplicável constante do art. 5.º, XXXIV, "b", da CF/88.

materiais seriam fixados em lei complementar (RE 639.941, j. em 13/2/2014). Atualmente, seguindo a ideia de que tais requisitos demandam disciplina em Lei Complementar, a matéria se acha tratada na LC 187/2021. Essa imunidade não se aplica apenas à Contribuição sobre Bens e Serviços – CBS, que integra o chamado IVA-Dual e nesse sentido tem o mesmo regime aplicável aos impostos (art. 149-B da CF/88), submetendo-se assim às imunidades previstas no art. 150, VI, da CF/88.

Como foi dito, na Constituição existem diversas imunidades tributárias. Além das já referidas, podem ser citadas ainda, de modo não exaustivo, as seguintes:

- Imposto Territorial Rural – ITR, relativamente à pequena gleba rural, sempre que o seu proprietário a explorar e não possuir outro imóvel (CF/88, art. 153, § 4º, II);
- ICMS, sobre operações que destinem mercadorias para o exterior e sobre serviços prestados a destinatários no exterior (CF/88, art. 155, § 2º, X, *a*);
- ICMS, sobre operações que destinem a outros Estados petróleo, inclusive lubrificantes, combustíveis líquidos e gasosos dele derivados, e energia elétrica (CF/88, art. 155, § 2º, X, *b*);
- ICMS, sobre o ouro utilizado como ativo financeiro (CF/88, art. 155, § 2º, X, *c*);
- ICMS, nas prestações de serviço de comunicação nas modalidades de radiodifusão sonora e de sons e imagens de recepção livre e gratuita, embora essa hipótese possa ser considerada mera *explicitação* de uma não incidência que ocorreria *com* ou *sem* a regra "imunizante" (CF/88, art. 155, § 2º, X, *d*).

3.9. LIMITAÇÕES DIRIGIDAS À UNIÃO

O art. 150 da CF/88 cuida de limitações constitucionais ao poder de tributar dirigidas à União, aos Estados, ao Distrito Federal e aos Municípios, vale dizer, a todos os entes tributantes. Existem, contudo, limitações direcionadas apenas à União, as quais, por razão de técnica legislativa, foram elencadas no art. 151, que determina ser vedado à União: *(i)* instituir tributo que não seja uniforme em todo o território nacional ou que implique distinção ou preferência em relação a Estado, ao Distrito Federal ou a Município, em detrimento de outro, admitida a concessão de incentivos fiscais destinados a promover o equilíbrio do desenvolvimento socioeconômico entre as diferentes regiões do País; *(ii)* tributar a renda das obrigações da dívida pública dos Estados, do Distrito Federal e dos Municípios, bem como a remuneração e os proventos dos respectivos agentes públicos, em níveis superiores aos que fixar para suas obrigações e para seus agentes; e *(iii)* instituir isenções de tributos da competência dos Estados, do Distrito Federal ou dos Municípios.

Como se vê, três limitações que somente poderiam ser dirigidas à União, na condição de ente tributante central. Com a primeira delas, objetiva-se a uniformidade da tributação no território nacional, a fim de que não se estabeleçam distinções entre Estados. Observe-se, porém, que, sendo a redução das desigualdades regionais um dos objetivos fundamentais da República (CF/88, art. 3º, III), é expressamente admitida a concessão de incentivos fiscais que visem realizar esse objetivo.

A segunda das limitações, também decorrente da isonomia e do federalismo, visa a evitar que, com o imposto de renda, a União estabeleça distinções entre os que se relacionam com ela e os que se relacionam com Estados e Municípios, seja na condição de agente público, seja na condição de credor.

Finalmente, a terceira das limitações, segundo a qual a União não pode conceder isenções de tributos estaduais e municipais, é decorrência evidente do princípio federativo. Pudesse a União conceder isenção de tributos estaduais e municipais, figura conhecida como *isenção heterônoma*, teria instrumento fortíssimo de invasão nas competências destes, com o qual poderia suprimir-lhes inteiramente a autonomia financeira, abusos incompatíveis com a figura de um estado federado.

A respeito do art. 151, III, da CF/88, é importante registrar que os Municípios questionaram, no STF, a validade de algumas normas contidas na legislação complementar nacional, a respeito do ISS, que, em seu entendimento, configurariam verdadeiras desonerações, ainda que parciais. Era o caso, por exemplo, do ISS devido por autônomos e profissionais liberais, que, segundo o art. 9º do DL nº 406/68, deve ser exigido através de valores fixos, e não em percentuais sobre o valor dos serviços prestados. O STF, contudo, não lhes deu razão. Entendeu que a forma diferenciada de cálculo do ISS devido por profissionais liberais (médicos, advogados, contadores, dentistas etc.) e pelas sociedades por eles constituídas, veiculada pelo art. 9º, §§ 1º e 3º, do Decreto-lei nº 406/68, foi recepcionada pela CF/88, visto que não se trata de "isenção heterônoma" (isenção concedida por pessoa política diversa daquela competente para instituir o tributo), não encontrando óbice, portanto, no art. 151, III, da CF/88.[45] O mesmo foi decidido em relação à autorização, contida no art. 9º, § 2º, do mesmo DL nº 406/68, para que sejam deduzidas as "subempreitadas" da base de cálculo do ISS devido pelo prestador do serviço de construção civil. Entendeu o STF que tais dispositivos "cuidam da base de cálculo do ISS e não configuram isenção", razão pela qual não há "ofensa ao art. 151, III, art. 34, ADCT/88, art. 150, II, e 145, § 1º, CF/88".[46]

Também foi objeto de questionamento a possibilidade de a República Federativa do Brasil, por meio de um *tratado internacional*, conceder isenções de tributos estaduais e municipais. Isso porque, no plano internacional, a República Federativa do Brasil é representada pela União, que não poderia conceder tais isenções fora do mencionado art. 151, III, da CF/88.

Na literatura especializada, duas correntes se estabeleceram. Uma, dando interpretação literal à disposição e afirmando a impossibilidade de os tratados cuidarem de isenções de tributos estaduais e municipais. Outra, diferenciando a União (pessoa jurídica de direito público interno) da República Federativa do Brasil, que, no plano internacional, é apenas *representada* pela União, mas é composta também, evidentemente, dos Estados e dos Municípios, pelo que os tratados poderiam sim cuidar de isenções de tributos estaduais e municipais. Esse foi, aliás, o entendimento que prevaleceu na jurisprudência do Supremo Tribunal Federal, que entendeu, corretamente, que "o Presidente da República não subscreve tratados como Chefe de Governo, mas como Chefe de Estado, o que descaracteriza a existência de uma isenção heterônoma, vedada pelo art. 151, inc. III, da Constituição".[47]

3.10. LIMITAÇÕES VOLTADAS A ESTADOS-MEMBROS, DISTRITO FEDERAL E MUNICÍPIOS

Encerrando a seção das limitações ao poder de tributar, o art. 152, dirigido especificamente a Estados, Distrito Federal e Municípios, assevera ser-lhes vedado estabelecer diferença tributária entre bens e serviços, de qualquer natureza, em razão de sua procedência ou destino.

---

45 STF, 2ª T., RE 301.508, AgR/MG, Rel. Min. Néri da Silveira, j. em 5/3/2002, v. u., *DJ* de 5/4/2002, p. 42.

46 STF, 2ª T., RE 214.414, AgR/MG, Rel. Min. Carlos Velloso, j. em 5/11/2002, *DJ* de 29/11/2002, p. 38. No mesmo sentido: RE 220.323/MG, *DJ* de 18/5/2001, e RE 236.604/PR, *DJ* de 6/8/1999, *RTJ* 170/1001.

47 STF, Pleno, RE 229.096/RS, *DJ-e* 65, divulgado em 10/4/2008.

O objetivo da proibição é evitar que estes estabeleçam, dentro do território nacional, pequenas "aduanas" ou "alfândegas", dando tratamento mais gravoso a produtos que tenham origem *x* e menos gravoso àqueles que tenham origem *y*. Essa diferenciação, quando cabível, somente pode ser feita pela União.

Com base nessa disposição, o STF já considerou inválidas leis estaduais que estabelecem alíquotas de IPVA mais elevadas para veículos importados. "Se o artigo 152 da Constituição Federal estabelece a isonomia tributária, impedindo tratamento diferenciado dos contribuintes em razão da procedência e destino de bens e serviços, vinculando Estados e Municípios, não se pode conceber que a alíquota do IPVA seja uma para os veículos de procedência nacional e outra, maior, para os importados. Na verdade, o tratamento desigual apenas significa uma nova tributação pelo fato gerador do imposto de importação, já que nenhuma diferença se pode admitir em relação aos atos de conservação de vias entre veículos de nacionalidades distintas."[48]

Se o Estado pretende exigir IPVA mais elevado de veículos luxuosos, de preço também mais alto, essa é outra questão. Está, evidentemente, autorizado a fazê-lo, mas de modo uniforme para veículos importados e nacionais, até porque entre estes, convém não esquecer, também há os caros e luxuosos, assim como existem importados de preço mais baixo e proposta popular. O que não pode, de acordo com o STF, é estabelecer a origem – importado ou nacional – como o elemento diferenciador, distintivo, em face do qual se exige imposto mais alto. Do contrário, como observou o STF, tem-se verdadeiro "adicional" do imposto de importação, que os Estados não têm competência para instituir. Além de tudo, tal discriminação seria contrária aos tratados internacionais firmados pelo Brasil, nos quais se prevê (*v.g.*, OMC) que a discriminação entre produtos nacionais e importados pode ser feita, apenas, no que tange ao imposto de importação, cujas alíquotas são fixadas em observância ao que se negocia internacionalmente. Uma vez pagos os tributos incidentes na importação e incorporado o produto ao mercado interno, qualquer discriminação seria contrária ao princípio da não discriminação, convencionado internacionalmente.

3.11. O DEVER FUNDAMENTAL DE PAGAR TRIBUTOS

Tem sido mencionada, pela literatura especializada, a necessidade de se estudarem não apenas os direitos fundamentais, mas também os deveres fundamentais, sem os quais os primeiros não poderiam ser compreendidos ou mesmo efetivados. Ao direito fundamental ao meio ambiente equilibrado, ou ao ar puro, ou mesmo à saúde, corresponde o dever fundamental de preservar o meio ambiente, por exemplo. Nessa ordem de ideias, haveria o dever fundamental de pagar tributos[49], do qual dependeriam, em última análise, providências destinadas a efetivar todos os direitos fundamentais, porquanto sem tributos sequer existiria o Estado, e sem este não existiriam mecanismos destinados a garantir e efetivar direitos como os ligados à liberdade, à propriedade, à integridade física etc.

Embora seja inegável a existência de deveres previstos ou decorrentes da ordem jurídica, os quais podem, sem dificuldade, ser classificados como "fundamentais", é questionável a identificação de um como atrelado ao pagamento de tributos, pois, como se viu neste capítulo e nos dois anteriores, o Estado não necessita da ordem jurídica, do ponto de vista fático,

---

48 STF, Agravo 203.845, Rel. Min. Néri da Silveira, decisão monocrática publicada no *DJ* de 7/12/1998, mantida por acórdão publicado no *DJ* de 3/12/1999. No mesmo sentido: STF, AI 340.688/RJ, Rel. Min. Sepúlveda Pertence, *DJ* de 2/5/2002; RE 293.957/RJ, Rel. Min. Carlos Velloso, *DJ* de 27/6/2003, p. 85.

49 Confira-se, por todos, NABAIS, José Casalta. **O dever fundamental de pagar impostos**: contributo para a compreensão do estado fiscal contemporâneo. Coimbra: Almedina, 2009.

para cobrar tributos. Nunca necessitou, ao longo da História. A necessidade que levou ao surgimento de um disciplinamento jurídico para a tributação foi a de *conter* a cobrança de tributos, conduzindo-a a limites previamente estabelecidos.

Mesmo que se admita, porém, à luz de princípios como o da igualdade, e da solidariedade social, que existe um dever fundamental de pagar tributos, é importante deixar claro que esse dever diz respeito ao pagamento de tributos *que sejam devidos*. Em relação a tributos indevidos, existe um *direito fundamental* de não os pagar, e esse direito não está em oposição ao aludido dever, nem deve ser "ponderado" com ele. O mesmo vale para a invocação do "interesse público"[50] como fundamento para a cobrança de tributos, ou, como mais modernamente se verifica, da proteção à livre concorrência[51]: se o tributo é indevido, não há interesse público que justifique sua cobrança, tampouco se pode objetar o afastamento de uma cobrança indevida sob o argumento de que "os concorrentes também se submetem a ela"[52].

3.12. OUTROS PRINCÍPIOS DA TRIBUTAÇÃO

Além das normas previstas no capítulo da Constituição dedicado às limitações ao poder de tributar, há outros princípios jurídicos, positivados, implícita ou explicitamente, em outras partes do texto constitucional. Aliás, quanto às normas elencadas nos artigos 150 a 152 da Constituição, viu-se que muitas, a rigor, a depender do critério teórico adotado para classificar normas, são regras (*v.g.*, anterioridade, irretroatividade, imunidades), ou dão ensejo à (re) construção de regras pelo intérprete, e não propriamente princípios.

Existem, como dito, princípios que o intérprete do texto constitucional pode localizar em outras partes dele, não dedicadas especificamente às limitações ao poder de tributar, mas que, de algum modo, eventualmente atuam como limitações. Tais princípios são importantes porque, além de traçarem objetivos a serem seguidos na interpretação e na aplicação das demais normas de direito tributário, conferem ao sistema por elas composto maior unidade e integridade[53].

3.12.1. Capacidade contributiva

Assevera a Constituição que, sempre que possível, os impostos terão caráter pessoal e serão graduados conforme a capacidade econômica do contribuinte, facultado à administração tributária, especialmente para conferir efetividade a esses objetivos, identificar, respeitados os direitos individuais e nos termos da lei, o patrimônio, os rendimentos e as atividades econômicas do contribuinte (CF/88, art. 145, § 1º).

---

50 MACHADO, Raquel Cavalcanti Ramos. **Interesse Público e Direitos do Contribuinte**. São Paulo: Dialética, 2007.

51 O referido princípio naturalmente há de orientar a forma como tributos são instituídos, ou submetidos a isenções, reduções, majorações etc., de modo a que seja garantida a igualdade na concorrência, em um regime de livre iniciativa. O que não se admite é sua invocação para legitimar a cobrança de tributos indevidos, sob o argumento de que, como os concorrentes também se submetem a ele, aquele que se insurge contra a cobrança, se exitoso em seu pleito, causaria um desequilíbrio. Veja-se, a propósito, BONFIM, Diego. **Tributação e livre concorrência**. São Paulo: Saraiva, 2011, *passim*.

52 MACHADO SEGUNDO, Hugo de Brito. Algumas notas sobre a invocação do princípio da 'livre concorrência' nas relações tributárias. **Nomos**, v. 28.2, p. 61-81, 2008.

53 Nesse sentido, embora em outro contexto, Adriano Di Pietro observa que foram os princípios jurídicos tributários, conquanto hauridos dos ordenamentos nacionais dos diversos países europeus, que, em seguida, permitiram uma harmonização de tais sistemas, levando à construção de um direito tributário europeu. DI PIETRO, Adriano. Introducción. In. DI PIETRO, Adriano; TASSANI, Thomas (Dir.). **Los princípios europeos del Derecho Tributario**. Barcelona: Atelier, 2015, p. 20.

Ter caráter pessoal significa ser calculado, ou ter o seu montante determinado, conforme as peculiaridades e características inerentes a cada contribuinte. Exemplo clássico de imposto pessoal é o imposto de renda, que poderá representar gravame maior, ou menor, conforme o número de dependentes do contribuinte, a despesa com a educação do contribuinte e seus dependentes, a necessidade de um tratamento de saúde etc.

Graduado conforme a capacidade econômica, por sua vez, quer dizer que o imposto deverá variar (ser maior, ou menor) conforme a capacidade do contribuinte de dispor de recursos econômicos. É o que se conhece por "princípio da capacidade contributiva", ou seja, a aptidão para contribuir com o sustento do Estado.

A Administração Tributária pode fiscalizar os contribuintes, nos termos da lei, para verificar se esses princípios estão sendo atendidos. Seus poderes de fiscalização encontram fundamento no art. 145, § 1º, da CF/88, devendo entretanto, como exige esse mesmo dispositivo, ser exercidos nos termos da lei, e respeitando os direitos individuais. A fiscalização, assim, além de pautar-se pelos critérios previstos em lei, até por se tratar de atividade plenamente vinculada, não poderá, mesmo que amparada em lei, violar direitos individuais do fiscalizado, invadindo seu domicílio sem ordem judicial, por exemplo.

O "sempre que possível" a que se refere o § 1º do art. 145 da CF/88 não significa que o atendimento aos citados princípios (pessoalidade e capacidade contributiva) dependa da vontade ou da simpatia do legislador ou do intérprete, ou das "circunstâncias" econômicas, mas, sim, que eles são metas, ou diretrizes, que devem ser prestigiadas com máxima efetividade possível à luz das demais regras e princípios do ordenamento jurídico. Os limites à sua aplicação são fornecidos pelo próprio direito, e pela realidade factual, e não pela boa vontade do legislador ou do aplicador da lei. Sempre que possível, portanto, significa "na máxima medida possível", o que é inerente a todo princípio, sob a ótica da classificação que reserva essa nomenclatura às normas que prescrevem a promoção de um estado ideal de coisas, ou a promoção de certos fins ou valores.

Um exemplo poderá esclarecer a questão. Nem sempre, em face das próprias peculiaridades do imposto, é possível aferir de modo claro e preciso a capacidade econômica do contribuinte. Em relação ao imposto de renda das pessoas físicas, por sua própria natureza, é possível dar-lhe caráter pessoal e graduá-lo considerando bastante a capacidade contributiva. Tais princípios deverão, então, em relação a esse imposto, ser prestigiados com maior amplitude, pois isso é plenamente possível. Já o imposto sobre produtos industrializados – IPI, que é calculado em face de um produto industrializado, e não propriamente de quem o industrializa ou consome, possibilita a aferição da capacidade contributiva de modo apenas indireto, ou reflexo, com a tributação mais gravosa de produtos supérfluos ou luxuosos.

Outra situação na qual não é possível graduar o tributo conforme a capacidade contributiva é aquele no qual o contribuinte revela essa capacidade, praticando um determinado fato, mas não existe *lei* prevendo a cobrança de tributos sobre o mesmo. Nessa situação, por conta do princípio da legalidade, não será *possível* ao intérprete aplicar o princípio da capacidade contributiva, para cobrar o tributo não previsto em lei. Deverá o legislador primeiro editar lei criando o tributo, para que depois a tal manifestação de capacidade contributiva possa ser validamente alcançada. Assim, por outras palavras, embora a capacidade contributiva deva ser considerada também pelo intérprete da lei tributária, o qual deve buscar, dos significados possíveis para o texto normativo, aquele que melhor realize o princípio[54], que não se dirige

---

54 RIBEIRO, Ricardo Lodi. **Limitações constitucionais ao poder de tributar.** Rio de Janeiro: Lumen Juris, 2010, p. 175.

apenas ao legislador, é preciso não esquecer a exigência decorrente da legalidade, pelo que a mera manifestação de capacidade contributiva não pode dar azo à cobrança de tributos sem lei que o estabeleça.

Se alguns impostos podem não ser pessoais em absoluto, em face de sua própria natureza, note-se que isso não ocorre com o princípio da capacidade contributiva, de observância sempre possível pelo legislador. O que poderá ser diferente, em cada caso, a depender das possibilidades (p. ex., tipo de imposto), é o grau, ou a intensidade, com que o princípio é observado, na graduação do montante devido.

Embora a literalidade do § 1º do art. 145 da CF/88 refira-se à capacidade contributiva como inerente aos impostos, a maior parte dos estudiosos da matéria considera que a mesma, por ser a principal medida de aplicação do princípio da igualdade (tratar desigualmente os desiguais na *medida* em que se desigualam...), é aplicável também às demais espécies tributárias, naturalmente respeitadas as peculiaridades de cada uma delas[55].

Uma taxa, por exemplo, não pode ser *graduada* conforme a capacidade econômica do contribuinte, pois isso implicaria transformá-la em um imposto. Com efeito, para que fosse "graduada" conforme a capacidade contributiva, sua base de cálculo deveria ser indicadora dessa capacidade, correspondendo a um fato que a revelasse. Tributos que tem por fato gerador situações reveladoras de capacidade contributiva, porém, são impostos, e não taxas. Se a taxa para a emissão de um passaporte, por exemplo, fosse calculada conforme a riqueza do contribuinte que o solicita, tomando como critério o valor de seus imóveis, por exemplo, ter-se-ia um imposto imobiliário disfarçado. Se o critério fosse a renda do solicitante do passaporte, estar-se-ia diante de um imposto de renda disfarçado, e assim por diante. A taxa, por ter como fato gerador a prestação de um serviço público específico e divisível, ou o efetivo exercício do poder de polícia, deve ter seu valor calculado a partir de tais atividades, de sua dimensão econômica, e da intensidade com que são demandadas por cada contribuinte, e não a partir da capacidade econômica deste. De qualquer modo, não se pode negar que, diante de pessoas com pouca ou nenhuma capacidade contributiva, situação que poderia inviabilizar seu acesso a certos serviços públicos essenciais, a ordem jurídica prevê hipóteses de isenção, ou mesmo de imunidade (*v.g.*, imunidade à taxa judiciária aos reconhecidamente pobres), que não deixam de guardar relação com a capacidade contributiva, ou, a rigor, com a falta dela.

No que tange a contribuições, e a empréstimos compulsórios, a circunstância de poderem colher como fatos geradores situações muito semelhantes às alcançadas por impostos faz com que o princípio da capacidade contributiva lhes seja por igual aplicado. É o caso da contribuição social sobre o lucro, apenas para citar uma exação que, dada sua semelhança com o imposto de renda, submete-se, tal como este, ao princípio em questão.

Insista-se que, em tese, pelo princípio da capacidade contributiva, pessoas com igual capacidade econômica deveriam pagar iguais tributos. Afinal, trata-se do principal critério para aplicar o princípio da isonomia (tratar igualmente os iguais, e desigualmente os desiguais, *na medida* em que se desigualam...). Entretanto, não se pode esquecer que tal princípio deve ser conciliado com outras normas, como é o caso da que estabelece a reserva de lei formal para a instituição e o aumento de tributos. Assim, dois contribuintes podem ser igualmente ricos, revelando igual capacidade contributiva, mas isso não é motivo suficiente para que paguem, sempre e necessariamente, os mesmos tributos: se um deles preferir empregar sua fortuna na compra de carros e o outro preferir comprar imóveis, o primeiro pagará mais IPVA

---

55 Cf. SABBAG, Eduardo. **Manual de Direito Tributário.** 4. ed. São Paulo: Saraiva, 2012, p. 163.

e o segundo, mais IPTU. Em suma, podem ter igual riqueza mas, a depender dos fatos que venham a praticar, podem se submeter a tributos diferentes.

Além disso, há outros critérios ou fatores válidos de diferenciação de contribuintes, ligados à extrafiscalidade, como aqueles de cunho ambiental, por exemplo, que também podem levar contribuintes com a mesma capacidade contributiva a eventualmente suportarem ônus tributários diferentes.

3.12.2. Não cumulatividade

Previsto na Constituição relativamente ao ICMS, ao IPI, à COFINS e à contribuição para o PIS, a impostos federais que venham a ser criados no exercício da competência residual, e, com a EC 132/2023, ao chamado IVA-Dual (IBS e CBS), o princípio da não cumulatividade impõe que a cada etapa, na cadeia percorrida por um produto desde sua fabricação, importação ou extração da natureza, até o consumo, a tributação aconteça de modo a que se compensem ou abatam os montantes do mesmo tributo já incidentes em etapas anteriores.

A fim de deixar mais clara a ideia, convém lembrar que a tributação, quando onera produtos ou serviços[56], pode acontecer de forma monofásica ou plurifásica. Será monofásica quando o produto ou serviço a ser tributado sofrer a incidência apenas uma vez, em uma das etapas ou fases da cadeia que o impele desde a importação ou produção até o consumo final. Será plurifásico, por sua vez, quando incidir em duas ou mais fases dessa mesma cadeia.

Os tributos monofásicos são, por natureza, não cumulativos. Obviamente, como incidem apenas uma vez, não teriam, em princípio, como se acumular no âmbito dos custos inerentes ao produto respectivo, em face da existência de mais fases ou etapas desde sua fabricação até o seu consumo. Já os tributos plurifásicos podem ser, em tese, cumulativos ou não cumulativos, verificando-se a cumulatividade se, a cada incidência, em uma etapa seguinte da cadeia que conduz o bem da produção ao consumo final, não se abaterem os ônus representados pelas incidências anteriores, que, assim, se acumulam, tornando o produto tanto mais onerado quanto mais complexa for a cadeia envolvendo suas produção, distribuição, comercialização e consumo.

A tributação sobre a circulação de bens, incidente sobre vendas, é bastante antiga, havendo registros de sua ocorrência na Antiguidade Romana. Em função da influência do Império Romano em diversas partes do mundo, e da consistência de suas instituições jurídicas, essa modalidade de tributação difundiu-se por diversas partes da Europa, permanecendo em suas instituições mesmo depois da queda do Império.[57] A tributação ocorria, porém, de forma cumulativa. Apenas muitos séculos depois, na França, no período subsequente à Segunda Guerra Mundial, surgiu a ideia de que esses tributos assumissem perfil não cumulativo. No Brasil, sua adoção deu-se na década de 1950, no âmbito infraconstitucional (Lei 297/56), relativamente ao imposto de consumo, antecessor do IPI. Com a Emenda 18 à Constituição de 1946, alcançou o patamar constitucional, aplicando-se ao IPI e ao então ICM.[58]

---

56 Sabe-se que o tributo, como todo dever jurídico, tem como sujeito passivo uma pessoa, e nunca um objeto. Não existem relações jurídicas com objetos. Quando se diz, contudo, que um tributo onera um produto, ou um serviço, se está fazendo alusão a tributo que, conquanto pago por uma pessoa, tem seu valor calculado a partir de características de um objeto, verificado na prática de seu fato gerador. É o caso do IPI, por exemplo, que, embora pago pelo contribuinte industrial, tem seu montante calculado em razão das características do produto industrializado de cuja tributação se cogita.

57 TERRA, Ben. **Sales Taxation**: The Case of Value Added Tax in the European Community. Boston: Kluwer Law and Taxation Publishers, 1988, p. 3.

58 Sobre o tema, confira-se BALEEIRO, Aliomar. **Limitações constitucionais ao poder de tributar**. Atualização de Misabel Abreu Machado Derzi. 7. ed., Rio de Janeiro: Forense, 1997, p. 448. E, especialmente,

Uma comparação da tributação plurifásica cumulativa com a não cumulativa é útil para que se compreenda a dinâmica e os efeitos, pelo menos no plano teórico, da não cumulatividade. No exemplo a seguir, representa-se o caminho percorrido por um determinado produto desde sua fabricação até o consumo final, com a incidência de um imaginário imposto sobre vendas, pela alíquota de 10%, cumulativo, em cada etapa:

Fabricante	Distribuidor	Varejista
• Valor da venda: R$ 100,00	• Valor da venda: R$ 150,00	• Valor da venda: R$ 200,00
• Imposto (10%) R$ 10,00	• Imposto (10%) R$ 15,00	• Imposto (10%) R$ 20,00

- Ônus total incidente sobre a cadeia: R$ 45,00

A partir do exemplo, se verifica que o ônus total incidente sobre o produto foi de R$ 45,00, e esse ônus teria sido ainda maior, se maior fosse o número de operações às quais ele tivesse sido submetido. É o caso de se adicionar, agora, ao exemplo anterior, o princípio da não cumulatividade, de sorte a que em cada operação se proceda ao desconto ou ao abatimento do ônus incidente nas etapas anteriores:

Fabricante	Distribuidor	Varejista
• Valor da venda: R$ 100,00	• Valor da venda: R$ 150,00	• Valor da venda: R$ 200,00
• Imposto (10%) R$ 10,00	• Imposto (10%) R$ 15,00	• Imposto (10%) R$ 20,00
• **Valor a recolher: R$ 10,00**	• *Crédito: R$ 10,00*	• *Crédito: R$ 15,00*
	• **Valor a recolher: R$ 5,00**	• **Valor a recolher: R$ 5,00**

- Ônus total incidente sobre a cadeia: R$ 20,00

A introdução da não cumulatividade implicou algumas mudanças importantes na forma como o imposto imaginário onera o produto em questão. Percebe-se, de início, que é possível aferir, pelo cotejo da alíquota incidente apenas na última etapa, o ônus total representado pelo tributo sobre o produto (R$ 20,00), mesmo que as pessoas envolvidas nesta última etapa não saibam por quantas etapas anteriores o produto passou. E, mais importante: a quantidade de etapas não modificará o ônus total representado pelo tributo, que alcançará, assim, de forma neutra, com igual intensidade, tanto produtos mais simples como aqueles mais elaborados, que se sujeitam a complexo e longo processo de produção, distribuição, comercialização e consumo (*v.g.*, computadores, aviões, automóveis etc.). Em uma economia cada vez mais interligada e a produzir itens cada vez mais complexos, trata-se de uma característica importante.

Deve-se esclarecer, porém, que a adoção da não cumulatividade não é cercada apenas de vantagens, como os exemplos acima, simplificados para facilitar a compreensão, parecem sugerir. Há vantagens, é claro. Uma delas é a neutralidade: o ônus incidente sobre os produtos tende a ser o mesmo, pouco importando se são mais ou menos sofisticados os produtos, ou se passam por um maior ou um menor número de operações desde sua produção até o

o texto por ele referido, de Rubens Gomes de Souza: "Imposto sobre valor acrescido no sistema tributário", **RDA** 110/17.

consumo[59]. Uma tributação plurifásica cumulativa, ao contrário, impondo ônus tanto maior quanto maior o número de operações necessárias a que o bem chegue às mãos do consumidor, poderia induzir empresas a diminuir o número dessas operações, *verticalizando* suas atividades.

Exemplificando o que se está a dizer, em vez de adquirir pneus e baterias para usar nos carros que fabrica, uma determinada montadora de veículos, sujeita a tributos cumulativos, poderia passar a fabricar, ela mesma, tais itens, de sorte a evitar a tributação na aquisição destes junto a terceiros. Diversamente, caso seja à montadora possível deduzir ou abater essa tributação anterior, não haveria motivos para ela mesma fabricar tais itens. Haveria, com isso, ganho de *eficiência* na produção.

Outra vantagem de uma tributação plurifásica não cumulativa, em tese, é a transparência. Como visto, sabe-se, a partir de exame da última incidência, exatamente qual foi o ônus tributário sofrido para que o produto fosse posto à disposição do consumidor. Veja-se, na segunda figura do item anterior, que o somatório do valor efetivamente recolhido por fabricante (R$ 10,00), distribuidor (R$ 5,00) e varejista (R$ 5,00) corresponde, exatamente, ao valor incidente na última operação (10% de R$ 200,00 = R$ 20,00). Essa transparência permite não apenas o respeito à norma constitucional que preconiza o esclarecimento ao consumidor quanto ao ônus tributário incidente sobre os itens que consome (CF/88, art. 150, § 5.º), que de outro modo seria muito difícil de ser avaliado, mas viabiliza o *ressarcimento* de todo o imposto cobrado ao contribuinte situado no último elo da cadeia no Brasil, no caso de exportação.

Além disso, a tributação plurifásica não cumulativa diluiria o peso representado pelo tributo junto a todos os integrantes da cadeia. Isso não ocorreria em uma incidência monofásica, e em uma incidência plurifásica cumulativa o ônus suportado por cada um deles, pelo menos em tese, seria maior na medida em que não relacionado com incidências anteriores.

Estas são as vantagens da sistemática de tributação plurifásica não cumulativa. Vale mencionar, apenas a título ilustrativo, que precisamente por conta dessas virtudes, uma das exigências impostas aos países que desejam ingressar na Comunidade Europeia é a adoção de um imposto circulatório não cumulativo (ou de um *Value Aded Tax – VAT*).[60]

Entretanto, ela também possui inúmeras desvantagens[61]. A primeira e mais evidente delas é a maior complexidade. O aproveitamento de créditos referentes ao tributo incidente em operações anteriores envolve uma série de controles, impondo ao contribuinte o cumprimento de diversas obrigações acessórias adicionais, e à Fazenda o dever de fiscalizá-las, para evitar a prática de fraudes. Essa complexidade reflete-se tanto no plano abstrato como no âmbito concreto. No plano abstrato, a legislação se torna mais extensa e minudente, dificultando a compreensão de quem é obrigado a lidar com ela.[62] No plano concreto, como explicado, tem-se uma proliferação de obrigações acessórias a serem cumpridas, sendo eventual lapso do

---

[59] MONDINI, Andrea. El principio de neutralidad en el IVA, entre "mito" y (perfectible) realidade. In. DI PIETRO, Adriano. Introducción. In. DI PIETRO, Adriano; TASSANI, Thomas (Dir.). **Los princípios europeos del Derecho Tributario**. Barcelona: Atelier, 2015, p. 210.

[60] CNOSSEN, Sijbren. VATs in CEE Countries: a survey and analysis. **De Economist** 146, n. 2, Netherlands: Kluwer Academic Publishers, 1998, p. 227.

[61] Para uma análise detida da questão, confira-se MACHADO, Hugo de Brito. Virtudes e Defeitos da Não Cumulatividade do Tributo no Sistema Tributário Brasileiro. In: PEIXOTO, Marcelo Magalhães; GAUDÊNCIO, Samuel Carvalho (Org.). **Fundamentos do PIS e da COFINS e o Regime Jurídico da Não Cumulatividade**. São Paulo: MP Editora, 2007, p. 215-243.

[62] Para demonstrá-lo, basta que se compare a LC 70/91, que disciplinava originalmente a COFINS (cumulativa), com a Lei 10.833/2003, que inseriu, em relação a essa contribuição, a sistemática não cumulativa.

contribuinte punido com pesadas penalidades e, não raro, com a desconsideração do crédito aproveitado e a cobrança do imposto em virtude dele não recolhido.

Além disso, a implantação da não cumulatividade é, não raro, acompanhada de um expressivo aumento da alíquota do tributo, que faz desaparecer a evidente "vantagem" da possibilidade de se aproveitarem os créditos. Com esse aumento, a clara vantagem representada pela figura "2", acima, é eliminada para a grande maioria dos contribuintes.

No caso do ICMS, cuja alíquota média gira, a depender do Estado-membro, entre 17 e 18%, deve-se recordar que a alíquota do antigo imposto sobre vendas e consignações (IVC), plurifásico e cumulativo, orbitava em torno de 6%. No que tange ao PIS e à COFINS, se cumulativas suas alíquotas são 0,65% e 3%, respectivamente, passando a 1,65% e 7,6% se adotada a não cumulatividade.

Cria-se, com isso, cenário apropriado a incentivar a adoção de práticas fraudulentas. Sabe-se que quanto mais elevado o ônus tributário, maior a tendência do contribuinte para se livrar dele, por meios lícitos ou ilícitos. Tributos cujas alíquotas são baixas fazem com que a fraude não lhe traga grandes vantagens. Na medida em que a alíquota sobe, a vantagem indevida oriunda da fraude se torna mais atrativa ao sonegador, servindo-lhe de estímulo. O cenário se completa com a sistemática de créditos, que propicia ao contribuinte desonesto a "invenção" de operações anteriores fictícias, apenas para lhe gerar créditos dedutíveis do imposto devido.

Tais fraudes, ainda que praticadas apenas por alguns contribuintes, levam o Fisco à adoção de mecanismos de controle, os quais conduzem a mais obrigações acessórias, mais complexidade e maiores ônus, tanto para o contribuinte que tem de cumpri-los, como para as autoridades fazendárias que devem fiscalizá-los. Não raro há, também nesse contexto, restrições desarrazoadas ao uso de créditos, que acabam por atingir contribuintes honestos. Tudo isso, como facilmente se percebe, torna *tensa* a relação entre Fisco e contribuinte, o que explica a frequência com que o tema "não cumulatividade" é levado à apreciação dos Tribunais.

É importante registrar, ainda no que tange aos aspectos gerais relacionados à não cumulatividade, que ela pode, no que diz respeito à forma de aproveitamento dos créditos, ser implementada por meio de duas formas distintas, conhecidas como sistemática do *crédito físico* e sistemática do *crédito financeiro*.

Pela sistemática do *crédito físico* o contribuinte somente tem direito de creditar-se do tributo incidente naquelas entradas de itens que se incorporam, fisicamente, ao produto posteriormente vendido e submetido à tributação. Em se tratando de uma fábrica de sapatos, por exemplo, submetida a um tributo não cumulativo quando da venda dos sapatos fabricados, poderá ser aproveitado como crédito o imposto incidente sobre o couro, a tinta, a borracha, os cordões para cadarços, as linhas de costura e todos os demais itens que fisicamente se incorporam ao sapato a ser posteriormente vendido.

Já a sistemática do *crédito financeiro* é aquela na qual o contribuinte tem direito de creditar-se do tributo incidente em todas as operações anteriores que representam um custo para a produção ou a comercialização do bem a ser tributado. Parte-se da ideia – daí o nome da sistemática – de que tais custos incorporam-se financeiramente ao bem, encarecendo-o, razão pela qual, se foram tributados, devem gerar ao contribuinte o direito ao crédito correspondente. Por essa sistemática, o fabricante de sapatos mencionado no parágrafo anterior poderia creditar-se não apenas do tributo incidente sobre o couro, a tinta e demais itens incorporados ao calçado, mas também da energia elétrica consumida, das máquinas usadas em sua fabricação etc.

Como se vê, a sistemática do *crédito financeiro* realiza em muito maior intensidade o valor subjacente à não cumulatividade, mas a sua adoção integral pode trazer, por igual, problemas relacionados ao controle da veracidade dos créditos utilizados pelo contribuinte. Na ordem jurídica brasileira, a não cumulatividade é adotada ora pela sistemática do crédito físico (IPI), ora pela sistemática do crédito financeiro (PIS e COFINS), ora por uma sistemática híbrida (ICMS). Quanto ao IVA-Dual (IBS + CBS), promete-se, no texto constitucional, a adoção de uma técnica de crédito financeiro ampla. Voltar-se-á ao assunto quando do exame específico e pormenorizado de cada um desses tributos, a ser feito em item próprio deste livro.

3.12.3. Seletividade

Diz-se *seletiva* a tributação feita de sorte a que ônus tributários diferentes sejam impostos a produtos ou serviços também diferentes, a partir de determinado critério. Trata-se de estabelecer distinções entre os objetos a serem tributados, de sorte a onerá-los de maneira diferente a partir de um parâmetro previamente eleito.

No caso do Direito Tributário Brasileiro, em princípio, qualquer tributo pode ser seletivo, notadamente os que têm seu montante dimensionado a partir de características do objeto a ser tributado, e não da pessoa sujeita à tributação. O relevante é que o critério usado nessa seletividade esteja de acordo com a Constituição, seja por ser aquele por ela determinado, seja por não entrar em choque com outros objetivos ou parâmetros por ela indicados. Em suma, a questão será equacionada a partir do princípio da igualdade, a fim de que se afira se o critério escolhido para a seletividade é ou não constitucional.

Há três impostos em relação aos quais a Constituição faz remissão expressa à adoção da seletividade, e ao critério a ser empregado. O imposto sobre produtos industrializados (IPI), o imposto sobre operações relativas à circulação de mercadorias e à prestação de serviços interestaduais e intermunicipais de transportes, e de comunicação (ICMS), e o imposto sobre a propriedade imobiliária urbana (IPTU).

Quanto ao IPI, a adoção da seletividade, tomando como critério a essencialidade dos produtos a serem tributados, é obrigatória para o legislador infraconstitucional (art. 153, § 3º, I). Isso significa que o imposto deve necessariamente ter alíquotas diferentes para produtos diferentes, tomando-se como critério para uma maior ou menor onerosidade a essencialidade dos referidos produtos. Quanto mais essenciais, menor deve ser a alíquota.

Isso não significa, contudo, que outros critérios não possam ser aliados ao da essencialidade, desde que não o contrariem. Assim, seria possível, também, assistir-se ao uso de alíquotas diferenciadas a partir de critérios ambientais, por exemplo, desde que, repita-se, em sintonia igualmente com a essencialidade: um produto essencial não poderia ser tributado de forma mais pesada a partir de um critério ambiental, mas dois produtos igualmente não essenciais poderiam ter alíquotas um pouco mais elevadas ou reduzidas em razão de haver sido usado ou não material nocivo ao meio ambiente em sua fabricação.

Quanto ao ICMS, a Constituição igualmente se reporta à seletividade, mas utiliza a palavra "poderá", dando a ideia de que a adoção de alíquotas seletivas seria uma faculdade concedida ao legislador (art. 155, § 2.º, III). Assim, após 1988, os Estados-membros passaram a adotar alíquotas seletivas para o ICMS, mas sem respeitar o critério da essencialidade, estabelecendo os percentuais mais altos justamente para itens de maior essencialidade, como a energia elétrica, sujeita a alíquotas entre 25% e 30%, enquanto a generalidade das mercadorias não essenciais é onerada por alíquotas entre 17% e 18%. Há autores que, diante disso, entendem o "poderá" como significando "deverá", mas essa não parece ser a melhor interpretação para o texto em comento[63]. Na verdade, o que é facultativo, em relação ao ICMS, é a adoção de alíquotas seletivas, a saber, a adoção de percentuais diferentes da base tributável para o cálculo do valor devido. Os Estados-membros podem adotá-la ou não, preferindo instituir o imposto

---

63 CARRAZZA, Roque Antonio. **ICMS**. 2. ed. São Paulo: Malheiros, 1995, pp. 104 a 106.

com apenas uma alíquota para todos os produtos e serviços. Mas, se exercerem a opção pela seletividade, o critério, que é a essencialidade, este não é facultativo: sua adoção é obrigatória. Por isso, são claramente inconstitucionais as leis estaduais que fixam alíquotas mais elevadas para itens como energia elétrica e comunicações.

O Supremo Tribunal Federal assim decidiu, no julgamento de diversas ações diretas de inconstitucionalidade (ADIs 7.116, 7.111, 7.113, 7.119, 7.122), declarando a invalidade de leis estaduais que estabelecem alíquotas de ICMS mais elevadas para a energia elétrica (entre 25% e 30%) que para a generalidade das mercadorias e serviços alcançados pelo imposto (em torno de 17% e 18%). Apesar de a validade de tais alíquotas mais elevadas ser questionada desde a implantação do sistema tributário delineado pela Constituição de 1988, o STF modulou os efeitos de sua decisão, de sorte a que tais alíquotas mais altas somente deveriam ser afastadas pelos Estados a partir de 2024.

Antes disso, porém, o Congresso Nacional editou a Lei Complementar 194/2022, que inseriu no Código Tributário Nacional um art. 18-A, com a seguinte redação:

> "Art. 18-A. Para fins da incidência do imposto de que trata o inciso II do *caput* do art. 155 da Constituição Federal, os combustíveis, o gás natural, a energia elétrica, as comunicações e o transporte coletivo são considerados bens e serviços essenciais e indispensáveis, que não podem ser tratados como supérfluos.
>
> Parágrafo único. Para efeito do disposto neste artigo:
>
> I – é vedada a fixação de alíquotas sobre as operações referidas no *caput* deste artigo em patamar superior ao das operações em geral, considerada a essencialidade dos bens e serviços;
>
> II – é facultada ao ente federativo competente a aplicação de alíquotas reduzidas em relação aos bens referidos no caput deste artigo, como forma de beneficiar os consumidores em geral; e
>
> III – (Revogado pela Lei Complementar nº 201, de 2023).

A mesma LC 194/2022 inseriu, também, com termos muito semelhantes, um art. 32-A na Lei Complementar 87/1996 (Lei Kandir), diploma que veicula normas gerais relativamente ao ICMS:

> "Art. 32-A. As operações relativas aos combustíveis, ao gás natural, à energia elétrica, às comunicações e ao transporte coletivo, para fins de incidência de imposto de que trata esta Lei Complementar, são consideradas operações de bens e serviços essenciais e indispensáveis, que não podem ser tratados como supérfluos.
>
> § 1º Para efeito do disposto neste artigo:
>
> I – é vedada a fixação de alíquotas sobre as operações referidas no *caput* deste artigo em patamar superior ao das operações em geral, considerada a essencialidade dos bens e serviços;
>
> II – é facultada ao ente federativo competente a aplicação de alíquotas reduzidas em relação aos bens referidos no *caput* deste artigo, como forma de beneficiar os consumidores em geral; e
>
> III – (Revogado pela Lei Complementar nº 201, de 2023).
>
> § 2º No que se refere aos combustíveis, a alíquota definida conforme o disposto no § 1º deste artigo servirá como limite máximo para a definição das alíquotas específicas

(*ad rem*) a que se refere a alínea b do inciso V do *caput* do art. 3º da Lei Complementar nº 192, de 11 de março de 2022."

Não é correto dizer-se que uma lei federal forçou os Estados a reduzirem a alíquota de um imposto federal, algo que seria contrário ao princípio federativo. O que ocorreu, na verdade, foi que a lei explicitou algo que já decorria, de forma inequívoca, do próprio texto constitucional. O efeito prático dessa explicitação, contudo, foi forçar os Estados a cumprirem a Constituição, sem poder, nesta parte, esperar pela modulação levada a efeito pelo STF quando procedeu a igual explicitação quando do julgamento das aludidas ADIs.

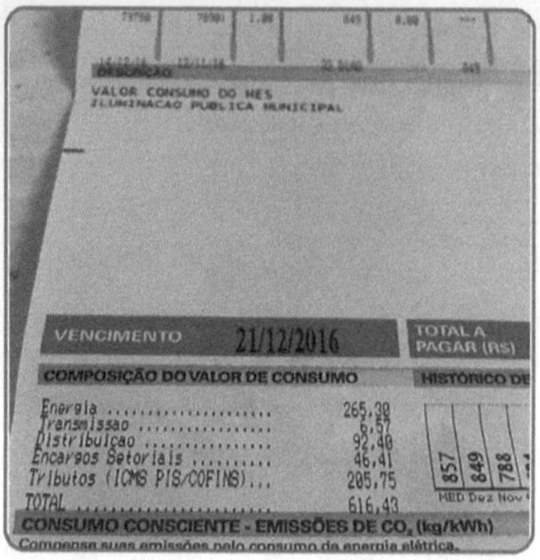

Conquanto essencial, a energia elétrica indevidamente era submetida à tributação elevadíssima, em larga medida em função do ICMS, em relação aos quais os Estados são livres para adotar ou não a seletividade, mas, se o fizerem, não podem pautar-se por critérios diversos da essencialidade das mercadorias e serviços tributados.

A Constituição também se reporta à seletividade em relação ao IPTU. Embora não use esse vocábulo, enuncia a mesma ideia com o uso de outras palavras, ao dispor que o imposto poderá ter alíquotas "diferentes de acordo com a localização e o uso do imóvel (art. 156, § 1.º, II). Assim, o fato de o imóvel ser de uso comercial ou residencial, por exemplo, pode ensejar a cobrança do imposto com alíquotas ligeiramente maiores para os primeiros, diante da consideração de que são explorados em atividade econômica, gerando riqueza aos seus proprietários, o que não ocorre com os de uso residencial.

Vale lembrar que, conforme explicado anteriormente, trata-se em última análise de ferramenta a ser usada em sintonia com o princípio da igualdade, sendo a seletividade uma maneira de tratar diferentemente pessoas em situação diferente. Tanto o critério escolhido para diferenciar, como a finalidade a ser buscada com isso, devem estar em consonância com a Constituição, o que não significa, necessariamente, que os critérios devem ser os expressamente indicados no texto constitucional, mas que, ainda que sejam outros, não entrem em conflito com os apontados na Constituição. Assim, no que tange ao IPTU, podem ser usados outros critérios para a seletividade, ligados à preservação do patrimônio histórico, ao meio ambiente urbano, à arborização da cidade etc. O Supremo Tribunal Federal, inclusive, havia reconhecido a possibilidade de esse imposto ser seletivo mesmo antes da edição da Emenda Constitucional 29/2000[64], que veiculou, assim, mera explicitação disso.

---

64 STF, 1ª T., RE 229.233/SP, Rel. Min. Ilmar Galvão, j. em 26/3/1999, v. u., *DJ* de 25/6/1999, p. 33.

3.12.4. Progressividade

Diz-se progressivo o tributo cujo ônus aumenta conforme se majora uma outra variável relativa à pessoa ou ao objeto a serem tributados. Essa outra variável, em regra, é a base de cálculo correspondente[65]. É o que acontece, por exemplo, com o imposto sobre a renda, cujas alíquotas aumentam conforme cresce a base de cálculo (valor dos rendimentos) a ser tributada, indo de um limite de isenção e passando de 7,5% a 27,5%. Também podem ser submetidos a esse tipo de progressividade o imposto sobre transmissões causa mortis e doações (ITCMD), o imposto sobre a propriedade predial e territorial urbana (IPTU), e o imposto sobre a propriedade territorial rural (ITR). Em relação a este último, porém, a forma de progressividade adotada pelo legislador infraconstitucional brasileiro toma como critério a área e o grau de utilização do imóvel, e não propriamente seu valor.

A ideia subjacente à progressividade, no que tange aos tributos incidentes sobre o patrimônio e sobre a renda, é a de realização de justiça tributária, considerando-se que a riqueza tem uma utilidade marginal para quem a acumula[66]. Uma mesma alíquota, assim, representa ônus cada vez menor para o contribuinte, conforme cresce a sua riqueza. Exemplificando, onerar em 15% alguém que recebe rendimentos mensais de R$ 1.000,00 implica impor a essa pessoa ônus muito maior do que a aplicação dos mesmos 15% sobre alguém com rendimentos mensais de R$ 100.000,00, embora proporcionalmente o gravame seja equivalente. Além disso, a progressividade visaria a conter rendimentos muito expressivos, limitando assim o crescimento das desigualdades sociais.

Em oposição, pode-se dizer que ela conduz a uma maior complexidade da legislação, retirando eficiência da tributação e desestimulando a atividade econômica. Seria um castigo pelo êxito, em termos mais simples.

Excepcionalmente, pode-se usar outra variável para que se proceda ao aumento progressivo de alíquotas, diversa da base de cálculo. É o que acontece com o IPTU, que *também* pode submeter-se à progressividade em função do tempo em que um imóvel passa a descumprir sua função social. Trata-se de progressividade com nítida função punitiva, a excepcionar a regra segundo a qual o tributo não pode ser usado como sanção por ato ilícito, válida porquanto prevista no próprio texto constitucional (art. 182, § 4º, II). O mesmo pode ser dito da progressividade no ITR, que até poderia levar em conta o valor do imóvel, mas que no caso brasileiro pauta-se apenas pela área e pelo grau de aproveitamento do imóvel (Lei 9.393/1996).

Esse princípio é objeto de considerações adicionais nos itens deste livro dedicados ao imposto sobre a renda, e ao imposto sobre a propriedade imobiliária urbana, aos quais se remete o leitor interessado em suas particularidades no âmbito de referidos impostos.

3.12.5. Praticabilidade

Embora não esteja explícito no texto constitucional, cogita-se, no âmbito da tributação, também de um *princípio da praticabilidade*, segundo o qual seria necessário adotar técnicas e procedimentos que tornem viável, em termos práticos, a tributação, ou, por outras palavras,

---

65 Nas palavras de Jèze, *"progression par variation de l'élément imposable"* JÈZE, Gaston. **Cours Élémentaire de Science des Finances et de Législation Financière Française**. 5. ed. Paris: M. Giard & E. Briere, 1912, p. 747.

66 Para uma análise da ideia e sua crítica: BIRK, Dieter. **Steuerrecht**. 7. ed. Heidelberg: C. F. Müller Verlag, 2004, p. 13 e 14.

ensejando a que sejam exequíveis as leis tributárias[67]. No dizer de Fernando Aurelio Zilveti, a praticabilidade está ligada também à eficiência fiscal, podendo-se dizer que a norma prática "confere efetividade ao sistema tributário"[68].

Alguns exemplos podem ilustrar o sentido e o alcance do princípio.

O imposto sobre a propriedade predial e territorial urbana (IPTU) tem por base de cálculo o valor venal dos imóveis a serem tributados. Isso significa que deve incidir sobre o valor de mercado desses imóveis, ou seja, o valor pelo qual seriam vendidos, em condições normais de mercado. Para que esse ideal seja seguido à risca, seria necessário que a autoridade da administração tributária, encarregada do lançamento, avaliasse todos os imóveis situados nos limites territoriais urbanos do Município, aferindo suas particularidades específicas, o que inviabilizaria a tributação, notadamente em grandes centros urbanos. Assim, em nome da praticabilidade, admite-se que seja publicada previamente uma "planta de valores", com preços estimados de metro quadrado, a depender das zonas da cidade, a fim de que se faça o lançamento de forma mais simples. Ao contribuinte, porém, é sempre facultado insurgir-se contra a avaliação, demonstrando que o valor venal é inferior ao assim quantificado (CTN, art. 148).

O mesmo vale para a tributação de veículos automotores. A base de cálculo do IPVA deve ser o valor do veículo, o qual, a rigor, oscila bastante, mesmo diante de automóveis do mesmo modelo e ano, a depender da quilometragem, grau de conservação, possível instalação de acessórios etc. Seria impraticável, contudo, exigir que a autoridade da administração fazendária avaliasse todos os veículos emplacados no Estado, um por um, minuciosamente, para só depois lançar o IPVA. Usam-se, assim, tabelas e valores estimados, sem prejuízo, uma vez mais, de o contribuinte insatisfeito reclamar avaliação específica (CTN, art. 148).

A praticabilidade, enfim, é um princípio decorrente da própria ideia de razoabilidade, estando presente em diversas outras áreas do direito, e mesmo das decisões racionais em geral. Diante de ideais ou metas que em sua inteireza são inatingíveis (de se descobrir a verdade *definitiva* quanto a fatos controvertidos em um processo, de se encontrar o valor efetivo de mercado de um imóvel etc.), alcança-se o melhor resultado possível, que todavia pode ser desafiado diante de demonstrações de que um ainda mais perfeito resultado é factível diante de casos específicos[69].

O mesmo princípio está subjacente, também, na instituição de responsáveis tributários destinados a tornar mais fácil e prática a tributação, bem como na quantificação e na cobrança de taxas, quando seu dimensionamento é feito de forma aproximada, diante da impossibilidade de precisão absoluta. Uma taxa de coleta de lixo, por exemplo, pode ter seus valores fixados a partir de estimativas quanto à produção de resíduos sólidos em cada imóvel, a partir de sua área e da atividade nele desenvolvida, tendo em vista que pesar a quantidade de lixo coletada em cada residência conduziria à inviabilidade da exação.

---

67 COSTA, Regina Helena. **Praticabilidade e justiça tributária** – exequibilidade da lei tributária e direitos do contribuinte. São Paulo: Malheiros, 2007, p. 93.

68 ZILVETI, Fernando Aurelio. "Tributação sobre o comércio eletrônico – o caso *Amazon*. In. **Revista Direito Tributário Atual**. São Paulo: IBDT/Dialética, 2011, n. 26, p. 242.

69 A questão é, mesmo, epistemológica, estando presente na generalidade das decisões cotidianas tomadas por qualquer ser humano. É impossível ter certeza absoluta, por exemplo, a respeito de uma série de questões, mas diante de certezas razoáveis se tomam decisões sem as quais a própria sobrevivência não seria possível. Do contrário, se se adotasse postura cética de somente agir quando se tivesse certeza absoluta a respeito da veracidade dos fatos envolvidos na ação, o sujeito ficaria indefinidamente paralisado.

É importante, porém, lembrar da razão de ser do princípio, que é tornar possível a efetivação das regras de competência tributária. Assim, ele – como qualquer outro princípio – não pode ser levado às últimas consequências, sendo invocado na tentativa de legitimar práticas que reconhecidamente conduzem à tributação em *desconformidade* com essas normas.

3.12.6. Vedação à bitributação e ao *bis in idem*

Entende-se por bitributação a cobrança de mais de um tributo, sobre um determinado fato, por entes tributantes diversos. *Bis in idem*, por sua vez, acontece quando um ente federativo tributa mais de uma vez um mesmo contribuinte sobre o mesmo fato, como o mesmo tributo, ou tributos diferentes[70]. Pode-se apontar como exemplo de bitributação a cobrança de IPI e de ICMS sobre a operação de saída de produto industrializado do estabelecimento que o fabricou, e, como ilustração do *bis in idem*, a cobrança de imposto de renda das pessoas jurídicas e de contribuição social sobre o lucro sobre o resultado positivo de uma pessoa jurídica.

Ressalvadas as hipóteses expressamente previstas no texto constitucional, e por isso mesmo autorizadas, como as apontadas no parágrafo anterior, tanto a bitributação como o *bis in idem* são vedados pela CF/88. Não há regra expressamente veiculando essa vedação, que, todavia, é tida como implicitamente decorrente de algumas disposições do sistema tributário. A primeira delas é o art. 146, I, da CF/88, segundo o qual cabe à lei complementar dirimir conflitos de competência entre os entes federativos. Se tais conflitos devem ser dirimidos pelo legislador complementar, isso significa que eles são factualmente verificáveis mas juridicamente inadmissíveis[71]. A outra reside no art. 154, I, da CF/88, segundo o qual o imposto residual, que venha a ser criado pela União, deverá ser necessariamente diverso de todos os demais. A única ressalva feita diz respeito ao imposto extraordinário de guerra, em relação ao qual pode haver invasão da competência de Estados e Municípios pela União (art. 154, II).

É fácil compreender a razão de ser da proibição. Ela decorre do princípio federativo, associado ao princípio da capacidade contributiva e à vedação ao confisco, os quais tornam as competências tributárias privativas. A vedação a que um ente federativo invada a competência de outro visa a evitar que ou um impeça o outro de tributar aquelas parcelas da realidade de forma a aproveitar, sem excessos, a capacidade contributiva nelas revelada, ou que ambos os entes, tributando o mesmo fato, sobrecarreguem-no com exações e ultrapassem a capacidade contributiva nele revelada.

No que tange ao *bis in idem*, ele em regra não pode ocorrer, salvo nos casos já previstos na Constituição, também pelo fato de os âmbitos de incidência dos tributos já estarem delineados na Constituição, de forma privativa e em regra mutuamente excludente, sendo qualquer novo imposto necessariamente diverso dos já previstos.

Ressalte-se, contudo, que isso diz respeito à dupla incidência jurídica de tributos. Ressalvados os casos autorizados na Constituição, dois tributos não podem onerar o mesmo fato jurídico, tendo a mesma hipótese de incidência (renda, patrimônio imobiliário etc.). Do ponto de vista econômico, porém, a dupla tributação de uma mesma riqueza é inevitável em um sistema no qual existem múltiplos tributos. Um cidadão, por exemplo, se prestar um serviço, auferir renda com isso, e comprar um apartamento, terá a mesma riqueza tributada três vezes, validamente, pelo ISS, IRPF e IPTU, não havendo invalidade nesse fenômeno, de resto inevitável e inerente a um sistema tributário como o delineado na Constituição brasileira.

---

70 COSTA, Regina Helena. **Curso de direito tributário**. São Paulo: Saraiva, 2009, p. 50.

71 Cf. MACHADO, Raquel Cavalcanti Ramos. **Competência Tributária**: entre a rigidez do sistema e a atualização interpretativa. São Paulo: Malheiros, 2014, p. 51 e ss.

3.12.7. Segurança jurídica

Para que se possa falar do disciplinamento *normativo* de condutas, é indispensável, em regra, que as normas sejam estabelecidas *antes* de as condutas a que dizem respeito serem adotadas. Só assim as pessoas, em suas ações diárias, poderão conduzir-se de modo a observar as normas postas, ou a desobedecê-las, sabendo neste caso a quais consequências estarão expostas. Para fazer planos, é preciso saber a quais normas eles estariam sujeitos. Para percebê-lo, pode-se fazer um experimento mental, imaginando-se uma sociedade em que todas as regras de conduta sejam estabelecidas posteriormente, de maneira retroativa. Em tal cenário, em verdade não haveria uma ordem jurídica, mas apenas o arbítrio daquele encarregado de ditar as consequências das condutas já consumadas.

Por isso, a ideia de irretroatividade das normas jurídicas é indissociável, inclusive historicamente, do advento do Estado de Direito, pois o Estado não se submeteria a nenhuma norma pré-estabelecida se pudesse, quando do julgamento das ações praticadas por seus agentes, alterá-las de maneira retro operante de modo a atender aos seus próprios interesses. No campo das relações privadas, como os particulares, em regra, não detêm o poder de elaborar ou alterar as normas jurídicas que as disciplinam de maneira cogente, a ausência de uma remissão expressa à irretroatividade não é tão sentida quanto nas relações de direito público, notadamente de Direito Tributário, tendo em vista a circunstância de que, neste, o Estado é detentor da *tríplice função* de *elaborar* e *aplicar* as regras que disciplinam a relação de que é parte interessada, e ainda de *julgar* os conflitos daí decorrentes[72]. Assim, até pode haver Direito Privado sem irretroatividade, separação de poderes e legalidade, mas é difícil cogitar-se de um Direito Público digno deste nome.

Dessa maneira, em síntese, para que se compreendam as relações entre o Estado e os cidadãos como relações jurídicas, é preciso que sejam disciplinadas por normas pré-estabelecidas, normas estas veiculadas em atos editados por órgãos independentes daqueles encarregados de executá-las e de julgá-las.

Para que haja previsibilidade, contudo, não basta garantir o presente e o passado. Além da garantia de que o passado será disciplinado pelas normas então vigentes, a menos que outras mais benéficas sejam editadas posteriormente, e de que o presente será regulado pelas disposições atualmente em vigor, é preciso, em relação ao futuro, não que haja cristalização e imodificabilidade, mas que haja previsibilidade quanto às mudanças a serem implementadas. Há ações que demandam planejamento em médio e longo prazo, as quais somente se tornam viáveis se houver uma mínima calculabilidade a respeito de mudanças futuras, no que se relaciona à sua forma e aplicabilidade. É preciso, ainda, mesmo que não se alterem os textos normativos, que haja alguma previsibilidade sobre como eles continuarão sendo compreendidos pelos órgãos encarregados de sua interpretação.

Registre-se que tais ideais de segurança, previsibilidade e calculabilidade não são exclusivos das relações tributárias, razão pela qual não há, propriamente, uma segurança jurídica tributária distinta e diversa da segurança a ser promovida em outras áreas. Mas há desdobramentos ou consequências especificamente tributárias, advindas do princípio da segurança jurídica, razão pela qual não é impróprio falar-se em segurança jurídica tributária ou em matéria tributária[73].

---

72 Veja-se, a respeito, MARINS, James. **Defesa e vulnerabilidade do contribuinte.** São Paulo: Dialética, 2009, *passim*.

73 ÁVILA, Humberto. **Segurança Jurídica:** entre permanência, mudança e realização no Direito Tributário. São Paulo: Malheiros, 2011, p. 280

Não é à toa que, nas Constituições dos Estados contemporâneos, muito por conta de conflitos históricos deflagrados por razões tributárias, constam normas que estabelecem a necessidade de tributos serem previamente instituídos em lei, as quais devem observar limitações específicas no que tange à sua *vacatio legis* (*v.g.*, anterioridade) etc. Além dessas normas, que explicitam ou dão corpo ao princípio da segurança jurídica, pode-se dizer que ele, com conteúdo mais amplo e abrangente, está previsto explicitamente no *caput* do art. 5.º da CF/88, sendo, ainda, nele implícito, por ser inerente à própria ideia de Estado de Direito. Sobre esse conteúdo mais amplo e abrangente, merecem destaque as palavras de Humberto Ávila, que assim conceitua o princípio da segurança jurídica:

> "norma-princípio que exige dos Poderes Legislativo, Executivo e Judiciário a adoção de comportamentos que contribuam mais para a existência, em benefício dos contribuintes e na sua perspectiva, de um elevado estado de confiabilidade e de calculabilidade jurídica, com base na sua elevada cognoscibilidade, por meio da controlabilidade jurídico-racional das estruturas argumentativas reconstrutivas de normas gerais e individuais, como instrumento garantidor do respeito à sua capacidade de, sem engano, frustração, surpresa ou arbitrariedade, plasmar digna e responsavelmente o seu presente e fazer um planejamento estratégico juridicamente informado do seu futuro."[74]

Como se percebe, do princípio da segurança jurídica decorre não apenas a confiabilidade e a calculabilidade relativas ao presente, e ao passado (estes, de resto, garantidos por normas mais explícitas como as que tratam da irretroatividade e da anterioridade), mas também ao futuro e às expectativas que em torno dele os contribuintes constroem. Diversas regras e institutos tributários são desdobramentos do princípio da segurança jurídica, a exemplo da vedação da mudança de critério jurídico (CTN, art. 146), o dever de clareza da legislação, que deve ser consolidada em texto único relativamente a cada tributo (CTN, art. 212), a necessidade de a jurisprudência – inclusive tributária – ser coerente e estável (CPC, art. 926), dentre várias outras disposições.

Note-se que a segurança jurídica tributária, que visa a afastar, tanto quanto possível, o componente arbitrário na exigência de tributos, além de faceta ou desdobramento de um princípio jurídico fundamental, uma das razões de ser do próprio disciplinamento jurídico de condutas, é necessária, também, para garantir o desenvolvimento econômico, afetado diretamente pela arbitrariedade fiscal[75]. Um ambiente no qual os agentes econômicos não têm segurança quanto aos ônus que terão de suportar, ou aos deveres acessórios que terão de cumprir, é sem dúvida nocivo ao desenvolvimento da atividade empresarial, que necessita de regras claras, de segurança e de previsibilidade para florescer.

3.12.8. Simplicidade

Com o advento da EC 132/2023, inseriu-se no art. 145 da Constituição um § 3º com a referência explícita ao princípio da simplicidade, como mais um dos que devem orientar a elaboração, a interpretação e a aplicação do Direito Tributário no país.

Em face do princípio da simplicidade, devem-se evitar complicações e complexidades desnecessárias. Em razão disso, a legislação deve ser clara, de fácil compreensão, usar linguagem simples, acessível, e, dentro do possível, ser consolidada em textos únicos

---

74 ÁVILA, Humberto. **Segurança Jurídica**: entre permanência, mudança e realização no Direito Tributário. São Paulo: Malheiros, 2011, p. 283.

75 ARDANT, Gabriel. **Théorie Sociologique de L'Impot.** Paris: Jean Touzot, 1965, v. 1, p. 185.

que aprimorem sua cognoscibilidade. Em razão desse princípio, por exemplo, deve-se redobrar a atenção e o respeito ao art. 212 do CTN, tão importante e tão esquecido. Com isso, não só se aprimora e incrementa a arrecadação, pois é mais fácil ao contribuinte cumprir uma legislação cujos termos conhece, como se reduzem os custos de conformidade, inerentes ao cumprimento de obrigações tributárias, sejam principais ou acessórias.

Não se trata, aliás, apenas de simplificar a redação de leis e outros atos normativos, mas também a elaboração e o preenchimento de guias, formulários e declarações. Sempre que houver um modo mais simples de se cumprir um dever ou prestar uma informação, com igual proveito e eficiência, será inconstitucional a adoção da forma mais complexa.

3.12.9. Transparência

Também inserido em explicitação feita pela EC 132/2023, que veiculou a "reforma tributária", o princípio da transparência em alguma medida tem conteúdo que se sobrepõe ao da simplicidade, porque exige por igual a edição de atos normativos claros e compreensíveis. Não que sejam sinônimos: apenas se relacionam, pois a complexidade de um texto normativo gera opacidade quanto ao seu conteúdo.

Mas o princípio da transparência exige ainda que o Fisco publicize seus entendimentos em torno de como interpreta e aplica a legislação tributária, e sobre os critérios e informações que utiliza para fiscalizar contribuintes. Não se coaduna com tal mandamento de otimização, por exemplo, que os contribuintes não saibam as razões pelas quais suas dívidas têm classificação (ou *rating*) x ou y, e, como consequência disso, podem ou não podem realizar transações tributárias. Ou sejam secretos os critérios usados pelo Fisco para definir quais contribuintes serão fiscalizados pela aduana, em sistemas de inteligência artificial. Trata-se de consequência não só do Estado de Direito, mas da própria ideia de república, devendo quem age em nome da coletividade prestar contas a ela do que se faz em seu nome, o que exige transparência de atos, motivos, critérios e objetivos.

3.12.10. Defesa do meio ambiente

Também por obra da EC 132/2023, a defesa do meio ambiente passou a constar de modo expresso como princípio a ser perseguido na seara tributária, na definição do *quantum* devido a título de tributos, em especial no âmbito de políticas extrafiscais. Mas não só: na própria definição do ônus, na interpretação e na aplicação de normas, a defesa do meio ambiente deve ser meta perseguida pelo intérprete, pelo aplicador e pelo legislador. Não se admite, por exemplo, que interpretações tacanhas levem, como já ocorreu, a que se cobre ICMS sobre a energia elétrica gerada pelo contribuinte para consumo próprio, com o uso das placas de microgeração de energia solar, ou tributos mais elevados sobre produtos reciclados, por se negar o crédito à matéria-prima obtida dos resíduos sólidos urbanos (lixo), ao passo que se reconhece o direito ao creditamento quando se adquirem matérias-primas extraídas da natureza, apenas para citar dois exemplos. A defesa do meio ambiente impõe que se adote a interpretação, das semanticamente possíveis, que melhor se ajuste a este propósito.

Capítulo 4

LEGISLAÇÃO TRIBUTÁRIA

Acesse e assista à aula explicativa sobre este assunto.

> https://uqr.to/1phec

4.1. CONCEITO

Legislação tributária, no contexto do Código Tributário Nacional, é expressão mais abrangente que *lei tributária*, visto que compreende, além das leis, também os tratados e as convenções internacionais, os decretos e as normas complementares que versem, no todo ou em parte, sobre tributos e relações jurídicas a eles pertinentes (art. 96). Dito de outra maneira, a expressão abrange todos os atos normativos que tratam de matéria tributária, independentemente da posição hierárquica que ocupem no ordenamento jurídico (leis, decretos, portarias, ordens de serviço etc.).

É importante ter essa distinção em mente, pois, em face dela, em outros pontos do Código, quando houver alusão à "legislação tributária", entende-se como referida não apenas a *lei* em sentido estrito, mas todos os atos normativos, inclusive infralegais, que cuidam de relações jurídicas tributárias. "No campo tributário impõe-se distinguir a 'lei' da 'legislação tributária' cuja acepção é mais ampla do que a daquela. Consoante observar-se-á, no afã de explicitar os comandos legais, vale-se o legislador tributário não só da lei no sentido formal, mas também de outros atos materialmente legislativos, como os decretos, as circulares, portarias etc., sem considerarmos, na atualidade, a profusão das 'medidas provisórias', retratos atualizados dos antigos decretos-leis."[1]

Assim, em pontos em que o CTN exige a edição de *lei* (*v.g.*, art. 97), trata-se de lei em sentido estrito, ato normativo feito pelo Poder Legislativo segundo o processo previsto na Constituição (ou, excepcionalmente, de medida provisória, ato que tem *força* de lei, quando cabível sua utilização nos termos do art. 62 da CF/88). Já nas hipóteses em que o Código autoriza a *legislação tributária* a cuidar de certos assuntos, subentende-se que os mesmos podem ser versados em atos infralegais, como ocorre, por exemplo, em relação à fixação do prazo para pagamento do tributo (CTN, art. 160). Nesse sentido: "no sistema do Código Tributário Nacional (art. 96), a expressão 'legislação tributária' caracteriza um gênero, do qual a lei e o decreto são espécies; atribuindo à 'legislação tributária' força para fixar o tempo do pagamento dos tributos, o artigo 160 autorizou que isso se fizesse,

---

1 Trecho do voto do Min. Luiz Fux, proferido no julgamento do REsp 460.986/PR, 1ª T., j. em 6/3/2003, *DJ* de 24/3/2003, p. 151.

indiferentemente, por quaisquer de suas espécies, respeitada, por óbvio, a hierarquia existente entre elas (*v.g.*, um prazo fixado por lei não pode ser alterado por decreto)".[2]

Lei, como dito, é o ato que contém prescrições de caráter hipotético, "gerais e abstratas", editado pelo Poder Legislativo nos termos do processo determinado na Constituição. Em face do princípio da legalidade, somente a lei pode estabelecer a instituição de tributos ou a sua extinção; a majoração de tributos ou a sua redução; a definição do fato gerador da obrigação principal e de seu sujeito passivo; a fixação da alíquota do tributo e de sua base de cálculo; a cominação de penalidades para as infrações nela definidas e as hipóteses de exclusão, suspensão e extinção de créditos tributários, ou de dispensa ou redução de penalidades (CTN, art. 97).

As leis podem ser *complementares* e *ordinárias*. São complementares quando aprovadas por maioria absoluta do parlamento. As ordinárias são aprovadas por maioria simples. A Constituição reserva, na órbita federal, certas matérias para a lei complementar, o que implica a proibição de que sejam veiculadas por leis ordinárias. É o caso da regulamentação das imunidades, da resolução de conflitos de competências tributárias e do estabelecimento de *normas gerais* em matéria de legislação tributária, inclusive no que tange à definição de tratamento diferenciado e favorecido para as microempresas e empresas de pequeno porte (CF/88, art. 146), papel hoje exercido, em larga medida, pelo CTN, pela LC nº 87/96 (em relação ao ICMS), pela LC nº 116 (em relação ao ISS), e pela LC 123/2006 (quanto ao Simples Nacional). Dá-se o mesmo com a instituição e regulamentação do IVA-Dual, composto da contribuição sobre bens e serviços (CBS) e do imposto sobre bens e serviços (IBS), a qual deve ser feita por lei complementar, mesmo este último imposto, o IBS, sendo de competência compartilhada de Estados-membros, Distrito Federal e Municípios. No caso do IVA-Dual, toda a disciplina deve dar-se em lei complementar, que inclusive há de estabelecer o mesmo regime para IBS e CBS (CF/88, art. 149-B), com exceção da alíquota, a qual não apenas deve ser fixada em lei ordinária, como em lei ordinária da União no caso da CBS, dos Estados, no que tange à parcela destes do IBS, ou do Distrito Federal, e dos Municípios, no que toca à parte que lhes cabe deste mesmo imposto. O assunto será explicado em mais detalhes na parte deste livro dedicada aos impostos em espécie.

Só a lei complementar pode, também: *(i)* instituir empréstimos compulsórios (CF/88, art. 148); *(ii)* instituir impostos com base na competência residual (CF/88, art. 154, I); *(iii)* instituir imposto sobre grandes fortunas (CF/88, art. 153, VII); *(iv)* estabelecer critérios especiais de tributação, com o objetivo de prevenir desequilíbrios da concorrência (CF/88, art. 146-A); *(v)* fixar as alíquotas máximas e mínimas do ISS, excluir da incidência do ISS exportações de serviços para o exterior e regular a forma e as condições como isenções, incentivos e benefícios fiscais serão concedidos e revogados em relação ao ISS (CF/88, art. 156, § 3º).

O CTN é lei ordinária, porque à época em que foi editado não era exigível a utilização de lei complementar. Entretanto, como a matéria nele contida é hoje privativa de lei complementar, somente uma outra lei complementar poderá alterá-lo. É por essa razão que se diz que o CTN tem *status* de lei complementar, embora seja formalmente uma lei ordinária.

Estabeleceu-se polêmica, entre os estudiosos e na jurisprudência, quanto à existência de hierarquia entre lei complementar e lei ordinária, e especialmente quanto aos critérios para determiná-la. Há quem sustente que não há hierarquia, mas apenas competências diferentes. À lei complementar caberia tratar de alguns assuntos, e à lei ordinária, de outros. Outros autores admitem a existência de hierarquia, mas divergem quanto à questão de saber quando ela se faz presente. Mas há também autores para os quais a lei complementar é hierarquicamente

---

2 STJ, 2ª T., EDcl no REsp 85.409/SP, Rel. Min. Ari Pargendler, j. em 13/12/1996, *DJ* de 3/2/1997, p. 694.

superior à lei ordinária, mas somente quando trata de matéria que lhe foi reservada pela Constituição. Assim, se a lei complementar eventualmente tratar de matéria que não foi a ela reservada, não há hierarquia, e uma lei ordinária pode revogá-la. Essa corrente é a que tem sido acolhida pela jurisprudência do STF.

Ao lado da Lei, pode-se colocar a Medida Provisória, que tem força de lei, naturalmente respeitadas as exceções e limitações impostas pelo texto constitucional.

Tratados e convenções internacionais são aqueles atos através dos quais a República Federativa do Brasil se obriga, perante a comunidade internacional, a adotar certas posturas, ou a legislar sobre determinado assunto. Considerando que seu processo de formação e inserção na ordem jurídica envolve a edição de um *decreto legislativo*, quando de sua ratificação pelo Congresso Nacional, a jurisprudência chegou a decidir que os tratados internacionais teriam a mesma hierarquia das leis ordinárias federais. Poderiam, portanto, ser revogados pela legislação posterior, *apesar do que dispõe o art. 98 do CTN*, que não teria, nesse ponto, sido recepcionado pela CF/88. Esse entendimento, duramente criticado pelos especialistas em Direito Internacional Tributário, e que tornava letra morta o art. 98 do CTN, foi revisto pelo Supremo Tribunal Federal. Com efeito, no julgamento do RE 229.096/RS, o STF, depois de consignar que seu precedente em sentido contrário (RE 80.004) fora proferido em matéria de direito comercial (e não tributário, ao qual seria aplicável o art. 98 do CTN), decidiu que "o referido art. 98 do CTN, ao proclamar a supremacia dos acordos internacionais, em torno de matéria tributária, sobre a lei, indistintamente, outra coisa não fez senão explicitar a realidade jurídica, ou seja, o caráter geral e, pois, nacional dos tratados em matéria tributária, assinalando que não expressam eles ato normativo emanado da União, como mera ordem central, mas da União como ordem total e, como tal, endereçado a todos os brasileiros" (STF, Pleno, RE 229.096/RS).

Os tratados são importantes para dispor sobre o comércio entre os países deles signatários, bem como para estabelecer critérios para o disciplinamento de situações tributáveis que não dizem respeito apenas a um ordenamento jurídico. São, nas palavras de Alberto Xavier, "*situações internacionais (cross border situations)*, ou seja, situações da vida que têm contato, por qualquer dos seus elementos, com mais do que uma ordem jurídica dotada do poder tributar".[3] É o caso, por exemplo, do cidadão brasileiro que reside no Brasil mas possui imóveis em Portugal, recebe rendimentos decorrentes do seu aluguel, surgindo a pretensão de tributar tais aluguéis tanto da parte do Estado Português quanto do Estado Brasileiro.

A grande evolução havida nos meios de transporte e de comunicação tem feito com que tais situações se tornem cada vez mais frequentes, suscitando questões principalmente em relação aos impostos incidentes sobre o comércio exterior, ao imposto de renda e ao imposto sucessório.

Para lidar com elas, o manejo da ordem jurídica de um Estado Nacional apenas é insuficiente, justamente porque elas não ocorrem inteiramente sob o âmbito de apenas uma delas. É preciso recorrer a normas de Direito Internacional, sendo os tratados a que alude o art. 98 do CTN a principal fonte de normas destinadas a discipliná-las.

Decretos e regulamentos são atos editados pelo chefe do Poder Executivo. Conquanto possam ter efeito normativo, contendo prescrições "gerais e abstratas" ou "hipotéticas", devem se limitar a explicitar o que em lei já está estabelecido, com o propósito de lhe viabilizar o cumprimento. Trata-se de exigência, ou decorrência, do princípio da legalidade. Por conta

---

3 XAVIER, Alberto. **Direito Tributário Internacional do Brasil.** 5. ed. Rio Janeiro: Forense, 2002, p. 3.

disso, o CTN assevera que os decretos e regulamentos têm o seu conteúdo adstrito ou limitado pelas leis em função das quais sejam expedidos.

Normas complementares são os atos administrativos de natureza normativa, de hierarquia ainda inferior aos decretos e aos regulamentos. São os atos normativos expedidos pelas autoridades administrativas (instruções normativas, portarias etc.), as decisões dos órgãos singulares ou coletivos de jurisdição administrativa, a que a lei atribua eficácia normativa, as práticas reiteradamente observadas pelas autoridades administrativas e os convênios que entre si celebrem União, Estados, Distrito Federal e Municípios (CTN, art. 100). Sua função é reduzir a vaguidade e a ambiguidade dos textos legais, de modo a uniformizar o entendimento de toda a administração tributária a respeito deles. Não podem, naturalmente, exorbitar o conteúdo desses textos, estabelecendo restrições e deveres que neles não estão contidos. São - insista-se - normas *infralegais*, que, por isso mesmo, não se confundem com as *leis complementares.*

Caso a Administração edite norma complementar, mas depois venha a entender que ela é equivocada, não poderão ser exigidos juros de mora, atualização monetária nem penalidades daquele contribuinte que a houver observado (CTN, art. 100, parágrafo único). Assim, por exemplo, se uma norma complementar equivocada levar o contribuinte a deixar de recolher um tributo, o desfazimento do equívoco - que afinal foi provocado pela própria Administração - somente pode dar cabimento à exigência do tributo em si (principal), e não de acréscimos moratórios (acessório).

O CTN merece censura na parte em que define como norma complementar, no que tange às decisões (à jurisprudência) dos órgãos administrativos, apenas aquelas que tenham, nos termos da lei, efeito vinculante. Na verdade, como desdobramento do dever de coerência que a Administração deve guardar no tratamento dos diversos contribuintes, até em respeito ao princípio da igualdade, a jurisprudência administrativa há de ser coesa e respeitada pelos órgãos da Administração Tributária em geral, nos termos que em linhas gerais se acham delineados no CPC/2015, que inclusive tem aplicação supletiva e subsidiária no âmbito administrativo (art. 15).

Considerando que as práticas reiteradamente observadas pelas autoridades administrativas são normas complementares (CTN, art. 100, III), o STJ já decidiu que, caso a Administração expressa e reiteradamente aceite uma determinada conduta do contribuinte, não pode depois multá-lo caso venha a constatar que tal conduta era ilegal. Poderá, apenas, adverti-lo da retificação de seu posicionamento, e exigir o tributo que houver eventualmente deixado de ser pago.[4]

Deve-se ressaltar, porém, quanto a essa retificação de normas complementares, que o art. 100 do CTN deve ser conciliado com o art. 146 do mesmo Código. Assim, "se a modificação da norma complementar representa simples *mudança de critério jurídico*, só vale para o futuro. Não se presta como fundamento para a revisão do lançamento".[5]

4.2. VIGÊNCIA E APLICAÇÃO DA LEGISLAÇÃO TRIBUTÁRIA

O ordenamento jurídico é uno, e as normas tributárias são normas jurídicas como outras quaisquer. Assim, sua vigência e sua aplicação regem-se pelas disposições constitucionais e legais aplicáveis às normas jurídicas em geral. O CTN, porém, faz algumas ressalvas, estabelecendo algumas disposições específicas a respeito da vigência e da aplicação das normas tributárias.

---

4 REsp 162.616/CE, *DJ* de 15/6/1998, p. 53.

5 MACHADO, Hugo de Brito. **Curso de direito tributário**. 37. ed. São Paulo: Malheiros, 2016, p. 91.

Vigência, como se sabe, é a aptidão da norma jurídica para incidir,[6] ou seja, para produzir efeitos jurídicos – direitos, obrigações etc. – a partir da efetiva ocorrência de fatos que, na norma, estão previstos como meras hipóteses. Diz-se que se iniciou a vigência de uma lei quando a prática dos fatos que nela estão previstos passa a ter o sentido ou o efeito jurídico que ela estabelece.

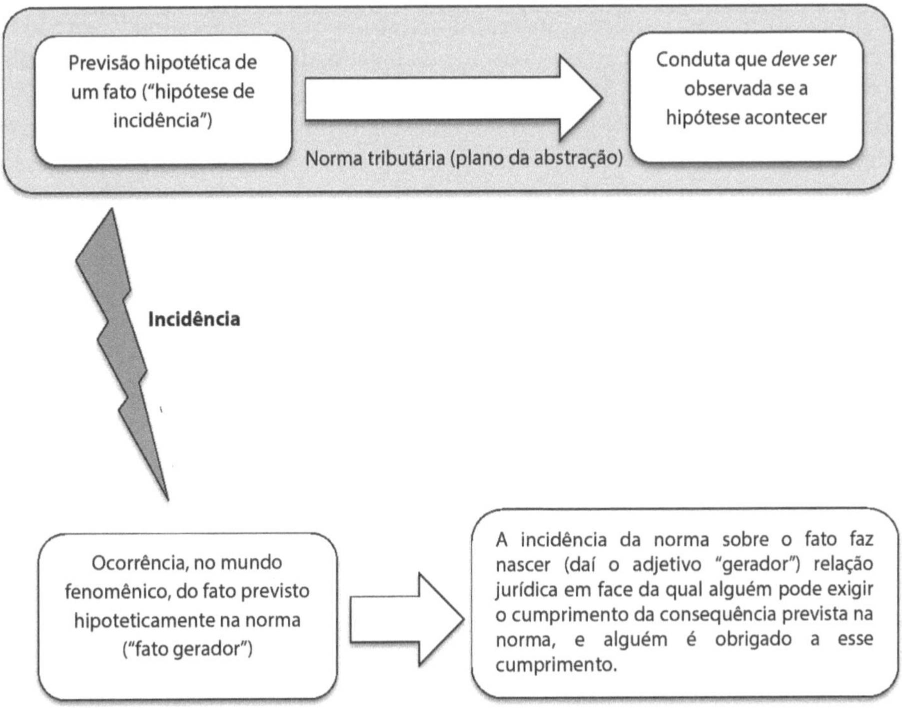

A norma tem *vigência* quando está *apta a incidir* sobre os fatos nela previstos. Uma norma em sua *vacatio legis*, por exemplo, existe e tem validade, mas, se ocorrerem os fatos nela previstos, ela ainda não está apta a sobre eles incidir, sendo incapaz, assim, de fazer com que produzam os efeitos a eles associados.

Quanto ao aspecto *espacial*, ou *territorial*, o art. 102 do CTN estabelece que a legislação tributária dos Estados, do Distrito Federal e dos Municípios vigora, no País, fora dos respectivos territórios, nos limites em que lhe reconheçam extraterritorialidade os convênios de que participem, ou do que disponham esta ou outras leis de normas gerais expedidas pela União. Exemplificando, se um fabricante de veículos, estabelecido em São Paulo, vende automóveis para um revendedor estabelecido no Ceará, deverá, por conta da substituição tributária "para frente", efetuar a retenção do ICMS que somente seria devido na venda final desse veículo ao consumidor. Nessa situação, terá de calcular, e recolher, não só ICMS devido por ele fabricante, nos termos da legislação de São Paulo (onde está situado), mas *também o ICMS a ser descontado do revendedor*. O imposto a ser descontado do revendedor, em tais circunstâncias, será calculado conforme a legislação vigente no Estado desse revendedor (no

6 MACHADO, Hugo de Brito. **Curso de direito tributário.** 37. ed. São Paulo: Malheiros, 2016, p. 93.

caso do exemplo, o Ceará), que deverá ser observada pelo fabricante em função de convênio interestadual celebrado pelos Estados (LC nº 87/96, art. 9º). Algo semelhante se dá com a legislação do Imposto sobre Bens e Serviços (IBS), de competência compartilhada por Estados e Municípios, e pelo Distrito Federal, no que tange à sua alíquota, pois esta é fixada com amparo em lei ordinária editada pelo Estado, pelo Município ou pelo Distrito Federal, a qual deve ser aplicada às operações que se destinem a consumidores residentes em seus territórios, mesmo quando oriundas de outros Estados. Assim, se um contribuinte situado em São Paulo vende mercadorias a outro estabelecido no Rio de Janeiro, deverá em São Paulo, ao calcular o imposto devido, aplicar a legislação do Rio de Janeiro para definição da alíquota incidente.

Quanto ao aspecto *temporal*, salvo disposição em contrário, entram em vigor: *(i)* os atos administrativos a que se refere o inciso I do art. 100, na data da sua publicação; *(ii)* as decisões a que se refere o inciso II do art. 100, quanto a seus efeitos normativos, 30 (trinta) dias após a data da sua publicação; *(iii)* os convênios a que se refere o inciso IV do art. 100, na data neles prevista (CTN, art. 103).

Por conta do princípio da anterioridade, as leis que implicam a *instituição ou o aumento de tributos* somente entram em vigor no exercício seguinte àquele em que tenham sido publicadas. E, a partir da EC nº 42/2003 se sua publicação ocorrer faltando menos de 90 dias para o final do exercício, será necessário, além de aguardar pelo exercício seguinte, ainda aguardar pelo transcurso de dias necessários à consumação do prazo de 90 dias. Assim, se a lei é publicada entre 1º de janeiro e 1º de outubro de um ano, entra em vigor em 1º de janeiro do ano seguinte. Entretanto, se for publicada em 31 de dezembro de um ano, somente entrará em vigor em abril do ano seguinte. Leis que instituem ou aumentam *contribuições destinadas à seguridade social* somente entram em vigor 90 dias após sua publicação.

Quanto à *aplicação*, é sabido que ela não se confunde com a *incidência*. Ao incidir, a norma produz efeitos, gera direitos e deveres, que podem ser observados pelos sujeitos obrigados, ou não. A *aplicação* é o ato, praticado por terceiro, que impõe o cumprimento do dever decorrente da incidência.

De acordo com o art. 105 do CTN, a legislação tributária aplica-se imediatamente aos fatos geradores futuros e aos pendentes, assim entendidos aqueles cuja ocorrência tenha tido início, mas não esteja completa nos termos do art. 116. Isso significa que um fato complexo já iniciado, mas ainda não concluído (está pendente...), poderá ser alcançado por uma lei nova, vale dizer, por uma lei editada depois de iniciada a sua ocorrência.

Imagine-se, por exemplo, que um contribuinte efetua uma importação. Trata-se de fato complexo, que se inicia com a negociação com o fornecedor no exterior, mas que apenas se consuma com o desembaraço aduaneiro dos bens importados. Caso seja editada uma norma nova, alterando a alíquota do imposto de importação, *durante* a viagem do navio, ou mesmo após a sua chegada, mas *antes* do desembaraço aduaneiro (antes da conclusão do fato complexo), o aumento já será exigível em face dessa importação. Nesse sentido, aliás, é a jurisprudência do STF (RE 225602/CE – *RTJ* 178-01/428).

A lei tributária pode, finalmente, ser aplicada retroativamente, em duas hipóteses excepcionais. De acordo com o art. 106 do CTN, a lei pode aplicar-se a ato ou fato pretérito: *(i)* em qualquer caso, quando seja expressamente interpretativa, excluída a aplicação de penalidade à infração dos dispositivos interpretados; e *(ii)* tratando-se de ato não definitivamente julgado: (a) quando deixe de defini-lo como infração; (b) quando deixe de tratá-lo como contrário a qualquer exigência de ação ou omissão, desde que não tenha sido fraudulento e não tenha implicado em falta de pagamento de tributo; (c) quando lhe comine penalidade menos severa que a prevista na lei vigente ao tempo da sua prática.

Quanto à aplicação retroativa da lei interpretativa, é importante ressaltar que ela pode ser considerada inconstitucional, por ofensa ao princípio da irretroatividade das leis. E, ainda que seja considerada válida, a lei há de ser realmente interpretativa, ou seja, apenas esclarecer ambiguidade contida em norma anterior. Se essa ambiguidade não existir, ou já houver sido resolvida de modo pacífico pelo Poder Judiciário, não será o fato de a lei se "autointitular" como interpretativa que lhe dará autorização para retroagir.[7]

Já no que diz respeito à aplicação retroativa da lei punitiva mais benéfica, não há qualquer inconstitucionalidade, pois o princípio da irretroatividade das leis é uma garantia do cidadão em face do Estado editor de normas jurídicas (STF, Súmula 654). A própria Constituição, aliás, prevê de modo expresso essa possibilidade (CF/88, art. 5º, XL).

Assim, sendo esse um princípio geral de direito punitivo, o CTN apenas explicitou a necessidade de sua aplicação também em face das penalidades administrativas. Desse modo, a autoridade encarregada da aplicação da lei deve aplicar a legislação posterior, quando mais benéfica, até mesmo de ofício. O único requisito exigido pelo CTN é o de que não tenha havido ainda julgamento definitivo, exigência que é entendida pela jurisprudência de forma bastante liberal. O STJ, por exemplo, já considerou possível a aplicação retroativa da lei punitiva mais benéfica mesmo em execução fiscal já em fase de liquidação. Para fins de aplicação do art. 106, II, do CTN, "só se considera como encerrada a Execução Fiscal após a arrematação, adjudicação e remição, sendo irrelevante a existência ou não de Embargos à Execução, procedentes ou não".[8] No mesmo julgado, afirmou-se que, para os fins de aplicação retroativa da lei mais benéfica, o CTN não distingue entre multa punitiva e multa moratória.

O STJ também tem entendido que não é necessário à parte pedir expressamente a aplicação retroativa da lei mais benéfica, até porque a edição da lei que reduz a penalidade pode ser superveniente à propositura da ação, podendo o juiz dela conhecer de ofício.[9] Assim, se no curso de uma demanda judicial, na qual se discute o crédito tributário como um todo, for publicada lei reduzindo a penalidade correspondente, o juiz deverá proceder de ofício à redução. A única circunstância que impede a aplicação retroativa da lei mais benéfica é a de já ter sido paga a penalidade correspondente, pois nesse caso, como explicado, não haverá restituição.

Note-se, porém, que a aplicação retroativa da lei mais benéfica diz respeito apenas à penalidade. Não ao tributo. Para que os efeitos dessa afirmação fiquem mais claros, imaginemos a seguinte situação hipotética. Em 2014, um contribuinte pratica infração e deixa de pagar o ICMS. Pela legislação vigente à época dos fatos, esse contribuinte deve recolher o imposto pela alíquota de 17% e pagar uma multa de 40% do valor da operação. Entretanto, a infração somente é detectada em 2016, quando a lei já sofreu alterações e a alíquota do ICMS passou para 12%, mantida a penalidade em 40%. Nesse caso, a posterior redução do imposto não poderá ser aplicada retroativamente para beneficiar o contribuinte. Se a redução tivesse acontecido em relação à multa (que poderia ter sido diminuída para 30%, por exemplo), aí sim, a aplicação retroativa seria invocável.

4.3. INTERPRETAÇÃO DA LEGISLAÇÃO TRIBUTÁRIA

Em princípio, as normas tributárias – ou, mais propriamente, as disposições textuais que as veiculam – devem ser interpretadas como quaisquer outras. Afinal, o ordenamento jurídico é uno, e não existe particularidade nas normas que tratam da relação tributária que justifique a utilização de métodos próprios de interpretação.

---

7 STJ, REsp 742.362/MG, *DJ* de 30/5/2005, p. 263.

8 STJ, REsp 200.781/RS, *DJ* de 13/5/2002.

9 STJ, REsp 488.326/RS, *DJ* de 28/2/2005, p. 191.

A legislação tributária, portanto, comporta aplicação de todos os métodos de interpretação "clássicos", tais como o literal, o histórico, o sistêmico e o finalístico. E também dos métodos mais "modernos", apontados pela atual Teoria do Direito e pelo Direito Constitucional, a exemplo da interpretação conforme a Constituição (por meio da qual se dá à lei sentido que melhor a compatibilize com a Constituição), da lógica do razoável, da escolha dos significados que melhor atendam a exigência de proporcionalidade etc.

Cumpre notar, nesse ponto, que os textos normativos, por expressarem normas, que são realidades institucionais, não têm uma objetividade ontológica. Não são como uma pedra, ou um animal que corre no campo, ou qualquer outra realidade que existe independentemente de um pacto prévio que as constitua. Ao contrário: os textos normativos são como as regras de um jogo, ou como a gramática de uma língua, só existindo porque seres racionais pactuam sua existência.

Assim, não se deve tratar a interpretação como se consistisse na busca de um significado ínsito ao texto, dado a ele pela natureza. Trata-se de *atribuir sentido* ao texto, o que se faz, naturalmente, partindo de situações anteriores nas quais aquele mesmo texto foi utilizado, mas que há sempre de considerar o contexto ou o ambiente em que se dá a nova utilização, sendo todos esses elementos *pistas* para se reconstruir o sentido do texto.

Maior aprofundamento na Hermenêutica de textos normativos não é necessário, nem seria pertinente no âmbito deste livro, para se perceber a inadequação de disposições como a do art. 111 do CTN, segundo a qual se deve interpretar literalmente a legislação tributária que disponha sobre suspensão ou exclusão do crédito tributário, outorga de isenção e sobre a dispensa do cumprimento de obrigações tributárias acessórias.

Como se vê claramente, tal artigo deve ser entendido com reservas. É impossível interpretar uma norma sempre e apenas literalmente, pela simplória razão de que nenhuma palavra tem apenas um sentido literal, sendo uma rápida consulta ao dicionário, em torno de qualquer verbete, suficiente para demonstrá-lo. E isso justamente porque o sentido lhes é atribuído pelos que as utilizam, no contexto em que são utilizadas, algo elementar em linguística[10], e que explica inclusive a razão pela qual as línguas evoluem, se transformam, palavras novas nascem, outras caem em desuso, e assim por diante.

Ilustração de Allan Sieber

---

10 Veja-se, a propósito: GUERRA, Marcelo Lima. **Competência da justiça do trabalho.** Fortaleza: Tear da Memória, 2009, p. 20-21.

Em suma, as palavras sempre têm (ou a elas sempre se pode atribuir), mesmo literalmente, mais de um sentido (p. ex., o que é uma manga? uma galinha? um cachorro? uma gata? um dente? uma batida?), sendo à luz do contexto (e do uso de outros elementos de interpretação) que se poderá determinar o sentido em que em cada caso foram empregadas. Assim, na verdade, as hipóteses referidas pelo art. 111 do CTN não podem ser objeto de *integração por analogia*, nem de *interpretação ampliativa*, mas isso não afasta a possibilidade de todos os métodos de interpretação serem validamente empregados. O que se pretende, apenas, é consignar que o uso de todos os elementos de interpretação, conquanto possível, não pode conduzir o intérprete a resultados que não sejam compatíveis com os sentidos possíveis do texto.

É hoje pacífico na jurisprudência do STJ, a propósito, que "a regra insculpida no art. 111 do CTN, na medida em que a interpretação literal se mostra insuficiente para revelar o verdadeiro significado das normas tributárias, não pode levar o aplicador do direito à absurda conclusão de que esteja ele impedido, no seu mister de interpretar e aplicar as normas de direito, de se valer de uma equilibrada ponderação dos elementos lógico-sistemático, histórico e finalístico ou teleológico que integram a moderna metodologia de interpretação das normas jurídicas".[11] Com base nessas premissas, por exemplo, o STJ já reconheceu que a isenção de IPI concedida à importação de máquinas industriais também se aplica às peças de reposição destinadas à manutenção dessas mesmas máquinas. Afinal, se a isenção foi concedida ao todo (a máquina), entende-se que também abrange as partes ou peças que compõem esse todo.[12]

Tampouco seria correto afirmar que, à luz do art. 111 do CTN, a interpretação das normas ali mencionadas deveria ser sempre "restritiva". Na verdade, a interpretação deve chegar a um resultado compatível com o texto, vale dizer, situado dentro de seus limites (determinados a partir de situações anteriores nas quais foram empregados)[13], mas não é obrigatório que esse resultado seja sempre o mais restrito possível. Aliás, há casos em que a interpretação literal amplia o sentido, em vez de restringi-lo. É o caso da situação, já julgada pelo STJ, do sujeito cego de apenas um olho, que teve o direito à isenção reconhecido precisamente por conta do elemento literal, embora, com o emprego de outros elementos, fosse possível restringir a isenção apenas àqueles inteiramente cegos. É conferir:

> "TRIBUTÁRIO. IRPF. ISENÇÃO. ART. 6º, XIV, DA LEI 7.713/1988. INTERPRETAÇÃO LITERAL. CEGUEIRA. DEFINIÇÃO MÉDICA. PATOLOGIA QUE ABRANGE TANTO O COMPROMETIMENTO DA VISÃO NOS DOIS OLHOS COMO TAMBÉM EM APENAS UM.
>
> 1. Hipótese em que o recorrido foi aposentado por invalidez permanente em razão de cegueira irreversível no olho esquerdo e pleiteou, na via judicial, o reconhecimento de isenção do Imposto de Renda em relação aos proventos recebidos, nos termos do art. 6º, XIV, da Lei 7.713/1988.
>
> 2. As normas instituidoras de isenção devem ser interpretadas literalmente (art. 111 do Código Tributário Nacional). Sendo assim, não prevista, expressamente, a hipótese de exclusão da incidência do Imposto de Renda, incabível que seja feita por analogia.

---

11 STJ, REsp 411704/SC, *DJ* de 7/4/2003, p. 262.

12 STJ, 1ª T., REsp 20.983/PE, Rel. Min. Milton Luiz Pereira, j. em 31/8/1994, v. u., *DJ* de 26/9/1994, p. 25601.

13 Se a possibilidade de o intérprete atribuir sentidos diversos aos textos, à luz do contexto, fosse ilimitada e inteiramente subjetiva, a própria comunicação seria impossível. Assim, embora o contexto determine, de algum modo, o sentido, há regras que os falantes devem observar para conseguirem se comunicar. Entre elas está a consideração a sentidos anteriores em que as mesmas palavras – em contextos similares – foram empregadas, sendo essa – indicar esses sentidos – a função dos dicionários.

> 3. De acordo com a Classificação Estatística Internacional de Doenças e Problemas Relacionados à Saúde (CID-10), da Organização Mundial de Saúde, que é adotada pelo SUS e estabelece as definições médicas das patologias, a cegueira não está restrita à perda da visão nos dois olhos, podendo ser diagnosticada a partir do comprometimento da visão em apenas um olho. Assim, mesmo que a pessoa possua visão normal em um dos olhos, poderá ser diagnosticada como portadora de cegueira.
>
> 4. A lei não distingue, para efeitos da isenção, quais espécies de cegueira estariam beneficiadas ou se a patologia teria que comprometer toda a visão, não cabendo ao intérprete fazê-lo.
>
> 5. Assim, numa interpretação literal, deve-se entender que a isenção prevista no art. 6º, XIV, da Lei 7.713/88 favorece o portador de qualquer tipo de cegueira, desde que assim caracterizada por definição médica. 6. Recurso Especial não provido."[14]

Ainda a respeito da interpretação, o CTN dispõe, em seu art. 112, que a lei tributária que define infrações, ou lhes comina penalidades, interpreta-se da maneira mais favorável ao acusado, em caso de dúvida quanto: *(i)* à capitulação legal do fato; *(ii)* à natureza ou às circunstâncias materiais do fato, ou à natureza ou extensão dos seus efeitos; *(iii)* à autoria, imputabilidade ou punibilidade; *(iv)* à natureza da penalidade aplicável, ou à sua graduação. Trata-se da conhecida *interpretação benigna*, própria do Direito Penal, aplicável de um modo geral a toda norma de natureza punitiva. Sempre que uma autoridade – administrativa ou judicial – estiver em dúvida quanto aos pontos acima indicados, deve optar pela alternativa mais favorável ao acusado.

No que tange à interpretação benigna, ela muitas vezes é afastada por autoridades que afirmam, mesmo diante de sérias incertezas quanto aos elementos indicados no art. 112 do CTN, que elas, pessoalmente, "não têm dúvida nenhuma" de que o contribuinte é culpado, por alguma convicção íntima que, todavia, não conseguem fundamentar racionalmente de modo a que possa ser intersubjetivamente compartilhada. Na verdade, porém, há diversas situações nas quais, de maneira objetiva, se verifica a dúvida de que trata o art. 112 do CTN, sendo a mais eloquente delas aquela na qual o órgão de julgamento administrativo, ao deliberar sobre a validade do lançamento, chega ao *empate*, sendo necessário que seu presidente profira o chamado "voto de desempate". Registre-se que o "voto de qualidade", figura assemelhada ao voto de desempate, foi abolido no âmbito do Conselho Administrativo de Recursos Fiscais (CARF), pela Lei 13.988/2020, que determinou, no caso de empate, a prevalência da tese mais favorável ao contribuinte, e não só em matéria de penalidades, mas também quanto ao tributo e demais acessórios. Mesmo assim, ainda existe o "voto de desempate" no processo administrativo de diversos entes federativos periféricos. Assim, deve-se reconhecer que, nos casos de empate, caso a exigência seja mantida pelo presidente do órgão administrativo, que desempata a votação em favor do Fisco, resta patente, de forma objetiva, a existência de uma dúvida, ainda que cada julgador, componente do órgão colegiado, subjetivamente, esteja certo da procedência ou da improcedência da acusação. Em situações que tais, é imperioso aplicar-se o art. 112 do CTN, extinguindo a exigência no que tange às penalidades pelo menos, aspecto para o qual se espera que a jurisprudência ainda dê a devida atenção.

Fala-se, também, na chamada *interpretação econômica* no Direito Tributário, segundo a qual as normas tributárias deveriam ser interpretadas, na parte em que tratam dos fatos tributáveis, de acordo com a realidade econômica a que se referem. Exemplificando, se uma

---

14 STJ, 2ª T., REsp 1196500/MT, *DJe* de 4/2/2011.

lei instituísse um imposto sobre a compra e venda, e um cidadão, em vez de comprar uma mercadoria (realizando o fato gerador desse imposto), celebrasse um contrato de *leasing* (fato diferente da compra e venda), a aplicação da "interpretação econômica" à citada lei faria com que o imposto fosse devido, pois o *leasing*, embora não seja uma compra e venda, teria gerado no caso um "mesmo efeito econômico". Esse tipo de interpretação, porém, não é compatível com ordenamentos jurídicos como o brasileiro, que consagram princípios constitucionais como o da legalidade e o da tipicidade da lei tributária. Equivale ao emprego da analogia, que o CTN inclusive proíbe quando utilizada para tornar devido tributo não previsto em lei (CTN, art. 108, § 1º).

Ao se estabelecer a competência tributária, e ao se instituir a lei no exercício dessa competência, pode-se até optar pelo uso de expressões que se referem a realidades econômicas, e não a formas jurídicas (*v.g.*, "imposto sobre circulação" ou "imposto sobre transmissão", em vez de "imposto sobre venda"), mas o intérprete não pode alargar o sentido das leis para exigir tributos que nelas não estão previstos.

4.4. INTEGRAÇÃO DA LEGISLAÇÃO TRIBUTÁRIA

Enquanto se diz que a interpretação, em tese, não envolve criação, mas apenas a descoberta do sentido de uma norma jurídica preexistente, a *integração* implica a criação de uma norma jurídica para o caso concreto, em face da existência de uma *lacuna*, ou seja, de uma omissão indesejada na legislação. Aprofundamento na Filosofia do Direito e na Teoria do Direito revela que não é precisa a linha que separa a interpretação da integração, e que a distinção entre elas é mais quantitativa (grau de poder criativo do aplicador) do que propriamente qualitativa.

De rigor, quando se cogita de interpretação, há insuprimível atividade criadora, pois o intérprete há de atribuir sentido a símbolos, gestos ou sinais que, em si mesmos, não têm esse sentido senão depois de se convencionar assim. Quem observa um coelho correndo pelo bosque não "cria" o coelho, que estaria ali correndo ainda que ninguém o estivesse a observar, mas um texto normativo - ou literário, ou poético, ou científico - não existe, enquanto tal, se não houver um pacto intersubjetivo a respeito de seu significado, nem alguém, em momento posterior, à luz das regras firmadas em tal pacto, que no mais das vezes é tácito, para atribuir esse sentido à luz do que fora convencionado.

Na interpretação, portanto, há criação. Mesmo autores positivistas reconhecem isso, sendo a *discricionariedade judicial* traço marcante dessa corrente jusfilosófica, apesar das tantas variantes em que se divide[15]. O que os positivistas não reconhecem, e autores não positivistas tentam reconhecer e teorizar, é a existência de limites ou parâmetros a serem observados nesse processo, o que é outra questão. É curiosa, portanto, a forma como segmentos da literatura jurídica nacional se dizem positivistas, mas à sua maneira, pois não admitem o aludido poder criador e dizem ser "meramente descritiva" a atuação do intérprete[16].

A questão é que, no ato de interpretação, se reconhece que existe norma aplicável especificamente ao caso, ainda que, na sua (re)construção pelo intérprete, haja parcela de atividade criadora por parte dele. Em termos bastante simples, pode-se dizer que há texto normativo

---

[15] HART, Herbert L. A. **O conceito de direito**. Tradução de A. Ribeiro Mendes. 3. ed. Lisboa: Calouste Gulbenkian, 2001. p. 17.

[16] Para a crítica a essa contradição, veja-se: GODOI, Marciano Seabra de. O quê e o porquê da tipicidade tributária. In: RIBEIRO, Ricardo Lodi; ROCHA, Sérgio André (Coords.). **Legalidade e tipicidade no direito tributário**. São Paulo: Quartier Latin, 2008, p. 77; MACHADO, Raquel Cavalcanti Ramos. **Competência Tributária**: entre a rigidez do sistema e a atualização interpretativa. São Paulo: Malheiros, 2014, p. 140.

dispondo sobre a situação, sendo o caso apenas de determinar-lhe o sentido e o alcance. Em se tratando de integração, não. O intérprete, em um primeiro momento, reconhece a inexistência de norma específica e aplicável, recorrendo, em um segundo momento, às ferramentas de que dispõe a ordem jurídica para que se possa completá-la.

Quando se fala em *integração* da legislação tributária, portanto, cogita-se de fontes subsidiárias do Direito Tributário, às quais o aplicador deve recorrer para solucionar problemas surgidos em face de omissões na legislação. Reconheça-se, a esse respeito, que a própria identificação dessas omissões envolve tarefa interpretativa, e alguma carga de valoração, pois o ordenamento não contém regras dispondo sobre todas as situações, não precisaria conter e nem mesmo seria possível que contivesse. Isso porque há o ilimitado e fértil campo da licitude, composto de todas as condutas que, por não serem expressamente vedadas ou impostas aos cidadãos, lhe são facultadas, estando, assim, *a contrario*, disciplinadas.

É por isso que se diz que, do ponto de vista lógico, o ordenamento jurídico é pleno, ou seja, não tem lacunas. Se há norma geral segundo a qual todas as condutas não previstas no restante da ordem jurídica devem receber tratamento "T", então todas as condutas, sem exceção, estão normatizadas (*plenitude lógica*). A questão, que conduz à chamada *incompletude axiológica*, é que há situações nas quais a aplicação dessa norma geral segundo a qual as hipóteses não previstas devem ter tratamento "T" pode criar um *momento de incongruência* no sistema, assim entendido aquele gerado por uma solução insatisfatória para o caso. Essa insatisfatoriedade, convém explicar, não decorre da circunstância de a solução desagradar subjetivamente o intérprete, mas do fato de ela contrariar valores objetivamente positivados na ordem jurídica, criando uma *contradição* ou uma *incoerência* interna ao sistema[17].

Exemplificando, imagine-se que, em determinado ordenamento jurídico, não há norma dispondo sobre o que deve ser feito diante de decisões administrativas confusas, obscuras ou contraditórias, sendo o caso, diante de tais decisões, de interpor o recurso cabível contra qualquer decisão, ou, se já forem cabíveis recursos, de aceitá-la, ou impugná-la judicialmente. A ausência de norma prevendo a existência e o cabimento de um recurso faz com que tais decisões sejam consideradas irrecorríveis. Isso, porém, cria um momento de incongruência, pois a decisão confusa, obscura, ou contraditória, a rigor tem um vício em sua fundamentação, sendo sua manutenção contrária ao princípio do devido processo legal, do qual decorre o dever de motivar decisões administrativas. Para corrigir essa incongruência surgida no sistema por conta da aplicação da regra geral, diz-se que tal situação encerra uma *lacuna*, e se recorre, por analogia, à legislação processual civil, de onde se podem aplicar analogicamente as disposições relativas ao recurso de embargos de declaração.

A lacuna, portanto, configura-se quando a aplicação do tratamento previsto no ordenamento de forma residual para todas as situações não expressamente disciplinadas em outras normas cria uma incompatibilidade com os valores subjacentes a essas outras normas, gerando uma contradição no sistema. Ela visa a corrigir uma insatisfatoriedade, portanto, aferível à luz das demais normas do sistema, e não das preferências do intérprete.

De acordo com o art. 108 do CTN, na ausência de disposição expressa (vale dizer, diante de uma lacuna), a autoridade competente para aplicar a legislação tributária utilizará, sucessivamente, na ordem indicada: *(i)* a analogia; *(ii)* os princípios gerais de direito tributário; *(iii)* os princípios gerais de direito público; *(iv)* a equidade. Como consequência dos princípios da tipicidade e da estrita legalidade, porém, o emprego da analogia não poderá resultar na

---

17 ENGISCH, Karl. **Introdução ao pensamento jurídico.** traduzido por J. Baptista Machado, 8. ed., Lisboa: Fundação Calouste Gulbenkian, 2001, p. 276-281.

exigência de tributo não previsto em lei. Essa é a razão pela qual a "interpretação econômica" não é admissível no Direito brasileiro.

Note-se que são meios de integração os princípios gerais de direito tributário (liberdade de tráfego, legalidade, anterioridade etc.) e os princípios gerais de direito público (moralidade, devido processo legal, impessoalidade etc.), mas não os princípios gerais de direito privado. Estes, não referidos pelo art. 108 do CTN, podem ser utilizados pelo intérprete, mas apenas para pesquisa da definição, do conteúdo e do alcance de seus institutos, conceitos e formas, mas não para definição dos respectivos efeitos tributários (CTN, art. 109). Isso quer dizer que, quando a lei tributária utiliza conceitos, institutos ou formas de direito privado (p. ex., refere-se a sucessão, herdeiro, empregado, locação etc.), esses conceitos, institutos e formas devem ser entendidos ou interpretados em face dos princípios *de direito privado*, ou seja, devem ser entendidos *como são entendidos no âmbito do direito privado*. O efeito de tais princípios, porém, se exaure aí, nessa atividade interpretativa. Assim, por exemplo, se de acordo com o direito privado existe um princípio segundo o qual o trabalhador, por ser hipossuficiente, deve ser protegido, esse princípio pode ser invocado no Direito Tributário para determinar o sentido da expressão "empregado", ou "contrato de emprego", mas não para fazer com que esse trabalhador, em suas relações com o Fisco, receba tratamento igualmente privilegiado.

Em mera explicitação de algo que decorre da própria supremacia constitucional, o art. 110 do CTN dispõe que a lei tributária não pode alterar a definição, o conteúdo e o alcance de institutos, conceitos e formas de direito privado, utilizados, expressa ou implicitamente, pela Constituição Federal, pelas Constituições dos Estados, ou pelas Leis Orgânicas do Distrito Federal ou dos Municípios, para definir ou limitar competências tributárias. Nem poderia mesmo ser diferente, visto que a lei tributária não pode alterar a Constituição Federal, a Constituição do Estado nem a Lei Orgânica do Município ou do Distrito Federal.

O art. 110 do CTN tem uma parte meramente didática, que enuncia o óbvio (a lei não pode alterar a Constituição), mas há uma parte não tão clara, que reside em saber *quando* a Constituição usa conceitos, institutos e formas de direito privado para delimitar competências. Como saber, por exemplo, diante de uma remissão do texto constitucional à competência para instituir imposto sobre a propriedade imobiliária urbana, que ela o faz a partir do sentido que essas palavras têm no Direito Privado? Note-se que não se pode responder a essa pergunta afirmando que sempre os conceitos usados pela Constituição presumem-se hauridos do Direito Privado *porque assim esclarece o art. 110 do CTN*, pois quem assim procede está a interpretar a Constituição *a partir da legislação infraconstitucional*, lendo-a de uma maneira, e não de outra, em obediência ao que se acha escrito no Código Tributário Nacional. Por outro lado, há situações nas quais, mesmo no âmbito do direito privado, uma palavra ou expressão pode ter mais de um sentido[18].

Como explica Raquel Cavalcanti Ramos Machado, talvez mais importante que o significado de palavras usadas pelo texto constitucional haurido nas regras anteriores, de direito privado, seja a análise do surgimento e da evolução do tributo em exame ao longo do tempo[19]. O STF, por exemplo, considerou que o imposto sobre a propriedade de veículos automotores não poderia ser exigido relativamente a embarcações e aeronaves, embora, literalmente,

---

18 Hensel já registrava, a propósito, ser errônea a crença de que a maioria dos conceitos jurídicos tem um único significado em todos os setores do Direito. Cf. HENSEL, Albert. **Derecho tributario**. Tradução de Andrés Báez Moreno, María Luisa González-Cuéllar Serrano e Enrique Ortiz Calle. Madrid: Marcial Pons, 2005, p. 148.

19 MACHADO, Raquel Cavalcanti Ramos. **Competência Tributária**: entre a rigidez do sistema e a atualização interpretativa. São Paulo: Malheiros, 2014, *passim*.

lanchas, barcos, aviões e helicópteros tenham a aptidão de se locomover por conta própria, sem a necessidade de propulsão humana ou animal. Entretanto, partindo de uma análise da própria gênese do imposto, originado da antiga "taxa rodoviária única", e de outros elementos, diversos do sentido literal da palavra "automotor", o STF concluiu pela impossibilidade de as leis estaduais alcançarem bens diversos dos veículos automotores terrestres submetidos ao controle e à fiscalização dos órgãos de trânsito[20].

O art. 110 do CTN deve ser visto, a rigor, não como uma proibição a que o legislador infraconstitucional dê maior explicitude às normas constitucionais de competência tributária, adotando um dos significados por elas permitidos para as expressões nelas utilizadas. Afinal, esse é o papel do legislador infraconstitucional. O que o artigo procura explicitar, em verdade, é que o legislador não pode arbitrariamente alterar o significado das palavras usadas pelo constituinte, como se lhe fosse facultado estabelecer que, embora esse sentido seja bastante claro, apenas "para fins tributários" ele seria outro, artificialmente criado pela lei tributária.

20 RE 134.509-8/AM – *DJU*-1 de 13/9/2002.

Capítulo 5

OBRIGAÇÃO TRIBUTÁRIA

Acesse e assista à aula explicativa sobre este assunto.

> *https://uqr.to/1phed*

5.1. CONCEITO E ESPÉCIES

O Direito Tributário é um ramo do Direito Público que se caracteriza por ser predominantemente obrigacional. Quem dele se ocupa, em seus estudos, examina institutos semelhantes aos estudados pelos que se debruçam sobre o Direito Civil dito "das Obrigações", como é o caso da compensação, da dação em pagamento, do pagamento, do pagamento indevido e da restituição correspondente, da prescrição e da decadência etc.

Entretanto, diversamente do que se dá no Direito Privado, no âmbito do Código Tributário Nacional o vínculo jurídico obrigacional recebe dois nomes diferentes, a depender do momento em que é considerado e do grau de formalização a ele atribuído.

Diante da ocorrência, no mundo fenomênico, dos fatos descritos na norma jurídica tributária, ela *incide*, o que significa que colore ou carimba esses fatos, tornando-os "geradores" de direitos e obrigações, vale dizer, de uma relação no âmbito da qual alguém pode *exigir* o cumprimento da consequência prevista na norma, e outra pessoa é obrigada ao cumprimento dessa consequência. Surge, assim, da ocorrência do fato, e da incidência da norma tributária sobre ele, a **obrigação tributária.**

Essa obrigação, depois de liquidada e acertada, adquire uma roupagem formal própria, que lhe atribui exigibilidade, passando a ser chamada de **crédito tributário**. Voltar-se ao tema quando do exame do crédito tributário e do lançamento, mas de logo se pode dizer que ele, o crédito, consiste na mesma relação jurídica antes designada pela locução "obrigação tributária", depois de submetida ao *acertamento* que lhe confere liquidez, certeza e exigibilidade.

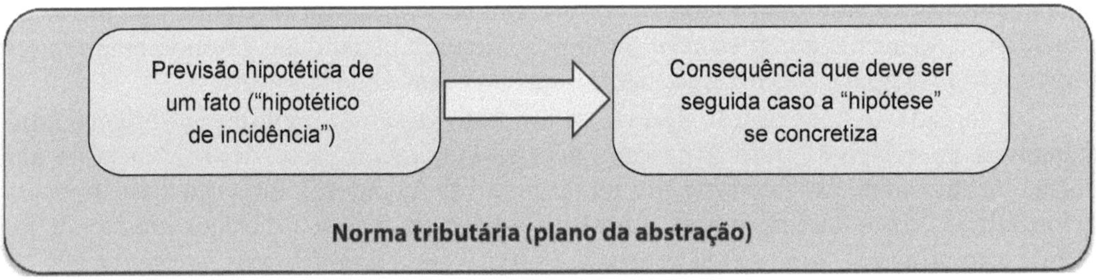

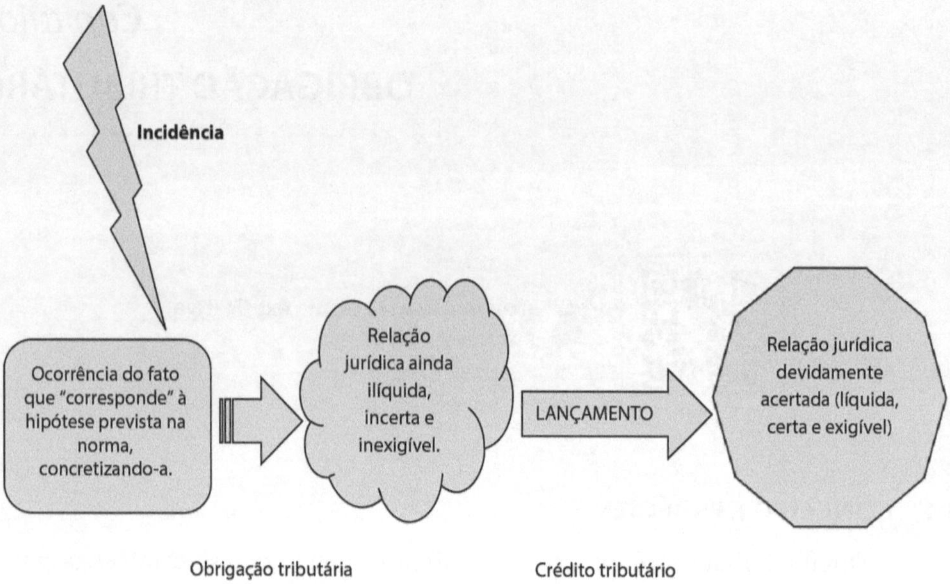

As obrigações do sujeito passivo da relação tributária são chamadas de "obrigações tributárias", e dividem-se em principais ou acessórias. Tais obrigações são definidas e diferenciadas pelo art. 113 do CTN, que tem a seguinte redação:

> "Art. 113. A obrigação tributária é principal ou acessória.
>
> § 1º A obrigação principal surge com a ocorrência do fato gerador, tem por objeto o pagamento de tributo ou penalidade pecuniária e extingue-se juntamente com o crédito dela decorrente.
>
> § 2º A obrigação acessória decorre da legislação tributária e tem por objeto as prestações, positivas ou negativas, nela previstas no interesse da arrecadação ou da fiscalização dos tributos.
>
> § 3º A obrigação acessória, pelo simples fato da sua inobservância, converte-se em obrigação principal relativamente a penalidade pecuniária."

A obrigação principal é uma obrigação de *dar dinheiro* ou de *pagar*. Seu objeto é uma prestação patrimonial. A obrigação acessória, por sua vez, é uma obrigação de *fazer*, *não fazer* ou *tolerar* (emitir notas fiscais, escriturar operações, elaborar declarações etc.), cuja finalidade é possibilitar o controle, pelo Poder Público, sobre a arrecadação e a fiscalização dos tributos. Daí o adjetivo "acessórias", pois elas se prestam a auxiliar a verificação do cumprimento das obrigações relativas ao pagamento de tributos e de multas.

Somente é submetida a lançamento, naturalmente, a obrigação principal. As obrigações acessórias, por consistirem em obrigações de fazer, não fazer ou tolerar, não demandam uma quantificação prévia para serem exigíveis. Quando descumpridas, por certo, provocam a incidência de norma que prescreve a aplicação de uma penalidade, fazendo assim nascer a obrigação principal a ela correspondente, esta sim passível de lançamento.

Na verdade, toda obrigação decorre de um "fato gerador". Inclusive as obrigações não tributárias. As relações jurídicas nascem, necessariamente, a partir da incidência de uma norma jurídica sobre um fato (que, por tal razão, é dito "gerador"). Em vista disso, rigorosamente falando, é inócua a afirmação contida no § 1º do art. 113 do CTN, que procura definir a obrigação principal como sendo aquela que surge *"com a ocorrência do fato gerador"*.

O § 3º do art. 113 do CTN dispõe que a obrigação acessória, pelo simples fato da sua inobservância, converte-se em obrigação principal relativamente à penalidade pecuniária. O que se quer dizer, com isso, é que o descumprimento de obrigações acessórias (p. ex., omissão na entrega de uma declaração) é fato gerador de uma obrigação principal, "gerando" a obrigação de pagar a multa correspondente. Não há, propriamente, uma "conversão" da obrigação acessória em uma principal, até porque o contribuinte continua devendo cumprir suas obrigações acessórias, mesmo depois de multado.

Registre-se, ainda, que a obrigação acessória é autônoma em relação à obrigação principal. Sua "acessoriedade" diz respeito às obrigações principais como um todo, e não a uma obrigação em determinado caso, que com ela esteja diretamente relacionada. Assim, mesmo pessoas jurídicas imunes, ou isentas, devem observá-las (CTN, art. 9º, § 1º), até como forma de se verificar o cumprimento dos requisitos necessários ao gozo da imunidade ou da isenção, quando condicionadas ao preenchimento de condições específicas. Uma livraria, por exemplo, ao vender um livro, ainda que não se submeta ao ICMS, ou ao IBS, deve emitir a respectiva nota fiscal, até para que seja registrado que efetivamente tratava-se de um livro o produto vendido, e não um outro objeto qualquer, que poderia ser tributável.

Quanto às obrigações acessórias, é importante ter atenção para a necessidade de que sejam razoáveis, à luz da finalidade a que se destinam. Não basta que a obrigação acessória esteja prevista em norma editada pela pessoa jurídica de direito público competente, e seja exigível de todos sem quebra da igualdade. Essa visão sequer considera a possibilidade de o ônus representado pelo cumprimento da obrigação acessória ser muito superior à capacidade de suportá-la revelada pelo contribuinte, por exemplo. O mesmo pode ser dito da obrigação acessória referente ao dever de informar fatos completamente irrelevantes para a determinação do tributo devido pelo contribuinte e por aqueles que com ele se relacionam, ou de dever tributário a ser cumprido com o uso de equipamentos cujo custo supera o do tributo a ser por meio deles informado ao longo de muitos períodos. A circunstância de a obrigação acessória não estar relacionada a uma obrigação principal específica, podendo ser exigida mesmo de contribuintes imunes, isentos, ou por qualquer razão não devedores de tributos, não significa que possa representar ordinariamente um ônus excessivo e desproporcional diante da relevância econômica dos fatos a serem por meio delas informados à Fazenda.

O tempo para cumprir obrigações acessórias, preencher formulários, guias, declarações etc., representa um *custo oculto* da tributação, e não é razoável que um contribuinte obrigado ao pagamento mensal de em média R$ 1.000,00 a título de tributo tenha que suportar custo também mensal, no cumprimento de deveres burocráticos, de R$ 10.000,00. No Brasil esse é um assunto que deveria contar com mais atenção por parte dos tributaristas, visto que, de acordo com o Banco Mundial, aqui um contribuinte gastava, em 2015, em média 2600 horas anuais para declarar e pagar impostos, enquanto a média do restante do mundo não supera as 200 horas anuais. Atualmente, essa média gira em torno de 1501 horas, a revelar uma diminuição importante, mas que ainda mantém o Brasil em primeiro lugar na lista[1]. Esse custo não é apenas uma questão econômica ou política, mas jurídica por igual. Nas palavras de Rubens Gomes de Sousa, "o peso do poder fiscal não se faz sentir apenas diretamente, isto é, sob forma de redução de capacidade econômica do contribuinte: a sua atuação indireta, sob a forma de interferência administrativa nas atividades privadas, não é menos importante"[2]. Para tentar remediar este problema, editou-se a LC 199/2023, que dispõe a respeito de se

---

1 Disponível em: http://data.worldbank.org/indicator/IC.TAX.DURS, último acesso em 23.1.2016.

2 SOUSA, Rubens Gomes de. **A distribuição da justiça em matéria fiscal**. São Paulo: Livraria Martins Editora, 1943, p. 18.

instituírem notas fiscais e registros unificados nacionalmente, além de outras providências tendentes à simplificação, todas ainda muito tímidas. As suas melhores partes, aliás, foram vetadas, tendo o Congresso derrubado alguns desses vetos, mas no geral a lei cria órgãos para levar a efeito a simplificação (Comitê Nacional de Simplificação de Obrigações Tributárias Acessórias - CNSOA), enuncia slogans, mas pouco faz de concreto.

Finalmente, considerando a divisão que o CTN estabelece entre ***obrigação tributária*** e ***crédito tributário***, não se pode dizer que, em face tão somente do surgimento da obrigação, o Poder Público possa desde logo receber o tributo - ou a multa - correspondente. Será necessário efetuar, ainda, o *lançamento*. Antes dele, a obrigação tributária é ainda *ilíquida*, e *não exigível*. É por meio do lançamento que se submete a obrigação a um *acertamento*, surgindo então o crédito tributário. Voltar-se-á ao assunto mais adiante.

5.2. FATO GERADOR

No CTN, a rigor, não estão definidos os "fatos geradores" das obrigações tributárias, sejam elas acessórias ou principais, pois ele não veicula normas de tributação, mas *normas sobre normas de tributação*[3]. Por outros termos, no CTN estão traçadas normas gerais a serem observadas pelo legislador ordinário da União, dos Estados, do Distrito Federal e dos Municípios. Os arts. 114 a 118 apenas estabelecem normas gerais, muitas de cunho meramente didático, a respeito de como os dispositivos das leis e demais atos normativos devem ser elaborados e entendidos.

Relativamente à obrigação tributária principal, afirma o CTN que seu fato gerador é "a situação definida em lei como necessária e suficiente à sua ocorrência", ou seja, aquela situação definida em lei como hábil a determinar o nascimento da obrigação. A definição não é muito útil, pois serve para o fato gerador de qualquer obrigação, e não somente ao da obrigação tributária principal. Mesmo assim, a partir dela podemos dizer, por exemplo, que o "fato gerador" da obrigação tributária principal de pagar o IPVA é a propriedade de veículos automotores, pois essa é a situação definida na lei (do respectivo Estado-membro) como necessária e suficiente ao nascimento da obrigação de pagar esse imposto.

Quanto à obrigação acessória, o art. 115 do CTN afirma que seu fato gerador é qualquer situação que, na forma da legislação aplicável, imponha a prática ou a abstenção de ato que não configure obrigação principal. É o caso, por exemplo, da venda de uma mercadoria, situação que, de acordo com a legislação, enseja a obrigação de emissão de nota fiscal. É interessante observar que, no art. 115, o CTN reitera que a obrigação acessória não tem por objeto prestações pecuniárias, mas sim a prática ou a abstenção de atos diversos do pagamento (obrigação de *fazer*, *não fazer* ou *tolerar*).

Tanto no art. 115 como no art. 113, o CTN refere-se à obrigação principal como decorrendo sempre da *lei*, em sentido estrito. Mas, ao cuidar da obrigação acessória, afirma que ela decorre da *legislação tributária* (leis, mas também decretos, regulamentos etc. - cf. art. 96 do CTN). Em face disso, entende-se que as obrigações acessórias podem ser determinadas por atos infralegais. É possível, também, construir tese em oposição a isso, invocando-se para tanto o princípio da legalidade.

---

3 "É assaz relevante distinguir-se das regras jurídicas sobre tributação qualquer regra jurídica de tributação. Ali, diz-se qual a entidade estatal, como, quando e até que ponto pode tributar. Aqui, a entidade estatal tributa" (MIRANDA, Pontes de. **Comentários à Constituição de 1967, com a Emenda 1/69**. São Paulo: RT, tomo II, p. 361).

Realmente, só a lei pode instituir tributos e cominar penalidades pelo descumprimento de obrigações tributárias, principais ou acessórias. Mas isso não impede que alguns deveres administrativos sejam exigidos – ou, mais propriamente, explicitados – por ato infralegal. A lei pode, por exemplo, determinar que o contribuinte apresente declaração de rendimentos, estabelecendo a sanção para a omissão ou para o atraso em sua entrega, mas não precisará definir em minúcias – nem isso seria factualmente possível, ou mesmo necessário – todas as características dessa declaração. Em outras palavras, em face do princípio da legalidade a lei deverá criar o tributo, definindo seu fato gerador e todos os demais elementos da relação tributária (sujeito ativo, sujeito passivo, alíquota, base de cálculo etc.). Deverá, também, estabelecer em termos gerais as obrigações acessórias inerentes à fiscalização e à arrecadação desse tributo, cominando as penalidades para o descumprimento delas. Mas isso não impede que normas inferiores da *legislação tributária* (*v.g.*, o regulamento) explicitem o conteúdo de tais deveres acessórios. Essa explicitação deverá ser razoável, guardar efetiva relação com o controle do cumprimento da obrigação principal e manter-se nos limites da lei explicitada, mas não se pode dizer que não possa ser feita pela norma infralegal. Do contrário, aliás, tais atos normativos infralegais não teriam a menor razão de ser, podendo o ordenamento jurídico encerrar-se no plano normativo das leis, que de tudo, em todos os detalhes, deveriam tratar.

A lei tributária por vezes define como "fato gerador" de uma obrigação um evento não previamente qualificado por outras normas jurídicas (*v.g.*, uma situação meramente econômica). Nesse caso, considera-se ocorrido o fato gerador quando essa situação estiver de fato consumada, ou seja, quando se verificarem as circunstâncias materiais necessárias a que produza os efeitos que normalmente lhe são próprios. É o caso, por exemplo, de quando a lei tributária se reporta ao fato gerador do Imposto de Renda como sendo a aquisição da disponibilidade *econômica* da renda: nessa hipótese, o fato gerador terá ocorrido no momento em que o contribuinte detiver, de fato, a disponibilidade sobre um acréscimo patrimonial.

Mas a lei tributária também pode se referir ao fato gerador do tributo como sendo uma situação jurídica, ou seja, um evento já definido e qualificado por outras normas. É o que ocorre quando a lei afirma ser devido o Imposto de Renda em face da disponibilidade jurídica da renda, ou de quando define o fato gerador do IPTU como sendo a "propriedade" de um bem imóvel. Considera-se ocorrido e consumado o fato gerador, em tais circunstâncias, desde o momento em que a situação jurídica esteja definitivamente constituída, nos termos de direito aplicável.

Na hipótese de a lei tributária definir uma "situação jurídica" como fato gerador de uma obrigação tributária, a sua configuração em cada caso concreto deverá ser verificada abstraindo-se a validade jurídica dos atos efetivamente praticados, a natureza do seu objeto e de seus efeitos. Isso significa que a "situação jurídica" é relevante, para o Direito Tributário, apenas no chamado "plano da existência", ou seja, basta que exista perante o direito, não importando sua validade ou sua eficácia. Assim, caso a lei defina como fato gerador uma situação jurídica (por exemplo, a transferência de um imóvel), e essa transferência ocorra entre pessoas incapazes, esse vício não será relevante para fins tributários. O que importa é que a transferência tenha ocorrido enquanto realidade jurídica, ainda que de modo inválido. Caso a mesma seja efetivamente desfeita por conta do vício, aí sim, pode-se dizer que o tributo não mais será devido.

Ainda em se tratando de fatos geradores definidos como "situações jurídicas", o art. 117 do CTN determina que, salvo disposição de lei em contrário, os atos ou negócios jurídicos condicionais reputam-se perfeitos e acabados: "I – sendo suspensiva a condição, desde o momento de seu implemento; II – sendo resolutória a condição, desde o momento da prática do ato ou da celebração do negócio".

5.2.1. Norma geral antielisão

Estabelece o parágrafo único do art. 116 do CTN que a autoridade administrativa poderá desconsiderar atos ou negócios jurídicos praticados com a finalidade de dissimular a ocorrência do fato gerador do tributo ou a natureza dos elementos constitutivos da obrigação tributária, observados os procedimentos a serem estabelecidos em lei ordinária. Trata-se da chamada "norma geral antielisão", que dá à autoridade administrativa o poder de desconsiderar planejamentos tributários lícitos praticados pelo contribuinte.

Planejamento tributário é a organização das atividades do contribuinte de sorte a que sejam – licitamente – submetidas ao menor ônus tributário possível. Imagine-se, por exemplo, que um contribuinte necessita de uma máquina para sua fábrica. Nesse caso, pode adquiri-la no mercado interno, ou importá-la, ou ainda alugar uma. Cada uma dessas opções gera consequências tributárias diferentes, e, se o contribuinte optar por aquela sujeita à menor carga tributária, estará praticando planejamento tributário. Pois bem. A tal norma antielisão tem por finalidade autorizar a autoridade a "desconsiderar" os atos efetivamente praticados pelo contribuinte, para os tributar como se tivesse sido escolhida a opção sujeita à maior carga tributária. No exemplo citado, caso o contribuinte opte por alugar a máquina, em vez de comprá-la, a autoridade fiscal poderia "desconsiderar" o aluguel e "requalificá-lo" como compra e venda, para exigir os impostos incidentes sobre a compra e venda.

Encontra-se, em parte da literatura especializada, a afirmação de que tal norma é inconstitucional, por ofensa ao princípio da legalidade. Isso porque, através dela, a autoridade poderia tributar fatos não previstos em lei como "geradores" do tributo. Em outras palavras, a norma antielisão equivale a autorizar a autoridade fiscal a tributar por analogia: aplicar a lei tributária a fatos não previstos em lei, mas "parecidos" com aqueles já previstos. Outros autores, porém, entendem que a mesma é necessária para coibir planejamentos abusivos, pois a admissão de tais práticas elisivas seria contrária aos princípios da solidariedade social, da isonomia e da capacidade contributiva.

Seja como for, a norma antielisão não pode ser atualmente aplicada, no Brasil, por falta de regulamentação. O parágrafo único do art. 116 do CTN, que a consagra, exige, de modo expresso, regulamentação em lei ordinária, o que até o presente momento não foi feito. Pretendeu-se regulamentar a norma antielisão através da Medida Provisória nº 66, mas os dispositivos correspondentes foram rejeitados pelo Congresso Nacional.

Essa rejeição, contudo, talvez tenha tornado pior a situação dos contribuintes[4]. Pelo menos por enquanto. Isso porque o Fisco, nos termos da referida regulamentação – que não foi aprovada pelo Congresso –, deveria, diante de fiscalização que constatasse a prática, pelo contribuinte, de planejamento tributário, instaurar um processo administrativo prévio, com amplas possibilidades de defesa por parte do sujeito passivo, a fim de apurar se: (i) o negócio

---

4 André Elali e Fernando Zilveti escrevem, com razão, que a regra geral antielisão prevista no art. 116, parágrafo único, do CTN, "nada traria de contributo para o sistema tributário", pois o planejamento tributário seria uma "concepção intelectual impassível de regramento uniforme". ELALI, André; ZILVETI, Fernando. Planejamento tributário – resistência ao poder de tributar. In: MACHADO, Hugo de Brito (Coord.). **Planejamento tributário**. São Paulo/Fortaleza: Malheiros/ICET, 2016, p. 64. Assiste-lhes razão, mas apenas no que tange a aspectos de direito material, ou seja, ligados aos estabelecimentos de critérios supostamente objetivos a partir dos quais se poderiam distinguir, abstratamente, planejamentos admissíveis e não admissíveis. Haveria um bom contributo, porém, no âmbito *procedimental*, pois uma tal regra antielisão poderia estabelecer processo administrativo destinado a discutir o tema, de forma prévia a um eventual lançamento e à aplicação de penalidades, justamente para que os aspectos que impedem o regramento uniforme sejam analisados em cada caso concreto, assegurando-se ao contribuinte amplas oportunidades de participação.

jurídico por ele praticado seria "anormal" ou "anômalo"; (ii) a finalidade desse negócio seria exclusivamente a de reduzir a carga tributária incidente. Presentes esses requisitos, o fisco poderia desconsiderar o negócio, requalificando-o e dando ao contribuinte prazo para o recolhimento do tributo daí decorrente, sem multas. Com a rejeição da norma que continha essas disposições, o Fisco, para fundamentar sua pretensão de desconsiderar planejamentos feitos por contribuintes, afirma que configuram *simulação*, mesmo quando isso não é verdade. Como decorrência, o contribuinte, além de submeter-se a uma multa elevada, de 150% do valor do tributo, não tem direito a esse processo administrativo prévio no qual se discute a validade de seu planejamento, e ainda se vê na iminência de ser processado criminalmente por infringência ao art. 1º da Lei 8.137/90 (Lei dos Crimes contra a Ordem Tributária).

Em termos bastante simples, pode-se dizer que há planejamento quando o contribuinte organiza suas atividades de forma a não praticar a hipótese de incidência da norma tributária, ou a praticá-la de modo a que a norma incidente seja aquela que impõe a menor tributação possível. O contribuinte trabalha com a ocorrência dos fatos que ensejam a incidência da norma, evitando que esta aconteça. Diferente de quando os fatos tributáveis acontecem, e o contribuinte apenas procura escondê-los, tentando fazer com que a norma, *que já incidiu,* não venha a ser aplicada.

No planejamento, evita-se a incidência da norma jurídica tributária. Na fraude, a aplicação, quando, todavia, a norma já incidiu (e não foi observada).

Essa é a razão de tantas controvérsias em torno do tema. Como pode ser legítimo limitar o direito do contribuinte de escolher caminhos lícitos, que a norma tributária, entendida *a contrario,* lhe deixou abertos? Mas, por outro lado, não poderia essa norma ser interpretada de modo a que esses caminhos abertos não existissem? Uma interpretação assim tão ampla não seria na verdade uma integração por analogia, vedada pelo art. 150, I, da CF/88 na explicitação contida no art. 108, § 1.º, do CTN?

Como se isso não bastasse, sempre que a hipótese de incidência da norma tributária é composta não da descrição de fatos brutos, mas de fatos institucionais,[5] a distinção entre "praticar fato diverso do imponível" e "praticar o fato imponível e ocultá-lo" perde um pouco de sua nitidez, deixando de ser percebida por quem ao problema dedica menos atenção. É facilmente perceptível, por exemplo, que o contribuinte que declara estar vendendo 10 camisas, quando na verdade vendeu 100, está praticando uma fraude, e não um planejamento, sendo devedor do tributo (e de multa) relativo às 90 camisas cuja venda fora ocultada. É igualmente claro que o contribuinte que decide vender produtos de informática, em vez de bebidas destiladas, terá direito de submeter-se um ônus tributário menor (pelo menos em relação ao ICMS e ao IPI, ou ao Imposto Seletivo – IS), ainda que tenha mudado de ramo exclusivamente por isso. Mas essa clareza já não é tão grande quando se discute se um ato, registrado e declarado pelo contribuinte como emissão de debêntures, não seria uma forma de encobrir o que "na verdade" poderia ser classificado como um aumento de capital...

É neste último ponto – nas condutas lícitas, mas talvez abusivas – que se situam os questionamentos em torno do planejamento tributário.

---

5 Fatos brutos são aqueles cuja ocorrência independe da existência do homem e, por conseguinte, da criação de instituições por parte dele. É o caso da chuva, de uma árvore que cai, de um animal que ataca outro, de um nascimento ou de uma morte etc. Já os fatos institucionais são aqueles cuja existência depende de instituições pré-estabelecidas pelo homem, que os definam. É o caso de um gol, de uma cédula de R$ 50,00, de uma jogada de xadrez. Para maiores aprofundamentos no tema, confira-se: SEARLE, John R. **Libertad y neurobiologia.** Tradução de Miguel Candel, Barcelona Paidós, 2005, p. 99.

Não configuram planejamento tributário, como dito, as condutas ilícitas, praticadas por meio de fraude. O mesmo se pode dizer da simulação, por meio da qual o contribuinte deseja praticar o ato "a", pratica efetivamente o ato "a", mas declara formalmente a feitura do fato "b". Se um contribuinte efetivamente presta um serviço, mas simula estar realizando uma venda de mercadoria, o tributo devido será aquele relativo ao serviço, e não à circulação de mercadorias. O art. 167 do Código Civil, aliás, destaca que "é nulo o negócio jurídico simulado, mas subsistirá o que se dissimulou, se válido for na substância e na forma".

Mas, além da fraude e da simulação, que configuram induvidoso limite ao planejamento tributário legítimo, é possível apontar como limite, também, o abuso de direito e a fraude à lei. O abuso de direito está hoje previsto no art. 187 do Código Civil, que dispõe: "Também comete ato ilícito o titular de um direito que, ao exercê-lo, excede manifestamente os limites impostos pelo seu fim econômico ou social, pela boa-fé e pelos bons-costumes". A fraude à lei, por sua vez, é vício também previsto no Código Civil. Configura-se quando o negócio é praticado com o propósito de fraudar norma imperativa (CC, art. 166, VI). Embora se use a expressão "fraude" à lei, a figura não se confunde com a fraude propriamente dita, que consiste, como acima explicado, em ocultar ou declarar falsamente os fatos praticados. Na fraude à lei, o agente utiliza-se de uma forma lícita, mas para alcançar propósitos ilícitos, burlando normas proibitivas. É o caso do pai que, não podendo vender um imóvel ao filho sem o consentimento dos demais, por conta de regras de direito sucessório, vende-o a um vizinho, que então o vende ao mencionado filho.[6]

Como tanto a fraude à lei como o abuso de direito são vícios, ou patologias, que podem tornar inválido, ou ineficaz, um negócio jurídico, é natural que uma tentativa de economia de impostos não seja legítima se calcada em tais figuras. A esse respeito, inclusive, há quem prefira[7] a expressão *elusão tributária*[8] para designar essas condutas situadas em zona intermediária, que não seriam propriamente evasivas, por não incorrerem em supressão ou adulteração de elementos fáticos, nem elisivas, porque nestas a licitude não seria questionável. Elusivas seriam as condutas praticadas de maneira aparentemente lícita, mas abusivamente.[9]

No entanto, há quem defenda que mesmo um negócio existente, válido e eficaz à luz do direito como um todo, em relação ao qual não se possa falar de fraude à lei, abuso de direito, ou qualquer outra patologia, não possa ser considerado como tal "para fins tributários". O negócio poderia – mesmo desprovido de qualquer vício – ser desconsiderado sempre que praticado apenas com o propósito de reduzir o ônus tributário, sem nenhuma finalidade

---

6 "A fraude à lei consiste, portanto, em se praticar o ato de tal maneira que eventualmente possa ser aplicada outra regra jurídica e deixar de ser aplicada a regra jurídica fraudada. Aquela não incidiu, porque incidiu essa; a fraude à lei põe diante do juiz o suporte fático, de modo tal que pode o juiz errar. A fraude à lei é infração à lei, confiando o infrator que o juiz erre." MIRANDA, Pontes de. **Tratado de Direito Privado**. Atualizado por Vilson Rodrigues Alves, Campinas, Bookseller, Tomo I, 1999, p. 98.

7 É o caso, por influência da literatura espanhola e italiana, de TORRES, Heleno Taveira. **Direito tributário e direito privado**: autonomia privada, simulação, elusão tributária. São Paulo: RT, 2003, p. 189.

8 Palavra que, como registram Carlos César Sousa Cintra e Thiago Pierre Linhares Matos, "não existe no *Vocabulário Ortográfico da Língua* Portuguesa, da Academia Brasileira de Letras". CINTRA, Carlos César Sousa; MATOS, Thiago Pierre Linhares. Planejamento tributário à luz do direito brasileiro. In. MACHADO, Hugo de Brito (Coord.). **Planejamento tributário**. São Paulo/Fortaleza: Malheiros/ICET, 2016, p. 113.

9 Para Marciano Seabra de Godoi, essa expressão seria pouco utilizada na literatura nacional, em razão da resistência dos tributaristas brasileiros em admitir a possibilidade de um planejamento tributário abusivo. GODOI, Marciano Seabra de. Estudo comparativo sobre o combate ao planejamento tributário abusivo na Espanha e no Brasil. Sugestão de alterações legislativas no ordenamento brasileiro. **Revista de informação legislativa**. Brasília, ano 49, n.º 194, abril/junho de 2012, p. 120.

"extratributária". Marco Aurélio Greco, por exemplo, sustenta que, "mesmo que os atos praticados pelo contribuinte sejam lícitos, não padeçam de nenhuma patologia; mesmo que estejam absolutamente corretos em todos os seus aspectos (licitude, validade), nem assim o contribuinte pode agir da maneira que bem entender, pois sua ação deverá ser vista também da perspectiva da capacidade contributiva".[10] Para chegar a essa conclusão, o respeitável autor parte, em apertada síntese, das seguintes premissas:

i) a capacidade contributiva é princípio constitucional e, como tal, deve ser prestigiado, tanto pelo legislador como pelo intérprete, na máxima medida possível, o que significa dizer que onde houver capacidade contributiva deverá haver, na máxima medida possível, tributação, sob pena de inconstitucionalidade;

ii) no contexto do constitucionalismo contemporâneo, as normas constitucionais não devem ser vistas como proteção do contribuinte em face do Estado, mas como instrumentos de viabilização da solidariedade social.

Não lhe assiste razão. Tais premissas são apenas parcialmente corretas, e, além disso, não autorizam a conclusão que delas fora extraída.

É verdade que, de acordo com o constitucionalismo contemporâneo, as normas antes tidas como "meramente programáticas" hoje são vistas como princípios constitucionais, aos quais se deve dar a máxima efetividade possível. E, nesse contexto, a capacidade contributiva encontra-se enunciada em norma que tem nítida estrutura de princípio.

Contudo, antes de daí se tirarem conclusões, é preciso lembrar de alguns outros pontos. Primeiro, *princípio* é um rótulo que tem sido colocado em proposições as mais diversas.[11] Como alertado na parte inicial deste capítulo, no que tange às limitações ao poder de tributar em geral, a doutrina brasileira tradicional costuma tratar como princípio toda norma importante, fundamental, dotada de elevadas abstração e generalidade; mas há normas que atendem apenas a uma dessas características, e não as demais, e mesmo assim são chamadas de princípio.

Fundado no pensamento de Ronald Dworkin, Robert Alexy construiu teoria em torno dos Direitos Fundamentais que ganhou bastante difusão no Brasil. Os mencionados autores diferenciam regras e princípios, afirmando que as primeiras veiculam prescrições sob a forma

---

10 GRECO, Marco Aurélio. **Planejamento Tributário.** São Paulo: Dialética, 2004, p. 281.

11 Paulo Bonavides, citando Guastini, escreveu: "Em primeiro lugar, o vocábulo 'princípio', diz textualmente aquele jurista, se refere a normas (ou a disposições legislativas que exprimem normas) providas de um alto grau de generalidade.

Em segundo lugar, prossegue Guastini, os juristas usam o vocábulo 'princípio' para referir-se a normas (ou a disposições que exprimem normas) providas de um alto grau de indeterminação e que por isso requerem concretização por via interpretativa, sem a qual não seriam suscetíveis de aplicação a casos concretos.

Em terceiro lugar, afirma ainda o mesmo autor, os juristas empregam a palavra 'princípio' para referir-se a normas (ou disposições normativas) de caráter 'programático'.

Em quarto lugar, continua aquele pensador, o uso que os juristas às vezes fazem do termo 'princípio' é para referir-se a normas (ou a dispositivos que exprimem normas) cuja posição na hierarquia das fontes de Direito é muito elevada.

Em quinto lugar – novamente Guastini – 'os juristas usam o vocábulo princípio para designar normas (ou disposições normativas) que desempenham função 'importante' ou 'fundamental' no sistema jurídico ou político unitariamente considerado, ou num ou noutro subsistema do sistema jurídico conjunto (o Direito Civil, o Direito do Trabalho, o Direito das Obrigações)'.

Em sexto lugar, finalmente, elucida Guastini, os juristas se valem da expressão 'princípio' para designar normas (ou disposições que exprimem normas) dirigidas a órgãos de aplicação, cuja específica função é fazer a escolha dos dispositivos ou das normas aplicáveis nos diversos casos." BONAVIDES, Paulo. **Curso de Direito Constitucional.** 12. ed. São Paulo: Malheiros, 2002, p. 231.

de um "tudo ou nada", prevendo hipóteses e prescrevendo condutas a serem observadas se e quando tais hipóteses acontecerem.[12] Já os princípios não prescrevem, de forma direta e imediata, condutas a serem observadas, mas indicam valores, objetivos ou metas que devem ser buscados, ou otimizados, na medida do que for factual e juridicamente possível.[13]

Em face dessa distinção (que é estrutural, e não depende propriamente da "matéria" veiculada na norma), as regras, quando entram em conflito, impõem ao intérprete a escolha por uma delas. Não é possível a convivência, no ordenamento, de duas regras contraditórias. Prevalece a hierarquicamente superior, ou a mais recente, ou a mais específica, conforme os clássicos critérios de solução de antinomias no ordenamento jurídico.

Já os princípios, quando em conflito, devem ser ponderados, e a prevalência de um deles, em determinado caso concreto, não significa nem implica a exclusão do outro do ordenamento. Todos devem conviver harmonicamente, e o critério para os conciliar é a *proporcionalidade*. No entanto, essa conciliação há de ser feita de forma a permitir um controle racional, ou seja, deve ser justificada, de forma explícita e fundamentada.[14] Por outro lado, os princípios que podem ser "ponderados", "temperados" ou "relativizados" em face de seu contato com outros princípios são somente aqueles que têm a estrutura de mandamentos de otimização, na linguagem de Alexy. O que tem acontecido, entretanto, na prática, é o que Virgílio Afonso da Silva designou, em notável artigo, de "sincretismo metodológico".[15] As pessoas colhem como premissas a "relatividade" dos princípios, e a necessidade de serem ponderados, e em seguida desandam a "relativizar" normas que tradicionalmente são chamadas de princípios (por serem importantes, fundamentais etc.), mas que, a rigor, têm estrutura de regras, pois exprimem-se por meio de um "tudo ou nada".

É o caso do que ocorre em relação à capacidade contributiva e ao planejamento tributário. A legalidade, a rigor, é uma regra. Ou, mais propriamente, considerando-se que é o intérprete quem *constrói* a norma a partir dos enunciados normativos, do art. 150, I, da CF/88 o intérprete pode extrair uma *regra*. O tributo deve ser criado por lei, sob pena de invalidade. E, em face de conflito entre regra e princípio de uma mesma hierarquia, deve prevalecer a

---

12 "A diferença entre princípios jurídicos e regras jurídicas é de natureza lógica. Os dois conjuntos de padrões apontam para decisões particulares acerca da obrigação jurídica em circunstâncias específicas, mas distinguem-se quanto à natureza da orientação que oferecem. As regras são aplicáveis à maneira do tudo-ou-nada. Dados os fatos que uma regra estipula, então ou a regra é válida, e neste caso a resposta que ela fornece deve ser aceita, ou não é válida, e neste caso em nada contribui para a decisão." DWORKIN, Ronald. **Levando os direitos a sério**. Tradução de Nelson Boeira. São Paulo: Martins Fontes, 2002. p. 39.

13 "El punto decisivo para la distinción entre reglas y principios es que os *principios* son normas que ordenan que algo sea realizado en la mayor medida posible, dentro de las posibilidades jurídicas y reales existentes. (...) En cambio, las *reglas* son normas que sólo pueden ser cumplidas o no. Si una regla es válida, entonces de hacerse exactamente lo que ella exige, ni más ni menos." ALEXY, Robert. **Teoría de los derechos fundamentales**. Tradução de Ernesto Garzón Valdés, Madrid: Centro de Estudios Políticos y Constitucionales, 2002, p. 86 e 87.

14 MACHADO, Raquel Cavalcanti Ramos; MACHADO SEGUNDO, Hugo de Brito. O Caos dos Princípios Tributários. In: ROCHA, Valdir de Oliveira (Coord.). **Grandes Questões Atuais do Direito Tributário v. 10.** São Paulo: Dialética, 2006, p. 386 e 387.

15 Para um estudo comparado das várias doutrinas a respeito dos princípios jurídicos, e para uma crítica ao "sincretismo metodológico" eventualmente nelas verificado, cfr. SILVA, Virgílio Afonso da. "Princípios e Regras: Mitos e equívocos acerca de uma distinção", artigo publicado na **Revista Latino-Americana de Estudos Constitucionais**, n.º 1, janeiro/junho 2003, Belo Horizonte: Del Rey, 2003, p. 607. Confira-se, ainda: ÁVILA, Humberto Bergmann. **Teoria dos Princípios.** 4. ed. São Paulo: Malheiros, 2004, *passim*, e **Sistema Constitucional Tributário**. São Paulo: Saraiva, 2004, p. 38 e ss.

regra, e não o princípio, não sendo possível "ponderar" a regra em face do princípio. Isso seria transformá-la, também, em princípio.

Ainda que se diga, no caso, que a legalidade é um princípio, pois o tributo pode ser criado em maior ou menor intensidade por meio de lei, o mesmo não pode ser dito das regras de competência previstas na Constituição brasileira (e que não estão presentes nas Constituições de outros países, muitas vezes colhidos como paradigma onde o planejamento teria limites mais rígidos). Diversamente do que ocorre em diversos outros países, no Brasil os tributos (pelo menos os impostos, e a maior parte das contribuições) têm seu âmbito de incidência delimitado na Constituição. Tais regras de competência não podem ser "ponderadas" em face do princípio da capacidade contributiva, devendo, na verdade, sobre ele prevalecer.

Quando se diz que um princípio – na linguagem de Dworkin e Alexy – deve ser prestigiado na máxima medida *possível,* essa possibilidade é delimitada por aspectos de fato, e também por aspectos jurídicos, entre os quais está o respeito às demais normas, e principalmente às regras situadas no mesmo patamar hierárquico. É por isso que Alexy reporta-se ao que for "factual e juridicamente possível".

Nesse contexto, se as normas constitucionais separaram os diversos fatos reveladores de capacidade contributiva, situando-os na competência tributária da União, dos Estados, do Distrito Federal e dos Municípios, essas normas são limites jurídicos à efetividade do princípio da capacidade contributiva. E se uma regra constitucional assevera que tais competências devem ser exercitadas por meio de lei, este é outro limite – inteiramente legítimo – à otimização do mandamento segundo o qual se devem tributar as manifestações de capacidade contributiva.

E mais: se há uma regra constitucional atributiva de competência cuidando da *competência impositiva residual* (CF/88, art. 154, I), parece claro que as manifestações de capacidade contributiva não são apenas aquelas contidas no âmbito constitucional de incidência dos tributos já previstos na Constituição. E, por conseguinte, mostra-se falsa a ideia segundo a qual "toda capacidade contributiva deverá ser tributada", sob pena de inconstitucionalidade. Fosse assim, não faria sentido a previsão de uma competência residual, que pressupõe exatamente manifestações de capacidade contributiva atualmente não tributáveis.

Veja-se que não se trata de discordar da premissa, correta, segundo a qual a capacidade contributiva é um princípio ao qual se deve dar a máxima efetividade possível. A questão está em saber os limites do possível, os quais incluem, dentre outros, a regra da legalidade, e as regras constitucionais atributivas de competência aos entes tributantes.

Na verdade, o princípio da capacidade contributiva tem eficácia positiva, mas esta não pode suplantar a regra da legalidade e as regras de competência. Essa eficácia positiva, mesmo vinculando o legislador e também o intérprete, tem limites, e estes são impostos justamente pelas normas apontadas. O que tal princípio impõe, validamente, em relação ao intérprete (*v.g.*, agente fiscal), é que este fiscalize com atenção e eficiência, para descobrir a ocorrência das manifestações de capacidade contributiva *tributáveis de acordo com a lei.*

Ainda que se considere que a prática de um planejamento tributário diminui, ou amesquinha, a eficácia do princípio da capacidade contributiva, e mesmo que se considere que a legalidade é um princípio "ponderável", não seria *proporcional* dar ao intérprete o poder de desconsiderar os atos praticados pelo contribuinte, quando ausentes quaisquer patologias ou vícios. Tal desconsideração até poderia ser *adequada,* no sentido de que prestigiaria realmente a capacidade contributiva, mas certamente seria *desnecessária:* a edição de lei, prevendo o fato como tributável, seria medida também adequada, e incomparavelmente menos gravosa, porquanto não magoaria a exigência da legalidade tributária.

Por tudo isso, mesmo que estivesse regulamentado o parágrafo único do art. 116 do CTN, a desconsideração de planejamentos desprovidos de patologias (simulação, fraude à lei, abuso de direito etc.) seria inválida, por configurar meio *desproporcional* de prestigiar o princípio da capacidade contributiva.

Esse parece ter sido o entendimento seguido pelo STF, que, no julgamento da ADI 2.446, afirmou constitucional, por maioria de votos, o parágrafo único inserido pela LC 104/2001 no art. 116 do CTN, mas o fez asseverando que se está diante de norma dedicada ao combate de evasão fiscal, não da elisão. *A contrario*, o STF afirmou que a norma não é inconstitucional porque não é uma norma geral antielisão, tendo a ministra relatora destacado:

> "De se anotar que elisão fiscal difere da evasão fiscal. Enquanto na primeira há diminuição lícita dos valores tributários devidos pois o contribuinte evita relação jurídica que faria nascer obrigação tributária, na segunda, o contribuinte atua de forma a ocultar fato gerador materializado para omitir-se ao pagamento da obrigação tributária devida.
>
> A despeito dos alegados motivos que resultaram na inclusão do parágrafo único ao art. 116 do CTN, a denominação 'norma antielisão' é de ser tida como inapropriada, cuidando o dispositivo de questão de norma de combate à evasão fiscal."

Sugere-se, com isso, que se se tratasse de norma geral antielisiva, poderia haver a inconstitucionalidade apontada, mas não seria esta a natureza do parágrafo único do art. 116 do CTN.

5.3. SUJEITO ATIVO

Chama-se de sujeito ativo da obrigação tributária, nos termos do art. 119 do CTN, a pessoa jurídica de direito público dotada da competência para exigir seu cumprimento. Pode-se tratar da União, de um Estado-membro, do Distrito Federal ou de um Município, entes dotados de competência legislativa (editam a lei tributária e *criam* o tributo). Mas pode ser sujeito ativo uma autarquia, ou outra pessoa jurídica de direito público que tenha a competência tributária, embora não tenha competência legislativa. Com a reforma tributária levada a efeito pela EC 132/2023, Estados-membros, Distrito Federal e Municípios, em relação ao Imposto sobre Bens e Serviços – IBS, passam a ocupar a inusitada posição de entes que não têm competência legislativa (a qual é exercida pela União, via lei complementar), mas que podem ser sujeitos ativos, ainda que por intermédio de um "Comitê Gestor" no qual são representados[16]. E pode ser sujeito ativo, até, excepcionalmente, uma pessoa jurídica de direito privado, apesar de literalmente não ser isso o que consta do art. 119 do CTN, como ocorre com os cartórios, que exercem serviço público delegado, e recebem de seus usuários uma remuneração que tem natureza de taxa. Nesse ponto, Marco Aurélio Greco chama atenção para uma *dissonância* entre o disposto no CTN e diversos dados obtidos a partir do próprio direito positivo, dos quais são exemplo também eventuais prestadores de serviços públicos por meio de concessão, que eventualmente cobram taxas e são, por igual, pessoas jurídicas de direito privado[17].

---

[16] A rigor, o IBS é um imposto federal, e o Comitê Gestor, um órgão da União. Todo o arranjo levado a efeito pela EC 132/2023, no que tange a esse novo imposto, parece um jogo de palavras para minimizar o fato de que os dois principais impostos de Estados, Distrito Federal e Municípios (ICMS e ISS) serão gradualmente abolidos, ao longo do período de transição que se encerra em 2032, para serem substituídos pelo IBS, o que poderia ser visto como ofensivo ao pacto federativo e, com isso, ao art. 60, § 4.º, I, da CF/88.

[17] GRECO, Marco Aurélio. **Dinâmica da tributação**: uma visão funcional. 2. ed. Rio de Janeiro: Forense, 2007, p. 234.

Segundo o art. 120 do CTN, salvo disposição de lei em contrário, a pessoa jurídica de direito público, que se constituir pelo desmembramento territorial de outra, sub-roga-se nos direitos desta, cuja legislação tributária aplicará até que entre em vigor a sua própria. Assim, exemplificando, se um novo Município for criado, em função do desmembramento de Município preexistente, esse novo Município sub-rogar-se-á na condição de sujeito ativo antes detida pelo Município desmembrado, relativamente aos fatos abrangidos por sua competência (IPTU e ITBI relativos aos imóveis situados em seu território etc.). Trata-se, no caso, de norma semelhante à contida no art. 132 do CTN, mas aqui relativa à sujeição ativa. Se uma pessoa jurídica se desmembra, aquela decorrente do desmembramento a sucede na condição de sujeito ativo das obrigações tributárias que têm como sujeito passivo aqueles contribuintes situados em sua parcela de território. É o que Sacha Calmon Navarro Coelho chama de "herança de competência tributária", que, como ele observa, aplica-se igualmente aos casos de *fusão*, por incorporação.[18]

Quanto à aplicação da legislação do ente sucedido, Hugo de Brito Machado trata de interessante questão, relativa ao ente tributante constituído do desmembramento de mais de um outro. Imagine-se, por exemplo, que dois ou mais Estados cedem, cada um, parte de seu território para a formação de um terceiro. Nesse terceiro será aplicável a legislação tributária de qual dos Estados originários? Para o citado autor, a norma relativa à formação do novo Estado há de determinar, de modo expresso, qual legislação será aplicável em seu território. Se não o fizer, será aplicável aquela mais favorável ao sujeito passivo.[19]

5.4. SUJEITO PASSIVO

O sujeito passivo da obrigação principal é aquela pessoa obrigada ao pagamento do tributo ou da penalidade pecuniária, sendo titular do *dever jurídico* de *observar* a conduta prescrita na norma jurídica tributária ou da *responsabilidade* de suportar os efeitos de seu não cumprimento. É possível que a mesma pessoa seja titular de ambos, vale dizer, do dever jurídico de observar a conduta prescrita e da responsabilidade decorrente do não cumprimento, mas não é impossível que tais parcelas, características ou atributos da sujeição passiva sejam partilhadas por pessoas diferentes.

Considerando que a obrigação tributária é *compulsória*, ou seja, seu surgimento independe da vontade das partes, a capacidade tributária passiva independe da capacidade civil das pessoas naturais. Independe, também, de achar-se a pessoa natural sujeita a medidas que importem privação ou limitação do exercício de atividades civis, comerciais ou profissionais, ou da administração direta de seus bens ou negócios. Afinal, como a vontade é irrelevante para o surgimento da obrigação, a eventual impossibilidade de o sujeito passivo exprimir validamente sua vontade não terá reflexos na questão de saber se o tributo é devido, ou não, por uma questão de coerência.

Pela mesma razão, quando o sujeito passivo é uma pessoa jurídica, sua capacidade tributária independe de estar ela regularmente constituída, nos termos do Direito Privado, bastando que configure uma unidade econômica ou profissional. É o que dispõe o art. 126 do CTN. Forte nessas premissas, julgando questão na qual uma pessoa jurídica invocava a irregularidade de sua situação como motivo para não recolher o ICMS incidente sobre operação

---

18 COELHO, Sacha Calmon Navarro. **Curso de direito tributário brasileiro**. 9. ed. Rio de Janeiro: Forense, 2006. p. 683.

19 Confira-se, a propósito: MACHADO, Hugo de Brito. **Comentários ao Código Tributário Nacional**. São Paulo: Atlas, 2004. v. 2, p. 415 ss.

que praticara, o STJ decidiu que "a situação irregular da empresa no Distrito Federal não afasta a obrigação de recolher o tributo, pois a capacidade tributária de uma empresa independe da constatação da regularidade de sua formação [...]".[20]

No entanto, da mesma forma que a capacidade civil da pessoa física e a regularidade formal da pessoa jurídica não devem ser consideradas para elidir o nascimento dos deveres do contribuinte, também não devem ser tidas como relevantes para afastar o surgimento de seus *direitos*. Exemplificando, o *pagamento*, ainda quando feito por contribuinte pessoa física incapaz, ou por pessoa jurídica não formalmente constituída, extingue a obrigação tributária normalmente. Com base nessas premissas, o STJ declarou que uma entidade, embora não formalmente constituída como pessoa jurídica, tem direito de ingressar no REFIS. É conferir: "1. Consórcio de Produtores Rurais criado e reconhecido pelo Ministério do Trabalho como instrumento de otimização das relações com os trabalhadores rurais. Técnica que viabiliza a atividade para todos os consorciados, mercê da regularização das carteiras de trabalho dos trabalhadores. Obtenção de CEI junto ao INSS como grupo de produtores rurais pessoas físicas. A Responsabilidade do Consórcio para com as contribuições previdenciárias, implica em reconhecer-lhe aptidão para beneficiar-se do programa REFIS, muito embora não seja pessoa jurídica. [...] Na era da 'desconsideração da pessoa jurídica' e do reconhecimento da *legitimatio ad causam* às entidades representativas de interesses difusos, representaria excesso de formalismo negar ao Consórcio reconhecido pelo Ministério do Trabalho a assemelhação às pessoas jurídicas para fins de admissão no REFIS, máxime porque, essa opção encerra promessa de cumprimento das obrigações tributárias. [...] 3. Possibilidade de interpretação extensiva da legislação que dispõe sobre o ingresso junto ao REFIS, permitindo aos consórcios equiparação às pessoas jurídicas. [...]".[21]

O sujeito passivo da obrigação tributária principal, em regra, o contribuinte, tem relação pessoal e direta com a situação legalmente definida como fato gerador da respectiva obrigação. Pode-se dizer, por outras palavras, que o contribuinte é aquele que realiza o fato gerador da obrigação, em se tratando de impostos, contribuições e empréstimos compulsórios; provoca diretamente a atuação estatal (o serviço público ou o exercício do poder de polícia), no caso das taxas; ou é o proprietário do imóvel de cuja valorização decorrente de obra pública se cogita, no caso de contribuição de melhoria. Está, em qualquer caso, indissociavelmente ligado, de maneira pessoal e direta, ao fato que gera a obrigação de pagar o tributo. Exemplificativamente, se a obrigação de pagar um imposto tem como fato gerador a propriedade de um veículo, o contribuinte será o proprietário de tal veículo. Se o fato gerador da obrigação for a aquisição de disponibilidade econômica ou jurídica de renda ou proventos de qualquer natureza, o contribuinte será o beneficiário da renda ou dos proventos, e assim por diante.

Pode ocorrer, entretanto, de a lei atribuir a um terceiro, que não é contribuinte, a condição de sujeito passivo da obrigação tributária. A responsabilidade pelo pagamento do tributo é transferida a um terceiro, que por isso mesmo é chamado de *responsável tributário*. Mais adiante serão tratadas as hipóteses em que a lei pode eleger "responsáveis tributários" e dos requisitos que devem ser preenchidos, mas desde logo convém notar que o responsável, na terminologia adotada pelo Código Tributário Nacional, é aquele sujeito que, sem ser contribuinte, vem a ser alojado no polo passivo da obrigação tributária por expressa disposição legal. É o caso de quem paga rendimentos a alguém, e vem a ser definido por lei como obrigado ao recolhimento do imposto de renda devido pelo beneficiário da renda correspondente.

---

20 STJ, 3ª S., CC 37.768/SP, Rel. Min. Gilson Dipp, j. em 11/6/2003, *DJ* de 25/8/2003, p. 261.

21 STJ, 1ª T., REsp 413865/PR, Rel. Min. Luiz Fux, j. em 26/11/2002, *DJ* de 19/12/2002, p. 338.

Veja-se: a fonte pagadora não tem relação pessoal e direta com a situação que configura o fato gerador, mas, por estar assim expressamente indicada em lei, será obrigada ao adimplemento da obrigação, na condição de *responsável tributário*.

Daí não se deve concluir, naturalmente, que o contribuinte não é responsável pelo adimplemento da obrigação. Por certo, o contribuinte é, na imensa generalidade das situações, também responsável pelo adimplemento do tributo. Chama-se responsável tributário, na verdade, nos termos do art. 121, II, do CTN, aquele que, *sem ser contribuinte*, é, mesmo assim, chamado a responder pelo débito, por expressa previsão legal.

Quanto às obrigações acessórias, o seu sujeito passivo é aquele obrigado às prestações que constituam o seu objeto, ou seja, aquela pessoa obrigada a fazer, não fazer ou tolerar o que a legislação tributária determina.

Estabelece ainda o CTN (art. 123) que, salvo disposição de lei em contrário (note-se como são dispositivas muitas das normas do Código!), as convenções particulares, relativas à responsabilidade pelo pagamento de tributos, não podem ser opostas à Fazenda Pública, para modificar a definição legal do sujeito passivo das obrigações tributárias correspondentes. Isso significa que uma pessoa não pode eximir-se da obrigação de pagar um tributo alegando que celebrou contrato no qual transferiu a responsabilidade correspondente para um terceiro. Esse contrato será eficaz apenas entre as partes, mas não perante a Fazenda, até mesmo porque esta não participou de sua celebração. E nem poderia ser mesmo diferente, sob pena de muitos contribuintes transferirem suas responsabilidades para pessoas completamente desprovidas de patrimônio, ludibriando assim o Fisco.

Imagine-se, por exemplo, que o proprietário de um imóvel resolve alugá-lo. Ao celebrar o contrato de aluguel, convenciona que o IPTU (que legalmente é devido pelo proprietário) será de responsabilidade do inquilino. Essa cláusula será válida, mas apenas entre as partes. Não perante o Município, que poderá exigir o imposto, sem nenhum óbice, diretamente do proprietário do imóvel. A cláusula poderá ser invocada, depois, pelo locador, para que seja aplicada alguma sanção ao inquilino que a descumpriu, ou mesmo para obter o ressarcimento do imposto que deveria, à luz do contrato, ter sido pago por este.

5.4.1. Solidariedade

Em algumas hipóteses, quando duas ou mais pessoas podem ser responsabilizadas pelo pagamento da obrigação tributária, a lei pode estabelecer que respondam solidariamente. Segundo o CTN, a solidariedade pode ser estabelecida entre duas pessoas que tenham interesse comum na situação que constitua o fato gerador da obrigação principal e, ainda, em outras hipóteses que a lei expressamente designar.

Um exemplo de duas pessoas com interesse comum na situação que constitui o fato gerador da obrigação é o de marido e mulher, casados em comunhão de bens, que auferem rendimentos. Embora determinada renda seja adquirida apenas pelo marido, por exemplo, a mulher pode responder solidariamente, visto que, em virtude do regime de bens, o rendimento recebido pelo marido fará parte, também, do patrimônio da mulher. E vice-versa. O mesmo se dá quando várias pessoas são coproprietárias de um mesmo imóvel urbano, hipótese na qual podem responder solidariamente pelo IPTU correspondente.

Quanto à possibilidade de a lei designar outras hipóteses de solidariedade, é preciso esclarecer que isso somente pode ocorrer entre pessoas que já possam, por outras razões, ser responsabilizadas. É o caso, por exemplo, de quando duas pessoas podem ser responsabilizadas pelo pagamento da obrigação e a lei apenas dispõe se responderão solidariamente entre si, ou subsidiariamente uma à outra. É a casos assim que se refere o art. 124, II, do CTN. Diz-se isso para deixar claro que não é lícito ao legislador estabelecer solidariedade entre pessoas que nenhuma relação têm com a obrigação correspondente. Não se pode, por exemplo, afirmar que os moradores da Rua A serão todos solidariamente responsáveis pelo IPTU devido pelos moradores da Rua B.

Nesse sentido é a lição de Misabel Abreu Machado Derzi, em notas de atualização à obra de Aliomar Baleeiro: "A solidariedade não é espécie de sujeição passiva por responsabilidade indireta, como querem alguns. O Código Tributário Nacional, corretamente, disciplina a matéria em seção própria, estranha ao Capítulo V, referente à responsabilidade. É que a solidariedade é simples forma de garantia, a mais ampla das fidejussórias. Quando houver mais de um obrigado no polo passivo da obrigação tributária (mais de um contribuinte, ou contribuinte e responsável, ou apenas uma pluralidade de responsáveis), o legislador terá de definir as relações entre os coobrigados. Se são eles solidariamente obrigados, ou subsidiariamente, com benefício de ordem ou não etc. A solidariedade não é, assim, forma de inclusão de um terceiro no polo passivo da obrigação tributária, apenas forma de graduar a responsabilidade daqueles sujeitos que já compõem o polo passivo."[22]

Em função do disposto no art. 13 da Lei 8.620/93, que responsabiliza solidariamente *todos os sócios* de uma sociedade limitada pelos débitos previdenciários desta, o Fisco chegou a defender a possibilidade de "redirecionar" execuções fiscais contra integrantes de pessoas jurídicas, independentemente de haverem exercido a gerência ou de terem praticado atos com excesso de poderes. E, inicialmente, o STJ admitiu tal "responsabilização" de todos os sócios, com suposto amparo no art. 124, II, do CTN: "[...] 1. Há que distinguir, para efeito de determinação da responsabilidade do sócio por dívidas tributárias contraídas pela sociedade, os débitos para com a Seguridade Social, decorrentes do descumprimento de obrigações previdenciárias 2. Por esses débitos, dispõe o art. 13 da Lei nº 8.620/93 que 'os sócios das empresas por cotas de responsabilidade limitada respondem solidariamente, com seus bens pessoais'. Trata-se de responsabilidade fundada no art. 124, II, do CTN, não havendo cogitar, por essa razão, da necessidade de comprovação, pelo credor exequente, de que o não recolhimento da exação decorreu de ato praticado com violação à lei, ou de que o sócio deteve a qualidade de dirigente da sociedade devedora. 3. Cumpre salientar que o prosseguimento da execução contra o sócio-cotista, incluído no rol dos responsáveis tributários, fica limitado aos débitos da sociedade no período posterior à Lei nº 8.620/93 [...]".[23]

Posteriormente, a Primeira Seção do STJ rejeitou, expressamente, a possibilidade de responsabilização irrestrita de que cuida o art. 13 da Lei 8.620/93: "[...] 4. A solidariedade prevista no art. 124, II, do CTN, é denominada de direito. Ela só tem validade e eficácia quando a lei que a estabelece for interpretada de acordo com os propósitos da Constituição Federal e do próprio Código Tributário Nacional. 5. Inteiramente desprovidas de validade são as disposições da Lei nº 8.620/93, ou de qualquer outra lei ordinária, que indevidamente pretenderam alargar a responsabilidade dos sócios e dirigentes das pessoas jurídicas. O art. 146, inciso III, *b*, da Constituição Federal, estabelece que as normas sobre responsabilidade tributária deverão

---

[22] DERZI, Misabel Abreu Machado. Notas de atualização. In: BALEEIRO, Aliomar. **Direito tributário brasileiro**. 11. ed. Rio de Janeiro: Forense, 1999. p. 729.

[23] STJ, 1ª T., REsp 652.750/RS, rel. Min. Teori Albino Zavascki, *DJ* de 6/9/2004, p. 181. O equívoco desse entendimento, que despreza o princípio da capacidade contributiva e interpreta o art. 124, II, do CTN isoladamente de seus arts. 128, 134 e 135, é muito bem demonstrado por MACHADO, Raquel Cavalcanti Ramos. Responsabilidade do sócio por créditos tributários lançados contra a pessoa jurídica – os arts. 124, II, 134 e 135 do CTN, o art. 13 da Lei nº 8.620/93 e a razoabilidade. **Revista Dialética de Direito Tributário**, nº 114, p. 84, mar. 2005.

se revestir obrigatoriamente de lei complementar. 6. O CTN, art. 135, III, estabelece que os sócios só respondem por dívidas tributárias quando exercerem gerência da sociedade ou qualquer outro ato de gestão vinculado ao fato gerador. O art. 13 da Lei nº 8.620/93, portanto, só pode ser aplicado quando presentes as condições do art. 135, III, do CTN, não podendo ser interpretado, exclusivamente, em combinação com o art. 124, II, do CTN. 7. O teor do art. 1.016 do Código Civil de 2002 é extensivo às Sociedades Limitadas por força do prescrito no art. 1.053, expressando hipótese em que os administradores respondem solidariamente somente por culpa quando no desempenho de suas funções, o que reforça o consignado no art. 135, III, do CTN. 8. A Lei nº 8.620/93, art. 13, também não se aplica às Sociedades Limitadas por encontrar-se esse tipo societário regulado pelo novo Código Civil, lei posterior, de igual hierarquia, que estabelece direito oposto ao nela estabelecido. 9. Não há como se aplicar à questão de tamanha complexidade e repercussão patrimonial, empresarial, fiscal e econômica, interpretação literal e dissociada do contexto legal no qual se insere o direito em debate. Deve-se, ao revés, buscar amparo em interpretações sistemática e teleológica, adicionando-se os comandos da Constituição Federal, do Código Tributário Nacional e do Código Civil para, por fim, alcançar-se uma resultante legal que, de forma coerente e juridicamente adequada, não desnature as Sociedades Limitadas e, mais ainda, que a bem do consumidor e da própria livre iniciativa privada (princípio constitucional) preserve os fundamentos e a natureza desse tipo societário. [...]".[24]

Procede a afirmação de que o art. 13 da Lei 8.620/93, além de ser inconstitucional, teria sido revogado pelo novo Código Civil (antes mesmo de sê-lo pela Lei 11.941/2009), fundamento que, a nosso ver, serviu ainda para evitar que a questão tivesse de ser apreciada pela Corte Especial do STJ, o que seria necessário no caso de declaração de inconstitucionalidade do dispositivo. Registre-se, quanto a esse ponto, que essa questão foi subsequentemente submetida ao STF, que declarou a inconstitucionalidade do dispositivo, não apenas por razões formais (necessidade de lei complementar para o trato da matéria), mas também substanciais, ligadas à ofensa, perpetrada pela responsabilização geral e irrestrita de todos os sócios, à própria existência de pessoas jurídicas no direito brasileiro, necessária à luz do princípio da livre iniciativa (RE 562.276).

Em sendo estabelecida a solidariedade entre os responsáveis pelo pagamento da obrigação tributária, dispõe o CTN que não pode ser invocado o benefício de ordem. Isso significa que um dos devedores solidários não pode condicionar o pagamento da obrigação à prévia execução dos outros devedores solidários.

Assevera ainda o CTN que, salvo disposição de lei em contrário: *(i)* o pagamento efetuado por um dos obrigados aproveita aos demais; *(ii)* a isenção ou remissão de crédito exonera todos os obrigados, salvo se outorgada pessoalmente a um deles, subsistindo, nesse caso, a solidariedade quanto aos demais pelo saldo; *(iii)* a interrupção da prescrição, em favor ou contra um dos obrigados, favorece ou prejudica aos demais. São esclarecimentos meramente didáticos, pois tanto o pagamento, como a isenção, a remissão e a prescrição são eventos que atingem a própria obrigação, repercutindo sobre todos os que são solidariamente responsáveis pelo seu adimplemento.

---

24 STJ, 1ª S., REsp 757.065/SC, Rel. Min. José Delgado, j. em 28/9/2005, *DJ* de 1º/2/2006, p. 424. No mesmo sentido: "A 1ª Seção do STJ, no julgamento do REsp 717.717/SP, Min. José Delgado, sessão de 28.9.2005, consagrou o entendimento de que, mesmo em se tratando de débitos para com a Seguridade Social, a responsabilidade pessoal dos sócios das sociedades por quotas de responsabilidade limitada, prevista no art. 13 da Lei nº 8.620/93, só existe quando presentes as condições estabelecidas no art. 135, III do CTN. [...]" (STJ, 1ª S., AgRg nos EREsp 624.842/SC, Rel. Min. Teori Albino Zavascki, j. em 26/10/2005, *DJ* de 21/11/2005, p. 117).

5.4.2. Domicílio tributário

O sujeito passivo pode *eleger* o seu domicílio tributário, ou seja, "o local em que manterá as suas relações com o fisco".[25] Estabelece o CTN, porém, que, *na falta dessa eleição*, considera-se como tal: *(i)* quanto às pessoas naturais, a sua residência habitual, ou, sendo esta incerta ou desconhecida, o centro habitual de sua atividade; *(ii)* quanto às pessoas jurídicas de direito privado ou às firmas individuais, o lugar da sua sede, ou, em relação aos atos ou fatos que derem origem à obrigação, o de cada estabelecimento; *(iii)* quanto às pessoas jurídicas de direito público, qualquer de suas repartições no território da entidade tributante. Isso porque "a entidade tributante não pode ficar à mercê da negligência do sujeito passivo em indicar seu domicílio preferido".[26]

Assevera o CTN, ainda, que, quando não couber a aplicação das regras fixadas em qualquer dos incisos deste artigo, considerar-se-á como domicílio tributário do contribuinte ou responsável o lugar da situação dos bens ou da ocorrência dos atos ou fatos que deram origem à obrigação (art. 127, § 1º). Essa regra também será aplicável na hipótese de o sujeito passivo eleger seu domicílio, mas este ser *recusado* pela autoridade administrativa por dificultar ou mesmo impossibilitar a arrecadação ou a fiscalização do tributo. A esse respeito, em situação na qual o contribuinte tinha sua residência, a sede da pessoa jurídica da qual é sócio e a quase totalidade de seu patrimônio localizados no Município "A", e não obstante elegeu o Município "B" como sendo seu domicílio tributário, o STJ entendeu que havia evidente propósito de embaraçar a fiscalização, e considerou possível a fixação de seu domicílio tributário pelo Fisco (que, no caso, fixou-o no Município "A"), nos termos do § 2º do art. 127 do CTN.[27]

Vale lembrar, porém, que "no que se refere aos tributos cujo fato gerador se verifica em relação a cada estabelecimento, como acontece, por exemplo, com o ICMS, a legislação específica geralmente exclui essa liberdade de escolha, determinando que o domicílio tributário seja o local da sede de cada estabelecimento, que considera, para aquele efeito, contribuinte isolado".[28]

5.5. RESPONSABILIDADE TRIBUTÁRIA

5.5.1. Noções gerais

A palavra *responsabilidade* pode ser usada com dois significados, um mais amplo e outro mais estrito. De modo amplo, designa a "submissão de determinada pessoa, contribuinte ou não, ao direito do fisco de exigir a prestação da obrigação tributária".[29] Tanto o contribuinte como um terceiro colhido como sujeito passivo, nesse sentido, são *responsáveis* pelo pagamento da obrigação tributária, pois ocupam a posição de sujeito passivo da mesma.

Em outras ocasiões, porém, o CTN emprega a expressão *responsabilidade* de modo mais estrito, para designar precisamente a situação do terceiro que é definido em lei como sujeito passivo da obrigação tributária, mesmo sem ser contribuinte. Nesse caso, responsabilidade é "a submissão, em virtude de disposição legal expressa, de determinada pessoa que não é contribuinte, mas está vinculada ao fato gerador da obrigação tributária, ao direito do fisco de exigir a prestação respectiva".[30]

---

25 MACHADO, Hugo de Brito. **Curso de direito tributário**. 37. ed. São Paulo: Malheiros, 2016, p. 153.
26 CARVALHO, Paulo de Barros. **Curso de direito tributário**. 12. ed. São Paulo: Saraiva, 1999, p. 299.
27 STJ, 1ª T., REsp 437.383/MG, Rel. Min. José Delgado, j. em 27/8/2002, *DJ* de 21/10/2002, p. 301.
28 MACHADO, Hugo de Brito. **Curso de direito tributário**. 37. ed. São Paulo: Malheiros, 2016, p. 153.
29 MACHADO, Hugo de Brito. **Curso de direito tributário**. 37. ed. São Paulo: Malheiros, 2016, p. 154.
30 MACHADO, Hugo de Brito. **Curso de direito tributário**. 37. ed. São Paulo: Malheiros, 2016, p. 155.

Nesse sentido estrito, além das hipóteses de responsabilidade já tratadas em seus próprios dispositivos, o CTN assevera que a lei pode atribuir de modo expresso a responsabilidade pelo crédito tributário a terceira pessoa, vinculada ao fato gerador da respectiva obrigação, excluindo a responsabilidade do contribuinte ou atribuindo-a a este em caráter supletivo do cumprimento total ou parcial da referida obrigação (art. 128). Trata-se da autorização, em lei complementar, para que a lei ordinária do ente tributante respectivo eleja como sujeito passivo tanto o contribuinte como um terceiro, que nesse caso se chama responsável tributário, conforme já explicado.

É importante destacar que, em respeito ao princípio da capacidade contributiva, e ao que expressamente determina o CTN, um terceiro, não contribuinte, somente pode ser legalmente definido como sujeito passivo, na condição de "responsável tributário", quando vinculado ao fato gerador da respectiva obrigação. A lei não pode atribuir responsabilidade a um terceiro que nenhuma relação tem com o fato gerador da obrigação correspondente. Essa vinculação é importante para que o responsável, que afinal não foi quem revelou capacidade contributiva praticando o fato gerador, possa ressarcir-se junto ao contribuinte pelo que teve de recolher em seu lugar.

Caso tomemos como exemplo as fontes pagadoras, veremos que as mesmas não praticam o fato gerador do Imposto de Renda, pois não experimentaram acréscimo patrimonial, nem são beneficiárias dos rendimentos. Mesmo assim, os dispositivos de lei que lhes atribuem responsabilidade tributária são válidos, pois tais fontes têm relação com o fato gerador. São elas que efetuam o pagamento correspondente. Essa vinculação as permite efetuar o "desconto" do imposto que pagam no lugar do contribuinte, desconto que é feito sobre os rendimentos respectivos, no momento em que são pagos ou creditados.

A esse respeito, o STJ já afirmou, corretamente, a invalidade de lei municipal que atribuía responsabilidade tributária a administradora de cartão de crédito, por imposto devido por estabelecimentos a ela filiados, relativamente a operações pagas através de cartão de crédito. Exemplificando, se o hóspede de um hotel pagava sua hospedagem através de cartão de crédito, o Município pretendia que a administradora fosse responsável pelo pagamento do ISS correspondente. Decidiu o STJ, no caso, que "as administradoras de cartões de crédito não são responsáveis pelo pagamento do ISS decorrente do serviço prestado pelos estabelecimentos a elas filiados aos seus usuários já que não estão vinculadas ao fato gerador da respectiva obrigação [...]".[31]

A literatura especializada classifica a responsabilidade tributária em duas espécies ou modalidades: responsabilidade por transferência e responsabilidade por substituição[32].

Diz-se *por transferência* a responsabilidade quando o terceiro, que não é o contribuinte, é trazido ao polo passivo da relação tributária por conta de um fato ocorrido *depois* do nascimento dessa relação. O fato gerador da obrigação tributária ocorre, surge a obrigação, e o responsável ainda não está em seu polo passivo. Depois, em razão de ocorrência de outro fato (gerador da responsabilidade), o terceiro é trazido ao polo passivo da relação. É o que se dá, por exemplo, nos casos de responsabilidade por sucessão. Já a responsabilidade *por substituição* se dá quando a obrigação tributária nasce, originalmente, já com o responsável tributário em seu polo passivo, mantendo-se também nele, ou não, o contribuinte.

---

[31] STJ, 1ª T., REsp 55.346/RJ, Rel. Min. Milton Luiz Pereira, rel. p/ o ac. Min. César Asfor Rocha, j. em 25/10/1995, *DJ* de 12/2/1996, p. 2.412.

[32] Cf. SOUSA, Rubens Gomes de. **Compêndio de legislação tributária**. São Paulo: Resenha Tributária, 1975, p. 92-93.

Seja qual for a modalidade ou a espécie de responsabilidade, é necessário que exista um vínculo, indireto, entre o responsável e a situação que configura o fato gerador. Luis Eduardo Schoueri trata do tema com precisão, observando que o passível de alguma alteração, a depender de ser a responsabilidade por transferência ou por substituição, é a contemporaneidade entre o vínculo do terceiro e a ocorrência do fato gerador, vínculo este que, todavia, há de estar sempre presente[33]. Em se tratando de responsáveis por substituição, sua vinculação com o fato gerador será anterior ou contemporânea a este. E, no caso dos responsáveis por transferência, a vinculação pode surgir em momento posterior à ocorrência do fato. Basta que se verifique, por exemplo, a distinção entre a responsabilidade de um supermercado pelo ICMS devido pelos produtores rurais seus fornecedores, e a responsabilidade de herdeiros pelos tributos devidos pelo *de cujus*.

Vale registrar que não é apenas o princípio da capacidade contributiva que indica dever o legislador definir como contribuintes aqueles que praticam fatos signo presuntivos da capacidade econômica para contribuir, e como responsáveis aqueles ligados a esses fatos e que, por isso, podem transferir ao contribuinte o ônus correspondente. No caso do Brasil, e de países que, de forma semelhante, tenham no próprio texto constitucional normas de delimitação de competências tributárias, estas funcionam como limite material adicional que não pode ser desconsiderado.

Realmente, a ideia segundo a qual o responsável tributário precisa contar com alguma vinculação ao fato gerador, sob pena de alcançar-se a sua capacidade contributiva, e não a do contribuinte, poderia ser contestada da seguinte forma: o terceiro, ainda que não tenha revelado capacidade contributiva *ao praticar o fato gerador*, que na verdade foi praticado pelo contribuinte, teria, de qualquer modo, capacidade contributiva, pelo que não seria contrário ao tal princípio dele exigir o tributo. Só se o terceiro provasse não ter essa capacidade é que o argumento utilizado com amparo em tal princípio teria alguma relevância. Desde que o fato escolhido como gerador da responsabilidade (o fato do qual decorre seu chamamento ao polo passivo da obrigação tributária) revele, também, capacidade contributiva, não haveria contrariedade ao princípio. A validade dessa técnica estaria completa se tudo contasse com previsão legal expressa, em lei que poderia ser justificada com apoio na interpretação literal e isolada do art. 124, II, do CTN, com o qual o art. 128 do mesmo Código deveria ser "conciliado".

Essa linha argumentativa, contudo, não resiste a uma análise um pouco mais detalhada.

Quanto à capacidade contributiva, ela deve ser revelada na prática do fato que preenche o suporte fático da norma de tributação (auferir renda, importar mercadorias etc.), não sendo possível exigir o tributo de forma aleatória de qualquer pessoa dotada de capacidade econômica para contribuir. Por outro lado, no que tange a taxas, por exemplo, a prática de seu fato gerador, embora tenha significação econômica, não faz com que a exação seja *graduada* conforme a capacidade contributiva de quem o pratica, conforme já explicado, mas a partir do uso do serviço público (ou da sujeição ao poder de polícia) que justifica sua cobrança, pelo que, por maior que seja a capacidade contributiva do terceiro, ela jamais poderia ser dele exigida sem alguma vinculação de sua pessoa à situação que figura como fato gerador.

Quanto à legalidade, disposição de lei que atribuísse responsabilidade a terceiro sem qualquer vínculo com o fato gerador seria incompatível com a própria definição legal do fato gerador e do contribuinte do tributo. Criar-se-ia figura anômala, travestida de tributo válido, da mesma forma como ocorre quando se cria tributo utilizando base de cálculo de outro[34],

---

33 SCHOUERI, Luis Eduardo. **Direito Tributário**. 2. ed. São Paulo: Saraiva, 2012, p. 507.

34 BECKER, Alfredo Augusto. **Teoria geral do direito tributário**. 3. ed. São Paulo: Lejus, 1998, p. 373. No mesmo sentido: ROCHA, Valdir de Oliveira. **Determinação do montante do tributo**. São Paulo:

o que conduz à conclusão de que se uma obrigação tributária tivesse em seu polo passivo alguém inteiramente desvinculado do fato que lhe origina, haveria contrariedade às próprias normas que definem as competências tributárias. Ter-se-ia exigência formulada em face de alguém não porque esta pessoa auferiu renda, mas porque orientou quem auferiu a renda, por exemplo, ou era sócio de quem auferiu renda, algo que não se situa no âmbito de incidência dos tributos definidos constitucionalmente (*v.g.*, no art. 153 da CF/88). Afinal, o tributo tem por hipótese de incidência auferir renda (no caso do imposto de renda), e não "ser sócio de quem auferiu renda".

O assunto já foi tratado com alguma completude no que tange às bases de cálculo, mas tudo o que se disse em um caso serve ao outro, pois é da desnaturação da estrutura lógica do tributo, já delimitada na Constituição, que se está a cogitar. A base de cálculo é o aspecto dimensível do fato gerador de um tributo, podendo-se dizer, por outras palavras, que ela corresponde à hipótese de incidência tributária transformada em cifra. Se a hipótese de incidência[35] é a propriedade de veículos, a base de cálculo há de ser o valor dessa propriedade, ou seja, o valor do veículo de cuja propriedade se cogita. Se houver desrespeito a essa exigência lógica, estar-se-á diante de tributo disfarçado de outro.

Caso o imposto tenha por hipótese de incidência a propriedade de veículos, mas sua base de cálculo for o valor dos imóveis do contribuinte, estar-se-á diante de imposto sobre a propriedade de imóveis *disfarçado* de imposto sobre a propriedade de veículos. Tanto que o contribuinte que não possuir imóveis, mas possuir veículos, não pagará o imposto, à míngua de base de cálculo. E, relativamente àqueles que têm imóveis, o imposto será *graduado* conforme o valor desses imóveis, em nada interferindo o valor do veículo, que terá servido apenas de pretexto para a cobrança da exação. Essa prática já foi muito comum no Brasil, principalmente em relação a taxas e impostos, servindo de biombo para que entes federativos invadissem a competência um dos outros. Ela fez com que o Supremo Tribunal Federal editasse várias súmulas (Súmulas 135, 138, 144, 551 e 595 por exemplo), e justifica a redação do § 2.º do art. 145 da Constituição de 1988, fruto de aprimoramento redacional de disposições semelhantes que constaram de Constituições anteriores, todas apenas a reiterar o óbvio.

O mesmo ocorre em relação ao sujeito passivo. Pudesse ele ser alguém divorciado da situação que serve de hipótese de incidência à norma tributária, não tendo dela participado pessoal e diretamente, tampouco tendo com ela relação, ao menos indireta, ter-se-ia situação na qual um tributo seria criado com o nome de outro, usando-se a competência para instituir esse outro como pretexto, mas cujo fato gerador e base de cálculo teriam pertinência com exação totalmente diversa.

Há um exemplo bastante ilustrativo disso, representado pela pretensão de alguns Municípios, já referida alguns parágrafos acima, de responsabilizar administradoras de cartão de crédito pelos tributos incidentes sobre os negócios celebrados pelos empresários seus clientes, com terceiros. Segundo queriam os Municípios, se uma oficina mecânica, por exemplo,

---

Dialética, 1995, 109; CARVALHO, Paulo de Barros. "A definição da base de cálculo como proteção constitucional do contribuinte". In: ASOREY, Rubén O. (Dir.). **Protección constitucional de los contribuyentes.** Madri/Barcelona: Marcial Pons, 2000, p. 69.

35 Não se pretende ingressar, aqui, na polêmica relativa ao uso das expressões "hipótese de incidência" e "fato gerador". Considera-se que designam dois aspectos de uma mesma realidade, a saber, a hipótese normativamente prevista (hipótese de incidência) e a *concretização* ou *realização* dessa hipótese (fato gerador). Uma maior precisão no uso dessas expressões pode ser relevante em outros cenários (Cf. MACHADO, Hugo de Brito. **Curso de Direito Tributário.** 37. ed. São Paulo: Malheiros, 2016, p. 130), mas não parece necessária aqui. Veja-se, a propósito, DEEMTER, Kees Van. **Not exactly.** Praise of vagueness. Oxford: Oxford University Press, 2010, p. 81.

recebesse através de cartão de crédito o pagamento dos consertos que faz, a administradora do cartão seria responsável pelo ISS incidente sobre tal atividade. As administradoras de cartão levaram a questão ao Judiciário, e obtiveram, como já indicado, do Superior Tribunal de Justiça, o reconhecimento de que a pretensão municipal, ainda que fundada em lei local, esbarraria no art. 128 do CTN, e, por via oblíqua, nos artigos 153 e 156 da Constituição Federal[36].

Esse caso é interessante porque, em princípio, as administradoras têm até maior capacidade contributiva do que a maioria dos seus clientes. Elas têm, também, meios para se ressarcir dos tributos que vierem a pagar em nome deles, bastando que descontem da quantia a ser-lhes mensalmente repassada. Mesmo assim, a transformação das administradoras em responsáveis pelo imposto municipal devido por seus clientes, dada a ausência de vinculação entre elas e o respectivo fato gerador, levaria à deformação da própria exação. Com efeito, admitir a pretensão municipal implicaria transformar o ISS, nesse caso, em um IOF[37] disfarçado, até porque a administradora não teria como saber quais pagamentos diriam respeito ao ISS, ao ICMS, ou a operações isentas ou não tributadas por quaisquer desses impostos. Ela não teria, como não tem, qualquer vínculo ou ligação com a operação ou negócio celebrado entre o contribuinte e seu cliente, sendo apenas gestora do sistema usado para o respectivo pagamento, sendo este – o uso de tal sistema de pagamento – o verdadeiro "fato gerador" dessa nova e inusitada exação. Por outro lado, a oficina poderia também vender peças, ou fornecê-las junto com o serviço de conserto, sendo certo que sobre elas incide ICMS, e não ISS, nos termos do item 14.01 da lista anexa à LC 116/2003. Assim, transformar as administradoras de cartão em sujeito passivo do ISS e obrigá-las a reter certo percentual desse imposto sobre o valor repassado aos comerciantes seus clientes, no caso, implicaria autorizar o Município a extrapolar sua competência impositiva, cobrando tributo sobre o uso do cartão de crédito como meio de pagamento[38], disfarçado de imposto sobre serviços.

Nos itens seguintes, cuidar-se-ão das hipóteses de responsabilidade tributária tratadas diretamente no próprio CTN, que não prevê de forma explícita as espécies de responsabilidade "por transferência" e "por substituição" (esta é uma classificação meramente doutrinária, portanto), mas cuida da responsabilidade de sucessores, de terceiros e por infrações.

5.5.2. Responsabilidade de sucessores

Os arts. 129 a 133 do CTN tratam da chamada "responsabilidade de sucessores", ou seja, daquelas pessoas que passam a ocupar a posição do contribuinte na condição de proprietário

---

36 "(...) As administradoras de cartões de crédito não são responsáveis pelo pagamento do ISS decorrente do serviço prestado pelos estabelecimentos a elas filiados aos seus usuários já que não estão vinculadas ao fato gerador da respectiva obrigação [...]" (STJ, 1ª T., REsp 55.346/RJ, Rel. Min. Milton Luiz Pereira, rel. p. o ac. Min. César Asfor Rocha, j. em 25/10/1995, *DJ* de 12/2/1996, p. 2.412).

37 Mesmo que se entenda que o pagamento por meio de cartão de crédito – quando não envolver operação de câmbio e quando não houver atraso no pagamento da fatura – não seria submetido ao IOF, por não implicar operação de crédito ou de câmbio, mérito no qual o presente texto não pretende ingressar, o que importa é que tampouco se está diante de fato submetido à competência impositiva municipal. Até se poderia discutir a incidência do ISS sobre a "comissão" recebida pelas administradoras, mas nunca sobre o valor pago pelo cliente ao dono de um estabelecimento, apenas porque usado o cartão como forma de pagamento.

38 O ISS até pode incidir sobre o serviço prestado pelas administradoras de cartão de crédito, mas nesse caso, além de elas serem as próprias contribuintes, que praticam o fato gerador do imposto, a base de cálculo é o valor da comissão paga a tais administradoras, que é o preço do serviço prestado, e não, como ocorria no texto, o valor das transações feitas pelos estabelecimentos que aceitam o cartão como meio de pagamento.

de bens tributados, de sujeito de direitos e obrigações em geral, ou de titular da atividade tributada. Não são, propriamente, "substitutos tributários", ou "terceiros" (pessoas distintas do contribuinte, às quais a lei atribui a responsabilidade), mas sim pessoas que passam a ocupar a posição do contribuinte, assumindo seu lugar. Só não são contribuintes, sendo intituladas de responsáveis, porque não têm relação pessoal e direta com a situação que configura o fato gerador, a qual foi praticada pelo próprio contribuinte antes da sucessão. É o caso, por exemplo, da fusão de duas pessoas jurídicas (a sociedade resultante *sucede* as anteriores, passando a existir no lugar delas).

Os créditos tributários relativos a impostos cujo fato gerador seja a propriedade, o domínio útil ou a posse de bens imóveis, e, bem assim, os relativos a taxas pela prestação de serviços referentes a tais bens, ou a contribuições de melhoria, sub-rogam-se na pessoa dos respectivos adquirentes, salvo quando conste do título a prova de sua quitação. Isso quer dizer que a pessoa que adquire um imóvel urbano (e, portanto, sucede o antigo proprietário, na condição de contribuinte do IPTU) é responsável por débitos de IPTU eventualmente "pendentes", relativos aos períodos anteriores à aquisição. Essa responsabilidade é excepcionada se, quando da transferência do imóvel, o antigo proprietário houver apresentado uma "certidão negativa" dando conta da inexistência de débitos. Caso seja apresentada a certidão negativa no momento da transferência, o novo proprietário fica eximido de qualquer responsabilidade em relação ao período anterior à aquisição; na hipótese de uma eventual e posterior apuração, pelo Fisco, de "pendências" não pagas, relativas ao período passado, não conhecidas na época em que se emitiu a certidão negativa apresentada no momento da transferência, as mesmas somente poderão ser exigidas do antigo proprietário.

Caso não seja apresentada a certidão negativa, o adquirente do imóvel poderá ser compelido a pagar débitos de tributos relativos aos períodos anteriores à aquisição, nos termos do art. 130 do CTN. Poderá, é certo, pleitear o ressarcimento desse ônus, posteriormente, junto ao antigo proprietário, dependendo do que houver sido estabelecido no contrato de compra e venda. Nesse sentido é o entendimento do STJ.[39]

O fato de o sucessor ser responsável por obrigações tributárias surgidas anteriormente à aquisição do imóvel não significa que este não possa acertar, contratualmente, o devido ressarcimento com o sucedido. A razão de ser da responsabilização de que se cuida é exatamente essa, a existência desse vínculo jurídico entre comprador e vendedor, sucessor e sucedido, que permite com que o ônus tributário seja suportado por quem motivou o surgimento da dívida. Esse acerto não poderá ser oposto à Fazenda, naturalmente, até mesmo em face do disposto no art. 123 do CTN, mas terá plena eficácia entre sucessor e sucedido, no plano privado. "Consoante estabelece o 'caput' do art. 130/CTN, sem qualquer distinção, o adquirente do imóvel sub-roga-se nos créditos fiscais cujo fato gerador é a propriedade, o domínio útil ou a posse do bem, assim como as taxas e contribuição de melhoria, podendo o sucessor ressarcir-se desses ônus, conforme previsto no contrato de compra e venda ou mediante acordo com o sucedido. [...]."[40]

Note-se que, no caso de arrematação em hasta pública, a sub-rogação ocorre sobre o respectivo preço (CTN, art. 130). Assim, caso alguém arremate imóvel em leilão judicial, será o preço – e não o arrematante – quem responderá pelas dívidas anteriores, utilizando-se o valor pago para quitá-las e, só depois, solver-se com ele o valor executado. Pode ocorrer, eventualmente, de o valor dos débitos tributários ser até superior ao valor da execução que

39 REsp 192.501/PR, *DJ* de 18/2/2002, p. 285.

40 STJ, 2ª T., REsp 192.501/PR, Rel. Min. Peçanha Martins, j. em 6/11/2001, *DJ* de 18/2/2002, p. 285.

motivou a hasta (movida, *v.g.*, por um banco, para receber valores oriundos de contrato). Nesse caso, o arrematante não fica responsável pelo saldo. É o que entende o STJ:

> "Na hipótese de arrematação em hasta pública, dispõe o parágrafo único do art. 130 do Código Tributário Nacional que a sub-rogação do crédito tributário, decorrente de impostos cujo fato gerador seja a propriedade do imóvel, ocorre sobre o respectivo preço, que por eles responde. Esses créditos, até então assegurados pelo bem, passam a ser garantidos pelo referido preço da arrematação, recebendo o adquirente o imóvel desonerado dos ônus tributários devidos até a data da realização da hasta. [...] Se o preço alcançado na arrematação em hasta pública não for suficiente para cobrir o débito tributário, não fica o arrematante responsável pelo eventual saldo devedor. A arrematação tem o efeito de extinguir os ônus que incidem sobre o bem imóvel arrematado, passando este ao arrematante livre e desembaraçado dos encargos tributários."[41]

No mesmo sentido:

> "[...] 1. O crédito fiscal perquirido pelo fisco deve ser abatido do pagamento, quando do leilão, por isso que, finda a arrematação, não se pode imputar ao adquirente qualquer encargo ou responsabilidade tributária. Precedentes: (REsp 716438/PR, Rel. Ministro TEORI ALBINO ZAVASCKI, PRIMEIRA TURMA, julgado em 09/12/2008, *DJe* 17/12/2008; REsp 707.605 – SP, Relatora Ministra ELIANA CALMON, Segunda Turma, *DJ* de 22 de março de 2006; REsp 283.251 – AC, Relator Ministro HUMBERTO GOMES DE BARROS, Primeira Turma, *DJ* de 05 de novembro de 2001; REsp 166.975 – SP, Relator Ministro SÁLVIO DE FIGUEIREDO TEIXEIRA, Quarta Turma, *DJ* de 04 de outubro de 1999). 2. Os débitos tributários pendentes sobre o imóvel arrematado, na dicção do art. 130, parágrafo único, do CTN, fazem persistir a obrigação do executado perante o Fisco, posto impossível a transferência do encargo para o arrematante, ante a inexistência de vínculo jurídico com os fatos jurídicos tributários específicos, ou com o sujeito tributário. Nesse sentido: 'Se o preço alcançado na arrematação em hasta pública não for suficiente para cobrir o débito tributário, nem por isso o arrematante fica responsável pelo eventual saldo' (BERNARDO RIBEIRO DE MORAES, Compêndio de Direito Tributário, 2º vol., Rio de Janeiro: Forense, 1995, p. 513). 3. A regência normativa em tela é a do CTN, parágrafo único do art. 130, dispositivo especial quanto ao *caput*, posto ser este aplicado nas relações obrigacionais de transferência de domínio ou posse de imóvel. *In casu*, a situação é especialíssima e adversa, não havendo que se falar em transferência de domínio por fins de aquisição dentro relações [*sic*] obrigacionais civis, seja de compra e venda, cessão, doação etc. 4. Deveras, revela-se inadequado imprimir à questão contornos obrigacionais, sendo impróprio aduzir-se a alienante e adquirente, mas sim em executado e arrematante, respectivamente, diante da inexistência de vínculo jurídico com os fatos jurídicos tributários específicos, ou com o sujeito tributário. O executado, antigo proprietário, tem relação jurídico-tributária com o Fisco, e o arrematante tem relação jurídica com o Estado-juiz. 5. Assim, é que a arrematação em hasta pública tem o efeito de expurgar qualquer ônus obrigacional sobre o imóvel para o arrematante, transferindo-o livremente de qualquer encargo ou responsabilidade tributária. [...]."[42]

---

[41] STJ, 4ª T., REsp 166.975/SP, Rel. Min. Sálvio de Figueiredo Teixeira, j. em 24/8/1999, *DJ* de 4/10/1999, p. 60.

[42] STJ, 1ª T., REsp 1059102/RS, j. em 3/9/2009, *DJe* de 7/10/2009.

Isso significa, por outras palavras, que, se alguém arremata um imóvel em um leilão judicial, decorrente, por exemplo, de uma execução, o *valor pago* pelo arrematante será usado para quitar eventuais dívidas existentes relativamente ao imóvel, entregando-se ao proprietário anterior, se houver, eventual saldo. Suponha-se, nessa ordem de ideias, que um banco executa um devedor de determinado financiamento, sendo realizada a penhora sobre um terreno de propriedade do devedor, o qual possui pendências relativas ao IPTU. Nesse caso, feita a arrematação, o valor obtido será usado para satisfazer as pendências relativas ao IPTU e, *depois*, o débito junto ao banco exequente. Ao final, se ainda houver saldo, este será devolvido ao executado.

Segundo o art. 131 do CTN, são pessoalmente responsáveis: "I – o adquirente ou remitente, pelos tributos relativos aos bens adquiridos ou remidos; II – o sucessor a qualquer título e o cônjuge meeiro, pelos tributos devidos pelo *de cujus* até a data da partilha ou adjudicação, limitada esta responsabilidade ao montante do quinhão, do legado ou da meação; III – o espólio, pelos tributos devidos pelo *de cujus* até a data da abertura da sucessão". Assim, aquele que adquirir bens, móveis ou imóveis, responderá pelos tributos relativos a esses bens. O mesmo vale para o remitente (que pratica remição), vale dizer, aquele que paga uma dívida e resgata um bem que a estava garantindo. Se forem bens imóveis, o art. 130 do CTN, mais específico, exclui essa responsabilidade caso tenha sido apresentada "certidão negativa" pelo anterior proprietário, no momento da transferência. A ressalva não existe, de modo expresso, em relação aos bens móveis, mas Hugo de Brito Machado[43] defende que a mesma deve ser também aplicável, por analogia. Assim, se alguém adquire um veículo, e à época da aquisição o anterior proprietário apresenta certidão segundo a qual inexistem pendências tributárias, o lançamento posterior destas, relativamente ao período anterior à aquisição, não poderá ensejar a cobrança junto ao novo proprietário, mas apenas em relação ao anterior, titular do bem à época dos fatos geradores.

Embora o art. 131 não tenha parágrafo com disposição semelhante à do parágrafo único do art. 130, o STJ considera possível aplicar este último, por analogia, às aquisições de bens móveis por meio de arrematação judicial. Assim, também no caso de aquisição de bem *móvel* em hasta pública, a sub-rogação acontece em relação ao preço: "1. A arrematação de bem em hasta pública é considerada como aquisição originária, inexistindo relação jurídica entre o arrematante e o anterior proprietário do bem. 2. Os débitos anteriores à arrematação sub-rogam-se no preço da hasta. Aplicação do artigo 130, parágrafo único do CTN, em interpretação que se estende aos bens móveis e semoventes. [...]."[44]

Quanto à sucessão hereditária, o *espólio* (conjunto de bens e direitos do falecido administrado por um inventariante, ao qual se reconhece capacidade tributária passiva) é responsável pelos tributos devidos pelo *de cujus*. Depois da partilha ou adjudicação, o espólio desaparece, e ocorre a divisão dos bens entre os herdeiros, legatários e cônjuge sobrevivente. A partir daí, são estes que respondem pelos tributos devidos pelo *de cujus*. É importante ressaltar, porém, que os sucessores (herdeiros, legatários e meeiro) respondem pelas dívidas da pessoa falecida somente até o montante do quinhão, legado ou meação, ou seja, a dívida somente alcança o patrimônio que lhes é transferido com a sucessão hereditária. Se uma pessoa morre, e deixa muitas dívidas tributárias, isso significará apenas que os herdeiros receberão *menor* herança, legado ou meação; ou nada receberão, caso essas dívidas sejam equivalentes ou superiores ao patrimônio do *de cujus*. Não há a possibilidade de herdar "apenas as dívidas".

---

43 MACHADO, Hugo de Brito. **Curso de direito tributário**. 37. ed. São Paulo: Malheiros, 2016, p. 157.

44 STJ, 2ª T., REsp 807.455/RS, *DJe* de 21/11/2008.

Caso o contribuinte venha a falecer depois de ter contra si proposta a ação de execução fiscal, sua posição no polo passivo da relação processual deve ser ocupada pelo espólio, bastando que este seja citado. Não é necessário proceder-se à substituição da CDA, conforme tem entendido o STJ: "O sujeito ativo tributário não está obrigado a substituir a certidão da dívida para continuar a execução contra o espólio. [...] Ocorrendo a morte do devedor, o representante do espólio é chamado ao processo como sucessor da parte passiva, dando continuidade, com a sua presença, pela via da citação, a relação jurídico-processual. [...]."[45]

Entretanto, se a morte se deu antes da propositura da execução (e da própria inscrição em dívida ativa), a CDA já deveria ter sido constituída contra o espólio, e não mais contra o *de cujus*, que nem mais existia à época da inscrição. Com base nesse entendimento, o STJ entendeu inviável a *substituição da CDA*, com o propósito de alterar o sujeito passivo nela constante, pois essa substituição somente poderia ocorrer para a correção de vícios formais, e não para a modificação do sujeito passivo. Conforme decidiu o STJ, "o devedor constante da CDA faleceu em 6/5/1999 e a inscrição em dívida ativa ocorreu em 28/7/2003, ou seja, em data posterior ao falecimento do sujeito passivo. Note-se que, embora o falecimento do contribuinte não obste ao Fisco prosseguir na execução dos seus créditos, ainda que na fase do processo administrativo para lançamento do crédito tributário, deverá o espólio ser o responsável pelos tributos devidos pelo *de cujus* (art. 131, II e III, do CTN). Nesses casos, torna-se indispensável a notificação do espólio (na pessoa do seu representante legal), bem como sua indicação diretamente como devedor no ato da inscrição da dívida ativa e na CDA que lhe corresponde, o que não ocorreu na hipótese. Ressalte-se que, embora haja a possibilidade de substituição da CDA até a prolação da sentença de embargos, essa se limita a corrigir erro material ou formal, tornando-se inviável a alteração do sujeito passivo da execução (Súm. nº 392-STJ), pois isso representaria a modificação do próprio lançamento. Precedentes citados: AgRg no Ag 771.386-BA, *DJ* 1º/2/2007; AgRg no Ag 884.384-BA, *DJ* 22/10/2007, e AgRg no Ag 553.612-MG, *DJ* 16/8/2004".[46]

No caso de pessoas jurídicas, aquela que resultar de fusão, transformação ou incorporação de outra ou em outra é responsável pelos tributos devidos até a data do ato pelas pessoas jurídicas de direito privado fusionadas, transformadas ou incorporadas (CTN, art. 132). O art. 132 do CTN não se refere à cisão, figura prevista com o advento da Lei das sociedades por ações, editada posteriormente. Não obstante, considera-se que, no caso de cisão, as sociedades decorrentes da cisão respondem, como sucessoras, pelos tributos devidos pela cindida. E essa responsabilidade é, entre elas, solidária. Como tem decidido o STJ, "embora não conste expressamente do rol do art. 132 do CTN, a cisão da sociedade é modalidade de mutação empresarial sujeita, para efeito de responsabilidade tributária, ao mesmo tratamento jurídico conferido às demais espécies de sucessão (REsp 970.585/RS, 1ª Turma, Min. José Delgado, *DJe* de 7/4/2008). [...]".[47]

O CTN refere-se à responsabilidade "até a data do ato" porque, a partir dele, a pessoa jurídica resultante da fusão, da incorporação ou da transformação já passa, ela própria, a ser a contribuinte, não sendo mais o caso de falar-se em sucessão. Segundo o parágrafo único do art. 132, a responsabilidade nele referida aplica-se também aos casos de extinção de pessoas jurídicas de direito privado, quando a exploração da respectiva atividade seja continuada por qualquer sócio remanescente, ou seu espólio, sob a mesma ou outra razão social, ou sob firma individual. Considera-se, neste caso, que, *de fato*, houve uma transformação, ou uma

---

45 STJ, 1ª T., REsp 295.222/SP, Rel. Min. José Delgado, j. em 12/6/2001, *DJ* de 10/9/2001, p. 277.

46 STJ, REsp 1.073.494-RJ, Rel. Min. Luiz Fux, j. em 14/9/2010.

47 STJ, 1ª T., REsp 852.972/PR, *DJe* de 8/6/2010.

alteração nas formas societárias, mas que de qualquer forma aquele que continua explorando a atividade sob a nova forma responde pelos tributos devidos pela entidade sucedida.

Conforme tem decidido o STJ, a sucessão implica responsabilidade por todo o crédito tributário, ou seja, tanto pelo tributo, como pelas penalidades pecuniárias. Isso porque "os arts. 132 e 133 do CTN impõem ao sucessor a responsabilidade integral, tanto pelos eventuais tributos devidos quanto pela multa decorrente, seja ela de caráter moratório ou punitivo. A multa aplicada antes da sucessão se incorpora ao patrimônio do contribuinte, podendo ser exigida do sucessor, sendo que, em qualquer hipótese, o sucedido permanece como responsável. É devida, pois, a multa, sem se fazer distinção se é de caráter moratório ou punitivo; é ela imposição decorrente do não pagamento do tributo na época do vencimento".[48]

É interessante notar que Estado-membro já pretendeu, em virtude de cisão, exigir o ICMS supostamente incidente sobre a "circulação" das mercadorias, que teriam sido transferidas da sociedade comercial cindida para aquelas decorrentes da cisão. Sem razão, todavia. É que não há, na hipótese, circulação de mercadorias, sendo a aparente mudança em sua titularidade mera decorrência da modificação na estrutura societária da pessoa jurídica contribuinte. Do contrário, no caso de mera transformação, quando uma sociedade limitada passa a assumir a forma de sociedade por ações, por exemplo, ou mesmo de mera alteração da razão social, deveria haver incidência do imposto sobre todo o seu estoque. Forte nessas premissas, o STJ já decidiu pela não incidência do ICMS, visto que "transformação, incorporação, fusão e cisão constituem várias facetas de um só instituto: a transformação das sociedades. Todos eles são fenômenos de natureza civil, envolvendo apenas as sociedades objeto da metamorfose e os respectivos donos de cotas ou ações. Em todo o encadeamento da transformação não ocorre qualquer operação comercial".[49] Registre-se que, como apontado pelo Min. Humberto Gomes de Barros em seu voto, a própria LC nº 87/96 dispõe que o imposto não incide sobre operações "de qualquer natureza de que decorra a transferência de propriedade de estabelecimento industrial, comercial ou de outra espécie" (art. 3º, VI), sendo certo que a mudança da propriedade de todo o estabelecimento no qual estão estocadas as mercadorias não configura a "circulação" destas.

Ainda sobre a responsabilidade de sucessores, o art. 133 do CTN dispõe que a pessoa natural ou jurídica de direito privado que adquirir de outra, por qualquer título, fundo de comércio ou estabelecimento comercial, industrial ou profissional, e continuar a respectiva exploração, sob a mesma ou outra razão social ou sob firma ou nome individual, responde pelos tributos, relativos ao fundo ou estabelecimento adquirido, devidos até a data do ato: "I – integralmente, se o alienante cessar a exploração do comércio, indústria ou atividade; ou II – subsidiariamente com o alienante, se este prosseguir na exploração ou iniciar dentro de 6 (seis) meses, a contar da data da alienação, nova atividade no mesmo ou em outro ramo de comércio, indústria ou profissão". A aquisição de um "fundo de comércio", portanto, sujeita o adquirente a responder pelos tributos devidos em virtude da atividade que ali antes era explorada.

Como o CTN faz alusão à responsabilidade integral, isso significaria que o alienante estaria isento de toda e qualquer responsabilidade? A resposta afirmativa a essa questão abriria espaço para práticas fraudulentas, nas quais um contribuinte com elevadíssimo passivo tributário alienaria seu fundo de comércio a um terceiro, desprovido de patrimônio (vulgarmente conhecido como "laranja"), livrando-se inteiramente de suas obrigações fiscais. Assim, a

---

[48] STJ, REsp 670.224/RJ, *DJ* de 13/12/2004, p. 262.

[49] STJ, 1ª T., REsp 242.721/SC, *DJ* de 17/9/2001, p. 112.

expressão *integralmente*, no art. 133, I, do CTN, deve ser entendida como "solidariamente", em oposição a *subsidiariamente*, que seria a hipótese do inciso seguinte. É o que aponta Hugo de Brito Machado, para quem *integralmente* quer dizer "responder pela dívida em sua totalidade, e não apenas pelo que o devedor não puder pagar".[50]

Apreciando questão na qual o Estado do Rio Grande do Sul promoveu execução fiscal contra o contribuinte, o STJ entendeu que a mesma não poderia prosperar, pois deveria ter sido promovida, primeiro, contra o adquirente do fundo de comércio. São trechos da ementa: "O art. 133, I, do CTN responsabiliza integralmente o adquirente do fundo de comércio, pelos débitos tributários contraídos pela empresa até a data da sucessão, quando o alienante cessar a exploração do comércio, indústria ou atividade. [...] Comprovada a alienação do fundo de comércio, a execução deverá ser dirigida primeiramente ao sucessor deste [...]"[51].

Observe-se que, conforme tem entendido o STJ, para que se cogite dessa responsabilidade é necessário que a Fazenda comprove a efetiva aquisição do fundo de comércio antes detido pelo devedor; a circunstância de que tenha se instalado em prédio antes alugado ao devedor não transforma quem veio a ocupá-lo posteriormente, também por força de locação, em sucessor para os efeitos tributários.[52]

O art. 133 do CTN diz respeito às situações nas quais o adquirente do fundo de comércio continua, através dele, explorando a atividade correspondente. Não se configura a responsabilidade nele prevista, como já afirmado, diante da mera aquisição de um imóvel, que, depois de reformado, é empregado em outra atividade. Também não se pode cogitar da incidência do art. 133 em face de um novo inquilino de um imóvel (*v.g.*, sala comercial), apenas porque o inquilino anterior desenvolvia atividade e a encerrou sem o pagamento dos tributos. Em suma, para que se possa validamente aplicar o art. 133, é preciso que o empreendimento, considerado em sua pura faticidade (e não enquanto realidade jurídica), continue em funcionamento, ainda que sob outra denominação jurídica. Para o consumidor, observador externo, o empreendimento é o mesmo, ainda que a sua forma jurídica (pessoa física ou jurídica que o explora) tenha sido modificada.

Há situações nas quais claramente o art. 133 do CTN se aplica, e outras às quais ele claramente não se aplica, com uma larga zona intermediária, de penumbra, entre ambas, em relação à qual apenas à luz das particularidades de cada caso será possível responder conclusivamente. Em situação na qual uma pessoa adquire um restaurante de outra, por exemplo, que continua funcionando no mesmo imóvel, mantendo nome, garçons, cardápio, equipamentos de cozinha e telefone para entregas em domicílio, é clara a incidência da regra do art. 133, e a responsabilidade, por sucessão, do adquirente, pelos tributos incidentes sobre a atividade relativos ao período anterior à aquisição, ainda que tenha sido constituída pessoa jurídica diversa, com sócios diferentes, e sem qualquer fraude, para a exploração do negócio. No extremo oposto, se uma pessoa apenas aluga um ponto comercial, para nele explorar a atividade de comércio de roupas íntimas femininas, e nesse mesmo ponto, anteriormente, funcionava uma sorveteria, é evidente, que o simples fato de ser o mesmo local físico não atrairá a incidência do artigo em comento. Há, porém, como explicado, uma infinidade de situações intermediárias entre esta e a do restaurante antes mencionada, na qual a aplicabilidade ou não do dispositivo não é tão simples.

---

50 MACHADO, Hugo de Brito. **Comentários ao Código Tributário Nacional**. São Paulo: Atlas, 2004. v. 2, p. 567. No mesmo sentido: BALEEIRO, Aliomar. **Direito tributário brasileiro**. 11. ed. Rio de Janeiro: Forense, 1999. p. 751.

51 STJ, 1ª T., REsp 706.016/RS, Rel. Min. Francisco Falcão, j. em 26/4/2005, *DJ* de 6/6/2005, p. 214.

52 STJ, REsp 768.499/RJ, *DJ* de 15/5/2007, p. 262.

O art. 133 trata da alienação de todo um fundo de comércio, de uma pessoa (física ou jurídica) a outra. Não se aplica, portanto, na hipótese de o fundo de comércio continuar pertencendo à mesma pessoa (jurídica), ainda que haja a alteração de alguns de seus sócios. "Se a empresa continuou a sua atividade, com alteração de alguns sócios que ingressaram na sociedade adquirindo cotas, não houve sucessão a justificar a aplicação do art. 133 do CTN."[53] Na verdade, sendo a pessoa jurídica devedora a mesma, não se há que falar em sucessão. Poder-se-ia cogitar, quando muito, da apuração da responsabilidade dos sócios que se desligaram, caso tenham exercido a gerência e, nessa condição, tenham praticado atos com infração do contrato ou da lei, atraindo a incidência do art. 135, III, do CTN, mas essa é outra questão.

Como essa responsabilidade por sucessão empresarial "de fato" de que cuida o art. 133 do CTN pode, no caso de falência, inviabilizar a continuidade de uma atividade (não haveria interessados em adquirir o fundo de comércio do falido, se com ele adquirissem também a responsabilidade por suas dívidas tributárias), o § 1º do art. 133 ressalva que a responsabilidade nele prevista não se aplica na hipótese de alienação judicial em processo de falência, ou de alienação judicial de filial ou unidade produtiva isolada em processo de recuperação judicial. Para evitar que essa ressalva dê margem a procedimentos fraudulentos por parte do falido, o § 2º do mesmo artigo adverte que a exceção não se aplica (incidindo, portanto, a regra geral do *caput* do art. 133) quando o adquirente for: *(i)* sócio da sociedade falida ou em recuperação judicial, ou sociedade controlada pelo devedor falido ou em recuperação judicial; *(ii)* parente, em linha reta ou colateral até o 4º (quarto) grau, consanguíneo ou afim, do devedor falido ou em recuperação judicial ou de qualquer de seus sócios; ou *(iii)* identificado como agente do falido ou do devedor em recuperação judicial com o objetivo de fraudar a sucessão tributária.

Em processo de falência, o produto da alienação judicial de empresa, filial ou unidade produtiva isolada permanecerá em conta de depósito à disposição do juízo de falência pelo prazo de 1 (um) ano, contado da data de alienação, somente podendo ser utilizado para o pagamento de créditos extraconcursais ou de créditos que preferem ao tributário (CTN, art. 133, § 3º).

5.5.3. Responsabilidade de terceiros

Nos casos de impossibilidade de exigência do cumprimento da obrigação principal pelo contribuinte, respondem solidariamente com este nos atos em que intervierem ou pelas omissões de que forem responsáveis: "I – os pais, pelos tributos devidos por seus filhos menores; II – os tutores e curadores, pelos tributos devidos por seus tutelados ou curatelados; III – os administradores de bens de terceiros, pelos tributos devidos por estes; IV – o inventariante, pelos tributos devidos pelo espólio; V – o síndico e o comissário, pelos tributos devidos pela massa falida ou pelo concordatário; VI – os tabeliães, escrivães e demais serventuários de ofício, pelos tributos devidos sobre os atos praticados por eles, ou perante eles, em razão do seu ofício; VII – os sócios, no caso de liquidação de sociedade de pessoas" (CTN, art. 134).

A sociedade de pessoas, cuja liquidação enseja a possibilidade de responsabilizar solidariamente os seus sócios, é aquela cuja legislação específica não prevê a limitação da responsabilidade de seus membros (p. ex., sociedade em nome coletivo).

É importante destacar, quanto a tais hipóteses de atribuição de responsabilidade a terceiros, dois pontos, quais sejam: (a) somente se pode cogitar da responsabilidade dos terceiros acima enumerados quando se mostrar impossível obter o pagamento da obrigação por parte do contribuinte; e, além disso, (b) os terceiros somente podem ser responsabilizados em relação

53 STJ, 2ª T., REsp 621.154/DF, Rel. Min. Eliana Calmon, j. em 6/4/2004, *DJ* de 17/5/2004, p. 209.

aos tributos decorrentes dos atos em que intervierem ou pelas omissões de que forem responsáveis. Em face do aspecto *a*, pode-se dizer que a responsabilidade mencionada no art. 134 do CTN é subsidiária, embora o artigo faça remissão, impropriamente, à solidariedade. Isso porque apenas no caso de impossibilidade de se obter o cumprimento da obrigação por parte do contribuinte será possível exigir o tributo do terceiro indicado em um dos sete incisos do artigo. A esse respeito, o STJ já decidiu que "flagrante ausência de tecnicidade legislativa se verifica no artigo 134, do CTN, em que se indica hipótese de responsabilidade solidária 'nos casos de impossibilidade de exigência do cumprimento da obrigação principal pelo contribuinte', uma vez cediço que o instituto da solidariedade não se coaduna com o benefício de ordem ou de excussão. Em verdade, o aludido preceito normativo cuida de responsabilidade subsidiária".[54] Desse modo, a título de exemplo, se José é administrador de alguns imóveis de Francisco, e este último dispõe de patrimônio suficiente para pagar suas dívidas tributárias, não é possível responsabilizar José pelos débitos de Francisco, com amparo no art. 134, III, do CTN. E, mesmo na hipótese de Francisco não dispor de meios para quitar seus tributos, José somente responderá por aqueles tributos devidos em função de atos que houver praticado, ou de omissões pelas quais for responsável (p. ex.: pelo IPTU de um imóvel sob sua administração, cujo recolhimento deveria ter sido providenciado por ele, e não o foi, mesmo havendo recursos de Francisco em seu poder para esse pagamento à época, os quais teriam sido utilizados para outras finalidades).

A palavra *solidariamente*, contida no *caput* do art. 134, pode ser entendida como dizendo respeito ao vínculo existente entre os responsáveis entre si, e não entre estes e o contribuinte. Exemplificando, os sócios de uma sociedade de pessoas em liquidação (inciso VII) respondem solidariamente entre si, mas subsidiariamente em relação à sociedade.[55]

Note-se que, embora o *caput* do art. 134 do CTN faça referência ao fato de que as pessoas mencionadas nos incisos respondem pelos tributos devidos pelo *contribuinte*, isso não quer dizer que não respondam por aqueles débitos em relação aos quais essa pessoa apontada como "contribuinte" já, seja, a rigor, um responsável tributário. Suponha-se que uma pessoa jurídica seja responsável tributária pelo pagamento do imposto de renda que reteve dos beneficiários dos pagamentos que efetuou. Nessa condição, tendo sua falência decretada, esse débito, do qual ela será a *responsável* (e não a própria *contribuinte*), será por igual abrangido entre aqueles mencionados pelo art. 134, V, do CTN, a serem possivelmente exigidos do síndico, se satisfeitas as demais condições exigidas pelo *caput*.

Outro dado importante, em relação às hipóteses de que cuida o art. 134 do CTN, é que se trata de transferência da responsabilidade apenas em relação ao pagamento do tributo e das multas de mora (multas pelo mero atraso). Os terceiros não podem responder pelas multas decorrentes do descumprimento de obrigações acessórias (não emissão de notas fiscais, omissões na escrituração fiscal etc.), ou pela prática de outros tipos de infração, até mesmo por conta do princípio constitucional da pessoalidade das punições, aplicável também às sanções de natureza administrativa (CF/88, art. 5º, XLV).

Espécie distinta de responsabilidade de terceiro é referida no art. 135 do CTN, que dispõe:

> "Art. 135. São pessoalmente responsáveis pelos créditos correspondentes a obrigações tributárias resultantes de atos praticados com excesso de poderes ou infração de lei, contrato social ou estatutos:

---

54 STJ, 1ª S., EREsp 446.955/SC, *DJe* de 19/5/2008.

55 Cf. DERZI, Misabel Abreu Machado. Notas de atualização ao **Direito tributário brasileiro**, de Aliomar Baleeiro, 11. ed. Rio de Janeiro: Forense, 1999. p. 754.

> I – as pessoas referidas no artigo anterior;
>
> II – os mandatários, prepostos e empregados;
>
> III – os diretores, gerentes ou representantes de pessoas jurídicas de direito privado."

Note-se que o art. 135 do CTN não cuida da insolvência do contribuinte como condição para se atribuir responsabilidade às pessoas nele enumeradas. Mas refere-se, expressamente, à ocorrência de atos praticados com excesso de poderes ou infração de lei, contrato social ou estatutos. Isso significa que todas as pessoas referidas no art. 134 e ainda os mandatários, prepostos, empregados, bem como os diretores, gerentes ou representantes de pessoas jurídicas de direito privado, poderão responder pelas obrigações tributárias das pessoas em nome das quais estejam agindo, caso atuem fora das atribuições que lhes foram conferidas.

É importante referir que o ato praticado com excesso de poderes, infração de lei, contrato social ou estatutos, não pode ser confundido com o mero inadimplemento do tributo. Do contrário, o art. 135 do CTN, em vez de cuidar de hipótese excepcional de responsabilidade de terceiro, trataria de uma regra absoluta, sem exceções, pois sempre as pessoas nele referidas seriam responsáveis pelo tributo não pago pelo contribuinte.

O puro e simples inadimplemento pode até ser considerado ilegal, mas essa ilegalidade terá sido praticada pelo contribuinte, e não pelos terceiros referidos no art. 135 do CTN. Daí ter o STJ sumulado seu entendimento no sentido de que "o inadimplemento da obrigação tributária pela sociedade não gera, por si só, a responsabilidade solidária do sócio-gerente." (Súmula 430/STJ). A infração de lei que autoriza a responsabilização do terceiro é aquela praticada pessoalmente por ele, em benefício próprio e em prejuízo do contribuinte por ele representado.

Quanto aos integrantes de pessoas jurídicas, é importante perceber que o art. 135, III, do CTN, somente se refere àqueles que tenham poderes de gerência, direção ou representação, vale dizer, àquelas pessoas que atuam como órgãos da pessoa jurídica, não podendo ser invocado para se atribuir responsabilidade indistintamente a todos os sócios.

Assim, caso a legislação específica aplicável à pessoa jurídica não preveja qualquer limitação à responsabilidade de seus membros (p. ex., sociedade em nome coletivo), estes responderão solidariamente, na hipótese de liquidação da sociedade (CTN, art. 134, VII), ou pessoalmente, caso ajam com excesso de poderes (CTN, art. 135, I). Entretanto, se a responsabilidade dos sócios for limitada pelas regras de Direito Privado (p. ex., sociedade limitada, ou sociedade anônima), seus sócios meramente quotistas, ou meramente acionistas, somente poderão responder com observância dessas limitações. Fora delas, não respondem. Apenas aqueles que houverem exercido funções de gerência, administração, diretoria ou representação poderão ser responsabilizados (CTN, art. 135, III).

Com base nessas ideias, a jurisprudência do STJ já pacificou seu entendimento no sentido de que os integrantes de pessoas jurídicas somente respondem pelas dívidas tributárias destas quando: (i) houverem exercido a gerência à época da ocorrência dos respectivos fatos geradores; (ii) houverem praticado atos fora das atribuições que lhes foram confiadas, ou seja, em benefício próprio e em prejuízo da pessoa jurídica e do Fisco (p. ex., dissolução irregular da sociedade).[56] Quanto à dissolução irregular da sociedade, sumulou-se o entendimento de que se presume "[...] dissolvida irregularmente a empresa que deixar de funcionar no seu domicílio fiscal, sem comunicação aos órgãos competentes, legitimando-se o redirecionamento da execução fiscal para o sócio-gerente" (Súmula 435/STJ).

---

[56] STJ, EREsp 174532/PR – *DJ* de 20/8/2001.

Mas note-se. Se a dissolução da sociedade limitada se deu *regularmente*, não se há de cogitar da responsabilidade de seus sócios: "A jurisprudência tem identificado como ato contrário à lei, caracterizados da responsabilidade pessoal do sócio-gerente, a dissolução irregular da sociedade, porque a presunção aí é a de que os bens foram distraídos em benefício dos sócios ou de terceiros, num e noutro caso em detrimento dos credores; não se cogita, todavia, dessa responsabilidade, se a sociedade foi dissolvida regularmente, por efeito de insolvência civil processada nos termos da lei. [...]."[57]

E mesmo nos casos de aplicação da Súmula 435/STJ, a presunção ali estabelecida, de validade duvidosa (pode-se presumir a prática de um ilícito, dispensando-se o poder público de comprová-lo?), é relativa e pode ser ilidida nos embargos, oportunidade na qual o sócio-gerente pode demonstrar que, apesar do lapso na informação da mudança de endereço, não ocorreu a dissolução irregular, ou que não exercia a gerência à época dos fatos[58]. Note-se que, se o fato que desencadeia a responsabilidade consiste em ato praticado com excesso de poderes no exercício da gerência, somente se podem responsabilizar aqueles que à época de tais fatos exerciam a gerência. Se esse ato ilícito consiste na dissolução irregular da sociedade, responsabilizam-se os sócios gerentes à época da dissolução irregular, não os que eram administradores antes e posteriormente se desligaram da sociedade, ainda que as dívidas remontem ao período de sua administração. Foi o que pacificou o Superior Tribunal de Justiça no julgamento dos REsps 1.377.019/SP, 1.776.138/RJ, 1.787.156/RS, elencados no Tema 962 da sistemática dos "recursos repetitivos". Fixou-se, na ocasião, a seguinte tese: "o redirecionamento da execução fiscal quando fundado na dissolução irregular da pessoa jurídica executada ou na presunção de sua ocorrência, não pode ser autorizado contra o sócio ou o terceiro não sócio que, embora exercesse poderes de gerência ao tempo do fato gerador, sem incorrer em prática de atos com excesso de poderes ou infração à lei, ao contrato social ou aos estatutos, dela regularmente se retirou e não deu causa à sua posterior dissolução irregular, conforme artigo 135, inciso III, do CTN".

O STJ, invocando a Lei 8.620/93, chegou a considerar possível, em relação a débitos da pessoa jurídica perante a previdência Social, responsabilizar solidariamente os sócios quotistas, mesmo os que não exercem nem jamais exerceram a gerência. Seria uma exceção ao entendimento geral do STJ a respeito de responsabilidade de sócios e dirigentes de pessoas jurídicas, aplicável apenas a execuções relativas a contribuições previdenciárias.[59] Tal entendimento, porém, mereceu severas críticas, e foi finalmente afastado pela Primeira Seção do STJ, deixando de ser adotado também por suas duas Turmas de Direito Público:

> "[...] A 1ª Seção do STJ, no julgamento do REsp 717.717/SP, Min. José Delgado, sessão de 28.09.2005, consagrou o entendimento de que, mesmo em se tratando de débitos para com a Seguridade Social, a responsabilidade pessoal dos sócios das sociedades por quotas de responsabilidade limitada, prevista no art. 13 da Lei 8.620/93, só existe quando presentes as condições estabelecidas no art. 135, III, do CTN. [...] Para que se viabilize a responsabilização patrimonial do sócio-gerente na execução fiscal, na sistemática do artigo 135, III do CTN, é indispensável que esteja presente uma das situações

---

[57] STJ, REsp nº 45.366/SP, Rel. Min. Ari Pargendler, *DJ* de 28/6/1999.

[58] O STJ entende que, mesmo aplicando-se a Súmula 435, "para o redirecionamento da execução fiscal é imprescindível que o sócio-gerente a quem se pretenda redirecionar tenha exercido a função de gerência, no momento dos fatos geradores e da dissolução irregular da empresa executada. Precedentes (...)" (STJ, 1a T, AgRg no AREsp 764.758/BA, *DJe* de 11/12/2015).

[59] STJ, REsp 652750/RS – *DJ* de 6/9/2004, p. 181.

caracterizadoras da responsabilidade subsidiária do terceiro pela dívida do executado. [...] Segundo a jurisprudência do STJ, a simples falta de pagamento do tributo não configura, por si só, nem em tese, situação que acarreta a responsabilidade subsidiária dos sócios (EREsp 374139/RS, Primeira Seção, Min. Castro Meira, *DJ* de 28.02.2005). [...]".[60]

Posteriormente, o Supremo Tribunal Federal declarou inconstitucional tal disposição de lei, deixando clara a sua invalidade não apenas formal (trata-se de matéria reservada à lei complementar, a teor do art. 146, III, *b*, da CF/88), mas também substancial, por ofensa ao princípio da livre iniciativa. A ementa é ilustrativa e merece transcrição:

> "[...] 1. Todas as espécies tributárias, entre as quais as contribuições de seguridade social, estão sujeitas às normas gerais de direito tributário. 2. O Código Tributário Nacional estabelece algumas regras matrizes de responsabilidade tributária, como a do art. 135, III, bem como diretrizes para que o legislador de cada ente político estabeleça outras regras específicas de responsabilidade tributária relativamente aos tributos da sua competência, conforme seu art. 128. 3. O preceito do art. 124, II, no sentido de que são solidariamente obrigadas 'as pessoas expressamente designadas por lei', não autoriza o legislador a criar novos casos de responsabilidade tributária sem a observância dos requisitos exigidos pelo art. 128 do CTN, tampouco a desconsiderar as regras matrizes de responsabilidade de terceiros estabelecidas em caráter geral pelos arts. 134 e 135 do mesmo diploma. A previsão legal de solidariedade entre devedores – de modo que o pagamento efetuado por um aproveite aos demais, que a interrupção da prescrição, em favor ou contra um dos obrigados, também lhes tenha efeitos comuns e que a isenção ou remissão de crédito exonere a todos os obrigados quando não seja pessoal (art. 125 do CTN) – pressupõe que a própria condição de devedor tenha sido estabelecida validamente. 4. A responsabilidade tributária pressupõe duas normas autônomas: a regra matriz de incidência tributária e a regra matriz de responsabilidade tributária, cada uma com seu pressuposto de fato e seus sujeitos próprios. A referência ao responsável enquanto terceiro (*dritter Persone*, *terzo* ou *tercero*) evidencia que não participa da relação contributiva, mas de uma relação específica de responsabilidade tributária, inconfundível com aquela. O 'terceiro' só pode ser chamado responsabilizado na hipótese de descumprimento de deveres próprios de colaboração para com a Administração Tributária, estabelecidos, ainda que a *contrario sensu*, na regra matriz de responsabilidade tributária, e desde que tenha contribuído para a situação de inadimplemento pelo contribuinte. 5. O art. 135, III, do CTN responsabiliza apenas aqueles que estejam na direção, gerência ou representação da pessoa jurídica e tão somente quando pratiquem atos com excesso de poder ou infração à lei, contrato social ou estatutos. Desse modo, apenas o sócio com poderes de gestão ou representação da sociedade é que pode ser responsabilizado, o que resguarda a pessoalidade entre o ilícito (má gestão ou representação) e a consequência de ter de responder pelo tributo devido pela sociedade. 6. O art. 13 da Lei 8.620/93 não se limitou a repetir ou detalhar a regra de responsabilidade constante do art. 135 do CTN, tampouco cuidou de uma nova hipótese específica e distinta. Ao vincular à simples condição de sócio a obrigação de responder solidariamente pelos débitos da sociedade limitada perante a Seguridade

---

60 STJ, 1ª T., REsp 815.369/MT, Rel. Min Teori Albino Zavascki, j. em 28/3/2006, *DJ* de 10/4/2006, p. 161. No mesmo sentido: STJ, 2ª T., REsp 798.287/RS, Rel. Min. Peçanha Martins, j. em 2/2/2006, *DJ* de 28/3/2006, p. 213.

Social, tratou a mesma situação genérica regulada pelo art. 135, III, do CTN, mas de modo diverso, incorrendo em inconstitucionalidade por violação ao art. 146, III, da CF. 7. O art. 13 da Lei 8.620/93 também se reveste de inconstitucionalidade material, porquanto não é dado ao legislador estabelecer confusão entre os patrimônios das pessoas física e jurídica, o que, além de impor desconsideração *ex lege* e objetiva da personalidade jurídica, descaracterizando as sociedades limitadas, implica irrazoabilidade e inibe a iniciativa privada, afrontando os arts. 5º, XIII, e 170, parágrafo único, da Constituição. 8. Reconhecida a inconstitucionalidade do art. 13 da Lei 8.620/93 na parte em que determinou que os sócios das empresas por cotas de responsabilidade limitada responderiam solidariamente, com seus bens pessoais, pelos débitos junto à Seguridade Social. 9. Recurso extraordinário da União desprovido. (...)".[61]

Acertada a decisão, visto que a desconsideração *ex lege* e automática da personalidade jurídica de sociedades limitadas, diante da mera existência de débito, é ofensiva ao próprio princípio da livre iniciativa. Exame da História revela que o surgimento de pessoas jurídicas, como entidades distintas dos seus integrantes, deu-se para que as relações jurídicas inerentes ao empreendimento econômico realizado pudessem receber tratamento apartado das relações nas quais participam os membros individualmente, com notável ganho para a eficiência e a organização da empresa. Quanto à limitação da responsabilidade dos membros, em situações ordinárias (em que não há fraude), ela é uma exigência da própria segurança indispensável à realização de investimentos. Como lembra Brunetti, "*no es posible reunir los capitales necesarios, si el capitalista no tiene la seguridad de que sólo va a arriesgar la postura que ha puesto en juego.*"[62] Daí o acerto do STF, em declarar a invalidade do dispositivo em comento não apenas sob o prisma formal, mas também substancial.

Registre-se, finalmente, quanto a esse ponto, que o art. 13 da Lei 8.620/93 foi revogado pela Lei 11.941/2009. Assim, a discussão aqui mencionada, relativamente a uma responsabilidade tributária mais ampla apenas em relação às contribuições previdenciárias, permanece relevante, apenas, em relação ao período anterior a essa revogação.

5.5.4. Responsabilidade por infrações

Salvo disposição de lei em contrário, a responsabilidade por infrações da legislação tributária independe da intenção do agente ou do responsável e da efetividade, natureza e extensão dos efeitos do ato (CTN, art. 136). Pode parecer, então, que a responsabilidade pela prática de infrações é "objetiva". Não é bem assim, contudo.

De plano, deve-se atentar para o fato de que a norma do art. 136 do CTN é meramente dispositiva, o que se nota da expressão "salvo disposição de lei em contrário". Vale dizer, admite-se a possibilidade de a lei exigir a presença do dolo, ou da culpa. E é o que geralmente acontece: a lei não exige a demonstração, pela autoridade, do dolo ou da culpa, para a punição de ilícitos menos graves, com a aplicação de penas mais brandas (p. ex.: erros no cálculo do imposto decorrentes de mero equívoco do contribuinte); mas exige a presença de dolo, no caso de infrações mais graves, às quais são aplicadas penas mais severas (fraudes contábeis, adulteração de documentos etc.).

---

[61] STF, Pleno, RE 562276, repercussão geral-mérito, *DJe*-027, publicado em 10/2/2011, *RDDT* 187, p. 186-193.

[62] BRUNETTI, Antonio. **Tratado del derecho de las sociedades.** Buenos Aires: Uteha, traduccion de Felipe de Solá Cañizares, 1960, v.1, p. 156-157.

Além disso, mesmo nos casos em que a lei, amparada no art. 136 do CTN, não exigir a presença do dolo ou da culpa para a configuração de uma infração, não há propriamente responsabilidade "objetiva", mas tão somente culpa presumida. E, como aponta Hugo de Brito Machado,[63]

> "a diferença é simples. Na responsabilidade objetiva não se pode questionar a respeito da intenção do agente. Já na responsabilidade por culpa presumida tem-se que a responsabilidade independe da intenção apenas no sentido de que não há necessidade de se demonstrar a presença de dolo ou de culpa, mas o interessado pode excluir a responsabilidade fazendo prova de que, além de não ter a intenção de infringir a norma, teve a intenção de obedecer a ela, o que não lhe foi possível fazer por causas superiores à sua vontade".

Nesse sentido, a Primeira Turma do STJ já decidiu que, em se tratando "de infração tributária, a sujeição à sanção correspondente impõe, em muitos casos, o questionamento acerca do elemento subjetivo, em virtude das normas contidas no art. 137 do CTN, e da própria ressalva prevista no art. 136. Assim, ao contrário do que sustenta a Fazenda Nacional, 'não se tem consagrada de nenhum modo em nosso Direito positivo a responsabilidade objetiva enquanto sujeição à sanção-penalidade' (MACHADO, Hugo de Brito. 'Comentários ao Código Tributário Nacional', Volume II, São Paulo: Atlas, 2004, p. 620). [...]".[64]

Com efeito, a inexistência de autorização para uma "responsabilidade objetiva" fica clara quando se examina o artigo seguinte do CTN (137), segundo o qual a responsabilidade é *pessoal* do agente: *(i)* quanto às infrações conceituadas por lei como crimes ou contravenções, salvo quando praticadas no exercício regular de administração, mandato, função, cargo ou emprego, ou no cumprimento de ordem expressa emitida por quem de direito; *(ii)* quanto às infrações em cuja definição o dolo específico do agente seja elementar; *(iii)* quanto às infrações que decorram direta e exclusivamente de dolo específico: (a) das pessoas referidas no art. 134, contra aquelas por quem respondem; (b) dos mandatários, prepostos ou empregados, contra seus mandantes, preponentes ou empregadores; (c) dos diretores, gerentes ou representantes de pessoas jurídicas de direito privado, contra estas.

Em face do art. 137 do CTN, por exemplo, um empregado não será responsabilizado pessoalmente pelas infrações praticadas no âmbito de uma empresa, desde que as tenha praticado por ordem de seu empregador. Caso tenha praticado a infração de modo não determinado pelo empregador, responderá pessoalmente. Hugo de Brito Machado,[65] a esse respeito, esclarece o seguinte:

> "Como não é possível determinar com segurança o elemento subjetivo, a distinção se faz por um critério objetivo: a vantagem. Presume-se ser o cometimento da infração ato de vontade daquele que é o beneficiário do proveito econômico dela decorrente. A norma do inciso III do art. 137 do Código Tributário Nacional adota esse princípio. Assim, se restar comprovado que um empregado vendia mercadorias sem nota fiscal e se apropriava do preço correspondente, em prejuízo da empresa, tem-se que esta não responde pela infração tributária, que é assumida pelo empregado infrator."

---

[63] MACHADO, Hugo de Brito. **Curso de direito tributário.** 37. ed. São Paulo: Malheiros, 2016. p. 167.

[64] STJ, 1ª T., EDcl no AgRg no REsp 653.263/PR, Rel. Min. Denise Arruda, j. em 14/8/2007, *DJ* de 13/9/2007, p. 155.

[65] MACHADO, Hugo de Brito. **Curso de direito tributário.** 37. ed. São Paulo: Malheiros, 2016. p. 168.

Esse entendimento é acolhido pelo STJ, quando reconhece a ausência de responsabilidade de prefeitos por multas devidas pelos Municípios, em razão de infração à legislação previdenciária, desde que se tenha agido no regular exercício do mandato:

> "O art. 137, I, do CTN, exclui expressamente a responsabilidade pessoal daqueles que agem no exercício regular do mandato, sobrepondo-se tal norma ao disposto nos artigos 41 e 50, da Lei nº 8.212/91. Em consequência, não pode o Prefeito ser executado diretamente pelo descumprimento da obrigação acessória prevista no referido artigo 50."[66]

Tendo essa conclusão sido alcançada em se tratando de Prefeitos, não há razão para que do mesmo modo se proceda em relação a empregados, dirigentes ou gestores de pessoas jurídicas de direito privado. A *ratio* do tratamento conferido a uns e a outros é a mesma, além de fundada em igual disposição legal.

5.5.4.1. Denúncia espontânea

A "denúncia espontânea", disciplinada pelo art. 138 do CTN, é o ato através do qual o sujeito passivo espontaneamente leva ao conhecimento da autoridade administrativa a prática de infrações, e paga o tributo que eventualmente delas decorrer. Nesse caso, sua responsabilidade pelas infrações (multas) é excluída. Somente se considera "espontânea" a denúncia apresentada *antes* do início de qualquer procedimento administrativo ou medida de fiscalização, relacionados com a infração.

Imagine-se, por exemplo, que um contribuinte não contabiliza determinadas operações, nem paga os tributos que delas decorreriam. Caso seja descoberto pela Administração Tributária, terá de pagar o tributo e as penalidades correspondentes, sendo certo que estas últimas podem ser bastante elevadas, fazendo com que o montante total a ser pago se torne consideravelmente maior. Entretanto, se, antes da instauração de qualquer procedimento ou medida de fiscalização para apurar a dita infração, o sujeito passivo levar esse fato ao conhecimento da autoridade fiscal, espontaneamente, terá direito de pagar apenas o tributo devido (o que deverá fazer integralmente), eximindo-se das penalidades.

A ideia é incentivar o contribuinte que constata ter praticado alguma irregularidade – as quais são muitas vezes cometidas involuntariamente, por desconhecimento ou má interpretação da legislação aplicável – a regularizar sua situação, incentivo que seria inexistente se as consequências da denúncia espontânea fossem as mesmas de ser apanhado aleatoriamente por uma fiscalização. Não houvesse o instituto em comento, aliás, os contribuintes, ainda que constatassem a ocorrência de irregularidades por equívocos cometidos, prefeririam apostar na possível ineficiência do aparato fiscalizatório do Estado e na consumação do prazo de decadência.

Existiram – e ainda existem – algumas controvérsias em torno desse instituto. Uma delas consistiu em saber se a confissão espontânea de uma dívida, acompanhada do seu pagamento parcelado, exclui a responsabilidade pelas penalidades moratórias. A jurisprudência do STJ, após algumas idas e vindas, pacificou seu entendimento no sentido de que o parcelamento *não autoriza* a aplicação do art. 138 do CTN. Confira-se:

> "Na assentada de 17 de junho de 2002, a egrégia Primeira Seção, no julgamento do Recurso Especial 378.795/GO, negou provimento ao recurso do contribuinte, nos termos

---

66 STJ, 1ª T., REsp 236.902/RN, Rel. Min. Milton Luiz Pereira, j. em 6/12/2001, *DJ* de 11/03/2002, p. 187.

> do voto deste Relator, para manter o v. acórdão da Corte de origem que entendeu que 'a simples confissão de dívida, acompanhada do seu pedido de parcelamento, não configura denúncia espontânea' (Súmula 208 – TRF). Cabível, portanto, a incidência de multa moratória sobre o montante parcelado."[67]

Outro aspecto controverso do instituto da denúncia espontânea diz respeito à sua configuração, no âmbito de tributos submetidos a lançamento por homologação. Afinal, o recolhimento espontâneo (mas em atraso) de um tributo configura denúncia espontânea, para fins de exclusão da responsabilidade pela multa moratória? Para parte dos estudiosos do Direito Tributário, sim, desde, naturalmente, que o pagamento ocorra antes de qualquer procedimento de fiscalização relativo ao não pagamento correspondente.[68] Afinal, o não pagamento do tributo no prazo é uma "infração" punida com a multa moratória, e o art. 138 do CTN não faz qualquer ressalva a respeito. Na jurisprudência do STJ, porém, optou-se por estabelecer a seguinte diferença: se o tributo é submetido a lançamento por homologação, e o contribuinte apura e declara o valor devido, e o paga em atraso, não há denúncia espontânea, pois a apresentação da declaração "constitui" o crédito tributário, viabiliza a pronta execução e torna dispensável a fiscalização e o lançamento de ofício das quantias declaradas e não pagas; entretanto, caso o tributo não tenha sido declarado, a feitura do pagamento antes de qualquer procedimento de fiscalização configura denúncia espontânea e afasta a responsabilidade pela multa moratória. Confira-se:

> "O art. 138 do CTN, que trata da denúncia espontânea, não eliminou a figura da multa de mora, a que o Código também faz referência (art. 134, par. único). É pressuposto essencial da denúncia espontânea o total desconhecimento do Fisco quanto à existência do tributo denunciado (CTN, art. 138, par. único). Consequentemente, não há possibilidade lógica de haver denúncia espontânea de créditos tributários já constituídos e, portanto, líquidos, certos e exigíveis."

Isso porque,

> "segundo jurisprudência pacífica do STJ, a apresentação, pelo contribuinte, de Declaração de Débitos e Créditos Tributários Federais – DCTF (instituída pela IN-SRF 129/86, atualmente regulada pela IN8 SRF 395/2004, editada com base no art. 5º do DL 2.124/84 e art. 16 da Lei 9.779/99) ou de Guia de Informação e Apuração do ICMS – GIA, ou de outra declaração dessa natureza, prevista em lei, é modo de formalizar a existência (= constituir) do crédito tributário, dispensada, para esse efeito, qualquer outra providência por parte do Fisco".

Assim,

> "a falta de recolhimento, no devido prazo, do valor correspondente ao crédito tributário assim regularmente constituído acarreta, entre outras consequências, as de *(a)* autorizar a sua inscrição em dívida ativa, *(b)* fixar o termo *a quo* do prazo de prescrição para a sua cobrança, *(c)* inibir a expedição de certidão negativa do débito e *(d)* afastar a possibilidade

---

67 STJ, REsp 628.074/MG, *DJ* de 25/4/2005, p. 303.

68 BALEEIRO, Aliomar. **Direito tributário brasileiro.** 11. ed. Atualização de Misabel Abreu Machado Derzi, Rio de Janeiro: Forense, 1999. p. 769.

de denúncia espontânea. [...] Nesse entendimento, a 1ª Seção firmou jurisprudência no sentido de que o recolhimento a destempo, ainda que pelo valor integral, de tributo anteriormente declarado pelo contribuinte, não caracteriza denúncia espontânea para os fins do art. 138 do CTN".[69]

No mesmo sentido, e estabelecendo claramente a distinção entre débito declarado e não declarado:

> "[...] A jurisprudência assentada no STJ considera inexistir denúncia espontânea quando o pagamento se referir a tributo constante de prévia Declaração de Débitos e Créditos Tributários Federais – DCTF ou de Guia de Informação e Apuração do ICMS – GIA, ou de outra declaração dessa natureza, prevista em lei. Considera-se que, nessas hipóteses, a declaração formaliza a existência (= constitui) do crédito tributário, e, constituído o crédito tributário, o seu recolhimento a destempo, ainda que pelo valor integral, não enseja o benefício do art. 138 do CTN (Precedentes da 1ª Seção: AGERESP 638.069/SC, Min. Teori Albino Zavascki, *DJ* de 13.06.2005; AgRg nos EREsp 332.322/SC, 1ª Seção, Min. Teori Zavascki, *DJ* de 21/11/2005). [...] Entretanto, não tendo havido prévia declaração pelo contribuinte, configura denúncia espontânea, mesmo em se tratando de tributo sujeito a lançamento por homologação, a confissão da dívida acompanhada de seu pagamento integral, anteriormente a qualquer ação fiscalizatória ou processo administrativo (Precedente: AgRg no Ag 600.847/PR, 1ª Turma, Min. Luiz Fux, *DJ* de 05/09/2005) [...]".[70]

A matéria, hoje, acha-se sumulada: "O benefício da denúncia espontânea não se aplica aos tributos sujeitos a lançamento por homologação regularmente declarados, mas pagos a destempo" (Súmula 360/STJ).

A referência ao pagamento do tributo *se for o caso*, feita pelo art. 138 do CTN, é uma clara alusão à circunstância de que o instituto da denúncia espontânea abrange, também, a responsabilidade pelo descumprimento de obrigações meramente acessórias. Com efeito, *no caso* de a infração do contribuinte consistir apenas no descumprimento de uma obrigação acessória (*v.g.*, contribuinte imune que não emitiu nota fiscal), a denúncia espontânea não será acompanhada do pagamento do tributo (que não é devido), mas excluirá a aplicação da multa correspondente. Como observa Hugo de Brito Machado,

> "a expressão se for o caso, no art. 138 do Código Tributário Nacional, significa que a norma nele contida se aplica tanto para o caso em que a denúncia espontânea da infração se faça acompanhar do pagamento do tributo devido, como também no caso em que a denúncia espontânea da infração não se faça acompanhar do pagamento do tributo, por não ser o caso. E com toda certeza somente não será o caso em que se tratando de infrações meramente formais, vale dizer, mero descumprimento de obrigações tributárias acessórias".[71]

---

69 STJ, 1ª S., AgRg nos EREsp 638.069/SC, Rel. Min. Teori Albino Zavascki, j. em 25/5/2005, *DJ* de 13/6/2005, p. 163.

70 STJ, 1ª T., REsp 754.273/RS, Rel. Min. Teori Albino Zavascki, j. em 21/3/2006, *DJ* de 3/4/2006, p. 262. A matéria foi posteriormente sumulada: "O benefício da denúncia espontânea não se aplica aos tributos sujeitos a lançamento por homologação regularmente declarados, mas pagos a destempo" (Súmula 360/STJ).

71 MACHADO, Hugo de Brito. **Comentários ao Código Tributário Nacional**. São Paulo: Atlas, 2004. v. 2, p. 663.

No mesmo sentido se posiciona Sacha Calmon Navarro Coelho.[72] Na jurisprudência do STJ, porém, tem prevalecido o entendimento segundo o qual a denúncia espontânea não abrange o mero descumprimento de obrigações acessórias:

> "A jurisprudência desta Corte é assente no sentido de que é legal a exigência da multa moratória pelo descumprimento de obrigação acessória autônoma, no caso, a entrega a destempo da declaração de operações imobiliárias, visto que o instituto da denúncia espontânea não alberga a prática de ato puramente formal. Precedentes: AgRg no AG nº 462.655/PR, Rel. Min. LUIZ FUX, *DJ* de 24/2/2003, e REsp nº 504.967/PR, Rel. Min. FRANCISCO PEÇANHA MARTINS, *DJ* de 8/11/2004. [...]."[73]

Em outra ocasião, a Primeira Seção do STJ teve a oportunidade de reiterar:

> "A entidade 'denúncia espontânea' não alberga a prática de ato puramente formal do contribuinte de entregar, com atraso, a Declaração do Imposto de Renda. [...] As responsabilidades acessórias autônomas, sem qualquer vínculo direto com a existência do fato gerador do tributo, não estão alcançadas pelo art. 138, do CTN. Precedentes [...]."[74]

Com todo o respeito, tal orientação do STJ parece equivocada, pelos argumentos aduzidos pela literatura citada anteriormente. Amesquinha desnecessariamente o sentido e o alcance do art. 138 do CTN, retirando todo o estímulo ao contribuinte que deseja regularizar sua situação, o qual preferirá, por certo, apostar na ineficiência do aparato fiscalizatório do Estado e na eventual consumação do prazo de decadência.

O mesmo tem sido feito em relação à denúncia espontânea acompanhada de depósito. Imagine-se, por hipótese, que o contribuinte cometeu falta relativamente à declaração e ao pagamento de determinado tributo, mas considera que esse tributo é indevido (embora saiba que a Fazenda o considera devido). Nessa situação, caso o contribuinte faça a denúncia espontânea, mas, em vez de pagar, venha a efetuar o depósito judicial do montante integral do crédito, entende o STJ que o art. 138 não é aplicável e, portanto, o depósito deve englobar o valor de eventuais multas:

> "(...) 4. O instituto da denúncia espontânea, mais que um benefício direcionado ao contribuinte que dele se favorece ao ter excluída a responsabilidade pela multa, está direcionado à Administração Tributária que deve ser preservada de incorrer nos custos administrativos relativos à fiscalização, constituição, administração e cobrança do crédito. Para sua ocorrência deve haver uma relação de troca entre o custo de conformidade (custo suportado pelo contribuinte para se adequar ao comportamento exigido pelo Fisco) e o custo administrativo (custo no qual incorre a máquina estatal para as atividades acima elencadas) balanceado pela regra prevista no art. 138 do CTN.
>
> 5. O depósito judicial integral do tributo devido e respectivos juros de mora, a despeito de suspender a exigibilidade do crédito, na forma do art. 151, II, do CTN, não implicou relação de troca entre custo de conformidade e custo administrativo a atrair caracterização da denúncia espontânea prevista no art. 138 do CTN, sobretudo porque, constituído o

---

72 COELHO, Sacha Calmon Navarro. **Curso de direito tributário brasileiro**. 9. ed. Rio de Janeiro: Forense, 2006. p. 744.

73 STJ, AgRg no REsp 669.851/RJ, *DJ* 21/3/2005, p. 280.

74 STJ, 1ª S., EREsp 246295/RS, Rel. Min. José Delgado, j. em 18/6/2001, *DJ* de 20/8/2001, p. 344.

> crédito pelo depósito, nos termos da jurisprudência desta Corte (EREsp 464.343/DF, Rel. Min. José Delgado, DJ de 29.10.2007; EREsp 898.992/PR, Rel. Min. Castro Meira, DJ de 27.8.2007; EREsp. n. 671.773-RJ, Primeira Seção, Rel. Min. Teori Zavascki, julgado em 23.6.2010), pressupõe-se a inexistência de custo administrativo para o Fisco já eliminado de antemão, a exemplo da entrega da declaração constitutiva de crédito tributário.
>
> 6. Por outro lado, além de não haver relação de troca entre custo de conformidade e custo administrativo a atrair caracterização da denúncia espontânea na hipótese, houve a criação de um novo custo administrativo para a Administração Tributária em razão da necessidade de ir a juízo para discutir, nos autos do mandado de segurança impetrado pelo contribuinte, o crédito tributário cuja exigibilidade se encontra suspensa pelo depósito, ao contrário do que ocorre, v.g., em casos ordinários de constituição de crédito realizado pelo contribuinte pela entrega da declaração acompanhada do pagamento integral do tributo.
>
> 7. Embargos de divergência conhecidos e não providos."[75]

Os argumentos usados para restringir a aplicação do art. 138 do CTN às hipóteses de denúncia espontânea acompanhada de depósito são aparentemente razoáveis, mas não são corretos. Primeiro, porque o custo eliminado com a denúncia espontânea, que é contrabalanceado com a dispensa da multa, é o de fiscalizar e descobrir o ilícito. Esse custo é afastado com o depósito ou com o pagamento, sendo certo que o depósito será convertido em renda para o Fisco caso a ação movida seja julgada desfavoravelmente ao contribuinte. Por outro lado, o fato de ser movida ação em nada atrapalha ou altera a equação, até porque o contribuinte poderia realizar a denúncia espontânea, pagar o tributo sem a multa, e, por considerá-lo indevido, pleitear a restituição em seguida, hipótese na qual a multa teria, de uma maneira ou de outra, sido afastada pela incidência do art. 138, apesar do "custo administrativo" representado pelo posterior processo de repetição do indébito.

Finalmente, é importante lembrar que, a teor do parágrafo único do art. 138 do CTN, o ato do sujeito passivo de levar a prática de infrações ao conhecimento da autoridade somente será considerado "espontâneo", fazendo jus ao afastamento da responsabilidade pelas infrações, se efetuado antes do início de qualquer procedimento de fiscalização relativo à infração. Mas note-se: o procedimento de fiscalização iniciado em face do sujeito passivo há de ser pertinente à infração respectiva, o que se afere a partir do termo de início de fiscalização. Exemplificando, se é iniciada uma fiscalização para apurar possíveis irregularidades praticadas pelo contribuinte no âmbito do imposto de importação, e este leva ao conhecimento do fisco a prática de uma infração relativa ao imposto de renda, pagando a diferença correspondente, a responsabilidade pela prática da infração deverá ser afastada.[76] Essa é mais uma razão (que se soma à natureza vinculada da atividade a ser desempenhada pelo fiscal, por exemplo) pela qual o documento que dá início a uma fiscalização deve, necessariamente, ser detalhado e explícito quanto aos seus limites objetivos, não podendo ser genérico ou vago. Adelmo da Silva Emerenciano, nesse sentido, esclarece, com inteira propriedade:

> "O princípio da objetividade exige também que o termo de início da fiscalização delimite o objeto a ser fiscalizado, também em homenagem ao princípio da segurança

[75] STJ, 1.ª S., EREsp 1131090/RJ, *DJe* de 10/02/2016.

[76] BALEEIRO, Aliomar. **Direito tributário brasileiro.** 11. ed. Atualização de Misabel Abreu Machado Derzi. Rio de Janeiro: Forense, 1999. p. 764.

> jurídica, e, tratando-se de ato administrativo, em atendimento à causa e à finalidade. Não bastasse tal incidência, a norma contida no art. 138 do CTN assegura a exclusão de responsabilidade, na denúncia espontânea, da infração e dos juros de mora. Ora, o fim colimado previsto no parágrafo único do referido artigo, consistente em admitir a exclusão somente ao que não é objeto da fiscalização, impõe, por decorrência lógica, que os objetivos da fiscalização sejam definidos e delimitados. Desse modo, não há espaço na área das condutas administrativas válidas para fiscalizações genéricas e de objetivo ou conteúdo incertos."[77]

A legislação tributária dos diversos entes tributantes invariavelmente fixa prazos para a conclusão dos procedimentos de fiscalização. No plano federal, entende-se que o escoamento desse prazo sem que se conclua a fiscalização não é causa para nulidade, mas apenas para que o contribuinte recobre a "espontaneidade" até que novo ato seja editado no sentido de que se dê continuidade à fiscalização.

---

[77] EMERENCIANO, Adelmo da Silva. **Procedimentos fiscalizatórios e a defesa do contribuinte**. Campinas: Copola, 1995. p. 174.

Capítulo 6

CRÉDITO TRIBUTÁRIO

Acesse e assista à aula explicativa sobre este assunto.

> *https://uqr.to/1pheh*

6.1. CONCEITO E NATUREZA JURÍDICA

Na sistemática prevista no CTN, *crédito tributário* é o nome que se dá à formalização da obrigação tributária (dever de pagar o tributo ou a penalidade pecuniária), depois que esta é tornada líquida, certa e exigível pelo lançamento. É por isso que o art. 139 do CTN afirma que o crédito tributário decorre da obrigação principal e tem a mesma natureza desta. É o lançamento que transforma a obrigação tributária, ainda ilíquida, incerta e não exigível, em crédito tributário, autônomo enquanto realidade formal, mas substancialmente decorrente da obrigação que lhe deu origem.

Vale registrar que toda obrigação de pagar exige ou envolve, necessariamente, um *acertamento*, sem o qual, embora exista, ela não pode ser exigida, por lhe faltar liquidez e certeza. O que acontece, a rigor, é que entre as obrigações de cunho privado, esse acertamento é feito pelas próprias partes, consensualmente, as quais, se não chegam a um acordo, podem, em situações extremas, provocar o Judiciário para que este proceda à liquidação e ao acertamento da dívida.

Imagine-se, por hipótese, que um cidadão dirige seu automóvel por determinada via pública, quando outro veículo repentinamente avança uma via transversal e provoca um acidente. Ambos descem de seus veículos e avaliam os danos. Neste momento, já existe o vínculo jurídico obrigacional em face do qual o causador do acidente deve pagar à parte inocente a respectiva indenização. Entretanto, ainda não se sabe quem foi efetivamente o responsável e, mais importante, não se conhece ainda o valor da respectiva indenização. Os dois motoristas podem chegar a um consenso, com o reconhecimento da culpa por um deles, e um acordo quanto à oficina na qual os veículos devem ser levados, a fim de que se obtenha um orçamento do conserto correspondente. Diante dessa situação, identificados o devedor e o credor, e quantificada a obrigação, ela poderá então ser exigida. Caso não se chegue a esse consenso, poder-se-á, no extremo, recorrer ao Judiciário, para que ele decida a questão.

Como se vê, a situação não é muito diferente daquela verificada no Direito Tributário, no que tange à transição entre a *obrigação tributária* e o *crédito tributário.*

Ocorrido o fato gerador da obrigação tributária, esta surge, enquanto vínculo jurídico ainda desprovido de liquidez, certeza e exigibilidade. Tal como o dever de indenizar referido no exemplo anterior, enquanto desconhecidos o causador do acidente e o montante dos danos. A questão é que, dada a natureza compulsória do tributo, e a exigência de que seja cobrado por atividade plenamente vinculada, não é possível um acerto consensual fruto de acordo entre as partes. Daí dispor o art. 142 do CTN que compete privativamente à autoridade administrativa constituir o crédito tributário pelo lançamento, a fim de que se faça unilateralmente, à luz da legalidade, aquilo que, nas obrigações privadas, é muitas vezes fruto de convenção entre as partes.

Por decorrer da obrigação tributária principal, que é uma obrigação de pagar tributo ou penalidade pecuniária, o crédito tributário abrange também as multas. Forte nessa premissa, a Primeira Turma do STJ já decidiu, com inteiro acerto, que a compensação pode ocorrer entre créditos tributários independentemente de estes dizerem respeito a tributos ou a penalidades. "O conceito de crédito tributário abrange também a multa (CTN, art. 113, §§ 1º e 3º e art. 139; Lei nº 9.430/96, art. 43), razão pela qual, no atual estágio da legislação, já não se pode negar a viabilidade de utilizar os valores indevidamente pagos a título de crédito tributário de multa para fins de compensação com tributos administrados pela Secretaria da Receita Federal do Brasil. (...)".[1]

Considerando que o crédito tributário, enquanto realidade formal, é distinto da obrigação, o art. 140 do CTN afirma que as circunstâncias que modificam o crédito tributário, sua extensão ou seus efeitos, ou as garantias ou os privilégios a ele atribuídos, ou que excluem sua exigibilidade, não afetam a obrigação tributária que lhe deu origem. Em outras palavras, isso significa que tudo o que alterar o crédito apenas enquanto realidade formal não terá o efeito de afetar a obrigação que lhe deu origem. Exemplificando, caso exista efetivamente uma obrigação tributária, mas o crédito tributário dela decorrente seja considerado formalmente inválido (p. ex., porque oriundo de um lançamento feito por uma autoridade incompetente), isso não impedirá que a autoridade competente proceda ao lançamento e constitua novo crédito, tendo em vista que a obrigação tributária terá subsistido.

Também pode acontecer, de fato, de a autoridade administrativa efetuar o lançamento de um tributo que não é devido. Suponha-se, por exemplo, que um agente fiscal se equivoca e lança tributo cujo fato gerador não ocorreu. O crédito tributário existirá, enquanto realidade formal autônoma, embora a obrigação correspondente não exista. O crédito, nesse caso, deverá ser anulado, mas até que isso ocorra não se pode dizer que não tenha existido. Daí dizer-se que, na sistemática do CTN, obrigação e crédito tributário são coisas distintas.

Em uma comparação bastante simplificada, e meramente ilustrativa, pode-se dizer que o lançamento, e a constituição do crédito tributário enquanto realidade formal autônoma, equivalem ao processo de engarrafamento de uma bebida, e à garrafa na qual a bebida é acondicionada. Não é possível manusear, vender, ou transportar determinado líquido, se ele não está devidamente acondicionado em um recipiente. Uma vez engarrafado, faz-se alusão à garrafa como se se estivesse tratando do próprio líquido que ela contém ("Júnior, dê-me a garrafa de Macallan, por favor."), mas é evidente que bebida e garrafa não se confundem. Só é possível proceder-se ao engarrafamento de bebidas pré-existentes a esse procedimento, e, de resto, pode eventualmente ocorrer, por erro, de inserir-se na garrafa líquido diverso do indicado, ou mesmo líquido nenhum, o que deve ensejar a devolução desta ao fabricante por parte de seus compradores.

Caso o crédito tributário tenha sido regularmente constituído, o mesmo somente poderá ser modificado ou extinto, ou ter sua exigibilidade suspensa ou excluída, nos casos previstos no

---

1 STJ, 1ª T., REsp 798.263/PR, Rel. Min. Teori Albino Zavascki, j. em 15/12/2005, *DJ* de 13/2/2006, p. 717.

próprio CTN, fora dos quais nem sua efetivação nem suas garantias podem ser dispensadas, sob pena de responsabilidade funcional. É o que dispõe o art. 141 do CTN.

O dimensionamento do montante dos tributos retratado por Pieter Brueghel the Younger (1564-1638), em quadro conhecido como *The tax collector.* Imagem: Wikimedia Commons.

6.2. CONSTITUIÇÃO DO CRÉDITO TRIBUTÁRIO PELO LANÇAMENTO

6.2.1. Noções gerais

Como dito, o crédito tributário é a obrigação tributária tornada líquida, certa e exigível. O procedimento que opera essa transformação é chamado de *lançamento.* Segundo o art. 142 do CTN, "compete privativamente à autoridade administrativa constituir o crédito tributário pelo lançamento, assim entendido o procedimento administrativo tendente a verificar a ocorrência do fato gerador da obrigação correspondente, determinar a matéria tributável, calcular o montante do tributo devido, identificar o sujeito passivo e, sendo caso, propor a aplicação da penalidade cabível". A parte final dessa definição é passível de críticas, pois na verdade a autoridade que efetua o lançamento, caso entenda cabível, desde logo aplica as penalidades, e não simplesmente "propõe" essa aplicação. Exemplificando, se autoridade faz lançamento de ofício diante da constatação de que o contribuinte efetuou venda de mercadorias sem emissão de notas fiscais e sem o pagamento do tributo, exigirá, no mesmo documento, o tributo devido *e a penalidade decorrente da infração*, que não será meramente "proposta".

A atividade administrativa de lançamento é vinculada e obrigatória, sob pena de responsabilidade funcional. Isso significa que a autoridade competente, constatando a existência de uma obrigação tributária, vale dizer, verificando a ocorrência do "fato gerador" do dever de pagar o tributo ou a penalidade pecuniária, não pode deixar de fazer o lançamento, sob pena de ser responsabilizada por isso.

O Supremo Tribunal Federal entende que, precisamente por ser o lançamento uma atividade privativa da autoridade administrativa, através da qual esta dirá se algum tributo foi suprimido pelo sujeito passivo, e o seu *quantum*, não é juridicamente possível processá-lo pelo crime de supressão ou redução de tributo, de que cuida o art. 1º da Lei 8.137/90, antes de o processo administrativo de controle de legalidade do lançamento haver sido concluído:

> "[...] Crime material contra a ordem tributária (Lei nº 8.137/90, art. 1º): lançamento do tributo pendente de decisão definitiva do processo administrativo: falta de justa causa para a ação penal, suspenso, porém, o curso da prescrição enquanto obstada a sua propositura pela falta do lançamento definitivo. [...] Embora não condicionada a denúncia à representação da autoridade fiscal (ADInMC 1571), falta justa causa para a ação penal pela prática do crime tipificado no art. 1º da Lei nº 8.137/90 - que é material ou de resultado -, enquanto não haja decisão definitiva do processo administrativo de lançamento, quer se considere o lançamento definitivo uma condição objetiva de punibilidade ou um elemento normativo de tipo. 2. Por outro lado, admitida por lei a extinção da punibilidade do crime pela satisfação do tributo devido, antes do recebimento da denúncia (Lei nº 9.249/95, art. 34), princípios e garantias constitucionais eminentes não permitem que, pela antecipada propositura da ação penal, se subtraia do cidadão os meios que a lei mesma lhe propicia para questionar, perante o Fisco, a exatidão do lançamento provisório, ao qual se devesse submeter para fugir ao estigma e às agruras de toda sorte do processo criminal. 3. No entanto, enquanto dure, por iniciativa do contribuinte, o processo administrativo suspende o curso da prescrição da ação penal por crime contra a ordem tributária que dependa do lançamento definitivo".[2]

Precisamente porque a atividade administrativa de lançamento é plenamente vinculada, não podendo dela a autoridade se eximir, é admissível a impetração de mandado de segurança preventivo, em matéria tributária, nas hipóteses em que o contribuinte/impetrante tem o receio de que lhe seja cobrado um tributo que considera inconstitucional. Desde que o contribuinte já tenha praticado os fatos que autorizam a aplicação da lei considerada inconstitucional, o justo receio de que a essa lei tida por inconstitucional seja aplicada decorre da natureza plenamente vinculada da atividade de lançamento. Não se há, portanto, de falar em impetração "contra a lei em tese", tampouco se há de exigir a "prova da ameaça".

Esse aspecto, aliás, é hoje pacífico na jurisprudência do STJ:

> "Especificamente em matéria tributária, para que se torne cabível a impetração de mandado de segurança preventivo, não é necessário esteja consumado o fato imponível. Basta que estejam concretizados fatos dos quais logicamente decorra do fato imponível. Em síntese e em geral, o mandado de segurança é preventivo quando, já existente ou em vias de surgimento a situação de fato que ensejaria a prática do ato considerado ilegal, tal ato ainda não tenha sido praticado, existindo apenas o justo receio de que venha a ser praticado pela autoridade impetrada. É preventivo porque destinado a evitar a lesão ao direito, já existente ou em vias de surgimento, mas pressupõe a existência da situação concreta na qual o impetrante afirma residir ou dela recorrer o seu direito cuja proteção, contra a ameaça de lesão, está a reclamar do Judiciário. [...] Insistimos, todavia, em que a ameaça de prática de ato abusivo, pela autoridade da administração tributária, decorre da edição de norma que lhe caiba aplicar, e que seja desprovida de validade jurídica. Lei inconstitucional, ou norma inferior, ilegal.' (Hugo de Brigo Machado. *Mandado de Segurança em matéria tributária*) 4. Deveras, encerrando o lançamento atividade vinculada (art. 142 do CTN) e *a fortiori*, obrigatória, revela-se a juridicidade da ação preventiva. É que para propor a ação é mister interesse de agir que surge não só diante da lesão, mas, também, ante a ameaça da mesma [...]."[3]

---

2 STF, Pleno, HC 81.611/DF, Rel. Min. Sepúlveda Pertence, j. em 10/12/2003, *DJ* de 13/5/2005, p. 6.

3 STJ, 1ª T., REsp 586.521/MG, Rel. Min. Luiz Fux, j. em 18/5/2004, *DJ* de 21/6/2004, p. 172.

Muito se discutiu, na literatura especializada, sobre os efeitos do lançamento, se declaratórios ou constitutivos. Afinal, a autoridade apenas declara uma dívida preexistente, ou efetivamente constitui essa dívida? Hoje é pacífico, porém, que o lançamento tenha eficácia declaratória de uma obrigação preexistente. Não se pode negar, porém, que ele constitui o crédito tributário enquanto realidade formal autônoma. Daí dizer-se que o lançamento "é constitutivo do crédito tributário e apenas declaratório da obrigação correspondente".[4]

É também controvertido saber se o lançamento é um *ato* ou um *procedimento*. Na verdade, porém, a palavra *lançamento* tanto pode ser usada em um sentido, como em outro, sem que com isso se esteja incorrendo em erro. Pode-se chamar de lançamento a série de atos através dos quais a autoridade afere a ocorrência do fato gerador, quantifica o montante tributável, identifica o contribuinte etc. Nesse caso, a palavra é usada para designar um *procedimento*. Entretanto, esse procedimento pode concluir pela inexistência de tributo a ser quantificado. Pode acontecer, também, de a *decadência* se consumar antes de finalizado o procedimento, e, nesse caso, o tributo não poderá mais ser validamente lançado. Daí por que alguns autores afirmam que esse procedimento preparatório, a rigor, não é ainda o lançamento, expressão que reservam para o *ato* praticado em sua conclusão, no qual efetivamente se declara a ocorrência do fato gerador da obrigação correspondente, se determina a matéria tributável, se calcula o montante do tributo devido, se identifica o sujeito passivo e se aplica a penalidade cabível, se for o caso.

O lançamento somente estará concluído quando o sujeito passivo for regularmente notificado a respeito do mesmo. Essa notificação deverá conceder um prazo para o pagamento da quantia lançada, ou para a apresentação de impugnação (defesa administrativa). Caso seja apresentada essa impugnação, que tem o efeito de suspender a exigibilidade do crédito tributário (CTN, art. 151, III), instaura-se um *processo administrativo* de controle interno da legalidade do lançamento. Em sentido amplo, também esse processo pode ser designado de "processo de lançamento". Na legislação, inclusive, é possível encontrar referência a esse processo como sendo a fase "contenciosa", ou "litigiosa", do lançamento (*v.g.*, Decreto 70.235/72, art. 14).

Salvo disposição de lei em contrário, quando o valor tributário esteja expresso em moeda estrangeira, no lançamento far-se-á sua conversão em moeda nacional ao câmbio *do dia da ocorrência do fato gerador da obrigação* (CTN, art. 143). Assim, por exemplo, se em 12/3/2017 a autoridade competente resolve efetuar lançamento de imposto de importação, ao argumento de que esse tributo não fora pago pelo contribuinte quando de uma importação realizada em 1º/4/2016, deverá ser tomado como base para o cálculo do tributo o valor daquela importação, convertido para reais pelo câmbio de 1º/4/2016, e não pelo câmbio vigente quando da feitura do lançamento (12/3/2017). Assim, assumindo-se que, nos tributos incidentes sobre a importação, o fato gerador considera-se ocorrido na data do registro da declaração de importação para fins de desembaraço aduaneiro, a base de cálculo respectiva deverá ser determinada com o uso da taxa de câmbio vigente nessa data. Não importa se o contrato de câmbio ainda não foi liquidado, vindo essa liquidação a ocorrer em data posterior, sob taxa de câmbio diversa. Nesse caso, não será lícito ao Fisco exigir qualquer diferença[5]. Pela mesma razão, o lançamento reporta-se à data da ocorrência do fato gerador da obrigação e rege-se pela lei então vigente, ainda que posteriormente modificada ou revogada (CTN, art. 144). Trata-se do princípio geral de direito segundo o qual os fatos devem ser regidos pela lei vigente quando de sua ocorrência, não sendo demais lembrar que o lançamento, embora feito no futuro, implica a cobrança

---

4 MACHADO, Hugo de Brito. **Curso de direito tributário**. 37. ed. São Paulo: Malheiros, 2016, p. 178.

5 STJ, 2ª T., REsp 15.450/SP, Rel. Min. Ari Pargendler, j. em 8/2/1996, *DJ* de 4/3/1996, p. 5.394.

de tributos relativos a períodos passados (observado, naturalmente, o prazo de decadência), devendo, nesse caso, aplicar as leis vigentes nesse passado.

Imagine-se, por exemplo, que nos exercícios de 2018 e 2019 vigora a Lei X, determinando que a alíquota do Imposto de Renda é de 25%. Em 2020, porém, essa lei é revogada pela Lei Y, segundo a qual esse imposto será devido pela alíquota de 20%. Caso um contribuinte seja fiscalizado em 2021, mas a autoridade pretenda exigir quantias devidas e não pagas em 2018 e 2019, deverá ser aplicada a Lei X, e ser calculado o imposto pela alíquota de 25%, mesmo já estando ela revogada quando da feitura do lançamento. Quanto às penalidades, porém, é importante lembrar que o art. 106 do CTN impõe a aplicação retroativa da legislação mais benéfica, de modo que, no exemplo citado, se se tratasse de uma multa, teria de ser aplicada, retroativamente, a lei mais nova, numa exceção (benéfica ao cidadão) ao princípio geral de direito segundo o qual os fatos se regem pela lei vigente quando de sua ocorrência. Como observa Amílcar de Araújo Falcão, "o regime normativo substantivo por que se regerá a obrigação tributária será o da época do fato gerador e não o da época do lançamento, criando-se para o contribuinte então uma situação definitivamente constituída ou, como afirma Jèze, um direito adquirido que a legislação ulterior, inclusive a da época do lançamento, não pode alterar em detrimento do contribuinte".[6]

Adverte o § 1º do art. 144 do CTN que se aplica ao lançamento a legislação que, posteriormente à ocorrência do fato gerador da obrigação, tenha instituído novos critérios de apuração ou processos de fiscalização, ampliado os poderes de investigação das autoridades administrativas ou outorgado ao crédito maiores garantias ou privilégios, exceto, neste último caso, para o efeito de atribuir responsabilidade tributária a terceiros. Trata-se, mais uma vez, da aplicação do princípio geral de Teoria do Direito segundo o qual, em regra, os fatos se regem pelas leis vigentes quando de sua ocorrência. Isso porque os critérios de apuração, os processos de fiscalização etc. não dizem respeito à obrigação tributária a ser exigida, mas apenas a meios de descobrir a sua existência ou de obter o seu adimplemento. São aspectos ligados apenas à constituição e ao adimplemento do crédito tributário enquanto realidade formal, e que por isso são regidos pela lei vigente à época do lançamento, visto que essa é a época em que os fatos que sofrem a sua incidência (fiscalização, formalização do lançamento etc.) estão a acontecer.[7]

Cumpre observar a ressalva segundo a qual a lei que confira ao crédito garantias e privilégios pode ser aplicada em relação a obrigações tributárias surgidas antes de sua vigência, desde que não atribua responsabilidade a terceiros. Isso porque, ao dar maiores garantias ao crédito, a lei não está alterando a obrigação tributária a ele subjacente (fatos geradores, alíquotas

---

6 FALCÃO, Amílcar de Araújo. **Fato gerador da obrigação tributária**. 7. ed. Rio de Janeiro: Forense, 2002. p. 56.

7 Com base nisso, por exemplo, o STF entendeu que a aplicação da legislação sobre a quebra (ou a "transferência ao Fisco") do sigilo bancário, relativamente a informações bancárias anteriores ao início da sua vigência, não é contrária ao princípio da irretroatividade das leis: "A alteração na ordem jurídica promovida pela Lei 10.174/01 não atrai a aplicação do princípio da irretroatividade das leis tributárias, uma vez que aquela se encerra na atribuição de competência administrativa à Secretaria da Receita Federal, o que evidencia o caráter instrumental da norma em questão. Aplica-se, portanto, o artigo 144, §1º, do Código Tributário Nacional. 6. Fixação de tese em relação ao item 'a', do Tema 225 da sistemática da repercussão geral: 'O art. 6º da Lei Complementar 105/01 não ofende o direito ao sigilo bancário, pois realiza a igualdade em relação aos cidadãos, por meio do princípio da capacidade contributiva, bem como estabelece requisitos objetivos e o translado do dever de sigilo da esfera bancária para a fiscal'. 7. Fixação de tese em relação ao item 'b' do Tema 225 da sistemática da repercussão geral: 'A Lei 10.174/01 não atrai a aplicação do princípio da irretroatividade das leis tributárias, tendo em vista o caráter instrumental da norma, nos termos do artigo 144, § 1º, do CTN'." (STF, Pleno, RE 601.314, acórdão eletrônico, repercussão geral – mérito – *DJe* publicado em 16/9/2016).

etc.). Entretanto, ao atribuir responsabilidade a terceiro, a lei está alterando a própria relação obrigacional, introduzindo outra pessoa em seu polo passivo, o que não é juridicamente admitido em face do princípio da irretroatividade da lei tributária.

Suponha-se, por exemplo, que, nos anos de 2018 e 2019, as leis vigentes em certo Estado estabeleciam que: *(i)* a alíquota do ICMS é 18%; *(ii)* a penalidade pelo não pagamento desse imposto em virtude da não emissão de notas fiscais é de 40% do valor da operação; e *(iii)* o procedimento de fiscalização deve ser feito por três fiscais, que deverão registrar seus atos usando formulário *a*, de cor azul. Em janeiro de 2020 essa legislação é alterada, ficando, a partir de então, estabelecido que: *(i)* a alíquota do ICMS é de 17%; *(ii)* a penalidade pelo não pagamento do imposto por não emissão de nota fiscal é de 30% do valor da operação; e *(iii)* o procedimento de fiscalização deve ser feito por dois fiscais, que deverão registrar seus atos usando formulário *b*, de cor amarela. Nesse contexto, caso, em 2021, sob a vigência dessa nova legislação, uma equipe fiscal seja designada para apurar diferenças não recolhidas durante o ano de 2018 por determinado contribuinte, o lançamento deverá observar, quanto ao imposto, a lei vigente em 2018 (alíquota de 18%); quanto à penalidade, a lei mais benéfica (vigente em 2021, de 30%); e, quanto aos aspectos formais do lançamento, também a lei vigente em 2021 (equipe de dois fiscais, usando formulário *b*, amarelo).

Nos termos do art. 145 do CTN, até a ocorrência da notificação ao sujeito passivo o lançamento não se considera efetuado. Assim, o prazo de decadência do direito de lançar, seja ele o do art. 150, § 4º, seja ele o do art. 173, do CTN, *flui até a data dessa notificação*, que deve ocorrer antes de consumada a extinção do direito da Fazenda. O início de um procedimento de fiscalização não configura a feitura do lançamento, não representa ainda o exercício do direito de lançar e, por isso mesmo, não tem qualquer repercussão no sentido de fazer cessar o curso do prazo de caducidade. Nesse sentido tem se orientado a jurisprudência do Superior Tribunal de Justiça, conforme se depreende do que restou assentado no julgamento do REsp 738.205/PR, no qual inclusive foram feitas diversas remissões a outros julgados, análogos, de ambas as turmas de Direito Público do STJ. Consignou-se, a propósito, que "a notificação do lançamento do crédito tributário constitui condição de eficácia do ato administrativo tributário, mercê de figurar como pressuposto de procedibilidade de sua exigibilidade". Por isso, "a sua falta implica ausência de pressuposto válido e regular de constituição e desenvolvimento do processo".[8]

Também assim decide o Conselho de Contribuintes do Ministério da Fazenda, atualmente intitulado Conselho Administrativo de Recursos Fiscais (CARF), para quem "a conclusão do ato de lançamento se opera com a notificação ao interessado e uma vez ocorrida após o término do prazo destinado para lançamento, opera-se a decadência".[9]

6.2.2. Modalidades de lançamento

O lançamento pode ser feito por três modalidades distintas: *(i)* de ofício; *(ii)* por declaração; *(iii)* por homologação.

6.2.2.1. Lançamento de ofício

De ofício é lançamento efetuado pela autoridade administrativa independentemente de qualquer atuação ou participação do sujeito passivo. A própria autoridade detecta a ocorrência do fato gerador da obrigação, quantifica o valor tributável, identifica o sujeito passivo etc.

---

8 STJ, 1ª T., Rel. Min. Luiz Fux, *DJ* de 30/10/2006, p. 249.

9 CC, 3ª C., Recurso 129916, Rel. Cons. Nilton Luiz Bártoli, Processo 10140.003734/2002-70, acórdão 303-33068, j. em 26/4/2006.

O lançamento de ofício pode ser a modalidade normal, ou ordinária, de constituição do crédito tributário, como ocorre, por exemplo, com o IPTU. Todos os anos a autoridade competente efetua o lançamento, de ofício, e notifica o sujeito passivo a respeito do mesmo, independentemente de qualquer irregularidade ou infração nos pagamentos anteriores. No entanto, o lançamento de ofício também pode ser efetuado para corrigir equívocos verificados em lançamentos anteriores, de quaisquer modalidades, sempre que a autoridade detectar alguma irregularidade nos mesmos que imponha a necessidade de correção ou revisão e a exigência de eventuais diferenças. Exemplificando, caso o contribuinte de um tributo submetido a lançamento por homologação não faça a apuração nem apresente as declarações a que é obrigado, a autoridade pode efetuar o lançamento de ofício das quantias correspondentes. Diz-se, nesse caso, que o lançamento de ofício é *revisional*.

A esse respeito, o art. 149 do CTN dispõe:

> "Art. 149. O lançamento é efetuado e revisto de ofício pela autoridade administrativa nos seguintes casos:
>
> I – quando a lei assim o determine;
>
> II – quando a declaração não seja prestada, por quem de direito, no prazo e na forma da legislação tributária;
>
> III – quando a pessoa legalmente obrigada, embora tenha prestado declaração nos termos do inciso anterior, deixe de atender, no prazo e na forma da legislação tributária, a pedido de esclarecimento formulado pela autoridade administrativa, recuse-se a prestá-lo ou não o preste satisfatoriamente, a juízo daquela autoridade;
>
> IV – quando se comprove falsidade, erro ou omissão quanto a qualquer elemento definido na legislação tributária como sendo de declaração obrigatória;
>
> V – quando se comprove omissão ou inexatidão, por parte da pessoa legalmente obrigada, no exercício da atividade a que se refere o artigo seguinte;
>
> VI – quando se comprove ação ou omissão do sujeito passivo, ou de terceiro legalmente obrigado, que dê lugar à aplicação de penalidade pecuniária;
>
> VII – quando se comprove que o sujeito passivo, ou terceiro em benefício daquele, agiu com dolo, fraude ou simulação;
>
> VIII – quando deva ser apreciado fato não conhecido ou não provado por ocasião do lançamento anterior;
>
> IX – quando se comprove que, no lançamento anterior, ocorreu fraude ou falta funcional da autoridade que o efetuou, ou omissão, pela mesma autoridade, de ato ou formalidade essencial.
>
> Parágrafo único. A revisão do lançamento só pode ser iniciada enquanto não extinto o direito da Fazenda Pública."

Como se vê, confirmando o que se explicou parágrafos acima, a hipótese descrita no inciso I diz respeito àqueles tributos normalmente submetidos ao lançamento de ofício (p. ex., IPTU). As demais estão relacionadas com a correção de lançamentos anteriores, de quaisquer modalidades (ofício, declaração ou homologação), em face de irregularidades verificadas. Neste último caso, de modo didático, o parágrafo único do art. 149 adverte que a revisão somente pode ocorrer enquanto não consumada a decadência do direito de lançar. A expressão *iniciada*, no parágrafo único do art. 149, deve ser vista com cuidado, pois a revisão não só deve ter início, mas também ser encerrada (com a notificação ao contribuinte, nos termos do art. 145), antes de consumada a decadência. A remissão do parágrafo único do art. 149 a "iniciada" refere-se, certamente, à lavratura do ato de lançamento decorrente da revisão (quando se considera exercido o direito da Fazenda Pública), possibilitando apenas que o *processo de controle de legalidade do lançamento* se estenda por período maior.

6.2.2.2. Lançamento por declaração

Diz-se *por declaração* o lançamento efetuado pela autoridade com base em elementos oferecidos pelo sujeito passivo, ou por terceiro, a respeito da matéria de fato indispensável à sua efetivação (CTN, art. 147). Em outras palavras, o sujeito passivo, ou um terceiro, declaram à autoridade administrativa a ocorrência de *fatos* em face dos quais seria possível efetuar o lançamento. Depois de ofertada essa declaração, a autoridade então efetua o lançamento e notifica o sujeito passivo para pagá-lo ou, se for o caso, apresentar impugnação (defesa administrativa).

A principal distinção que pode ser estabelecida entre o lançamento por declaração e o lançamento por homologação, do qual se cuidará a seguir, diz respeito ao dever de efetuar o pagamento antecipado e, por conseguinte, ao termo inicial da *mora* do sujeito passivo. No lançamento por declaração: (1º) o sujeito passivo fornece à autoridade os elementos de fato indispensáveis à feitura do lançamento; (2º) a autoridade examina tais elementos; (3º) a autoridade efetua o lançamento, dele notificando o sujeito passivo; (4º) o sujeito passivo paga (ou impugna) a quantia apurada pela autoridade, no prazo por ela designado, o qual será, necessariamente, posterior ao recebimento da notificação do lançamento. Já no lançamento por homologação, (1º) o sujeito passivo apura o *quantum* do tributo devido e *paga desde logo a quantia por ele próprio apurada*; (2º) a autoridade examina – em tese – a apuração efetuada pelo contribuinte, homologando-a. No lançamento por declaração, somente é exigível o pagamento do tributo depois do exame da autoridade a respeito dos fatos por ele declarados. No lançamento por homologação, o dever de efetuar o pagamento é *antecipado* em relação a esse exame, que muitas vezes nem chega a ocorrer efetivamente.

Atualmente, poucos tributos são submetidos a essa modalidade de lançamento. São apontados como exemplos, frequentemente, o Imposto Estadual sobre Transmissão *Causa Mortis* e Doações (ITCD) e o Imposto Municipal sobre Transmissão Onerosa e *Inter Vivos* de Bens Imóveis (ITBI).

6.2.2.3. Lançamento por homologação

Finalmente, *por homologação* é aquele lançamento no qual todos os atos de apuração, quantificação, cálculo etc., relativos à liquidação da obrigação tributária, são efetuados pelo próprio sujeito passivo. Depois de calcular o montante do tributo devido, o sujeito passivo submete essa apuração à autoridade administrativa, para que esta a homologue. O dever de efetuar o pagamento respectivo, entretanto, é antecipado, devendo ser o tributo recolhido *antes* do exame da autoridade e da respectiva homologação.

Conforme esclarece Geraldo Ataliba,

> "o lançamento por homologação – impropriamente chamado autolançamento – ocorre quando a lei atribuiu ao sujeito passivo a incumbência de todo o preparo material e técnico do ato, que, destarte, se reduz a uma simples homologação. O lançamento

persiste sendo ato privativo do fiscal. O contribuinte é mero preparador. O lançamento, propriamente dito, no caso, consiste na homologação".[10]

Essa definição e a explicação a respeito da impropriedade da expressão *autolançamento*, já nos eram dadas em 1949, por Rubens Gomes de Souza, autor do anteprojeto que resultou no CTN, que explicava ser a declaração apresentada pelo contribuinte e o pagamento em face dela realizado aceitos pelo Fisco de modo apenas provisório, em função da natureza *ex lege* da obrigação tributária. Tanto que o efeito liberatório do pagamento é condicionado ao posterior exame da autoridade e à aceitação da autoridade, que poderá ser expresso, ou tácito, pelo decurso do prazo de revisão.[11] Em outro momento, o autor do anteprojeto que originou o Código Tributário Nacional esclareceu que o lançamento, em tais casos, é efetivamente realizado pelo contribuinte, mas não obriga o fisco e somente se torna definitivo depois que este verifica o lançamento feito pelo contribuinte e concorda com ele, ou então depois de expirado o prazo de que dispõe o fisco para fazer essa verificação[12].

Nesse tipo de lançamento, observa Ives Gandra da Silva Martins, o sujeito passivo "transforma-se em 'longa manus' não remunerada da Administração Pública, ficando obrigado a praticar atos próprios da administração (escrituração de livros, emissão de notas fiscais etc.) sem receber nada em troca, a não ser a ameaça de punição, se não cumprir a exigência fiscal".[13] Merece transcrição, a propósito, a definição contida no art. 150, *caput*, do CTN: "o lançamento por homologação, que ocorre quanto aos tributos cuja legislação atribua ao sujeito passivo o dever de antecipar o pagamento sem prévio exame da autoridade administrativa, opera-se pelo ato em que a referida autoridade, tomando conhecimento da atividade assim exercida pelo obrigado, expressamente a homologa".

Percebe-se que a principal distinção entre o lançamento por declaração e o lançamento por homologação reside na obrigação de *antecipar o pagamento* presente nesta última modalidade. Enquanto no lançamento por declaração o sujeito passivo apenas está obrigado ao pagamento depois de notificado pela autoridade competente da realização do lançamento, uma vez examinadas as suas declarações, na modalidade por homologação o pagamento é feito antes de qualquer exame por parte da autoridade.

Para se compreenderem os fundamentos do lançamento por homologação, pode-se fazer uma analogia com o processo judicial. A competência para encerrar um processo, por meio de ato denominado sentença, é privativa da autoridade judiciária. As partes não podem, sozinhas, dar fim ao processo. Mas a finalidade deste é pôr fim ao litígio, que, em certos casos, é de fato superado por meio de um acordo. Nesse contexto, a realidade fática do conflito encerrado pela composição das partes é compatibilizada com a competência privativa do juiz para extinguir o processo quando se exige que, por meio da sentença, o acordo seja *homologado*.

É preciso atenção, portanto, para o significado da palavra homologar. Para Houaiss, homologação é o mesmo que "aprovação, ratificação ou confirmação, por autoridade judicial ou administrativa, de certos atos particulares, a fim de que possam investir-se de força

---

10 ATALIBA, Geraldo. **Apontamentos de ciência das finanças, direito financeiro e tributário**. São Paulo: Revista dos Tribunais, 1969, p. 287-288.

11 SOUSA, Rubens Gomes de. Curso de Introdução ao Direito Tributário. **Revista de Estudos Fiscais**, n°s 5 e 6, p. 212, maio/jun. 1949.

12 SOUSA, Rubens Gomes de. **Compêndio de legislação tributária**. São Paulo: Resenha Tributária, 1975, p. 111.

13 MARTINS, Ives Gandra da Silva. Decadência e prescrição. In: MARTINS, Ives Gandra da Silva (Coord.). **Decadência e prescrição**. São Paulo: Revista dos Tribunais/CEU, 2007, p. 18.

executória ou apresentar-se com validade jurídica"[14]. O ato de lançar, como se explicou, é privativo da autoridade administrativa, mas vem a ser de fato realizado pelo sujeito passivo. Assim, para que produza os efeitos jurídicos que lhe são próprios, é ele confirmado, ratificado ou aprovado pela autoridade, como se estivesse assim a fazê-lo de sua autoria.

Precisamente por isso, o objeto da homologação não é, propriamente, o pagamento feito pelo sujeito passivo, mas a apuração do montante a ser pago. Diz-se por vezes – e impropriamente – "homologação do pagamento" por economia de palavras, como não raro ocorre na linguagem coloquial, quando uma maior precisão não é necessária: a rigor, o que se homologa é a apuração em virtude da qual o pagamento foi feito, passando assim a ser considerado suficiente[15].

No plano do lançamento por homologação, o pagamento antecipado, feito pelo obrigado, extingue o crédito, sob condição resolutória da ulterior homologação do lançamento (CTN, art. 150, § 1º). Isso significa que o pagamento antecipado extingue o crédito, mas essa extinção só é "definitiva" quando acontece a homologação pela autoridade que a confirma.

Não influem sobre a obrigação tributária quaisquer atos anteriores à homologação, praticados pelo sujeito passivo ou por terceiro, visando à extinção total ou parcial do crédito (CTN, art. 150, § 2º). Assim, por exemplo, se o contribuinte pagar parcialmente o tributo, ou efetuar compensação, no âmbito do lançamento por homologação, esse pagamento ou essa compensação não terão influência sobre a obrigação tributária subjacente (que, p. ex., não será extinta). Só quando ocorrer a homologação é que tais efeitos poderão ser produzidos, se assim entender a autoridade competente. Tais atos (compensação, pagamento parcial etc.), porém, serão considerados na apuração do saldo porventura devido e, sendo o caso, na imposição de penalidade, ou sua graduação (CTN, art. 150, § 3º).

Desse modo, exemplificando, caso um contribuinte apure, no âmbito do lançamento por homologação, que o tributo por ele devido é de R$ 100,00, pagando essa quantia, quando na verdade o tributo corresponde a R$ 300,00, a apuração feita pelo contribuinte e o pagamento parcial não "transformarão" a obrigação tributária, reduzindo-a. A autoridade poderá, portanto, recusar-se a homologar a apuração insuficiente, mas deverá, ao efetuar o lançamento de ofício, *considerar os valores já pagos*, de sorte a exigir apenas o saldo.

A autoridade competente tem cinco anos, contados da ocorrência do respectivo fato gerador, para examinar a retidão das apurações feitas pelo sujeito passivo, bem como a suficiência do que houver sido pago por ele. Findo esse prazo, opera-se a decadência do direito de a Fazenda Pública lançar, e nada mais pode ser exigido do sujeito passivo, salvo se restar demonstrado que este agiu com dolo, fraude ou simulação (CTN, art. 150, § 4º). Nesse caso (de dolo, fraude ou simulação), não se aplica o prazo de decadência de que cuida o art. 150, § 4º, do CTN, mas sim o prazo, um pouco maior, referido no art. 173, I, do mesmo Código.

Quando a autoridade competente examina as apurações feitas pelo sujeito passivo, e afirma explicitamente que estão corretas, há a chamada "homologação expressa". Caso tenha havido pagamento integral, o crédito tributário é definitivamente extinto (CTN, art. 156, VII). Caso não tenha havido pagamento, mas a apuração tenha sido declarada ao Fisco, que a considera correta, a jurisprudência do STJ entende que a autoridade pode "homologar" apenas essa apuração, inscrevendo em dívida ativa e exigindo a quantia não paga através da execução

[14] HOUAISS, A. **Grande Dicionário Houaiss da Língua Portuguesa**. Rio de Janeiro: Objetiva, 2001, p. 1.548.

[15] MACHADO, Hugo de Brito. Lançamento Tributário e Decadência. In: MACHADO, Hugo de Brito (Org.). **Lançamento Tributário e Decadência**. São Paulo: Dialética, 2002, v. 01, p. 222-246.

fiscal. E, apesar de parte da literatura especializada ser contrária a isso, a jurisprudência do STJ entende também, e de modo pacífico, que essa cobrança pode ocorrer "independentemente da instauração de processo administrativo e de notificação do contribuinte".[16] Nesse caso, porém, como não se faz necessária a prática de ato formal de lançamento, também não se deve cogitar de decadência do direito de lançar. Vencida e não paga a dívida declarada, já tem início o prazo de prescrição de que cuida o art. 174 do CTN.[17] Caso a declaração tenha sido apresentada, com a apuração do montante devido, *depois* do vencimento, a prescrição conta-se da entrega da declaração. De decadência somente se cogita na hipótese de a Fazenda pretender constituir exigência diversa daquela decorrente da atividade do sujeito passivo, hipótese na qual, naturalmente, terá a Fazenda de efetuar lançamento e facultar ao sujeito passivo o exercício do direito de defesa na via administrativa.

A homologação deve ocorrer, se a lei não fixar outro prazo, em cinco anos, a contar da ocorrência do fato gerador. Expirado esse prazo sem que a autoridade competente se tenha pronunciado, opera-se a *decadência*, e a Fazenda não pode mais lançar ou exigir qualquer diferença não apurada ou não paga. Por ficção, segundo o CTN, opera-se uma "homologação tácita", ou seja, considera-se que a autoridade concordou com os valores pagos (ou não pagos...) pelo contribuinte, visto que deixou passar o prazo de que dispunha para discordar e nada fez.

Esquematicamente, os tipos de lançamento podem ser representados da seguinte forma:

<table>
<tr><td rowspan="4">Lançamento (CTN, art. 142)</td><td rowspan="2">– De ofício</td><td>– Ordinário (CTN, art. 149, I)</td></tr>
<tr><td>– Revisional (CTN, art. 149, II a IX)</td></tr>
<tr><td colspan="2">– Por declaração (CTN, art. 147)</td></tr>
<tr><td colspan="2">– Por homologação (CTN, art. 150)</td></tr>
</table>

6.2.3. Controle de legalidade do lançamento

Uma vez efetuado o lançamento, este, como todo ato da administração, pode ser objeto de um controle sobre sua legalidade. Referido controle pode ser feito pelo Poder Judiciário, por provocação do sujeito passivo (p. ex., através de ação anulatória), ou pela própria Administração Pública. Diz-se, nesse segundo caso, que se trata de um controle interno da legalidade do lançamento.

O controle interno da legalidade do lançamento pode ser feito de ofício, vale dizer, independentemente de provocação. Pode, também, ser provocado pelo sujeito passivo, no exercício do direito de petição (CF/88, art. 5º, XXXIV, *a*). Trata-se de uma decorrência do princípio da legalidade, segundo o qual a Administração Pública *deve* conduzir-se de acordo com a lei, e, por igual, *deve corrigir* atos seus eventualmente praticados em desconformidade com a lei.

Quando o sujeito passivo é notificado a respeito da feitura do lançamento, lhe é conferido um prazo para, querendo, impugná-lo, dando início ao processo administrativo no qual é feito o controle de sua legalidade. Essa possibilidade de impugnação só não é obrigatória, no entendimento do Superior Tribunal de Justiça, quando se trata da homologação expressa das apurações feitas pelo próprio contribuinte, hipótese na qual é possível a imediata inscrição

---

16 STJ, AGA 512.823/MG – *DJ* de 15/12/2003, p. 266.

17 STJ, 1ª T., REsp 437.363/SP, Rel. Min. Teori Albino Zavascki, *DJ* de 19/4/2004, p. 154.

em dívida ativa dos valores correspondentes, com a subsequente propositura da ação de execução fiscal.[18]

Vale insistir que, caso o lançamento não consista na mera homologação das apurações feitas pelo próprio contribuinte, sendo, na verdade, um lançamento por declaração, ou um lançamento de ofício, ordinário ou revisional, é imperioso o oferecimento de prazo para o sujeito passivo apresentar defesa (impugnação), dando início ao processo administrativo de controle interno da legalidade. Há quem prefira designar esse processo administrativo de "fase contenciosa" ou fase "litigiosa" do lançamento, designação que também é encontrada em alguns dispositivos da própria legislação (p. ex., Decreto nº 70.235/72, art. 14).

A revisão do lançamento, embora possa ocorrer para reduzi-lo ou extingui-lo, também pode se dar para ampliar o valor inicialmente lançado. É o que acontece, invariavelmente, quando se efetua um lançamento de ofício revisional. Nesse caso, porém, é importante notar que, nos termos do art. 146 do CTN, a modificação introduzida, de ofício ou em consequência de decisão administrativa ou judicial, nos critérios jurídicos adotados pela autoridade administrativa no exercício do lançamento, somente pode ser efetivada, em relação a um mesmo sujeito passivo, quanto a fato gerador ocorrido posteriormente à sua introdução. Isso quer dizer que, na hipótese de a autoridade administrativa resolver "mudar" a interpretação antes adotada, na feitura de um lançamento, essa mudança somente poderá produzir efeitos em relação aos fatos ocorridos depois que o sujeito passivo houver sido dela cientificado. Mas é preciso que se trate de mera mudança de interpretação. Se, em vez disso, tratar-se de um erro de fato na aplicação da lei, a sua correção pode operar-se com efeitos *ex tunc*, ou seja, retroativos à data do ato a ser corrigido.

O seguinte exemplo pode esclarecer o sentido do art. 146 do CTN. Imagine-se que um contribuinte importa livros infantis. Esses livros são de plástico, para evitar que se rasguem facilmente. E as páginas, ao serem pressionadas em locais próprios, emitem sons, para tornar o aprendizado mais interessante e atrativo para as crianças. A autoridade, ao examinar esses livros para fins de cálculo do Imposto de Importação, classifica-os – na tabela do Imposto de Importação, para fins de determinação da alíquota aplicável – como "outros livros", submetidos portanto à imunidade. Com base nessa interpretação, não exige o imposto. Caso, depois, a autoridade "mude de ideia" e resolva classificar tais livros como "brinquedos", produto submetido ao Imposto de Importação por alíquota elevada, não poderá ser exigida mais qualquer diferença em relação aos livros já importados, fiscalizados e desembaraçados. Sem ainda entrar no mérito quanto à validade e à procedência dessa nova "interpretação", aqui apontada apenas como exemplo (e que poderia ser discutida pelo contribuinte, administrativa ou judicialmente), o certo é que apenas em relação a importações futuras o novo "critério" poderia ser aplicado.

A jurisprudência, a propósito, tem se posicionado nos seguintes termos:

> "Se a autoridade fiscal, no momento do desembaraço das mercadorias importadas, acolheu a classificação fiscal efetivada pelo contribuinte, não poderá, posteriormente, em face de mudança de critério jurídico decorrente de interpretação diversa das normas jurídico-tributárias, proceder à revisão do lançamento."[19]

---

[18] "A entrega de declaração pelo contribuinte reconhecendo débito fiscal constitui o crédito tributário, dispensada qualquer outra providência por parte do fisco" (Súmula 436/STJ). Pela mesma razão, por dever de coerência – tendo em vista que o tributo se considera "lançado" com a entrega e o não pagamento da declaração – que declarado "e não pago o débito tributário pelo contribuinte, é legítima a recusa de expedição de certidão negativa ou positiva com efeito de negativa" (Súmula 446/STJ).

[19] TRF 4ª R. – Apelação Cível 2000.72.00.003508-2/SC – *DJU* 2-e de 11/7/2001, p. 156 – *RDDT* 72/232.

Hugo de Brito Machado diferencia, para fins de aplicação do art. 146 do CTN, a *mudança de critério jurídico* a que se refere o artigo do *erro de fato* e do *erro de direito*. Para ele, *mudança de critério jurídico* a que se refere o art. 146 do CTN é apenas a mudança, pela autoridade, entre duas interpretações "razoáveis", sendo certo que as duas – a inicial e a decorrente da mudança – poderiam ser consideradas corretas. Caso a primeira interpretação fosse absurda, ter-se-ia *erro de direito*, e o art. 146 do CTN não seria aplicável. Da mesma forma, a restrição contida no artigo não se aplica se se tratar de *erro de fato*, vale dizer, se o primeiro lançamento, a ser revisado, está errado porque nele a autoridade equivocou-se quanto aos fatos sobre os quais teria de aplicar a lei tributária (p. ex., pensou que o contribuinte importava livros, quando na verdade dentro dos contêineres havia aparelhos de ar-condicionado). Como ele próprio reconhece, porém, a quase totalidade dos autores não faz essa diferenciação, afirmando, de modo majoritário, que o art. 146 do CTN aplica-se ao *erro de direito*, o qual também somente poderia ser corrigido em relação a fatos futuros, não podendo dar cabimento à revisão de lançamentos já consumados. O lançamento somente poderia ser revisado de ofício se constatado o *erro de fato*.[20]

Julgando questão na qual o Município do Rio de Janeiro pretendia alterar a classificação de imóveis, para fins de tributação pelo IPTU, o STJ considerou que, embora, em tese, tal alteração possa ocorrer, não é possível levá-la a efeito de modo retroativo, de sorte a ensejar a revisão de lançamentos já efetuados:

> "1. Esta Corte tem precedente, no sentido de que o município tem competência para legislar sobre IPTU, podendo classificar os imóveis, definindo quais os que devem pagar a exação municipal mais ou menos gravosa (REsp nº 196.027/RJ). 2. Hipótese em julgamento em que a municipalidade, de forma unilateral, alterou a classificação, invocando os princípios da isonomia e da capacidade contributiva do contribuinte, razões não elencadas no art. 149 do CTN para que se faça a revisão de lançamento (precedente desta Turma REsp nº 1.718/RJ). [...]."[21]

Note-se, mais uma vez, a necessária distinção que se deve estabelecer entre mudança de critério jurídico e erro de fato. No caso, o Município do Rio de Janeiro classificava os imóveis em *residenciais* e *comerciais*, para assim aplicar alíquotas mais elevadas de IPTU para os últimos. Pois bem. Se o contribuinte houvesse declarado que seu imóvel era uma casa, sendo assim cadastrado junto ao Município, e este algum tempo depois constatasse tratar-se de uma loja de ferragens, é evidente que o IPTU poderia ser exigido, inclusive de modo retroativo, pois tal imóvel fora considerado pelo Município como submetido à alíquota menor por conta de um erro quanto à situação de fato. Em outros termos, se o Município soubesse, desde o início, que se tratava de uma loja de ferragens, teria exigido o IPTU pela alíquota aplicável a imóveis comerciais. Não foi isso, contudo, o que ocorreu no caso julgado pelo STJ no REsp 259.057/RJ. Como se percebe do exame de seu inteiro teor, a situação ali era a seguinte: o Município optou por classificar os "hotéis-residência" como imóveis residenciais. Depois de algum tempo, alterou esse entendimento, e passou a considerar os "hotéis-residência" como estabelecimentos comerciais. Veja-se que o Município não se enganara quanto ao fato: desde o início tinha conhecimento de que os imóveis eram "hotéis-residência", tendo alterado apenas o seu entendimento quanto ao seu enquadramento jurídico.

Finalmente, quando o cálculo do tributo tenha por base, ou tome em consideração, o valor ou o preço de bens, direitos, serviços ou atos jurídicos, a autoridade lançadora, mediante

---

20 MACHADO, Hugo de Brito. **Curso de direito tributário.** 37. ed. São Paulo: Malheiros, 2016, p. 186.

21 STJ, 2ª T., REsp 259.057/RJ, Rel. Min. Eliana Calmon, j. em 12/9/2000, *DJ* de 9/10/2000, p. 136.

processo regular, arbitrará aquele valor ou preço, sempre que sejam omissos ou não mereçam fé as declarações ou os esclarecimentos prestados, ou os documentos expedidos pelo sujeito passivo ou pelo terceiro legalmente obrigado, ressalvada, em caso de contestação, avaliação contraditória, administrativa ou judicial (CTN, art. 148). Assim, *v.g.*, se um contribuinte declarar que o valor de seu imóvel é "x", para fins de cálculo do ITBI, e a autoridade fiscal competente "reavaliar" esse mesmo imóvel em "2x", o contribuinte poderá solicitar uma avaliação contraditória, vale dizer, uma avaliação feita por terceiro (na via administrativa, ou perante o Judiciário), na qual deverá ter oportunidade de manifestação, de apresentação de laudos com os valores que considera corretos etc.

Mas note-se que esse *arbitramento* autorizado pelo art. 148 do CTN é medida extrema, excepcional, à qual a autoridade administrativa deverá recorrer apenas na hipótese de as informações e declarações oferecidas pelo contribuinte serem *imprestáveis para o conhecimento da verdade*. Não é lícito recorrer ao arbitramento em situações nas quais as declarações ou os documentos do contribuinte possuem vícios formais sanáveis, que não comprometem a veracidade ou a confiabilidade das informações que veiculam[22].

Às vezes, no âmbito da relação tributária, o esclarecimento da verdade quanto à ocorrência dos fatos, e a produção das provas a tanto necessárias, são vistos como um favor a ser concedido ao contribuinte, quando se trata da resistência à pretensão fiscal de lançar. Não deve ser assim, visto que o esclarecimento a respeito da ocorrência dos fatos *é uma decorrência direta do princípio da legalidade*. Não é possível aplicar a lei corretamente, se não ocorreu o seu suporte fático. Exemplificando, se a lei afirma devido o imposto por quem aufere rendimentos, e o contribuinte alega ter sofrido prejuízos, a apuração desse fato é indispensável para que se verifique se o tributo, nos termos da lei, é realmente devido, ou não. Exigi-lo de quem não teve rendimentos é ilegal, pelo que se diz que a busca pela verdade, por parte da Administração Pública, decorre da sua vinculação à lei.

O TRF da 1ª Região, a propósito, tem precedentes nos quais consigna que "a desclassificação da escrita contábil, que tem como consequência o arbitramento do lucro, somente é cabível quando não existirem elementos concretos que permitam a apuração do lucro real da empresa. [...]".[23]

No mesmo sentido, o TRF da 3ª Região já decidiu que estando "presentes elementos para aferição do lucro real através dos livros contábeis que se encontravam regularizados, ficam obstadas outras técnicas como o arbitramento de lucro em virtude da desclassificação de sua escrita, por ser medida extremada".[24]

Outro não é o entendimento do TRF da 5ª Região:

> "Autuação de pessoa jurídica em virtude de atraso na escrituração dos livros contábeis e na entrega da declaração de rendimentos. – Súmula 76 do TFR: 'Em tema de imposto de renda, a desclassificação da escrita somente se legitima na ausência de elementos concretos que permitam a apuração do lucro real da empresa, não justificando simples atraso na escrita.' Comprovação da regularidade contábil através de perícia judicial. Demonstração da existência de elementos suficientes à apuração do lucro real. Lançamentos anulados."[25]

---

22 XAVIER, Alberto. **Do lançamento**: teoria geral do ato, do procedimento e do processo tributário. 2. ed. Rio de Janeiro: Forense, 1997, p. 138.

23 TRF 1ª R., 3ª T.-s, AC 95.01.360814/DF, Rel. Juiz Wilson Alves de Souza (conv.), j. em 7/10/2004, *DJ* de 11/11/2004, p. 102.

24 TRF 3ª R., 6ª T., AC 553.310/SP, Rel. Juiz Lazarano Neto, j. em 26/11/2003, *DJ* de 12/12/2003, p. 526.

25 TRF 5ª R., AC 141.688/CE, Rel. Des. Fed. Ridalvo Costa, j. em 23/9/1999, *DJ* de 29/10/1999, p. 943.

De forma mais explícita quanto aos fundamentos aqui explicados, o TRF da 5ª Região esclarece, no seguinte julgado, que o "arbitramento somente é legítimo para suprir a inexistência de livros e escrituração fiscal, não sendo legítimo quando ocorreram apenas erros de escrituração, mas cujos elementos acessórios permitiam o cálculo do lucro real".[26]

Isso vale não apenas para o imposto de renda, mas para contribuições previdenciárias, para o ITBI, o ITCD, enfim, para qualquer tributo em relação ao qual a autoridade entenda de desconsiderar as informações e os documentos oferecidos pelo contribuinte para arbitrar o valor da correspondente base de cálculo.

Interessante situação é aquela na qual o sujeito passivo não apresenta um documento por comprovado extravio, decorrente de fatores alheios à sua vontade e às suas forças, mas a Fazenda não comprova que os demais documentos e as declarações apresentadas não merecem fé, de modo a justificar a necessidade do arbitramento, que, então, não se justifica, como já decidiu o TRF da 1ª Região:

> "Se o Embargante apresentou declaração de rendimentos tempestivamente bem como a fiscalização não comprovou que a declaração entregue não corresponde à realidade da empresa, descabe o arbitramento do lucro por falta de documentos, os quais foram destruídos em inundação, fato imprevisto e imprevisível, alheio à vontade do contribuinte. Precedentes deste Tribunal."[27]

O ônus de provar o fato imprevisto e imprevisível, a propósito, é do contribuinte que o alega como causa para a não apresentação dos livros.

Vale destacar que o arbitramento não é punição, sanção ou castigo para o contribuinte que simplesmente deixa de entregar um documento. É preciso que a falta ou a omissão do sujeito passivo tornem impossível para a autoridade conhecer a verdade a respeito das realidades e dos montantes a serem considerados na feitura do lançamento. Por isso mesmo, "se a empresa tem escrita contábil, a falta de declaração de rendimentos não autoriza o arbitramento de seu lucro".[28] No mesmo sentido, ressaltando a natureza excepcional do arbitramento, sua razão de ser e os seus pressupostos:

> "O arbitramento do lucro é ato extremado que só pode ocorrer em face da real impossibilidade de apuração do lucro real do empreendimento. 2 – O lançamento tributário efetuado mediante o arbitramento do lucro goza de relativa presunção, pode, portanto, ser revisto na esfera judicial. 3 – Elididas as circunstâncias que alicerçaram o arbitramento, mediante perícia judicial comprovando a idoneidade dos elementos contábeis e a situação de prejuízo experimentada pelo contribuinte, não pode prevalecer o ato extremado praticado pela Administração, pois o tributo deriva da lei e não da vontade dos sujeitos da relação tributária. 4 – A ausência de autenticação nos livros diários, por si só, não é suficiente para o arbitramento do lucro, vez que não especificada no art. 399 do Decreto nº 85.450/80. 5 – A ausência de declaração de renda também não representa causa suficiente para ensejar o arbitramento do lucro, pois, além de não estar prevista no art. 399 do Decreto nº 85.450/80, recebe tratamento diferenciado no referido diploma legal."[29]

---

26 TRF 5ª R., 1ª T., AC 218.650/SE, Rel. Des. Fed. Paulo Machado Cordeiro, j. em 3/4/2003, *DJ* de 27/6/2003, p. 596.

27 TRF 1ª R., 3ª T., REO 96.01.491635/MG, Rel. Juiz Leão Aparecido Alves, j. em 1º/7/2004, *DJ* de 2/12/2004, p. 31.

28 TRF 1ª R., 3ª T., REO 96.01.048219/DF, Rel. Juiz Tourinho Neto, j. em 8/4/1996, *DJ* de 6/5/1996, p. 28618.

29 TRF 3ª R., 3ª T., AC 374.994/SP, j. em 9/10/2002, *DJ* de 6/11/2002, p. 461.

Como explicita o art. 148 do CTN, em mero desdobramento dos princípios da legalidade, da ampla defesa e do contraditório, o arbitramento é mera forma de estabelecimento de uma presunção relativa, que sempre poderá ser objeto de prova em contrário por parte do sujeito passivo. Admitir o arbitramento como presunção absoluta implicaria admitir que o tributo incida sobre fatos fictícios, ou seja, quantificado a partir de bases irreais, diversas das autorizadas pela Constituição e previstas na lei.

Mas note-se: o ônus de provar que o fato não ocorreu tal como arbitrado é do sujeito passivo, *mas o ônus de provar que a escrita possui vícios que justificam o arbitramento é da Fazenda Pública.* Afinal, "o lançamento de imposto de renda por omissão de rendimentos, à conta de acréscimo patrimonial não justificado, imprescinde da indicação dos fatos em que baseia o arbitramento dos agentes fiscais (Lei nº 8.021/90, art. 6º, § 4º), pois o lançamento é atividade legalmente vinculada".[30]

Também deve a Fazenda fundamentar e indicar os critérios utilizados no arbitramento, a fim de permitir ao sujeito passivo compreendê-lo, aceitá-lo ou, se for o caso, impugná-lo. Trata-se de decorrência da própria necessidade de motivação dos atos administrativos, inclusive daqueles que procedem a arbitramentos:

> "O lançamento fiscal, espécie de ato administrativo, goza da presunção de legitimidade; essa circunstância, todavia, não dispensa a Fazenda Pública de demonstrar, no correspondente auto de infração, a metodologia seguida para o arbitramento do imposto – exigência que nada tem a ver com a inversão do ônus da prova, resultado da natureza do lançamento fiscal, que deve ser motivado. [...]."[31]

Ainda sobre o art. 148 do CTN, é interessante analisar a figura das "pautas fiscais", por meio das quais o Fisco desconsidera o valor das operações praticadas pelo contribuinte para utilizar aqueles previstos em tais pautas. Não há, porém, em tais casos, qualquer irregularidade na documentação apresentada pelo contribuinte. A "irregularidade" seria apenas a divergência entre o valor apresentado pelo contribuinte e o valor da "tabela", a qual evidentemente deve ser usada apenas quando o contribuinte não dispuser de documentação, ou esta for imprestável. É por isso que se afirma que o arbitramento de que cuida o art. 148 do CTN deve ser feito em cada caso, à luz de informações não confiáveis prestadas pelo contribuinte, e não de forma prévia, geral e abstrata, por meio de pautas de valores, como costumam fazer as Fazendas estaduais em relação à base de cálculo do ICMS. Como há muito tempo decide o STF, "o arbitramento feito pela autoridade lançadora só poderá ser feito mediante 'processo regular' (art. 148 do Código Tributário Nacional), e não por Portaria de efeito normativo, sem exame de cada caso particular".[32]

6.3. SUSPENSÃO DA EXIGIBILIDADE DO CRÉDITO TRIBUTÁRIO

6.3.1. Noções gerais

Uma das características do crédito tributário é a de ser *exigível*. Devidamente constituído pelo lançamento, o crédito deve ser pago, sob pena de o sujeito passivo sofrer os efeitos da

---

30 TRF 1ª R., 3ª T., AC 96.01.426850/BA, Rel. Juiz Olindo Menezes, j. em 15/4/1997, *DJ* de 20/6/1997, p. 46185.

31 STJ, 2ª T., REsp 48.516, Rel. Min. Ari Pargendler, *DJ* 13/10/1997, p. 51553.

32 STF, 1ª T., RE 72.400/RN, Rel. Min. Barros Monteiro, j. em 29/10/1971, *DJ* de 26/11/1971.

mora, perdendo o direito à obtenção de "certidões negativas" junto à repartição fazendária correspondente, submetendo-se à execução fiscal etc.

Entretanto, o CTN prevê algumas hipóteses nas quais a exigibilidade do crédito tributário poderá ser suspensa. De acordo com o art. 151 do CTN, suspendem a exigibilidade do crédito tributário: "I – moratória; II – o depósito do seu montante integral; III – as reclamações e os recursos, nos termos das leis reguladoras do processo tributário administrativo; IV – a concessão de medida liminar em mandado de segurança; V – a concessão de medida liminar ou de tutela antecipada, em outras espécies de ação judicial; VI – o parcelamento." E, como consequência do princípio da legalidade, explicitado, nesse particular, no art. 111 do CTN, "as causas de suspensão da exigibilidade do crédito tributário estão definidas, *numerus clausus*, no art. 151 do CTN".[33]

Advirta-se que a ocorrência de uma dessas hipóteses de suspensão da exigibilidade do crédito tributário não dispensa o cumprimento das obrigações acessórias dependentes da obrigação principal cujo crédito seja suspenso, ou dela consequente. Em outras palavras, caso um contribuinte obtenha medida liminar que suspenda a exigibilidade do crédito tributário relativo ao ICMS incidente sobre as mercadorias que vende, isso não o eximirá de escriturar essas vendas em sua contabilidade, emitir as correspondentes notas fiscais, entregar ao Fisco as declarações exigidas pela legislação etc.

Vale registrar que as causas de suspensão da exigibilidade do crédito tributário conduzem, também, à suspensão do prazo de prescrição de que dispõe o Fisco para cobrá-lo. Afinal, se a ordem jurídica impede o Fisco de exigir o cumprimento de uma prestação, não seria razoável que fluísse o prazo de prescrição, que consiste precisamente em um prazo para que a exigência fosse formulada.

6.3.2. Moratória e parcelamento

Moratória é a dilatação do prazo para o pagamento de uma dívida, já vencida ou ainda por vencer, concedida pelo credor ao devedor. Com ela, o devedor obtém um novo prazo para a quitação da dívida, maior que o prazo original. Esse novo prazo pode ser para o pagamento de todo o débito, integralmente, ou podem ser concedidos novos prazos, sucessivos, para o pagamento da dívida em parcelas. Assim entendida a moratória, conclui-se que o parcelamento é, e sempre foi, uma de suas espécies. Não era necessária a inclusão do inciso VI ao art. 151 do CTN, levada a cabo pela LC nº 104/2001.

A moratória pode ser concedida em caráter *geral* ou em caráter *individual*. No primeiro caso, abrange todos os sujeitos passivos, indistintamente, ou todos aqueles enquadrados em determinado grupo, perfil, região etc. No segundo caso, é concedida a um sujeito passivo, especificamente.

Em caráter geral, a moratória somente pode ser concedida pela pessoa jurídica de direito público competente para instituir o tributo a que se refira (CTN, art. 152, I, *a*). Assim, se se tratar de moratória relativa ao IPTU devido por contribuintes residentes no Município de São Paulo, somente esse Município poderá concedê-la. A União Federal, por exemplo, não pode conceder moratória de impostos estaduais ou municipais, pois não pode alterar os prazos para o pagamento de tributos não compreendidos em sua competência. A forma federativa de Estado, adotada pelo Brasil, confere autonomia aos entes federados, e não admite que uns interfiram nas atribuições e competências dos outros.

---

33 STJ, 1ª T., AgRg no Ag 641.237/RS, Rel. Min. José Delgado, j. em 19/4/2005, *DJ* de 30/5/2005, p. 229.

Apesar disso, o art. 152, I, *b*, do CTN, assevera que a moratória pode ser concedida em caráter geral pela União, quanto a tributos de competência dos Estados, do Distrito Federal ou dos Municípios, sempre que simultaneamente concedida quanto aos tributos de competência federal e às obrigações de direito privado. Em um exame superficial, essa ressalva, contida no CTN, poderia ser considerada contrária ao princípio federativo. Poder-se-ia dizer que é inválida, não tendo sido recepcionada pela CF/88. Exame mais cuidadoso, porém, revela que não é assim. A citada disposição é perfeitamente razoável, e válida, na medida em que condiciona a moratória geral de tributos estaduais e municipais, concedida pela União, à abrangência também dos tributos federais e das obrigações de direito privado. Ora, além de uma moratória com tamanha abrangência não discriminar os demais entes federados em relação à União, considerá-la inválida implicaria considerar inconstitucional toda a legislação federal que cuida da "recuperação judicial" das empresas, antes conhecida como concordata. Realmente, ao dispor sobre a concessão de novos prazos para o devedor "em recuperação judicial" (antigo "concordatário") solver seus débitos – de todas as espécies –, a legislação comercial está tratando de uma moratória geral.

A moratória individual, por sua vez, deve ser concedida por despacho da autoridade administrativa competente, desde que autorizada por lei, e respeitadas as condições exigidas para a moratória geral. A lei, que deve ser necessariamente do ente tributante respectivo (ou da União, na hipótese de a concessão abranger tributos federais e obrigações de Direito Privado), pode estabelecer algumas condições específicas, a serem preenchidas pelo sujeito passivo, em cada caso. Constatando o atendimento dessas condições, em cada caso, pelo sujeito passivo, a autoridade concede a ele, individualmente, a moratória.

A lei concessiva de moratória pode circunscrever expressamente a sua aplicabilidade a determinada região do território da pessoa jurídica de direito público que a expedir, ou a determinada classe ou categoria de sujeitos passivos (CTN, art. 152, parágrafo único).

Ainda segundo o CTN, a "lei que conceda moratória em caráter geral ou autorize sua concessão em caráter individual especificará, sem prejuízo de outros requisitos: I – o prazo de duração do favor; II – as condições da concessão do favor em caráter individual; III – sendo caso: a) os tributos a que se aplica; b) o número de prestações e seus vencimentos, dentro do prazo a que se refere o inciso I, podendo atribuir a fixação de uns e de outros à autoridade administrativa, para cada caso de concessão em caráter individual; c) as garantias que devem ser fornecidas pelo beneficiado no caso de concessão em caráter individual" (CTN, art. 153). A referência ao número de prestações deixa bastante claro que a moratória é um gênero, do qual o parcelamento é espécie.

Eventualmente o Fisco exige o fornecimento de garantias para a concessão de moratórias individuais. Não há nenhuma irregularidade nesse procedimento, desde que: *(i)* haja expressa previsão legal autorizando a exigência da garantia; e *(ii)* a garantia seja exigida como condição para a concessão da moratória, e não como condição para que sejam respeitados os efeitos legais de uma moratória já concedida. A esse respeito, o Superior Tribunal de Justiça tem entendido que, se o Fisco não exige a garantia para conceder o parcelamento, não pode exigi-la depois, colocando-a como condição para fornecer ao contribuinte as certidões de regularidade fiscal de que cuida o art. 206 do CTN se o parcelamento já foi concedido e está sendo cumprido.[34]

Isso porque, assim como a isenção individual, a remissão individual e a anistia individual, também a moratória individual deve ter os requisitos necessários à sua concessão estabelecidos em lei. Cabe à autoridade apenas reconhecer o seu atendimento e deferir a moratória,

---

[34] AgRg no AI 248.510/SC – *RTFP* 32, p. 325.

não lhe sendo lícito, tanto por conta do princípio da legalidade, como em razão da natureza vinculada de sua atividade, formular novas exigências não previstas em lei. Com base nisso, o STJ já decidiu que a Fazenda Nacional não pode exigir que o contribuinte autorize o "débito automático em conta" como condição para o deferimento de um parcelamento, quando essa condição não encontra previsão na lei.[35]

Salvo disposição de lei em contrário, a moratória somente abrange os créditos definitivamente constituídos à data da lei ou do despacho que a conceder, ou cujo lançamento já tenha sido iniciado àquela data por ato regularmente notificado ao sujeito passivo (CTN, art. 154). Em outras palavras, os efeitos da moratória, em princípio, não alcançam créditos cujo lançamento ainda não tenha sido pelo menos iniciado quando de sua concessão. Um contribuinte que obtenha uma moratória (p. ex., REFIS) em determinada data não pode inserir no seu "saldo devedor" créditos que somente muito tempo depois vierem a ser lançados. A moratória não aproveita aos casos de dolo, fraude ou simulação do sujeito passivo ou de terceiro em benefício daquele (CTN, art. 154, parágrafo único).

De acordo com o art. 155 do CTN, a moratória concedida em caráter individual não gera direito adquirido e será revogada de ofício sempre que se apure que o beneficiado não satisfazia ou deixou de satisfazer às condições ou não cumpria ou deixou de cumprir os requisitos para a concessão do favor, cobrando-se o crédito acrescido de juros de mora: *(i)* com imposição da penalidade cabível, nos casos de dolo ou simulação do beneficiado, ou de terceiros em benefício daquele; *(ii)* sem imposição de penalidade, nos demais casos. Na hipótese *i*, o tempo decorrido entre a concessão da moratória e sua revogação não se computa para efeito da prescrição do direito à cobrança do crédito; na hipótese *ii*, a revogação só pode ocorrer antes de prescrito o referido direito (CTN, art. 155). Como aponta Hugo de Brito Machado,[36] "há no dispositivo evidente impropriedade terminológica. Pode, e deve, a Administração Pública *anular* seus próprios atos quando verifique terem sido praticados com infração à lei. Se a concessão da moratória se deu com infração à lei, é caso de anulamento do ato". Realmente, se o beneficiado não satisfazia ou deixou de satisfazer às condições legais necessárias à concessão da moratória, não é o caso de revogação, mas de anulamento, sendo certo que tais espécies de desfazimento do ato administrativo têm efeitos diversos.

Em regra, a moratória, porque suspende a exigibilidade do crédito tributário, suspende também o curso do prazo prescricional para executá-lo. Quando ela é objeto de pedido formal por parte do contribuinte, dá-se mesmo a interrupção do prazo de prescrição, porquanto se trata de reconhecimento inequívoco da dívida[37], seguindo-se, enquanto durar a moratória, a suspensão desse prazo, que, por outras palavras, passa a ser recontado desde o seu início na hipótese de a moratória ser anulada ou por qualquer meio desfeita. Note-se, porém, que o art. 155 do CTN dispõe, em seu parágrafo único, que, no caso de anulamento da moratória, tendo havido dolo, fraude ou simulação por parte do sujeito passivo ou de terceiro em favor deste, o tempo decorrido entre a concessão da moratória e sua revogação não se computa para efeito da prescrição do direito à cobrança do crédito. Entretanto, como exceção a essa regra, a parte final do mesmo dispositivo afirma que isso não ocorre caso não tenha havido dolo, fraude ou simulação, hipótese na qual o anulamento somente pode ocorrer se ainda não consumada a prescrição. E é adequado que seja assim, pois o Fisco, caso verifique que o

---

35 STJ, REsp 1.085.907-RS, j. em 5/5/2009.

36 MACHADO, Hugo de Brito. **Curso de direito tributário**. 37. ed. São Paulo: Malheiros, 2016. p. 191.

37 Nesse sentido decide o STJ, como se depreende de sua Súmula 653, com o seguinte teor: "O pedido de parcelamento fiscal, ainda que indeferido, interrompe o prazo prescricional, pois caracteriza confissão extrajudicial do débito."

contribuinte não atendia as condições para a obtenção da moratória, deveria anulá-la e exigir o valor correspondente. Se não o faz, está inerte, e a prescrição já começa a fluir[38]. No caso de dolo, fraude ou simulação, pode-se entender que o Fisco foi *enganado* pelo contribuinte quanto ao aparente preenchimento dos requisitos, o que manteve suspensa a exigibilidade e, com ela, a prescrição.

Especificamente a respeito do parcelamento, dispõe o CTN que o mesmo será concedido na forma e na condição estabelecidas em lei específica. Dispõe, ainda, que salvo disposição de lei em contrário, o parcelamento do crédito tributário não exclui a incidência de juros e multas. Deixando claro que o parcelamento, de fato, é uma espécie de moratória, o Código afirma ainda que suas disposições relativas à moratória se aplicam subsidiariamente ao parcelamento (art. 155-A).

A finalidade da ressalva de que o parcelamento "não exclui a incidência de juros e multas", contida no art. 155-A, § 1º, do CTN, foi a de afastar a jurisprudência do STJ, que já havia afirmado que o contribuinte que efetua a *denúncia espontânea*, mesmo que pague o tributo parceladamente, tem direito à exclusão de sua responsabilidade pelas multas, nos termos do art. 138 do CTN.[39] Apesar disso, pode-se afirmar que a denúncia espontânea, quando acompanhada do parcelamento, é, precisamente, a "disposição de lei em contrário" a que alude o art. 155-A, § 1º, do CTN. Não é propriamente o parcelamento que exclui a incidência de multas e juros, mas a denúncia espontânea que o antecede, realidade que não teria sido alterada pela LC nº 104/2001.[40] O Superior Tribunal de Justiça, entretanto, não acolheu esse posicionamento. Pacificou seu entendimento "concluindo pela aplicação da Súmula 208 do extinto TFR, por considerar que o parcelamento do débito não equivale a pagamento, o que afasta o benefício da denúncia espontânea". E mais, consignou o STJ ser irrelevante "o fato de ter se constituído o crédito tributário e deferido o parcelamento antes da inserção do art. 155-A no CTN, pois esta alteração legislativa apenas consolidou o que preconizava a Súmula 208 do extinto TFR".[41]

6.3.3. Depósito de seu montante integral

Também suspende a exigibilidade do crédito tributário o depósito de seu montante integral, que pode ser feito tanto ainda na via administrativa, como em juízo. Para ter o efeito de suspender a exigibilidade do crédito tributário, o depósito deve ser integral, e em dinheiro (Súmula 112/STJ).

Note-se, porém, que o fato de o depósito dever ser feito de forma integral, e em dinheiro, não impede que o contribuinte obtenha a suspensão da exigibilidade do crédito tributário, em juízo, sem tê-lo feito. Desde que presentes os requisitos legais exigidos (genérica e usualmente conhecidos como "fumaça do bom direito" e "perigo da demora"), a suspensão poderá decorrer do deferimento de uma tutela provisória[42] (CTN, art. 151, IV e V), sendo possível, inclusive,

---

38 STJ, 1.ª T, AgRg no AREsp 618.723/PE, Rel. Min. Regina Helena Costa, *DJe* 09/12/2015.

39 STJ, REsp 323.787/SP - *DJU*-1 25/3/2002, p. 168.

40 MACHADO, Hugo de Brito. **Comentários ao Código Tributário Nacional**. São Paulo: Atlas, 2004. v. 2, p. 654.

41 REsp 722.118/RS, *DJ* de 6/6/2005, p. 298.

42 A rigor, o poder de conceder tutelas provisórias decorre da própria distribuição da função jurisdicional, visto que, presentes os requisitos, é condição para que esta seja prestada de maneira efetiva. Cf. VIANA, Juvêncio Vasconcelos. "Notas acerca da tutela provisória" In. VIANA, Juvêncio Vasconcelos (Coord.). **O Novo CPC**. Fortaleza: Expressão Gráfica, 2016, p. 216. Presentes os requisitos, caso não seja deferida a tutela, não será realizado o princípio da "máxima coincidência possível", decorrente da garantia de acesso à jurisdição (CF/88, art. 5.º, XXXV), segundo o qual o resultado obtido por

o oferecimento de garantia por meio de bens diversos do dinheiro. O que não há - e esse é o sentido da Súmula 112 do STJ - é o *direito subjetivo* do contribuinte de efetuar garantia com bem diverso do dinheiro[43] e obter, só com isso, de forma automática, a suspensão da exigibilidade do crédito com fundamento no inciso II do art. 151 do CTN.

Caso o sujeito passivo considere que parte do crédito é devida e outra parte não o é, não será correto - nem terá o efeito de suspender a exigibilidade do crédito tributário - efetuar o depósito apenas da parte considerada devida. Ao contrário, deve o contribuinte depositar todo o valor, ou, então, pagar o montante considerado devido e depositar a quantia que pretende questionar.

Além de suspender a exigibilidade do crédito tributário, o depósito suspende a fluência dos juros a cargo do sujeito passivo. Ou, melhor dizendo, faz com que os juros, embora continuem fluindo, passem a ser devidos pela instituição depositária. E, como todas as causas suspensivas da exigibilidade do crédito tributário, o depósito também suspende o curso da prescrição.

Deve ser ressaltado, neste ponto, que, caso o sujeito passivo efetue o depósito, e consiga obter a desconstituição do lançamento, a quantia depositada deve ser liberada em seu favor tão logo a decisão se tornar definitiva. Exemplificando, caso um contribuinte proponha ação pedindo a desconstituição de determinado lançamento, depositando em juízo a quantia correspondente, e este seu pedido seja julgado procedente, o depósito deve ser liberado tão logo transite em julgado a sentença respectiva. O mesmo vale para o depósito feito ainda na instância administrativa, diante de posterior decisão que considera indevido o crédito. Não poderá o Fisco, em tais casos, apropriar-se do recurso, ou impedir a sua liberação, argumentando que existiriam "outras" pendências não quitadas em relação ao citado contribuinte.[44]

A respeito do depósito, o STJ entende que ele tem

> "[...] natureza dúplice, porquanto ao tempo em que impede a propositura da execução fiscal, a fluência dos juros e a imposição de multa, também acautela os interesses do Fisco em receber o crédito tributário com maior brevidade, porquanto a conversão em renda do depósito judicial equivale ao pagamento previsto no art. 156, do CTN encerrando modalidade de extinção do crédito tributário (REsp 490.641/PR, Rel. Min. Luiz Fux)".[45]

Não existe qualquer razão, portanto, para que a Fazenda recuse ou se oponha à feitura do depósito, nem para que juízes condicionem a sua feitura a uma "autorização" específica, conforme explicado na nota seguinte.

Deve-se ressaltar, finalmente, que o depósito é uma faculdade do sujeito passivo. É uma opção deste, não podendo ser considerado obrigatório, nem colocado como condição para que se possa questionar em juízo determinada exigência fiscal.

---

quem pleiteia a proteção jurisdicional e a obtém deve ser o mais próximo possível daquele que seria alcançado se a parte adversa houvesse cumprido sua obrigação espontaneamente, sendo importante lembrar que "... a exigência de prestação efetiva de tutela jurisdicional impõe-se como um corolário da própria ideia de Estado de Direito, mais especificamente, como uma consequência direta daqueles seus princípios fundamentais consistentes no *monopólio da jurisdição* (proibição de autotutela) e a correspondente garantia de ampla proteção jurisdicional de qualquer lesão ou ameaça a direito (o que significa, de outro ângulo, uma proibição de denegação da tutela jurisdicional)." GUERRA, Marcelo Lima. **Estudos sobre o Processo Cautelar**. São Paulo: Malheiros, 1997, p. 11.

43 A exemplo do "seguro garantia". Veja-se, a propósito: STJ, 2ª T, REsp 1.759.792/MG, *DJe* 21/11/2018.

44 STJ, AgRg na MC 3.008/SP - *DJ* de 23/4/2001, p. 120 - *RDDT* 70/232.

45 STJ, 2ª T., REsp 681.110/RJ, Rel. Min. Castro Meira, j. em 14/12/2004, *DJ* de 21/3/2005, p. 343.

6.3.4. Reclamações e recursos administrativos

Apurado o crédito tributário pela autoridade administrativa, o sujeito passivo é então notificado para pagá-lo ou apresentar reclamação administrativa com as razões pelas quais considera equivocada a exigência. Essa possibilidade de questionamento administrativo é decorrência do direito constitucional à ampla defesa.

Pelo princípio da *actio nata*, a suspensão da exigibilidade do crédito tributário suspende também o curso da prescrição da ação de execução fiscal. A propósito de crédito tributário cuja exigibilidade é suspensa pela interposição de reclamações e recursos administrativos, por exemplo, o STJ tem entendido que "somente a partir da data em que o contribuinte é notificado do resultado do recurso ou da sua revisão, tem início a contagem do prazo prescricional (REsp 485738/RO, Rel. Min. Eliana Calmon, *DJ* de 13.09.2004, e REsp 239106/SP, Rel. Min. Nancy Andrighi, *DJ* de 24/04/2000)".[46]

A reclamação, que também é chamada de "impugnação" ou "defesa administrativa", instaura o processo de controle da legalidade do lançamento, que o Decreto 70.235/72 denomina "a fase contenciosa do lançamento". A Administração Pública, em face da provocação do sujeito passivo, deverá examinar se o lançamento está realmente de acordo com a lei, ou não. E, até que se pronuncie definitivamente, não poderá exigir o valor lançado e devidamente impugnado.

Desse modo, apresentada dentro do prazo legal a defesa administrativa, o crédito tributário impugnado permanece com sua exigibilidade suspensa até que a autoridade competente sobre ele se pronuncie. Após essa primeira decisão, poderá ser interposto *recurso administrativo*, o qual também mantém suspensa a exigibilidade do crédito tributário. Somente após o pronunciamento definitivo da Administração Pública, no processo administrativo, caso esta conclua pela manutenção da exigência, é que o crédito tributário voltará a ser exigível.

No julgamento dos Recursos Extraordinários 388.359, 389.383 e 390.513, o Plenário do Supremo Tribunal Federal considerou inconstitucional a exigência de "depósito", "arrolamento de bens" ou outras formas de garantia como condição para que o sujeito passivo pudesse interpor recurso administrativo, editando nesse sentido a Súmula Vinculante 21, que dispõe: "É inconstitucional a exigência de depósito ou arrolamento prévios de dinheiro ou bens para admissibilidade de recurso administrativo." Entendeu-se, com inteiro acerto, que tal exigência fere os princípios da ampla defesa, do devido processo legal administrativo e da gratuidade do direito de petição. Por essa mesma razão, afigurava-se inconstitucional a tentativa, levada a efeito pela Medida Provisória 1.160/2023, de limitar o acesso ao Conselho Administrativo de Recursos Fiscais – CARF apenas àquelas controvérsias que girem em torno de exigências superiores a mil salários mínimos, a qual foi rejeitada pelo Congresso Nacional, que a fez perder a vigência. Trata-se de uma restrição inconstitucional, por praticamente abolir o processo administrativo tributário federal para uma imensa maioria de contribuintes, que terão acesso apenas às Delegacias de Julgamento, as quais, submetidas às normas infralegais editadas pela Receita Federal e rebeldes aos precedentes do CARF favoráveis aos contribuintes, na prática confirmam a maior parte das exigências que lhes são levadas à apreciação.

Note-se que o efeito de suspender a exigibilidade do crédito tributário não é privativo de reclamações ou recursos interpostos especificamente contra o lançamento desse crédito. Na verdade, trata-se de atributo de qualquer reclamação, defesa ou recurso cujo julgamento possa influir na continuidade ou na manutenção da exigência fiscal. É o caso de processos administrativos que discutem se o contribuinte tem direito de permanecer no SIMPLES, se tem direito à imunidade, ou se pode realizar determinada compensação.

---

[46] STJ, 1ª T., REsp 649.684/SP, Rel. Min Luiz Fux, j. em 3/3/2005, *DJ* de 28/03/2005, p. 211.

Imagine-se, por exemplo, que um contribuinte declare à autoridade que efetuou uma compensação. Reconhece, portanto, que existe um crédito tributário, por ele devido, mas afirma que efetuou um "encontro de contas" entre esse crédito e valores que o Fisco lhe devia. Nesse caso, se a autoridade administrativa não aceitar a compensação e o sujeito passivo apresentar impugnações e recursos para discutir seu direito de compensar, a pendência desse processo administrativo também terá o efeito de suspender a exigibilidade do crédito tributário. Só depois de pronunciar-se definitivamente pela impossibilidade de compensação, se for o caso, é que a Fazenda poderá exigir o crédito correspondente (Lei 9.430/96, art. 74, § 11).

6.3.5. Liminar em mandado de segurança e tutelas provisórias em outras espécies de ação judicial

Também suspendem a exigibilidade do crédito tributário a liminar em mandado de segurança, e a tutela provisória deferida em qualquer outro tipo de ação (CTN, art. 151, IV e V, cujas disposições devem ser vistas à luz da terminologia do CPC/2015). São as chamadas "tutelas provisórias", que o juiz deve conceder à luz de requisitos legais específicos.

Para deferir a "tutela provisória de urgência", o juiz deve verificar se o sujeito passivo, autor da ação, pelo menos em uma avaliação provisória tem razão (fumaça do bom direito), e se a espera pelo julgamento definitivo pode causar-lhe danos irreparáveis, ou de difícil reparação, ou de qualquer sorte tornar ineficaz a sentença final (perigo da demora). São esses, em linhas gerais, os requisitos cuja presença determina a concessão da medida. Dando regime jurídico e terminologia específica para prática que já era verificada sob a vigência da codificação anterior, o CPC de 2015 faz alusão, ainda, à tutela de evidência, que seria aquela deferida em situações nas quais, mesmo não havendo perigo da demora, a fumaça do bom direito seria de tal ordem, fazendo "evidente" o direito de quem pleiteia a tutela, que ela deveria ser deferida. Certa *compensação* ou *calibragem* entre esses requisitos sempre existiu, não sendo raro, por igual, que em situações nas quais o perigo da demora é muito intenso se deferem tutelas provisórias mesmo sem a presença tão clara de uma fumaça do bom direito.

Em sua redação original, o art. 151 do CTN não possuía o inciso V. Com relação aos provimentos judiciais que poderiam suspender a exigibilidade do crédito tributário, mencionava apenas a liminar em mandado de segurança. A omissão era compreensível, e deveria ser sanada pela via interpretativa, considerando-se que na data em que o CTN foi elaborado não existia a tutela antecipada e a ação cautelar não tinha os contornos que lhe deu o CPC de 1973, editado posteriormente. Alguns juízes, entretanto, não consideravam essa evolução, muito menos o fundamento constitucional das tutelas provisórias, que servem para resguardar o direito fundamental a uma prestação jurisdicional útil. Interpretavam referido dispositivo literalmente e não admitiam a suspensão da exigibilidade do crédito através de liminar em ação cautelar, ou de antecipação de tutela, por mais evidente que fosse o direito do contribuinte. Nesse contexto, foi editada a LC nº 104/2001, que resolveu a controvérsia inserindo o inciso V no art. 151 do CTN, fazendo expressa referência à liminar em cautelar, à tutela antecipada e a qualquer outro tipo de provimento judicial urgente.

Embora com o CPC de 2015 não exista mais o processo cautelar, as figuras referidas no art. V do CTN continuam pertinentes, tendo apenas mudado um pouco em sua rotulação. Atendem pelo nome de tutela provisória, que pode ser: (1) antecedente ou incidental, a depender do momento processual em que requeridas; (2) de evidência ou de urgência, a depender de uma maior ou menor intensidade da "fumaça do bom direito", a dispensar, ou não, a presença por igual do perigo da demora; e (3) antecipatória ou cautelar, conforme acelere, no todo ou em parte, o provimento final requerido, ou apenas conserve um estado atual de coisas; em qualquer caso, porém, podem ensejar a suspensão da exigibilidade do crédito tributário.

Note-se que o provimento judicial suspende a exigibilidade do crédito tributário, ou seja, proíbe a Fazenda Pública de *exigir* o tributo, mas não proíbe que o contribuinte seja fiscalizado e tenha seus livros examinados, nem impede que os valores eventualmente apurados sejam lançados. A Fazenda pode lançar quantias que considerar devidas, devendo apenas se abster de exigi-las, por quaisquer meios. Aliás, caso o provimento judicial seja concedido *antes* de o tributo haver sido lançado, o Fisco não só pode como deve efetuar o lançamento, chamado nesses casos de "lançamento para prevenir a decadência". Sua finalidade é evitar que a Fazenda, vencendo a ação depois de muitos anos, não possa mais lançar as quantias devidas por conta do decurso do prazo de decadência. Nesse caso, porém, o lançamento deverá ser efetuado sem a imposição de penalidade.

Sabe-se que a decadência não se suspende, nem se interrompe. Se o contribuinte obtém a suspensão da exigibilidade do crédito tributário depois de sua constituição (*v.g.*, depósito em ação anulatória na qual se impugna auto de infração), ocorre a suspensão da prescrição. Entretanto, se a causa suspensiva da exigibilidade se verifica antes do lançamento (*v.g.*, liminar suspensiva da exigibilidade do dever jurídico de antecipar o pagamento, no âmbito do lançamento por homologação), não se fala ainda em prescrição (visto que ainda não houve o lançamento), contando-se a decadência, cujo curso, conforme explicado no parágrafo anterior, não é influenciado pela suspensão. É por isso que a legislação federal cuida do "lançamento para prevenir a decadência" (Lei 9.430, art. 63), até mesmo considerando que o provimento judicial não impede a autoridade de lançar, mas apenas de exigir o que eventualmente for lançado.

Essa é a orientação seguida pelo Superior Tribunal de Justiça:

> "A suspensão da exigibilidade do crédito tributário na via judicial impede o Fisco de praticar qualquer ato contra o contribuinte visando à cobrança de seu crédito, tais como inscrição em dívida, execução e penhora, mas não impossibilita a Fazenda de proceder à regular constituição do crédito tributário para prevenir a decadência do direito de lançar."[47]

Precisamente por isso, se, durante a vigência de uma liminar, o Fisco não efetuar o lançamento, ao cabo de cinco anos não poderá mais fazê-lo, ainda que a liminar seja cassada e os pedidos do contribuinte autor da ação julgados improcedentes.

Caso o provimento judicial que suspendeu a exigibilidade do crédito tributário seja reconsiderado, anulado ou reformado, o crédito voltará a ser exigível. Se a suspensão ocorreu depois do vencimento do crédito, em momento no qual o sujeito passivo já estava em mora, o restabelecimento da exigibilidade implicará, naturalmente, o restabelecimento da "mora". Entretanto, se o sujeito passivo obteve a decisão judicial *antes* do vencimento de sua dívida, quando ainda não estava "em mora", o restabelecimento da exigibilidade deverá ser acompanhado da concessão, ao sujeito passivo, de um prazo para que pague (ou deposite, ou parcele...) o valor correspondente, sem a imposição de multas. No plano federal, esse prazo é de 30 dias, contados da decisão que houver reformado, anulado ou reconsiderado a decisão que suspendia a exigibilidade do crédito tributário.

---

[47] STJ, 1ª S., EREsp 572.603/PR, Rel. Min. Castro Meira, j. em 8/6/2005, *DJ* de 5/9/2005, p. 199. No mesmo sentido: STJ, 1ª T., REsp 106.593/SP, Rel. Min. Milton Luiz Pereira, j. em 23/6/1998, *DJ* de 31/8/1998, p. 15, *RDDT* 38/160; 2ª T., REsp 119.986/SP, Rel. Min. Eliana Calmon, j. em 15/2/2001, *DJ* de 9/4/2001, p. 337, *RSTJ* 147/154.

6.4. EXTINÇÃO DO CRÉDITO TRIBUTÁRIO

6.4.1. Noções gerais

Nos termos do art. 156 do CTN, extinguem o crédito tributário: *(i)* o pagamento; *(ii)* a compensação; *(iii)* a transação; *(iv)* a remissão; *(v)* a prescrição e a decadência; *(vi)* a conversão de depósito em renda; *(vii)* o pagamento antecipado e a homologação do lançamento nos termos do disposto no art. 150 e seus §§ 1º e 4º; *(viii)* a consignação em pagamento, nos termos do disposto no § 2º do art. 164; *(ix)* a decisão administrativa irreformável, assim entendida a definitiva na órbita administrativa, que não mais possa ser objeto de ação anulatória; *(x)* a decisão judicial passada em julgado; *(xi)* a dação em pagamento de bens imóveis, na forma e condições estabelecidas em lei.

Ainda de acordo com o art. 156 (parágrafo único), a lei disporá quanto aos efeitos da extinção total ou parcial do crédito sobre a ulterior verificação da irregularidade da sua constituição, observado o disposto nos arts. 144 e 149. Isso quer dizer, em outras palavras, que a lei de cada ente tributante deverá dispor sobre as consequências da extinção do crédito tributário sobre as faculdades do Fisco de revisar o lançamento.

6.4.2. Pagamento

6.4.2.1. Considerações gerais

Seguramente, o meio mais comum, normal e frequente de extinção do crédito tributário é o pagamento, conceituado como "a entrega ao sujeito ativo, pelo sujeito passivo ou qualquer outra pessoa em seu nome, da quantia correspondente ao objeto do crédito tributário".[48]

É importante lembrar que a imposição de penalidade não ilide o pagamento integral do crédito tributário (CTN, art. 157). Caso um contribuinte seja multado pesadamente por haver vendido mercadorias sem emitir notas fiscais e sem recolher o ICMS, o pagamento da multa não o eximirá de pagar, também, o imposto devido. Imposto e multa serão somados e exigidos em conjunto. O CTN deixa claro, nesse ponto, que não se aplica ao Direito Tributário o conceito de "cláusula penal", entendida no Direito Privado como punição alternativa ao cumprimento de uma obrigação (Código Civil, art. 410).

Ainda com o propósito de afastar ideias próprias do Direito Privado, o CTN estabelece que o pagamento de um crédito não importa em presunção de pagamento: *(i)* quando parcial, das prestações em que se decomponha; *(ii)* quando total, de outros créditos referentes ao mesmo ou a outros tributos. Isso porque, como se sabe, no âmbito do Direito Civil, a quitação da última parcela de uma dívida faz presumir que toda ela foi quitada. No Direito Tributário não é assim. Por conta disso, o fato de um contribuinte provar que "pagou a última parcela de seu imposto de renda de determinado exercício não faz presumir-se que tenha pago as demais parcelas. Nem o fato de haver pago o seu imposto de renda de um determinado exercício importa presunção de haver pago o de outros, nem o IPI, ou outro tributo qualquer".[49]

Salvo disposição de lei em contrário, o pagamento deve ser efetuado na repartição competente no local onde o sujeito passivo tem seu domicílio (CTN, art. 159). Atualmente, tal pagamento é em regra feito em estabelecimentos bancários. Se a legislação não fixar prazo diverso, o vencimento do crédito tributário ocorre 30 dias depois da data em que se considera o sujeito passivo notificado do lançamento (CTN, art. 160). Se o contribuinte apresentar

---

48 MACHADO, Hugo de Brito. **Curso de direito tributário**. 37. ed. São Paulo: Malheiros, 2016, p. 204.

49 MACHADO, Hugo de Brito. **Curso de direito tributário**. 37. ed. São Paulo: Malheiros, 2016, p. 204.

impugnação, ou recurso administrativo, esse vencimento deve ser contado da data em que ocorrer a intimação da decisão que eventualmente mantiver a exigência. O parágrafo único do art. 160 do CTN autoriza a legislação tributária a conceder, e ela geralmente concede, desconto pela antecipação do pagamento.

Nos termos do art. 160 do CTN, cabe à *legislação tributária* fixar o *prazo* para o recolhimento do tributo. Considerando que a expressão *legislação tributária*, na terminologia do Código, envolve atos normativos infralegais (CTN, art. 96), isso significa que "o CTN admite a fixação do prazo para pagamento de tributo através de norma infralegal (art. 160 c/c art. 96 do CTN) [...]".[50] Mas atenção: caso seja fixado em lei, somente outra lei poderá alterar o prazo; entretanto, caso a própria lei delegue o seu estabelecimento a atos normativos inferiores, não haverá qualquer ofensa à legalidade.[51] Diferenciando as situações nas quais o prazo está previsto na lei, daquelas nas quais não está, o STF já consignou:

> "Elemento do tributo em apreço que, conquanto não submetido pela Constituição ao princípio da reserva legal, fora legalizado pela Lei nº 4.502/64 e assim permaneceu até a edição da Lei nº 7.450/85, que, no art. 66, o deslegalizou, permitindo que sua fixação ou alteração se processasse por meio da legislação tributária (CTN, art. 160), expressão que compreende não apenas as leis, mas também os decretos e as normas complementares (CTN, art. 96). [...]."[52]

O crédito não integralmente pago no vencimento é acrescido de juros de mora, seja qual for o motivo determinante da falta, sem prejuízo da imposição das penalidades cabíveis e da aplicação de quaisquer medidas de garantia previstas nesta Lei ou em lei tributária (CTN, art. 161). Isso significa que a incidência dos juros não depende de o inadimplemento ser "doloso" ou não. Não importa a razão pela qual o tributo não fora pago. Até mesmo se o inadimplemento dever-se à suspensão de sua exigibilidade por medida liminar, nos termos do art. 151, IV ou V, do CTN, a eventual reforma da liminar obrigará o contribuinte a recolher o tributo com a incidência dos juros. Só o *depósito de seu montante integral* faz parar a fluência dos juros em relação ao sujeito passivo, que passam a ser devidos pela instituição depositária. Se a lei não dispuser de modo diverso, os juros de mora são calculados à taxa de 1% ao mês (CTN, art. 161, § 1º). Discute-se, com base nessa referência a 1% ao mês, a validade da utilização da SELIC como taxa de juros, pois o seu percentual não é fixado em lei, mas sim por autoridades do Banco Central. A jurisprudência, entretanto, em geral, tem aceitado a sua aplicação.

Como tem entendido o STJ, "se o crédito não foi integralmente pago no vencimento, são devidos juros de mora, seja qual for o motivo determinante da falta, e sem prejuízo das penalidades cabíveis. É admissível a cumulação de juros de mora e multa".[53] Os juros não fluem, porém, se estiver pendente de resposta uma consulta formulada pelo sujeito passivo à repartição fiscal correspondente, dentro do prazo legal para o pagamento do crédito.

Nos termos do art. 162 do CTN, o pagamento pode ser efetuado em moeda corrente, cheque ou vale postal; ou, nos casos previstos em lei, em estampilha, em papel selado ou por processo mecânico. A legislação, porém, não mais utiliza a forma de pagamento por estampilha,

---

50 STJ, 2ª T., REsp 115.999/SP, Rel. Min. Adhemar Maciel, j. em 4/12/1997, *DJ* de 16/2/1998, p. 57.

51 Nesse sentido: "se não fixado em lei, o prazo para recolhimento de tributo pode ser estipulado por decreto, segundo a jurisprudência prevalente nesta Corte" STJ, 2ª T., REsp 72.004/SP, Rel. Min. Pádua Ribeiro, j. em 18/11/1996, *DJ* de 9/12/1996, p. 49243.

52 STF, Pleno, RE 140.669/PE, Rel. Min. Ilmar Galvão, j. em 2/12/1998, *DJ* de 18/5/2001, p. 86, *RTJ* 178-1/361.

53 STJ, 1ª T., REsp 220.856/SC, Rel. Min. Garcia Vieira, j. em 14/9/1999, v. u., *DJ* de 11/10/1999, p. 54.

vale dizer, por selos que o sujeito passivo adquire previamente e depois fixa nos documentos fiscais correspondentes para efetuar o pagamento. Quanto ao pagamento por vale postal ou por cheque, a legislação pode determinar as garantias exigidas para o pagamento correspondente, desde que não o torne impossível ou mais oneroso que o pagamento em moeda corrente.

Nos termos dos parágrafos do art. 162 do CTN, caso seja o pagamento por cheque, o crédito somente se considera extinto com o resgate deste pelo sacado. A finalidade dessa disposição é evitar que, com o recebimento do cheque, a relação tributária seja extinta e substituída por outra, de natureza cambial (alusiva ao cheque enquanto título de crédito), relativamente à qual a Fazenda Pública teria menos garantias e privilégios.

O crédito pagável em estampilha, por sua vez, considera-se extinto com a inutilização regular daquela, ressalvado o disposto no art. 150 do CTN, hipótese na qual a extinção somente ocorre com a homologação da apuração feita pelo sujeito passivo. A perda ou destruição da estampilha ou o erro no pagamento por esta modalidade não dão direito à restituição, salvo nos casos expressamente previstos na legislação tributária, ou naqueles em que o erro seja imputável à autoridade administrativa. O pagamento em papel selado ou por processo mecânico equipara-se ao pagamento em estampilha.

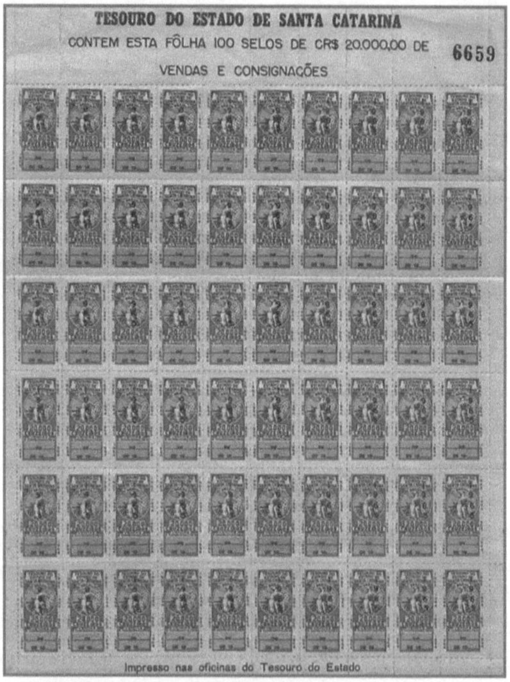

Estampilhas a serem usadas no pagamento do imposto sobre vendas e consignações, antecessor do ICM e do atual ICMS, no Estado de Santa Catarina.[54]

Atualmente, convém esclarecer, não se realizam pagamentos de tributos por meio de estampilhas, pequenos selos que o contribuinte comprava previamente junto à repartição fiscal, com cores diferentes a depender do valor por eles representados, para fixá-los em documentos ou instrumentos jurídicos e assim comprovar o pagamento do tributo incidente

54 Imagem disponível em http://www.sef.sc.gov.br/selo-sobre-papel.

sobre o respectivo ato ou negócio. Subsistem, nos dias de hoje, figuras que se assemelham a isso, como os selos usados por cartórios para comprovar o pagamento dos emolumentos e dos diversos encargos sobre eles incidentes, ou mesmo do selo postal empregado como meio de prova do pagamento da postagem da correspondência ou da encomenda a serem transportadas pelos Correios.

6.4.2.2. *Imputação em pagamento*

Segundo o art. 163 do CTN, existindo simultaneamente dois ou mais débitos vencidos do mesmo sujeito passivo para com a mesma pessoa jurídica de direito público, relativos ao mesmo ou a diferentes tributos ou provenientes de penalidade pecuniária ou juros de mora, a autoridade administrativa competente para receber o pagamento determinará a respectiva imputação, obedecidas as seguintes regras: *(i)* em primeiro lugar, aos débitos por obrigação própria e, em segundo lugar, aos decorrentes de responsabilidade tributária; *(ii)* primeiramente, às contribuições de melhoria, depois às taxas e, por fim, aos impostos; *(iii)* na ordem crescente dos prazos de prescrição; *(iv)* na ordem decrescente dos montantes.

Imagine-se, por exemplo, que o sujeito passivo tem dois débitos para pagar, um deles recentemente constituído e outro mais antigo, que já está próximo de ser alcançado pela prescrição. Caso efetue o pagamento do primeiro, confiando em que o segundo terminará prescrevendo, a autoridade poderá imputar a quantia recebida ao pagamento daquele já próximo de prescrever.

Mas note-se: a imputação em pagamento pressupõe a *exigibilidade* do débito ao qual o pagamento feito pelo sujeito passivo será imputado. Vale dizer, o Fisco pode atribuir um pagamento a um débito diverso daquele indicado pelo contribuinte, caso esse outro débito seja também exigível.

Dessa forma, caso o sujeito passivo esteja a dever determinada quantia e obtenha um *parcelamento*, a mesma deixará de ser exigível (CTN, art. 151, I e VI). Exigíveis serão, mensalmente, as respectivas parcelas, mas não o saldo do montante parcelado. Assim, se esse mesmo sujeito passivo efetuar um pagamento, a Fazenda poderá imputá-lo à parcela do parcelamento, ou a outros débitos dele, exigíveis e não pagos, mas não ao correspondente saldo devedor.

O mesmo vale para a compensação, forma de quitação na qual o Fisco eventualmente pode, em tese, com amparo no art. 163 do CTN, *imputar* o crédito a ser compensado com um débito diverso daquele indicado pelo contribuinte. Essa imputação não poderá ocorrer em face de débito do contribuinte que esteja parcelado, pois não há *exigibilidade*.

Foi o que já decidiu, com inteira propriedade, o STJ:

> "'O contribuinte não está obrigado a compensar os valores de créditos escriturais do IPI com débitos consolidados inscritos no Programa de Recuperação Fiscal – REFIS, porquanto o artigo 163 do CTN trata da possibilidade de imputação de pagamento quando houver mais de um débito do mesmo sujeito passivo em relação ao mesmo sujeito ativo' (REsp 448758/RS, Rel. Min. Luiz Fux, 1ª Turma, *DJ* de 07.04.2003) [...]."[55]

---

55 STJ, 1ª T., REsp 550.177/PR, Rel. Min. Teori Albino Zavascki, j. em 3/5/2005, *DJ* de 23/5/2005, p. 152. No mesmo sentido, e ressalvando a hipótese de essa imputação ocorrer por opção do contribuinte, à luz de autorização legal expressa e específica: "1. O contribuinte não está obrigado a compensar os valores de créditos escriturais do IPI com débitos consolidados inscritos no Programa de Recuperação Fiscal – REFIS, porquanto o artigo 163 do CTN trata da possibilidade de imputação de pagamento quando houver mais de um débito do mesmo sujeito passivo em relação ao mesmo sujeito

Finalmente, vale ressaltar que o ônus de provar a existência de fatos que autorizem a imputação (*v.g.*, a existência de débitos mais antigos) é da Fazenda, que não pode efetuar uma imputação sem demonstrar a presença dos requisitos a tanto necessários[56].

6.4.2.3. Consignação em pagamento

O sujeito passivo tem o dever de pagar o tributo. Mas o adimplemento de sua dívida é também um direito seu. Caso a Fazenda Pública ofereça resistência injustificada ao recebimento do tributo, o sujeito passivo pode utilizar-se da ação de consignação em pagamento.

Nos termos do art. 164 do CTN, a importância do crédito tributário pode ser consignada judicialmente pelo sujeito passivo, nos casos: *(i)* de recusa de recebimento, ou subordinação deste ao pagamento de outro tributo ou de penalidade, ou ao cumprimento de obrigação acessória; *(ii)* de subordinação do recebimento ao cumprimento de exigências administrativas sem fundamento legal; *(iii)* de exigência, por mais de uma pessoa jurídica de direito público, de tributo idêntico sobre um mesmo fato gerador.

As hipóteses acima enumeradas como *i* e *ii* podem ser de verificação menos frequente na prática, considerando-se que os pagamentos são feitos nas instituições bancárias, não tendo a Fazenda sequer oportunidade de incorrer nas recusas ali referidas. Mesmo assim, eventualmente é verificada em relação ao lançamento de ofício do IPTU, feito por alguns Municípios, que "casam" à exigência (legítima) do imposto o valor de uma taxa (inconstitucional) de limpeza pública, tornando impossível a quitação do primeiro sem o pagamento também da segunda. O STJ, a propósito, tem considerado que

> "cabe ação de consignação quando a entidade tributante subordinar o pagamento do IPTU ao pagamento de taxas municipais (inciso I, do art. 164, do CTN). [...] Propriedade da ação proposta com o fito de consignar o valor relativo ao IPTU enquanto se discute, em demanda própria, a constitucionalidade das taxas municipais cobradas [...]".[57]

Já a situação *iii*, porém, ocorre com maior frequência. É o caso, por exemplo, de quando o Estado exige o ICMS e o Município exige o ISS de um mesmo contribuinte (p. ex., provedor de acesso à Internet), quando apenas um desses dois impostos é devido. O mesmo ocorre quando dois Municípios diferentes pretendem exigir o ISS sobre uma mesma prestação de serviços (p. ex., porque o prestador está domiciliado em um Município e o tomador do serviço está estabelecido em outro).

A rigor, a consignação só poderia versar sobre o crédito que o consignante se propõe a pagar (CTN, art. 164, § 1º), vale dizer, o sujeito passivo não pode propor ação de consignação para discutir a validade do tributo, ainda que o considere devido apenas em parte.

---

ativo. [...] Tratando-se de crédito compensável e débito consolidado via REFIS torna-se inaplicável o art. 163 do CTN norma geral, que coerente com a regra especial instituidora do programa. [...] 3. O art. 163 do CTN pressupõe débitos para com o mesmo sujeito passivo, daí a imputação em pagamento imposta pelo fisco. Diversa é a hipótese de coexistência de crédito compensável e débito consolidado, hipótese em que a legislação correspondente ao REFIS não obriga o contribuinte a compensar créditos reconhecidos administrativamente com o montante consolidado desse programa, mas cria uma faculdade a ele, podendo, assim, utilizar seus créditos na compensação com débitos vincendos de tributos administrados pela SRF, obedecidas às normas contidas na IN SRF nº 21/97. [...]" STJ, 1ª T., REsp 448.758/RS, Rel. Min. Luiz Fux, j. em 25/3/2003, *DJ* de 7/4/2003, p. 240.

56 STJ, 2ª T., REsp 462.996/SP, Rel. Min. Eliana Calmon, j. em 2/3/2004, *DJ* de 17/5/2004, p. 177.

57 STJ, 2ª T., REsp 197.922/SP, Rel. Min. Castro Meira, j. em 22/3/2005, *DJ* de 16/5/2005, p. 276.

Exemplificando, se o contribuinte entende ser devedor de R$ 1.000,00, a título de IPTU, mas o Município lhe exige R$ 1.500,00, a solução correta é pagar os R$ 1.000,00 considerados devidos, e impugnar (p. ex., em ação anulatória) a validade dos R$ 500,00 adicionais. O Superior Tribunal de Justiça, em um primeiro momento, chegou a se posicionar nesse sentido[58]. Posteriormente, contudo, esse entendimento foi modificado, passando-se a entender que "ação de consignação é instrumento processual admissível para pagamento de tributo em montante inferior ao exigido, o que implica em recusa do Fisco ao recebimento do tributo por valor menor. [...]"[59], compreensão que se tornou dominante no âmbito daquela Corte.[60]

Considerando os princípios da efetividade da prestação jurisdicional e da instrumentalidade do processo, parece-nos que o entendimento adotado pelos últimos acórdãos transcritos é mais razoável. Realmente, ainda que não seja o instrumento mais adequado, não há qualquer prejuízo em se acolher o uso da ação de consignação, nesse caso, até porque não há incompatibilidade entre o pedido consignatório, em relação à parte do débito que o contribuinte considera devida, e o pedido anulatório, pertinente à outra parte, reputada indevida. Convencendo-se o magistrado de que a exigência impugnada é realmente ilegal, deixar de acolher os pedidos do autor da ação em homenagem à forma processual implica subversão da finalidade para a qual o processo e o próprio Poder Judiciário existem.

É preciso lembrar, porém, que esse caso, de ação que a rigor corresponde a uma anulatória cumulada com uma consignatória, que o depósito, em ambas, é feito com propósitos diferentes. Na anulatória, o contribuinte deposita, se for o caso, o valor que considera *indevido*, a fim de suspender sua exigibilidade. Se seu pedido for julgado procedente, o valor lhe será devolvido. Já na consignatória, se deposita o valor que se considera devido, a fim de que se considere quitada a obrigação. Se o pedido for julgado procedente, o valor será entregue ao Fisco. Assim, se o contribuinte usar a consignatória para questionar o valor devido, depositando apenas a parcela que deseja pagar, não haverá a suspensão da exigibilidade, que demandará o depósito em sua integralidade (CTN, art. 151, II c/c Súmula 112 do STJ).

Julgada procedente a consignação, o pagamento se reputa efetuado e a importância consignada é convertida em renda, considerando-se o crédito tributário definitivamente extinto. Caso seja julgada improcedente a consignação, no todo ou em parte, considera-se que o valor consignado não "extinguiu" o crédito, que é então cobrado, acrescido de juros de mora, sem prejuízo das penalidades cabíveis (CTN, art. 164, § 2º).

Exemplo de ação de consignação julgada improcedente seria aquele no qual um médico, inconformado com a circunstância de pagar ISS sobre o serviço prestado em seu consultório, e Imposto de Renda sobre o rendimento obtido com essa prestação, promovesse ação de consignação em pagamento com amparo no art. 164, III, do CTN, referente às situações nas quais se verifica a "exigência, por mais de uma pessoa jurídica de direito público, de tributo idêntico sobre um mesmo fato gerador." Essa demanda seria julgada improcedente, pois não há o direito subjetivo, do médico, de pagar, alternativamente, apenas um ou outro desses dois impostos, pois são ambos devidos. Verifica-se, no caso, hipótese de bitributação econômica, inevitável em um sistema no qual existem vários tributos, visto que todos, direta ou indiretamente, alcançam algo que poderia ser considerado renda em um sentido econômico e muitíssimo amplo (renda consumida, renda poupada, renda auferida etc.). O que a ação de

58 STJ, 1ª T., REsp 685.589/RS, Rel. Min. José Delgado, j. em 22/2/2005, *DJ* de 11/4/2005, p. 201.

59 STJ, 2ª T., REsp 538.764/RS, Rel. Min. Castro Meira, j. em 12/4/2005, *DJ* de 13/6/2005, p. 237.

60 STJ, 1ª T., REsp 659.779/RS, Rel. Min. Teori Albino Zavascki, j. em 14/9/2004, *DJ* de 27/9/2004, p. 281.

consignação visa a evitar, porém, no caso do inciso III do art. 164 do CTN, é a bitributação jurídica, a qual, salvo nas hipóteses previstas na Constituição, não é permitida.

É interessante notar como a ação de consignação em pagamento, especialmente em sua modalidade prevista no inciso III do art. 164 do CTN (dúvida quanto ao credor), pressupõe que as competências tributárias são privativas e não se interpenetram. Confirma-se, assim, ideia que já decorreria do art. 146, I, da Constituição, segundo o qual cabe à lei complementar dirimir conflitos de competência verificados entre União, Estados, Distrito Federal e Municípios[61], e do art. 154, I, também da CF/88, que condiciona a criação de novos impostos (residuais), pela União, à adoção de fatos geradores e bases de cálculo diversos dos já previstos na Constituição para os demais impostos. Sendo o fato gerador (e a base de cálculo, que é sua representação econômica) o elemento que identifica os impostos e permite diferenciar uns de outros, essa disposição impõe, por outras palavras, que a União *não invada* a competência de Estados, Distrito Federal e Municípios, endossando a ideia de que são privativas suas competências.

6.4.2.4. Pagamento indevido e restituição

Como consequência do direito de propriedade, do princípio da legalidade e de todas as normas que cuidam da relação jurídica tributária, o tributo que eventualmente seja pago indevidamente deve ser restituído ao sujeito passivo correspondente.

Disciplinando o assunto, o art. 165 do CTN assevera que o sujeito passivo tem direito, independentemente de prévio protesto, à restituição total ou parcial do tributo, seja qual for a modalidade do seu pagamento, ressalvado o disposto no § 4º do art. 162, nos seguintes casos: *(i)* cobrança ou pagamento espontâneo de tributo indevido ou maior que o devido em face da legislação tributária aplicável, ou da natureza ou circunstâncias materiais do fato gerador efetivamente ocorrido; *(ii)* erro na identificação do sujeito passivo, na determinação da alíquota aplicável, no cálculo do montante do débito ou na elaboração ou conferência de qualquer documento relativo ao pagamento; *(iii)* reforma, anulação, revogação ou rescisão de decisão condenatória.

Vale frisar que o direito à restituição do indébito não decorre, direta e exclusivamente, do art. 165 do CTN, ou de qualquer dispositivo específico da legislação infraconstitucional. Ele decorre da própria Constituição, de todas e de cada uma das limitações constitucionais ao poder de tributar, o que significa dizer que é uma consequência da própria ideia de Estado de Direito[62]. Se o tributo foi pago indevidamente, isso significa que ou a norma que incidiu sobre o fato praticado pelo contribuinte é inválida, ou a norma, embora válida, fora aplicada sobre situação de fato diversa da nela prevista como hipótese de incidência. Por outras palavras, ou o fato ocorrido não realiza a hipótese de incidência, por não corresponder a ela, tendo a sua subsunção à lei implicado violação desta, ou a própria norma aplicada é inválida, o que contamina o tributo com base nela cobrado ainda que o fato realizado pelo contribuinte a ela se amolde.

Um tributo indevido, portanto, é um tributo pago com violação a normas constitucionais que exigem a prévia edição de lei para sua criação, bem como a observância à capacidade contributiva, à anterioridade, às competências delimitadas no texto constitucional, às imunidades,

---

61 Raquel Cavalcanti Ramos Machado observa, a partir desse artigo, que ele implica o reconhecimento de que os conflitos são factualmente verificáveis mas juridicamente inadmissíveis. Cf. MACHADO, Raquel Cavalcanti Ramos. **Competência Tributária**: entre a rigidez do sistema e a atualização interpretativa. São Paulo: Malheiros, 2014, p. 51 e ss.

62 HENSEL, Albert. **Derecho tributario**. Tradução de Andrés Báez Moreno, María Luisa González-Cuéllar Serrano e Enrique Ortiz Calle. Madrid: Marcial Pons, 2005, p. 163.

e assim por diante. Sua devolução, nesse contexto, nada mais é que o reflexo do necessário respeito devido a essas normas, cuja violação não pode ser sem consequências jurídicas. A compreensão dessa questão, fundamental, é decisiva para que se dê o adequado sentido a disposições infraconstitucionais que visam a limitar ou restringir, desproporcionalmente, o direito à devolução de tributos pagos indevidamente.

Ao dizer que o direito à restituição *independe de prévio protesto*, o art. 165 do CTN está a afirmar que o pagamento é indevido, e deve ser restituído, independentemente de o sujeito passivo havê-lo pago "forçadamente", ou motivado por "erro". No Direito Tributário, como a obrigação é *compulsória*, a vontade do sujeito passivo não influi na relação tributária correspondente. Não será a manifestação de vontade do contribuinte que fará o tributo tornar-se indevido, assim como não será essa mesma vontade que "convalidará" um tributo indevido. Remete-se o leitor, aqui, para o que se explicou em torno da definição de tributo contida no art. 3.º do CTN, no capítulo 2, item 4, deste livro.

A ressalva feita ao art. 162, § 4º, do CTN, diz respeito à aquisição de estampilhas, que depois são erradamente utilizadas. Nesse caso, não há direito à restituição, salvo quando o erro na utilização da estampilha for imputável à autoridade competente, e não ao sujeito passivo. O pagamento de tributos por meio de estampilhas praticamente não mais existe, remanescendo figuras a ele assemelhadas, como a dos selos usados pelos cartórios para a prática de alguns atos, como a autenticação de documentos ou o reconhecimento de firmas, ou o próprio selo postal, usado pelos correios. O pagamento do tributo, quando por meio de estampilhas, se dava mediante compra, pelo contribuinte, das estampilhas, no âmbito da repartição fiscal. Assemelhadas a selos, elas tinham cores diferentes, a depender do valor por elas representadas. Ao praticar os atos a serem submetidos à tributação, o contribuinte então *colava* as estampilhas no respectivo documento, de sorte a evidenciar que o imposto havia sido pago. Daí a restrição, contida no CTN, relativa à restituição de tributos pagos por meio de estampilhas, dada a própria dificuldade de controlar se realmente elas se teriam extraviado, ou se teriam sido usadas e o contribuinte estaria a pedir maliciosamente sua restituição, alegando perda ou extravio. A restrição poderia ser considerada de constitucionalidade duvidosa, mas, como atualmente não mais se utilizam estampilhas, a discussão perde relevância prática.

6.4.2.4.1. A questão da restituição do indébito relativo a tributos ditos "indiretos"

Segundo o art. 166 do CTN, a restituição de tributos que comportem, por sua natureza, transferência do respectivo encargo financeiro, somente será feita a quem prove haver assumido referido encargo, ou, no caso de tê-lo transferido a terceiro, estar por este expressamente autorizado a recebê-la. Trata-se de dispositivo altamente criticado, pois termina viabilizando ao fisco o recebimento definitivo de tributos indevidos, além de não indicar, com objetividade e clareza, quais seriam esses tributos aos quais seria aplicável.

Como todo tributo, sob um prisma econômico, pode ter o seu encargo transferido a terceiros (repercussão financeira), o art. 166 do CTN somente diz respeito àqueles que, não só do ponto de vista financeiro, mas também do ponto de vista jurídico, podem ser transferidos a terceiros, vale dizer, aqueles em relação aos quais o sujeito passivo tem o *direito* de transferir o encargo do tributo a terceiros. Do contrário, o art. 166 estaria esvaziando todos os demais artigos que cuidam da restituição do indébito tributário, pois a repercussão meramente financeira ocorre em todos os tributos, sendo ainda de impossível aferição, dimensionamento e comprovação.

Pode-se apontar espécie de tributos aos quais o art. 166 do CTN se aplica, aqueles cobrados por meio de responsáveis tributários, nos termos do art. 128 do mesmo Código.

Como se sabe, sempre que a lei colher um terceiro como "sujeito passivo" (p. ex., bancos, responsáveis pelo recolhimento do IOF devido pelos correntistas), deverá assegurar a esse terceiro meios jurídicos de repercutir o tributo (p. ex., direito de o banco debitar o IOF das contas de seus correntistas). Nesse caso, em havendo pagamento indevido, o art. 166 pode ser invocável, devendo o tributo ser restituído àquele que demonstrar haver suportado o encargo correspondente, ou estar autorizado por quem o suportou.

Cabe destacar, porém, que o STJ, examinando questões relativas à exegese do art. 166 do CTN, acolheu conceito de repercussão jurídica semelhante ao acima exposto, porém consideravelmente mais abrangente.[63] No entender das duas Turmas de Direito Público do STJ, há repercussão jurídica não apenas nos casos antes referidos (tributos pagos por responsáveis, nos termos do art. 128 do CTN), mas também quando o tributo é apenas "embutido" no preço, desde que a sua sistemática de incidência viabilize essa transferência de encargo por intermédio de um negócio jurídico. Seria algo verificável, para o STJ, com o ICMS e o IPI, havendo a chamada "integração direta no preço". Com a reforma tributária levada a efeito pela EC 132/2023, e a previsão de competência para a instituição de um "IVA-Dual", composto de uma contribuição sobre bens e serviços (CBS) federal e um imposto sobre bens e serviços (IBS), "compartilhado" entre Estados-membros, Distrito Federal e Municípios, os quais gradualmente substituirão PIS, COFINS, ICMS, ISS e IPI, coloca-se a questão de saber se a eles será aplicado por igual o entendimento calcado no art. 166 do CTN. O mesmo se pode dizer do "Imposto Seletivo" (IS), previsto na mesma emenda, o qual substituirá a parcela extrafiscal do IPI. O que se espera, na verdade, é que as dificuldades e os equívocos inerentes à aplicação desta tese, os quais serão explicados mais adiante, levem o legislador complementar, quando da regulamentação dos novos impostos, a superar a contradição e a incoerência atualmente existentes.

A diferenciação feita pela jurisprudência, para determinar a quais tributos o art. 166 do CTN se aplica, foi a seguinte. Em princípio, financeiramente, todo tributo pode repercutir, em todas as direções, seja na compra de matéria-prima por preços mais baixos, na redução da folha de pagamentos, da margem de lucros, dos aluguéis pagos etc. Assim, a instituição ou a majoração indevida de um tributo poderia fazer com que o contribuinte repercutisse o ônus correspondente aos fornecedores (impondo a eles a compra de mercadorias ou matérias-primas por preços mais baixos), aos empregados (deixando de lhes conceder aumentos ou mesmo demitindo alguns deles), aos seus sócios ou acionistas (com a redução ou a supressão do lucro que lhes seria destinado), ou aos seus compradores (por meio de preços mais elevados). A repercussão pode ocorrer em todas essas direções, de maneira parcial e simultânea, a saber, com transferência de parcela do ônus a cada um dos agentes econômicos indicados, que estão envolvidos com o contribuinte. Trata-se, contudo, de mera repercussão financeira, não sendo a ela aplicável o art. 166 do CTN. Alguns tributos, contudo, incidem sobre um fato realizado por mais de uma pessoa. É o caso de tributos que oneram operações, negócios jurídicos nos quais determinado bem é "impulsionado" na economia. E mais: o fazem levando em conta, até na determinação de suas alíquotas, a capacidade contributiva indiretamente revelada por uma das partes, que não é aquela colhida como contribuinte. Pois bem. Sempre que o tributo onera diretamente o sujeito passivo situado no início deste ciclo impulsionador, e este pode, no âmbito do negócio jurídico celebrado, adicionar direta e imediatamente ao preço o ônus respectivo, de modo a que alcance a capacidade contributiva do comprador, há – na visão do STJ – repercussão jurídica, nos termos aludidos no art. 166 do CTN.

---

[63] STJ, REsp 200.518/SP, *DJ* de 8/3/2000, p. 54; REsp 228.315/RS, *DJ* de 28/2/2000, p. 60; REsp 286.404/PR, *DJ* de 21/10/2002, p. 330.

Para o STJ, a devolução do tributo indevido ao contribuinte dito "de direito", nos casos em que ele já "recuperou" o ônus correspondente junto ao "contribuinte de fato", por meio da cobrança de um preço mais alto, representaria um "enriquecimento sem causa" do contribuinte de direito. Embora também o Estado experimente um enriquecimento sem causa ao não restituir o tributo indevido, seria melhor que isso ocorresse com o Estado, que representa os interesses da coletividade, do que com o particular. Há registro dessa "justificativa" para o enriquecimento sem causa estatal, por exemplo, em voto proferido pelo Ministro Victor Nunes Leal no Supremo Tribunal Federal, quando do julgamento do RE 46.450, em 1961. Posteriormente, ela passaria a contar com o aval de conceituados estudiosos.[64]

Esse posicionamento, embora dê ao art. 166 do CTN extensão menor do que a Fazenda desejava, é, ainda, passível de muitas críticas, razão pela qual, como dito, se espera que ele seja superado quando da regulamentação em lei complementar da CBS e do IBS, e do Imposto Seletivo IS, os quais gradualmente substituirão ICMS, IPI, ISS, PIS e COFINS. De início, porque ele, na prática, torna muito difícil, ou mesmo impossível, a restituição de um tributo "indireto" pago indevidamente. Com isso, torna-se difícil, ou mesmo impossível, o restabelecimento do direito malferido pela cobrança correspondente, em contrariedade a todas as normas constitucionais que determinam como os tributos podem ser instituídos e cobrados, e, *a contrario*, como não podem sê-lo. Viola-se, com mais ênfase ainda, o disposto no art. 5.º, XXXV, da CF/88, pois se nega aos contribuintes o próprio acesso a uma prestação jurisdicional que repare a aludida violação.

Por outro lado, há extrema dificuldade em se determinar a repercussão do ônus do tributo, que, aliás, não é uma questão à qual se possa responder apenas "sim, houve repercussão", ou "não, não houve repercussão", na forma de um "tudo ou nada". A repercussão pode se verificar em graus. E, pior, em múltiplas direções e sentidos, como já explicado, e não apenas da forma sempre imaginada *produção → comércio → consumo final.*[65] Como referido anteriormente, o aumento do ônus tributário sobre um comerciante, por exemplo, pode se refletir "para trás", na imposição de uma diminuição no preço de seus fornecedores (*shifting backwards*), ou mesmo sobre os seus empregados, que podem deixar de receber aumento ou mesmo sofrer demissões.[66]

Aliás, sabe-se que a repercussão pode ocorrer em tributos diretos,[67] e não ocorrer em indiretos, o que deita por terra, definitivamente, o uso da classificação em comento para

---

64 "Estamos em que, se não há fundamento jurídico que ampare o Estado, no caso de haver recebido valores indevidos de contribuintes que transferiram o impacto financeiro a terceiros, também não há justo título para que estes, os sujeitos passivos que não provaram haver suportado o encargo, possam predicar a devolução. E na ausência de títulos de ambos os lados, deve prevalecer o magno princípio da supremacia do interesse público ao do particular, incorporando-se as quantias ao patrimônio do Estado." (CARVALHO, Paulo de Barros. **Curso de Direito Tributário**. 12. ed. São Paulo: Saraiva, 1999, p. 419). Nesse sentido, confira-se: TORRES, Ricardo Lobo. **Curso de Direito Financeiro e Tributário**. 11. ed. Rio de Janeiro: Renovar, 2004, p. 293.

65 OJHA, P. D.; LENT, George E. Sales Taxes in Countries of the Far East (Les taxes sur le chiffre d'affaires dans les paysd'Extrême-Orient) (Los impuestos sobre las ventas en países del Lejano Oriente). **Staff Papers – International Monetary Fund.** Palgrave Macmillan Journals, Vol. 16, No. 3 (Nov., 1969), pp. 529-581. Disponível *on-line* em http://www.jstor.org/stable/3866284, último acesso em 17/07/2012, p. 532.

66 GANDHI, I. Ved. P.; MEHTA, B. V.; LALL, V. D. Shifting of Tax by Companies: Comments. **Economic and Political Weekly**, Vol. 2, nº 24 (Jun. 17, 1967), pp. 1089-1093; p. 1095-1097; Disponível *on-line* em http://www.jstor.org/stable/4358066, último acesso em 17/07/2012, p. 1096.

67 BODENHORN, Diran. The Shifting of the Corporation Income Tax in a Growing Economy. **The Quarterly Journal of Economics**, Oxford University Press, Vol. 70, Nº. 4 (Nov., 1956), pp. 563-580, disponível

restringir o direito à restituição do indébito tributário em relação àqueles considerados como "indiretos".[68]

Existem, em suma, inúmeros fatores que, combinados, levam a trilhões de cenários distintos, a serem considerados na determinação da repercussão, de sua direção, sentido e intensidade. É impossível ao Judiciário conhecê-los todos, e este, como aponta Tarcísio Neviani, não pode atalhar o problema da pior forma possível, presumindo-a arbitrariamente em relação a certos tributos e impondo ao contribuinte a impossível tarefa de refutá-la.[69] A melhor solução seria simplesmente abandonar o uso da tese segundo a qual o "repasse" impediria a restituição.[70]

Outro aspecto a ser considerado, na repulsa ao uso da "tese do repasse" (*passing-on defense*) por parte da Fazenda Pública, nas ações de restituição do indébito, é o de que *mesmo se o tributo tiver sido repassado a terceiros,* subsiste o direito do contribuinte à restituição, caso seu pagamento tenha sido indevido. Não se há de cogitar de um "enriquecimento sem causa" do contribuinte dito "de direito", neste caso, porque, ressalvada a hipótese de a legislação lhe facultar a cobrança do tributo, como tributo, apartado e acrescido ao preço, como parcela distinta (o que transformaria o contribuinte dito "de fato" em verdadeiro contribuinte "de direito", diga-se de passagem, com a atuação do vendedor como mero "responsável"), o que não é o caso do Brasil, o que o contribuinte dito "de direito" recebe de seus consumidores chama-se *preço*, e não se torna indevido (ou "sem causa") porque um dos custos incidentes sobre a atividade – o tributo – foi considerado indevido posteriormente. Além disso, há o fato, bem percebido por Tarcísio Neviani[71], e também percebido pela jurisprudência da Corte Europeia de Justiça, de que o encarecimento indevido dos produtos do contribuinte leva a um volume de vendas menor, e, assim, a um "prejuízo" a ser reparado pela restituição do indébito, independentemente de traslação ou repasse do ônus do tributo por meio da fixação de preços mais altos.

O aspecto mais relevante de toda a discussão, porém, talvez seja o de que o tributo pago pelo contribuinte "de direito" não se confunde com preço, pago pelo contribuinte "de fato", ainda que seja integralmente nele "embutido". Seus *fundamentos jurídicos* são distintos, pelo que o fato de o primeiro ser indevido não faz com que o segundo também o seja. Na verdade, o tributo, juntamente com os demais custos, e uma margem de lucro (que não é tabelada, podendo ser maior, menor, ou mesmo inexistente, em certas situações), é um fator a ser considerado pelo comerciante, na determinação de seus preços. Esses preços, porém, não serão definidos apenas por esses custos, mas por inúmeros outros fatores do mercado. E como não há lucro tabelado, pode-se dizer que um menor ônus tributário, se o mercado permitisse a venda pelo mesmo preço, levaria a um maior lucro *legítimo* do comerciante.[72]

---

on-line em http://www.jstor.org/stable/1881865, último acesso em 17/07/2012, p. 564; NEVIANI, Tarcísio. **A Restituição de Tributos Indevidos, seus problemas, suas incertezas**. São Paulo: Resenha Tributária, 1983, p. 66-67.

68 MACHADO SEGUNDO, Hugo de Brito. **Repetição do Tributo Indireto**: incoerências e contradições. São Paulo: Malheiros, 2011, item 2.7.

69 NEVIANI, Tarcísio. **A Restituição de Tributos Indevidos, seus problemas, suas incertezas**. São Paulo: Resenha Tributária, 1983, p. 148-149.

70 CAPRILLES, Theo. **On why EU stand on the passing on defence equates to enriching the unjust**. Disponível em http://lup.lub.lu.se/luur/download?func=downloadFile&recordOId=2006260&fileOId=2006296, acesso em 13/7/2012, p. 24.

71 NEVIANI, Tarcísio. **A Restituição de Tributos Indevidos, seus problemas, suas incertezas**. São Paulo: Resenha Tributária, 1983, p. 68.

72 NEVIANI, Tarcísio. **A Restituição de Tributos Indevidos, seus problemas, suas incertezas**. São Paulo: Resenha Tributária, 1983, p. 155.

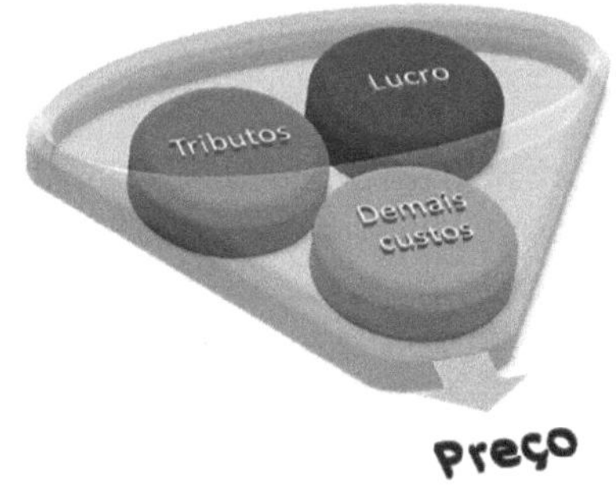

Em suma, além de tudo o que foi apontado, a repercussão, quando há, relativamente aos tributos indiretos, faz com que o consumidor final pague um preço mais alto[73], apenas. Mas o valor pago pelo consumidor, dito contribuinte "de fato", não é tributo. É preço, não deixa de ser preço porque tributos são pagos pelo vendedor e considerados em sua fixação, nem se torna indevido se um desses ingredientes levados em conta na sua fixação for considerado inválido.

Se um comerciante fixa seu preço pensando ter de pagar um aluguel elevado, e o comprador *aceita pagar esse preço* e adquire a mercadoria, o fato de depois se constatar que esse aluguel não seria tão elevado, ao final, não transforma o preço pago pelos compradores das mercadorias pago em indevido, só por isso. O preço é devido, porque fora validamente pactuado, pouco importando, para isso, quais fatores levaram o comerciante a fixá-lo no patamar aceito pelo comprador. Essa aceitação, sim, é relevante.[74] E, assim como acontece com aluguéis, salários e outros custos, dá-se com os tributos, sejam diretos ou indiretos.[75]

Justamente porque tributo e preço são distintos, quando o comerciante encarece o seu preço para recuperar o ônus (econômico) do tributo, o valor recebido a título de preço é legítimo mesmo se o tributo vier a ser considerado indevido. Assim, não há por que afirmar que o comerciante não experimentou um "ônus" com o pagamento do tributo indevido, que, em lhe sendo restituído, não ensejará nenhum enriquecimento sem causa.

A tese do enriquecimento sem causa é afastada, também, se se considerar que, sem o tributo (indevido), o comerciante poderia ter cobrado pelo produto o mesmo preço, experimentando lucro maior. Assim, mesmo repassado ao consumidor sob a forma de aumento de preços, juridicamente o tributo indevido ou enseja uma diminuição do lucro possível em face do preço praticado, ou enseja uma diminuição das vendas, em face de um preço menor possível. De qualquer sorte, sua cobrança causa um "dano", passível de reparação, apesar de uma suposta e integral repercussão.

Como se isso não bastasse, se o tributo é indevido, a restituição é medida que se impõe, como forma de reparação da ordem jurídica violada. A causa do dever de restituição não é um

---

73 TERRA, Ben. **Sales Taxation – The Case of Value Added Tax in the European Community**. Boston: Kluwer Law and Taxation Publishers, 1988, p. 12.

74 MACHADO SEGUNDO, Hugo de Brito. **Repetição do Tributo Indireto**: incoerências e contradições. São Paulo: Malheiros, 2011, itens 3.24. e 10.38 a 10.44.

75 "(...) o tributo pago pelo sujeito passivo da obrigação tributária, quando tem o seu valor por este incluído entre os seus custos operacionais, deixa de ser tributo, que se extingue ontologicamente com o seu pagamento ao erário, para tornar-se apenas um custo destinado a ser eventualmente coberto pelo preço pago pelo adquirente dos bens ou serviços." NEVIANI, Tarcísio. **A Restituição de Tributos Indevidos, seus problemas, suas incertezas.** São Paulo: Resenha Tributária, 1983, p. 122.

"empobrecimento" do contribuinte, mas a violação à lei, que há de ser reparada sem perquirição a respeito de quem enriquece ou empobrece com isso. Foi o que percebeu, com muita propriedade, a Corte Suprema do Canadá, o que mostra que as Fazendas das várias partes do mundo já usaram os mesmos argumentos, mas muitas delas não contaram com a complacência do Poder Judiciário de seus países,[76] ou da União de direito internacional da qual fazem parte, como é o caso dos países da Europa e da jurisprudência da Corte de Justiça Europeia em torno do assunto[77].

Diante disso, poder-se-ia perguntar se subsistiria alguma utilidade na classificação dos tributos em diretos e indiretos, assim como na consideração do fenômeno da repercussão, já que, pelo menos sob a nossa ótica, não se lhes poderia aplicar o art. 166 do CTN, que seria reservado às situações nas quais existam mais de um sujeito passivo legalmente definido como tal (contribuinte e também responsável tributário, nos termos do art. 128 do CTN, por exemplo). Em verdade, a circunstância de um tributo onerar, indiretamente, a capacidade contributiva revelada por pessoa diversa daquela definida em lei como contribuinte, e a possibilidade de o ônus econômico desse tributo ser repassado a essas pessoas, por meio do encarecimento dos bens e serviços por ela consumidos, conquanto de difícil determinação, pode ser considerado pela legislação em um cenário *macro*[78], na definição de políticas tributárias e na determinação das alíquotas dos tributos correspondentes. Isso explica a subsistência da classificação[79], pois o problema não reside nela, mas nos efeitos jurídicos que podem, ou não, ser extraídos dela.

Dessa forma, se se sabe que o tributo *tende* a encarecer os preços, como qualquer custo, isso pode ser levado em consideração no estabelecimento das alíquotas correspondentes, conforme o produto. É o que determina a CF/88, relativamente ao ICMS e ao IPI, seletivos conforme a essencialidade do produto onerado, e ao Imposto Seletivo (IS), incidente somente sobre produtos e serviços prejudiciais à saúde e ao meio ambiente. Pode essa tendência ao encarecimento de preços, também, determinar a criação de mecanismos destinados a evitar que essas incidências retirem a neutralidade do tributo, o que de resto levou à introdução da sistemática da não cumulatividade.

Mas veja-se. A seletividade, assim como a não cumulatividade, são reflexos, no âmbito tributário, da ideia de que os tributos ditos indiretos *encarecem o preço* das mercadorias e dos serviços sobre os quais incidem, mas o valor pago pelo consumidor por tais mercadorias e por tais serviços continua tendo a natureza jurídica de *preço*, não sendo contaminado caso o tributo que o encarece seja, posteriormente, considerado indevido.[80]

Vale insistir, porém, que, não obstante se critique, por todas essas razões, esse posicionamento do STJ quanto ao art. 166 do CTN, não se pode ignorar que se trata do entendimento prevalente no âmbito da jurisprudência. Assim, pelo menos para fins pragmáticos, deve-se considerar que a questão resta hoje pacificada, no Brasil, nos seguintes termos:

a) há repercussão jurídica quando a lei institua a chamada substituição tributária, separando a sujeição passiva tributária entre contribuinte e responsável, nos termos do art. 128 do CTN; *e, também*,

---

76 Kingstreet Investments Ltd. *v.* New Brunswick (Finance), [2007] 1 S.C.R. 3, 2007 SCC 1.

77 Veja-se, a respeito: MACHADO SEGUNDO, Hugo de Brito. Ainda a restituição dos tributos indiretos. **Nomos**, v. 32.2, p. 223-274, 2012.

78 NEVIANI, Tarcísio. **A Restituição de Tributos Indevidos, seus problemas, suas incertezas**. São Paulo: Resenha Tributária, 1983, p. 111-117.

79 TERRA, Ben. **Sales Taxation – The Case of Value Added Tax in the European Community**. Boston: Kluwer Law and Taxation Publishers, 1988, p. 12.

80 MACHADO SEGUNDO, Hugo de Brito. **Repetição do Tributo Indireto**: incoerências e contradições. São Paulo: Malheiros, 2011, itens 7.28 a 7.33 e 10.35.

b) quando o tributo tenha como fato gerador uma operação, na qual duas pessoas participem, onerando *o primeiro sujeito* desta operação e possibilitando que esse primeiro sujeito, no âmbito do negócio celebrado, acrescente o ônus do tributo, repercutindo-o de modo direto e imediato no preço ao segundo sujeito da operação.

Nas duas hipóteses acima sintetizadas, o correto seria considerar que a relação jurídica tributária poderia em tese ser questionada por ambos os sujeitos passivos, tanto o "direto" como o "indireto", pois ambos são afetados pela imposição do tributo (p. ex., em mandado de segurança). Quando se tratar de ação de restituição do indébito, essa legitimidade assistiria apenas àquele que efetivamente houver desembolsado o valor a ser restituído, cumprindo-lhe provar haver sofrido o ônus do tributo, ou estar autorizado por quem o sofreu (CTN, art. 166). Entretanto, como será visto mais adiante, o STJ tem adotado (REsp 903.394/AL), de forma incoerente, entendimento segundo o qual o contribuinte dito "de fato" não poderia questionar os termos da relação jurídica, por não fazer parte dela. Como também se nega essa legitimidade ao contribuinte "de direito", sob o argumento de que ele "repassa" o valor do tributo ao contribuinte "de fato", cria-se uma situação na qual nenhum dos dois pode discutir os termos da relação, em ofensa ao art. 5º, XXXV, da CF/88. A única exceção, na qual o STJ considera legítimo o contribuinte 'de fato' para questionar a exigência, é quando se trata do consumidor final de energia elétrica, relativamente ao ICMS sobre ela incidente, porquanto a concessionária, além da tarifa, cobraria o imposto, de forma apartada, transformando o consumidor quase que em um contribuinte "de direito" também[81].

Vale observar ainda que, fundado na aludida definição de "tributo indireto", o STJ considerou inválidas as disposições de lei ordinária que condicionam a restituição ou a compensação de contribuições previdenciárias devidas pelas empresas à prova da não repercussão do ônus correspondente aos preços dos produtos ou serviços oferecidos à sociedade. A Primeira Seção daquela Corte entendeu, com inteiro acerto, que

> "[...] tributos que comportem, por sua natureza, transferência do respectivo encargo financeiro são somente aqueles em relação aos quais a própria lei estabeleça dita transferência.
>
> 3. Somente em casos assim aplica-se a regra do art. 166, do Código Tributário Nacional, pois a natureza, a que se reporta tal dispositivo legal, só pode ser a jurídica, que é determinada pela lei correspondente e não por meras circunstâncias econômicas que podem estar, ou não, presentes, sem que se disponha de um critério seguro para saber quando se deu, e quando não se deu, aludida transferência.
>
> 4. Na verdade, o art. 166, do CTN, contém referência bem clara ao fato de que deve haver pelo intérprete sempre, em casos de repetição de indébito, identificação se o tributo, por sua natureza, comporta a transferência do respectivo encargo financeiro para terceiro ou não, quando a lei, expressamente, não determina que o pagamento da exação é feito por terceiro, como é o caso do ICMS e do IPI. A prova a ser exigida na primeira situação deve ser aquela possível e que se apresente bem clara, a fim de não se colaborar para o enriquecimento ilícito do poder tributante. Nos casos em que a lei expressamente determina que o terceiro assumiu o encargo, necessidade há, de modo absoluto, que esse terceiro conceda autorização para a repetição de indébito.
>
> 5. A contribuição previdenciária examinada é de natureza direta. Apresenta-se com essa característica porque a sua exigência se concentra, unicamente, na pessoa de quem

81 STJ, 1ª S., REsp 1.278.668/RS e REsp 1.299.303/SC.

> a recolhe, no caso, uma empresa que assume a condição de contribuinte de fato e de direito. A primeira condição é assumida porque arca com o ônus financeiro imposto pelo tributo; a segunda, caracteriza-se porque é a responsável pelo cumprimento de todas as obrigações, quer as principais, quer as acessórias.
>
> 6. Em consequência, o fenômeno da substituição legal no cumprimento da obrigação, do contribuinte de fato pelo contribuinte de direito, não ocorre na exigência do pagamento das contribuições previdenciárias quando à parte da responsabilidade das empresas.
>
> 7. A repetição do indébito e a compensação da contribuição questionada podem ser assim deferidas, sem a exigência da repercussão.
>
> [...]."[82]

Por dever de coerência, o art. 166 do CTN não deveria ser visto como um óbice à restituição do indébito, mas apenas como uma regra a respeito de legitimidade ativa *ad causam*. Nessa ordem de ideias, caso se considere que houve "repercussão" jurídica do ônus representado pelo tributo a ser restituído, o direito à devolução assistiria àquele que o houver suportado (dito, impropriamente, "contribuinte de fato"). O STJ chegou a se posicionar nesse sentido, decidindo que "o contribuinte de fato está legitimado para reclamar a devolução do tributo indevidamente recolhido pela contribuinte de direito. Assim dispõe, a contrário senso, o Art. 166 do CTN".[83]

Entretanto, como explicado anteriormente, esse entendimento foi alterado, e o STJ passou a decidir no sentido da ilegitimidade *ad causam* do contribuinte "de fato": "(...) apenas o contribuinte de direito tem legitimidade ativa *ad causam* para demandar judicialmente a restituição de indébito referente a tributos indiretos. 2. No julgamento do REsp 928.875/MT, a Segunda Turma reviu sua posição para considerar que somente o contribuinte de direito possui legitimidade *ad causam* para figurar no polo ativo das demandas judiciais que envolvam a incidência do ICMS sobre a demanda contratada de energia elétrica. 3. Nas operações internas com energia elétrica, o contribuinte é aquele que a fornece ou promove a sua circulação (definição disposta no art. 4º, *caput*, da Lei Complementar 87/1996). Assim, ainda que se discuta a condição da concessionária, é certo que não é possível enquadrar o consumidor final na descrição legal de contribuinte de direito. 4. Na ausência de uma das condições da ação – legitimidade ativa da parte recorrida –, impõe-se a denegação da segurança, sem resolução do mérito, consoante disposto no art. 6º, § 5º, da Lei 12.016/09. 5. Recurso especial provido."[84]

O citado acórdão deixa bastante claro que, realmente, houve uma mudança no entendimento. Ao "consolidar" a tese no âmbito da lei dos recursos repetitivos, o que se achava consolidado foi radicalmente alterado - o que não tem sido incomum, embora seja muito estranho, no âmbito dessa sistemática –, e a corte passou a entender que o contribuinte "de fato" não tem legitimidade ativa *ad causam* para pleitear a restituição do indébito (REsp 903.394/AL) e nem para discutir aspectos outros da relação tributária (REsp 928.875/MT). A única exceção, admitida posteriormente, como já esclarecido, diz respeito ao consumidor final de energia elétrica[85].

Assim, para o STJ, no âmbito dos tributos ditos indiretos, somente o contribuinte "de direito" pode discutir os termos da relação jurídica, sendo certo que, no caso de restituição,

---

82 STJ, EDiv no REsp 168.469/SP - *DJ* I de 17/12/1999, p. 314.

83 STJ, REsp 276.469/SP - *DJ* de 1º/10/2001, p. 165.

84 STJ, 2ª T., REsp 1.147.362/MT, *DJe* de 19/08/2010.

85 STJ, 1ª S., REsp 1.278.668/RS e REsp 1.299.303/SC.

mesmo ele não pode fazê-lo se não provar haver assumido o ônus econômico representado pelo tributo. Cria-se, com isso, entrave praticamente intransponível à restituição do indébito, o que se faz de forma fortemente incoerente. Para um efeito, é "jurídica" a transferência do ônus do tributo ao consumidor final. Para outro, é "meramente econômica".

Essa forte incoerência é verificada da leitura dos acórdãos proferidos no julgamento dos precedentes antes apontados. No REsp 903.394/AL, por exemplo, o STJ utilizou fundamentação – e fartas referências à literatura especializada – para afirmar que a relação do contribuinte de fato com o contribuinte de direito é de natureza diversa, privada, e a repercussão do tributo se dá de forma meramente econômica, não jurídica. É o caso de Alfredo Augusto Becker, longamente referido, cujas lições conduzem à inaplicabilidade do art. 166 do CTN ao ICMS, ao ISS ou ao IPI, pois em nenhum desses tributos o contribuinte tem o direito de "reter" ou "descontar" o tributo do consumidor final, do qual recebe o preço. Becker chega mesmo a afirmar que a ideia de que tais tributos são indiretos e "repercutem" decorre do que chama de "sistema de fundamentos óbvios" calcado na simplicidade da ignorância. Não obstante, foi longamente citado para – acolhida sua lição de forma truncada e parcial – negar-se legitimidade *ad causam* ao contribuinte de fato. Acolhidas *in totum*, conduziriam ao reconhecimento da legitimidade *ad causam* ao contribuinte de direito em todas as hipóteses, reservando a aplicação do art. 166 do CTN aos casos de responsabilidade tributária (CTN, art. 128), conforme explicado anteriormente.

Mas a citada decisão não se fundamenta apenas nas lições de Becker. Busca amparo, também, em Brandão Machado e Eduardo Bottallo, os quais afirmam, ambos, a natureza infeliz do art. 166 do CTN, que confunde relação de direito privado (preço) com relação tributária (retenção de tributo). É incrível que tais autores sejam citados e tenham suas lições invocadas em decisão que, não obstante, chega a entendimento contrário ao que eles defendem. Ou, se não inteiramente contrário, parcialmente contrário, o que é ainda pior: considera que a repercussão realmente é irrelevante e não deve ser levada em conta pelo direito, para com isso negar legitimidade ao contribuinte de fato, mas contraditoriamente (e de modo não autorizado pela literatura citada) passa a tê-la por importante quando se trata de negar legitimidade ao contribuinte "de direito" que pleiteia a restituição sem provar haver assumido o ônus econômico do tributo.

Essa ideia, de considerar o contribuinte "de fato" relevante apenas para dificultar a restituição por parte do contribuinte "de direito", restou muito clara no julgamento do RMS 24.532/AM (*DJ* de 25/9/2008), quando o STJ consignou que "a caracterização do chamado contribuinte de fato presta-se unicamente para impor uma condição à repetição do indébito pleiteada pelo contribuinte de direito, que repassa o ônus financeiro do tributo cujo fato gerador tenha realizado (art. 166 do CTN), mas não concede legitimidade *ad causam* para os consumidores ingressarem em juízo com vistas a discutir determinada relação jurídica da qual não façam parte". Tal entendimento merece censura, pois, além de incoerente, impacta, frontalmente, o disposto no art. 5º, XXXV, da CF/88.[86]

Cumpre registrar que o STJ tem limitado a aplicação do art. 166 do CTN, mesmo no que concerne àqueles tributos que considera "indiretos", apenas à devolução de pagamentos indevidos. Na hipótese de aproveitamento de créditos de IPI, no âmbito da sistemática da não cumulatividade, o artigo não é considerado pertinente. Entende o Superior Tribunal de Justiça, por exemplo, que "havendo declaração judicial do direito do contribuinte utilizar-se,

---

86 Para algum aprofundamento neste ponto, confira-se, a propósito: MACHADO SEGUNDO, Hugo de Brito. **Repetição do tributo indireto**: incoerências e contradições. São Paulo: Malheiros, 2011, *passim*.

para fins do IPI, do crédito relativo aos valores pagos na aquisição de matéria-prima, insumos ou embalagens isentos, não tributáveis ou sujeitos à alíquota zero, não há que se falar na obrigatoriedade de cumprir o art. 166 do CTN".[87]

A jurisprudência também não tem aplicado o art. 166 do CTN nas hipóteses em que a mercadoria vendida, sobre a qual incidia o tributo indevido, for objeto de tabelamento de preços. Foi o que consignou o seguinte acórdão: "Tributário. Repetição do indébito. Contribuição para o IAA. Preço tabelado. Artigo 166 do Código Tributário Nacional. A aplicação do artigo 166 do Código Tributário Nacional na repetição de tributos constitui questão ainda não resolvida satisfatoriamente pela jurisprudência. Hipótese, todavia, em que tabelado o preço do produto, a presunção é a de que o contribuinte não pode repassar a carga econômica do tributo para o consumidor."[88]

Tampouco se aplica o art. 166 do CTN nas hipóteses em que não há pedido de restituição, mas apenas irresignação contra cobrança de tributo indireto que ainda não tenha sido satisfeita. É o caso de quando o contribuinte move ação anulatória, para impugnar lançamento de ICMS ainda não adimplido, e procede ao depósito judicial da quantia correspondente, nos termos e para os fins do art. 151, II, do CTN. Em tais situações, em havendo êxito do autor da ação, com trânsito em julgado, quando do cumprimento da sentença não será possível exigir a "prova do não repasse" como condição para se permitir o respectivo levantamento dos depósitos[89]. Que toda essa incoerência e as dificuldades dela decorrentes sejam superadas com a regulamentação, em lei complementar, dos novos tributos cuja competência foi introduzida no texto constitucional pela EC 132/2023 (CBS, IBS e IS).

6.4.2.4.2. Prazo aplicável e demais aspectos do pedido de restituição

O sujeito passivo que obtém a restituição de pagamentos indevidos tem direito, também, ao acréscimo de correção monetária e de juros de mora. No âmbito federal, correção e juros são representados, conjuntamente, pela SELIC, que incide a partir dos pagamentos indevidos (Lei 9.250/95), não se aplicando o art. 167, parágrafo único, do CTN.

Aliás, quanto ao parágrafo único do ar. 167 do CTN, sabe-se que, segundo ele, "a restituição vence juros não capitalizáveis, a partir do trânsito em julgado da decisão definitiva que a determinar." Sugere-se, com isso, que os juros apenas incidirão, sobre o montante a ser restituído ao contribuinte, a partir do trânsito em julgado da decisão que determinar a restituição do indébito. No plano federal, como já explicado, a legislação já estabelecia a incidência da SELIC a partir da realização de cada pagamento indevido, afastando a aplicação do art. 167, parágrafo único, do CTN, que poderia ser visto como norma "dispositiva" (aplicável à falta de disposição específica em contrário). Subsistiria, porém, a possibilidade de Estados ou Municípios pleitearem a incidência dos juros na restituição do indébito somente a partir do trânsito em julgado, notadamente quando a legislação local específica fixar critérios de juros e correção monetária distintos do parâmetro federal. Entretanto, o STF, indiretamente, ou "por arrastamento", declarou a inconstitucionalidade do parágrafo único do art. 167 do CTN, na parte em que estabelece a incidência dos juros somente a partir do trânsito em julgado da sentença que julgar procedente pedido de restituição do indébito. Realmente, julgando a ADI 4425, o STF declarou inconstitucionais disposições da EC nº 62/2009 que disciplinavam a sistemática de precatórios e estabeleciam, entre outras coisas, critérios para o cálculo dos juros incidentes quando do pagamento de precatórios

87 STJ, AGREsp 475.592/RS – *DJ* de 19/5/2003, p. 141.

88 STJ, REsp 68.401/RJ – *DJ* de 28/4/1997, p. 15837.

89 STJ, REsp 547.706/DF – *DJ* 22/03/2004, p. 237.

diversos daqueles que incidem sobre créditos que a Fazenda Pública tem para receber. Entendeu o STF, na oportunidade, ser inconstitucional o estabelecimento de critérios distintos, pelo que se conclui inconstitucional (por "arrastamento") o art. 167, parágrafo único, do CTN, visto que os juros devidos à Fazenda, quando esta é a credora, oneram o crédito tributário inadimplido a partir do vencimento, a teor do art. 161 do CTN.[90]

Segundo o art. 168 do CTN, o direito de pleitear a restituição do indébito tributário extingue-se com o decurso do prazo de cinco anos, contados: *(i)* nas hipóteses dos incisos I e II do art. 165, da data da extinção do crédito tributário; *(ii)* na hipótese do inciso III do art. 165, da data em que se tornar definitiva a decisão administrativa ou passar em julgado a decisão judicial que tenha reformado, anulado, revogado ou rescindido a decisão condenatória.

As hipóteses I e II do art. 165 do CTN são aquelas nas quais houve o pagamento indevido sem que tenha havido litígio a respeito. Nelas, o prazo quinquenal para se pleitear a restituição do indébito conta-se a partir da extinção do crédito tributário correspondente. Já a hipótese do inciso III é aquela na qual o pagamento indevido decorreu de uma "decisão condenatória", a qual vem a ser posteriormente reformada, anulada ou rescindida, contando-se o prazo a partir de quando se torna definitiva a reforma, o anulamento ou a rescisão.

Considerando que o prazo de cinco anos para pedir a restituição do tributo pago indevidamente começa a fluir a partir da *extinção* do crédito tributário, e considerando que, nos tributos submetidos ao lançamento por homologação, a extinção do crédito tributário somente ocorre com a *homologação*, a jurisprudência do TRF da 5ª Região criou, e o STJ acolheu, a tese segundo a qual, nos tributos submetidos ao lançamento por homologação, o prazo para obter a restituição do indébito somente tem início com a homologação. Como essa homologação, geralmente, é tácita, o sujeito passivo tem, na prática, um prazo de dez anos para pedir a restituição (cinco anos a partir do fato gerador, para que ocorra a homologação, e cinco anos a partir da homologação, para que seja requerida a restituição).

Chegou a ser acolhida, também, pelo STJ, tese segundo a qual, nos tributos declarados inconstitucionais pelo STF, o prazo para a restituição inicia-se a partir da declaração de inconstitucionalidade – Ac. un. da 1ª T. do STJ – AGREsp 425.732/SP – Rel. Min. Paulo Medina – j. em 11/2/2003 – *DJU* I de 10/3/2003, p. 99. Tal tese, depois, foi abandonada, tendo a 1ª Seção do STJ, no julgamento do ERESP 435.835/SC, Rel. p/ o acórdão Min. José Delgado, sessão de 24/3/2004, consagrado "o entendimento segundo o qual o prazo prescricional para pleitear a restituição de tributos sujeitos a lançamento por homologação é de cinco anos, contados da data da homologação do lançamento, que, se for tácita, ocorre após cinco anos da realização do fato gerador — sendo irrelevante, para fins de cômputo do prazo prescricional, a causa do indébito".[91]

---

[90] É conferir: "[...] 6. A quantificação dos juros moratórios relativos a débitos fazendários inscritos em precatórios segundo o índice de remuneração da caderneta de poupança vulnera o princípio constitucional da isonomia (CF, art. 5º, *caput*) ao incidir sobre débitos estatais de natureza tributária, pela discriminação em detrimento da parte processual privada que, salvo expressa determinação em contrário, responde pelos juros da mora tributária à taxa de 1% ao mês em favor do Estado (*ex vi* do art. 161, § 1º, CTN). Declaração de inconstitucionalidade parcial sem redução da expressão 'independentemente de sua natureza', contida no art. 100, § 12, da CF, incluído pela EC nº 62/09, para determinar que, quanto aos precatórios de natureza tributária, sejam aplicados os mesmos juros de mora incidentes sobre todo e qualquer crédito tributário. 7. O art. 1º-F da Lei nº 9.494/97, com redação dada pela Lei nº 11.960/09, ao reproduzir as regras da EC nº 62/09 quanto à atualização monetária e à fixação de juros moratórios de créditos inscritos em precatórios incorre nos mesmos vícios de juridicidade que inquinam o art. 100, § 12, da CF, razão pela qual se revela inconstitucional por arrastamento, na mesma extensão dos itens 5 e 6 supra. [...]" (STF, Pleno, ADI 4425, j. em 14.3.2013).

[91] STJ, REsp 742.362/MG, *DJ* de 30/5/2005, p. 263.

Com o advento da LC nº 118/2005, porém, tal orientação foi alterada pelo seu art. 3º, que dispõe: "para efeito de interpretação do inciso I do art. 168 da Lei nº 5.172, de 25 de outubro de 1966 – Código Tributário Nacional, a extinção do crédito tributário ocorre, no caso de tributo sujeito a lançamento por homologação, no momento do pagamento antecipado de que trata o § 1º do art. 150 da referida Lei". O legislador complementar pretendeu dar eficácia retroativa a essa disposição, classificando-a como "meramente interpretativa" (LC nº 118/2005, arts. 3º e 4º), classificação que foi repelida pelo STJ, que decidiu pela aplicabilidade do novo prazo somente para os fatos que ocorram a partir de sua vigência (REsp 742.362/MG, *DJ* de 30/5/2005, p. 263). Posteriormente, a mesma questão foi submetida ao STF (a validade do art. 4º da LC nº 118/2005 e do caráter retroativo que ele pretendeu imprimir à norma veiculada no art. 3º), ao julgar o RE 566.621, considerou aplicável o novo prazo (ou a nova forma de contagem) às ações de restituição ajuizadas a partir do início da vigência da LC nº 118/2005, pouco importando a data em que efetuados os pagamentos[92].

O prazo do art. 168 do CTN poderia ser visto, em tese, como de decadência do direito de requerer, na via administrativa, a restituição do indébito tributário. A jurisprudência, porém, tem julgados nos quais considera desnecessária a formulação desse pedido,[93] entendendo que o sujeito passivo pode pleitear a restituição, dentro desse mesmo prazo (considerado então como *prescricional*), diretamente em juízo.

Na verdade, pela sistemática delineada nos arts. 168 e 169 do CTN, o contribuinte teria primeiro de pedir a restituição do indébito tributário na via administrativa, no prazo previsto no art. 168. Depois, se esse seu pedido fosse indeferido, depois de percorrer todas as instâncias na via administrativa, iniciar-se-ia o prazo prescricional do art. 169. A jurisprudência, porém, tem decisões nas quais considera que: *(i)* é prescindível a formulação de pedido na via administrativa; *(ii)* o prazo de cinco anos previsto no art. 168 é prescricional, e aplica-se à propositura da ação de restituição do indébito, sendo inaplicável o art. 169 do mesmo Código; e *(iii)* "o prazo prescricional, para fins de restituição de indébito de tributo indevidamente recolhido, não se interrompe e/ou suspende em face de pedido formulado na esfera administrativa [...]".[94]

A questão, contudo, não está pacificada no âmbito do STJ, pois existem julgados que, em face de pedidos administrativos de restituição denegados, admitem a aplicação do art. 169 do CTN às ações visando a discutir o acerto das decisões administrativas correspondentes. É conferir: "[...] 1. Tratando-se de ação anulatória da decisão administrativa que denegou a restituição do indébito tributário, o prazo prescricional é aquele disposto no art. 169, *caput*, do CTN, ou seja, 02 (dois) anos a contar da ciência do contribuinte sobre a decisão administrativa definitiva denegatória. Precedente: AgRg nos EDcl no REsp 944.822/SP, Rel. Min. Humberto Martins, Segunda Turma, *DJe* 17.8.2009. 2. *In casu*, depreende-se dos autos que o contribuinte fora intimado da decisão administrativa definitiva denegatória em 23/9/2004, sendo a demanda ajuizada em 3/3/2006. Não há, portanto, prescrição a ser declarada. 3. Embargos de declaração acolhidos com efeitos infringentes, para afastar a prescrição".[95]

Em outro acórdão, o STJ faz expressamente a diferença entre a ação de restituição do indébito (à qual se aplicaria o prazo do art. 168) e a ação na qual se discute o acerto de decisão administrativa denegatória de pedido de restituição. No primeiro caso, o contribuinte

---

92 STJ, RE 566.621, *DJe*-195, publicado em 11/10/2011.

93 STJ, REsp 2.323/SP – ADV-COAD nº 37/90, p. 570.

94 STJ, 1ª T., AgRg no Ag 629.184/MG, Rel. Min. José Delgado, j. em 3/5/2005, *DJ* de 13/6/2005, p. 173.

95 STJ, 2ª T., EDcl nos EDcl no REsp 1035830/SC, *DJe* de 8/10/2010.

ajuíza diretamente a ação judicial. No segundo, postula a restituição primeiro no plano administrativo, e só no caso de insucesso socorre-se do Judiciário. O prazo para a propositura da primeira ação é o do art. 168 do CTN. O da segunda, o do art. 169: "[...] o prazo de dois anos previsto no artigo 169 do CTN é aplicável às ações anulatórias de ato administrativo que denega a restituição, que não se confundem com as demandas em que se postula restituição do indébito, cuja prescrição é regida pelo art. 168 do CTN. Precedentes: REsp 963.352/PR, Rel. Min. Luiz Fux, *DJ* 13.11.2008 [...]".[96]

Posteriormente, a Corte voltou ao tema, esclarecendo: "(...) 2. Na hipótese, embora a autora tenha nominado a ação como sendo de repetição de indébito, a sua pretensão se volta contra a decisão administrativa que indeferiu o pedido de restituição (novembro/2008), de modo que, ajuizada a demanda antes de escoado o prazo de dois anos previstos no art. 169 do CTN (junho/2010), não há falar em decadência ou prescrição para o ajuizamento da causa. 3. Considerando que o pedido administrativo foi apresentado em 1º/12/1994, tem-se que os créditos vindicados, recolhidos entre 1989 e 1992, não estão prescritos".[97]

Mas existem, também, decisões nas quais se considera que o pedido administrativo de restituição, prévio, seria sim condição à propositura da ação de restituição do indébito, em demandas relacionadas à devolução de contribuições previdenciárias:

> "(...) 5. Quanto à alegação da ausência de interesse de agir da parte recorrida em relação ao direito subjetivo de realizar a repetição dos valores dos últimos 5 (cinco) anos, entendo que merece prosperar a pretensão recursal. Compreende-se que, efetivamente, o direito de ação garantido pelo art. 5º, XXXV, da CF tem como legítimo limitador o interesse processual do pretenso autor da ação (CPC/2015 – Art.17. Para postular em juízo é necessário ter interesse e legitimidade). O interesse de agir, também chamado interesse processual, caracteriza-se pela materialização do binômio necessidade-utilidade da atuação jurisdicional. A existência de conflito de interesses no âmbito do direito material faz nascer o interesse processual para aquele que não conseguiu satisfazer consensualmente seu direito.
>
> 6. Substanciado pelo apanhado doutrinário e jurisprudencial, tem-se que a falta de postulação administrativa dos pedidos de compensação ou de repetição do indébito tributário resulta, como no caso dos autos, na ausência de interesse processual dos que litigam diretamente no Poder Judiciário. O pedido, nesses casos, carece do elemento configurador de resistência pela Administração Tributária à pretensão. Não há conflito. Não há lide. Não há, por conseguinte, interesse de agir nessas situações. O Poder Judiciário é a via destinada à resolução dos conflitos, o que também indica que, enquanto não houver resistência da Administração, não há interesse de agir daquele que 'judicializa' sua pretensão.
>
> 7. Dois aspectos merecem ser observados quanto a matérias com grande potencial de judicialização, como a tributária e a previdenciária. O primeiro, sob a ótica da análise econômica do direito, quando o Estado brasileiro realiza grandes despesas para financiar o funcionamento do Poder Executivo e do Poder Judiciário para que o primeiro deixe de exercer sua competência legal de examinar os pedidos administrativos em matéria tributária; e o segundo, em substituição ao primeiro, exerce a jurisdição em questões que os cidadãos poderiam ver resolvidas de forma mais célere e menos dispendiosa

96 STJ, 2ª T., AgRg nos EDcl no REsp 944.822/SP, *DJe* de 17/08/2009.

97 STJ, 1ª T., AgInt nos EDcl no REsp 1.740.765/SC, Rel. Min. Gurgel de Faria, j. em 28/9/2020, *DJe* 1/10/2020.

no âmbito administrativo. Criam-se, assim, um ciclo vicioso e condenações judiciais a título de honorários advocatícios cujos recursos financeiros poderiam ser destinados a políticas públicas de interesse social.

8. Outro ponto a ser considerado é o estímulo criado pelo Novo Código de Processo Civil de 2015 à solução consensual da lide, prevendo uma série de instrumentos materiais e processuais que direcionam as partes para comporem, de forma autônoma e segundo sua vontade, o objeto do litígio.

9. Em matéria tributária a questão já foi apreciada no âmbito do STJ que consolidou o entendimento da exigência do prévio requerimento administrativo nos pedidos de compensação das contribuições previdenciárias. Vejam-se: AgRg nos EDcl no REsp 886.334/SP, Rel. Ministro Castro Meira, Segunda Turma, julgado em 10/8/2010, *DJe* 20/8/2010; REsp 952.419/SP, Rel. Ministro Castro Meira, Segunda Turma, julgado em 2/12/2008, *DJe* 18/12/2008; REsp 888.729/SP, Rel. Ministro João Otávio de Noronha, Segunda Turma, julgado em 27/2/2007, *DJ* 16/3/2007, p. 340; REsp 544.132/RJ, Rel. Ministra Denise Arruda, Primeira Turma, julgado em 23/5/2006, *DJ* 30/6/2006, p. 166.

10. Na esfera previdenciária, na área de benefícios do Regime Geral de Previdência Social, o STJ, no julgamento do Recurso Especial Repetitivo 1.369.834/SP (Tema 660), Relator Ministro Benedito Gonçalves, alinhando-se ao que foi firmado pelo Supremo Tribunal Federal no RE 631.240/MG (Tema 350, Relator Ministro Roberto Barroso), entendeu pela necessidade do prévio requerimento administrativo.

11. O Ministro Luís Roberto Barroso, no citado precedente, estabeleceu algumas premissas em relação à exigência do prévio requerimento administrativo: a) a instituição de condições para o regular exercício do direito de ação é compatível com o art. 5º, XXXV, da Constituição. Para se caracterizar a presença de interesse em agir, é preciso haver necessidade de ir a juízo; b) a concessão de benefícios previdenciários depende de requerimento do interessado, não se configurando ameaça ou lesão a direito antes de sua apreciação e indeferimento pelo INSS, ou se excedido o prazo legal para sua análise; c) a imposição de prévio requerimento não se confunde com o exaurimento das vias administrativas; d) a exigência de prévio requerimento administrativo não deve prevalecer quando o posicionamento da Administração for notória e reiteradamente contrário à postulação do segurado; e) na hipótese de pretensão de revisão, restabelecimento ou manutenção de benefício anteriormente concedido, considerando que o INSS tem o dever legal de deferir a prestação mais vantajosa possível, o pedido poderá ser formulado diretamente em juízo – salvo se depender da análise de matéria de fato ainda não levada ao conhecimento da Administração –, uma vez que, nesses casos, a conduta do INSS já configura o não acolhimento, ao menos tácito, da pretensão.

12. Como as matérias tributária e previdenciária relacionadas ao Regime Geral de Previdência Social possuem natureza jurídica distinta, mas complementares, pois, em verdade, tratam-se as relações jurídicas de custeio e de benefício (prestacional) titularizadas pela União e pelo INSS, respectivamente, com o fim último de garantir a cobertura dos riscos sociais de natureza previdenciária, entende-se que a *ratio decidendi* utilizada quando do julgamento da exigência ou não do prévio requerimento administrativo nos benefícios previdenciários pode também ser adotada para os pedidos formulados à Secretaria da Receita Federal concernentes às contribuições previdenciárias.

13. Recurso Especial conhecido em parte e, nessa parte, provido".[98]

---

98 2ª T., REsp 1.734.733/PE, Rel. Min. Herman Benjamin, j. em 7/6/2018, *DJe* 28/11/2018.

Ao que se percebe, a Corte, influenciada pelo entendimento firmado em questões previdenciárias propriamente ditas – de que o requerimento administrativo indeferido é necessário para que se possa cogitar de interesse processual – passou a aplicá-lo também em questões tributárias, quando versam a restituição de contribuições previdenciárias.

As situações, contudo, e com todo o respeito, são diversas. Em matéria previdenciária, se um segurado não pleiteia um benefício, uma aposentadoria ou uma pensão, o Estado não tem como aferir se ele deve ser concedido ou não. Os elementos de fato, e a própria pretensão, não são de seu conhecimento. Além de o benefício ser um direito disponível, que o segurado pode não querer perseguir. A situação é diversa quando o Fisco detecta, em seus sistemas, a ocorrência de um pagamento indevido de tributo, seja ele contribuição previdenciária, imposto, taxa, ou qualquer outra espécie. A restituição – assim como o lançamento de ofício de uma diferença, se o erro tivesse ocasionado pagamento a menor, e não a maior – é não só possível, mas direta decorrência do princípio da legalidade. Equivocada, portanto, a extensão do entendimento à restituição do indébito tributário, especialmente quando a Fazenda, ao contestar a ação, não apenas alega a falta de interesse de agir, mas entra no mérito da pretensão e o refuta. Ou seja, quando o Fisco afirma que o cidadão não pediu, mas deixa claro que, havendo o pedido, este será negado.

Assim, verifica-se que, no âmbito do STJ, existem três correntes contrárias que, aparentemente, se ignoram. Em alguns acórdãos afirma-se que o prazo para a propositura da ação de restituição é o do art. 168 do CTN e que a apresentação de pedido administrativo não suspende nem interrompe esse prazo (Súmula 625/STJ). O contribuinte teria cinco anos para pleitear em juízo a restituição, pouco importando o que pediu na via administrativa e o tempo que aguardou por uma resposta. Já a segunda corrente sugere que o prazo do art. 168 só seria aplicável às ações de restituição promovidas diretamente, sem prévio pedido administrativo. Em sendo formulado pedido administrativo, o prazo do art. 168 seria aplicável a este, e não à ação judicial, que a partir de então seria regida pelo art. 169.

Essa segunda corrente pode ser conciliada com a primeira (deixando-se ao cidadão a escolha por requerer na via administrativa ou não), sendo, além disso, mais acertada, pois respeita a boa-fé do contribuinte que formula pedido administrativo e aguarda por uma resposta. É contrário aos princípios da lealdade e da boa-fé[99], e ao próprio direito de petição, admitir que um contribuinte formule um pedido administrativo de restituição do indébito dentro do prazo previsto no art. 168 e, por inércia da administração em respondê-lo, a prescrição atinja a sua pretensão. O correto é entender que o contribuinte dispõe de cinco anos (art. 168) para pleitear a devolução, podendo fazê-lo no âmbito administrativo ou judicial. Caso formule primeiro o pedido administrativo dentro desse prazo, poderá aguardar (sem risco de prescrição) um pronunciamento da autoridade para que, só então, passe a fluir o prazo para discutir a questão em juízo, doravante regido pelo art. 169. O problema está no aparecimento da terceira corrente, segundo a qual o prévio pedido administrativo é necessário e seu indeferimento é condição para a propositura da ação de restituição do indébito. Essa terceira corrente é contrária ao entendimento de que o pedido administrativo não suspende

---

[99] O Fisco precisa tratar o contribuinte com lealdade e boa-fé, pois, como lembra Aliomar Baleeiro, "o sucesso de qualquer Política Financeira depende muito da atitude psicológica dos contribuintes, segundo sua consciência cívica e política, na mais pura acepção desta palavra. Os abusos dos legisladores e autoridades fiscais amortecem aquela consciência e levam o espírito do povo a tolerâncias com o sonegadores e a hostilidades contra o Fisco, que só tem a ganhar com a adesão leal dos cidadãos." BALEEIRO, Aliomar. **Direito tributário brasileiro**. 11. ed. Atualização de Misabel Abreu Machado Derzi. Rio de Janeiro: Forense, 1999, p. 867.

nem interrompe o prazo prescricional para a propositura da ação de restituição do indébito (constante da Súmula 625 do próprio STJ[100]), pois não se pode ao mesmo tempo afirmar que algo é condição para uma ação ser ajuizada, e paradoxalmente em nada influi no prazo para a ajuizar. Essa terceira corrente contraria a própria premissa do entendimento que levou à Súmula 625/STJ, que permanece em vigor, criando assim forte insegurança entre os jurisdicionados.

Com efeito, caso pague tributo indevidamente, o contribuinte deverá pleitear a restituição administrativa? Caso o faça, e espere por uma resposta, correrá o risco de ter contra si aplicada a tese segundo a qual o pedido não interrompe o prazo de prescrição da ação judicial de restituição. Mas se mover desde logo a ação judicial, confiando no entendimento constante da Súmula 625/STJ, corre o risco de, depois de longos anos de tramitação, ter a demanda extinta sem julgamento de mérito, por alegada e suposta falta de interesse, quando tampouco haverá mais prazo para formular o pedido na via administrativa... Verdadeiro cipoal de teses contraditórias, que só serve para dificultar a vida do cidadão e garantir o êxito de quem não tem razão.

O correto seria manter a compreensão segundo a qual o pedido administrativo é desnecessário à propositura da ação judicial de restituição do indébito, mas que, formulado, suspende o prazo prescricional, em nome da boa fé e da confiança que se deve depositar na Administração. Assim, deve-se garantir a possibilidade de ingresso em juízo, independentemente de pedido administrativo prévio, sobretudo quando o Fisco, ao contestar a ação, insurge-se contra seu mérito. A extinção sem exame do mérito por suposta falta de interesse, em uma ação de restituição do indébito, nos moldes do que se apontou acima como "terceira corrente", só seria legítima diante da juntada aos autos, pelo Fisco, de documento comprovando o *pronto atendimento* na via administrativa da pretensão do cidadão. A mera alegativa de que não se negou ainda não basta: é preciso a garantia de que será reconhecida a pretensão. Isso para evitar de se extinguir o processo judicial por falta de interesse, e depois o cidadão ver sua pretensão negada na via administrativa, sem mais poder fazer nada, em clara ofensa à garantia da inafastabilidade, da efetividade e da utilidade da jurisdição (CF/88, art. 5.º, XXXV).

6.4.3. Compensação

Quando "A" está devendo para "B", e "B" está também devendo para "A", impõe-se a realização de um encontro de contas, juridicamente chamado de *compensação*. Tratando do assunto, o art. 170 do CTN dispõe que a lei pode, nas condições e sob as garantias que estipular, ou cuja estipulação em cada caso atribuir à autoridade administrativa, autorizar a compensação de créditos tributários com créditos líquidos e certos, vencidos ou vincendos, do sujeito passivo contra a Fazenda Pública. Sendo vincendo o crédito do sujeito passivo, a lei determinará, para os efeitos deste artigo, a apuração do seu montante, não podendo, porém, cominar redução maior que a correspondente ao juro de 1% ao mês pelo tempo a decorrer entre a data da compensação e a do vencimento.

A respeito da compensação, o CTN apenas traça normas gerais. Atualmente, no plano federal, a compensação é disciplinada pelo art. 74 da Lei 9.430/96. No âmbito estadual, e municipal, cabe à lei de cada entidade dispor sobre a compensação, relativamente aos tributos de sua competência. Ao fazê-lo, porém, as leis não podem disciplinar a compensação de sorte

---

100 Súmula 625/STJ: "O pedido administrativo de compensação ou de restituição não interrompe o prazo prescricional para a ação de repetição de indébito tributário de que trata o art. 168 do CTN nem o da execução de título judicial contra a Fazenda Pública."

a inviabilizá-la ou impossibilitá-la, pois a realização do "encontro de contas" não é nenhum favor que se faz ao contribuinte, mas uma forma de respeitar o direito de ambas as partes ao recebimento de seus créditos. Viola a moralidade, e a isonomia, a conduta do Poder Público que reconhece débitos perante um cidadão e não os paga, mas exige desse mesmo cidadão, com a ameaça de pesadas sanções, que pague tudo que lhe deve.

Note-se que, embora o art. 170 do CTN refira-se a créditos "líquidos e certos" do sujeito passivo, essa liquidez e certeza são muitas vezes obtidas por ele próprio, no âmbito do chamado "lançamento por homologação". O sujeito passivo apura o crédito e o seu montante, assim como também é ele quem apura o débito e o respectivo montante. Efetua a compensação e comunica à autoridade administrativa. Esta, caso aceite a compensação, deverá homologá-la. Caso não aceite, iniciará um procedimento para cobrança das quantias não pagas em virtude da pretendida – e indeferida – compensação. É importante ressaltar que, nesta última hipótese, caso o contribuinte apresente "reclamações e recursos" contra o indeferimento de sua compensação, a exigibilidade do crédito tributário que seria compensado deverá permanecer suspensa até que a Administração resolva, definitivamente, sobre a procedência, ou não, do encontro de contas (Lei 9.430/96, art. 74, § 11).

De acordo com o art. 170-A do CTN, nele inserido pela LC nº 104/2001, é vedada a compensação mediante o aproveitamento de tributo, objeto de contestação judicial pelo sujeito passivo, antes do trânsito em julgado da respectiva decisão judicial. O sentido e a abrangência dessa restrição são objeto de profundas divergências. De plano, porém, pode-se dizer que o art. 170-A do CTN somente se aplica às hipóteses nas quais o sujeito passivo pretende utilizar, na compensação, um crédito que *entende* possuir, relativo ao pagamento de um tributo cuja validade ainda é discutida judicialmente. A Fazenda não considera que esse crédito exista (pois entende que o tributo fora pago devidamente), e o Judiciário ainda não se pronunciou definitivamente a respeito. Nessa hipótese, a compensação somente poderá ser efetivada quando houver certeza jurídica quanto à existência do crédito a ser utilizado pelo sujeito passivo, ou seja, quando transitar em julgado a sentença que afirmar haver sido indevido o pagamento anteriormente efetuado. Se o crédito do contribuinte, a ser utilizado na compensação, não é posto em dúvida pela Fazenda, nem é discutido em juízo (p. ex., a Fazenda recusa a compensação fundada em outros argumentos formais), o art. 170-A do CTN não se aplica.

Questiona-se, porém, se o art. 170-A do CTN também proíbe o Poder Judiciário de conceder tutelas de urgência (p. ex., liminar em mandado de segurança, ou antecipação de tutela) apenas para *suspender a exigibilidade* do crédito tributário de cuja compensação se cogita. O contribuinte ainda não teve o seu "crédito" reconhecido em juízo, e apenas pretende que, antes disso, o "débito" com o qual pretende efetuar a compensação permaneça suspenso. Algumas decisões do STJ admitem essa possibilidade.[101] Para tanto, estabelecem diferença entre a decisão liminar que determina à autoridade que efetue a compensação (o que seria vedado pelo art. 170-A) e a decisão liminar que apenas suspende a exigibilidade dos valores que o sujeito passivo pretende utilizar no encontro de contas.

Apesar disso, muitos julgados, principalmente dos Tribunais Regionais Federais, entendem que o art. 170-A, assim como a Súmula 212 do STJ, proíbem, igualmente, a concessão de medidas liminares para suspender a exigibilidade de crédito tributário, sempre que a causa dessa suspensão girar em torno da feitura de uma compensação. Algumas não se preocupam sequer em averiguar se o sujeito passivo discute, em juízo, a própria existência de seu crédito,

---

101 STJ, REsp 575.867/CE – *DJ* de 25/2/2004, p. 121; AGA 517.989/DF – *DJ* de 15/12/2003, p. 214; AgRg no REsp 663.894/CE, *DJ* de 23/5/2005, p. 164.

ou se questiona apenas entraves ilegais à compensação de crédito cuja existência não é posta em dúvida. Trata-se, porém, de evidente exagero.

A Súmula 212 do STJ, a propósito, dispunha que "a compensação de créditos tributários não pode ser deferida em ação cautelar ou por medida liminar cautelar ou antecipatória" (*DJ* de 23/5/2005, p. 371).

Particularmente, entendemos que o art. 170-A do CTN, bem como a Súmula 212 do STJ, não se pode sobrepor ao poder geral de cautela do juiz, nem muito menos ao direito constitucional a uma prestação jurisdicional útil. Não pode, por isso, proibir, incondicionalmente, a concessão de medida liminar para suspender uma cobrança indevida (que pode ser indevida porque deveria ter sido submetida à compensação, e não foi). A compensação, é certo, somente será tornada definitiva depois do trânsito em julgado, mas um provimento jurisdicional anterior poderá suspender a exigibilidade do crédito tributário que será objeto da compensação, em cada caso, dependendo da presença dos requisitos necessários.

Reitere-se, porém, que a jurisprudência, de maneira geral, via no art. 170-A do CTN uma proibição ampla ao deferimento de medidas urgentes que garantam ao contribuinte o direito de efetuar compensações tributárias. Para o TRF da 5ª Região, por exemplo, o pedido de suspensão da exigibilidade de um tributo até o limite de suposto crédito referente a outro tem, como alicerce lógico, a compensação de recolhimentos tributários, pois, da forma como requerida, teria o mesmo efeito prático da compensação. Assim, estaria também vedada pelo art. 170-A do CTN, e pela Súmula 212 do STJ.[102] O seguinte julgado do STJ bem resume o entendimento perfilhado por aquela Corte a respeito da compensação, especialmente em relação à legislação tributária federal:

> "[...]
>
> 6. A compensação, modalidade excepcional de extinção do crédito tributário, foi introduzida no ordenamento pelo art. 66 da Lei 8.383/91, limitada a tributos e contribuições da mesma espécie.
>
> 7. A Lei 9.430/96 trouxe a possibilidade de compensação entre tributos de espécies distintas, a ser autorizada e realizada pela Secretaria da Receita Federal do Brasil, após a análise de cada caso, a requerimento do contribuinte ou de ofício (Decreto 2.138/97), com relação aos tributos sob administração daquele órgão.
>
> 8. Essa situação somente foi modificada com a edição da Lei 10.637/02, que deu nova redação ao art. 74 da Lei 9.430/96, autorizando, para os tributos administrados pela Secretaria da Receita Federal do Brasil, a compensação de iniciativa do contribuinte, mediante entrega de declaração contendo as informações sobre os créditos e débitos utilizados, cujo efeito é o de extinguir o crédito tributário, sob condição resolutória de sua ulterior homologação.
>
> 9. Além disso, desde 10.01.2001, com o advento da Lei Complementar 104, que introduziu no Código Tributário o art. 170-A, segundo o qual 'é vedada a compensação mediante o aproveitamento de tributo, objeto de contestação judicial pelo sujeito passivo, antes do trânsito em julgado da respectiva decisão judicial', agregou-se novo requisito para a realização da compensação tributária: a inexistência de discussão judicial sobre os créditos a serem utilizados pelo contribuinte na compensação.
>
> 10. Atualmente, portanto, a compensação será viável apenas após o trânsito em julgado da decisão, devendo ocorrer, de acordo com o regime previsto na Lei 10.637/02, isto

---

102 TRF da 5ª R., AGTR 20.374/CE, *DJ* de 23/11/2003, p. 633; AGTR 54.567/01/CE, *DJ* de 4/4/2005, p. 403.

é, (a) por iniciativa do contribuinte, (b) entre quaisquer tributos administrados pela Secretaria da Receita Federal do Brasil, (c) mediante entrega de declaração contendo as informações sobre os créditos e débitos utilizados, cujo efeito é o de extinguir o crédito tributário, sob condição resolutória de sua ulterior homologação".[103]

O Supremo Tribunal Federal, todavia, julgando a ADI 4.296, declarou inconstitucionais disposições da Lei 12.016/2009 (art. 7.º, § 2.º) que limitavam a concessão de tutelas provisórias relativamente às compensações tributárias. Ficou claro, com isso, que nada impede – desde que presentes os requisitos – que o magistrado suspenda a exigibilidade de um crédito tributário que poderá, no futuro, a depender do desfecho final do processo judicial, ser extinto pela compensação. Isso motivou o STJ, em atenção ao efeito vinculante da ADI, a cancelar a Súmula 212 de sua jurisprudência.

Registre-se que, pela sistemática adotada pelo art. 74 da Lei 9.430/96, com a redação que lhe deu a Lei 10.833/2003, o sujeito passivo, ao efetuar a compensação e informá-la à autoridade competente, extingue o crédito tributário, sob a condição resolutória de essa compensação ser posteriormente homologada. Isso significa que, até que a autoridade examine e se pronuncie sobre a compensação, a mesma terá o mesmo efeito liberatório do pagamento. O crédito se considera "provisoriamente" extinto *e o sujeito passivo tem direito inclusive de receber "certidões negativas de débito"*.

Caso a autoridade não concorde com a compensação efetuada, deverá recusar-se a homologá-la, comunicando ao sujeito passivo a sua decisão, e dando-lhe prazo para efetuar o pagamento das quantias que teriam sido extintas pela compensação. O sujeito passivo poderá, então, apresentar "manifestação de inconformidade", a qual será processada nos termos do processo administrativo fiscal disciplinado pelo Decreto nº 70.235/72, tendo o efeito de suspender a exigibilidade do crédito tributário correspondente, nos termos do art. 151, III, do CTN (Lei 9.430, art. 74, § 11).

6.4.4. Transação

Segundo dispõe o art. 171 do CTN, a lei pode facultar, nas condições que estabeleça, aos sujeitos ativo e passivo da obrigação tributária celebrar transação que, mediante concessões mútuas, importe em terminação de litígio e consequente extinção de crédito tributário. A lei indicará, ainda, a autoridade competente para autorizar a transação em cada caso.

Poder-se-ia sustentar que determinadas formas de parcelamento, nas quais concessões são feitas de ambos os lados (p. ex., REFIS), seriam, na verdade, exemplo de *transação*. O STJ, porém, não acolheu esse entendimento. Afirmou, ao contrário, que o parcelamento, forma de *suspensão* da exigibilidade do crédito, não se confunde com a transação, forma de extinção do crédito.[104]

Para o STJ, a concessão de reduções tributárias condicionada à desistência de ações judiciais não configura transação. Pode haver anistia (em face da dispensa de multas), remissão parcial (diante de renúncia de parte do principal) e parcelamento, mas não transação. Foi o que se consignou quando da análise da situação de contribuintes beneficiados com a dispensa de penalidades veiculadas pela Lei 9.779/99, os quais pleiteavam a dispensa da condenação nos honorários de sucumbência:

---

103 STJ, REsp 715.665/SP, *DJ* de 4/4/2005, p. 231.

104 STJ, REsp 514.351/PR, *DJ* de 19/12/2003, p. 347.

> "'Não há de se confundir o favor fiscal instituído com transação legal, em que as partes fazem concessões mútuas. A dispensa da multa e dos juros de mora é mero incentivo à regularização da sua situação tributária, pelos contribuintes. O contribuinte que opta por essa sistemática abdica da discussão judicial, assume que o valor referente a essa contribuição é devido e o faz mediante pagamento, assim também considerado a conversão do depósito já efetuado em renda. Em suma, desiste da demanda, preferindo conformar-se em pagar o montante devido sem a multa e os juros de mora' (REsp nº 739.037/RS, Rel. Min. CASTRO MEIRA, *DJ* de 1/8/2005). Assim sendo, é de ser mantida a condenação da ora recorrente, contribuinte, em honorários de sucumbência [...]."[105]

Atualmente, a Lei 13.988/2020 disciplina a transação tributária, no plano federal, de algum modo confirmando o que se escreveu acima, quanto a figuras como o REFIS serem, sim, na essência, transações, apesar do entendimento contrário da jurisprudência. Tanto que a sistemática da Lei 13.988/2020, conquanto possua distinções e particularidades (transação por adesão, por proposta individual etc.), é, no essencial, verdadeiro REFIS que a Fazenda Nacional decide, administrativamente, a quem conceder, e em que condições conceder. Embora se afirme que há transparência e publicidade, isso se dá em relação ao que é concedido, e a quem, não quanto aos parâmetros e motivos que levam à celebração de transações em determinados termos a uns, e não a outros.

Quanto à transação tributária feita no âmbito federal, interessante questão reside no uso de inteligência artificial e de grande volume de dados (*big data*) para definir o *rating* da dívida do contribuinte, e, a partir daí, determinar-se se ele faz, ou não, jus a essa modalidade de extinção do crédito tributário. O *rating* é uma espécie de classificação, em que sistemas informatizados definem, a partir de dados pessoais referentes ao contribuinte e ao seu patrimônio, se uma cobrança executiva, judicial, teria ou não chances de êxito. Quanto mais possibilidades de sucesso houver para a cobrança judicial, menores as chances de o contribuinte conseguir um bom acordo para pagar sua dívida por intermédio de uma transação. Daí ter-se dito que se trata de um REFIS sob medida, concedido apenas para quem não teria como pagar o débito de outra forma. Dentre vários aspectos que podem ser problematizados diante deste quadro, um deles é o da publicidade e da transparência no uso dessas informações que definem o *rating*, as quais podem estar equivocadas ou enviesadas. Teria o contribuinte o direito de saber por que sua dívida foi considerada como tendo determinado *rating*? Ou seriam sigilosas essas informações? Parece-nos inadmissível a opacidade. O *sigilo da coisa pública* é uma expressão cujos próprios termos se contradizem, sendo a publicidade e a transparência a regra no âmbito da Administração Pública, principalmente quando em sua relação direta e individualizada com o cidadão. A própria noção de República o exige.

6.4.5. Remissão

Conforme dispõe o art. 172 do CTN, a lei pode autorizar a autoridade administrativa a conceder, por despacho fundamentado, remissão total ou parcial do crédito tributário, atendendo: *(i)* à situação econômica do sujeito passivo; *(ii)* ao erro ou ignorância escusáveis do sujeito passivo, quanto a matéria de fato; *(iii)* à diminuta importância do crédito tributário; *(iv)* a considerações de equidade, em relação com as características pessoais ou materiais do caso; *(v)* a condições peculiares a determinada região do território da entidade tributante. O despacho que concede remissão não gera direito adquirido ao sujeito passivo correspondente, aplicando-se-lhe, no que couber, as disposições relativas ao despacho que concede moratória individual.

---

105 STJ, 1ª T., REsp 786.215/PR, Rel. Min. Francisco Falcão, j. em 6/4/2006, *DJ* de 4/5/2006, p. 144.

Como se percebe, remissão, aqui, com "ss" (não confundir com remição, com "ç"), é perdão. O tributo é devido, mas a autoridade, fundada em autorização legal, pode extinguir o crédito tributário correspondente, dispensando o seu pagamento.

Conforme tem entendido o STJ, "o cancelamento da certidão de dívida ativa por remissão fiscal, concedida em caráter geral em razão da diminuta importância do crédito tributário, acarreta a extinção da execução fiscal sem qualquer ônus para a Fazenda Pública – art. 26 da Lei 6.830/80".[106] Isso significa que, na hipótese de ser concedida remissão a créditos de pequeno valor, já executados e não embargados, a execução deverá ser extinta, sem a condenação da Fazenda Pública nos ônus da sucumbência.

6.4.6. Decadência

Outra causa de extinção do crédito tributário é a decadência, vale dizer, a extinção, pelo decurso do tempo, do direito potestativo da Fazenda Pública de efetuar o lançamento. Para alguns autores, aliás, a decadência deveria ser arrolada como causa de exclusão do crédito tributário, pois implica a impossibilidade de o mesmo ser constituído.[107]

O prazo de decadência do direito de a Fazenda Pública constituir o crédito tributário é de cinco anos:

a) nos tributos submetidos a lançamento por homologação, *contados da ocorrência dos respectivos fatos geradores, salvo a hipótese de dolo, fraude ou simulação* (CTN, art. 150, § 4º);
b) nos tributos submetidos a outras modalidades de lançamento, ou no caso de ocorrência de dolo, fraude ou simulação no âmbito de lançamento por homologação, *contados do primeiro dia do ano seguinte àquele em que o lançamento já poderia ter sido efetuado* (CTN, art. 173, I). Tal prazo é antecipado, porém, se ao longo do ano anterior for tomada alguma medida preparatória para o lançamento, hipótese em que os cinco anos iniciam-se na data dessa medida (CTN, art. 173, parágrafo único);
c) no caso de mera correção de crédito tributário anteriormente anulado por vício formal, *contado da data em que se tornar definitiva a decisão que terminar o anulamento respectivo* (CTN, art. 173, II).

O STJ, em alguns julgados, andou somando os prazos de que cuidam os arts. 150, § 4º, e 173, I, do CTN, de sorte a dar, na prática, dez anos para a Fazenda Pública efetuar o lançamento. Esse entendimento, porém, é equivocado, pois tais prazos são excludentes um do outro, e não sucessivos um ao outro. Atualmente, tal "soma" não é mais acolhida pelo STJ, que pacificou seu entendimento no seguinte sentido: "Nas exações cujo lançamento se faz por homologação, havendo pagamento antecipado, conta-se o prazo decadencial a partir da ocorrência do fato gerador (art. 150, § 4º, do CTN), que é de cinco anos. Somente quando não há pagamento antecipado, ou há prova de fraude, dolo ou simulação, é que se aplica o disposto no art. 173, I, do CTN" (EREsp 572.603-PR, j. em 8/6/2005). A ressalva de que o prazo do art. 173, I, é aplicável mesmo aos tributos lançados por homologação, nas hipóteses em que não há pagamento antecipado, consta hoje do verbete da Súmula 555 do STJ, com o seguinte teor: "Quando não houver declaração do débito, o prazo decadencial quinquenal para o Fisco

---

106 STJ, REsp 214.707/PR, *DJ* de 13/12/2004, p. 273.

107 MACHADO, Hugo de Brito. **Curso de direito tributário**. 37. ed. São Paulo: Malheiros, 2016, p. 223.

constituir o crédito tributário conta-se exclusivamente na forma do art. 173, I, do CTN, nos casos em que a legislação atribui ao sujeito passivo o dever de antecipar o pagamento sem prévio exame da autoridade administrativa."

Vale ressaltar que, como até a ocorrência da notificação ao sujeito passivo o lançamento não se considera efetuado (CTN, art. 145), o prazo de decadência do direito de lançar, seja ele o do art. 150, § 4º, seja ele o do art. 173, do CTN, *flui até a data dessa notificação*, que deve ocorrer antes de consumada a extinção do direito da Fazenda. O início de um procedimento de fiscalização não configura a feitura do lançamento, não representa ainda o exercício do direito de lançar, e por isso mesmo não tem qualquer repercussão no sentido de fazer cessar o curso do prazo de caducidade. Nesse sentido tem se orientado a jurisprudência do Superior Tribunal de Justiça, segundo a qual "a notificação do lançamento do crédito tributário constitui condição de eficácia do ato administrativo tributário, mercê de figurar como pressuposto de procedibilidade de sua exigibilidade". Por isso, "a sua falta implica em ausência de pressuposto válido e regular de constituição e desenvolvimento do processo".[108]

Também assim decide o Conselho Administrativo de Recursos Fiscais (CARF), atual denominação do antigo Contribuinte do Ministério da Fazenda, para quem "a conclusão do ato de lançamento se opera com a notificação ao interessado e uma vez ocorrida após o término do prazo destinado para lançamento, opera-se a decadência".[109]

Feita a notificação ao sujeito passivo da feitura do lançamento enquanto ainda não consumado o prazo decadencial, não mais se cogita de sua fluência. Estando já exigível o crédito tributário, inicia-se a contagem da prescrição do direito de executá-lo. Entretanto, caso o sujeito passivo apresente impugnação, e depois recurso voluntário, a exigibilidade do crédito tributário é suspensa (CTN, art. 151, III), suspendendo-se com ela a fluência do prazo prescricional. Fala-se, por isso mesmo, que no interregno entre a notificação do lançamento e a conclusão do processo administrativo *já* não corre prazo de decadência, e ainda não corre prazo de prescrição:

> "'O Código Tributário Nacional estabelece três fases inconfundíveis: a que vai até a notificação do lançamento ao sujeito passivo, em que corre prazo de decadência (art. 173, I e II); a que se estende da notificação do lançamento até a solução do processo administrativo, em que não correm nem prazo de decadência, nem de prescrição, por estar suspensa a exigibilidade do crédito (art. 151, III); a que começa na data da solução final do processo administrativo, quando corre prazo de prescrição da ação judicial da fazenda (art. 174) (RE 95.365/MG, Rel. Min. Décio Miranda, *DJ* de 03/12/1981).' (REsp 190.092/SP)."[110]

Perceba-se que a disposição do art. 173, II, do CTN pode transmitir a impressão de que se trata de uma "exceção" à regra segundo a qual os prazos de decadência não se suspendem nem se interrompem. Com efeito, constituído o crédito tributário através do lançamento, a sua ulterior anulação por vício formal ensejaria o reinício do prazo de decadência, em autêntico

---

108 STJ, 1ª T., REsp 738.205/PR, Rel. Min. Luiz Fux, *DJ* de 30/10/2006, p. 249.

109 CC, 3ª C., Recurso 129916, Rel. Cons. Nilton Luiz Bártoli, Processo 10140.003734/2002-70, acórdão 303-33068, j. em 26/4/2006. Conferir ainda: "Tendo em vista que a notificação do lançamento foi efetuada após o prazo decadencial de 5 anos, independente de seu marco inicial, ou seja, arts. 150 e 175 (sic) do CTN, deve-se considerar caduco o presente auto de infração" (1ª CC, 7ª C., Recurso 147160, Rel. Cons. Hugo Correia Sotero, Processo 10283.000255/2003-58, acórdão 107-08398, sessão de 8/12/2005).

110 STJ, 1ª T., AgRg no REsp 678.081/RJ, Rel. Min. José Delgado, j. em 8/3/2005, *DJ* de 2/5/2005, p. 212.

exemplo de interrupção desse prazo. Não se trata, contudo, de verdadeira interrupção, mas da abertura de um *novo* prazo de caducidade, pertinente apenas ao lançamento que vier a corrigir o vício formal causador da nulidade. A distinção pode parecer cerebrina, mas não o é. Caso se tratasse de interrupção do prazo de decadência, a Fazenda Pública teria a "reabertura" desse prazo, podendo lançar novamente inclusive quantias não abrangidas no primeiro lançamento, o que na verdade não acontece. Com efeito, um lançamento anulado por vício formal só pode ser refeito, no prazo de cinco anos contados da decisão que o anulou, para exigir os mesmos valores já lançados (ou valores *inferiores*), com a correção do defeito formal. Não é possível "aproveitar" o novo prazo, surgido com a declaração da nulidade formal, para exigir *outras* quantias não lançadas inicialmente, pois em relação a estas se operou inevitavelmente a decadência. Nesse sentido:

> "IRPJ – Pelo disposto no inciso II, do art. 173, quando ocorre anulação, por vício formal, é dado ao fisco mais 5 anos 'da data em que se tornar definitiva a decisão que houver anulado, por vício formal, o lançamento anteriormente efetuado', para realizar novo lançamento. Só que o sujeito ativo deve se limitar a corrigir os vícios formais e manter o valor originariamente exigido, não sendo permitido suplementar a exigência pela ampliação da base de cálculo e do valor do imposto, porque em relação aos valores adicionais incide a decadência ou a homologação do crédito, que são formas de extinção do crédito tributário, em face dos incisos V e VII do art. 156 do CTN. Recurso negado."[111]

Ainda quanto ao prazo previsto no art. 173, II, do CTN, ele pode ser visto como inconstitucional, por permitir à Fazenda beneficiar-se de sua própria torpeza, contrariando ainda princípios como o da eficiência administrativa (CF/88, art. 37, *caput*). Com efeito, caso efetue um lançamento viciado, do ponto de vista formal, ganha o Fisco como bônus cinco anos adicionais, contados de quando o vício vem a ser definitivamente reconhecido, para corrigir o lançamento respectivo. A jurisprudência, contudo, não se posicionou sobre assunto.

6.4.7. Prescrição

A prescrição, como se sabe, é a extinção do direito à pretensão. No plano do Direito Tributário, porém, a prescrição é causa para a extinção do próprio crédito tributário (CTN, art. 156, V).

Nos termos do art. 174 do CTN, a ação para cobrança do crédito tributário prescreve em cinco anos, contados da data da sua constituição definitiva. Isso significa que, a partir de quando efetuado o lançamento, e terminado o processo administrativo de controle de sua legalidade (se este houver sido instaurado), o Fisco dispõe de cinco anos para propor a respectiva ação de execução fiscal. Não promovida a execução dentro desse prazo, opera-se a prescrição. Segundo entende o STJ, "a constituição definitiva do crédito tributário se dá quando não mais cabível recurso ou após o transcurso do prazo para sua interposição, na via administrativa" (REsp 239.106/SP).

Registre-se que, como consequência lógica do entendimento do STJ, segundo o qual, no âmbito do lançamento por homologação, a Fazenda Pública pode exigir diretamente as quantias declaradas e não pagas, independentemente de lançamento de ofício ou de oferecimento de direito de defesa na via administrativa, *o prazo de prescrição da execução correspondente tem início no momento do vencimento da dívida declarada e não paga.* Com efeito, em

---

[111] 1º CC, 5ª Câm., Ac. 105-13.033, Rel. Cons. Ivo de Lima Barboza, j. em 8/12/1999, *DO* 27/3/2000, p. 6.

> "se tratando de tributos lançados por homologação, ocorrendo a declaração do contribuinte, por DCTF, e na falta de pagamento da exação no vencimento, mostra-se incabível aguardar o decurso do prazo decadencial para o lançamento. Tal declaração elide a necessidade da constituição formal do débito pelo Fisco, podendo este ser imediatamente inscrito em dívida ativa, tornando-se exigível, independentemente de qualquer procedimento administrativo ou de notificação ao contribuinte. 3. O termo inicial do lustro prescricional, em caso de tributo declarado e não pago, não se inicia da declaração, mas da data estabelecida como vencimento para o pagamento da obrigação tributária constante da declaração. No interregno que medeia a declaração e o vencimento, o valor declarado a título de tributo não pode ser exigido pela Fazenda Pública, razão pela qual não corre o prazo prescricional da pretensão de cobrança nesse período".[112]

De acordo com o parágrafo único do art. 174, porém, a prescrição se interrompe (vale dizer, é contada novamente do zero): "I – pelo despacho do juiz que ordenar a citação em ação de execução fiscal; II – pelo protesto judicial; III – por qualquer ato judicial que constitua em mora o devedor; IV – por qualquer ato inequívoco ainda que extrajudicial, que importe em reconhecimento do débito pelo devedor."

Há consequência prática de relevo que pode ser extraída do art. 174, IV, do CTN. É que o parcelamento, como causa suspensiva da exigibilidade do crédito tributário, poderia ser considerado como uma causa suspensiva do lapso prescricional. Entretanto, como através dele o devedor reconhece expressamente a existência da dívida, o mesmo é considerado causa de interrupção da prescrição, a qual permanece suspensa depois que o mesmo é deferido. Assim, caso um contribuinte obtenha um parcelamento, o prazo de prescrição é "zerado", e permanece suspenso enquanto o parcelamento estiver sendo cumprido. Caso haja inadimplemento, e o parcelamento seja rescindido, o prazo prescricional tem novo início a partir de então. "[...] 3. O acordo para pagamento parcelado do débito tributário é ato inequívoco que importa no seu reconhecimento pelo devedor, interrompendo a prescrição, nos termos do artigo 174, parágrafo único, inciso IV, do CTN (REsp nº 145.081/SP, Rel. Min. Francisco Falcão, 1ª Turma, *DJ* de 17/05/2004). O prazo recomeça a contar, desde o princípio, a partir da rescisão do parcelamento e notificação do contribuinte que se deu em 21 de maio de 1997. O ajuizamento da execução fiscal ocorreu em 20 de outubro daquele mesmo ano, portanto, dentro do prazo legal [...]".[113]

Daí o disposto na Súmula 653 do STJ, segundo a qual o "pedido de parcelamento fiscal, ainda que indeferido, interrompe o prazo prescricional, pois caracteriza confissão extrajudicial do débito."

Note-se, contudo, que, se o Fisco toma conhecimento do descumprimento de condições para permanecer no parcelamento, por parte do contribuinte, e não toma nenhuma providência para restabelecer a cobrança da dívida, o prazo prescricional volta a fluir, pois é da Fazenda a inércia em cobrar a dívida que, a partir do descumprimento dos requisitos alusivos ao parcelamento, recobra sua exigibilidade.

A teor do art. 146, III, *b*, da CF/88, a prescrição do crédito tributário é matéria privativa de lei complementar. Assim, lei ordinária não pode modificar as disposições do CTN, nem criar novas causas ou hipóteses de interrupção da prescrição. Por essa razão, por exemplo, o STJ entende que "o artigo 40 da Lei de Execução Fiscal deve ser interpretado

---

112 STJ, 2ª T., REsp 658.138/PR, Rel. Min. Castro Meira, j. em 8/11/2005, *DJ* de 21/11/2005, p. 186.

113 STJ, 1ª T., REsp 739.765/RS, Rel. Min. José Delgado, j. em 23/8/2005, *DJ* de 19/9/2005, p. 218.

harmonicamente com o disposto no artigo 174 do CTN, que deve prevalecer em caso de colidência entre as referidas leis. Isto porque é princípio de Direito Público que a prescrição e a decadência tributárias são matérias reservadas à lei complementar, segundo prescreve o artigo 146, III, *b* da CF [...]".[114]

6.4.8. Conversão do depósito em renda

É possível que o contribuinte, ao discutir (administrativa ou judicialmente) a validade de um crédito tributário, proceda ao depósito de seu montante integral, a fim de suspender sua exigibilidade (CTN, art. 151, II). Nessa hipótese, caso, ao final do litígio, for definitivamente apurado que o crédito tributário é válido, o julgador deve determinar a conversão do depósito em renda da entidade pública tributante. Essa conversão, que implica a integral satisfação do crédito tributário, extingue-o, tal como o pagamento.

No caso de depósito judicial, a conversão em renda somente deveria ocorrer quando do trânsito em julgado de sentença de mérito que julgue improcedentes os pedidos formulados pelo sujeito passivo, considerando devido o tributo garantido pelo depósito. Caso a sentença extinga o feito sem julgamento de mérito, não deveria haver a conversão dos depósitos em renda, que deveriam ser restituídos ao contribuinte.

Entretanto, tem prevalecido no STJ o entendimento de que o depósito pode ser convertido em renda tanto na hipótese de sentença que julga improcedentes os pedidos do contribuinte, como no caso extinção sem julgamento de mérito. Somente no caso de sentença que concluísse pela procedência dos pedidos do contribuinte poderia haver o levantamento, por este, das quantias depositadas. Confira-se:

> "O depósito do montante integral, na forma do art. 151, II, do CTN, constituiu modo, posto à disposição do contribuinte, para suspender a exigibilidade do crédito tributário. Porém, uma vez realizado, o depósito opera imediatamente o efeito a que se destina, inibindo, assim, qualquer ato do Fisco tendente a haver o pagamento. Sob esse aspecto, tem função assemelhada à da penhora realizada na execução fiscal, que também tem o efeito de suspender os atos executivos enquanto não decididos os embargos do devedor. 2. O direito – ou faculdade – atribuído ao contribuinte, de efetuar o depósito judicial do valor do tributo questionado, não importa o direito e nem a faculdade de, a seu critério, retirar a garantia dada, notadamente porque, suspendendo a exigibilidade do crédito tributário, ela operou, contra o réu, os efeitos próprios de impedi-lo de tomar qualquer providência no sentido de cobrar o tributo ou mesmo de, por outra forma, garanti-lo. 3. As causas de extinção do processo sem julgamento do mérito são invariavelmente imputáveis ao autor da ação, nunca ao réu. Admitir que, em tais casos, o autor é que deve levantar o depósito judicial, significaria dar-lhe o comando sobre o destino da garantia que ofereceu, o que importaria retirar do depósito a substância fiduciária que lhe é própria. 4. Assim, ressalvadas as óbvias situações em que a pessoa de direito público não é parte na relação de direito material questionada – e que, portanto, não é parte legítima para figurar no processo – o depósito judicial somente poderá ser levantado pelo contribuinte que, no mérito, se consagrar vencedor. Nos demais casos, extinto o processo sem julgamento de mérito, o depósito se converte em renda [...]."[115]

---

114 STJ, 1ª T., AgRg no REsp 724.091/MG, Rel. Min. Luiz Fux, j. em 16/2/2006, *DJ* de 13/3/2006, p. 212.

115 STJ, 1ª T., AgRg no REsp 660.203/RJ, Rel. Min. Francisco Falcão, rel. p/ o ac. Min. Teori Albino Zavascki, j. em 3/3/2005, *DJ* de 4/4/2005, p. 207.

Com todo o respeito, é absurda a tese. Não há título que justifique a entrega, à Fazenda, do valor depositado em juízo, quando a sentença não examina o mérito da ação. Imagine-se, por exemplo, que o sujeito move ação contra um Município para impugnar lançamento de imposto de renda, e efetua o depósito. O processo, em seguida, é extinto sem análise do mérito porque se verifica que o Município demandado não tem legitimidade passiva *ad causam*. A entrega do depósito ao ente municipal, em tal caso, encerra absurdo que dispensa considerações adicionais.

Nem se diga, em oposição a isso que se está a afirmar, e em defesa do entendimento acolhido pelo STJ, que seria preciso evitar a prática de "contribuintes maliciosos" que moveriam ações judiciais, promoveriam o depósito do montante integral e depois abandonariam o feito para que ele fosse extinto sem julgamento de mérito, beneficiando-se assim de um longo período de suspensão de exigibilidade. Na verdade, além de pouco factível em termos práticos, o imaginário exemplo ignora que, depois de iniciada a ação, o fato de o autor não desempenhar certos atos que lhe cabem não necessariamente levará à extinção do feito sem análise do mérito. Depois da citação do réu, a mera vontade do autor não mais conduz ao encerramento do processo sem julgamento do mérito, cabendo ao juiz – diversamente do que muitos fazem – diligenciar para que seja possível enfrentar o mérito, em vez de se sair pela cômoda via da extinção sem análise de mérito seguida da absurda conversão em renda do depósito correspondente.

6.4.9. Pagamento antecipado e homologação do lançamento

Nos casos de tributos submetidos ao lançamento por homologação, como se sabe, o sujeito passivo apura o montante devido e submete sua apuração ao crivo da autoridade, que a homologará. É com o ato de homologação que o tributo está *lançado*. Entretanto, o CTN impõe ao sujeito passivo o dever de *antecipar* o pagamento, vale dizer, pagar a quantia que ele próprio apurou devida, antes da homologação da autoridade.

Esse pagamento antecipado, sozinho, não extingue o crédito tributário, até porque, antes da homologação, a rigor, não há lançamento, nem crédito tributário. É por isso que o art. 156, VII, do CTN, assevera que extinguem o crédito tributário "o pagamento antecipado e a homologação do lançamento nos termos do disposto no art. 150 e seus §§ 1º e 4º".

Foi com base nessas premissas, aliás, que a jurisprudência do TRF da 5ª Região construiu a tese conhecida como "5 + 5", relativamente à restituição de tributos pagos indevidamente. Com efeito, o art. 168, I, do CTN dispõe que o sujeito passivo dispõe de cinco anos para pleitear a devolução de tributos pagos indevidamente, contados a partir da extinção do crédito tributário. E, segundo o art. 156, VII, do mesmo Código, essa extinção somente ocorre, no caso de tributos submetidos ao lançamento por homologação, quando da homologação do lançamento. Assim, quando não ocorre a homologação expressa, consumando-se a homologação tácita em virtude do transcurso do prazo de decadência do direito da Fazenda de efetuar o lançamento, o prazo para pleitear a restituição do que houver sido pago somente tem início com o advento dessa homologação tácita, vale dizer, cinco anos após o fato gerador. Daí os "5 + 5": diante de um "pagamento antecipado", a Fazenda tem cinco anos para homologar a apuração feita pelo contribuinte, lançando o tributo. Ao final desses cinco anos, se pressupõe que ela aceitou a apuração e o pagamento feitos, homologando o lançamento, que só então estará extinto. A partir daí (da extinção) é que começa o prazo de cinco anos para o sujeito passivo pleitear a restituição do que considerar haver sido pago indevidamente.[116]

---

116 STJ, REsp 703.950/SC, *DJ* de 23/5/2005, p. 240.

Com o advento da LC nº 118/2005, porém, a tese dos "5 + 5" restou afastada, tendo o art. 3º da referida lei complementar afirmado que, "para efeito de interpretação do inciso I do art. 168 da Lei 5.172, de 25 de outubro de 1966 – Código Tributário Nacional, a extinção do crédito tributário ocorre, no caso de tributo sujeito a lançamento por homologação, no momento do pagamento antecipado de que trata o § 1º do art. 150 da referida Lei".

Essa disposição da LC nº 118/2005 pretendeu ser "interpretativa", retroagindo nos termos do art. 106, I, do CTN. O STJ, entretanto, entendeu que não é possível a sua retroatividade, visto que a questão já estava pacificada no âmbito da jurisprudência. Por isso, entendeu o STJ que o art. 3º da LC nº 118/2005 só pode ter eficácia prospectiva, incidindo apenas sobre situações que venham a ocorrer a partir da sua vigência.[117] Esse entendimento do STJ, relativo à invalidade do art. 4º da LC nº 118/2005, na parte em que determina a retroatividade da redução do prazo, foi parcialmente modificado pelo STF, que considerou aplicável o novo prazo (ou a nova forma de contagem) às ações de restituição ajuizadas a partir do início da vigência da LC nº 118/2005, pouco importando a data em que efetuados os pagamentos. Assim, restou "reconhecida a inconstitucionalidade art. 4º, segunda parte, da LC nº 118/05, considerando-se válida a aplicação do novo prazo de 5 anos tão somente às ações ajuizadas após o decurso da *vacatio legis* de 120 dias, ou seja, a partir de 9 de junho de 2005 [...]".[118] Desse modo, a partir de referido marco, a tese dos "5 + 5" encontra-se definitivamente superada.

6.4.10. Decisão administrativa irreformável

Também extingue o crédito tributário a decisão administrativa irreformável, vale dizer, aquela decisão, proferida em processo administrativo, que considera inválido o crédito tributário, e em face da qual a Fazenda não interpõe, ou não pode mais interpor, qualquer recurso.

Pode-se usar a expressão *coisa julgada administrativa*, expressão que pode ser criticada por quem prefira denominar essa realidade de *preclusão administrativa*. De uma forma ou de outra, o que importa é que se trata de decisão administrativa definitiva (no âmbito da Administração Pública), irreformável, na qual a própria Administração Fazendária conclui pela invalidade do crédito, decretando a sua extinção.

Caso se apure algum vício no julgamento (p. ex., nulidade por conta de corrupção do julgador administrativo), a própria administração, através do superior hierárquico (Ministro da Fazenda, ou Secretário de Estado da Fazenda, *v.g.*), pode *anular* a decisão e determinar a prolação de outra. Entretanto, não é lícito ao Ministro cassar tais decisões, sob o argumento de que o colegiado errou na interpretação da Lei.[119] Também não é possível ao Fisco discutir em juízo o próprio "mérito" de seus julgamentos administrativos, propondo ação anulatória contra a decisão de seus próprios órgãos que extingue o crédito tributário. Tal absurdo, aliás, o colocaria na condição de autor e réu da mesma ação, além de transformar em pura perda de tempo todo o processo administrativo de controle da legalidade do lançamento tributário.

6.4.11. Decisão judicial passada em julgado

De acordo com o art. 156, X, do CTN, a decisão judicial, desde que transitada em julgado, também pode ter o efeito de extinguir o crédito tributário. Assim, se o sujeito passivo tiver um lançamento efetuado contra si e ajuizar ação judicial para questioná-lo, a sentença que

---

117 STJ, REsp 742.362/MG, *DJ* de 30/5/2005, p. 263.

118 STF, RE 566.621, *DJe*-195, publicado em 11/10/2011.

119 STJ, 1ª S., MS 8.810/DF, *DJ* de 6/10/2003, p. 197.

julgar procedentes os seus pedidos, quando transitar em julgado, terá o efeito de extinguir o crédito tributário correspondente.

No âmbito de uma ação anulatória de lançamento tributário, por exemplo, embora a sentença possa julgar procedentes os pedidos, e determinar a extinção do crédito tributário impugnado, essa extinção somente será consumada quando a decisão se tornar definitiva.

Como se percebe, as causas de extinção do crédito estão, muitas delas, relacionadas com as causas de suspensão da exigibilidade, representando a consumação ou a definitividade de uma situação que, quando da suspensão, era temporária. Ao mover uma ação judicial, destinada a anular um lançamento tributário e com isso extinguir o crédito tributário correspondente, o contribuinte pode obter uma tutela provisória (CTN, art. 151, V), suspendendo a exigibilidade do crédito tributário impugnado. Ao final do processo, caso seus pedidos sejam julgados procedentes, e a decisão transite em julgado, haverá a extinção desse mesmo crédito (CTN, art. 156, X). O mesmo paralelismo se observa entre a reclamação e o recurso administrativo como causa de suspensão, e a decisão administrativa definitiva como causa de extinção; ou entre o depósito como forma de suspensão, e sua conversão em renda (ou, no caso de procedência do pedido, a decisão, administrativa ou judicial, correspondente).

6.4.12. Dação em pagamento

Como regra geral, o tributo não pode ser extinto através de dação em pagamento. Trata-se de prestação pecuniária. Apesar disso, com o advento da LC nº 104/2001, o art. 156, XI, do CTN, passou a enumerar, como uma das causas extintivas do crédito tributário, a dação em pagamento em bens imóveis, que poderá ocorrer *na forma e condições estabelecidas em lei.*

Pelo que se percebe, tanto a regra é o pagamento do tributo *em dinheiro*, que a dação em pagamento depende ainda da edição de lei, por cada ente tributante (União, Estados-membros, Distrito Federal e Municípios), estipulando a forma e as condições nas quais poderá ocorrer. À míngua dessa lei específica, não há amparo legal para a dação em pagamento. E, ainda assim, somente pode dizer respeito a bens imóveis. O Município de São Paulo editou, para disciplinar a dação em pagamento de bens imóveis como forma de extinção do crédito tributário, a Lei 13.259, de 28 de dezembro de 2001, que foi regulamentada pelo Decreto nº 42.095, de 12 de junho de 2002. No plano federal, a disciplina da dação em pagamento foi elaborada posteriormente, encontrando-se prevista na Lei 13.259, de 16 de março de 2016.

6.5. EXCLUSÃO DO CRÉDITO TRIBUTÁRIO

6.5.1. Noções gerais

Segundo o CTN, a isenção e a anistia "excluem" o crédito tributário, vale dizer, impedem que este seja constituído.[120] Essa exclusão, porém, não dispensa o cumprimento das obrigações acessórias, dependentes da obrigação principal cujo crédito seja excluído, ou dela consequente (CTN, art. 175). Em outras palavras, mesmo isento, um contribuinte deve continuar cumprindo suas obrigações acessórias (emitindo notas, escriturando livros fiscais etc.). É o que observa Baleeiro:[121] "A isenção veda a constituição do crédito tributário, mas deixa de pé as obrigações acessórias."

---

[120] MACHADO, Hugo de Brito. **Curso de direito tributário.** 37. ed. São Paulo: Malheiros, 2016, p. 231.

[121] BALEEIRO, Aliomar. **Direito tributário brasileiro.** 11. ed. Atualização de Misabel Abreu Machado Derzi. Rio de Janeiro: Forense, 1999, p. 915.

Ao indicar a isenção como causa de "exclusão" do crédito, equiparando-a à anistia, o CTN foi claramente influenciado pelo pensamento, equivocado mas ainda dominante na época, segundo o qual a isenção seria a "dispensa legal do tributo devido". Segundo essa teoria: (1º) a lei prevê as hipóteses em que o tributo é devido; (2º) tais hipóteses ocorrem; (3º) o tributo se faz devido; (4º) a lei isentiva incide, impedindo a constituição do crédito tributário.

Essa teoria, porém, já foi superada, sendo hoje mais aceito que a isenção é uma *exceção* à norma de tributação.[122]

6.5.2. Isenção

A isenção já foi definida como a "dispensa legal de tributo devido", mas essa ideia vem sendo questionada pelos estudiosos do Direito Tributário, que não a consideram tecnicamente adequada. Prefere-se dizer, hoje, que a isenção é a exceção, contida em norma legal, à regra jurídica de tributação. Não é adequado, do ponto de vista da Teoria do Direito, entender-se a isenção como "dispensa legal do tributo devido", salvo se a expressão for vista em um sentido muito amplo e não técnico, o que não foi, todavia, o propósito de quem a empregou originalmente. Tanto que ela foi indicada, no CTN, como causa de "exclusão" do crédito, vale dizer, surgiria uma obrigação tributária e, posteriormente, a lei isentiva apenas dispensaria a constituição do crédito tributário (tal como, a rigor, ocorre com a decadência). Não é isso, como dito, o que acontece, à luz da Teoria Geral do Direito.

Quando uma norma concede isenção de determinado tributo, a situação por ela abrangida, na verdade, *deixa de integrar a hipótese de incidência da norma de tributação,* que por ela é recortada, ou excepcionada. Exemplificando, se uma lei institui tributo a ser pago por todos os que realizam operações relativas à circulação de mercadorias, e outra, mais específica, concede isenção a operações com feijão, tem-se que as operações com feijão foram retiradas do campo de incidência da norma de tributação, que sobre elas sequer incide. Trata-se de noção de Teoria do Direito, como dito, segundo a qual a norma específica prevalece sobre a mais geral, quando tratam a mesma situação de forma diferente. E é precisamente isso o que acontece quando uma norma mais geral estabelece que todas as operações relativas à circulação de mercadorias sejam tributadas, e outra, mais específica, determina que as operações relativas à circulação de mercadorias, quando estas forem feijão, não sejam tributadas.

Esclareça-se que a norma isentiva pode estar contida na mesma lei que veicula a norma de tributação, em dispositivos diferentes desta, ou podem, a norma isentiva e a norma de tributação, constar de diplomas legais diferentes. É preciso, porém, no que se refere à edição de normas concessivas de isenções, respeitar o disposto no art. 150, § 6º, da CF/88[123], que de algum modo limita a competência para isentar de União, Estados-membros, Distrito Federal e Municípios, como forma de evitar que se incluam às escondidas normas isentivas em diplomas legais que cuidam de assuntos completamente diferentes, a fim de que sejam aprovadas por parlamentares que, mesmo quando acham que sabem o que estão votando, numa situação assim, provavelmente não se aperceberão do contrabando legislativo ali inserido. No caso dos Estados-membros e do Distrito Federal, no que tange ao ICMS, a restrição à competência para

---

122 MACHADO, Hugo de Brito. **Curso de direito tributário**. 37. ed. São Paulo: Malheiros, 2016, p. 231-232.

123 O referido dispositivo constitucional tem a seguinte redação: "§ 6º Qualquer subsídio ou isenção, redução de base de cálculo, concessão de crédito presumido, anistia ou remissão, relativos a impostos, taxas ou contribuições, só poderá ser concedido mediante lei específica, federal, estadual ou municipal, que regule exclusivamente as matérias acima enumeradas ou o correspondente tributo ou contribuição, sem prejuízo do disposto no art. 155, § 2º, XII, *g*."

isentar é ainda mais forte, pois, para isso, eles terão de observar procedimento previsto em lei complementar (LC 24/75 e LC 160/2017), que tem a finalidade de coibir a chamada "guerra fiscal". Restrição diferente, mas com propósito semelhante, existe em relação aos Municípios, que são obrigados a observar uma *alíquota mínima* relativamente ao ISS (LC 116/2003, art. 8º-A, com a redação dada pela LC 157/2016).

A isenção se diferencia da imunidade tributária porque, embora em ambas as situações não seja juridicamente possível a cobrança do tributo, a imunidade opera-se no plano constitucional. Trata-se de regra que estabelece exceção à regra de competência, recortando-a de modo a que, nas situações imunizadas, sequer os entes federativos têm competência para instituir o tributo. No caso da isenção, como visto, tem-se norma mais específica que opera recorte na norma de tributação, de modo a que, nas situações isentas, não mais se possa cogitar da incidência do tributo. É por isso que se diz, de forma mais resumida, que as imunidades são concedidas no âmbito constitucional, enquanto as isenções devem ser veiculadas por lei editada pela mesma entidade federativa competente para a instituição do tributo.

Existem, ainda, figuras correlatas, que merecem registro, ainda que rápido: a não incidência e a alíquota zero.

Embora nos casos de imunidade e de isenção também aconteça, a rigor, a não incidência da norma tributária, isso acontece porque uma outra regra, mais específica, recorta a regra de competência, ou a regra de tributação, respectivamente. Não fosse a regra de imunidade, os Estados-membros poderiam tributar livros com o ICMS, e os Municípios poderiam tributar igrejas com o IPTU, apenas para citar dois exemplos, pois as operações relativas à circulação de livros, e a propriedade de imóveis pelas entidades religiosas, estariam abrangidas pelas regras de competência referentes ao ICMS e ao IPTU. O mesmo se dá com as isenções, que sempre dizem respeito a situações que, não fosse a regra isentiva, em tese, seriam tributáveis.

No caso da não incidência propriamente dita, não. Ela diz respeito, simplesmente, a todas as situações que, *a contrario sensu*, não estão abrangidas pela hipótese de incidência da regra de tributação.

Tais institutos, como se vê, têm sua definição e distinção estabelecidas a partir do diploma legal que os veicula, ou da forma como se identificam a partir da própria hipótese de incidência normativa, pouco importando o nome que o legislador utiliza para designá-los. Um recorte à regra de competência, feito pela Constituição, será uma imunidade, ainda que o texto constitucional use outra palavra ou expressão. O mesmo pode ser dito do recorte da hipótese de incidência da regra de tributação, feito por outra regra legal editada pelo mesmo ente tributante, que será uma isenção ainda que outro nome lhe dê o legislador.

Um exemplo pode deixar a distinção mais clara. Relativamente ao Imposto sobre a Propriedade de Veículos Automotores, IPVA, suponha-se que a lei de determinado Estado afirma estar concedendo "isenção" a veículos da União, dos Estados-membros, do Distrito Federal e dos Municípios, bem como a veículos elétricos e a bicicletas. Embora todas as situações tenham sido definidas como "isenções", tem-se, no primeiro caso, uma imunidade, que prevaleceria ainda que a lei nada dispusesse a respeito, ou ainda que dispusesse expressamente em contrário, hipótese em que seria inconstitucional. Na segunda hipótese, referente aos veículos elétricos, trata-se de autêntica isenção, pois eles são veículos automotores, situando-se no âmbito de competência dos Estados e, em tese, no campo de incidência da norma de tributação definida na lei criadora do imposto, sendo dele excluído apenas em virtude da norma isentiva. Finalmente, na terceira, alusiva às bicicletas, tem-se claro exemplo de não incidência, pois elas não são veículos automotores, mas de propulsão humana, e não estariam sujeitas ao imposto pelo simples fato de não se encaixarem em sua hipótese de incidência. A norma que se reporta à propriedade de bicicletas como hipótese de não incidência é meramente explicitante e exemplificativa, como o são todas as que tratam de autênticas hipóteses de não incidência.

Finalmente, a alíquota zero é um artifício ao qual recorre o Poder Público, notadamente quanto a tributos em relação aos quais o Poder Executivo pode modificar alíquotas de tributos sem que se faça necessária a edição de lei. É o caso do imposto de importação, e do imposto sobre produtos industrializados, por exemplo. Relativamente a eles, a lei estabelece limites máximos e mínimos para a fixação das alíquotas pelo Poder Executivo, sendo este que as estabelece, para cada produto a ser tributado, por meio de atos infralegais. Nos casos em que o legislador estabelece o limite mínimo como sendo zero, o Poder Executivo por vezes reduz a alíquota até esse patamar, o que, na prática, equivale à concessão de uma isenção. E juridicamente, também, há semelhança bastante grande, com a exceção de que, caso pretenda suprimir a redução, o próprio executivo poderá restabelecer a alíquota em seu montante originário, sem a necessidade de que se edite uma lei para isso.

Ainda quando prevista em contrato (celebrado entre o contribuinte e o ente público correspondente), a isenção deve sempre decorrer de lei, a qual deve especificar as condições e os requisitos exigidos para a sua concessão, os tributos a que se aplica e, sendo o caso, o prazo de sua duração (CTN, art. 176). A isenção pode ser restrita a determinada região do território da entidade tributante, em função de condições a ela peculiares. É o que ocorre, por exemplo, com certas isenções de Imposto de Renda, ou de IPI, concedidas pela União Federal a contribuintes situados na região Nordeste ou na região Norte.

Como exceções à norma de tributação, as isenções (ou, mais propriamente, as leis que as concedem) não podem ser objeto de interpretação ampliativa, nem de integração. O art. 111 do CTN, a propósito, afirma que as normas relativas à isenção devem ser interpretadas *literalmente*. É preciso lembrar, porém, que o STJ já corrigiu a evidente impropriedade contida nesse artigo, decidindo:

> "A regra insculpida no art. 111 do CTN, na medida em que a interpretação literal se mostra insuficiente para revelar o verdadeiro significado das normas tributárias, não pode levar o aplicador do direito à absurda conclusão de que esteja ele impedido, no seu mister de interpretar e aplicar as normas de direito, de se valer de uma equilibrada ponderação dos elementos lógico-sistemático, histórico e finalístico ou teleológico que integram a moderna metodologia de interpretação das normas jurídicas."[124]

Todos os métodos, enfim, podem ser utilizados. O que não pode haver é a extensão dos efeitos da isenção a hipóteses não previstas na lei isentiva, seja por interpretação extensiva, seja por integração analógica.[125]

Salvo disposição de lei em contrário, a isenção não é extensiva: *(i)* às taxas e às contribuições de melhoria; *(ii)* aos tributos instituídos posteriormente à sua concessão.

A isenção pode ser *geral*, aplicando-se a todos os contribuintes de determinado tributo que se encontrem em determinada situação, independentemente do cumprimento de qualquer formalidade adicional (p. ex., isenção de IR concedida aos rendimentos da caderneta de poupança). Pode a isenção, porém, ser *individual*, sendo concedida por despacho da autoridade competente, que verifica, em cada caso, se o contribuinte atende aos requisitos exigidos pela lei.

---

124 STJ, REsp 411.704/SC – *DJ* de 7/4/2003, p. 262.

125 MACHADO, Hugo de Brito. **Curso de direito tributário**. 37. ed. São Paulo: Malheiros, 2016, p. 115-116.

No caso de isenção individual, esta deve ser requerida pelo interessado, que deverá provar o atendimento das condições legalmente exigidas. A autoridade – é importante esclarecer – não poderá formular outras exigências além daquelas já previstas na lei (ou no contrato, se houver).

Caso o tributo de cuja isenção se cogita for lançado por período certo de tempo, o despacho referido neste artigo será renovado antes da expiração de cada período, cessando automaticamente os seus efeitos a partir do primeiro dia do período para o qual o interessado deixar de promover a continuidade do reconhecimento da isenção. Exemplificando, caso o contribuinte do IPTU possa obter isenção individual, desde que comprove que seu imóvel tem valor inferior a determinado limite estabelecido em lei, e é o único que possui, nele morando com a família, a concessão dessa isenção produzirá efeitos apenas durante um ano. No ano seguinte, será necessário requerer e comprovar, novamente, que o imóvel continua avaliado dentro do limite de isenção, e que continua sendo o único daquele contribuinte, que nele mora com a família.

É pacífico, na jurisprudência, que o despacho que reconhece o direito à isenção individual tem eficácia declaratória e, portanto, retroativa à data em que o contribuinte começou a atender aos requisitos legais:

> "O ato administrativo de reconhecimento tem efeito declarativo e não atributivo, abrangendo, assim, período anterior à sua expedição" (TFR – AP nº 36.493 – MG – *RTFR* nº 46, p. 21).

> "O ato administrativo que a reconhece é declaratório e não constitutivo. O requerimento é pressuposto para o desfrute da isenção, mas não para o seu nascimento. Isenção especial reconhecida desde a vigência da lei que a instituiu no interesse geral, uma vez verificados os seus requisitos legais."[126]

Entretanto, há julgado do STJ que afirma ser necessário, pelo menos, que o contribuinte tenha formulado o requerimento de reconhecimento da isenção, para que se possa cogitar dos efeitos desta.[127] Esse julgado não contradiz as decisões acima transcritas, segundo a qual o despacho concessivo da isenção tem efeito declaratório, mas exige, para o reconhecimento da isenção, que o contribuinte pelo menos a tenha requerido.

A isenção pode ser revogada a qualquer tempo, hipótese em que os fatos antes "isentos" voltam a fazer nascer o dever de recolher o tributo, podendo a autoridade lançá-lo. Entretanto, caso a isenção tenha sido concedida a prazo certo, e à luz do atendimento de determinadas condições (p. ex., instalação de indústria no Nordeste), essa revogação não pode ocorrer, tendo o contribuinte direito adquirido de fruí-la até o final do prazo correspondente (CTN, art. 178).

Aplicam-se ao despacho que concede isenção individual, no que couberem, as disposições relativas ao despacho que concede moratória individual (CTN, art. 155 c/c art. 179).

6.5.3. Anistia

Anistia é o perdão pelas infrações cometidas, impedindo a autoridade de constituir o crédito tributário relativo às penalidades pecuniárias. Como ressalva Baleeiro,[128] "a anistia

---

126 STF, RE 85471/RJ – *DJ* de 18/3/1977.

127 STJ, REsp 278.048/PR – *DJ* de 30/4/2001, p. 126.

128 BALEEIRO, Aliomar. **Direito tributário brasileiro.** 11. ed. Atualização de Misabel Abreu Machado Derzi. Rio de Janeiro: Forense, 1999, p. 955.

não se confunde com a remissão. Esta pode dispensar o tributo, ao passo que a anistia fiscal é limitada à exclusão das infrações cometidas anteriormente à vigência da lei, que a decreta".

Como dispõe o art. 180 do CTN, a anistia abrange exclusivamente as infrações cometidas anteriormente à vigência da lei que a concede, não se aplicando: *(i)* aos atos qualificados em lei como crimes ou contravenções e aos que, mesmo sem essa qualificação, sejam praticados com dolo, fraude ou simulação pelo sujeito passivo ou por terceiro em benefício daquele; *(ii)* salvo disposição em contrário, às infrações resultantes de conluio entre duas ou mais pessoas naturais ou jurídicas.

A anistia pode ser concedida em caráter geral, ou limitadamente. Nessa segunda hipótese, poderá dizer respeito apenas: *(i)* às infrações da legislação relativa a determinado tributo; *(ii)* às infrações punidas com penalidades pecuniárias até determinado montante, conjugadas ou não com penalidades de outra natureza; *(iii)* à determinada região do território da entidade tributante, em função de condições a ela peculiares; *(iv)* sob condição do pagamento de tributo no prazo fixado pela lei que a conceder, ou cuja fixação seja atribuída pela mesma lei à autoridade administrativa (CTN, art. 181).

Assim como a isenção, a anistia, quando não concedida em caráter geral, é efetivada, em cada caso, por despacho da autoridade administrativa, em requerimento com o qual o interessado faça prova do preenchimento das condições e do cumprimento dos requisitos previstos em lei para sua concessão. A esse despacho são aplicáveis, no que for cabível, as disposições relativas à moratória (CTN, art. 155 c/c art. 182).

6.6. GARANTIAS E PRIVILÉGIOS DO CRÉDITO TRIBUTÁRIO

A partir de seu art. 183, o Código Tributário passa a enumerar as garantias e os privilégios concedidos ao crédito tributário. E o faz de modo não exaustivo, pois a enumeração nele contida não exclui outras expressamente previstas em lei específica, em função da natureza ou das características do tributo correspondente.

Respondem pelo pagamento do crédito tributário a totalidade dos bens do sujeito passivo, seu espólio ou sua massa falida, inclusive os gravados por ônus real ou cláusula de inalienabilidade ou impenhorabilidade, seja qual for a data da constituição do ônus ou da cláusula, excetuados unicamente os bens e as rendas que a lei declare absolutamente impenhoráveis (CTN, art. 184).

Como a totalidade dos bens do sujeito passivo responde pelo crédito tributário, poderia ocorrer, de fato, de esses bens serem fraudulentamente transferidos para terceiros, para com isso salvar-se o patrimônio do devedor inadimplente. Para evitar que isso ocorra, o CTN dispõe que se presume fraudulenta a alienação ou oneração de bens ou rendas, ou seu começo, por sujeito passivo em débito para com a Fazenda Pública, por crédito tributário regularmente inscrito como dívida ativa (CTN, art. 185). Assim, se o sujeito passivo tem constituído contra si crédito tributário, e não o paga, sendo o mesmo inscrito em dívida ativa, a partir da data da inscrição em dívida ativa todas as alienações de seu patrimônio (p. ex., venda de imóveis, de veículos) poderão ser consideradas fraudulentas. Fica ressalvada, naturalmente, a hipótese de, mesmo tendo havido a transferência após a inscrição em dívida ativa, o sujeito passivo reservar bens suficientes para responder pela dívida, caso em que não seria razoável, nem necessário, desconsiderar a alienação realizada.

Desse modo, caso o devedor de tributos já com inscrição na dívida ativa realize a venda de bens e com isso seu patrimônio se torne insuficiente para honrar o débito, a Fazenda poderá considerar ineficaz essa venda, pleiteando a penhora do mencionado bem, que poderá ser alienado em hasta pública. O terceiro poderá pleitear eventual reparação junto ao anterior proprietário, que o vendeu mesmo estando sufocado por dívidas tributárias, mas é provável que não consiga êxito, pela mesma razão que o Fisco, não fosse o art. 185 do CTN, não teria conseguido na situação usada como exemplo. Convém, assim, antes de realizar um negócio desse porte, exigir do vendedor a apresentação de certidões negativas de débitos tributários, inclusive em relação a tributos não diretamente ligados ao bem de cuja aquisição se cogita, a fim de se evitarem problemas no futuro.

Com efeito, o Superior Tribunal de Justiça entende, a respeito do art. 185 do CTN, que sua incidência independe da comprovação de fraude ou má-fé, e alcança o bem mesmo que ele esteja já em poder de terceiro, tendo mesmo sido objeto de sucessivos negócios posteriormente. Se, no momento em que ele foi alienado pelo devedor tributário, o débito deste já estava inscrito em dívida ativa, a alienação é ineficaz perante a Fazenda, que poderá promover sua constrição em sede executiva:

> "(...) não há como afastar a presunção de fraude, com amparo na Súmula 375 do STJ, quando se tratar de Execução Fiscal, em que há legislação específica, qual seja, o art. 185 do CTN, na redação dada pela LC 118/2005, cujo escopo não é resguardar o direito do terceiro de boa-fé adquirente a título oneroso, mas sim de proteger o interesse público contra atos de dilapidação patrimonial por parte do devedor, porquanto o recolhimento dos tributos serve à satisfação das necessidades coletivas.
>
> 7. Outro aspecto de extremo relevo para a fixação da tese é de que a existência do verbete sumular não obsta o exame da questão sobre a sistemática do recurso repetitivo previsto no art. 543-C do CPC/1973, notadamente quando se pretende afastar a regra inserta no art. 185 do CTN, sem, no entanto, submeter o tema ao devido incidente de inconstitucionalidade, em clara ofensa ao princípio da reserva de Plenário, previsto no art. 97 da CF.
>
> 8. Assim, o afastamento da norma prevista no art. 185 do CTN, na redação dada pelo LC 118/1995, só seria possível se após a declaração de inconstitucionalidade do dispositivo legal, o que exigiria reserva de plenário e quorum qualificado, em obediência ao art. 97 da CF.
>
> 9. Verifica-se, ainda, erro material no acórdão hostilizado, na medida em que é fato incontroverso nos autos que o ora embargante adquiriu o bem de terceira pessoa, Sra. Ana Carolina Egoroff da Silva, e não do próprio executado, Sr. Rodrigo da Silveira Maia, como consignado pelo então relator.
>
> 10. O equívoco ocorrido, entretanto, não tem o condão de alterar o resultado do julgamento, haja vista que a discussão dos autos gira em torno da configuração da fraude à execução quando a alienação foi efetivada após a citação do executado para responder pela dívida tributária já inscrita, na vigência da LC 118/2005, que alterou a redação do art. 185 do CTN, para entender que o *concilium fraudis* se caracteriza sempre que a alienação é efetuada após a inscrição do crédito tributário em dívida ativa.
>
> 11. Como se constatou que, na hipótese em apreço, o sujeito passivo em débito com a Fazenda Pública alienou o bem de sua propriedade após já ter sido validamente citado no Executivo Fiscal, é irrelevante ter ocorrido uma cadeia sucessiva de revenda do bem objeto da constrição judicial, já que o resultado do julgamento não se altera no caso, pois restou comprovado, de forma inequívoca, que aquela alienação pretérita frustrou a atividade jurisdicional executiva.

> 12. Portanto, ainda que o vício processual somente tenha sido revelado após a revenda do bem, considera-se perpetrado desde a data do negócio jurídico realizado pelo executado, porquanto já ocorrera a inscrição em dívida ativa e até mesmo a sua citação. Isso porque é absoluta a presunção da fraude, sendo desinfluente que o ora embargante tenha obtido o bem de um terceiro.
>
> 13. Conclui-se que, à luz do disposto no art. 185 do CTN, deve ser mantida a tese firmada pelo acórdão embargado, segundo a qual, diante da entrada em vigor da LC 118/2005, o simples fato de a oneração ou alienação de bens, rendas ou direitos ocorrer após a inscrição da dívida ativa de crédito tributário, sem reservas de quantia suficiente à quitação do débito, gera presunção de fraude à execução, sendo irrelevante a prova do concilium fraudis, visto que, nessa hipótese, a presunção é jure et de jure, mesmo no caso da existência de sucessivas alienações. (...)".[129]

Registre-se que, pela redação anterior do art. 185 do CTN, a "presunção de fraude" somente se configurava quando a alienação do bem ocorria após a propositura da ação de execução fiscal, vale dizer, após a citação do executado. Com o advento da LC nº 118/2005, a data dessa presunção foi "antecipada" para o momento da inscrição do débito em dívida ativa. Evita-se, com isso, que o lapso existente entre a conclusão do processo administrativo de controle de legalidade do lançamento e a propositura da execução fiscal preste-se a que o contribuinte desonesto esvazie seu patrimônio para frustrar a execução fiscal.

Com a LC nº 118/2005, foi inserida no CTN a figura da "penhora *on-line*", consistente na possibilidade de o juiz da execução fiscal determinar a indisponibilidade dos bens e direitos do devedor tributário, caso este, devidamente citado na ação de execução, não pagar nem apresentar bens à penhora no prazo legal, não sendo encontrados bens penhoráveis (CTN, art. 185-A). Essa "penhora *on-line*", como dito, consistirá na decretação da indisponibilidade de bens e direitos do sujeito passivo, até o montante do valor que lhe for exigido, a qual será comunicada a autoridades e entidades competentes (oficial do registro de imóveis, instituições financeiras, departamentos de trânsito etc.), para que façam cumprir a ordem judicial.

É preciso cuidado com esse dispositivo, que pode ensejar abusos e excessos. Como registra Luciano Amaro,[130] mesmo se o juiz informar a cada destinatário da ordem o "total exigível" do crédito executado, isso não impedirá "que cada destinatário, na melhor das hipóteses, bloqueie bens até esse valor (o que já multiplica o efeito do gravame). Como, para piorar, os destinatários da comunicação judicial não necessariamente saberão o valor dos bens, isso os levará a bloquear tudo o que houver, até que o juiz, quando estiver de posse das relações recebidas dos vários órgãos e entidades, e puder ter uma avaliação desses bens, tenha condições de, efetivamente, determinar o levantamento (que, nessa ocasião, já não se poderá qualificar de 'imediato') da indisponibilidade do que for excedente".

Atualmente, o Superior Tribunal de Justiça considera que pode haver, de forma prioritária, a penhora de dinheiro, no âmbito da execução, até por ser este o primeiro item na ordem legal dos bens penhoráveis, e aquele que garante de forma mais intensa a satisfação da dívida. Essa penhora de dinheiro, contudo, deve operar-se nos termos do Código de Processo Civil. Apenas excepcionalmente, como *ultima ratio*, pode-se aplicar o disposto no art. 185-A do CTN[131]. Esse entendimento, inclusive, acha-se sumulado: "A decretação da indisponibi-

---

129 STJ, 1ª Seção, EDcl no REsp 1.141.990/PR, *DJe* de 21/11/2018.

130 AMARO, Luciano. **Direito tributário brasileiro.** 11. ed. São Paulo: Saraiva, 2005, p. 475.

131 STJ, 1ª S., REsp 1.184.765 PA, *DJe* de 3/12/2010.

lidade de bens e direitos, na forma do artigo 185-A do CTN, pressupõe o exaurimento das diligências na busca por bens penhoráveis, o qual fica caracterizado quando infrutíferos o pedido de constrição sobre ativos financeiros e a expedição de ofícios aos registros públicos do domicílio do executado, ao Denatran ou Detran" (Súmula 560/STJ).

Quanto às *preferências*, estas dizem respeito à posição do crédito tributário em relação a outros créditos, na eventualidade de se fazer necessária uma escolha diante da impossibilidade de se quitarem todos. Nessa ordem de ideias, segundo o art. 186 do CTN, o crédito tributário prefere a qualquer outro, seja qual for sua natureza ou o tempo de sua constituição, ressalvados os créditos decorrentes da legislação do trabalho ou do acidente de trabalho.

Em caso de falência, o crédito tributário não prefere aos créditos extraconcursais ou às importâncias passíveis de restituição, nos termos da lei falimentar, nem aos créditos com garantia real, no limite do valor do bem gravado. Isso quer dizer, em outras palavras, que créditos com garantia real (p. ex., hipotecária) preferirão ao crédito tributário, mas somente até o valor do bem dado em garantia.

E, mesmo em relação ao crédito trabalhista, o art. 186, II, do CTN estabelece que a lei poderá estabelecer limites e condições para a preferência dos créditos decorrentes da legislação do trabalho. Esse limite, dentro do qual o crédito trabalhista tem preferência, "já foi estabelecido em 150 salários mínimos por credor (Lei 11.101, de 9/2/2005, art. 83, I). Não há limite para os créditos decorrentes de acidente de trabalho"[132]. Esse limite foi estabelecido pela LC 118/2005 para evitar que créditos trabalhistas de valores muito elevados consumissem todo o patrimônio da massa, frustrando os demais credores. Considerou-se que, primeiro, valores tão elevados, por cada credor, já não mereceriam igual proteção e prioridade, e, segundo, que o disciplinamento anterior, que criava espaço para que um único credor trabalhista ficasse com todo o patrimônio do falido, em detrimento dos demais credores (Fisco, bancos etc.), poderia viabilizar a prática de fraudes, ou, mais propriamente, de simulações, nas quais um empregado ajuizava reclamação trabalhista infundada, em conluio com a empresa, que propositalmente contestava a demanda de maneira deficiente, tudo para formar um "crédito trabalhista" apurado em juízo, em montante bastante elevado. Tudo, porém, de forma simulada, no conluio entre o empregado e o patrão, para que, ficando o empregado com todo o patrimônio, depois este voltasse, de maneira oculta e não contabilizada, ao próprio falido.

É importante diferenciar, na falência, o tributo da penalidade pecuniária. Isso porque as preferências de que cuida o CTN aplicam-se apenas ao tributo, pois a multa prefere apenas aos créditos subordinados. Isso significa que, na falência, a Fazenda Pública terá preferência para receber o *tributo* (abaixo apenas do crédito trabalhista até 150 salários mínimos e do crédito com garantia real), mas o seu crédito relativo às penalidades será pago apenas depois de quitados todos os créditos quirografários. Isso significa que as multas alcançarão apenas o saldo que eventualmente sobrar e que seria entregue aos sócios da empresa falida.

Nos termos do art. 187 do CTN, a cobrança judicial do crédito tributário não é sujeita a concurso de credores ou habilitação em falência, recuperação judicial, concordata, inventário ou arrolamento. Isso significa que, caso o devedor do tributo venha a falir, a Fazenda não precisará participar da "execução coletiva", que é o processo de falência. Poderá exigir seu crédito por meio da ação de execução fiscal, normalmente. Mas é preciso cuidado para que isso não leve a situações que implicariam violação à ordem de preferências estabelecida entre os credores. A execução fiscal deve tramitar normalmente até a realização do leilão de

---

132 MACHADO, Hugo de Brito. **Curso de direito tributário**. 37. ed. São Paulo: Malheiros, 2016, p. 245.

bens. Alienados estes, porém, o produto obtido deve ser remetido ao juízo da falência, para que não seja prejudicada a ordem de preferências.[133]

Note-se que essa realidade foi modificada com o advento da Lei 14.112/2020, que alterou a Lei de Falências (Lei 11.101/2005) para estabelecer a possibilidade de se suspender a execução fiscal movida contra um devedor que tenha sua falência decretada, de modo a permitir à Fazenda a habilitação do seu crédito no processo falimentar, providência que tem encontrado apoio na jurisprudência do Superior Tribunal de Justiça (REsp 1.872.152). Pode-se questionar a validade formal dessa alteração, veiculada em lei ordinária, não só porque diverge do que estabelece o CTN, mas porque trata de tema reservado à lei complementar pelo art. 146, III, "b", da CF/88 (crédito tributário).

De acordo com o parágrafo único do art. 187 do CTN, o concurso de preferência somente se verifica entre pessoas jurídicas de direito público, na seguinte ordem: (*i*) – União; (*ii*) Estados, Distrito Federal e Territórios[134], conjuntamente e *pro rata*; (*iii*) Municípios, conjuntamente e *pro rata*. Isso significa que, de acordo com o CTN, diante de um devedor insolvente, primeiro deverão ser honrados os tributos federais (IR, COFINS, IPI etc.), depois os Estaduais (ICMS, IPVA) e só ao final os Municipais (ISS, IPTU). Tal disposição é considerada, por muitos autores, como não recepcionada pela CF/88, pois é claramente incompatível com a forma federativa de Estado adotada pela atual Constituição.[135] Esse, inclusive, foi o entendimento seguido pelo Supremo Tribunal Federal, quando do julgamento da ADPF 357, oportunidade na qual se declarou inconstitucional o parágrafo único do art. 187 do CTN e se cancelou a Súmula 563 do STF.

São considerados créditos "extraconcursais" os créditos tributários decorrentes de fatos geradores ocorridos no curso do processo de falência, vale dizer, os créditos tributários que se forem fazendo devidos em virtude de a massa falida haver continuado em funcionamento, realizando vendas e outros negócios, após a decretação da falência. Caso um desses créditos extraconcursais seja contestado pela massa falida, o juiz remeterá as partes ao processo competente, mandando reservar bens suficientes à extinção total do crédito e seus acrescidos, se a massa não puder efetuar a garantia da instância por outra forma, ouvido, quanto à natureza e valor dos bens reservados, o representante da Fazenda Pública interessada. A mesma disposição se aplica aos processos de recuperação judicial, denominação contemporânea do instituto mencionado no art. 188, § 2.º, do CTN (concordata).

Os créditos tributários surgidos em face de fatos geradores ocorridos após a falência (na hipótese de a massa continuar em atividade), ou após a morte (por atos praticados pelo espólio), devem ser pagos preferencialmente a quaisquer créditos habilitados em inventário ou arrolamento, ou a outros encargos do monte (CTN, art. 189). Caso seja o mesmo contestado, deverá o juiz (da falência ou do inventário) remeter as partes ao processo competente (perante a vara especializada, se houver), mandando reservar bens suficientes à extinção total do crédito e seus acrescidos, se a massa não puder efetuar a garantia da instância por outra forma (p. ex., depósito), ouvido, quanto a natureza e valor dos bens reservados, o representante da Fazenda Pública interessada.

---

133 STJ, EDiv no REsp 536.033-RS – *DJ* de 9/2/2005, p. 181 – *RDDT* 115/226.

134 A Súmula 563/STF, atualmente cancelada, dispunha (referindo-se ao texto da Constituição de 1967, com a Emenda n.º 1 de 1969: "O concurso de preferência a que se refere o parágrafo único do art. 187 do Código Tributário Nacional é compatível com o disposto no art. 9.º, I, da Constituição Federal."

135 CARVALHO, Paulo de Barros. **Curso de direito tributário**. 12. ed. São Paulo: Saraiva, 1999, p. 484.

Também os créditos tributários vencidos ou vincendos, a cargo de pessoas jurídicas de direito privado em liquidação judicial ou voluntária, devem ser pagos preferencialmente a quaisquer outros (CTN, art. 190).

Como se percebe, caso a massa falida, o espólio, a pessoa jurídica em liquidação realizem fatos geradores de tributos após a decretação da falência, a morte ou o início da liquidação, respectivamente, os créditos tributários respectivos preferem a quaisquer outros, inclusive aos trabalhistas relativos a esse mesmo período. A preferência do crédito trabalhista e do crédito com garantia real sobre o crédito tributário apenas diz respeito àqueles decorrentes de fatos geradores *anteriores* à falência, à liquidação ou à morte.

O falido somente poderá ter decretada a extinção de suas obrigações diante da quitação de todos os tributos (CTN, art. 191). A prova de quitação é necessária, também, a que se conceda uma recuperação judicial, e à prolação de sentenças de julgamento de partilha ou adjudicações (CTN, arts. 191-A e 192).

É contraditório exigir a apresentação da certidão de quitação de todos os tributos como condição para a concessão de recuperação judicial. Isso porque uma das coisas que o requerente de uma recuperação judicial tem maior dificuldade em obter é precisamente a prova de quitação de todos os tributos, tanto que um dos efeitos da concessão de uma recuperação judicial é a "dispensa da apresentação de certidões negativas para que o devedor exerça as suas atividades, exceto para contratação com o Poder Público ou para recebimento de benefícios ou incentivos fiscais ou creditícios [...]" (Lei 11.101, de 9 de fevereiro de 2005, art. 52, inciso II).

Na verdade, não se concebe que a concessão da recuperação judicial tenha como efeito liberar o contribuinte da apresentação de certidões, mas a apresentação destas seja condição *sine qua non* para a concessão da recuperação. Há um contrassenso, algo como o diretor de um lar de desabrigados afirmar que um prato de comida será fornecido gratuitamente apenas aos mendigos que já estiverem alimentados, ou o diretor do posto de saúde condicionar a liberação de medicamentos à comprovação, por parte de quem os irá tomar, de que não padece da doença a ser remediada. Pode-se entender, porém, sobretudo em função da referência ao disposto no art. 151 do CTN, que o Juiz, para conceder a recuperação, poderá determinar primeiro a suspensão da exigibilidade de eventual crédito tributário que esteja a impedir o fornecimento da certidão de quitação. Para Sacha Calmon Navarro Coelho, o juiz terá de deferir, antes, o parcelamento de que cuida o art. 155-A, §§ 3º e 4º, do CTN, pois "se para concessão da recuperação judicial será necessária a apresentação de certidão com efeitos negativos, o parcelamento deverá anteceder o deferimento da concessão; do contrário, um impedirá o outro".[136]

Examinando essa questão, e com base nos fatores anteriormente apontados, o Superior Tribunal de Justiça decidiu pela inexigibilidade de comprovação de regularidade fiscal no caso:

> DIREITO EMPRESARIAL E TRIBUTÁRIO. RECURSO ESPECIAL. RECUPERAÇÃO JUDICIAL. EXIGÊNCIA DE QUE A EMPRESA RECUPERANDA COMPROVE SUA REGULARIDADE TRIBUTÁRIA. ART. 57 DA LEI N. 11.101/2005 (LRF) E ART. 191-A DO CÓDIGO TRIBUTÁRIO NACIONAL (CTN). INOPERÂNCIA DOS MENCIONADOS DISPOSITIVOS. INEXISTÊNCIA DE LEI ESPECÍFICA A DISCIPLINAR O PARCELAMENTO DA DÍVIDA FISCAL E PREVIDENCIÁRIA DE EMPRESAS EM RECUPERAÇÃO JUDICIAL.

---

[136] COELHO, Sacha Calmon Navarro. **Curso de direito tributário brasileiro.** 9. ed. Rio de Janeiro: Forense, 2006, p. 867. No mesmo sentido: MACHADO, Hugo de Brito. **Comentários ao Código Tributário Nacional.** São Paulo: Atlas, 2005a, v. 3, p. 730.

1. O art. 47 serve como um norte a guiar a operacionalidade da recuperação judicial, sempre com vistas ao desígnio do instituto, que é "viabilizar a superação da situação de crise econômico-financeira do devedor, a fim de permitir a manutenção da fonte produtora, do emprego dos trabalhadores e dos interesses dos credores, promovendo, assim, a preservação da empresa, sua função social e o estímulo à atividade econômica".

2. O art. 57 da Lei n. 11.101/2005 e o art. 191-A do CTN devem ser interpretados à luz das novas diretrizes traçadas pelo legislador para as dívidas tributárias, com vistas, notadamente, à previsão legal de parcelamento do crédito tributário em benefício da empresa em recuperação, que é causa de suspensão da exigibilidade do tributo, nos termos do art. 151, inciso VI, do CTN.

3. O parcelamento tributário é direito da empresa em recuperação judicial que conduz a situação de regularidade fiscal, de modo que eventual descumprimento do que dispõe o art. 57 da LRF só pode ser atribuído, ao menos imediatamente e por ora, à ausência de legislação específica que discipline o parcelamento em sede de recuperação judicial, não constituindo ônus do contribuinte, enquanto se fizer inerte o legislador, a apresentação de certidões de regularidade fiscal para que lhe seja concedida a recuperação.

4. Recurso especial não provido.[137]

Ainda sobre prova de quitação, o art. 193 do CTN exige a prova de regularidade fiscal como condição para a contratação com o Poder Público. Trata-se de norma semelhante àquela contida no art. 195, § 3º, da CF/88, relativamente à seguridade social. Vale ressaltar, porém, que a norma contida no CTN, diversamente do art. 195, § 3º, da CF/88, é dispositiva (admite lei em contrário), e exige prova de quitação apenas dos tributos devidos à Fazenda Pública interessada, relativos à atividade cujo exercício será objeto de contratação. Deve ser lembrado, finalmente, que a prova de quitação é feita não só através da apresentação de "certidões negativas", mas também de "certidões positivas com efeito de negativa", nos termos dos arts. 151, 205 e 206, do CTN.

---

137 STJ, Corte Especial, REsp 1187404/MT, *DJe* de 21/08/2013.

Capítulo 7

ADMINISTRAÇÃO TRIBUTÁRIA

Acesse e assista à aula explicativa sobre este assunto.

> *https://uqr.to/1ph6q*

7.1. FISCALIZAÇÃO. FUNDAMENTO CONSTITUCIONAL E LIMITES À SUA ATUAÇÃO

Para conferir efetividade aos princípios da pessoalidade e da capacidade contributiva, a fim de que todos paguem seus tributos em obediência aos mesmos, a Constituição facultou à Administração Tributária identificar o patrimônio, os rendimentos e as atividades econômicas do contribuinte. Legitimou, em outros termos, o poder de fiscalizar, transformando-o em competência. É importante observar, porém, dois importantes limites estabelecidos à atividade de fiscalização: a legalidade e o respeito aos direitos individuais. Assim, em suma, as atribuições fiscalizatórias devem contar com previsão e disciplinamento *em lei* e, além disso, essa lei, para ser válida, não pode desrespeitar os direitos individuais (CF/88, art. 145, § 1º).

Uma atividade de fiscalização não pode desenvolver-se em desobediência à inviolabilidade de domicílio, ou à inviolabilidade de correspondência, por exemplo, por maior que seja a necessidade de serem averiguados os fatos relativos à vida de um contribuinte.

Cabe à legislação tributária de cada ente tributante, observadas as normas da Constituição e as "normas gerais" contidas no CTN, regular, em caráter geral, ou especificamente em função da natureza do tributo de que se tratar, a competência e os poderes das autoridades administrativas em matéria de fiscalização da sua aplicação. Vale ressaltar que mesmo as pessoas jurídicas beneficiadas com imunidade, ou com isenção de caráter pessoal, não estão excluídas do dever de tolerar uma fiscalização. E não poderia ser mesmo diferente, sobretudo porque a fiscalização será necessária para aferir se elas efetivamente atendem os requisitos ou os pressupostos exigidos para o gozo da imunidade.

Para os efeitos da legislação tributária, não têm aplicação quaisquer disposições legais excludentes ou limitativas do direito de examinar mercadorias, livros, arquivos, documentos, papéis e efeitos comerciais ou fiscais dos comerciantes, industriais ou produtores, ou da obrigação destes de exibi-los (CTN, art. 195). Em outros termos, o "sigilo comercial" não é oponível ao fisco, que precisa ter acesso à contabilidade do contribuinte para fiscalizá-lo. Os livros obrigatórios de escrituração comercial e fiscal e os comprovantes dos lançamentos neles efetuados serão conservados até que ocorra a prescrição dos créditos tributários decorrentes das operações a que se refiram. Naturalmente, deve o Fisco guardar sigilo das informações que, nessa condição, acessa e obtém, o que se conhece por "sigilo fiscal".

A fiscalização é procedimento escrito, devendo a autoridade que a procede ou preside lavrar sempre os termos necessários a documentar as diligências e demais atos que praticar, deixando sempre uma cópia com o sujeito passivo fiscalizado. Trata-se de providência destinada a dar segurança tanto à autoridade que conduz a fiscalização, quanto ao contribuinte.

Segundo o art. 197 do CTN, mediante intimação escrita, são obrigados a prestar à autoridade administrativa todas as informações de que disponham com relação aos bens, negócios ou atividades de terceiros: *(i)* tabeliães, escrivães e demais serventuários de ofício; *(ii)* bancos, casas bancárias, Caixas Econômicas e demais instituições financeiras; *(iii)* empresas de administração de bens; *(iv)* corretores, leiloeiros e despachantes oficiais; *(v)* inventariantes; *(vi)* síndicos, comissários e liquidatários; *(vii)* quaisquer outras entidades ou pessoas que a lei designe, em razão de seu cargo, ofício, função, ministério, atividade ou profissão. A obrigação de prestar tais informações, contudo, não se pode sobrepor ao sigilo que tais pessoas estejam eventualmente obrigadas a guardar, em razão de cargo, ofício, função, ministério, atividade ou profissão.

Apesar disso, discutia-se se o Fisco poderia obter, diretamente, de instituições financeiras, extratos e demais informações relativas às movimentações bancárias do contribuinte, prevalecendo o entendimento de que apenas mediante ordem judicial prévia tais instituições seriam obrigadas a fornecer tais dados. Com o advento da LC nº 105/2001, as autoridades fiscais passaram a poder, também, ter acesso aos dados bancários dos contribuintes, independentemente de ordem judicial. Como explicado, até a edição de citada lei, o sigilo bancário do contribuinte somente poderia ser "quebrado" mediante ordem judicial. Depois dela, a "quebra" pode ocorrer mediante simples processo administrativo. Depois de muitos questionamentos e alguma oscilação em sua jurisprudência[1], o Supremo Tribunal Federal considerou válidas as disposições da referida lei, através do julgamento das ADIs 2.390, 2.397, 2.859 e 2.386, e do RE 601.314.

Quanto ao sigilo bancário e sua quebra diretamente pela Administração, sem prévia ordem judicial, duas referências ainda precisam ser feitas. A primeira diz respeito à forma um tanto oblíqua com que o Supremo Tribunal Federal enfrentou o assunto. A jurisprudência da Corte era pacífica, até então, no sentido de que apenas o Poder Judiciário, ou entidades a ele equiparadas pela Constituição para esse efeito, como as Comissões Parlamentares de Inquérito, poderiam determinar a quebra do sigilo bancário de um contribuinte. Ministério Público, Polícia, entre outros órgãos ou entidades já haviam pretendido acesso direto aos referidos dados, sem que o STF considerasse possível. Quando do enfrentamento da questão de saber se a LC 105/2001 seria válida, o STF não tratou, de forma explícita, desse ponto. Preferiu discorrer, longamente, sobre o dever fundamental de pagar impostos e sobre a relatividade do direito ao sigilo bancário, o qual poderia ser flexibilizado em certas hipóteses. A verdade, porém, é que nenhuma dessas duas questões estava em discussão. Não se questionava se há um dever de pagar tributos devidos, ou se o direito ao sigilo é relativo. Aliás, essa relatividade sempre foi admitida pela literatura especializada e pela jurisprudência. A discussão central não é sobre *se* o sigilo pode ser afastado, mas *quem* pode fazê-lo, questão à qual o Supremo Tribunal Federal não dedicou a devida atenção.

A segunda referência, não menos importante, diz respeito ao que o Fisco pode fazer com os dados obtidos. À luz do art. 42 da Lei 9.430/96, todos os depósitos feitos na conta de um contribuinte devem ser por ele "comprovados" em sua origem, sob pena de serem

---

1 Cf., *v.g.*, STF, Pleno, RE 389.808, Rel. Min. Marco Aurélio, j. em 15/12/2010, *DJe*-086, de 10/5/2011.

considerados "omissão de rendimentos" e, assim, submetidos à tributação pelo imposto de renda. É preciso notar, porém, que o ônus da prova quanto à ocorrência do fato gerador, na feitura do lançamento tributário, é do Fisco, não sendo razoável invertê-lo à luz da mera verificação de depósitos, sobretudo se o saldo inicial e o saldo final da conta (no início e no final do exercício sob fiscalização) correspondem ao que foi declarado e são compatíveis com os rendimentos do contribuinte, já declarados e tributados. Os depósitos devem, a rigor, ser somados a outros indícios e elementos de prova da existência de rendimentos não declarados, para, aí sim, fazer-se possível a realização de um lançamento em razão deles. Por isso mesmo, a validade do disciplinamento dado aos depósitos de origem "não comprovada" teve sua repercussão geral reconhecida pelo Supremo Tribunal Federal, que, todavia, decidiu não haver inconstitucionalidade na presunção de rendimentos e na correspondente inversão do ônus da prova (RE 855.649/RS – RG – Tema 842). Constou da ementa:

> "(...) 1. Trata-se de Recurso Extraordinário, submetido à sistemática da repercussão geral (Tema 842), em que se discute a Incidência de Imposto de Renda sobre os depósitos bancários considerados como omissão de receita ou de rendimento, em face da previsão contida no art. 42 da Lei 9.430/1996. Sustenta o recorrente que o 42 da Lei 9.430/1996 teria usurpado a norma contida no artigo 43 do Código Tributário Nacional, ampliando o fato gerador da obrigação tributária.
>
> 2. O artigo 42 da Lei 9.430/1996 estabelece que caracterizam-se também omissão de receita ou de rendimento os valores creditados em conta de depósito ou de investimento mantida junto a instituição financeira, em relação aos quais o titular, pessoa física ou jurídica, regularmente intimado, não comprove, mediante documentação hábil e idônea, a origem dos recursos utilizados nessas operações.
>
> 3. Consoante o art. 43 do CTN, o aspecto material da regra matriz de incidência do Imposto de Renda é a aquisição ou disponibilidade de renda ou acréscimos patrimoniais.
>
> 4. Diversamente do apontado pelo recorrente, o artigo 42 da Lei 9.430/1996 não ampliou o fato gerador do tributo; ao contrário, trouxe apenas a possibilidade de se impor a exação quando o contribuinte, embora intimado, não conseguir comprovar a origem de seus rendimentos.
>
> 5. Para se furtar da obrigação de pagar o tributo e impedir que o Fisco procedesse ao lançamento tributário, bastaria que o contribuinte fizesse mera alegação de que os depósitos efetuados em sua conta corrente pertencem a terceiros, sem se desincumbir do ônus de comprovar a veracidade de sua declaração. Isso impediria a tributação de rendas auferidas, cuja origem não foi comprovada, na contramão de todo o sistema tributário nacional, em violação, ainda, aos princípios da igualdade e da isonomia.
>
> 6. A omissão de receita resulta na dificuldade de o Fisco auferir a origem dos depósitos efetuados na conta corrente do contribuinte, bem como o valor exato das receitas/rendimentos tributáveis, o que também justifica atribuir o ônus da prova ao correntista omisso. Dessa forma, é constitucional a tributação de todas as receitas depositadas em conta, cuja origem não foi comprovada pelo titular.
>
> 7. Recurso Extraordinário a que se nega provimento. Tema 842, fixada a seguinte tese de repercussão geral: 'O artigo 9.430/1996 é constitucional'."[2]

---

[2] RE 855.649, Rel. Marco Aurélio, Rel. p/ acórdão Alexandre de Moraes, Tribunal Pleno, j. em 3/5/2021, *DJe*-091, Divulg. 12/5/2021, Public. 13/5/2021.

Com todo o respeito, não decidiu com acerto a Corte. Partindo da dificuldade de o Fisco demonstrar a ocorrência do fato gerador, admitiu-se a inversão do ônus e a tributação de todo e qualquer depósito, como se renda fosse, sempre que o correntista não provar que não se trata de renda. Mas a mera dificuldade de a acusação demonstrar suas alegações não é, por si só, argumento válido para eximi-la desse ônus. Além disso, para pessoas físicas, que não são obrigadas a possuir contabilidade e podem nem mais lembrar do que tratava um depósito feito três ou quatro anos antes em sua conta, cria-se tarefa muito difícil, senão impossível, quando se lhes impõe o ônus de provar *que não são rendas os depósitos*. Por sua vez, ao Fisco seria, sim, possível comprovar, a partir de outros elementos e indícios, um patrimônio incompatível com os rendimentos declarados, o que não se pode presumir apenas por conta de um depósito isolado, notadamente quando saldos inicial e final das contas são os mesmos que foram declarados.

Embora o Fisco tenha acesso a informações, relativas à vida dos contribuintes, é seu dever guardar sigilo em relação às mesmas. É o que se chama de "sigilo fiscal", que veda a divulgação, por parte da Fazenda Pública ou de seus servidores, de informação obtida em razão do ofício sobre a situação econômica ou financeira do sujeito passivo ou de terceiros e sobre a natureza e o estado dos seus negócios ou atividades (CTN, art. 198).

São exceções ao "sigilo fiscal": *(i)* requisição de autoridade judiciária no interesse da justiça; *(ii)* solicitações de autoridade administrativa no interesse da Administração Pública, desde que seja comprovada a instauração regular de processo administrativo, no órgão ou na entidade respectiva, com o objetivo de investigar o sujeito passivo a que se refere a informação, por prática de infração administrativa (CTN, art. 198, § 1º).

Esse intercâmbio de informação sigilosa, no âmbito da Administração Pública, será realizado mediante processo regularmente instaurado, e a entrega será feita pessoalmente à autoridade solicitante, mediante recibo, que formalize a transferência e assegure a preservação do sigilo (CTN, art. 198, § 2º).

Ainda em relação ao sigilo fiscal, o § 3º do art. 198 do CTN dispõe não ser vedada a divulgação de informações relativas a: *(i)* representações fiscais para fins penais; *(ii)* inscrições na Dívida Ativa da Fazenda Pública; *(iii)* parcelamento ou moratória; *(iv)* incentivo, renúncia, benefício ou imunidade de natureza tributária cujo beneficiário seja pessoa jurídica. É bastante criticável essa autorização de "divulgação", que, principalmente no caso de representação fiscal para fins penais e de concessão de parcelamentos e moratórias, não tem qualquer razão de ser que não a coação psicológica sobre o contribuinte, para coagi-lo ao pagamento do tributo, mesmo que indevido, mediante a exposição de sua situação de inadimplência. No que tange à inscrição em dívida ativa, é importante que seja publicizada, sobretudo porque, à luz do art. 185 do CTN, presume-se fraudulenta a alienação de bens feita por contribuinte com débitos tributários inscritos em dívida ativa, sendo importante dar aos terceiros que com ele negociam instrumentos por meio dos quais possam saber da existência de tais débitos e da possibilidade de o negócio que estão a fazer ser desconsiderado pela Fazenda Pública credora. No caso dos incentivos, renúncias ou benefícios, a medida se justifica, e visa a dar alguma publicidade a tais figuras, que têm a opacidade e a falta de transparência entre seus principais defeitos. A população até fica sabendo, se pesquisar, quanto se gasta diretamente, seja com uma obra, seja com o pagamento de um servidor. As informações são públicas. Mas não se dá o mesmo com relação ao que se deixa de arrecadar em virtude de benefícios fiscais. Daí a remissão também a essa hipótese, acrescentada no CTN pela LC 187/2021.

As várias esferas de poder tributante (União, Estados-membros, Distrito Federal e Municípios) prestar-se-ão assistência mútua para a fiscalização dos tributos respectivos e permuta de informações, na forma estabelecida, em caráter geral ou específico, por lei ou convênio

(CTN, art. 199). Essa assistência mútua, por vezes, é muito importante. Caso a Fazenda Federal constate *omissão de receitas* no âmbito de um contribuinte vendedor de mercadorias, lavrará o auto de infração respectivo, exigindo IRPJ, COFINS, CSLL etc.; é certo, porém, que se esse fato for levado ao conhecimento do Estado-membro respectivo, este poderá verificar a existência de débito de ICMS, decorrente da mesma infração. Na forma estabelecida em tratados, acordos ou convênios, a Fazenda Pública da União poderá permutar informações com Estados estrangeiros no interesse da arrecadação e da fiscalização de tributos (CTN, art. 199, parágrafo único).

Com fundamento no art. 199 do CTN, o STJ já reputou válida a utilização de *prova emprestada* na feitura do lançamento tributário (o Fisco Federal valeu-se de auto de infração de ICMS para efetuar lançamento de imposto de renda, baseado nos mesmos fatos). Entendeu o STJ que o art. 199 do CTN "preconiza a assistência mútua entre as entidades tributantes e estabelece que a utilização de informações e o aproveitamento de atos de fiscalização entre as pessoas jurídicas de direito público deva ser realizado através de lei ou de convênio. Tal requisito se manifesta por meio do artigo 658 do Regulamento do Imposto de Renda – Decreto nº 85.450/80 – atualmente art. 936 do Decreto nº 3.000/99". Tal artigo do RIR "estabelecia que 'são obrigados a auxiliar a fiscalização, prestando informações e esclarecimentos que lhe forem solicitados, cumprindo ou fazendo cumprir as disposições deste Regulamento e permitindo aos fiscais de tributos federais colher quaisquer elementos necessários à repartição, todos os órgãos da Administração Federal, Estadual e Municipal, bem como as entidades autárquicas, paraestatais e de economia mista'". Com base nessas premissas, entendeu a Segunda Turma do STJ que não há ilegalidade no lançamento de tributo federal efetuado com base em lançamento de tributo estadual, colhido como prova emprestada, "ainda mais se a autuação realizada pelo Fisco Federal obedeceu às formalidades legais, dando direito de ampla defesa ao contribuinte. Consoante entendimento do Supremo Tribunal Federal, não se pode negar valor probante à prova emprestada coligida mediante a garantia do contraditório (*RTJ* 559/265)".[3]

Segundo o art. 200 do CTN, as autoridades administrativas federais poderão requisitar o auxílio da força pública federal, estadual ou municipal e, reciprocamente, quando vítimas de embaraço ou desacato no exercício de suas funções, ou quando necessário à efetivação de medida prevista na legislação tributária, ainda que não se configure fato definido em lei como crime ou contravenção. Tal dispositivo, porém, deve ser entendido com reservas. O auxílio de força pública não pode ser usado para que a autoridade fiscal invada à força – e sem ordem judicial – o estabelecimento do contribuinte, considerado domicílio para fins de aplicação da proteção constitucional (CF/88, art. 5º, XI). Pode ser utilizado, por exemplo, para fazer parar um caminhão que não atendeu à ordem das autoridades de um posto fiscal de fronteira, por exemplo, mas para a entrada forçada em estabelecimentos privados a ordem judicial se faz necessária.[4]

7.1.1. Dívida ativa

Ao efetuar o lançamento, a autoridade competente confere ao sujeito prazo para que efetue o pagamento, ou apresente impugnação administrativa discutindo a validade do crédito correspondente. Esgotado esse prazo sem que tenha ocorrido o pagamento ou a impugnação, o crédito tributário se torna "exigível". Passa, então, por uma cobrança "amigável", sendo depois encaminhado à Procuradoria Judicial do ente tributante correspondente, para que o valor

---

3 STJ, 2ª T., REsp 81.094/MG, Rel. Min. Castro Meira, j. em 5/8/2004, *DJ* de 6/9/2004, p. 187.

4 STF – RE 230.020/SP – *DJ* de 25/6/2004, p. 29.

seja inscrito em "Dívida Ativa" e exigido através de execução fiscal. Naturalmente, a mesma coisa acontece caso o sujeito passivo apresente impugnação, e no processo administrativo se conclua pela validade do crédito. A decisão administrativa correspondente dará ao sujeito passivo prazo para pagamento, ao final do qual a quantia será encaminhada para cobrança, inscrição em dívida ativa e execução fiscal.

Essa ideia está contida, expressa em outras palavras, no art. 201 do CTN, segundo o qual constitui dívida ativa tributária a proveniente de crédito dessa natureza, regularmente inscrita na repartição administrativa competente, depois de esgotado o prazo fixado, para pagamento, pela lei ou por decisão final proferida em processo regular. O fato de o crédito estar sujeito à incidência de juros não exclui sua liquidez, mas os critérios para quantificação e cálculo dos juros, e dos demais acréscimos moratórios, devem constar da respectiva "certidão de dívida ativa".

De acordo com a jurisprudência, pode ser objeto de inscrição em dívida ativa não só o crédito decorrente de lançamento de ofício, ou por declaração, do qual o contribuinte tenha sido notificado e no qual, eventualmente, tenha sido instaurado processo administrativo de controle interno de legalidade, *mas também as quantias apuradas, declaradas e não pagas pelo próprio contribuinte, no âmbito do lançamento por homologação*. Nesses casos, "verificada a existência de saldo devedor nas contas apresentadas pelo contribuinte, o órgão arrecadador poderá promover sua cobrança independentemente da instauração de processo administrativo e de notificação do contribuinte".[5] Mas veja-se: para que tal entendimento possa ser aplicado, é necessário que a Fazenda esteja a exigir exatamente o que declarado pelo contribuinte *como sendo devido*. Se o contribuinte declara determinada quantia, e depois retifica sua declaração, deve ser considerada a retificadora, e não a primeira declaração. E, por igual, se o contribuinte declara não dever determinada quantia, por considerá-la compensada, a Fazenda não pode ignorar a compensação, e aproveitar apenas parte da declaração para fins de cobrança imediata. Nesses casos, em que há discordância entre o Fisco e o resultado final das declarações do contribuinte, é imperiosa a feitura de lançamento de ofício, oferecendo-se ao sujeito passivo amplas oportunidades de impugnação e defesa.

Nos termos do art. 202 do CTN, o termo de inscrição da dívida ativa, autenticado pela autoridade competente, indicará obrigatoriamente: "I – o nome do devedor e, sendo o caso, o dos corresponsáveis, bem como, sempre que possível, o domicílio ou a residência de um e de outros; II – a quantia devida e a maneira de calcular os juros de mora acrescidos; III – a origem e a natureza do crédito, mencionada especificamente a disposição da lei em que seja fundado; IV – a data em que foi inscrita; V – sendo caso, o número do processo administrativo de que se originar o crédito." A omissão de quaisquer desses requisitos, ou o erro a eles relativo, é causa de nulidade da inscrição e do processo de cobrança dela decorrente, mas a nulidade poderá ser sanada até a decisão de primeira instância, mediante substituição da certidão nula, devolvido ao sujeito passivo, acusado ou interessado, o prazo para defesa, que somente poderá versar sobre a parte modificada (CTN, art. 203).

A dívida regularmente inscrita goza da presunção de certeza e liquidez e tem o efeito de prova preconstituída. Essa presunção, naturalmente, é relativa e pode ser ilidida por prova inequívoca, a cargo do sujeito passivo ou do terceiro a que aproveite (CTN, art. 204). Quanto a essa "presunção de liquidez e certeza", também conhecida como "presunção de validade", "presunção de legitimidade" ou "presunção de legalidade", porém, é importante esclarecer que:

---

5 STJ, 2ª T., AgRg no Ag 512.823/MG, Rel. Min. Castro Meira, *DJ* de 15/12/2003, p. 266.

a) somente surge quando da inscrição em dívida ativa, não podendo ser invocada pelas autoridades administrativas de julgamento durante o processo de controle da legalidade do crédito tributário;

b) não significa que o ônus da prova, em matéria tributária, seja sempre do sujeito passivo. O ônus de provar a ocorrência do fato gerador do tributo e da penalidade pecuniária é da autoridade administrativa (Decreto nº 70.235/72, art. 9º), e a "presunção" a que alude o art. 204 do CTN pode ser afastada com a simples demonstração de que a autoridade não comprovou suficientemente a ocorrência do fato gerador respectivo. Nesse sentido, aliás, o STJ já decidiu que a "presunção de legitimidade" de que se cuida "não dispensa a Fazenda Pública de demonstrar, no correspondente auto de infração, a metodologia seguida para o arbitramento do imposto – exigência que nada tem a ver com a inversão do ônus da prova, resultado da natureza do lançamento fiscal, que deve ser motivado".[6]

Registre-se, finalmente, que sempre que o CTN emprega a expressão *Fazenda Pública*, sem qualificação, está fazendo alusão à Fazenda Pública da União, dos Estados, do Distrito Federal e dos Municípios. Não se deve esquecer de que se trata de lei, com *status* de lei complementar, que estabelece "normas gerais", aplicáveis a todos os entes tributantes (CTN, art. 209).

7.1.1.1. O protesto de CDA

Feita a inscrição em dívida ativa do crédito tributário, é confeccionada uma certidão que dá conta desse fato, intitulada Certidão de Dívida Ativa (CDA). Trata-se de título executivo extrajudicial com o qual a Fazenda aparelha a inicial da ação de execução fiscal, caso se faça necessária a cobrança forçada do crédito tributário.

A alegada ineficiência do processo de execução, como forma de obter a satisfação da dívida tributária, tem feito com que o Fisco lance mão de meios alternativos de cobrança, os quais nem sempre são legítimos. O tema remete às chamadas "sanções políticas", referidas nas Súmulas 70, 323 e 547 do STF, e a uma gama de expedientes oblíquos de cobrança, a exemplo da negativa de autorização, pelo Ministério da Educação, para que uma instituição de ensino superior preste serviços de educação caso existam pendências tributárias, apenas para citar um exemplo.

Uma dessas formas alterativas de cobrança tem sido o "protesto" da certidão de dívida ativa. Embora a Fazenda já fizesse uso dele antes disso, em 2012 a Lei 12.767 autorizou-o expressamente, ao modificar a Lei 9.492/97 para incluir entre os títulos sujeitos a protesto a CDA.

Trata-se, no caso, de um evidente desvio de finalidade, que não deveria ser permitido à luz do texto constitucional.

O protesto surgiu com a finalidade precípua de fazer prova do inadimplemento de uma dívida cambial, de sorte a que o credor do título (*v.g.*, de uma nota promissória) pudesse exigir o pagamento da dívida por parte dos chamados coobrigados (*v.g.*, o endossante). Como o endossante só responde pela dívida de forma subsidiária, na hipótese de o emitente do título não efetuar o pagamento no vencimento, o credor precisa de uma prova de que procurou o devedor, cobrou a dívida e esta não foi paga, sendo para isso que se presta o protesto.

Mesmo quando seu uso foi alargado, para outras situações em que não seria necessária a prova da inadimplência para que o credor pudesse cobrar o débito de possíveis corresponsáveis,

---

[6] STJ, REsp 48516 – *DJ* de 13/10/1997, p. 51553.

ele sempre foi utilizado no âmbito de dívidas privadas, para tornar público que o devedor não possuía *crédito*, no sentido estrito da palavra (não possuía credibilidade ou palavra, por não honrar uma dívida em relação à qual havia se comprometido), protegendo assim a coletividade.

Dívidas contratuais são fruto da palavra ou do crédito de quem as contrai. É o que se dá quando alguém compra um bem e compromete-se a pagar o preço em prestações, ou quando se emite um cheque, ou uma nota promissória, ou se assina um contrato. Fala-se de um crédito, como fruto do crédito que o devedor tem perante terceiros (no sentido de credibilidade, da qualidade daquele em quem se acredita). Nada disso tem pertinência em relação à dívida tributária, que é chamada de "crédito" por derivação mas que tem origem bem diversa. Não se pode dizer, portanto, que é preciso avisar a todos na praça de que o devedor não tem palavra, porque não pagou o tributo, já que a dívida tributária não decorre da palavra, ou da vontade (CTN, art. 3.º).

Esse é o fundamento pelo qual o protesto de CDA nos parece equivocado. E isso para não referir o fato de que dele, se se der indevidamente, advém inúmeros danos ao contribuinte, danos que, no caso de dívidas e credores particulares, podem ser ressarcidos e indenizados com o uso dos mesmos mecanismos, o que não acontece em matéria tributária, pois não se pode protestar o precatório. Há, em suma, desigualdade adicional na forma como cidadão e Estado são tratados, no que tange aos instrumentos de que dispõe para a satisfação de suas dívidas uns para com os outros.

Apesar disso, outra foi a posição adotada pelo Supremo Tribunal Federal, para quem o protesto não configura sanção política e é instrumento legítimo para a cobrança de dívidas tributárias (ADI 5.135).

Na mesma ordem de ideias, a Lei 13.606/2018 estabelece a possibilidade de a Fazenda Nacional "comunicar a inscrição em dívida ativa aos órgãos que operam bancos de dados e cadastros relativos a consumidores e aos serviços de proteção ao crédito e congêneres" (art. 20-B, § 3º, I, da Lei 10.522/2002, com a redação dada pela Lei 13.606/2018). Tudo o que se disse a respeito da CDA aplica-se, por igual, ao referido instrumento de publicização dos inadimplentes, sendo importante lembrar, ainda, que o protesto ou a inscrição em cadastro de inadimplentes, feitos indevidamente, geram danos ao contribuinte passível de indenização[7]. Não poderia ser mesmo diferente, porquanto o direito é uma "via de mão dupla" que deve ser, acima de tudo, coerente. Se se usa a ferramenta do protesto de CDA e da inscrição em cadastros de inadimplentes pelos *bônus* que delas obtém o credor, a este devem ser aplicados também os *ônus* inerentes ao eventual uso indevido de tais ferramentas.

7.1.2. Certidões de regularidade fiscal

Nos termos do art. 205 do CTN, a lei poderá exigir que a prova da quitação de determinado tributo, quando exigível, seja feita por certidão negativa, expedida à vista de requerimento do interessado, que contenha todas as informações necessárias à identificação de sua pessoa, domicílio fiscal e ramo de negócio ou atividade e indique o período a que se refere o pedido. É a chamada "certidão negativa de débitos", ou simplesmente "CND", que deverá ser

---

[7] "ADMINISTRATIVO E TRIBUTÁRIO. RESPONSABILIDADE CIVIL DO ESTADO. EXECUÇÃO FISCAL INDEVIDA. CRÉDITO QUITADO. DEVER DE INDENIZAR. DANO MORAL *IN RE IPSA*. 1. O ajuizamento de execução fiscal para a cobrança de valor já quitado ou débito cuja inexistência deveria ser de conhecimento da Fazenda Pública por si só faz presumir a ocorrência de dano moral (dano moral *in re ipsa*). A caracterização do dano moral em casos que tais prescinde da prova da ocorrência de abalo psicológico relevante (REsp. 1.139.492/PB, Rel. Min. Mauro Campbell Marques, Segunda Turma, *DJe* 16.2.2011). 2. Recurso Especial não provido" (STJ, 2.ª T, REsp 1.755.463/SP, *DJe* de 21/11/2018).

expedida nos termos em que tenha sido requerida e será fornecida dentro de dez dias da data da entrada do requerimento na repartição.

É preciso lembrar, porém, que o legislador de cada ente tributante não é absolutamente livre para estabelecer em quais casos a apresentação de CND será exigível. Em algumas circunstâncias, a exigência de quitação pode configurar uma *sanção política*, expressão usada para designar forma indireta de cobrança, em violação aos princípios do devido processo legal, da proporcionalidade e da liberdade econômica. O STF e o STJ entendem, de modo pacífico e reiterado, que o Fisco não pode exigir a apresentação de CND como condição para conceder a inscrição do contribuinte em "cadastros de contribuintes", para autorizar a impressão de blocos de notas fiscais (RE 374.981-RS), para liberar mercadorias arbitrariamente apreendidas etc.

Entende a jurisprudência, corretamente, que o meio adequado para a cobrança de dívidas tributárias, uma vez esgotada a esfera administrativa, é a execução fiscal. O Poder Público não pode coibir o livre exercício de uma atividade profissional ou econômica, condicionando-a à quitação de débitos tributários porventura existentes. Com isso, além de violar as liberdades profissional e econômica, malfere o direito de defesa, pois o sujeito passivo se vê compelido a pagar, sem questionar, tudo o que lhe for exigido. Confiram-se, a propósito, as Súmulas 70, 323 e 547, todas do STF.

A apresentação de certidão negativa pode ser solicitada, por exemplo, no momento da transferência de um imóvel, para fins de afastar a responsabilidade do adquirente, em relação a débitos tributários anteriores relativos ao imóvel. Pode, também, ser exigida quando o ente público pretende contratar o contribuinte, nas hipóteses em que a inexistência de débitos é posta como obstáculo à contratação (CF/88, art. 195, § 3º). O que não é possível é colocá-la como condição geral e indispensável para a subsistência das atividades do contribuinte.

Cumpre destacar que, segundo a jurisprudência do STJ, nos tributos submetidos a lançamento por homologação, se o contribuinte apura e não paga determinada quantia, a Administração pode aproveitar sua atividade de apuração, homologando-a, e exigir a quantia correspondente. A partir do vencimento da obrigação declarada, portanto, o contribuinte já não faz jus à certidão negativa de débito. Entretanto, se, no âmbito do lançamento por homologação, o contribuinte não apura nem declara quantia alguma, o simples transcurso do prazo previsto em lei para o pagamento do tributo não autoriza a Administração a negar o fornecimento de CND. É necessário proceder-se ao lançamento de ofício para que se possa cogitar de débitos *exigíveis*.

> "A Jurisprudência deste Superior Tribunal de Justiça já está consolidada no sentido de que 'em se tratando de tributo sujeito a lançamento por homologação, inexistente este, não há que se falar em crédito constituído e vencido, o que torna ilegítima a recusa da autoridade coatora em expedir CND' (EREsp 202.830/RS – Rel. Min. Peçanha Martins – *DJU* de 02/04/2001)."[8]

Deve ser ressaltada, ainda, a possibilidade de existirem créditos tributários lançados contra o sujeito passivo (que, em tese, estaria "em débito"), mas estes não serem *exigíveis*, seja porque ainda não estão vencidos, seja porque está presente uma das condições suspensivas de que cuida o art. 151 do CTN, seja porque o débito está em fase de execução, tendo sido já efetivada a penhora. Imagine-se, por exemplo, que o sujeito passivo teve contra si lavrado um auto de infração, mas apresentou impugnação administrativa ainda não julgada, ou então

---

[8] STJ, 1ª S., AEREsp 241.500/SC, *DJ* de 24/3/2003, p. 135.

questionou o auto de infração em juízo, efetuando o depósito de seu montante integral, ou obteve medida liminar suspendendo sua exigibilidade. Em tais situações, deverá ser fornecida certidão positiva, na qual deverão ser arrolados os débitos existentes, bem como a causa pela qual sua exigibilidade está suspensa. Essa certidão, porém, tem todos os efeitos de uma certidão negativa (CTN, art. 206), chamando-se "certidão positiva de débitos, com efeito de negativa", ou simplesmente "CPD-EN".

Independentemente de disposição legal permissiva, será dispensada a prova de quitação de tributos, ou o seu suprimento, quando se tratar de prática de ato indispensável para evitar a caducidade de direito, respondendo, porém, todos os participantes no ato pelo tributo porventura devido, juros de mora e penalidades cabíveis, exceto as relativas a infrações cuja responsabilidade seja pessoal ao infrator (CTN, art. 207).

Conforme dispõe o art. 208 do CTN, a certidão negativa expedida com dolo ou fraude, que contenha erro contra a Fazenda Pública, responsabiliza pessoalmente o funcionário que a expedir, pelo crédito tributário e juros de mora acrescidos. Assim, por exemplo, caso um contribuinte seja devedor de elevada quantia de Imposto de Renda, mas obtenha uma certidão negativa junto à repartição em face da corrupção de um servidor, esse servidor será também responsável pelo crédito tributário correspondente, sem prejuízo, naturalmente, de responder administrativa e penalmente pelo ilícito correspondente.

Capítulo 8

EXERCÍCIO DA COMPETÊNCIA TRIBUTÁRIA

Acesse e assista à aula explicativa sobre este assunto.

> *https://uqr.to/1ph6w*

8.1. NOÇÕES GERAIS

Como se sabe, a Constituição não cria tributos, caso se dê a essa palavra o sentido de norma tributária apta a incidir e tornar tributáveis os fatos nela previstos, mas confere aos diversos entes (União, Estados, Distrito Federal e Municípios) *competência* para que o façam. As normas gerais em matéria de legislação tributária, contidas no CTN e em leis complementares posteriores (p. ex., LC nº 116/2003; LC nº 87/96), nessa mesma ordem de ideias, também não criam tributos: apenas reduzem a vaguidade das normas constitucionais, explicitando-as, a fim de evitar conflitos de competência e, de maneira geral, estabelecer diretrizes gerais a serem seguidas pela legislação da União, dos Estados, do Distrito Federal e de cada um dos inúmeros Municípios que compõem a federação brasileira. A finalidade de tais normas gerais não é a de veicular normas de tributação, mas normas sobre normas de tributação, "sobrenormas que, dirigidas à União, Estados, Municípios e Distrito Federal, visam à realização das funções certeza e segurança do direito, estabelecendo uniformidade no sistema tributário nacional, em consonância com princípios e limites impostos pela Constituição Federal."[1]

A competência tributária é indelegável, não pode ser alterada pelos entes que a detêm, que dela também não podem renunciar, e o fato de não ser exercida não a transfere para outra pessoa jurídica de direito público. Diz-se, assim, que suas características são a *indelegabilidade*, a *facultatividade*, a *incaducabilidade*, a *inalterabilidade* e a *irrenunciabilidade*.

Tais características decorrem da própria natureza das regras de competência, e da supremacia constitucional, vale dizer, da circunstância de as alterações ao texto constitucional submeterem-se a processo legislativo mais complexo e exigente, o que confere *rigidez* e superioridade hierárquica à Constituição. Pudesse um ente tributante, por lei própria, alterar a competência que lhe foi atribuída para instituir tributos, estaria ele a

---

1 SANTI, Eurico Marcos Diniz de. O Código Tributário Nacional e as normas gerais de Direito Tributário. In: SANTI, Eurico Marcos Diniz de (Coord.). **Curso de Direito Tributário e Finanças Públicas**. São Paulo: Saraiva, 2008, p. 328.

alterar a própria regra constitucional que outorgou essa competência. É por isso que se diz que a competência é inalterável e indelegável, sendo a delegação uma forma de alteração.

Facultatividade, irrenunciabilidade e incaducabilidade estão intimamente relacionadas e têm o mesmo fundamento. O ente público não pode renunciar à competência que lhe foi outorgada, pois isso implicaria, do mesmo modo, alterar a regra constitucional que não prevê essa hipótese. O exercício da competência é uma faculdade, que, se não for exercida, tampouco decai, visto que a Constituição não estabelece prazo para a criação do tributo. Assim, se o ente público não exercer a faculdade que lhe compete, poderá fazê-lo depois, a qualquer tempo.

Quanto à facultatividade, ela pode ser considerada como relativa, pelo menos no que tange a Estados-membros, Distrito Federal e Municípios, porquanto o não exercício da competência tributária, a teor do que dispõe a Lei de Responsabilidade Fiscal (LC 101/2000), leva a que o ente público correspondente fique privado de receber transferências voluntárias, a saber, aquelas transferências de recursos que não decorrem da partilha de receitas tributárias imposta diretamente pelo texto constitucional, mas que depende, ao contrário, de avença entre os entes federativos. O ente continua, a rigor, não sendo obrigado a instituir o tributo (como a União, até hoje, não instituiu o imposto sobre grandes fortunas, embora tenha competência para tanto), mas sofre essa consequência prevista na lei, que, como dito, pode ser vista como uma relativização dessa facultatividade. Ainda assim, não se pode dizer que o exercício não é facultativo, visto que a LRF se reporta a transferências voluntárias, sendo razoável pressupor que, se as competências tributárias não foram todas exercitadas, isso seria um indicativo de que o ente respectivo não está a precisar de recursos, sendo preciso exercê-la integralmente para que possa receber aportes adicionais, voluntários por parte de quem os remete.

É a lei, em regra *ordinária*, de cada ente federativo, que cria o tributo, definindo todos os elementos da relação jurídica correspondente (sujeito ativo, passivo, fato gerador, base de cálculo, alíquota etc.). Ressalte-se, porém, que não é ampla a liberdade do legislador ordinário no estabelecimento dessas definições. A própria delimitação da competência, no âmbito constitucional, já indica, de algum modo, possíveis fatos geradores e, por consequência, bases de cálculo e contribuintes. Por outras palavras, estando os possíveis âmbitos de incidência definidos na Constituição (*v.g.*, operações relativas à circulação de mercadorias), assim se acham delimitados, também, além dos fatos geradores, as próprias bases de cálculo, que nada mais são que os fatos geradores transformados em moeda, ou economicamente dimensionados; e igualmente os possíveis contribuintes, sujeitos que praticam ou realizam os fatos geradores, mantendo com eles relação pessoal e direta, e responsáveis, ou seja, aqueles que com tais fatos guardam vinculação indireta. Tais assuntos devem ainda ser disciplinados no âmbito da legislação complementar, a quem cabe (CF/88, art. 146) traçar normas gerais com a finalidade de, entre outras coisas, melhor definir tais âmbitos de incidência, a fim de evitar *conflitos de competência* entre os entes tributantes, e ainda de dar alguma uniformidade à legislação dos impostos estaduais e municipais ao longo do território nacional. Daí dizer-se ser bastante limitada a liberdade do legislador ordinário da definição de tais elementos da relação tributária no exercício da competência.

Tendo isso em mente, nas linhas que se seguem, não serão examinadas, detalhadamente, as particularidades de cada imposto, federal, estadual e municipal, pois isso não se comportaria nos limites deste livro, além de exigir exame de cada legislação específica (algo inviável em relação aos planos estadual e municipal, em um livro com pretensão de circular nacionalmente). Examinar-se-ão aspectos gerais da competência tributária delimitada na própria Constituição e, em normas gerais, contidas no CTN e em leis complementares posteriores.

8.2. IMPOSTOS FEDERAIS

8.2.1. Imposto de importação

Compete à União, nos termos do inciso I do art. 153 da Constituição, instituir imposto sobre a importação de produtos estrangeiros. Sua principal função é extrafiscal, vale dizer, consiste em estimular ou desestimular comportamentos, no caso ligados ao comércio exterior, para com isso proteger a indústria nacional, de forma específica e passível de um ajuste fino em relação a cada produto importado. Quando o poder público eleva as alíquotas do imposto de importação sobre determinados produtos, não pretende aumentar a arrecadação propiciada pelo imposto, mas desestimular a importação correspondente, tornando-a mais onerosa, de sorte a que se favoreça o consumo do produto similar produzido nacionalmente.

Do ponto de vista histórico, trata-se de um dos tributos mais antigos, havendo registros de sua utilização na antiguidade greco-romana, e mesmo antes, remontando os seus primeiros vestígios "à época em que os mercadores pagavam aos habitantes das regiões que atravessavam uma espécie de imposto de licença, que garantia o trânsito livre e seguro de suas caravanas."[2] No Brasil, foi durante muito tempo uma das principais fontes de receita do Poder Público[3], até o início do século XX, quando então surgiram tributos como o imposto de renda, bem como impostos e contribuições incidentes sobre o consumo (*v.g.*, PIS, COFINS, ICMS, CBS, IBS), os quais assumiram posição de maior destaque no abastecimento dos cofres públicos. Passou, então, o imposto de importação ao já referido papel predominantemente extrafiscal de controle do comércio exterior.

O fato gerador do imposto de importação é a entrada dos bens importados no território nacional (CTN, art. 19). Entretanto, em função do disposto no Decreto-lei nº 37/66, o STF considerou que o fato gerador do imposto de importação somente se considera "consumado" no momento do desembaraço aduaneiro dos produtos importados.

Com base nessa ideia, de que o fato gerador do imposto de importação só está "consumado" quando do desembaraço aduaneiro, o STF entendeu que produtos já importados e que apenas aguardavam no porto pelo momento do desembaraço poderiam ser submetidos a um aumento de alíquotas havido depois da celebração do negócio de importação, depois da feitura do câmbio correspondente, depois do pagamento do exportador, e até mesmo depois da chegada das mercadorias ao porto brasileiro, apenas porque o aumento entrará em vigor dias antes do desembaraço das mercadorias. Segundo o STF, não haveria ofensa ao princípio da irretroatividade (CF/88, art. 150, III, *a*) mesmo que todas as etapas da importação estejam consumadas quando da publicação das novas alíquotas, desde que o mero desembaraço aduaneiro ocorra depois.[4]

A alíquota do imposto de importação pode ser específica ou *ad valorem*. Específica é aquela que não leva em consideração, para o cálculo do imposto, o valor dos bens importados, mas outra unidade de medida (metros, quilos, toneladas, litros etc.)[5]. *Ad valorem*, por sua

---

2 SOUZA, Fátima Fernandes Rodrigues de. Impostos sobre o comércio exterior. In: MARTINS, Ives Gandra da Silva (Coord.). **Comentários ao Código Tributário Nacional**. São Paulo: Saraiva, 1998. v. 1. p. 161.

3 SOUZA, Fátima Fernandes Rodrigues de. Impostos sobre o comércio exterior. In: MARTINS, Ives Gandra da Silva (Coord.). **Comentários ao Código Tributário Nacional**. São Paulo: Saraiva, 1998. v. 1. p. 161.

4 Cf. STF, RE 225602/CE – *DJ* de 6/4/2001, p. 101 – *RTJ* 178-01, p. 428.

5 Cf. GROSCLAUDE, Jacques; MARCHESSOU, Philippe. **Droit fiscal génératal**. 11. ed. Paris: Dalloz, 2017. p. 16.

vez, é a alíquota que representa percentual do valor do bem tributado. Exemplificando, se é adotada a alíquota específica para a importação de bebidas, o legislador poderia estipular que o imposto seria de tantos reais por cada litro de determinada bebida que fosse importado. Caso seja adotada a alíquota *ad valorem*, o imposto será de tantos por cento sobre o valor da bebida. Em regra, a legislação adota alíquotas *ad valorem*, e de modo bastante detalhado: são estabelecidas diversas alíquotas, uma para cada tipo de produto importado, exatamente para que o estímulo ou o desestímulo à importação possam acontecer especificamente à luz de cada produto, considerando-se a conjuntura econômica ligada à sua produção, ao seu preço e ao seu consumo no mercado interno.

Caso sejam adotadas alíquotas específicas, a base de cálculo do imposto será a unidade de medida adotada pela lei tributária. Se for adotada alíquota *ad valorem*, a base de cálculo será o preço normal que o produto, ou seu similar, alcançaria, ao tempo da importação, em uma venda em condições de livre concorrência, para entrega no porto ou lugar de entrada do produto no país. Na hipótese de o produto ser abandonado no porto, ou apreendido, e por isso levado a leilão, a base de cálculo do imposto será o preço da arrematação.

Observe-se que, em virtude de o Brasil ser integrante do Mercosul, as alíquotas do imposto de importação devem ser estabelecidas de forma harmonizada entre todos os países signatários. E é natural que seja assim, pois, como o aludido tratado leva à não oneração, através de tributos aduaneiros, do comércio recíproco entre os países signatários, se as alíquotas fossem diferentes isso serviria de estímulo a que importações de produtos oriundos de países externos ao bloco fossem feitas a partir daquele país signatário com a menor alíquota, sendo em seguida os produtos remetidos sem ônus a qualquer dos demais. Daí serem elas fixadas, atualmente, em documento intitulado Tarifa[6] Externa Comum (TEC).

O contribuinte do imposto é o importador, ou quem a ele a lei equiparar. Caso o bem tenha sido abandonado, ou apreendido, e por isso levado a leilão, o contribuinte será o arrematante.

Vale lembrar que o imposto de importação representa exceção aos princípios da anterioridade e da legalidade (este último somente em relação às alíquotas). Isso significa que a lei ordinária da União deve cuidar de todos os elementos essenciais da relação tributária, mas, *em relação às alíquotas*, apenas estabelecerá limites máximos e mínimos, bem como condições em face das quais o próprio Poder Executivo, por ato infralegal, poderá alterá-las. Ademais, qualquer alteração nesse imposto terá vigência imediata, não sendo necessário aguardar-se pelo exercício subsequente, ou pelo transcurso de 90 dias (CF/88, art. 150, § 1º, e art. 153, § 1º).

Como explicado anteriormente, a Constituição não cria tributos, mas apenas confere competência para que os entes tributantes o façam, através de lei. Também o Código Tributário Nacional, que tem *status* de lei complementar, ou outra lei complementar editada nos termos do art. 146 da CF/88, não cria o tributo, apenas veiculando a seu respeito *normas gerais*. A criação é feita por lei da entidade competente, a qual define todos os elementos da regra de tributação correspondente (hipótese e consequente normativos). No caso do imposto de importação, essa função se acha desempenhada pelo Decreto-Lei 37/66.

Para atender sua função extrafiscal, ou para ajustar sua incidência aos limites da competência da União ou a direitos fundamentais como a liberdade de ir e vir, existem, na legislação ordinária pertinente, algumas hipóteses de isenção do imposto de importação. É o caso da isenção concedida à bagagem do viajante, que se pode considerar consequência

---

6 A palavra "tarifa", no caso, não é empregada como análoga à expressão "preço público", mas em sentido diverso, a saber, como equivalente a "alíquota", ou seja, o percentual que, aplicado à base de cálculo, resulta no valor devido a título de tributo.

do direito constitucional do cidadão de entrar, sair ou permanecer no país *com os seus bens* (CF/88, art. 5.º, XV). Há, ainda, o *drawback*, que implica a suspensão do tributo incidente na importação, notadamente o imposto de importação, condicionada ao fato posterior de o produto importado, ou o bem com ele produzido (*v.g.*, se a importação disser respeito a uma matéria prima), ser (re)exportado em determinado prazo.

8.2.2. Imposto de exportação

Assim como o imposto de importação, o imposto de exportação tem propósitos preponderantemente extrafiscais. Sua instituição compete à União Federal, nos termos do art. 153, II, da Constituição.

O fato gerador do imposto de exportação é a saída de produtos nacionais ou nacionalizados do território nacional (CTN, art. 23). Sua base de cálculo, quando a alíquota for específica, será a unidade de medida adotada pela lei tributária (quilos, toneladas, litros etc.). Caso a alíquota seja *ad valorem*, a base de cálculo será o preço normal que o produto, ou seu similar, alcançaria, ao tempo da exportação, em uma venda em condições de livre concorrência. Confira-se, a propósito de alíquotas específicas ou *ad valorem*, o que foi dito a respeito do imposto de importação.

Não integram a base de cálculo do imposto de exportação, no caso de alíquotas *ad valorem*, os tributos diretamente incidentes sobre a operação de exportação e, nas vendas efetuadas a prazo superior aos correntes no mercado internacional, também não integra a base de cálculo do imposto de exportação o custo do financiamento. A ressalva feita aos demais tributos incidentes sobre a exportação não tem muito significado prático, pois as operações que destinam bens e serviços ao exterior já são desoneradas de tributos, em regra, pela própria Constituição. Por essa mesma razão, aliás, o imposto de exportação tem sua alíquota fixada em "zero" para a maior parte dos produtos, visto que, como regra, não é de interesse do Poder Público a imposição de maior ônus às exportações. Apenas excepcionalmente, por razões eminentemente extrafiscais, como no caso de produtos derivados do tabaco, essa alíquota é majorada.

O contribuinte do imposto é o exportador, ou quem a lei a ele equiparar (CTN, art. 27).

Quanto às normas gerais previstas no Código Tributário Nacional a respeito do imposto de importação, convém notar que o art. 28, ao estabelecer que a receita líquida obtida com o imposto de exportação será destinada à formação de reservas monetárias, *não foi recepcionado pela Constituição Federal de 1988*. Isso porque, nos termos do art. 167, IV, da CF/88, é vedada, ressalvadas as exceções indicadas no próprio texto constitucional, a vinculação da receita obtida com a arrecadação de impostos a despesas ou fundos específicos.

Da mesma forma que o imposto de importação, também o imposto de exportação representa exceção aos princípios da anterioridade e da legalidade (este último somente em relação às alíquotas). Assim, a lei ordinária da União deve cuidar de todos os elementos essenciais da relação tributária, mas, *em relação às alíquotas*, apenas estabelecerá limites máximos e mínimos, bem como condições em face das quais o próprio Poder Executivo, por ato infralegal, poderá alterá-las. Essa possibilidade de alteração por ato do executivo, a teor do art. 153, § 1.º, da CF/88, diz respeito apenas às alíquotas, razão pela qual não foi recepcionado, em parte, o art. 26 do CTN, que afirma ser facultada também a alteração, por ato infralegal, das bases de cálculo do imposto.

8.2.3. Imposto de Renda

A origem do Imposto de Renda costuma ser associada à guerra entre a Inglaterra e a França, quando esta era governada por Napoleão Bonaparte. Foi criado – como geralmente acontece - como imposto provisório[7], a ser exigido apenas no período da guerra, mas acabou ressurgindo tempos depois, na Inglaterra e em outros lugares, estando hoje presente no sistema tributário de diversos países do mundo. Mesmo antes desse período apontado como sendo o de seu surgimento, porém, é possível observar registros mais ou menos isolados desse tributo em períodos anteriores[8].

No Brasil, embora tenha havido tentativas frustradas de instituí-lo ao longo do Século XIX, sua criação deu-se em 1922, à época no âmbito da chamada *competência residual* da União, visto que não previsto no texto da Constituição então vigente, de 1891[9]. Atualmente, nos termos do art. 153, III, da CF/88, compete à União Federal instituir imposto sobre renda e proventos de qualquer natureza. Traçando "normas gerais" sobre esse imposto, o art. 43 do CTN assevera que seu fato gerador é a aquisição da disponibilidade econômica ou jurídica: *(i)* de renda, assim entendido o produto do capital, do trabalho ou da combinação de ambos; *(ii)* de proventos de qualquer natureza, assim entendidos os acréscimos patrimoniais não compreendidos no inciso anterior. Evidencia-se, do art. 43 do CTN, que o Imposto de Renda deve ter como fato gerador um *acréscimo patrimonial*, vale dizer, um aumento de patrimônio.

Não se trata, porém, de algo que decorra diretamente do art. 43 do CTN, mas sim do próprio texto constitucional. A cobrança do imposto de renda afeta indiretamente a própria dignidade do contribuinte, pois lhe retira recursos que poderiam ser usados na promoção de uma vida digna para si e sua família[10]. Assim, embora o Poder Público precise dos recursos com ele arrecadados para promover, pelo menos em tese, a dignidade de todos, ou de todos os que se situam em seu território, é preciso fazê-lo de forma equilibrada para que não se suprima a dignidade de quem se submete ao imposto[11]. É por isso que as despesas necessárias à manutenção do contribuinte devem ser dedutíveis da base de cálculo do imposto, não sendo isso um favor ou um benefício concedido a critério do legislador. O mesmo vale para as pessoas jurídicas, no que tange às despesas necessárias à manutenção da própria fonte produtora, visto que a Constituição Federal assegura a todos o livre exercício de atividades econômicas[12]. Daí

---

7 Não são raros, na história, os exemplos de tributos criados de forma supostamente provisória e emergencial, mas que com algum tempo se tornam definitivos. Foi o que ocorreu com o imposto de renda e, também, com o *sales tax* norte-americano, instituído como forma temporária de gerar receita durante a grande depressão de 1929, mas que se tornou definitivo e hoje é uma das principais fontes de receita pública nos Estados Unidos. Cf. NGO, Tuan Q. **Cloud Computing and State Sales Tax**, 9 Hastings Bus. L.J. 327, 350 (2013). p. 328.

8 JUANO, Manuel de. **Curso de Finanzas y Derecho Tributario**. Tomo II. El sistema tributario y los tributos en particular. Rosario: Molachino, 1971, p. 380.

9 COSTA, Alcides Jorge. História do direito tributário – I e II. In: FERRAZ, Roberto (Coord.). **Princípios e limites da tributação**. São Paulo: Quartier Latin, 2005. p. 72.

10 ÁVILA, Humberto. **Conceito de renda e compensação de prejuízos fiscais**. São Paulo: Malheiros, 2011, p. 16.

11 ÁVILA, Humberto. **Conceito de renda e compensação de prejuízos fiscais**. São Paulo: Malheiros, 2011, p. 17. No mesmo sentido, Ricardo Lobo Torres observa que, se o Estado é obrigado a prestações de assistência social, para garantir a todos o mínimo existencial, não haveria sentido em suprimir esse mínimo de uma família, cobrando impostos, sob o pretexto de que assim ele seria, em tese, garantido a outras famílias, com o uso do produto da arrecadação. Amparado na jurisprudência alemã, ele concluir que "em importante decisão o BVerfG declarou a inconstitucionalidade da lei do imposto de renda que não garantia o mínimo existencial familiar, com base no argumento de que "da mesma forma que o Estado deve assegurar aos cidadãos pobres as prestações sociais, não pode cobrar dos contribuintes uma importância equivalente a sua renda mínima. TORRES, Ricardo Lobo. **O direito ao mínimo existencial**. Rio de Janeiro: Renovar, 2009, p. 65.

12 ÁVILA, Humberto. **Conceito de renda e compensação de prejuízos fiscais**. São Paulo: Malheiros, 2011, p. 18.

por que, da análise adequada dos princípios constitucionais envolvidos, afere-se que renda, à luz da Constituição, é apenas o acréscimo patrimonial passível de troca, por quem o aufere, por produtos ou serviços, estando assim disponível ao seu titular[13], sendo certo, ainda, que renda, patrimônio, faturamento e receita são palavras usadas pela Constituição para designar parcelas inconfundíveis da realidade, no âmbito de regras de competência também diversas, pelo que renda não poderia ser pelo legislador – ordinário ou complementar – equiparada ao mero ingresso, por exemplo, pois isso implicaria baralhar tais conceitos[14].

De acordo com o art. 153, § 2º, I, da CF/88, o imposto de renda será informado pelos critérios da generalidade, da universalidade e da progressividade, na forma da lei. São três princípios que devem orientar o legislador tributário. Pelo primeiro, da generalidade, entende-se que o imposto deve alcançar *todos os indivíduos*, ou, de forma mais precisa, deve resultar em "tratamento igual entre patrimônios"[15], aproximando-se, sem se confundir, do princípio da isonomia. Pelo segundo, da universalidade, considera-se que o patrimônio do contribuinte deve ser tributado como um todo, vale dizer, os rendimentos são passíveis de tributação, não importando sua natureza ou origem, inclusive quando havidos no exterior. Importa apenas saber se houve acréscimo do patrimônio do contribuinte, enquanto universalidade de bens, considerando-se o aumento patrimonial havido no período considerado para tributação "por inteiro e em conjunto, sem fracioná-lo e novamente sem distinguir as espécies de rendas e proventos, ajustando-se, assim, ao princípio da generalidade"[16]. Finalmente, por progressividade entende-se que as alíquotas do imposto devem ser variáveis, crescendo em razão proporcional à base de cálculo.

A progressividade tem sido apontada como um importante instrumento de justiça fiscal, necessário a que o sistema tributário promova, dentre outros, o objetivo de reduzir as desigualdades sociais[17]. Como explicado, por progressividade compreende-se a forma de tributação que se torna mais pesada, ou onerosa, na medida em que maior é a base tributável. Em termos mais precisos, tributos progressivos são aqueles em relação aos quais as alíquotas são incrementadas conforme aumenta a base de cálculo sobre a qual incidem[18].

Uma das ideias subjacentes ao uso da progressividade, no caso do imposto sobre a renda, é a de que a renda tem utilidade cada vez menor ao seu titular, conforme cresce o seu montante. Em um exemplo banal, pode-se dizer que um hipotético imposto de renda por alíquota única de 10%, sem limite de isenção ou possibilidade de deduções, seria injusto,

---

13 ÁVILA, Humberto. **Conceito de renda e compensação de prejuízos fiscais**. São Paulo: Malheiros, 2011, p. 24.

14 ÁVILA, Humberto. **Conceito de renda e compensação de prejuízos fiscais**. São Paulo: Malheiros, 2011, p. 33.

15 OLIVEIRA, Ricardo Mariz de. **Fundamentos do Imposto de Renda**. São Paulo: Quartier Latin, 2008, p. 255.

16 OLIVEIRA, Ricardo Mariz de. **Fundamentos do Imposto de Renda**. São Paulo: Quartier Latin, 2008, p. 256.

17 Não se trata, porém, de uma forma oblíqua de realizar uma revolução social e estabelecer o coletivismo. A esse respeito, confira-se JÈZE, Gaston. **Cours Élémentaire de Science des Finances et de Législation Financière Française**. 5. ed. Paris: M. Giard & E. Briere, 1912, p. 748.

18 TORRES, Ricardo Lobo. **Curso de direito financeiro e tributário**. 8. ed. Rio de Janeiro: Renovar, 2001, p. 83. Como regra, o critério para a majoração das alíquotas, que define a progressividade, é o valor ou o montante da base imponível. Há, contudo, formas excepcionais de progressividade que fogem a essa regra por usarem outros critérios para determinar o crescimento das alíquotas. É o caso da progressividade *no tempo* do IPTU, prevista no art. 182, § 4.º, II, da CF/88. Cf. MACHADO, Hugo de Brito. IPTU. Ausência de Progressividade. Distinção entre Progressividade e Seletividade. **Revista Dialética de Direito Tributário**, v. 31, p. 82-91, 1998.

contrário à capacidade contributiva e promotor de tratamento desigual entre contribuintes, pois subtrair R$ 100,00 de um sujeito que ganha apenas R$ 1.000,00 por mês representa para esse contribuinte muito maior sacrifício do que a subtração de R$ 10.000,00, relativamente a um contribuinte cujos rendimentos mensais sejam de R$ 100.000,00, embora nos dois casos o ônus seja rigorosamente de 10%.

Mas isso não quer dizer que a progressividade se apoie em ideias de "igual sacrifício", o que levaria, em última análise, à expropriação de quase todo o patrimônio daqueles situados no topo da pirâmide. Sua finalidade é, também, a de atuar na contenção do aumento das desigualdades, o que a observação da História demonstra. Como pondera Napoleão Nunes Maia Filho, "as causas das desigualdades naturais e sociais são muitas e várias e, se forem deixadas ao seu próprio dinamismo, aos seus *próprios impulsos*, produzirão efeitos retroalimentantes, tornando-as realidades que se renovam e se sustentam com base nos seus próprios pressupostos internos; se as desigualdades não forem combatidas *de fora e por cima*, seguramente se reproduzirão no futuro, segundo a sua própria estrutura, *e os seus efeitos não terão fim.*"[19] A progressividade seria uma das formas de realizar esse combate *de fora e por cima*.

Veja-se, ainda, que ao longo do século XX o uso intenso de alíquotas progressivas não prejudicou o crescimento, que foi elevado, mas manteve sob controle o aumento das desigualdades, as quais, ao final dos anos 1980, com a redução das alíquotas em todo o mundo, voltaram a crescer em padrões comparáveis aos do final do século XIX. Como ressalta Ricardo Lodi,

> a progressividade, hoje, não mais deve ser extraída de uma visão utilitarista de igual sacrifício, mas como importante instrumento de redistribuição de rendas no Estado Social, o que é reconhecido até mesmo por pensadores liberais menos ortodoxos, como o próprio John Rawls, que, embora defendesse a proporcionalidade como um dos princípios da *justiça como equidade*, considerando ser essa modalidade de tributação a mais adequada ao estímulo da produção, reconheceu também que, nos sistemas tributários de países em que haja maior desigualdade social, a progressividade dos impostos sobre a renda é medida exigida pelos princípios da liberdade, da igualdade equitativa de oportunidades e da diferença.[20]

Vale registrar, contudo, que há na literatura diversos questionamentos e oposições à progressividade, que desestimularia a produção e um maior esforço[21], tornaria a tributação mais complexa e de difícil apuração, e seria inócua, na justiça social que procura promover, a depender de como os recursos assim obtidos sejam aplicados[22]. A crítica é incrementada pelo resultado obtido em países (*v.g.* Eslováquia, Rússia, Estônia etc.) que adotaram o chamado *flat tax*, assim entendido o imposto de renda com alíquota uniforme, independentemente do valor da renda auferida. A adoção de apenas uma alíquota (*v.g.*, 13%), baixa se comparada à alíquota máxima de sistemas progressivos (mas alta se comparada à mínima), levou tais

---

19 MAIA FILHO, Napoleão Nunes. **Direito ao processo judicial igualitário**. Fortaleza: Curumim sem nome, 2015, p. 76.

20 RIBEIRO, Ricardo Lodi. Piketty e a reforma tributária igualitária no Brasil. **Revista de Finanças Públicas, Tributação e Desenvolvimento – RFPTD,** v. 3, n. 3. Rio de Janeiro: UERJ, 2015. Disponível em http://www.e-publicacoes.uerj.br/index.php/rfptd/article/view/15587, p. 19.

21 MARTINS, Ives Gandra da Silva. Princípios constitucionais tributários. In: MARTINS, Ives Gandra da Silva (Coord.). **Caderno de Pesquisas Tributárias n. 18**: princípios constitucionais tributários, São Paulo: Resenha Tributária, 1993. p. 6 e ss.

22 SANTOS, Ramon Tomazela. A progressividade do imposto de renda e os desafios de política fiscal. **Direito Tributário Atual, n. 33,** São Paulo: Dialética/IBDT, 2015, p. 338.

países a um considerável aumento na arrecadação desse imposto. Diante dessa constatação, poder-se-ia defender a adoção de um imposto assim, mais simples e eficiente, procedendo-se à redução das desigualdades, se fosse o caso, quando da aplicação dos recursos obtidos[23].

Pode-se, porém, objetar o *flat tax* sob a consideração de que ele estimula um aumento na desigualdade de renda entre as pessoas, abrindo espaço, por exemplo, para que altos executivos definam para si remunerações exageradas[24]. O aumento na arrecadação com ele obtido em alguns países, por sua vez, pode decorrer de outras causas, diversas do fato de ser ele um *flat tax*. É o caso redução da informalidade e crescimento da economia desses países, até poucas décadas atrás situados dentro da chamada "cortina de ferro", fatores que teriam levado a um aumento de arrecadação do imposto de renda de qualquer forma, fossem as alíquotas progressivas ou não. Pode ser, também, que a maior arrecadação decorra do fato de haver um maior número de pessoas pobres pagando, as quais em outro cenário seriam isentas, ou tributadas por alíquotas mais baixas, o que conduz à conclusão de que a eficiência está sendo obtida, no caso, com sacrifício desproporcional da ideia de equidade (e, no caso dos princípios jurídicos, da capacidade contributiva e da isonomia)[25]. Seria preciso adotar uma política bastante redistributiva, no gasto, para se neutralizar a injustiça assim gerada.

Por outro lado, a principal demonstração de que a progressividade não prejudica o crescimento reside no fato de que, depois da Segunda Guerra Mundial, houve intenso crescimento econômico, e nos Estados Unidos e na Europa usava-se de forma intensa a tributação progressiva, com alíquotas máximas de 70% ou mais, o que não aconteceu nos últimos anos do Século XX, coincidentemente período em que a progressividade foi sensivelmente diminuída, em especial nos Estados Unidos e no Reino Unido, a partir dos governos Reagan e Thatcher. Logicamente, não se pode dizer que a progressividade *causou* o crescimento, e que a mitigação dela levou a um menor crescimento, pois faltam dados que amparem essa conclusão. Mas se pode, logicamente, dizer que ela não atrapalhou o grande crescimento havido no período em que intensamente adotada.

No caso do imposto de renda, no Brasil, essa discussão poderia ser considerada como ultrapassada, pois a adoção da progressividade é expressamente prescrita pelo art. 153, § 2.º, I, da CF/88. Entretanto, a pertinência do debate continua, subjacente à questão de saber se se deveriam adotar alíquotas mais elevadas para faixas de rendas consideravelmente mais altas. Afinal, existem vários graus de intensidade para a implantação de uma escala progressiva de tributação.

No Brasil, atualmente, o imposto de renda tem um limite de isenção e quatro alíquotas (7,5%, 15%, 22,5% e 27,5%), no que tange às pessoas físicas, e duas alíquotas (15% e 25%[26]) para as pessoas jurídicas, o que parece atender de forma satisfatória, em uma primeira análise, a determinação constitucional. É preciso, porém, observar que a progressividade não se realiza, apenas, com o estabelecimento de alíquotas nominais.

Deve-se dedicar atenção, primeiro, às alíquotas reais, em face das quais, com a adoção de apenas uma alíquota, e um limite de isenção, talvez já se possa alcançar alguma

---

23 KEEN, Michael; KIM, Yatae; VARSANO, Ricardo. The "flat tax (es)": principles and experience. **Policy watch.** The Int Tax Public Finance (2008) 15: 712–751, DOI 10.1007/s10797-007-9050-z.

24 PIKETTY, Thomas. **O capital no século XXI.** Tradução de Monica Baumgarten de Bolle. Rio de Janeiro: Intrínseca, 2014, p. 326, p. 495.

25 FOUGÈRE, Maxime; RUGGERI, Giuseppe C. Flat Taxes and Distributional Justice. **Review of Social Economy**, Vol. 56, No. 3 (FALL 1998), pp. 277-294, published by: Taylor & Francis, Ltd. Stable URL: http://www.jstor.org/stable/29769956 Accessed: 07-01-2016.

26 Que de fato chegam a 24% e 34%, se considerados os 9% da Contribuição Social sobre o Lucro Líquido – CSLL.

progressividade[27]. Exemplificando, se se tem imposto com alíquota única de 10%, e limite de isenção de R$ 2.000,00, cidadão que aufira rendimentos mensais de R$ 2.200,00 pagará, na verdade, R$ 20,00 (10% de R$ 200,00, valor que ultrapassa o limite de isenção de R$ 2.000,00), o que representa uma alíquota real de 0,9%. Se o rendimento é de R$ 3.000,00, o imposto devido será de R$ 100,00, implicando uma alíquota real de 3,33%.

Comparando-se o Brasil com alguns países da Europa, e com os Estados Unidos, que também adotam alíquotas progressivas para o imposto de renda, vê-se que a alíquota máxima do imposto de renda, no Brasil, é relativamente baixa (27,5%), situando-se aquém da média das alíquotas máximas na Europa (40%). Nos Estados Unidos, essa alíquota máxima gira em torno de 35%, mas é preciso lembrar que lá existe ainda o imposto de renda estadual, que a ela se acrescenta, fazendo com que chegue a patamar próximo do tributo na Europa.

A maior discrepância, contudo, que revela a injustiça da tributação no Brasil, não reside nas alíquotas, que dizem muito pouco consideradas isoladamente. É preciso cotejá-las com as bases sobre as quais incidem[28]. Na maior parte dos países europeus que adotam a progressividade, o limite de isenção (cerca de 800 euros) corresponde, aproximadamente, à faixa que, no Brasil, se submete à alíquota de 22%. Ou seja, alguém considerado como já situado próximo ao topo da pirâmide de contribuintes do IRPF, no Brasil, seria tido como titular apenas do mínimo existencial na Europa, motivando a isenção do imposto. E isso para não referir uma série de despesas adicionais que o contribuinte brasileiro do imposto de renda precisa suportar, para suprir deficiência do Poder Público em áreas como segurança, educação etc., as quais nem sempre são dedutíveis da base de cálculo do imposto, muitas delas inexistentes para o contribuinte europeu.

É muito importante ressaltar que o legislador infraconstitucional (complementar ou ordinário) não pode definir, livremente, o conceito de renda e de proventos, para fins de incidência do IR. Não. Aliás, se isso fosse possível, o legislador infraconstitucional poderia reescrever o texto constitucional, o que seria absurdo. Essa vedação está didaticamente explicada no art. 110 do CTN. Na verdade, o conceito de renda deve ser estabelecido em atenção às definições colhidas da ciência das finanças e da economia, conjugadas com uma interpretação sistêmica da própria Constituição (que prevê tributos incidentes sobre *receita*, e outros sobre *renda*, o que torna claro que tais conceitos são distintos). Foi isso o que fez, com acerto, o art. 43 do CTN.

Considerando que o IR somente pode incidir sobre *acréscimo patrimonial*[29], a jurisprudência do STJ pacificou-se no sentido de que esse imposto não pode incidir sobre indenizações, pois estas são meras reposições do patrimônio desfalcado pelo dano. Alguns autores fazem ressalvas à aplicação dessa tese às indenizações por danos morais. O STJ, porém, tem precedentes, de suas duas turmas de Direito Público, nos quais afasta a incidência do IR até mesmo sobre as indenizações por danos morais.[30]

Por razões semelhantes, o STF decidiu (ADI 5.422) que o imposto de renda não incide sobre valores recebidos a título de pensão alimentícia, com amparo no Direito de Família.

---

27 SANTOS, Ramon Tomazela. A progressividade do imposto de renda e os desafios de política fiscal. **Direito Tributário Atual, n. 33,** São Paulo: Dialética/IBDT, 2015, p. 331.

28 SEIDL, Christian; POGORELSKIY, Kirill; TRAUB, Stefan. **Tax Progression in OECD Countries**: An Integrative Analysis of Tax Schedules and Income Distributions. Berlin: Springer, 2013. DOI 10.1007/978-3-642-28317-8

29 OLIVEIRA, Ricardo Mariz de. **Fundamentos do Imposto de Renda**. São Paulo: Quartier Latin, 2008, p. 41.

30 STJ, 1ª T., REsp 410.347/SC, *DJ* de 17/2/2003, p. 227; 2ª T., REsp 402.035/RN, *DJ* de 17/5/2004, p. 171.

Corrigiu-se, com isso, distorção que implicava uma discriminação de gênero, a prejudicar sobretudo mulheres. Sabe-se que, com um divórcio, geralmente (embora nem sempre, ainda é o mais frequente) os filhos permanecem com a mãe. O pai, ao pagar pensão aos filhos, deduz integralmente o valor da base de cálculo de seu imposto de renda. A mãe, por sua vez, apenas pode deduzir as quantias que a legislação autoriza, arcando sozinha com os ônus decorrentes das restrições à dedução e da desatualização dos valores estabelecidos como limite. O verdadeiro problema, contudo, está em tais restrições, e em tais limites, não sendo acertado dizer-se que toda e qualquer pensão, só por ter esse rótulo, não é acréscimo patrimonial. Embora a imensa maioria realmente não seja, existem pensões recebidas por filhos de pessoas muito ricas que, sem dúvida, podem se enquadrar como acréscimo. Além disso, a decisão abre espaço para práticas fraudulentas, como a de um casal simular um divórcio e o pagamento de uma polpuda pensão, apenas para livrar parcela da renda familiar do alcance do imposto de renda. Embora a Fazenda tenha solicitado, o Supremo Tribunal Federal não modulou os efeitos dessa sua decisão, o que abre a possibilidade de pessoas que recolheram imposto de renda sobre pensão pleitearem a respectiva restituição, relativamente a todo o período não abrangido pela prescrição (CTN, art. 168).

Em função do princípio da universalidade adotou-se, no Brasil, a sistemática de tributação por "bases mundiais", também conhecida como *world wide income taxation*. Não importa onde os rendimentos foram auferidos: sendo o beneficiário residente ou estabelecido no Brasil, o imposto será devido ao Estado brasileiro. É por isso que o § 1º do art. 43 do CTN afirma que "a incidência do imposto independe da denominação da receita ou do rendimento, da localização, condição jurídica ou nacionalidade da fonte, da origem e da forma de percepção". Deve ser feita a ressalva, apenas, de que o imposto não incide sobre a *receita*, mas sobre a *renda*, vale dizer, as receitas depois de subtraídas dos custos e das despesas.

A principal função do Imposto de Renda é a de obter recursos financeiros para a União Federal. Diz-se, por conta disso, que a sua função é *fiscal*. E, realmente, o Imposto de Renda é o responsável por grande parte da arrecadação tributária federal. Não é essa, porém, a sua única função, embora seja a mais importante. Com efeito, muitas vezes o Governo Federal utiliza o IR como instrumento de intervenção na economia, a fim de incentivar certas atividades, ou de desestimular outras. É a chamada função *extrafiscal* do tributo, que nessas circunstâncias se presta para algo mais que a obtenção de recursos. Quando se concede uma isenção de Imposto de Renda para indústrias que venham a se instalar nas regiões Norte ou Nordeste, por exemplo, se está utilizando o IR com função *extrafiscal*.

A *base de cálculo* de um tributo deve, sempre, guardar íntima relação com o seu *fato gerador*. Isso porque a base de cálculo é o aspecto dimensível do fato gerador, razão pela qual se pode mesmo dizer que a base de cálculo de um tributo é o seu fato gerador "transformado em cifra". Assim, no caso do Imposto de Renda, como o seu "fato gerador" é a aquisição de disponibilidade econômica ou jurídica de renda ou de proventos de qualquer natureza, a sua "base de cálculo" não pode ser outra que não o valor dessa renda, ou desses proventos.

A forma de apuração da base de cálculo do Imposto de Renda varia a depender da espécie de contribuinte. No caso do Imposto de Renda incidente sobre as pessoas físicas (IRPF), o imposto incide sobre o valor bruto dos rendimentos, admitidas algumas deduções. O imposto é recolhido ao longo do ano, mensalmente, e no início do ano subsequente o contribuinte apresenta uma declaração de ajuste, na qual informa a variação de seu patrimônio, suas despesas, seus dependentes etc., e apura o imposto efetivamente devido ao longo do ano que passou. A depender do que for apurado nessa declaração de ajuste, o contribuinte pode obter restituição (caso os valores já pagos superem o efetivamente devido) ou ter de recolher eventuais diferenças (caso os valores já pagos se mostrem insuficientes).

Já em relação às pessoas jurídicas (IRPJ), o valor dos rendimentos pode ser obtido por meio de três formas de apuração diferentes: *lucro real*, *lucro presumido* ou *lucro arbitrado* (CTN, art. 44). O mesmo vale, de certa maneira, para as pessoas físicas, que têm a possibilidade realizar sua declaração de imposto de renda pela modalidade *completa*, na qual informam e eventualmente deduzem do rendimento tributável todas as despesas havidas no ano-base, ou pela modalidade *simplificada*, na qual um desconto previamente estabelecido na legislação é aplicado, deixando-se de apurar a renda tributável tomando-se em conta cada despesa efetivamente experimentada no período. De algum modo, essas duas formas de apuração guardam paralelo com a tributação do lucro real, e do lucro presumido, no âmbito das pessoas jurídicas.

A apuração da base de cálculo do IR pela sistemática do lucro *real* é aquela que chega, do modo mais próximo possível, ao valor do lucro efetivamente obtido. Isso porque o lucro real é o *lucro líquido* experimentado no exercício, ajustado pelas exclusões, compensações e adições prescritas ou autorizadas pela legislação tributária. E esse lucro líquido é determinado "mediante escrituração contábil de todos os fatos com implicações patrimoniais, todas as receitas e todos os custos e despesas".[31] A pessoa jurídica, em suma, tem que manter escrituração contábil detalhada, a fim de apurar o *lucro líquido*, o qual, depois de alguns ajustes determinados pela legislação tributária, chama-se *lucro real*, servindo de base para a incidência do Imposto de Renda.

Já a apuração da base de cálculo do IRPJ pela sistemática do *lucro presumido* é uma *opção* que a lei confere às pessoas jurídicas que tenham receita inferior a determinados valores, fixados em lei, e que não sejam obrigadas, por lei, a apurar o lucro real. Caso opte por apurar o seu lucro pela sistemática do lucro presumido, a pessoa jurídica deverá manter controles contábeis muito mais simples, que possibilitem apenas o controle de seu faturamento. Conhecido o faturamento, aplica-se um percentual, fixado em lei, e a partir dele se encontra o valor que, presumivelmente, corresponde ao lucro auferido. A tributação pelo lucro presumido, vale insistir, deve ser sempre opcional, como forma de dar às empresas de menor porte opção menos burocratizada de apurar seu imposto. Algo semelhante, como dito, ocorre com a tributação das pessoas físicas, que podem optar por uma declaração de bens e rendimentos *completa*, na qual informam todas as despesas havidas no ano-calendário, com médicos, planos de saúde, psicólogos, escolas etc., as quais, respeitadas eventuais limitações legalmente estabelecidas, são consideradas na apuração da renda tributável, semelhante assim ao lucro real das pessoas jurídicas; ou por uma declaração *simplificada*, na qual se aplica um desconto legalmente previsto aos rendimentos obtidos e se apura, de forma análoga ao lucro presumido das pessoas jurídicas, o rendimento tributável.

Finalmente, o IRPJ pode ser apurado pela sistemática do *lucro arbitrado* sempre que o contribuinte, sujeito à tributação pelo lucro real ou pelo lucro presumido, não atende às exigências que a legislação impõe à apuração do lucro por cada uma dessas modalidades, ou não cumpre qualquer outra formalidade indispensável a que o Fisco possa aferir o seu lucro (real ou presumido). Em tais casos, não restando alternativa, o lucro pode então ser arbitrado. Apura-se o lucro através da aplicação do mesmo percentual do lucro presumido, acrescido de 20%, no caso, naturalmente, de ser conhecida a receita do contribuinte. Caso nem mesmo a receita seja conhecida, "a autoridade poderá arbitrar o lucro com base no valor do ativo, do capital social, do patrimônio líquido, da folha de pagamento dos empregados, das compras, do aluguel das instalações ou do lucro líquido auferido pelo contribuinte em períodos anteriores".[32]

---

31 MACHADO, Hugo de Brito. **Curso de direito tributário.** 37. ed. São Paulo: Malheiros, 2016, p. 327.

32 MACHADO, Hugo de Brito. **Curso de direito tributário.** 37. ed. São Paulo: Malheiros, 2016, p. 330.

O contribuinte do Imposto de Renda é o titular da disponibilidade econômica ou jurídica dos rendimentos (ou seja, aquele que realiza o "fato gerador" do imposto), sem prejuízo de atribuir a lei essa condição ao possuidor, a qualquer título, dos bens produtores de renda ou dos proventos tributáveis. A lei pode, igualmente, atribuir à fonte pagadora da renda ou dos proventos tributáveis a condição de responsável pelo imposto, cuja retenção e recolhimento lhe caibam. Recorde-se que há regime diferente de tributação pelo imposto de renda, conforme seja o contribuinte pessoa física ou pessoa jurídica. Não só as alíquotas são diferentes em um e em outro caso, como a sistemática de apuração é também diversa. Nessa ordem de ideias, cabe ressaltar que, para fins tributários, especialmente no que tange ao imposto de renda, equiparam-se às pessoas jurídicas as pessoas físicas que, em nome individual, explorem, habitual e profissionalmente, qualquer atividade econômica de natureza civil ou comercial, com o fim especulativo de lucro, mediante venda a terceiros de bens ou serviços (Lei 4.506, de 1964, art. 41, § 1º, alínea "b"), conceito do qual se excluem apenas algumas atividades, como a exercida por médicos, advogados, dentistas, dentre outras "profissões, ocupações e prestação de serviços não comerciais" (Decreto-Lei nº 5.844, de 1943, art. 6º, alínea "b").

Quanto à responsabilidade da fonte pagadora, os arts. 722 e 725 do Regulamento do Imposto de Renda (RIR/99) autorizavam o intérprete a concluir que se trata de responsabilidade exclusiva, vale dizer, mesmo que não tenha efetuado a retenção, apenas a fonte responde pelo imposto devido, considerando-se que o total pago ao beneficiário foi a quantia *líquida*, disposições que foram reproduzidas pelos arts. 782 e 786 do RIR/2018. Nesse sentido, inclusive, o Superior Tribunal de Justiça chegou a se posicionar.[33]

Atualmente, entretanto, o STJ vem entendendo que a responsabilidade da fonte pagadora não afasta a responsabilidade do contribuinte, beneficiário dos rendimentos, que deve declarar e, se for o caso, recolher o tributo eventualmente não retido ou retido "a menor". Em todo caso, porém, não é possível exigir a *multa* do contribuinte, pois a falta de retenção pela fonte não lhe é imputável.[34]

Quanto à forma de lançamento, o Imposto de Renda é normalmente calculado e pago pelo próprio contribuinte, antes mesmo de qualquer manifestação da autoridade fiscal sobre a retidão do valor apurado. Diz-se, por conta disso, que é submetido ao chamado lançamento por homologação. Caso a autoridade fazendária constate ausência ou insuficiência no pagamento, ou ainda qualquer outro equívoco nos cálculos elaborados pelo contribuinte, poderá efetuar a cobrança de diferenças através de um lançamento de ofício.

O Imposto de Renda tem expressiva parcela do produto de sua arrecadação partilhada com Estados e Municípios (CF/88, arts. 157, I, 158, I, 159, I).

8.2.4. Imposto sobre Produtos Industrializados (IPI)

O art. 153, IV, da CF/88, confere à União competência para instituir imposto sobre produtos industrializados. Essa competência, exercida através da criação do tributo por lei ordinária, está regulamentada, no plano das "normas gerais", pelos arts. 46 ss. do CTN.

De acordo com o art. 46 do CTN, o fato gerador do imposto sobre produtos industrializados é: *(i)* o seu desembaraço aduaneiro, quando de procedência estrangeira; *(ii)* a sua saída do estabelecimento contribuinte do IPI; *(iii)* a sua arrematação, quando apreendido ou abandonado e levado a leilão.

---

33 STJ, REsp 153.664/ES – *DJU* de 11/9/2000, p. 238 – *RDDT* 62/160.

34 STJ, 1ª T., REsp 439.142/SC, *DJ* de 25/4/2005, p. 267; 2ª T. – AgRg no REsp 643.266/SC, *DJ* 21/2/2005, p. 114.

Resolvendo a questão de saber quando um produto pode ser considerado "industrializado", o parágrafo único do art. 46 do CTN dispõe que se considera industrializado o produto que tenha sido submetido a qualquer operação que lhe modifique a natureza ou a finalidade, ou o aperfeiçoe para o consumo.

A base de cálculo – já dissemos em relação a outros tributos – deve ser sempre o aspecto "dimensível" do fato gerador, não podendo jamais ser grandeza divorciada dele. É por isso que o art. 47 do CTN define a base de cálculo do IPI como:

a) no caso de incidência na importação, o preço normal do produto (tal como definido para fins de incidência do imposto de importação), acrescido do próprio imposto de importação, das taxas incidentes quando da entrada do produto no país, dos encargos cambiais pagos pelo importador, ou dele exigíveis;
b) no caso de incidência quando da saída de estabelecimento industrial, o valor da operação de que decorrer a saída do produto. Na falta desse valor, o preço corrente do mesmo, ou de seu similar, no mercado atacadista da praça remetente. Vale referir que esse "valor corrente no mercado" somente pode ser utilizado quando o valor efetivo não for conhecido e, mesmo assim, o sujeito passivo terá direito de impugná-lo, nos termos do art. 148 do CTN;
c) no caso de incidência quando da arrematação do produto industrializado em um leilão, a base de cálculo será o valor da arrematação.

O IPI é seletivo em função da essencialidade dos produtos, vale dizer, suas alíquotas devem ser diferenciadas (mais elevadas ou mais reduzidas) a depender do grau de essencialidade do bem tributado. Produtos considerados essenciais são contemplados com isenções do imposto, com aplicação de "alíquota zero" (que nada mais é que uma isenção concedida pelo Poder Executivo com base na autorização que tem para alterar as alíquotas do imposto), ou com alíquotas reduzidas. Produtos considerados supérfluos, ou nocivos, como é o caso dos cigarros, por sua vez, são tributados por alíquotas bastante elevadas.

O IPI é não cumulativo, vale dizer, o montante devido pelo contribuinte deve ser a diferença entre o imposto referente aos produtos saídos do estabelecimento e o pago relativamente aos produtos nele entrados. O saldo verificado, em determinado período, em favor do contribuinte transfere-se para o período ou períodos seguintes.

Diversamente do que ocorre com o ICMS, que conta com vedações constitucionais expressas (CF/88, art. 155, § 2º, II, *a* e *b*), em relação ao IPI uma operação isenta pode gerar crédito para contribuintes situados em etapas posteriores da cadeia de produção. Por isso, a saída de produtos isentos não impõe o estorno dos créditos relativos às entradas. Ao contrário, atendendo aos princípios constitucionais da seletividade e da não cumulatividade, a lei prevê expressamente a manutenção desses créditos e a maneira como podem ser utilizados (Lei 9.779/99, art. 11). Para uma abordagem mais específica do princípio da não cumulatividade, remete-se o leitor ao item a ele especificamente dedicado neste manual (cap. 3, item 3.12.2)[35].

Os produtos sujeitos ao imposto, quando remetidos de um para outro Estado, ou do ou para o Distrito Federal, serão acompanhados de nota fiscal de modelo especial, emitida

---

35 Na hipótese inversa, de *entrada* de insumos isentos, sujeitos à alíquota zero ou não tributados, e utilizados na fabricação de produtos tributáveis pelo IPI, entende o STF que "Inexiste direito a crédito presumido de IPI relativamente à entrada de insumos isentos, sujeitos à alíquota zero ou não tributáveis, o que não contraria o princípio da não cumulatividade" (Súmula Vinculante 58).

em séries próprias e contendo, além dos elementos necessários ao controle fiscal, os dados indispensáveis à elaboração da estatística do comércio por cabotagem e demais vias internas (CTN, art. 50).

O contribuinte do IPI é: *(i)* o importador ou quem a lei a ele equiparar; *(ii)* o industrial ou quem a lei a ele equiparar; *(iii)* o comerciante de produtos sujeitos ao imposto, que os forneça aos contribuintes definidos no inciso anterior; *(iv)* o arrematante de produtos apreendidos ou abandonados, levados a leilão. A rigor, o contribuinte, em tais hipóteses, é *cada estabelecimento*, visto que, para dar cumprimento ao princípio da não cumulatividade, existe o princípio da autonomia dos estabelecimentos, cada um sendo considerado um contribuinte, para fins de cômputo dos créditos (entradas de produtos) e dos débitos (saídas de produtos), para fins de pagamento do IPI sobre a diferença entre os segundos e os primeiros.

Tem sido questionado, nos Tribunais, se é válida a incidência do IPI quando da saída de produtos industrializados importados, em face de comercialização destes no mercado interno feita pelo importador, mesmo quando não há beneficiamento ou modificação do produto, mas mera revenda. A Primeira Seção do STJ, no julgamento dos EREsp 1.403.532/SC, sob a sistemática dos "recursos repetitivos", "decidiu pela validade da cobrança do IPI na operação de saída da mercadoria do estabelecimento comercial do importador, ainda que já tenha incidido o mesmo tributo no desembaraço aduaneiro" (AgInt no AgInt no REsp 1.575.077/SC, *DJe* de 27/10/2016). Esse entendimento foi confirmado pelo Supremo Tribunal Federal, consolidando-se, na jurisprudência, que o IPI incide na saída posterior, realizada pelo importador de produto industrializado (RE 946.648/RG – SC).

O imposto sobre produtos industrializados, assim como o Imposto de Renda, tem expressiva parcela do produto de sua arrecadação partilhada com Estados e Municípios (CF/88, art. 159, I e II).

Assim como os impostos de importação e de exportação, também o IPI representa exceção aos princípios da anterioridade (CF/88, art. 150, III, *b*) e da legalidade (este último somente em relação às alíquotas). Desse modo, a lei ordinária da União deve cuidar de todos os elementos essenciais da relação tributária, mas, *em relação às alíquotas*, apenas estabelecerá limites máximos e mínimos, bem como condições em face das quais o próprio Poder Executivo, por ato infralegal, poderá alterá-las. Além disso, qualquer alteração nesse imposto terá vigência imediata, não sendo necessário aguardar-se pelo exercício subsequente. Deve-se, porém, aguardar o transcurso de 90 dias (CF/88, art. 150, § 1º, e art. 153, § 1º).

O IPI tem importante função fiscal, arrecadando quantias significativas para os cofres da União (as quais são partilhadas com Estados, Municípios e Distrito Federal), mas, em relação a alguns produtos (*v.g.*, cigarros), tem também função extrafiscal expressiva. Daí por que, com a reforma tributária levada a efeito pela Emenda Constitucional 132/2023, será gradualmente substituído por dois tributos. A Contribuição sobre Bens e Serviços (CBS), parte integrante do "IVA-Dual" juntamente com o Imposto sobre Bens e Serviços (IBS), ambos regulados por legislação uniforme e una (art. 149-B da CF/88), a qual cumprirá o papel "fiscal", e o Imposto Seletivo (IS), que terá a função extrafiscal de onerar produtos e serviços nocivos à saúde e ao meio ambiente (CF/88, art. 153, VIII).

8.2.5. Imposto sobre operações de crédito, câmbio e seguros

Nos termos do art. 153, V, da Constituição, a União Federal pode instituir imposto sobre operações de crédito, câmbio e seguro, ou relativas a títulos ou valores mobiliários. É o imposto que, na linguagem coloquial, se conhece por "Imposto sobre Operações Financeiras – IOF".

Ao traçar "normas gerais" sobre esse tributo, o CTN estabelece que esse imposto tem como fato gerador: *(i)* quanto às operações de crédito, a sua efetivação pela entrega total ou parcial do montante ou do valor que constitua o objeto da obrigação, ou sua colocação à disposição do interessado; *(ii)* quanto às operações de câmbio, a sua efetivação pela entrega de moeda nacional ou estrangeira, ou de documento que a represente, ou sua colocação à disposição do interessado em montante equivalente à moeda estrangeira ou nacional entregue ou posta à disposição por este; *(iii)* quanto às operações de seguro, a sua efetivação pela emissão da apólice ou do documento equivalente, ou recebimento do prêmio, na forma da lei aplicável; *(iv)* quanto às operações relativas a títulos e valores mobiliários, a emissão, transmissão, pagamento ou resgate destes, na forma da lei aplicável. Esclarece, ainda, que a incidência *i* exclui a *iv* e reciprocamente, quanto à emissão, ao pagamento ou ao resgate do título representativo de uma mesma operação de crédito.

Percebe-se, sob uma mesma sigla, estarem agregados cinco impostos diferentes, que têm como âmbito de incidência cinco operações diferentes: de crédito; de câmbio; de seguro; com títulos ou valores mobiliários. Quanto a essa última modalidade, vale notar que operações com *ouro* podem ser submetidas ao ICMS, ou ao IOF, dependendo do emprego dado ao metal. No caso de ouro enquanto mercadoria (*v.g.*, em joias, canetas ou relógios), há incidência do ICMS. Entretanto, caso o ouro seja usado como ativo financeiro, incide o IOF, hipótese na qual há regra de direito financeiro atinente à partilha dos recursos arrecadados que deve ser observada (CF/88, art. 153, § 5.º), segundo a qual 30% do valor arrecadado caberá ao Estado, Distrito Federal ou Território, conforme a origem do ouro, e 70% ao respectivo município de origem. Registre-se que o IOF-Ouro incide apenas uma vez, quando de sua primeira utilização como ativo financeiro, não havendo novas incidências quando de novas operações financeiras posteriormente com ele realizadas.

Nos termos do art. 64 do CTN, a base de cálculo do imposto é: *(i)* quanto às operações de crédito, o montante da obrigação, compreendendo o principal e os juros; *(ii)* quanto às operações de câmbio, o respectivo montante em moeda nacional, recebido, entregue ou posto à disposição; *(iii)* quanto às operações de seguro, o montante do prêmio; *(iv)* quanto às operações relativas a títulos e valores mobiliários: *(a)* na emissão, o valor nominal mais o ágio, se houver; *(b)* na transmissão, o preço ou o valor nominal, ou o valor da cotação em Bolsa, como determinar a lei; *(c)* no pagamento ou resgate, o preço. Como se percebe, por imposição lógica, a base de cálculo deve ser, necessariamente, o fato gerador "transformado em cifra", ou, como preferem alguns autores, o "aspecto dimensível" do fato gerador.

Da mesma forma como ocorre com o imposto de importação, o imposto de exportação e o IPI, também o IOF representa exceção aos princípios da anterioridade e da legalidade (este último somente em relação às alíquotas). Assim, a lei ordinária da União deve cuidar de todos os elementos essenciais da relação tributária, mas, *em relação às alíquotas*, apenas estabelecerá limites máximos e mínimos, bem como condições em face das quais o próprio Poder Executivo, por ato infralegal, poderá alterá-las. Além disso, qualquer alteração nesse imposto terá vigência imediata, não sendo necessário aguardar-se pelo exercício subsequente ou pelo transcurso de 90 dias (CF/88, art. 150, § 1º, e art. 153, § 1º). O art. 65 do CTN se reporta à possibilidade de serem alteradas, também pelo Executivo, as bases de cálculo do imposto, mas tal ressalva evidentemente não foi recepcionada pela CF/88, que admite a flexibilidade apenas em relação às alíquotas.

Quanto ao contribuinte do IOF, o CTN, no plano das "normas gerais", simplesmente afirma que a lei pode eleger qualquer das partes da operação tributada (art. 66). Tais contribuintes e responsáveis estão todos definidos na legislação federal, e encontram-se reproduzidos nos arts. 4º, 5º, 12, 19, 20, 26 e 27 do Decreto nº 6.306/2007, que regulamenta a cobrança do imposto.

O Código Tributário Nacional estabelece que as receitas obtidas com o IOF serão utilizadas na formação de reservas monetárias na forma da lei (art. 67). Tal disposição, contudo, não foi recepcionada pela Constituição Federal de 1988, tal como aquela constante do art. 28, relativamente ao imposto de exportação, tendo em vista que o art. 167, IV, da CF/88 veda a vinculação da receita de impostos a despesas ou fundos específicos, ressalvadas apenas as exceções previstas no próprio texto constitucional.

Em virtude da reforma tributária operada pela Emenda Constitucional 132/2023, a partir de 2027 o IOF deixará de incidir sobre seguros, onerando apenas operações de crédito e de câmbio, bem como aquelas com títulos e valores mobiliários. As operações com seguros passarão a sofrer a incidência do "IVA-Dual", composto de IBS e CBS (art. 3º da EC 132/2023, que deu nova redação ao art. 153 da CF/88, com vigência projetada para 2027).

8.2.6. Imposto sobre a Propriedade Territorial Rural (ITR)

A teor do art. 153, VI, da CF/88, a União Federal tem competência para instituir imposto sobre a propriedade territorial rural (ITR). Esse imposto é utilizado com função *extrafiscal*, como instrumento da União Federal para interferir no uso dos imóveis rurais, incentivando que sua utilização se dê em respeito à sua função social. Tanto é assim que, nos termos do art. 153, § 4º, I, da CF, o ITR deverá ser progressivo e ter suas alíquotas fixadas de forma a desestimular a manutenção de propriedades improdutivas, e não incidirá sobre pequenas glebas rurais, definidas em lei, quando as explore, só ou com sua família, o proprietário que não possua outro imóvel.

O art. 29 do CTN, ao traçar as "normas gerais" sobre o imposto (CF/88, art. 146, III, a), dispõe que seu fato gerador é a propriedade, o domínio útil ou a posse de imóvel por natureza, como definido na lei civil, localizados fora da zona urbana do Município. Como se vê, o ITR onera apenas o imóvel por natureza (terra nua, árvores etc.), diversamente do IPTU, que onera, além do imóvel por natureza, também o imóvel por acessão física (imóveis, construções etc.).

Registre-se que o imposto tem por fato gerador não apenas a propriedade, mas o domínio útil e a posse. Isso significa não que *qualquer posse* é tributável pelo imposto, mas que ele atinge, na verdade, aqueles que agem sobre o imóvel *como se proprietários fossem*, não sendo a falta do registro formal de propriedade uma causa para afastar a incidência da norma tributária. Por outras palavras, o tributo onera aquele que, de fato, age como proprietário.

Assim, *a contrário*, o imposto não pode ser cobrado daquele que, não obstante tenha o registro formal de propriedade, está privado do exercício de todas as faculdades inerentes a esse direito, como é o caso de quem tem seu imóvel invadido por integrantes do movimento "sem terra" e não consegue do Poder Público a reintegração de posse correspondente.

Conforme já decidiu o Superior Tribunal de Justiça, em caso no qual o Estado não conseguiu efetivar o direito de propriedade do dono do imóvel diante de seus invasores, "houve a efetiva violação ao dever constitucional do Estado em garantir a propriedade da impetrante, configurando-se uma grave omissão do seu dever de garantir a observância dos direitos fundamentais da Constituição." Por isso, mostra-se contrário aos "princípios básicos da razoabilidade e da justiça o fato do Estado violar o direito de garantia de propriedade e, concomitantemente, exercer a sua prerrogativa de constituir ônus tributário sobre imóvel expropriado por particulares (proibição do *venire contra factum proprium*). (...) A propriedade plena pressupõe o domínio, que se subdivide nos poderes de usar, gozar, dispor e reivindicar a coisa. Em que pese ser a propriedade um dos fatos geradores do ITR, essa propriedade não é plena quando o imóvel encontra-se invadido, pois o proprietário é tolhido das faculdades inerentes ao domínio sobre o imóvel. (...) Com a invasão do movimento "sem terra", o direito da recorrida ficou tolhido de praticamente todos seus elementos: não há mais posse, possibilidade de uso ou fruição do bem; consequentemente, não havendo a exploração do imóvel, não há, a partir dele, qualquer tipo de geração de renda ou de benefícios para a proprietária." Mas não só. Entendeu a Corte, ainda, que tem, "desde o advento da Emenda Constitucional n. 42/2003, o pagamento do ITR como questão inerente à função social da propriedade. O proprietário, por possuir o domínio sobre o imóvel, deve atender aos objetivos da função social da propriedade; por conseguinte, se não há um efetivo exercício de domínio, não seria razoável exigir desse proprietário o cumprimento da sua função social, o que se inclui aí a exigência de pagamento dos impostos reais." Forte nessas premissas, o Superior Tribunal de Justiça entendeu que, por não agir mais, *de fato*, como proprietário, por uma questão de coerência, não poderia ser o até então "dono" do imóvel obrigado ao pagamento do correspondente ITR[36].

A base de cálculo do imposto é o valor fundiário do imóvel, vale dizer, o valor da terra nua tributável, obtido nos termos do art. 10 da Lei 9.393/96.

As alíquotas do ITR, em cumprimento ao art. 153, § 4º, da CF/88, iniciam-se em 0,03%, para imóveis de até 50 hectares, com grau de utilização superior a 80%; e vão até 20%, em relação a imóvel de mais de 5.000 hectares, com grau de utilização inferior a 30% (Lei 9.393/96, art. 11). A tabela de alíquotas a seguir ilustra a forma como se dá a progressividade na fixação dessas alíquotas, e os critérios que a balizam:

Área total do imóvel (em hectares)	GRAU DE UTILIZAÇÃO – GU (EM %)				
	Maior que 80	Maior que 65 até 80	Maior que 50 até 65	Maior que 30 até 50	Até 30
Até 50	0,03	0,20	0,40	0,70	1,00
Maior que 50 até 200	0,07	0,40	0,80	1,40	2,00
Maior que 200 até 500	0,10	0,60	1,30	2,30	3,30
Maior que 500 até 1.000	0,15	0,85	1,90	3,30	4,70
Maior que 1.000 até 5.000	0,30	1,60	3,40	6,00	8,60
Acima de 5.000	0,45	3,00	6,40	12,00	20,00

O ITR é submetido a lançamento por homologação, vale dizer, sua apuração e seu pagamento serão "efetuados pelo contribuinte, independentemente de prévio procedimento da administração tributária, nos prazos e condições estabelecidos pela Secretaria da Receita Federal do Brasil, sujeitando-se a homologação posterior" (Lei 9.393/96, art. 10).

O contribuinte do ITR, em princípio, é o proprietário do imóvel, vale dizer, aquele que detém o domínio pleno sobre o mesmo. Caso o domínio pleno tenha sido bipartido através de enfiteuse, o contribuinte é o titular do domínio útil (foreiro). E, caso não seja conhecido o proprietário ou o titular do domínio útil (imóvel em situação irregular), o contribuinte será aquele que simplesmente está na posse do imóvel, visto que se trata de posso com *animus domini*, ou seja, posse de quem age como se proprietário fosse. Veja-se, a propósito, o que se disse linhas acima sobre o fato gerador do imposto, e as consequências de uma invasão por "sem terras" que deixa o proprietário na posição de alguém que, *de fato*, não possui mais qualquer poder sobre o imóvel em comento, o que inclusive afasta a incidência do imposto sobre ele.

---

[36] STJ, 2.ª T, REsp 1.144.982/PR, *DJe* de 15/10/2009.

Conquanto se trate de imposto federal, os Municípios podem, nos termos da lei, fiscalizar e cobrar o ITR, se assim estes desejarem (CF/88, art. 153, § 4º, III). Caso o Município não fiscalize nem cobre o ITR, caber-lhe-á 50% do produto arrecadado com esse imposto, relativamente aos imóveis situados em seu território. Entretanto, caso o Município opte por fiscalizar e cobrar o imposto, caber-lhe-á 100% do produto arrecadado (CF/88, art. 158, II).

8.2.7. Imposto sobre Grandes Fortunas (IGF)

Exemplo raro de competência tributária não exercitada, motivado por razões exclusivamente políticas.[37] A União Federal nunca editou a Lei Complementar de que cuida o art. 153, VII, da CF/88, definindo "grandes fortunas" para fins de criação desse imposto. Há grande controvérsia em torno da *conveniência* de se criar esse tributo, que seria ineficiente, dotado de excessiva complexidade e de potencial para afugentar as grandes fortunas do país.

A primeira dificuldade que se suscita diz respeito à determinação do que seria uma grande fortuna, expressão cercada de imprecisão e subjetivismo. Não se trata, porém, de óbice intransponível, sendo de resto uma questão que se apresenta em relação a qualquer outro tributo cujo âmbito de incidência esteja descrito no texto constitucional (renda, produto industrializado, serviço etc.). Tendo em mente que *fortuna* designa um patrimônio consideravelmente grande, situado muito acima da média, uma *grande* fortuna será aquela realmente situada no topo da pirâmide econômica, cuja dimensão caberá à lei complementar definir com maior precisão, mas que não é dotada de imprecisão maior do que outras expressões ou palavras usadas no texto constitucional para definir competências impositivas. Se houver equívoco por parte do legislador, que inserir no conceito de grande fortuna um patrimônio que assim não deva ser considerado, a questão, de mais a mais, poderá ser submetida ao crivo do Judiciário, como de resto ocorre com os demais impostos[38].

Há projetos de lei em tramitação no Congresso Nacional que chegam a definir "grande fortuna" como qualquer patrimônio superior a 2,5 milhões de reais, o que deve ser visto com cautela[39]. Embora alguém com patrimônio superior ao referido montante possa ser considerado como dotado de boa condição financeira, talvez até dono de uma pequena fortuna, não se está diante de uma grande fortuna, passível de tributação pelo referido imposto. Basta que se observe que um imóvel em um bairro de classe média em uma grande capital brasileira, somado a dois veículos e uma pequena poupança já ultrapassam a referida quantia, sendo importante insistir que o titular de um patrimônio deste tamanho, embora dotado de boa condição, talvez não seja, ainda, o titular de uma "grande fortuna". O risco, aqui, é o IGF padecer da mesma injustiça que contamina a tributação das pessoas físicas pelo imposto de renda e pelo imposto sobre heranças, cujas alíquotas até não são tão altas, mas pecam por alcançar bases ainda muito pequenas. Terminam onerando desproporcionalmente mais a classe média.

Quanto à complexidade, ela não parece sequer comparável à existente no âmbito do ICMS e das contribuições PIS e COFINS não cumulativas, cuja legislação beira a incompreensibilidade por parte das próprias autoridades da Administração Fazendárias. Os patrimônios dos contribuintes já são informados à Secretaria da Receita Federal do Brasil, para fins de apuração e cálculo do imposto sobre a renda, e o valor já recolhido pelo contribuinte a título

---

37 MACHADO, Hugo de Brito. **Curso de direito tributário**. 37. ed. São Paulo: Malheiros, 2016, p. 355.

38 Cf. MACHADO, Raquel Cavalcanti Ramos. **Competência tributária**: entre a rigidez do sistema e a atualização interpretativa. São Paulo: Malheiros, 2014, *passim*.

39 Veja-se, a propósito, o PLS 234/2011, em http://www12.senado.leg.br/noticias/materias/2016/07/25/imposto-sobre-grandes-fortunas-aguarda-votacao-na-comissao-de-assuntos-sociais.

de imposto de renda poderia inclusive ser dedutível da quantia devida a título de IGF, que alcançaria, assim, somente aqueles que, por estarem situados no topo da pirâmide econômica e viverem da renda gerada por um capital acumulado ou herdado, pagam pouco ou nenhum imposto de renda.

O fato de a arrecadação obtida com esse imposto não ser significativa, por sua vez, não é razão para que não seja instituído. Primeiro, porque seria ela, de qualquer modo, alguma arrecadação. Segundo porque sua principal finalidade não seria suprir os cofres públicos com abundância de recursos, mas realizar o princípio da capacidade contributiva e incrementar a legitimidade do sistema tributário brasileiro. O Poder Público teria maior legitimidade para tributar a classe média, que se submete mais pesadamente ao imposto de renda e, indiretamente, através do encarecimento dos preços dos produtos que consome, aos tributos incidentes sobre o consumo, se esta tiver a consciência de que as classes mais ricas se submetem a ônus igual ou mesmo maior ao seu[40].

Não haveria, por sua vez, invalidade por conta de suposta dupla ou pluritributação dos mesmos fatos, verificada, por exemplo, pelo fato de a frota de veículos do contribuinte já ser onerada pelo IPVA, o rendimento sujeitar-se previamente ao IRPF, os diversos imóveis ao Imposto sobre a Propriedade Predial e Territorial Urbana – IPTU ou ao Imposto Territorial Rural – ITR, e de o conjunto desses bens submeter-se também ao IGF. Trata-se, evidentemente, de hipótese de dupla ou pluritributação econômica, e não jurídica, pois, embora economicamente a riqueza possa ser a mesma, juridicamente são tributados fatos diferentes (*v.g.*, dá-se o mesmo, sem nenhuma invalidade, entre ISS e IRPF, no caso de rendimentos de prestadores de serviços). Além disso, embora a dupla tributação seja, em princípio, constitucionalmente vedada, conclusão que se extrai da interpretação de alguns dispositivos da Constituição (*v.g.*, art. 146, I e art. 154, I)[41], mas isso não significa que ela não seja possível nos casos em que o próprio texto constitucional originário a determina ou faculta, como se dá entre o ICMS e o IPI, eventualmente, e entre o imposto de renda das pessoas jurídicas IRPJ e a contribuição social sobre o lucro CSLL.

Quanto à fuga das grandes fortunas, não seria esse tributo, cujas alíquotas não devem ser elevadas – como de resto se dá com os tributos incidentes sobre o patrimônio em geral – o grande responsável por elas[42]. Como já frisado anteriormente neste trabalho, essa fuga pode ocorrer de uma forma ou de outra, motivada por violência urbana, insegurança jurídica, falta de infraestrutura de transportes etc., problemas que, pelo menos alguns deles, um sistema tributário mais justo e mais bem aplicado contribui para corrigir, e não para aumentar. Mostra disso é que muitos dos brasileiros que hoje deixam o Brasil, ou mandam os filhos para estudar, trabalhar e se estabelecerem definitivamente no exterior, o fazem por razões não tributárias,

---

40 PIKETTY, Thomas. **O capital no século XXI**. Tradução de Monica Baumgarten de Bolle. Rio de Janeiro: Intrínseca, 2014, p. 484.

41 Cf. MACHADO, Raquel Cavalcanti Ramos. **Competência tributária**: entre a rigidez do sistema e a atualização interpretativa. São Paulo: Malheiros, 2014, *passim*.

42 Na França, onde o imposto foi introduzido, abolido, recriado, e é atualmente cobrado, Martin Collet registra, com amparo em dados do "Conseil des impôts", que esses efeitos ligados à "fuga das fortunas" foram muito menos significativos do que se receava, não tendo havido, por igual, redução dos investimentos estrangeiros na França. Ainda segundo esse autor, outros foram os fatores que investidores levaram em conta, em primeiro lugar, ao decidir onde aplicar recursos ou desenvolver atividades. Cf. COLLET, Martin. **Droit fiscal**. 6. ed. Paris: PUF, 2017. p. 297-298. Em sentido semelhante, embora demonstrando um pouco mais de incerteza quanto às reais consequências econômicas dessa fuga, ainda que inferior à anunciada: LAMARQUE, Jean; NÉGRIN, Olivier; AYRAULT, Ludovic. **Droit fiscal général**. 4. ed. Paris: Lexisnexis, 2016. p. 1.381.

ligadas à violência urbana no Brasil ou a uma maior oportunidade de emprego ou de estudo em outros países, emigrando, em regra, para lugares nos quais a carga tributária, pelo menos no que tange aos impostos sobre o patrimônio e a renda, é até maior que a brasileira.

8.2.8. Imposto Seletivo (IS)

Como advento da projetada extinção do Imposto sobre Produtos Industrializados (IPI), que, como explicado, tem um papel arrecadatório, ou fiscal, que passará a ser cumprido pela "Contribuição sobre Bens e Serviços" (CBS), mas também exerce função extrafiscal, de estimular ou desestimular comportamentos, a reforma tributária operada pela Emenda Constitucional 132/2023 inseriu no art. 153 da CF/88 um inciso VIII, conferindo à União mais uma competência impositiva. Trata-se do "imposto seletivo" (IS), que não têm um âmbito constitucional bem definido. Segundo o texto constitucional, ele poderá incidir sobre "produção, extração, comercialização ou importação de bens e serviços prejudiciais à saúde ou ao meio ambiente, nos termos de lei complementar".

O imposto deve ser disciplinado em lei complementar, com exceção das alíquotas, as quais podem ser fixadas em lei ordinária (CF/88, art. 153, § 6.º, VI). Assim como se dá com outros impostos e contribuições, suas alíquotas podem ser específicas ou *ad valorem*, o que é expressamente autorizado pela Constituição. *Ad valorem* são aquelas que correspondem ao valor da grandeza tributada, sendo uma proporção ou percentual desta (15% do valor da operação, por exemplo). Já específicas são as que correspondem a uma quantia a ser multiplicada pela unidade de medida da realidade a ser tributada, indicada na legislação (p.ex., R$ 10,00 por metro; R$ 20,00 por quilo).

O texto constitucional estabelece que o imposto será monofásico, ou seja, incidirá apenas uma vez sobre cada produto ou serviço por ele alcançado. Não se esclarece, contudo, o que deverá ser feito caso um produto ou serviço tributado pelo imposto seja usado na fabricação ou na prestação de outro produto ou serviço também tributado por ele. A solução correta, à luz do texto constitucional, neste caso, é a de que uma incidência prévia impossibilite qualquer outra, sobre o mesmo produto, ou qualquer outro com ele fabricado, ou no qual ele esteja inserido. Do contrário, haverá cumulatividade, o que o constituinte expressamente intentou evitar, além de distorção no propósito extrafiscal, pois o produto terá o seu ônus tributário multiplicado não por ser mais nocivo, ou prejudicial, que outros, mas apenas por ter sido empregado algum insumo já assim considerado em sua feitura.

O imposto não incidirá sobre as exportações nem sobre as operações com energia elétrica e com telecomunicações (art. 153, § 6º, I), o que impede que seja usado para diferenciar modalidades de geração de energia conforme seu impacto ambiental ou sua emissão de carbono, frustrando seu suposto escopo ambiental neste âmbito. Estabelece o texto constitucional, ainda, que ele incidirá "por fora", ou seja, não integrará sua própria base de cálculo, mas que, justamente por encarecer o preço do produto ou do serviço onerados, "integrará a base de cálculo dos tributos previstos nos arts. 155, II, 156, III, 156-A e 195, V", vale dizer, ICMS, ISS, IBS e CBS. Não se refere ao IPI porque este será por ele substituído. Incidindo na extração, o imposto será cobrado independentemente da destinação, caso em que a alíquota máxima corresponderá a 1% (um por cento) do valor de mercado do produto. É inusitado que um tributo extrafiscal, cujas alíquotas podem ser fixadas por lei ordinária, já conte com teto de alíquota indicado na Constituição para o caso da extração de produtos nocivos ao meio ambiente ou à saúde. Pondo de lado a questão de saber se o nocivo à saúde ou ao meio ambiente é o produto ou a extração em si, a regra abre espaço para que produtos bastante nocivos, ou de extração bastante nociva, sejam onerados por apenas 1% de seu valor de mercado, frustrando seu propósito extrafiscal, além de suscitar uma série de dúvidas que reclamarão atuação do legislador complementar e, possivelmente, do Judiciário. A extração de um produto que pode ser benéfico ou prejudicial à saúde, dependendo de sua destinação, pode ser tributada com uma alíquota só, independentemente da destinação? Será então o caso de o legislador optar por não tributar a extração, mas alguma operação posterior, lembrando que o imposto deve ser monofásico? E se o produto for benéfico à saúde, mas a sua extração for nociva ao meio ambiente, pode haver a incidência? A redação se parece referir a produtos e serviços, não a extrações, embora estas possam ser consideradas, em si mesmas, serviços (que os extratores prestam aos produtores), o que de novo levanta a questão da cumulatividade.

Quanto ao seu fato gerador, o texto constitucional esclarece que poderá ser o mesmo de outros tributos, assim como sua base de cálculo. Tal como ocorre com o IPI, que excepcionalmente pode incidir sobre fatos também tributados pelo ICMS. Reforça-se, com isso, a regra segundo a qual, salvo quando a Constituição expressamente o indica, as competências tributárias, pelo menos no que tange a impostos, não se devem sobrepor.

8.2.9. Impostos residuais e extraordinários

Além dos impostos já discriminados no art. 153 da CF/88, a União Federal tem competência para instituir outros, nos termos do art. 154 da CF/88. São os impostos residuais e os extraordinários.

8.2.9.1. Impostos residuais

Nos termos do art. 154, I, da CF, a União pode instituir impostos não discriminados no art. 153 (que enumera os impostos de sua competência), desde que sejam não cumulativos, não tenham fato gerador nem base de cálculo próprios dos discriminados na Constituição e sejam instituídos por lei complementar. Trata-se da chamada *competência residual.*

Note-se que o imposto eventualmente criado com base na competência residual não pode ter fato gerador nem base de cálculo próprios de quaisquer dos demais já discriminados na CF/88, ou seja, além de o imposto dever ser distinto daqueles já atribuídos à União pelo art. 153, não pode haver invasão da competência estadual, nem da competência municipal. Essa é uma demonstração de que as competências tributárias, em matéria impositiva, são privativas, e não se podem sobrepor, o que é confirmado pelo art. 146, I, da CF/88, que atribui à lei complementar o papel de dirimir conflitos de competência nessa seara.

A imposição de que o imposto residual seja não cumulativo não significa que este deva ser, necessariamente, plurifásico, como o ICMS e o IPI, ou a CBS e o IBS. Não. Pode se tratar de imposto com incidência única, monofásica, o qual também é não cumulativo. O que não pode haver é a incidência em várias etapas (plurifásico), e de modo cumulativo.

Segundo o STF, as vedações impostas pelo art. 154, I, da CF/88, ao exercício da competência residual, no âmbito dos impostos, não se aplicam às contribuições. Apenas no caso de contribuições de seguridade social "residuais" (CF/88, art. 195, § 4º), exige-se a edição por lei complementar, mas mesmo nesse caso seria possível criá-las com fatos geradores e bases de cálculos próprias de impostos estaduais ou municipais, e de modo cumulativo (*RTJ* 143/701). Talvez por isso mesmo a competência residual da União, relativamente aos impostos, não tenha sido jamais exercida após a CF/88, tendo a União preferido usar e abusar na instituição de "contribuições".[43]

---

[43] MACHADO SEGUNDO, Hugo de Brito. **Contribuições e federalismo**. São Paulo: Dialética, 2005.

Observe-se que os impostos residuais, para que seja resguardado o equilíbrio entre os diversos entes federados (União, Estados, Distrito Federal e Municípios), além de não poderem servir de invasão da União sobre a competência estadual e municipal, têm ainda de ser partilhados, vale dizer, 20% do produto de sua arrecadação deve ser entregue aos Estados-membros (CF/88, art. 157, II).

8.2.9.2. Impostos extraordinários

Em caso de guerra externa, ou na sua iminência, podem ser instituídos "impostos extraordinários de guerra", os quais podem incidir sobre fatos geradores compreendidos ou não na competência da União, vale dizer, podem incidir sobre renda, importação, operação financeira etc., mas também sobre serviços, circulação de mercadorias, propriedade imobiliária urbana etc. Não há vedação de que a União invada as competências de outros entes, típica do federalismo, pois no caso excepcional e extraordinário de uma guerra é a própria soberania da República Federativa que está sendo defendida. E, além disso, desaparecida a causa que justifica a criação desses impostos (guerra ou sua iminência), os mesmos devem ser suprimidos. Essa ressalva é importante, visto que muitos impostos foram criados no mundo, ao longo da história, por conta de guerras, usando-se a situação emergencial como justificativa para sua instituição supostamente temporária, permanecendo a exigência, porém, mesmo depois de celebrada a paz. O imposto de renda, surgido como forma de financiar a guerra da Inglaterra contra Napoleão Bonaparte, é exemplo emblemático disso. Houve raríssimas exceções, como a dos impostos extraordinários de guerra criados na Grécia Antiga[44].

Os impostos criados por força de guerra externa ou sua iminência, chamados "impostos extraordinários de guerra", não se submetem ao princípio da anterioridade (CF/88, art. 150, § 1º).

No mundo contemporâneo, naturalmente, ainda existem guerras, mas elas são muito menos frequentes, e são vistas com muito menos naturalidade, do que em tempos passados[45]. Por isso, espera-se que nunca venha a ser criado o imposto de cuja competência se cogita, não por não se pretender propriamente pagá-lo, mas porque não se deseja a premissa necessária à sua instituição.

8.3. IMPOSTOS ESTADUAIS

8.3.1. Imposto sobre Transmissão *Causa Mortis* e Doação (ITCD)

Segundo o art. 155, I, da CF/88, compete aos Estados-membros e ao Distrito Federal instituir imposto sobre transmissão *causa mortis* e doação, de quaisquer bens ou direitos. Embora o imposto deva ser instituído pela lei ordinária de cada ente tributante, a Constituição estabelece que a lei complementar trace normas gerais a serem observadas por todos eles. Tais normas constam dos arts. 35 e seguintes do CTN, mas devem ser vistas com cuidado porque a Constituição (que é posterior *e* superior ao CTN) alterou sensivelmente o perfil desse tributo.

---

44 ADAMS, Charles. For good and evil: the impact of taxes on the course of civilization. 2. ed. New York: Madison Books, 2001, p. 57. Também o *sales tax* norte-americano foi criado de maneira supostamente provisória, em razão da crise econômica de 1929, tendo subsistido, apesar disso, até os dias de hoje. Cf. NGO, Tuan Q., **Cloud Computing and State Sales Tax**, 9 Hastings Bus. L.J. 327, 350 (2013). p. 328.

45 HARARI, Yuval Noah. **Homo Deus**: uma breve história do amanhã. Tradução de Paulo Geiger. São Paulo: Companhia das Letras, 2016, p. 25; PINKER, Steven. **Os anjos bons da nossa natureza**. Tradução de Bernando Joffily e Laura Teixeira Mota. São Paulo: Companhia das Letras, 2013, *passim*.

Realmente, após a CF/88, as transmissões *onerosas* e *entre vivos* de bens imóveis passaram à competência dos Municípios, que as tributam com o ITBI. Aos Estados foram reservadas apenas as transmissões decorrentes da morte (p. ex., decorrentes de herança) e as doações. Os arts. 35 e seguintes do CTN, portanto, devem ser vistos com esse cuidado, e aplicam-se, dentro do possível, tanto ao ITBI como ao ITCD.

Os fatos que podem ser colhidos como "geradores" do dever de pagar o ITCD, pelas leis estaduais (ou do Distrito Federal), são as transmissões de quaisquer bens e direitos (móveis ou imóveis), desde que decorrentes de *doação* ou *morte*. Assim, caso a transmissão decorra da morte (*causa mortis*), incidirá o ITCD, independentemente de serem os bens móveis ou imóveis. Nas transmissões *inter vivos*, o ITCD também incide independentemente de se tratar de bem móvel ou imóvel, mas desde que se trate de doação (transmissão não onerosa).

As transmissões *inter vivos* e *onerosas* de bens e direitos não estão abrangidas no âmbito de incidência do ITCD. Submetem-se ao ITBI, caso digam respeito a bens imóveis (CF/88, art. 156, II), ou ao ICMS, caso se trate de coisa móvel destinada ao comércio (CF/88, art. 155, II). Na hipótese de transmissão de coisa móvel não destinada ao comércio (p. ex., venda eventual de um relógio entre dois "particulares" não comerciantes), não há incidência de nenhum desses impostos. Consideramos que tampouco se submete ao IBS, imposto sobre bens e serviços, sucessor do ICMS, por ausência do caráter empresarial e mercante, traço característico das atividades oneradas pelos impostos que o IBS visa a substituir.

O fato gerador do ITCD é a *transmissão*, vale dizer, a mudança na propriedade do bem ou do direito. No caso da herança, ou do legado, essa transmissão ocorre no momento da morte do *de cujus*. Não importa se o imposto só vem a ser formalizado e exigido algum tempo depois. Isso é relevante para determinar a legislação aplicável, pois pode ocorrer de o sujeito morrer e a alíquota do imposto ser alterada posteriormente. Nesse caso, o imposto será devido pela alíquota vigente na ocasião da morte, e não pela alíquota posteriormente alterada.

Relativamente à transmissão de imóveis e dos direitos a eles relativos, o ITCD é devido ao ente tributante (Estado ou Distrito Federal) onde estiver localizado o bem. No caso de bens móveis, títulos e créditos, compete ao ente tributante onde era domiciliado o *de cujus*, ou tiver domicílio o doador, ou ao Distrito Federal (redação dada pela EC 132/2023). Caso o doador possua domicílio ou residência no exterior, ou se o *de cujus* possuía bens, era residente ou domiciliado ou teve o seu inventário processado no exterior, os critérios para determinar a qual Estado competirá o imposto deverão ser determinados em lei complementar (CF/88, art. 155, § 1º, I a III). Como, até o presente momento, referida lei complementar não foi editada, o Supremo Tribunal Federal considerou inconstitucional a cobrança do imposto em tais hipóteses (RE 851.108), seguindo a esteira de precedentes firmados em relação ao adicional estadual do imposto de renda e do ICMS incidente sobre transporte aéreo de passageiros, situações nas quais a falta de critérios fixados em lei complementar nacional para dirimir conflitos de competência entre Estados e Distrito Federal é tida como impeditiva do exercício legítimo de suas competências tributárias. Para suprir essa lacuna, a Emenda Constitucional 132/2023, que veiculou a mais recente "reforma tributária", trouxe, de modo autônomo em seu texto (sem alterar o texto da própria CF/88 ou o do ADCT), a seguinte regra:

> "Art. 16. Até que lei complementar regule o disposto no art. 155, § 1º, III, da Constituição Federal, o imposto incidente nas hipóteses de que trata o referido dispositivo competirá:
>
> I – relativamente a bens imóveis e respectivos direitos, ao Estado da situação do bem, ou ao Distrito Federal;
>
> II – se o doador tiver domicílio ou residência no exterior:

a) ao Estado onde tiver domicílio o donatário ou ao Distrito Federal;

b) se o donatário tiver domicílio ou residir no exterior, ao Estado em que se encontrar o bem ou ao Distrito Federal;

III – relativamente aos bens do de cujus, ainda que situados no exterior, ao Estado onde era domiciliado, ou, se domiciliado ou residente no exterior, onde tiver domicílio o sucessor ou legatário, ou ao Distrito Federal."

A base de cálculo será o valor venal dos bens transferidos. Isso significa que o imposto será calculado mediante a aplicação de um percentual (alíquota) sobre o valor "de mercado" dos bens transferidos.

De acordo com o CTN, o contribuinte pode ser qualquer das partes da operação tributada, a critério da lei ordinária do ente tributante correspondente. Por óbvio, em se tratando de transmissão *causa mortis*, o contribuinte há de ser o herdeiro, ou o legatário. Na hipótese de doação, o contribuinte poderá ser o doador, ou o donatário, conforme dispuser a lei de cada Estado (e do Distrito Federal).

As alíquotas do ITCD, assim como os demais elementos formadores da obrigação tributária correspondente, devem ser estabelecidas na lei do ente tributante (Estado ou Distrito Federal). A Constituição preconiza, entretanto, que o Senado Federal fixe alíquotas máximas, estabelecendo um teto que não pode ser ultrapassado pelas leis estaduais.

O STF já decidiu que os Estados não podem editar "norma em branco" a respeito das alíquotas, vale dizer, não podem editar leis que disponham simplesmente que "a alíquota do ITCD será a máxima fixada pelo Senado". Caso isso aconteça, a lei será válida, mas posteriores alterações na alíquota máxima fixada pelo Senado não terão o condão de, automaticamente, alterar a alíquota vigente no Estado.

Considere-se o seguinte exemplo *imaginário*. Em 1994, a alíquota máxima do ITCD é fixada pelo Senado Federal em 5% e, algumas semanas depois, o Estado de Pernambuco edita a Lei "A", criando o ITCD. Ao tratar da alíquota do imposto, essa lei dispõe que será "a máxima". Nesse caso, considerar-se-á que a lei estadual fixou a alíquota em 5%. Assim, se, em 1996, o Senado alterar esse limite, estabelecendo que a alíquota máxima poderá ser de até 9%, a alíquota do ITCD no Estado de Pernambuco continuará sendo de 5% até que uma nova lei estadual altere a lei "A". A remissão de uma lei estadual ao valor fixado pelo Senado não pode implicar que, sempre que o Senado alterar o limite, a alíquota no Estado estará automaticamente alterada, independentemente de nova lei estadual. Isso porque, segundo entendeu o STF, *"não se coaduna com o sistema constitucional norma reveladora de automaticidade quanto à alíquota do imposto de transmissão* causa mortis, *a evidenciar a correspondência com o limite máximo fixado em resolução do Senado Federal"*.[46]

A forma de lançamento do ITCD depende do que dispuser cada lei estadual. Em regra, porém, o mesmo se dá *por declaração*. O contribuinte fornece à autoridade todos os elementos de fato necessários ao cálculo do imposto, sendo depois notificado da feitura do lançamento, para pagá-lo.

Atualmente, tem sido bastante discutido o uso do imposto sobre heranças no endereçamento da questão das desigualdades sociais. Afinal, é através da herança que a desigualdade de patrimônios (e da renda por ele gerada) se perpetua entre as gerações, minando a ideia de igualdade de oportunidades e de diferenças ou desigualdades legítimas porque decorrentes do mérito, do esforço ou do trabalho.

---

46 STF, RE 213.266-7/PE – *DJU* 17/12/1999.

No plano filosófico, e no plano econômico, há farta literatura a tratar da justiça e da legitimidade da herança, e dos possíveis efeitos que decorreriam de sua supressão (incentivo ao consumo excessivo etc.)[47].

Juridicamente, porém, tais questões têm sua importância diminuída, ou mesmo neutralizada, pelo fato de que a Constituição Federal garante o direito à herança como direito individual. Sua tributação é expressamente prevista, situando-se no âmbito de competência dos Estados-membros e do Distrito Federal, mas ela não pode, como os tributos em geral não podem, ter efeito de confisco. Isso faz com que se torne dispensável ingressar no debate sobre a legitimidade do direito à herança, que no Brasil não pode ser abolido, e dispensável também o debate sobre a legitimidade de ser a herança tributada, o que também é constitucionalmente permitido. Merece atenção, todavia, o problema relacionado às alíquotas desse imposto, assunto no qual os referidos debates, embora de maneira mitigada, se refletem.

Realmente, a herança é uma das principais responsáveis a que uma desigualdade que pode, eventualmente, ser fruto de méritos, esforços, criatividade, trabalho ou ousadia, torne-se, em relação ao herdeiro, arbitrária, interferindo na igualdade de oportunidades e gerando desigualdades que nada têm a ver com tais qualidades ou méritos. Naturalmente existem fatores históricos, econômicos e morais que militam em favor da herança, que tampouco poderia ser suprimida, o que de resto não seria juridicamente possível no Brasil, já se disse, em face do texto constitucional. Mas daí não se poderia concluir que elas, as heranças, não devam ser tributadas (pois a Constituição o impõe), ou devam ser tributadas por alíquotas muito reduzidas. Tampouco se poderia concluir por uma tributação excessiva, que implicaria, por via oblíqua, a própria supressão do direito de herdar. A questão está em encontrar alíquotas que se situem em uma posição intermediária entre essas duas visões.

Nessa ordem de ideias, pode-se dizer da tributação das heranças, no Brasil, algo semelhante ao que já se disse relativamente ao imposto sobre a renda. As alíquotas, mesmo naqueles Estados em que as adotam de forma progressiva, são baixas (média de 4%), se comparadas às de outros países do mundo (média de 20%), e, pior que isso, começam a incidir a partir de bases também muito baixas, muitas vezes considerando, para o efeito de aplicação de cada faixa, o valor total do espólio, e não o montante recebido por cada herdeiro, distorção que a EC 132/2023 corrigiu ao estabelecer que o imposto "será progressivo em razão do valor do quinhão, do legado ou da doação" (art. 155, § 1º, VI). É preciso que se estabeleçam alíquotas mais elevadas para heranças de valor também bastante elevado, e que se corrijam as bases sobre as quais incidem as alíquotas mais baixas, e, mais importante, é preciso que se corrijam as leis dos Estados que aferem a aplicação da escala de alíquotas progressivas a partir do total deixado pelo falecido, e não pelo valor a ser recebido por cada herdeiro, em evidente violação aos princípios da isonomia e da capacidade contributiva.

8.3.2. Imposto sobre Operações Relativas à Circulação de Mercadorias e à Prestação de Serviços de Comunicação e Transporte Interestadual e Intermunicipal (ICMS)

O art. 155, II, da Constituição dá aos Estados-membros, e ao Distrito Federal, competência para instituir imposto sobre operações relativas à circulação de mercadorias e sobre prestações de serviços de transporte interestadual e intermunicipal e de comunicação, ainda que as operações e as prestações se iniciem no exterior.

---

47 ERREYGERS, Guido; VANDEVELDE, Antoon. **Is Inheritance Legitimate**?: Ethical and Economic Aspects of Wealth Transfers. Berlin: Springer, 1997, *passim*.

Operações relativas à circulação de mercadorias são aquelas operações que impulsionam a mercadoria "na marcha normalmente por esta desenvolvida desde a fonte de produção até o consumidor".[48] Mercadoria, por sua vez, é coisa móvel destinada ao comércio. Estão fora do âmbito de incidência do ICMS a operação com bens que não se enquadram no conceito de mercadoria (p. ex., venda eventual entre dois não comerciantes). Embora a energia elétrica não seja, a rigor, um bem corpóreo, foi equiparada à mercadoria para fins de incidência do ICMS (CF/88, art. 155, § 3º). Imóveis não são mercadorias, razão pela qual a transmissão onerosa desse tipo de bem se submete ao ITBI, e não ao ICMS.

A circulação que enseja a incidência do ICMS não é meramente física, mas a movimentação econômica. Assim, por exemplo, a remessa de produtos para uma exposição, ou a circulação de um veículo durante um *test-drive*, não ensejam a incidência do ICMS, pois, embora sejam mercadorias, não houve circulação do ponto de vista econômico.

Pela mesma razão, não incide o ICMS quando há *incorporação* de uma pessoa jurídica por outra, ainda que existam mercadorias no estoque da pessoa jurídica incorporada (as quais estariam sendo supostamente "transferidas" para a incorporadora no momento da incorporação). O que há, nesse caso, não é a circulação de mercadorias, mas a alteração na própria estrutura jurídico-societária de sua proprietária, que continuou sendo a mesma. Nesse sentido, aliás, tem decidido o STJ.[49]

Além das operações relativas à circulação de mercadorias, a EC nº 33/2001 inseriu no âmbito constitucional do ICMS a importação de quaisquer outros bens corpóreos (mesmo dos que não são mercadorias). O ICMS pode incidir também sobre serviços de transportes interestaduais e intermunicipais e sobre serviços de comunicações.

Quanto aos serviços de comunicação, havia séria divergência, entre os estudiosos e na jurisprudência, sobre a questão de saber se o serviço prestado pelo *provedor de acesso à Internet* submete-se ao ICMS. Parte da literatura especializada afirma que se trata de serviço de comunicação, que por isso mesmo deve ser onerado pelo ICMS. A corrente majoritária, porém, afirma que tal serviço *utiliza* uma estrutura comunicacional preexistente, e já tributada pelo ICMS (cabos, linhas telefônicas, fibras óticas, *backbones* etc.), mas não se confunde com ela. Para essa segunda corrente, majoritária, seria devido o ISS, desde que o serviço de provedor de acesso fosse incluído na lista de serviços anexa à LC nº 116/2003, o que até o presente momento não ocorreu. O STJ, depois de alguma divergência, tem entendido que não incide o ICMS sobre o serviço prestado pelo provedor de acesso à Internet, que não se qualifica, para esse fim, como serviço de comunicação.[50] E tem decidido, por igual, que não incide o ISS, à míngua de previsão explícita na lista de serviços correspondente (AgRg no AREsp 431.924/PR), omissão que persistiu mesmo depois da edição da LC 157/2016, que atualizou em diversos pontos a legislação referente ao ISS.

Ainda em relação ao ICMS e aos serviços de comunicação, deve-se lembrar de que o art. 155, § 2º, X, *d*, da CF/88, assevera que o ICMS não incidirá nas prestações de serviço de comunicação nas modalidades de radiodifusão sonora e de sons e imagens de recepção livre e gratuita.

Cabe à lei complementar traçar normas gerais a respeito do ICMS, a fim de dar relativa uniformidade à legislação dos diversos Estados-membros da federação brasileira. Segundo a Constituição, cabe à lei complementar, em matéria de ICMS: *(i)* definir seus contribuintes;

---

48 MACHADO, Hugo de Brito. **Aspectos fundamentais do ICMS**. São Paulo: Dialética, 1997, p. 25.

49 P. ex., RMS 8.874/DF, *DJ* de 3/5/1999, p. 97.

50 STJ, EREsp 456.650/PR – j. em 11/5/2005.

(ii) dispor sobre substituição tributária; *(iii)* disciplinar o regime de compensação do imposto; *(iv)* fixar, para efeito de sua cobrança e definição do estabelecimento responsável, o local das operações relativas à circulação de mercadorias e das prestações de serviços; *(v)* excluir da incidência do imposto, nas exportações para o exterior, serviços e outros produtos além dos já mencionados no art. 155, § 2º, X, da CF/88[51]; *(vi)* prever casos de manutenção de crédito, relativamente à remessa para outro Estado e exportação para o exterior, de serviços e de mercadorias; *(vii)* regular a forma como, mediante deliberação dos Estados e do Distrito Federal, isenções, incentivos e benefícios fiscais serão concedidos e revogados; *(viii)* definir os combustíveis e lubrificantes sobre os quais o imposto incidirá uma única vez, qualquer que seja a sua finalidade, hipótese em que não se aplicará o disposto no inciso X, *b*, do art. 155, § 2º, da CF/88; *(ix)* fixar a base de cálculo, de modo que o montante do imposto a integre, também na importação do exterior de bem, mercadoria ou serviço. Atualmente, a Lei Complementar que fixa tais normas gerais em relação ao ICMS é a LC nº 87/96, com as alterações efetuadas por leis complementares posteriores (p. ex., LC nº 102).

Como se vê, a CF/88 autoriza a lei complementar federal a "excluir da incidência" do ICMS serviços e produtos além daqueles já mencionados no texto constitucional. Trata-se de excepcional hipótese de *isenção heterônoma*, vale dizer, isenção de tributo de um ente federativo concedida por *outro* ente federativo, o que, em regra, é proibido pela Constituição (CF/88, art. 151, III), mas que nesse caso é aceito porque previsto em seu próprio texto originário (CF/88, art. 155, § 2º, XII, *e*).

O ICMS é não cumulativo, o que significa dizer que deverá ser compensado o que for devido em cada operação relativa à circulação de mercadorias ou prestação de serviços com o montante cobrado nas anteriores pelo mesmo ou outro Estado ou pelo Distrito Federal. Exemplificando: o comerciante, contribuinte do ICMS, ao *adquirir* mercadorias para revenda, credita-se do imposto que sobre as mesmas já incidiu. Depois, ao vendê-las, debita-se do imposto incidente nessa mesma venda. Ao final de cada período de apuração (mês), recolhe ao fisco estadual a diferença entre os créditos e os débitos. Caso os créditos superem os débitos (p. ex., um mês com muitas compras e poucas vendas), o saldo deve ser transferido para o período seguinte.

A finalidade do princípio da não cumulatividade – aplicável, no Brasil, ao ICMS, ao IPI, às contribuições denominadas COFINS e PIS, e para impostos eventualmente criados no âmbito da competência residual, é a de evitar que o número de incidências ou de etapas pelas quais um produto passa, durante sua fabricação, e, depois, em sua circulação pela economia até o consumo final, interfira no ônus tributário total sobre ele incidente. Com a não cumulatividade, ainda que haja muitas etapas na fabricação de um produto complexo (*v.g.*, computadores, aviões, veículos), o ônus tributário sobre eles será sempre o mesmo.

O problema é que a introdução da não cumulatividade traz, ao lado de possíveis vantagens, também inúmeras desvantagens, como o aumento da complexidade, maiores oportunidades para fraudes por parte de contribuintes desonestos, uso de mecanismos de controle excessivos por parte da Fazenda, e um aumento na tensão e na litigiosidade da relação tributária.

---

[51] As exportações foram posteriormente desoneradas do ICMS pelo próprio texto constitucional, por obra da EC 42/2003, sejam de produtos industrializados ou semielaborados ou não. Inclusive, entende a jurisprudência que a exoneração – que neste caso é uma imunidade – não alcança apenas a operação mercantil de venda da mercadoria a comprador situado no exterior, ou o serviço que tem como destino localidade no exterior, mas também operações de transporte interestadual que se prestam a levar até o porto ou aeroporto mercadorias que posteriormente serão exportadas. É o que estabelece a Súmula 649 do STJ: "Não incide ICMS sobre o serviço de transporte interestadual de mercadorias destinadas ao exterior."

Caso o contribuinte se esqueça de aproveitar determinado crédito, poderá fazê-lo posteriormente, desde que o seu direito a esse crédito não tenha sido alcançado pela decadência, que é de cinco anos contados da operação de entrada que gerou o crédito. É o chamado crédito "extemporâneo". A jurisprudência do STF e do STJ, porém, não admite que o contribuinte *corrija monetariamente* esse mesmo crédito, salvo se: *(a)* houver legislação específica autorizando; *ou então* se *(b)* o óbice ao aproveitamento do crédito na época certa houver sido colocado pelo próprio Fisco.[52]

O princípio da não cumulatividade pode ser implementado pela técnica do crédito físico, ou pela técnica do crédito financeiro.

Pela técnica do crédito físico, apenas geram crédito de ICMS as aquisições daqueles produtos que, depois, fisicamente, saem do estabelecimento do contribuinte. Exemplificando, um vendedor de sapatos, uma vez adotada pela legislação a técnica do crédito físico, somente poderá "creditar-se" do ICMS incidente nas operações anteriores sobre os sapatos que vende.

Já pela técnica do crédito financeiro, "todos os custos, em sentido amplo, que vierem onerados pelo ICMS, ensejam o crédito respectivo. Sempre que a empresa suporta um custo, seja ele consubstanciado no preço de um serviço, ou de um bem, e quer seja este destinado à revenda, à utilização como matéria-prima, produto intermediário, embalagem, acondicionamento, ou mesmo ao consumo ou à imobilização, o ônus do ICMS respectivo configura um crédito desse imposto".[53] Chama-se "crédito financeiro" porque, por essa técnica, todos os produtos que "financeiramente" influenciam no preço da mercadoria (custo), ainda que não se incorporem fisicamente a ela, geram crédito de ICMS.

No Brasil, a LC nº 87/96 adotou técnica mista, intermediária entre o crédito financeiro e o crédito físico. Não são apenas as aquisições de produtos que fisicamente saem do estabelecimento, ou fisicamente se incorporam àqueles que saem, que geram créditos de ICMS. Mas também não são todos os custos do estabelecimento que geram crédito do imposto. A técnica atualmente em vigor, como dito, é intermediária.

A aquisição de bens para o "ativo fixo" da empresa (p. ex., máquinas para uma fábrica), por exemplo, gera crédito de ICMS (a ser utilizado parceladamente, nos termos da LC nº 102/2000), embora tais bens não se incorporem "fisicamente" aos produtos por ela comercializados. Mas, por outro lado, os chamados "bens de consumo", assim entendidos aqueles consumidos pelo estabelecimento contribuinte do ICMS (e não revendidos), não geram crédito desse imposto (o direito a esse crédito vem tendo seu reconhecimento constantemente postergado por sucessivas leis complementares).

Restringindo o alcance do princípio da não cumulatividade, o art. 155, § 2º, II, da CF/88 assevera que a isenção ou não incidência do ICMS, salvo determinação em contrário da legislação: (a) não implicará crédito para compensação com o montante devido nas operações ou prestações seguintes; (b) acarretará a anulação do crédito relativo às operações anteriores.

Com a justificativa de combater fraudes praticadas por contribuintes, e facilitar a fiscalização do imposto (problemas agravados com a adoção da "não cumulatividade"), foi implantada a sistemática da "substituição tributária para frente". Com a EC nº 3/93, foi inserido no art. 150 da CF/88 um § 7º, que dispõe: "a lei poderá atribuir a sujeito passivo de obrigação tributária a condição de responsável pelo pagamento de imposto ou contribuição, cujo fato gerador deva ocorrer posteriormente, assegurada a imediata e preferencial restituição da quantia paga, caso não se realize o fato gerador presumido".

---

52 STJ, AgRg no REsp 675.982/PR, *DJ* de 6/6/2005, p. 205.

53 MACHADO, Hugo de Brito. **Aspectos fundamentais do ICMS**. São Paulo: Dialética, 1997. p. 131.

Assim, em relação a diversos produtos, o imposto é todo pago no início da cadeia. Em relação à cerveja, por exemplo, em vez de o imposto ser exigido, de forma "não cumulativa", pelo fabricante, pelo distribuidor e pelo vendedor varejista, a cobrança é feita de uma vez só, ao fabricante, que paga o imposto calculado sobre o valor "presumido" pelo qual a cerveja será vendida, ao final da cadeia, ao consumidor.

Essa sistemática foi muito criticada, mas terminou sendo declarada constitucional pelo STF, pois foi considerada mera forma de "antecipação" do imposto. Em vista disso, em momento subsequente, os contribuintes passaram a questionar seu direito de receber a restituição do imposto, caso a venda final fosse efetuada por preço inferior ao "presumido" quando do pagamento "antecipado" do ICMS no início da cadeia.

Imagine-se, por exemplo, que uma montadora de automóveis "presume" que seu carro será vendido ao consumidor final por R$ 40.000,00. O ICMS é recolhido, então, por "substituição tributária para frente", calculado sobre esse valor. Posteriormente, porém, o carro é efetivamente vendido ao consumidor final, mas por R$ 38.000,00. Nesse caso, coloca-se a questão de saber se o imposto pago sobre os R$ 2.000,00 excedentes deve ser devolvido. O STF e o STJ, durante algum tempo, reconheceram esse direito aos contribuintes, mas, logo em seguida, o STF passou a entender que os contribuintes não teriam esse direito: só no caso de a venda a consumidor *não acontecer* é que o ICMS haveria de ser devolvido (STF, ADIn 1.854/AL). Depois de esse entendimento prevalecer por muitos anos, o Supremo Tribunal Federal o reviu, quando do julgamento do Recurso Extraordinário 593.849, com repercussão geral, tendo sido firmada a tese segundo a qual "é devida a restituição da diferença do Imposto sobre Circulação de Mercadorias e Serviços (ICMS) pago a mais no regime de substituição tributária para a frente se a base de cálculo efetiva da operação for inferior à presumida." Com isso, a Corte reconheceu ser *relativa* uma presunção que vinha sendo tratada como "absoluta", que era a do preço final previsto para fins de cobrança do imposto frente ao substituto tributário. Considerando-se que a nova orientação terá efeitos significativos sobre as Fazendas dos Estados-membros, e, especialmente, que se trata da mudança na orientação pacificamente firmada pelo próprio STF em momento anterior, os efeitos do novo posicionamento foram modulados, de sorte a que sejam aplicados apenas a fatos ocorridos posteriormente à sua adoção, ressalvados apenas aqueles casos já judicializados quando da prolação do acórdão.

Na mesma oportunidade, foram concluídos os julgamentos das ADIs 2675 e 2777, nas quais se impugnavam leis dos Estados de Pernambuco e São Paulo, as quais determinavam expressa a restituição do imposto em caso de preço final inferior ao previsto na antecipação. A rigor, mesmo que não tivesse havido a mudança no entendimento do STF, tais leis não poderiam ser consideradas inválidas, pois o fato de a Constituição não determinar a restituição em tais situações não significava que as leis dos Estados fossem proibidas de fazê-lo. De qualquer modo, com a mudança na orientação da Corte, *a fortiori*, tais leis passaram não apenas a ser consideradas constitucionais, mas tidas como explicitação de uma determinação que já se acha contida no próprio texto constitucional.

As alíquotas do ICMS, em princípio, são livremente fixadas por cada Estado-membro, e pelo Distrito Federal, em sua respectiva legislação interna. Entretanto, essa liberdade é submetida às seguintes restrições, estabelecidas pela CF/88:

a) as alíquotas aplicáveis nas operações de *exportação*, e nas operações *interestaduais*, serão fixadas em resolução do Senado Federal (CF/88, art. 155, § 2º, IV);
b) o Senado Federal poderá fixar alíquotas *mínimas* e *máximas* a serem observadas pelos Estados, relativamente às operações internas (CF/88, art. 155, § 2º, V);

c) salvo deliberação em contrário dos Estados-membros e do Distrito Federal, um Estado não poderá conceder isenção, nem reduzir sua alíquota interna a percentuais inferiores aos das alíquotas interestaduais.

Embora a Constituição ainda faça referência ao fato de que as alíquotas aplicáveis nas exportações serão fixadas pelo Senado, vale lembrar que, a partir da EC 42/2003, o ICMS não incide mais sobre exportações, em razão de imunidade concedida pelo art. 155, § 2º, X, "a".

Ainda quanto às alíquotas *interestaduais*, assim entendidas aquelas nas quais comprador e vendedor estão situados em unidades da federação diferentes, cumpre observar os critérios que a Constituição utilizou para proceder à divisão do imposto entre elas. Na hipótese de operação interestadual com *combustíveis, energia elétrica e lubrificantes*, o imposto é devido apenas ao Estado de *destino* (CF/88, art. 155, § 2º, X, *b*), regra que prevalece desde a edição do texto constitucional originário. Já em se tratando de operação que destina mercadoria a ou serviço a consumidor final não contribuinte do imposto, a tributação era feita, até o advento da EC 87/2015, integralmente, pelo Estado de *origem* (CF/88, art. 155, § 2º, VIII, *b*). Dizia-se que a operação era tributada com "alíquota cheia", vale dizer, o contribuinte situado no Estado de origem era tributado como se houvesse realizado operação interna. Finalmente, caso a mercadoria ou o serviço fossem destinados a consumidor final contribuinte do imposto, este era devido *parte* ao Estado de origem, e *parte* ao Estado de destino. A divisão era feita através da aplicação da alíquota interestadual, mais baixa, que gerava crédito menor para o comprador, e, consequentemente, fazia com que o ICMS por ele pago, posteriormente, no Estado de destino, fosse maior.

O avanço do comércio através da Internet, mesmo em relação a bens de existência física, que têm de ser transportados e podem ser fiscalizados (*v.g.*, roupas, eletrodomésticos etc.), começou a desequilibrar a partilha do ICMS entre os Estados produtores e os Estados consumidores, pois tende a diminuir a importância de varejistas intermediários e deixar todo o imposto incidente na operação com os Estados de origem, se mantido o critério originário de partilha. Realidade que em 1988 era pouco frequente, mas que a cada dia se torna mais comum, e que por isso mesmo motivou a alteração trazida pela EC 87/2015. Com ela, como dito, segue-se a divisão do imposto entre os estados de origem e de destino, tal como em relação às operações para consumidores contribuintes do imposto. Entretanto, como consumidores finais não contribuintes não têm inscrição ou registro junto à Fazenda, e no mais das vezes não têm estrutura para efetuar o cálculo e o recolhimento do imposto, o constituinte derivado impôs esse ônus ao remetente das mercadorias.

Outra limitação constitucional importante, relativamente ao estabelecimento das alíquotas do ICMS pelos Estados, é representada pelo princípio da seletividade. Estabelece o texto constitucional que as alíquotas do imposto poderão ser seletivas, conforme a essencialidade das mercadorias e dos serviços tributados. Com amparo na palavra "poderão", os Estados, e o Distrito Federal, defenderam sua liberdade de fixar as alíquotas da maneira que lhes aprouvesse. Afinal, elas apenas poderiam, se eles quisessem, ser seletivas. Daí a fixação de alíquotas muito elevadas para itens como energia elétrica, combustíveis e telecomunicações, ultrapassando-se em muitos estados o patamar de 25%.

Entretanto, o texto constitucional não permite o estabelecimento de alíquotas desta forma. O que é facultativo, aos Estados, e ao Distrito Federal, é a adoção, ou não, da seletividade. A alternativa, facultativa, é o estabelecimento de uma alíquota uniforme, para todos os produtos e serviços onerados pelo imposto. Ou seja, ou o ente federativo cria o ICMS com uma alíquota única para todos os produtos e serviços, ou, institui alíquotas diferentes para objetos diferentes (seletividade). Mas, se a opção pela seletividade for exercida, o *critério* a ser adotado na diferenciação das alíquotas não pode ser outro: tem que ser o da essencialidade.

Diante disso, os Estados chegaram a argumentar que seria subjetivo saber o que seria ou não essencial. Enquanto para uns uma cebola seria item essencial, para outros não. O argumento, porém, não procede. O fato de haver dúvida quanto a situações intermediárias, em zonas de penumbra, não significa que tudo possa ser ou não ser essencial, como se essa palavra não fizesse qualquer sentido. E, no caso da energia, sem ela as pessoas nem poderiam escrever os artigos que escreveram, para negar sua essencialidade. Se no mundo contemporâneo a maior parte das pessoas não consegue ficar mesmo alguns minutos sem internet *wi-fi* e o aparelho de telefone celular, o que dizer da mais básica premissa para tais itens, que é a energia, cuja essencialidade dispensa considerações adicionais.

Forte nessas premissas, o STF declarou inconstitucionais as alíquotas mais elevadas estabelecidas por Estados-membros para a energia elétrica. Embora a decisão tenha sido objeto de modulação, o Congresso Nacional alterou a LC 87/1996 e o CTN (LC 194/2022), para esclarecer essa obviedade e assim retirar, desde logo, o fundamento para tais alíquotas mais altas. O assunto está mais amplamente abordado no item 3.12.3., *supra*.

Ainda quanto ao ICMS, merece registro o fato de que os Estados, e o Distrito Federal, têm limitado pela Constituição o exercício de sua competência de *isentar* ou, por qualquer outro meio, reduzir o ônus representado pelo tributo (CF/88, art. 150, § 6º e 155, § 2.º, XII, "g"). Nos termos da Constituição, é preciso, quando da concessão de isenções, créditos presumidos, reduções de base de cálculo etc., observar procedimento a ser disciplinado em lei complementar. Quando da promulgação da Constituição Federal de 1988, já existia, a cumprir esse papel, a LC 24/75, que foi assim *recepcionada*.

O problema é que a LC 24/75 impõe requisitos muito exigentes para a concessão de incentivos fiscais através do ICMS, na medida em que exige a aprovação pelo CONFAZ, órgão vinculado ao Ministério da Fazenda, mas integrado por todos os Secretários Estaduais de Fazenda, por deliberação unânime, havendo até mesmo poder de "veto" à deliberação, mesmo unânime, por parte daqueles que não tiveram a ela comparecido. Desse modo, ao Estado que não desejasse aprovar a deliberação relativa à concessão de determinada isenção, em relação ao ICMS, bastaria não ir à reunião correspondente e, posteriormente, manifestar sua discordância.

Essa extrema dificuldade, aliada a alguma omissão da União no uso extrafiscal de seus tributos para reduzir desigualdades regionais, atendendo a objetivos fundamentais da República (*v.g.*, CF/88, art. 3.º, III, 43, 151, I e 170, VII), fez com que os Estados passassem a conceder tais incentivos, algumas vezes de forma disfarçada, outras com maior explicitude, como forma de atrair contribuintes (e investimentos) para os seus territórios. Paralelamente, passaram os Estados, também, a adotar formas, nem sempre legítimas, de combater os incentivos concedidos pelos demais, a exemplo da "glosa" de créditos imposta àqueles que adquiriam mercadorias de contribuintes "acusados" de serem beneficiados com incentivos nos Estados vizinhos: na prática, quem comprava de um contribuinte beneficiado com incentivo em outro Estado terminava sofrendo a cobrança desse imposto em seu próprio Estado. Essa situação, claramente inconstitucional (tanto a concessão do incentivo como a cobrança do imposto no Estado de destino das mercadorias, que de uma forma ou de outra não poderia fazer jus a ele), passou a ser apelidada de "guerra fiscal".

O Supremo Tribunal Federal chegou a declarar a inconstitucionalidade de alguns desses incentivos (ADI 930, *DJ* de 8/9/1995). Paralelamente, própria exigência de unanimidade teve sua validade questionada[54], pois o texto constitucional não exige unanimidade sequer para que possa sofrer emendas, ou para que essas emendas tenham sua inconstitucionalidade eventualmente declarada pelo Poder Judiciário. Embora pareça mais democrático, a unanimidade leva ao resultado inverso, pois faz com que a vontade de apenas um prevaleça sobre a de todos os demais. O STF, porém, decidiu pela validade de tais disposições da LC 24/75 (ADPF 198/DF).

Para tentar equacionar o problema, em agosto de 2017 foi publicada a LC 160/2017, que de algum modo "complementa" e, em alguns pontos, excepciona, as disposições da LC 24/75. Em primeiro lugar, ela fixa condições aparentemente mais fáceis de serem atendidas para a concessão de incentivos, pois afasta a exigência de unanimidade. Basta a aprovação por 2/3 das unidades federadas, número no qual deverá estar contido pelo menos 1/3 das unidades de cada região. A lei permite ainda que se "convalidem" benefícios concedidos em violação à LC 24/75. E, em uma tentativa de fazer com que suas disposições, ao contrário do que ocorria com as da LC 24/75, sejam realmente cumpridas, a LC 160/2017 comina sanções à concessão de benefícios que não cumpram os requisitos agora estabelecidos. Caso um Estado ou o Distrito Federal conceda benefício fiscal em desrespeito às suas regras, ficará proibido de receber transferências voluntárias[55], de obter garantias de outros entes e de contratar operações de crédito, nos termos do art. 23, § 3.º, da LC 101/2000 (Lei de Responsabilidade Fiscal – LRF).

A questão que se coloca, no caso, é se os entes federativos, que não cumpriam as disposições da legislação anterior, cumprirão estas, ou se a proibição de, por conta de incentivos ilegais, receberem transferências voluntárias e contraírem empréstimos será efetivamente aplicada e terá força suficiente para coibir a prática em questão.

Essas questões, somadas a outras, como o estabelecimento de regimes especiais por atos infralegais, no nível estadual, tornando o regramento casuísta e confuso, levou à edição da EC 132/2023, que operou profunda reforma tributária nas competências tributárias, especialmente em relação aos tributos incidentes sobre o consumo. Projeta-se a extinção do ICMS para 2033, quando será inteiramente substituído por um imposto sobre bens e serviços (IBS), o qual engloba o atual ICMS, de competência dos Estados e do Distrito Federal, e o ISS, de competência dos Municípios (e também do Distrito Federal, que tem caráter híbrido), integrando, junto com uma Contribuição sobre Bens e Serviços (CBS), um grande Imposto sobre o Valor Agregado Dual (IVA-Dual).

8.3.3. Imposto sobre Propriedade de Veículos Automotores (IPVA)

De acordo com o art. 155, III, da CF/88, os Estados-membros e o Distrito Federal têm competência para instituir imposto sobre a propriedade de veículos automotores (IPVA). Esse imposto, naturalmente, deve ser instituído por lei estadual, que deve estabelecer seu fato gerador, base de cálculo, alíquotas, contribuinte etc. A Constituição dispõe apenas a respeito de seu "âmbito de incidência". Não existem "normas gerais" no CTN, a respeito do IPVA, considerando-se que esse imposto surgiu no Brasil apenas posteriormente, com a EC nº 27 à CF/69, em 1985. Entendeu o STF que essa omissão não é motivo para que os Estados

---

54 Confira-se, a esse respeito: SILVA, Evaldo de Souza da. O conflito entre a Lei Complementar nº 24/1975 e o princípio da democracia. **Revista IOB de Direito Público**, São Paulo, nº 29, p. 16-33, set./out. 2000.

55 Transferências voluntárias são aquelas que decorrem de convênios ou contratos celebrados pelo Estado, ou pelo Distrito Federal, com a União, que lhes poderá assim repassar recursos para utilização em obras, serviços etc. Diferenciam-se das transferências obrigatórias, assim entendidas aquelas que decorrem das disposições constitucionais que cuidam *v.g.*, da repartição constitucional de receitas tributárias – CF/88, arts. 157 a 162.

não possam instituir esse imposto, pois, deixando a União de editar normas gerais, exerce a unidade da federação a competência legislativa plena, nos termos do § 3º do art. 24 da CF/88, combinado com o art. 34 do ADCT (AR-AI 167.777-5/SP – *DJ* de 9/5/1997). Posteriormente, na sistemática de "repercussão geral", o STF fixou a tese (Tema 708) segundo a qual a "Constituição autoriza a cobrança do Imposto sobre a Propriedade de Veículos Automotores (IPVA) somente pelo Estado em que o contribuinte mantém sua sede ou domicílio tributário."

Segundo o STF, o IPVA não poderia incidir sobre aeronaves e embarcações (RE 134.509-8/AM – *DJU*-1 de 13/9/2002). Considerou, para tanto, que o âmbito constitucional do imposto, delimitado pela expressão *veículos automotores*, abrange apenas carros, caminhões, motos etc., não alcançando aqueles veículos que se locomovem pela água (barcos, *jet-skis*, iates etc.) ou pelo ar (aviões, ultraleves, helicópteros etc.). Esse entendimento foi contornado pela EC 132/2023, que expressamente autoriza os Estados-membros e o Distrito Federal a fazerem o imposto incidir sobre tais veículos, mas que, no entanto, concede uma série de imunidades (CF/88, art. 155, § 6º), a saber: "a) aeronaves agrícolas e de operador certificado para prestar serviços aéreos a terceiros; b) embarcações de pessoa jurídica que detenha outorga para prestar serviços de transporte aquaviário ou de pessoa física ou jurídica que pratique pesca industrial, artesanal, científica ou de subsistência; c) plataformas suscetíveis de se locomoverem na água por meios próprios, inclusive aquelas cuja finalidade principal seja a exploração de atividades econômicas em águas territoriais e na zona econômica exclusiva e embarcações que tenham essa mesma finalidade principal; d) tratores e máquinas agrícolas." Nem é preciso, portanto, que o avião seja usado para o transporte de passageiros: basta que seja propriedade de uma pessoa jurídica certificada a transportar passageiros, o que é o caso de praticamente toda aeronave privada no país, mesmo quando destinada a uso particular. Os proprietários de pequenos aviões constituem empresas de táxi aéreo, até como forma de minimizar os custos de manutenção de seus aviões, auferindo alguma receita cedendo-os a terceiros quando não os estão utilizando. E quem não o fazia, o fará. Nem é preciso, como dito, que efetivamente transporte ninguém. Basta ser certificado para tanto, o que evidencia o propósito meramente simbólico, retórico até, da mudança.

O contribuinte é o proprietário do veículo. A base de cálculo do IPVA é o valor do veículo, recorrendo a administração estadual a tabelas nas quais, a depender do ano e do modelo de cada automóvel, tais valores já estão fixados, sendo sempre possível ao contribuinte, contudo, à luz de cada situação concreta, questioná-los diante de avaliação específica mais precisa que conduza a valor inferior. As alíquotas, por sua vez, são estipuladas na lei estadual, que pode fazê-lo *seletivamente*, ou seja, alíquotas diferenciadas em função do tipo, do valor, da utilização e do impacto ambiental do veículo. Essa possibilidade é hoje expressamente referida pelo art. 155, § 6º, II, da CF/88, inserido pela EC nº 42/2003 e cuja redação fora alterada pela EC 132/2023.

Note-se que a diferenciação na fixação das alíquotas deve tomar como parâmetro o tipo de veículo ou sua finalidade (alíquotas mais baixas para ambulâncias, táxis, ônibus escolares etc. e alíquotas mais elevadas para carros esportivos, ou luxuosos, por exemplo), e não a sua origem ou procedência (nacionais ou importados). O STF considera inválida, por desrespeito ao art. 152 da CF/88, a lei estadual que discrimine veículos importados e nacionais, para fins de incidência do IPVA. O papel de discriminar nacionais e importados é do imposto de importação. Cabe ao Senado Federal estabelecer alíquotas *mínimas* a serem adotadas pelos Estados (CF/88, art. 155, § 6º, I).

Em alguns Estados, em vez de tratar de "base de cálculo" e "alíquota", a lei já contém tabela na qual está previamente determinado o valor do imposto, conforme a marca, o ano e o modelo do veículo. O lançamento do imposto é feito de ofício, vale dizer, o cálculo do imposto é feito no âmbito da repartição fiscal, com base nas informações constantes do órgão de trânsito correspondente, sendo pago pelo contribuinte depois que este é devidamente notificado.

Em função da técnica de *repartição das receitas tributárias*, adotada pela CF/88 como forma de assegurar o equilíbrio federativo, cabe aos Municípios 50% (cinquenta por cento) do produto da arrecadação do IPVA, relativamente aos veículos terrestres licenciados em seu território e, em relação a veículos aquáticos e aéreos, cujos proprietários sejam domiciliados em seus territórios (CF/88, art. 158, III).

8.4. IMPOSTOS MUNICIPAIS

8.4.1. Imposto sobre Propriedade Predial e Territorial Urbana (IPTU)

Segundo o art. 156, I, da CF/88, os Municípios podem instituir imposto sobre a propriedade predial e territorial urbana. Note-se que a palavra propriedade, no texto constitucional, conforme registra Aires F. Barreto, não foi utilizada "em seu sentido técnico. O termo foi empregado na sua acepção correntia, comum, vulgar", e demonstração disso seria o fato de que normas que tratam da função social da propriedade, ou de sua proteção constitucional, serem também, no todo ou em parte, aplicáveis à enfiteuse, ao usufruto e à posse[56].

O Distrito Federal também pode instituir o IPTU, assim como o ITBI e o ISS, considerando-se a sua natureza "híbrida", que faz com que ele possa instituir tanto os impostos de competência *estadual* como os impostos de competência *municipal* (CF/88, art. 147).

Note-se que, embora a Constituição atribua a competência e o CTN sobre ela trace normas gerais, será o Município (ou o DF), através de lei específica, que deverá instituir esse imposto.

Explicitando os termos dessa competência, o CTN, cumprindo sua função de estabelecer "normas gerais", afirma que o fato gerador desse imposto, a ser utilizado pela lei municipal específica, é "a propriedade, o domínio útil ou a posse de bem imóvel por natureza ou por acessão física, como definido na lei civil, localizado na zona urbana do Município" (art. 32).

É importante esclarecer o que se deve entender por "zona urbana do Município", pois sua delimitação é importante para determinar se o imóvel estará sujeito ao IPTU, ou ao ITR. Nos termos do art. 32, § 1º, do CTN, para os efeitos do IPTU, entende-se como zona urbana a definida em lei municipal, observado o requisito mínimo da existência de pelo menos dois dos melhoramentos a seguir indicados, construídos ou mantidos pelo Poder Público: *(i)* meio-fio ou calçamento, com canalização de águas pluviais; *(ii)* abastecimento de água; *(iii)* sistema de esgotos sanitários; *(iv)* rede de iluminação pública, com ou sem posteamento para distribuição domiciliar; *(v)* escola primária ou posto de saúde a uma distância máxima de três quilômetros do imóvel considerado.

Área que não tenha pelo menos dois dos melhoramentos acima, mantidos ou construídos pelo Poder Público, não poderá ser considerada "urbana" pela lei municipal. Os imóveis nela situados, portanto, submeter-se-ão, se for o caso, ao ITR, e não ao IPTU. A única ressalva a essa afirmação está no art. 32, § 2º, do CTN, segundo o qual a lei municipal pode considerar urbanas as áreas *urbanizáveis*, ou de *expansão urbana*, constantes de loteamentos aprovados pelos órgãos competentes, destinados à habitação, à indústria ou ao comércio, mesmo que localizados fora das zonas definidas conforme a presença dos melhoramentos acima citados.

A base de cálculo do imposto, vale dizer, aquela grandeza que será submetida à aplicação de uma alíquota, para a determinação da quantia de tributo devida, deverá ser o *valor venal*

---

56 BARRETO, Aires. F. **Curso de Direito Tributário Municipal**. São Paulo: Saraiva, 2009, p. 179.

do imóvel. Trata-se do valor de mercado do imóvel, ou seja, "aquele que o bem alcançaria se fosse posto à venda, em condições normais".[57] Nessa avaliação não deve ser considerado o valor dos bens móveis mantidos, em caráter permanente ou temporário, no imóvel, para efeito de sua utilização, exploração, aformoseamento ou comodidade (CTN, art. 33, parágrafo único). Essa referência reforça a ideia de que o imposto diz respeito apenas ao imóvel por natureza e por acessão física, nos termos da lei civil vigente à época em que promulgado o CTN (Código Civil de 1916), não abrangendo os chamados imóveis por acessão intelectual (tapetes, quadros, esculturas etc.).

Quanto às alíquotas do IPTU, a CF/88 assevera que os Municípios podem estabelecê-las de modo progressivo *no tempo* em relação a imóveis não edificados, não utilizados ou subutilizados (art. 182, § 4º, II). Isso significa que, a cada ano que o imóvel permanecer nessa situação indesejada, a alíquota do imposto a ele aplicável será mais elevada. Considerando essa autorização constitucional, a jurisprudência do STF entendeu que não poderiam ser instituídas outras formas de progressividade, notadamente a progressividade de acordo com o valor do imóvel. Declarou, como consequência, a inconstitucionalidade dos artigos de leis municipais que fixavam alíquotas mais elevadas para imóveis de valor mais alto (RE 153.771-MG). Apesar disso, o STF admitiu que os Municípios instituíssem a *seletividade* no âmbito do IPTU, ou seja, estabelecessem alíquotas diferentes para imóveis com destinações diferentes (residenciais, comerciais, áreas não edificadas etc.), independentemente do valor dos mesmos (RE 229.233-SP).

A esse respeito, a EC nº 29/2000 alterou a Constituição para dispor que, sem prejuízo da progressividade no tempo, o IPTU poderá ainda ser progressivo em razão do valor do imóvel, bem como ter alíquotas diferentes de acordo com a localização e o uso do imóvel (CF/88, art. 156, § 1º). Como se vê, quanto à seletividade, a EC nº 29 apenas esclareceu o que a jurisprudência do STF já vinha admitindo. Quanto à progressividade de acordo com o valor do imóvel, porém, houve nítida tentativa de contornar a jurisprudência do STF. Para alguns autores, a referida Emenda, nesse ponto, é inconstitucional. Para outros, não. Tudo depende de saber se a "vedação implícita à progressividade" que o STF reconheceu existente, antes da EC nº 29, é uma cláusula pétrea. Parece-nos que não é, sendo a emenda perfeitamente válida. A jurisprudência ainda não se pronunciou de modo definitivo sobre o tema, embora já existam manifestações acenando no sentido de que a progressividade de acordo com o valor do imóvel, a partir da EC nº 29, será admitida.

Seja como for, adotada a progressividade de acordo com o valor do imóvel, é imprescindível que as alíquotas progressivamente mais elevadas somente incidam sobre as parcelas do valor do imóvel que ultrapassem os limites legalmente estabelecidos. Exemplificando, se a lei municipal prevê alíquota de 1% para imóveis de até R$ 50.000,00 e alíquota de 2% para imóveis de valor superior a R$ 50.000,01, e o contribuinte "fulano" tem imóvel avaliado em R$ 60.000,00, a alíquota de 1% deve ser aplicada sobre R$ 50.000,00 e a alíquota de 2%, aplicada apenas sobre os R$ 10.000,00 que ultrapassam esse valor. Tal como ocorre no âmbito do Imposto de Renda. Do contrário, haverá grave ofensa à isonomia e à capacidade contributiva.

O contribuinte do IPTU, por sua vez, é o proprietário do imóvel, o titular do domínio útil, ou o seu possuidor a qualquer título. Proprietário é aquele que, nos termos do Direito Privado, é titular do *domínio pleno* do imóvel, tendo o direito de usar, gozar e dispor do mesmo. Caso o domínio pleno seja bipartido (dividindo-se em domínio direto e domínio útil), o contribuinte será o titular do *domínio útil*, pois é ele quem, em virtude de enfiteuse, dispõe de

---

57 MACHADO, Hugo de Brito. **Curso de direito tributário**. 37. ed. São Paulo: Malheiros, 2016, p. 404.

direito quase equivalente ao do proprietário, inclusive vitalício e hereditário. Finalmente, caso o imóvel esteja em situação irregular, do ponto de vista do Direito Civil, mas seja conhecido aquele que o utiliza "como se" fosse seu proprietário, será ele o contribuinte.

Confirmando entendimento já adotado pelo STF, a EC 132/2023 explicitou que o IPTU pode "ter sua base de cálculo atualizada pelo Poder Executivo, conforme critérios estabelecidos em lei municipal" (CF/88, art. 156, § 1º, III). Note-se que se trata apenas da atualização, nos termos aliás já permitidos pelo art. 97 do CTN.

O lançamento do IPTU é feito de ofício, tanto ordinariamente, como diante de eventual insuficiência, omissão ou incorreção em lançamento anterior.

8.4.2. Imposto sobre Transmissão de Bens Imóveis (ITBI)

Os Municípios também têm competência para instituir imposto sobre transmissão *inter vivos*, a qualquer título, por ato oneroso, de bens imóveis, por natureza ou acessão física, e de direitos reais sobre imóveis, exceto os de garantia, bem como cessão de direitos a sua aquisição (CF/88, art. 156, II). O Distrito Federal também pode instituir esse imposto, com base na competência que lhe confere o art. 147 da CF/88.

A exigência de que a transmissão seja por *ato oneroso* e *inter vivos* é feita para diferenciar o âmbito de incidência do ITBI em relação ao âmbito do imposto estadual incidente sobre transmissões *causa mortis* e sobre doações (CF/88, art. 155, I). Se o imóvel for transferido em virtude da morte (p. ex., como herança), ou por doação, é devido o ITCD ao Estado-membro. Se, diversamente, o imóvel for objeto de transmissão entre pessoas vivas, e essa transmissão for onerosa, incide o ITBI, devido ao Município.

Não importa a que título ocorre a transmissão, desde que a mesma seja onerosa. Sua causa pode ser um contrato de compra e venda, uma permuta, uma dação em pagamento etc. Também não é necessário que a transmissão seja do próprio imóvel (a rigor, do direito de propriedade sobre ele): o ITBI também pode incidir sobre a transmissão de direitos reais sobre o imóvel (p. ex., enfiteuse, direitos inerentes à condição de promitente comprador, direito de superfície, usufruto etc.). Tudo dependerá de como dispuser a lei de cada Município, ao criar o tributo. Não integra a competência municipal, porém, a transferência de direitos reais de garantia (p. ex., hipoteca) que não pode ser eleita como fato gerador do ITBI.

O CTN contém algumas disposições sobre o antigo "imposto sobre transmissão de bens imóveis", que era estadual. A CF/88 extinguiu esse imposto, criando, em seu lugar, o ITBI (municipal) e o ITCD (estadual). Assim, embora deva ser criado por lei municipal, à qual incumbe dispor sobre todos os aspectos da relação jurídica correspondente (fato gerador, alíquota, base de cálculo, sujeito ativo, sujeito passivo etc.), o ITBI submete-se, no que couber, ao que está estabelecido nas "normas gerais" estabelecidas nos arts. 35 a 42 do CTN. Tais "normas gerais", naturalmente, devem ser interpretadas à luz das transformações efetuadas pela CF/88 no trato da matéria.

O art. 156, § 2º, I, da Constituição assevera que o ITBI não incide sobre a transmissão de bens ou direitos incorporados ao patrimônio de pessoa jurídica em realização de capital, nem sobre a transmissão de bens ou direitos decorrentes de fusão, incorporação, cisão ou extinção de pessoa jurídica, salvo se, nesses casos, a atividade preponderante do adquirente for a compra e venda desses bens ou direitos, locação de bens imóveis ou arrendamento mercantil. Assim, exemplificando, se uma pessoa ingressar no quadro de sócios de uma pessoa jurídica (que não tenha por atividade preponderante a exploração comercial de imóveis) e "integralizar" a sua parcela do capital social com imóveis, não haverá a incidência do ITBI, embora se trate de uma transmissão onerosa e *inter vivos*. Como se vê, apesar de o texto constitucional utilizar a expressão "não incide", trata-se de uma imunidade tributária.

Regulamentando essa imunidade (em obediência ao art. 146, II, da CF/88), o CTN dispõe que se considera caracterizada a atividade preponderante quando mais de 50% da receita operacional da pessoa jurídica adquirente, nos dois anos anteriores e nos dois anos subsequentes à aquisição, decorrer de compra, venda, locação ou arrendamento de bens imóveis. Se a pessoa jurídica adquirente iniciar suas atividades após a aquisição, ou menos de dois anos antes dela, apurar-se-á a preponderância levando em conta os três primeiros anos seguintes à data da aquisição. Verificada a preponderância, tornar-se-á devido o imposto, nos termos da lei vigente à data da aquisição, sobre o valor do bem ou direito nessa data. Tais disposições, contudo, não se aplicam à transmissão de bens ou direitos, quando realizada em conjunto com a totalidade do patrimônio da pessoa jurídica alienante, vale dizer, quando ocorrer a transferência da própria pessoa jurídica proprietária dos imóveis (CTN, art. 37 e §§).

A base de cálculo do ITBI é o valor venal dos bens ou direitos transmitidos, ou seja, o valor pelo qual os mesmos poderiam ser negociados em condições normais de mercado. A alíquota será aquela fixada em lei municipal, já tendo o STF decidido que não pode haver progressividade em sua instituição, vale dizer, os Municípios não podem estabelecer alíquotas mais elevadas para onerar a transmissão de imóveis de maior valor (RE 234.105-3/SP - *DJU*-e 1 31/3/2000, p. 61).

O imposto é devido ao Município no qual o bem está localizado e tem como contribuinte qualquer das partes na operação tributada (no caso de uma compra e venda, ou o comprador ou o vendedor), dependendo do que dispuser a lei municipal (CTN, art. 42).

Insista-se que, embora a Constituição *atribua competência* aos Municípios e o CTN estabeleça *normas gerais* a serem seguidas por eles, será cada Município, através de lei própria, que deverá criar o ITBI. A Constituição e o CTN apenas "autorizam" os Municípios a criarem o imposto, mas não suprem a necessidade de que seja editada uma lei municipal.

O lançamento do ITBI, em regra, é feito por declaração. O contribuinte leva ao conhecimento da autoridade os elementos de fato indispensáveis à feitura do lançamento, e esta então calcula o imposto devido, notificando o contribuinte para pagá-lo ou impugná-lo, nos termos dos arts. 145 e 148 do CTN. E, como todo tributo, o ITBI também pode ser objeto de lançamento de ofício, caso se faça necessário corrigir alguma insuficiência ou irregularidade em recolhimentos anteriores.

8.4.3. Imposto sobre Serviços de Qualquer Natureza (ISS)

O art. 156, III, da CF/88 atribui aos Municípios competência para instituir imposto sobre serviços de qualquer natureza, não compreendidos no art. 155, II, definidos em lei complementar.

A referência ao art. 155, II, significa que o ISS incide sobre todos os serviços que venham a ser definidos em lei complementar, excepcionados aqueles serviços já tributados pelo ICMS, que são os de transporte interestadual e intermunicipal e de comunicações. Excetuados esses, todos os demais, *desde que definidos em lista constante de lei complementar federal*, podem ser tributados pelos Municípios. Atualmente, essa lista está anexa à LC nº 116/2003, e a jurisprudência considera que um serviço que não esteja nela previsto não pode ser tributado pelos Municípios (a lista é taxativa[58]). A Lei Complementar 157/2016, seguindo a ideia de que a

[58] Entende a jurisprudência que a lista é taxativa, mas admite-se a incidência do tributo sobre "as atividades inerentes aos serviços elencados em lei em razão da interpretação extensiva" (STF, RE 784.439).

lista é taxativa, atualizou-a para inserir, por exemplo, a disponibilização de dados sem cessão definitiva, relativamente a áudio, vídeo e texto, de modo a alcançar atividades de *streaming* como as desenvolvidas por sites como Netflix, Spotfy, Deezer e Apple Music, a elaboração de aplicativos para celular e a aplicação de tatuagens, *piercings* e congêneres, atividades que em 2003 não existiam, ou não tinham a expressão econômica que passaram a ter em 2016. Sua inclusão na lista visa a afastar o argumento de que não estariam previstas, mas não excluem outros questionamentos, ligados, por exemplo, ao local em que o imposto será devido, no caso de sites estabelecidos no exterior, e à forma de fiscalização e controle do faturamento destes.

É importante a delimitação de tais serviços em lei federal (nacional, para alguns autores), pois isso evita que surjam conflitos de competência entre Estados e Municípios, relativamente ao ISS e ao ICMS.

Segundo o art. 1º da LC nº 116/2003 – que traça "normas gerais" a serem observadas pelas leis municipais, na instituição do ISS –, o fato gerador do ISS é a prestação de serviços constantes da lista anexa à citada lei complementar, ainda que estes não constituam a atividade preponderante do prestador do serviço, e ainda que o serviço tenha se iniciado no exterior, ou seja proveniente do exterior.

Em regra, a prestação de um serviço se submete apenas ao ISS, mesmo quando efetuada juntamente com o fornecimento das mercadorias necessárias ao serviço. Exemplificando, se um dentista substitui peças de um "aparelho ortodôntico" de um de seus clientes, o ISS não incidirá apenas sobre o valor do seu serviço (com a incidência do ICMS sobre o valor dos *brackets* ou das "ligas" utilizadas). Não. O ISS incidirá sobre todo o valor cobrado, globalmente considerado. Isso, repita-se, em regra, ou seja, sempre que não houver disposição em contrário na "lista de serviços". Quando a lista de serviço expressamente diz o contrário, como acontece com o serviço de conserto de veículos, por exemplo, o fornecimento das peças e partes empregadas pelo prestador do serviço se submete ao ICMS, separadamente, incidindo o ISS apenas sobre o serviço em si mesmo (item 14.01 da lista anexa à LC nº 116/2003).

Quanto ao fornecimento de mercadorias com a simultânea prestação de serviços em *bares, restaurantes e estabelecimentos similares*, não incide o ISS, mas apenas o ICMS, sobre o valor total da operação (Súmula 163 do STJ).

A Constituição autoriza a lei complementar a excluir do âmbito de incidência do ISS a "exportação" de serviços, o que foi feito pela LC nº 116/2003. Assim, o ISS não incide sobre a prestação de serviços cujo resultado se verifique no exterior.

O ISS também não incide sobre a prestação de serviços em relação de emprego, dos trabalhadores avulsos, dos diretores e membros de conselho consultivo ou de conselho fiscal de sociedades e fundações, bem como dos sócios-gerentes e dos gerentes-delegados.

Também não incide o ISS sobre o valor intermediado no mercado de títulos e valores mobiliários, bem como o valor de depósitos bancários, o principal, juros e acréscimos moratórios relativos a operações de crédito realizadas por instituições financeiras. Isso porque tais operações são oneradas pelo Imposto Federal incidente sobre Crédito, Câmbio e Seguros, conhecido como "IOF".

O STF já decidiu que a locação de bens não se enquadra no conceito de "serviço".[59] Assim, é inconstitucional tributar com o ISS esse tipo de atividade (p. ex., locação de veículos, de máquinas, de andaimes etc.). Apesar disso, em decisões posteriores, a Corte recuou nesse entendimento, admitindo a incidência do imposto em situações que, mantida a coerência, não deveriam ser por ele alcançadas, como o *leasing*. O mesmo pode ser dito da "interpretação

[59] STF, RE nº 116.121-3/SP – *DJ* de 25/5/2001, p. 17.

conforme" que deu ao item 3.04[60] da lista de serviços anexa à LC 116/2003, na ADI 3.142, quando por maioria admitiu "a cobrança do ISS nos casos em que as situações nele descritas integrem relação mista ou complexa em que não seja possível claramente segmentá-las de uma obrigação de fazer (*v.g.*, ligada à manutenção do bem locado), seja no que diz com o seu objeto, seja no que concerne ao valor específico da contrapartida financeira." Ou seja, estando a locação mesclada a alguma obrigação de fazer, poderá ser alcançada pelo imposto.

O contribuinte do imposto é o prestador do serviço (LC nº 116/2003, art. 5º). Para evitar conflitos de competência entre Municípios, a LC nº 116/2003 dispõe que o fato gerador do ISS se considera ocorrido no local onde o prestador do serviço possui estabelecimento, ou, na falta deste, onde possui seu domicílio (art. 3º). Essa regra geral é utilizada para resolver um grave conflito de competência, pois o serviço, como tem natureza "imaterial", é às vezes realizado em mais de um Município. Imagine-se o caso do advogado que inicia o patrocínio de uma questão no Município de Beberibe (no interior do Ceará), maneja apelação em face do TJ/CE (em Fortaleza) e depois Recurso Especial perante o STJ (no Distrito Federal). As petições são feitas em seu escritório, em Beberibe, ou em um *laptop*, dentro do avião, e são protocoladas nas respectivas Cortes. É feita sustentação oral, em Fortaleza e em Brasília. Tendo sido feito apenas um acerto de honorários, o ISS será devido em qual dessas três localidades? O critério que afirma ser o imposto devido no local onde o prestador tem o seu estabelecimento resolve o problema.

Entretanto, muitos contribuintes utilizaram expedientes fraudulentos, fazendo constar no contrato social de suas sociedades que o estabelecimento (só "no papel") estaria localizado em distante Município do interior (cuja alíquota do ISS é menor). De fato, mantinham estabelecimento na capital, onde prestavam o serviço. Para contornar o problema, o art. 4º da LC nº 116/2003 dispõe que se deve considerar estabelecimento prestador o local onde o contribuinte desenvolva a atividade de prestar serviços, de modo permanente ou temporário, e que configure unidade econômica ou profissional, sendo irrelevantes para caracterizá-lo as denominações de sede, filial, agência, posto de atendimento, sucursal, escritório de representação ou contrato ou quaisquer outras que venham a ser utilizadas. Em outros termos, não importa em qual Município está, "no papel", localizada a sede da empresa: relevante será a localização da unidade econômica – seja que nome tiver – à qual se pode imputar a realização do serviço. Será ao Município onde essa "unidade profissional ou econômica" estiver situada que o ISS será devido.

Além disso, diversamente do que ocorre no exemplo do advogado, e de muitos outros serviços, existem casos nos quais é possível identificar de forma mais aproximada onde o serviço foi efetivamente prestado. Partindo dessa ideia, os diversos incisos do art. 3º da LC nº 116/2003 estabelecem *exceções* à regra segundo a qual o ISS será devido no local do estabelecimento prestador. Nessas situações excepcionais, o ISS se considera devido, por exemplo, no local: *(i)* do florestamento, reflorestamento ou semeadura, no caso de serviços dessa natureza; *(ii)* da execução da decoração ou da jardinagem, no caso desse tipo de serviço; *(iii)* dos bens ou do domicílio das pessoas vigiadas, no caso de serviço de vigilância; *(iv)* do local da execução da obra, no caso de construção civil; e assim por diante (para enumeração exaustiva das hipóteses, confiram-se os incisos do art. 3º da LC nº 116/2003).

Para viabilizar o pagamento do tributo, e o cumprimento das obrigações acessórias, nos casos em que a LC 116/2003 estabelece que o tributo é devido ao Município onde localizado

---

60 Item que prevê a possibilidade de tributação, pelo ISS, de "3.04 – Locação, sublocação, arrendamento, direito de passagem ou permissão de uso, compartilhado ou não, de ferrovia, rodovia, postes, cabos, dutos e condutos de qualquer natureza".

o tomador do serviço, editou-se a LC 175/2020, que dispõe sobre um "padrão nacional de obrigação acessória do Imposto Sobre Serviços de Qualquer Natureza (ISSQN), de competência dos Municípios e do Distrito Federal, incidente sobre os serviços previstos nos subitens 4.22, 4.23, 5.09, 15.01 e 15.09 da lista de serviços anexa à Lei Complementar nº 116, de 31 de julho de 2003."

A base de cálculo do ISS é, em regra, o valor do serviço. A edição da LC nº 116/2003 fez surgir polêmica a respeito da revogação do art. 9º do Decreto-lei nº 406/68, que estabelecia critério de tributação fixa para os profissionais autônomos e para as sociedades de profissionais liberais, legalmente regulamentadas (advogados, contadores, médicos, dentistas etc.).

Ordinariamente o ISS é submetido a lançamento por homologação. O próprio sujeito passivo apura e paga o montante considerado devido, aguardando posteriormente pela homologação da autoridade competente. Em alguns casos específicos, a exemplo do pagamento do imposto por quantia fixa, por parte de profissionais autônomos, o lançamento é feito de ofício. E, como qualquer tributo, lançado de ofício ou por qualquer outra modalidade, pode haver lançamento de ofício para corrigir insuficiências ou irregularidades em apurações anteriores (CTN, art. 149).

A Constituição estabelece caber à lei complementar fixar alíquotas máximas e mínimas para o ISS, as quais devem ser respeitadas pelos Municípios e pelo Distrito Federal. A LC 116/2003 fixou uma alíquota máxima geral de 5%, mas não fixou uma alíquota mínima, aplicando-se, durante a omissão do legislador complementar, a norma do ADCT (inserida pela EC 37/2002) segundo a qual essa alíquota seria, até que outra viesse a ser fixada pelo legislador complementar, 2%. O propósito era o de evitar que Municípios concedessem benefícios, isenções ou outras espécies de desoneração tributária para assim atrair contribuintes para o seu território, replicando, no plano municipal, a "guerra fiscal" verificada no âmbito estadual relativamente ao ICMS.

É muito difícil, porém, impor ao Município, dotado de autonomia, a instituição do tributo e a adoção de determinada alíquota mínima. Não existem, ou pelo menos não existiam, instrumentos hábeis a dar eficácia a essas disposições, costumeiramente malferidas por administradores municipais, sobretudo de cidades menores situadas próximo de grandes capitais. Para tentar mudar essa realidade, a LC 157/2016, além de suprir a omissão da LC 116/2003 e fixar a alíquota mínima em 2%, mesmo percentual previsto no ADCT, estabelece que são nulas as leis municipais alusivas ao ISS, quando não respeitarem o aludido limite, nas hipóteses de serviços prestados a tomadores situados em Municípios diversos, devendo os Municípios devolver aos contribuintes todo o ISS que venha a ser pago com base nelas (art. 8.º-A, §§ 2º e 3.º). Assim, caso um Município institua ISS e estabeleça para certos serviços alíquota inferior a 2%, não poderá se beneficiar com isso, pois não poderá exigir o imposto pela alíquota menor, ou poderá ser obrigado pelo Poder Judiciário a devolver o que houver arrecadado dos prestadores que conseguir atrair para o seu território. O propósito do legislador complementar foi o de transferir aos municípios onde estivessem localizados os tomadores dos serviços a competência para cobrar o imposto, em tais casos. Quanto a esse assunto, destaque-se que as disposições da LC 157/2016 que assim dispõem haviam sido vetadas, sob o fundamento, correto, de que suscitariam inúmeros conflitos, ao invés de dirimi-los, como prescreve o art. 146, I, da CF/88. Com efeito, Municípios onde estão tomadores de serviços alegarão que os Municípios onde se situam os prestadores, quando diversos, não estão a respeitar esse limite, para com isso cobrar o imposto; e os Municípios onde estão os prestadores negarão esse desrespeito ao limite, para com isso cobrar o imposto. Os principais prejudicados serão os contribuintes, que sofrerão duas cobranças. Em razão do veto, essa possibilidade iria desaparecer. Se um Município não respeitasse o limite, não poderia cobrar o imposto (o que servirá de desestímulo para que fixe alíquotas inferiores a 2%), mas isso não transferiria a competência para ente federativo diverso.

Entretanto, o veto foi derrubado pelo Congresso Nacional, o que ensejou a (re)incorporação dos dispositivos que haviam sido vetados ao texto da lei. Com isso, nos casos de Municípios que desrespeitarem a limitação em referência, a competência para exigir o ISS, no caso de serviços prestados a tomadores localizados em outros Municípios, será destes onde estiverem estabelecidos os tomares. Do mesmo modo, com a derrubada do veto, ampliaram-se as exceções, previstas nos incisos do art. 3º da LC 116/2003, à regra segundo a qual o imposto é devido no local onde estiver estabelecido o prestador. No caso de serviços prestados por administradoras de cartão de crédito, por exemplo, o imposto passa a ser devido no local em que estabelecido o tomador, o que suscitará inúmeros questionamentos e incrementará sensivelmente a insegurança. E isso para não mencionar a complexidade e o custo operacional para contribuintes e administrações tributárias municipais. Fundado em tais complexidades, e no embaraço que trazem ao exercício da atividade econômica, o STF deferiu liminar, em ação direta de inconstitucionalidade (ADI 5.835), suspendendo os dispositivos correspondentes, vale dizer, aqueles que haviam sido vetados e cujo veto havia sido derrubado pelo Congresso, nos seguintes termos:

> Diferentemente do modelo anterior, que estipulava, para os serviços em análise, a incidência tributária no local do estabelecimento prestador do serviço, a nova sistemática legislativa prevê a incidência do tributo no domicílio do tomador de serviços.
>
> Essa alteração exigiria que a nova disciplina normativa apontasse com clareza o conceito de "tomador de serviços", sob pena de grave insegurança jurídica e eventual possibilidade de dupla tributação, ou mesmo inocorrência de correta incidência tributária.
>
> A ausência dessa definição e a existência de diversas leis, decretos e atos normativos municipais antagônicos já vigentes ou prestes a entrar em vigência acabarão por gerar dificuldade na aplicação da Lei Complementar Federal, ampliando os conflitos de competência entre unidades federadas e gerando forte abalo no princípio constitucional da segurança jurídica, comprometendo, inclusive, a regularidade da atividade econômica, com consequente desrespeito à própria razão de existência do artigo 146 da Constituição Federal."[61]

A mesma LC 157/2016 estabelecia – por meio de alterações na Lei 8.429/92 – como improbidade administrativa o disciplinamento do ISS em termos contrários aos limites mínimos nela prescritos, cominando a quem concorresse para tanto a "suspensão dos direitos políticos de 5 (cinco) a 8 (oito) anos e multa civil de até 3 (três) vezes o valor do benefício financeiro ou tributário concedido". Suas disposições, contudo, neste particular, foram revogadas pela Lei 14.230/2021.

Quanto ao estabelecimento de que o tributo seria devido no local em que estabelecidos os tomadores do serviço, nas hipóteses referidas na LC 157/2016, a LC 175/2020 restabeleceu as disposições declaradas inconstitucionais pelo STF, procurando afastar as razões que levaram a essa declaração, na medida em que instituiu "o padrão nacional de obrigação acessória do Imposto Sobre Serviços de Qualquer Natureza (ISSQN), de competência dos Municípios e do Distrito Federal, incidente sobre os serviços previstos nos subitens 4.22, 4.23, 5.09, 15.01

---

[61] STF, ADI 5.835. Inteiro teor da medida liminar, deferida pelo Ministro Alexandre de Moraes, disponível em http://www.stf.jus.br/arquivo/cms/noticiaNoticiaStf/anexo/ADI5835Liminar.pdf.

e 15.09 da lista de serviços anexa à Lei Complementar nº 116, de 31 de julho de 2003", a fim de viabilizar o cumprimento das obrigações principais e acessórias por parte dos contribuintes que prestam serviços a tomadores situados nos diversos municípios brasileiros.

Assim como o ICMS, o ISS será extinto em 2033, quando será integralmente substituído pelo Imposto sobre Bens e Serviços – IBS, em virtude da reforma tributária operada pela Emenda Constitucional 132/2023.

8.5. IMPOSTO SOBRE O VALOR AGREGADO DUAL (IVA-DUAL)

Em exemplo inusitado, no Direito Brasileiro, de competência tributária "compartilhada", a Emenda Constitucional 132/2023 implementou alteração na tributação sobre o consumo, em especial naquela levada a efeito por IPI, ICMS, ISS, PIS e COFINS, tributos que foram englobados para dar origem a um Imposto sobre o Valor Agregado (IVA) de natureza "dual", além de um imposto seletivo (IS), já anteriormente examinado.

O Imposto Seletivo visa a substituir o IPI, no que ele possui de função extrafiscal, adicionando-se de modo expresso a consideração a critérios ambientais. Em vez de primar pela essencialidade, e onerar, *a contrario*, o que for supérfluo, o IS tem a nocividade, à saúde ou ao meio ambiente, como o próprio critério determinante de sua incidência.

Já o IVA-Dual substitui o IPI, no que esse imposto possui de função fiscal, ou arrecadatória, bem como PIS, COFINS, ISS e ICMS. Diz-se "dual" porque dotado de duas faces, ou parcelas, uma pertencente ao ente central, a União, que é a contribuição sobre bens e serviços (CBS – art. 195, V), e, outra, aos entes subnacionais (Estados-membros, Distrito Federal e Municípios), o imposto sobre bens e serviços – IBS.

Ambos, tanto CBS como IBS, devem ser disciplinados em uma mesma lei complementar nacional (art. 149-B da CF/88 e art. 124, parágrafo único, do ADCT), tendo regime jurídico unificado, ou seja, mesmos fatos geradores, bases de cálculo, imunidades etc. Para quem o examina "de fora", um tributo só, formado pela aglutinação de duas peças simétricas. Diferentes, essencialmente, as alíquotas, fixadas em lei ordinária da União (para a CBS) e dos Estados, Distrito Federal e Municípios (para IBS), e as destinações, sendo certo que, para o contribuinte, o mais relevante é saber a alíquota total (somatório da alíquota da CBS e das alíquotas estadual e municipal do IBS) e o regime legal a ser seguido (que será o mesmo), sendo a destinação um problema dos gestores a ser acompanhado depois do pagamento do tributo. Para o agente econômico, para as empresas, realmente pode decorrer daí alguma simplificação.

Acabam-se discussões sobre se determinadas atividades consistem em industrialização, sujeita ao IPI e ao ICMS, ou serviço, submetido ao ISS. Quanto ao IPI, eliminam-se discussões sobre classificação de produtos na tabela em que se fixam as alíquotas, pois elas serão unas e uniformes em todo o território nacional, com exceção apenas dos regimes especiais previstos no próprio texto constitucional.

O tributo alcança operações com "bens e serviços", incluindo bens intangíveis, digitais etc. A abrangência dessas palavras pode parecer muito grande, mas é preciso lembrar que as competências tributárias, além de não se poderem sobrepor, salvo nos casos expressamente previstos, não podem ser entendidas de modo a tornar vazia a figura da competência residual (CF/88, art. 154, I). A história dos impostos que antecedem o IVA-Dual, em especial ICMS e ISS, há de orientar o significado a ser dado a tais palavras, de modo a que não abranjam tudo e qualquer coisa que desejar o legislador.

O IVA-Dual será não cumulativo de modo amplo, pela sistemática do crédito financeiro, sem nenhuma ressalva. O texto constitucional se reporta, como podendo não gerar créditos, apenas às operações destinadas a uso ou consumo pessoal, ou seja, não relacionadas à atividade econômica tributada, mas essa ressalva nem precisaria existir. Operações destinadas a uso ou consumo pessoal não são sequer "operações anteriores" àquelas tributadas, porque não se relacionam de qualquer modo com a atividade na qual ocorrem. Além disso, sequer poderiam ser consideradas como realizadas pela empresa, inclusive para fins societários, e contábeis, relativos aos direitos dos demais sócios e à apuração do imposto de renda. Toda e qualquer outra operação relacionada à atividade tributada, seja relativa a mercadorias a serem revendidas, insumos a serem usados na industrialização ou na prestação de serviços, bens destinados ao ativo permanente, ou mesmo ao uso e consumo do estabelecimento (o que não é o mesmo que uso ou consumo "pessoal") gera crédito de IBS e CBS, os quais, como continuamente propalado pelos que conduziam a reforma no Congresso Nacional, submetem-se à não cumulatividade por sistemática de "crédito amplo".

A parcela do IVA-Dual formada pela CBS, que é contribuição destinada ao custeio da seguridade social, é devida à União, ao passo que a referente ao IBS é devida ao Estado ou ao Distrito Federal, e ao Município, em que localizado o destinatário do bem ou do serviço tributado. Adota-se o "critério do destino", diversamente do que se dá, em regra, com o ISS, e, ainda que com mais exceções, com o ICMS, tributos que o IBS está a suceder.

O art. 156-A da CF/88 se reporta ao IBS como sendo imposto de competência "compartilhada", o que, como dito no início deste item, é inusitado, pois quem exerce a competência, a rigor, é a União, editando, por seu Poder Legislativo, lei complementar. Estados, Distrito Federal e Municípios apenas fixam alíquotas. A remissão à tal "competência compartilhada" destina-se a desviar a atenção de eventual crítico da reforma, que a poderia considerar inconstitucional por ofensiva ao pacto federativo, supressiva que foi dos mais importantes impostos dos entes subnacionais (ICMS e ISS), trocados que estão sendo por um que é, no fundo, federal.

A administração do imposto será feita por um "Comitê Gestor", composto de representantes dos Estados, do Distrito Federal e dos Municípios, e que será encarregado de editar normas infralegais sobre o IBS, unificar os entendimentos manifestados no âmbito das diferentes partes do país sobre sua legislação etc. Os recursos arrecadados pelo Comitê Gestor serão partilhados com Estados, Municípios e Distrito Federal.

8.6. TAXAS E CONTRIBUIÇÕES DE MELHORIA

8.6.1. Taxas

As taxas são tributos cujo *fato gerador* é a utilização, efetiva ou potencial, de um serviço público específico e divisível, prestado ao contribuinte ou posto à sua disposição, ou a submissão ao exercício regular do poder de polícia.

Diz-se, por isso, que a taxa é tributo *vinculado*, ou seja, seu fato gerador está vinculado a uma atividade estatal específica, relativa ao contribuinte. O contrário, portanto, do que ocorre com os impostos, cujo fato gerador é um "agir" do contribuinte não relacionado a qualquer atividade estatal.

O próprio CTN define – e bem – o que se deve entender por poder de polícia, e por serviço específico e divisível, para fins de instituição e cobrança de taxas. Segundo o art. 78 do CTN, considera-se poder de polícia atividade da administração pública que, limitando ou disciplinando direito, interesse ou liberdade, regula a prática de ato ou a abstenção de fato, em razão de interesse público concernente à segurança, à higiene, à ordem, aos costumes, à disciplina da produção e do mercado, ao exercício de atividades econômicas dependentes de concessão ou autorização do Poder Público, à tranquilidade pública ou ao respeito à propriedade e aos direitos individuais ou coletivos. Esse poder considera-se exercido regularmente, por sua vez, quando desempenhado pelo órgão competente nos limites da lei aplicável, com observância do processo legal e, tratando-se de atividade que a lei tenha como discricionária, sem abuso ou desvio de poder.

Podem ser apontados como exemplos do exercício do poder de polícia, que podem ser colhidos como fato gerador para a instituição de taxas: (a) expedição de passaporte; (b) fiscalização para fins de concessão de "alvará" sanitário a um restaurante; (c) fiscalização de veículos para fins de licenciamento pelo órgão de trânsito etc.

Já os serviços públicos, para fins de cobrança de taxas, como se sabe, podem ser utilizados pelo contribuinte de modo efetivo ou potencial. Consideram-se utilizados efetivamente quando por ele usufruídos a qualquer título; e, potencialmente, quando, sendo de utilização compulsória, sejam postos à sua disposição mediante atividade administrativa em efetivo funcionamento.

Isso significa que o contribuinte poderá ser compelido a pagar taxas não apenas quando houver utilizado efetivamente um serviço, mas também pelo simples fato de esse serviço, sendo de utilização compulsória, ser colocado à sua disposição. É o caso, por exemplo, do serviço de coleta de lixo. Tal serviço é de utilização compulsória (o cidadão não tem a opção de deixar seu lixo na rua, às moscas) e é posto à disposição do contribuinte. O caminhão de coleta passa em sua rua, quer ele tenha produzido lixo, quer não. Sua remuneração, portanto, pode ocorrer por meio de taxa.

Existem serviços, aliás, que o usuário deseja ter à disposição até mesmo esperando nunca ter de fazer uso deles, como é o caso do serviço prestado pelo corpo de bombeiros no combate a incêndios. Nesse caso, paga-se porque ele está à disposição, para tê-lo à disposição, esperando-se mesmo que não sejam efetivamente utilizados.

Mas além de ter sido efetivamente utilizado pelo contribuinte, ou posto à sua disposição, o serviço, para ser colhido como fato gerador de uma taxa, deve necessariamente ser específico, e divisível.

Específico é o serviço que pode ser destacado unidades autônomas de intervenção, de unidade, ou de necessidades públicas[62]. Em outras palavras, específico é aquele serviço no qual é possível determinar *quanto* cada cidadão utilizou, ou *quanto* foi prestado. Divisível, por sua vez, é o serviço suscetível de utilização, separadamente, por parte de cada um dos seus usuários, vale dizer, é possível determinar *quem* está utilizando o serviço.

Serviços não específicos e não divisíveis, que favorecem indistintamente à coletividade em geral, como é o caso da limpeza de ruas e praças públicas e da iluminação pública, por exemplo, não são suscetíveis de ensejar a instituição de taxas. O STF, a propósito, tem entendido que "não é legítima a cobrança de taxa quando não vinculada apenas à coleta de lixo domiciliar, mas, também, de serviço de caráter universal e indivisível como a limpeza de logradouros públicos".[63]

Há quem afirme que a competência para instituir taxas é "comum", pois tanto a União, como os Estados-membros, o Distrito Federal e os Municípios podem criá-las. Não é bem assim, contudo. A competência para instituir taxas está relacionada com a competência para

---

62 Valdés Costa refere-se, a propósito, à possibilidade de o serviço ser dividido em unidades de consumo ou uso. COSTA, Ramón Valdés. **Curso de derecho tributario.** 2. ed. Buenos Aires: Depalma, 1996, p. 146.

63 STF, RE 345416 AgR/RJ – *DJ* de 4/2/2005, p. 23.

prestar serviços e para exercer poder de polícia, e estas competências não são comuns às três esferas de poder tributante[64].

O que acontece é que os impostos, como oneram fatos não relacionados com qualquer atividade estatal específica, tiveram de ser discriminados pela Constituição, e divididos entre União, Estados, Distrito Federal e Municípios. As taxas, não. Como seu fato gerador é a utilização de serviço público, ou a submissão ao poder de polícia, a competência para instituir taxas é determinada pelas normas da Constituição que atribuem competência à União, aos Estados, ao Distrito Federal e aos Municípios para prestar serviços ou para exercer o poder de polícia.[65] É o que explica o art. 80 do CTN, segundo o qual, para efeito de instituição e cobrança de taxas, consideram-se compreendidas no âmbito das atribuições da União, dos Estados, do Distrito Federal ou dos Municípios aquelas que, segundo a Constituição Federal, as Constituições dos Estados, as Leis Orgânicas do Distrito Federal e dos Municípios e a legislação com elas compatível, competem a cada uma dessas pessoas de direito público.

Segundo o § 2º do art. 145 da Constituição, as taxas não poderão ter base de cálculo própria de impostos. Isso, aliás, é o óbvio, mas é importante que esteja esclarecido. Como se sabe, a base de cálculo é a grandeza sobre a qual o tributo será calculado. E, por imposição lógica, deve guardar relação direta com o "fato gerador" correspondente, sob pena de desnaturar o tributo, transformando-o em outro. Para alguns autores, aliás, a base de cálculo de um tributo nada mais é do que o seu fato gerador transformado em cifra.

Para confirmar o que foi dito no parágrafo anterior, basta que se observe: o fato gerador do Imposto de Renda é a aquisição de disponibilidade jurídica ou econômica de rendimentos, e a base de cálculo é o valor dos rendimentos. O fato gerador do IPTU é a propriedade predial e territorial urbana, e a base de cálculo é o valor do imóvel correspondente, e assim por diante. Sempre há uma relação entre o fato gerador e a base de cálculo. Desse modo, uma taxa, se tiver base de cálculo própria de imposto, terá também fato gerador próprio de imposto. Logo, não estará a incidir sobre a prestação de um serviço público, ou sobre o exercício do poder de polícia, mas sim sobre uma manifestação de riqueza do contribuinte não vinculada a qualquer atividade estatal. Ter-se-á transformado em imposto.

Imagine-se, por exemplo, que a taxa para a expedição de passaportes fosse calculada não em função do custo aproximado da atividade de fiscalização do requerente e expedição do documento, mas sim em razão dos rendimentos do cidadão. Ter-se-á transformado a taxa em Imposto de Renda disfarçado. Se, por outro lado, essa mesma taxa fosse calculada em função do valor do imóvel de quem requer o passaporte, estaria transformada em um IPTU disfarçado.

E isso ocorreu, na prática, com diversas "pseudotaxas", que não passavam de impostos disfarçados, cobrados por entes que não tinham competência para instituí-los. Tome-se como exemplo o que ocorria com a taxa de iluminação pública. Seu "fato gerador" não era a prestação de serviço de iluminação (que nem é específico, nem divisível), mas sim o consumo de energia elétrica por parte do contribuinte. A taxa era calculada em função do consumo de energia, e não em função do serviço de iluminação. O que se tinha, em suma, era um "adicional" do ICMS, cobrado de modo indevido e disfarçado pelos Municípios, na mais evidente inconstitucionalidade. O STF reconheceu a inconstitucionalidade de tais "taxas" de iluminação pública, afirmando que "o serviço de iluminação pública não pode ser remunerado mediante taxa, uma vez que não configura serviço público específico e divisível prestado ao contribuinte ou posto

---

64 Veja-se, a propósito, LOPES FILHO, Juraci Mourão. **Competências federativas.** Na constituição e nos precedentes do STF. Salvador: Juspodivm, 2012, p. 52-53.

65 MACHADO SEGUNDO, Hugo de Brito. **Contribuições e federalismo.** São Paulo: Dialética, 2005, p. 72.

à sua disposição. Precedentes: RREE 233.332/RJ e 231.764/RJ, Plenário".[66] A matéria ensejou a edição, inclusive, de Súmula Vinculante (de n.º 41), com a seguinte redação: "O serviço de iluminação pública não pode ser remunerado mediante taxa."

Tal orientação do STF fez com que os Municípios obtivessem a aprovação, pelo Congresso, da EC nº 39/2002, que os autorizou a instituir uma "contribuição" de iluminação pública. Mudaram o nome da exação, e continuam cobrando-a. Entre os autores que estudam o assunto, muitos consideram essa "mudança de nome" inconstitucional, por razões cujo desdobramento não se comporta nos estreitos limites deste livro. O STF, porém, considerou válida a contribuição (RE 573.675).

Ainda a respeito da distinção entre impostos e taxas, e da base de cálculo destas últimas, é preciso ter muito cuidado com o disposto na Súmula Vinculante 29/STF, segundo a qual: "É constitucional a adoção no cálculo do valor de taxa de um ou mais elementos da base de cálculo própria de determinado imposto, desde que não haja integral identidade entre uma base e outra."

Pelo teor da súmula, pode parecer que toda a literatura construída em torno da distinção entre impostos e taxas e a própria norma contida no art. 145, § 2º, da CF/88 teriam perdido o sentido. Não é bem assim, contudo. Na verdade, tem-se, na súmula vinculante em exame, apenas e tão somente a consagração da tese subjacente à Súmula Vinculante 19/STF, segundo a qual: "A taxa cobrada exclusivamente em razão dos serviços públicos de coleta, remoção e tratamento ou destinação de lixo ou resíduos provenientes de imóveis, não viola o art. 145, II, da CF."

Não se pode negar, porém, que a redação da Súmula Vinculante 29, que dá a ela alcance aparentemente amplo e genérico, é bastante inadequada. De rigor, existem incontáveis situações que poderão se subsumir ao que nela se acha disposto, e outras tantas, bastante semelhantes, que não ensejarão a sua incidência. Uma súmula vinculante deve ser editada em relação a teses pertinentes a situações concretas específicas e repetitivas. Não para tratar de um assunto com tamanha generalidade e abrangência. Na verdade, nem sempre uma taxa poderá adotar "um ou mais elementos" da base de cálculo de um imposto, sendo válida somente por conta da ausência de "integral identidade". Seria absurdo dar tamanho elastério à súmula, bastando para demonstrá-lo, como exemplo, imaginar que o imposto de renda tem, como um dos elementos de sua base de cálculo, a receita. Mas não é por isso que alguém poderá defender, razoavelmente, que uma "taxa sobre a receita" seja constitucional apenas porque não há "total identidade" com a base imponível do imposto de renda.

A Súmula Vinculante 29 deve ser entendida, nesse contexto, como a indicar que não necessariamente a adoção de um ou mais elementos da base de cálculo própria de determinado imposto, no cálculo do valor de uma taxa, conduzirá à sua inconstitucionalidade. Poderá conduzir, ou não, dependendo das circunstâncias. Sua redação, para guardar maior adequação com o sentido que através dela se pretendeu veicular, deveria ser a seguinte: "Não necessariamente será inconstitucional a adoção no cálculo do valor de taxa de um ou mais elementos da base de cálculo própria de determinado imposto, desde que não haja integral identidade entre uma base e outra."

Ainda em relação às taxas, é importante diferenciá-las das tarifas.

A tarifa tem natureza contratual. É preço público, decorrente de contrato – expresso ou tácito – firmado entre o usuário de um serviço público e o seu prestador. Por isso mesmo, pode ser instituída e quantificada por atos infralegais. Não exige previsão legal expressa de

---

66 STF, AI 400658 AgR/MG – *DJ* de 6/6/2003, p. 35.

todos os seus elementos essenciais. A taxa, por sua vez, é tributo. Por essa razão, todos os seus elementos devem ser discriminados em lei, em atenção ao princípio da estrita legalidade tributária (CF/88, art. 150, I).

O Poder Público pode escolher entre utilizar taxas ou tarifas, caso o serviço respectivo seja de utilização voluntária. Se o serviço for de utilização compulsória, ou se tratar do exercício do poder de polícia, somente taxas podem ser instituídas, e não tarifas.

Não importa, a propósito, se o serviço é prestado diretamente pelo Poder Público, ou se através de pessoa jurídica de direito privado, através de delegação. O que é relevante é saber se a utilização do serviço é compulsória, ou não. Se houver compulsoriedade na utilização do serviço, a cobrança respectiva tem natureza de taxa, submetendo-se ao regime jurídico tributário (legalidade, anterioridade etc.), sob pena de invalidade da cobrança.

8.6.2. Contribuições de melhoria

A contribuição de melhoria é espécie tributária que se identifica por possuir, como fato gerador, a valorização imobiliária decorrente de uma obra pública. Na definição do art. 81 do CTN, a "contribuição de melhoria cobrada pela União, pelos Estados, pelo Distrito Federal ou pelos Municípios, no âmbito de suas respectivas atribuições, é instituída para fazer face ao custo de obras públicas de que decorra valorização imobiliária, tendo como limite total a despesa realizada e como limite individual o acréscimo de valor que da obra resultar para cada imóvel beneficiado".

Em outras palavras, caso a União, um Estado, o Distrito Federal ou um Município realize uma obra pública, e dessa obra pública decorrer a valorização de imóveis situados em suas adjacências, poderá ser cobrada contribuição de melhoria, a ser paga pelos proprietários dos imóveis beneficiados. O *valor* a ser exigido, a título de contribuição de melhoria, submete-se a dois limites: um individual e outro total. Cada contribuinte não pode ser compelido a pagar montante superior à valorização experimentada por seu imóvel (limite individual) e o montante arrecadado de todos os contribuintes, com a exação de que se cuida, não pode superar a despesa representada pela obra correspondente.

Conforme já decidiu o Superior Tribunal de Justiça, a entidade tributante, ao exigir o pagamento de contribuição de melhoria, tem de demonstrar o amparo das seguintes circunstâncias: *(a)* a exigência fiscal decorre de despesas inerentes a obra pública realizada; *(b)* a obra pública provocou a valorização do imóvel; *(c)* a base de cálculo é a diferença entre dois momentos: o primeiro, o valor do imóvel antes da obra ser iniciada; o segundo, o valor do imóvel após a conclusão da obra (REsp 615.495/RS, *DJ* de 17/5/2004, p. 158).

Os arts. 81 e 82 do CTN, como se sabe, não "instituem" nenhuma contribuição de melhoria. Apenas traçam "normas gerais" a serem observadas pela *lei ordinária* do ente tributante correspondente que vier a instituir tributo dessa espécie.

De acordo com o art. 82 do CTN, a lei que vier a instituir uma determinada contribuição de melhoria deverá conter a publicação, prévia, de: *(a)* memorial descritivo do projeto; *(b)* orçamento do custo da obra; *(c)* determinação da parcela do custo da obra a ser financiada pela contribuição; *(d)* delimitação da zona beneficiada; *(e)* determinação do fator de absorção do benefício da valorização para toda a zona ou para cada uma das áreas diferenciadas, nela contidas. Deverá, igualmente, fixar prazo não inferior a 30 dias, para impugnação, pelos interessados, de qualquer desses elementos, além de regulamentar o processo administrativo de instrução e julgamento dessa impugnação, sem prejuízo da sua apreciação judicial.

Em outras palavras, a lei deve permitir aos interessados o prévio conhecimento de aspectos ligados ao custo da obra, bem como a possibilidade de impugnação administrativa desses mesmos aspectos. Isso tudo, naturalmente, sem prejuízo de tal impugnação ocorrer também perante o Poder Judiciário. E é natural que seja assim, considerando que o custo da obra é o limite global abaixo do qual o valor arrecadado com a contribuição de melhoria se deve situar. Os cidadãos devem poder impugnar esse custo, para evitar que artificialismos em sua determinação majorem, indevidamente, o valor da contribuição que terão de pagar.

Quando se diz que deve haver *prévia* publicação dos custos da obra, da zona beneficiada etc., se está referindo à necessária antecedência dessa publicação em relação à *cobrança* da contribuição. Não, necessariamente, em relação à realização da obra. Conforme já decidiu o Superior Tribunal de Justiça, amparado no Decreto-lei nº 195/67, "a publicação do edital é necessária para cobrança da contribuição de melhoria. Pode, entretanto, ser posterior à realização da obra pública (REsp 84.417/Américo Luz)".[67]

Hugo de Brito Machado aponta essa exigência (a necessidade de transparência dos orçamentos de obras públicas e a possibilidade de serem impugnados custos possivelmente superfaturados) como sendo a razão pela qual, no Brasil, a contribuição de melhoria é utilizada com muito menor frequência que as demais espécies de tributo[68].

A contribuição relativa a cada imóvel será determinada pelo rateio da parcela do custo da obra a ser remunerada com a contribuição, pelos imóveis situados na zona beneficiada *em função dos respectivos fatores individuais de valorização*. É importante ter em conta a valorização individual, de cada imóvel, pois, como já decidiu o STJ, "a contribuição de melhoria tem como fato gerador a valorização do imóvel que lhe acarreta real benefício, não servindo como base de cálculo, tão só o custo da obra pública realizada" (REsp 280.248/SP, *DJ* de 28/10/2002, p. 267). Ao efetuar o lançamento da contribuição, a autoridade administrativa deverá notificar cada contribuinte, cientificando-o do montante da contribuição, da forma e dos prazos de seu pagamento e dos elementos que integraram o respectivo cálculo (CTN, art. 82, §§ 1º e 2º).

8.7. EMPRÉSTIMOS COMPULSÓRIOS

A principal característica dos empréstimos compulsórios é o fato de que são *restituíveis*, como explicado no capítulo 2 deste livro. Diferentemente dos demais tributos, que somente são restituíveis caso tenham sido pagos indevidamente, os empréstimos compulsórios são instituídos e arrecadados já com o dever de serem ulteriormente devolvidos aos respectivos sujeitos passivos. Daí o nome: empréstimos. Por essa razão, considerando que o tributo é uma *receita pública derivada*, pode-se afirmar que o empréstimo compulsório, a rigor, do ponto de vista da ciência das finanças, não é tributo. Entretanto, como a CF/1988 o *equiparou* aos tributos (confira-se a redação do seu art. 150, § 1º), para fins de aplicação das limitações constitucionais ao poder de tributar, os mesmos assim são considerados, pelo menos para fins didáticos.

Segundo o art. 148 da CF/88, somente a União pode instituir empréstimos compulsórios, devendo utilizar, para esse fim, *lei complementar*. Não é juridicamente possível a instituição de empréstimos compulsórios por lei ordinária, nem, por conseguinte, através de medida provisória (CF/88, art. 62, § 1º, III).

Os empréstimos compulsórios somente podem ser instituídos *(i)* para atender a despesas extraordinárias, decorrentes de calamidade pública, de guerra externa ou sua iminência; *ou (ii)* no caso de investimento público de caráter urgente e de relevante interesse nacional. Na

---

67 STJ, REsp 431.068/SP, *DJ* de 12/8/2002, p. 180.

68 MACHADO, Hugo de Brito. Contribuição de Melhoria. **Fórum de Direito Tributário**, v. 50, p. 07-25, 2011.

hipótese *ii*, o empréstimo compulsório é excepcionado da aplicação do princípio da anterioridade, não sendo necessário aguardar-se pelo exercício financeiro seguinte, ou pelo transcurso de 90 dias (CF/88, art. 150, III, *b* e *c*).

A aplicação dos recursos provenientes de empréstimo compulsório será vinculada à despesa que fundamentou sua instituição. Assim, instituído o empréstimo compulsório para fazer face a uma guerra externa, por exemplo, os recursos arrecadados não podem ser utilizados em outras finalidades, mas apenas nas despesas inerentes à citada guerra.

8.8. CONTRIBUIÇÕES

8.8.1. Noções gerais

As contribuições caracterizam-se, essencialmente, pelo fato de serem instituídas para atender a finalidades específicas. Nos termos do art. 149 da CF/88, as contribuições podem ser instituídas com a finalidade de: *(i)* custear a seguridade social; *(ii)* atender a outras finalidades de natureza social; *(iii)* atender ao interesse de categorias profissionais ou econômicas; *(iv)* intervir no domínio econômico. Em face do art. 149-A da Constituição, nela inserido pela EC nº 39/2002, tornou-se possível, ainda, a instituição de contribuição para o custeio da iluminação pública, competência ampliada pela EC 132/2023 para abranger também sistemas de monitoramento para segurança e preservação de logradouros públicos.

Grande parte dos estudiosos do Direito Tributário considera que as contribuições têm natureza tributária. Essa, aliás, é a posição hoje pacífica na jurisprudência, tanto do STF como do STJ.

Embora as contribuições sejam, em regra, instituídas apenas pela União, não se pode esquecer de que os Estados-membros, o Distrito Federal e os Municípios podem instituir contribuições para o custeio de sistema de previdência de seus próprios servidores, além de os Municípios poderem, após a EC nº 39/2002, instituir a contribuição de iluminação pública. Aos Estados-membros se concedeu, com a EC 132/2023, ainda, a competência para uma estranha contribuições sobre produtos semielaborados[69].

Diz-se que as contribuições se caracterizam pela finalidade, sendo esta a tônica a ser observada em sua instituição. Seria por isso, inclusive, que elas se diferenciaram, inclusive umas das outras, pela finalidade (financiamento da seguridade, custeio da educação etc.), e não pelos respectivos fatos geradores e bases de cálculo, como é o caso dos impostos. Dizia-se, inclusive, que elas poderiam alcançar, em princípio, quaisquer fatos, pois a competência para

---

[69] A EC 132/2023 inseriu no ADCT o seguinte dispositivo: "Art. 136. Os Estados que possuíam, em 30 de abril de 2023, fundos destinados a investimentos em obras de infraestrutura e habitação e financiados por contribuições sobre produtos primários e semielaborados estabelecidas como condição à aplicação de diferimento, regime especial ou outro tratamento diferenciado, relativos ao imposto de que trata o art. 155, II, da Constituição Federal, poderão instituir contribuições semelhantes, não vinculadas ao referido imposto, observado que: I – a alíquota ou o percentual de contribuição não poderão ser superiores e a base de incidência não poderá ser mais ampla que os das respectivas contribuições vigentes em 30 de abril de 2023; II – a instituição de contribuição nos termos deste artigo implicará a extinção da contribuição correspondente, vinculada ao imposto de que trata o art. 155, II, da Constituição Federal, vigente em 30 de abril de 2023; III – a destinação de sua receita deverá ser a mesma das contribuições vigentes em 30 de abril de 2023; IV – a contribuição instituída nos termos do *caput* será extinta em 31 de dezembro de 2043. Parágrafo único. As receitas das contribuições mantidas nos termos deste artigo não serão consideradas como receita do respectivo Estado para fins do disposto nos arts. 130, II, 'b', e 131, § 2º, I, 'b', deste Ato das Disposições Constitucionais Transitórias."

a sua instituição seria definida pela finalidade, e não pelos fatos a serem por elas alcançados, com exceção daquelas às quais a própria Constituição já reserva um campo de incidência próprio (*v.g.*, art. 195).

A partir da edição da EC 33/2001, não seria correto dizer que as contribuições podem, em tese, onerar quaisquer fatos, com exceção das mencionadas no art. 195, realidade talvez defensável à luz da redação originária do texto constitucional. É que a referida emenda introduziu no art. 149 da Constituição um rol de bases imponíveis a serem alcançadas pelas contribuições (§ 2.º, III, "a"). Assim, o legislador não teria mais a faculdade de, desde que presente alguma pertinência e atendidos outros requisitos, instituir contribuições sobre fatos diversos do faturamento, da receita bruta ou do valor da operação e, no caso das importações, do valor aduaneiro[70]. Apesar disso, fazendo letra morta dessas disposições, o Supremo Tribunal Federal considerou válidas as contribuições ao SEBRAE, e ao INCRA, mesmo tendo natureza reconhecida como de "CIDEs" e tendo bases imponíveis diversas daquelas enumeradas no art. 149 da CF/88, ante ao argumento de que tais bases seriam "exemplificativas" (Tema 325 de Repercussão Geral).

8.8.2. Contribuições e anterioridade

De acordo com o art. 195, § 6º, da CF/88, às contribuições não se aplica o princípio da anterioridade de que trata o art. 150, III, *b*, da CF/88, vale dizer, o princípio da anterioridade da lei em relação ao exercício em que a contribuição será cobrada. Isso porque as contribuições de que trata o art. 195 da Constituição submetem-se, exclusivamente, à chamada anterioridade "nonagesimal", vulgarmente conhecida como "noventena".

Também a CIDE-Combustíveis, prevista no art. 177, § 4º, da CF/88, no que diz respeito especificamente à alteração de suas *alíquotas* pelo Poder Executivo, dentro dos limites previamente fixados em lei, não se submete à anterioridade de que cuida o art. 150, III, *b*, da CF/88 (anterioridade em relação ao exercício). Com o advento da EC nº 42/2003 porém, essa alteração de alíquotas não escapa da anterioridade de 90 dias que passou a estar prevista no art. 150, III, *c*, da CF.

É importante esclarecer, a respeito da aplicação da anterioridade "nonagesimal", em substituição à anterioridade em relação ao exercício, que isso somente ocorre em relação às contribuições referidas no art. 195 da CF/88 (contribuições ao INSS, COFINS, CSLL etc.), à CIDE-Combustíveis (CF/88, art. 177, § 4º, I, *b*) e a outras em relação às quais a Constituição faça expressa remissão. As contribuições sociais, de intervenção no domínio econômico, ou de interesse de categorias profissionais ou econômicas, criadas com amparo apenas no art. 149 da CF/88, submetem-se normalmente à anterioridade prevista no art. 150, III, *b* e *c*, da CF/88, ou seja, tanto à anterioridade do exercício como, após a EC nº 42/2003, também à anterioridade de 90 dias.

Nesse sentido, aliás, pronunciou-se o STF, ao considerar válidas as contribuições sociais criadas pela LC nº 110/2001. Entendeu o STF que tais contribuições seriam "sociais gerais", pois não teriam por finalidade o custeio da seguridade social (CF, art. 195), mas sim de financiar *outras finalidades sociais*. Pondo de lado a crítica que fazemos à existência das tais "contribuições sociais gerais", que não seria cabível aqui,[71] o fato é que o STF reconheceu que tais contribuições, porque amparadas apenas no art. 149, e não no art. 195 da CF/88, se

---

70 VELLOSO, Andrei Pitten; PAULSEN, Leandro. "Controle das contribuições interventivas e sociais pela sua base econômica: a descurada especificação do seu objeto pela EC 33/2001 e os seus reflexos tributários". In: **Revista Dialética de Direito Tributário** 149, p. 16 e ss.

71 MACHADO SEGUNDO, Hugo de Brito. **Contribuições e federalismo**. São Paulo: Dialética, 2005, p. 158 ss.

submetem à anterioridade de que cuida o art. 150, III, da CF/88, e não àquela outra, tratada no § 6º do art. 195, da CF.[72]

8.8.3. Contribuições e lei complementar

Questão de grande relevância é a de saber qual o papel da lei complementar, na instituição de contribuições. Quanto aos impostos, é pacífico que, salvo os casos em que a CF/88 exige lei complementar (*v.g.*, impostos residuais), sua instituição pode ocorrer por meio de lei ordinária do ente tributante correspondente. A lei complementar federal deve apenas estabelecer normas gerais (CF/88, art. 146, III, *a*). Mas, e em relação às contribuições, qual o papel da lei complementar, considerando-se que o art. 149 faz expressa remissão ao art. 146 da CF/88?

Deve ser estabelecida a diferença, de plano, entre *instituir* a contribuição através de lei complementar e traçar *normas gerais* sobre contribuições através de lei complementar, para depois instituí-las por lei ordinária. A referência feita pelo art. 149 ao art. 146 da CF/88 deve ser entendida nesse segundo sentido, vale dizer, as contribuições, em princípio, devem ser criadas por lei ordinária, mas observando normas gerais previamente fixadas em lei complementar.

É verdade que o CTN traça tais normas gerais, mas, em relação às contribuições, atende apenas a exigência feita pelo art. 146, III, *b*, da CF/88, ou seja, cuida de lançamento, obrigação, crédito, decadência etc. Não trata das matérias referidas no art. 146, III, *a*, da CF/88, visto que se reporta apenas aos impostos, às taxas e às contribuições de melhoria.

Nesse contexto, o STF entendeu, em relação às *contribuições de seguridade social já previstas nos incisos do art. 195 da CF* (COFINS, CSLL etc.), que não é necessária a prévia edição de lei complementar traçando as normas gerais de que cuida o art. 146, III, *a*, da CF/88, pois tais normas já estão previstas no próprio texto constitucional. Sua instituição pode ser feita por lei ordinária, observando as normas gerais fixadas no CTN a respeito das matérias referidas no art. 146, III, *b*, da CF/88 (obrigação, lançamento, crédito, decadência etc.). Apenas as contribuições de seguridade social não elencadas na CF, criadas com base na competência residual (CF/88, art. 195, § 4º), é que devem ser criadas por lei complementar. Com o advento da EC 132/2023, também a contribuição sobre bens e serviços (CBS), parte integrante do "IVA-Dual" já acima estudado, deve ser instituída por lei complementar, una e uniforme, inclusive com disposições que tracem o mesmo regime para a CBS e para o IBS (CF/88, art. 149-B).

Quanto à necessidade de serem observadas as disposições do CTN, é interessante referir que a Lei 8.212/91 estabelecia prazos de decadência diferentes para as contribuições destinadas ao custeio da seguridade social (dez anos, em vez dos cinco anos estabelecidos no CTN), mas tal disposição foi considerada inválida, por ser a matéria privativa de lei complementar, conforme já reconhecido pelo STF através da Súmula Vinculante 8.

No que tange às demais espécies de contribuição (outras contribuições sociais, contribuições de intervenção no domínio econômico e contribuições de interesse de categorias profissionais ou econômicas), subsiste a discussão sobre o papel da lei complementar. Em relação àquelas criadas *antes* da CF/88, e recepcionadas pela atual ordem constitucional, a exigência de lei complementar é dispensada, pois a CF/69 não a exigia. Em relação àquelas criadas após a CF/88, porém, o problema subsiste. O STF tem precedente no qual considera necessária a lei complementar,[73] mas também já decidiu pela sua desnecessidade.[74] A nosso ver, a prévia

---

72 STF, ADI 2556–MC/DF – *DJ* de 8/8/2003, p. 87.

73 STF, ADI 2556–MC/DF – *DJ* de 8/8/2003, p. 87.

74 STF, RE 396.266/SC – *DJ* de 27/2/2004, p. 22.

edição de lei complementar traçando normas gerais é indispensável, mas a questão ainda não foi resolvida, de modo claro e definitivo, pelo STF, que somente pacificou seu entendimento em relação àquelas destinadas à seguridade social, conforme explicado.

8.8.4. Espécies de contribuições

8.8.4.1. Contribuições sociais

As contribuições sociais, que são aquelas que têm por finalidade atender ou custear atividades de natureza social do Estado, para que sejam atendidos (em tese) direitos fundamentais de segunda e terceira dimensões, são divididas em:

a) contribuições de custeio da seguridade social;
b) "outras" contribuições sociais.

8.8.4.2. Contribuições de custeio da seguridade social

As contribuições de custeio da seguridade social são aquelas referidas no art. 195 da Constituição e que, em tese, destinam-se ao custeio do orçamento autônomo da seguridade social. Devem ser utilizadas para custear atividades do Estado ligadas à assistência social, à previdência social e à saúde. Dividem-se em:

a) contribuições devidas pelos empregadores, empresas e entidades a elas equiparadas, incidentes sobre:
   a.1) a folha de salários e demais rendimentos do trabalho pagos ou creditados, a qualquer título, à pessoa física que lhe preste serviço, mesmo sem vínculo empregatício;
   a.2) a receita ou o faturamento;
   a.3) o lucro;
b) contribuição devida pelo trabalhador e demais segurados da Previdência Social;
c) contribuição sobre a receita de concursos de prognósticos;
d) contribuição do importador de bens ou serviços do exterior, ou de quem a lei a ele equiparar;
e) contribuição sobre bens e serviços.

A contribuição incidente sobre folha de salários era administrada e recolhida pelo próprio Instituto Nacional de Seguro Social (INSS). Hoje é arrecadada pela "Receita Federal do Brasil", ou "SuperReceita", o que, em nosso entendimento, configura ofensa à CF/88. As contribuições sobre receita ou faturamento (PIS e COFINS), sobre o lucro (CSLL) e sobre a importação (PIS e COFINS-Importação), porém, são, desde sua criação, administradas e arrecadadas pela Secretaria da Receita Federal do Brasil. O STF entendeu que a Receita seria "mera arrecadadora", o que não invalidaria tais contribuições, bastando que as destine à seguridade social.

A contribuição sobre o faturamento (COFINS), a partir da Lei 10.833/2003, tornou-se *não cumulativa*. O mesmo ocorreu com a contribuição para o PIS, com o advento da Lei 10.637/2002. Diversamente do que ocorre com o ICMS e o IPI, a não cumulatividade das contribuições em comento não alcança indistintamente todos os contribuintes, mas apenas aqueles que se submetem à sistemática de tributação, pelo imposto de renda e pela contribuição social sobre o lucro líquido, do lucro real. Caso o contribuinte preencha os requisitos legais e faça a opção pela sistemática do *lucro presumido*, no que tange à CSLL e ao IRPJ, submeter-se-á à COFINS e ao PIS de forma *cumulativa*, conforme será explicado a seguir, em item dedicado especificamente ao tema.

A contribuição para o PIS, a propósito, também incide sobre o faturamento (sobre todas as receitas, após a EC nº 20) e tem a finalidade de custear atividade igualmente ligada à seguridade social (assistência social ao trabalhador – CF/88, art. 239). A partir da EC nº 42, tais contribuições passaram a incidir também na importação de bens e serviços.

Tanto COFINS quanto PIS, com o advento da reforma tributária levada a efeito pela EC 132/2023, serão gradualmente extintas, sendo substituídas pela contribuição sobre bens e serviços (CBS), que as unificará, em regime não cumulativo e idêntico ao do imposto sobre bens e serviços (IBS), com o qual comporá o "IVA-Dual", já comentado em item anterior deste livro.

A CPMF, criada de modo alegadamente excepcional e temporário, com base em emenda constitucional que alterou o ADCT, pode ser considerada como contribuição destinada ao custeio da seguridade social, pois financia a saúde, sendo certo que a seguridade é composta de assistência, previdência e saúde. Sua vigência encerrou-se em 31/12/2007, não tendo o Congresso Nacional cedido às pressões do Poder Executivo para emendar a Constituição e mais uma vez prorrogá-la.

Além das contribuições descritas no próprio texto constitucional, a União Federal poderá criar outras contribuições de custeio da seguridade social. É a chamada competência *residual*, a qual deverá ser exercida mediante *lei complementar* (CF/88, art. 195, § 4º).

8.8.4.2.1. A não cumulatividade das contribuições PIS e COFINS

Depois de utilizada por várias décadas no âmbito do IPI e do ICMS, bem como do antigo ICM, a não cumulatividade foi implementada no âmbito das contribuições COFINS e PIS. Tais contribuições sofreram gradativos aumentos de alíquota e alargamentos de base de cálculo, o que incrementou sua importância na arrecadação tributária federal e as tornou um ônus mais significativo sobre empresas contribuintes. Assumiram, aos poucos, o espaço de um "IVA Federal" que a União pretendia instituir no âmbito de uma reforma tributária, mas que por pressão dos Estados-membros não conseguiu. Embora a União não tenha conseguido criar o imposto novo, as aludidas contribuições passaram por transformações que as colocaram em seu lugar. Uma delas foi a adoção da não cumulatividade.

Há, porém, várias particularidades que fazem a não cumulatividade no âmbito da COFINS e do PIS bem diferente daquela verificada em relação ao IPI e ao ICMS.

A primeira grande diferença é que, enquanto IPI e ICMS são impostos que devem ser não cumulativos, a COFINS e o PIS são objeto apenas de uma autorização ao legislador, que poderá definir os setores da economia que se submeteram a tais contribuições de forma não cumulativa[75].

Pode-se questionar, nessa ordem de ideias, se o legislador poderia, em vez de definir setores da economia que se submeterão à não cumulatividade, associar, como fez, essa sistemática de tributação à forma de cálculo do imposto de renda (IRPJ) e da contribuição social sobre o lucro líquido (CSLL). Sim, porque as Leis 10.637/2002 e 10.833/2003 estabelecem que o contribuinte tributado, em relação a IRPJ e CSLL, pela sistemática do *lucro real*, automaticamente submete-se, em regra, à tributação não cumulativa. Diversamente, o contribuinte sujeito à tributação pelo IRPJ e pela CSLL pela sistemática do lucro presumido, em regra,

---

75 CF/88, art. 195, § 12.

submeter-se-á à COFINS e ao PIS cumulativos. A ideia parece ter sido a de associar a não cumulatividade, que exige o cumprimento de obrigações acessórias mais complexas, à apuração do lucro real, que já exige uma contabilização mais complexa por conta da necessidade de se apurar o lucro contábil, o que, por igual, geralmente se dá em empresas de maior porte. Por outras palavras, se a empresa é grande, e já tem pessoal dedicado à apuração do lucro real, poderá, sem maiores problemas, absorver o trabalho de apuração da COFINS e do PIS não cumulativos. Embora compreensível, não é esse o critério previsto no § 12 do art. 195 da CF/88.

Outro questionamento que tem sido suscitado, no âmbito doutrinário, é se a não cumulatividade, em relação a tais contribuições, seria ou não um "princípio constitucional". Como haveria a autorização ao legislador para adotá-la, e não a imposição, poder-se-ia dizer que a Constituição não garante o direito à sistemática de creditamento. Essa discussão, porém, deve ser vista em seus devidos termos, até porque o direito ao creditamento, se adotada a sistemática, não decorre de ela ter ou não fundamento constitucional, mas sim do fato de o legislador ter o dever de agir de forma racional e coerente.

Com efeito, como aponta Humberto Ávila[76], o legislador até pode ser livre para adotar, ou não, a sistemática da não cumulatividade. Mas não é livre para adotá-la apenas no que ela tem de desvantajoso para o contribuinte, deixando de adotar os bônus que se destinam a compensar essas desvantagens. Exemplificando, não é lícito ao legislador majorar a alíquota da COFINS de 3% para 7,6% *porque ela será não cumulativa,* e, ao mesmo tempo, negar ao contribuinte o direito a créditos *porque não tem obrigação de adotar a não cumulatividade.*

Importante distinção da não cumulatividade, na forma como implementada em relação ao PIS e à COFINS, comparativamente com o ICMS e principalmente com o IPI, diz respeito à amplitude do direito ao crédito, e à forma de calculá-lo. Em relação ao PIS e à COFINS, geram crédito todas as despesas que tenham sido oneradas pelas contribuições, a exemplo daquelas com aluguéis, bens destinados ao ativo permanente, energia elétrica etc. Trata-se de uma imposição da própria abrangência desses tributos, que oneram a generalidade das receitas do contribuinte, o que torna impossível cogitar-se de restrições como as que orientam a diferença entre *crédito físico* e *crédito financeiro*. Isso porque não são saídas que geram débito do tributo, mas receitas, sejam elas oriundas de saídas de mercadoria, ou de qualquer outra atividade.[77] E como convivem contribuintes sujeitos à cumulatividade com aqueles submetidos à não cumulatividade, o crédito destes últimos há de ser calculado com a aplicação da alíquota incidente na saída sobre o valor das entradas[78], pouco importando se efetivamente incidiu uma alíquota menor sobre essas operações anteriores (*v.g.*, submetidas à cumulatividade, ou ao SIMPLES). Adotou-se sistemática aproximada do regime de bases sobre bases, restringindo-se o crédito apenas no que tange às operações não submetidas à contribuição.[79]

Como explicado, com a EC 132/2023, a COFINS e a contribuição para o PIS serão gradualmente substituídas pela Contribuição sobre Bens e Serviços (CBS), que é não cumulativa de modo amplo, em regime de crédito financeiro, matéria já comentada em item anterior deste livro.

---

76 ÁVILA, Humberto. "Postulado do Legislador Coerente" e a Não cumulatividade das Contribuições. In. ROCHA, Valdir de Oliveira. **Grandes questões atuais do Direito Tributário.** 11.vol. São Paulo: Dialética, 2007, p. 175 e ss.

77 CALCINI, Fábio Pallaretti. PIS e Cofins. Algumas ponderações acerca da não cumulatividade. **Revista Dialética de Direito Tributário** n. 176. São Paulo: Dialética, maio de 2010, p. 47.

78 Lei 10.833/2003, art. 3.º, §1º.

79 Lei 10.833/2003, art. 3.º, § 2º, II.

8.8.4.3. "Outras" contribuições sociais

Faz-se alusão, ainda, a uma outra espécie de contribuição. Seriam as contribuições sociais que não teriam por finalidade o custeio da seguridade (assistência, previdência e saúde), mas sim outras atividades de cunho social.

Há divergência a respeito de saber se essas "outras" contribuições sociais são apenas aquelas expressamente previstas, de modo esparso (mas exaustivo), na própria Constituição (p. ex., contribuição para o salário-educação, art. 212, § 5º), ou se haveria a possibilidade de a União instituir, por lei, contribuições sociais "gerais" para atender a qualquer finalidade de cunho social. Particularmente, parece-nos que conferir competência de tamanha amplitude à União implica esvaziar: *(i)* os dispositivos que cuidam de sua competência para instituir impostos residuais, e que impõem a divisão do produto de sua arrecadação com Estados-membros e Municípios (CF/88, arts. 154, I, 157 ss.); *(ii)* os dispositivos que cuidam de sua competência para instituir contribuições *residuais* de seguridade social.[80]

Apesar disso, julgando as contribuições criadas pela LC nº 110/2001, o STF considerou que as mesmas não eram "de seguridade", nem encontravam apoio em qualquer outra previsão constitucional expressa. Seriam "sociais gerais", e foram consideradas válidas. Assim, em suma, para o STF, a União Federal pode criar contribuições "sociais gerais".[81]

8.8.4.4. Contribuições de intervenção no domínio econômico

Segundo o art. 149 da CF/88, a União Federal também pode instituir contribuições de intervenção no domínio econômico (CIDEs). Com exceção do que ocorre em relação à CIDE instituída sobre combustíveis, a CF/88 não enumera quais os possíveis fatos geradores, bases de cálculo, contribuintes etc. dessas contribuições. Seus fatos geradores, bases de cálculo e contribuintes têm de estar relacionados com a intervenção a ser custeada com a contribuição. Os contribuintes devem fazer parte de um "grupo", necessariamente menor que a generalidade dos contribuintes, e esse grupo deve estar relacionado com a atividade de intervenção a ser realizada pela União Federal.

A finalidade a ser alcançada com a intervenção deve ser a de prestigiar, equilibradamente, os princípios referentes à ordem econômica, elencados, de modo exemplificativo, no art. 170 da CF/88.

De acordo com a jurisprudência do STF, são exemplos de CIDEs: a contribuição para o SEBRAE,[82] o Adicional de Frete para a Renovação da Marinha Mercante – AFRMM[83] e o Adicional de Tarifa Portuária.[84] O STF entendeu que as CIDEs, não obstante sejam tributo, não se sujeitam à limitação inscrita no § 2º do art. 145 da CF, tampouco às limitações a que estão sujeitos os impostos, em decorrência da competência privativa dos entes políticos para instituí-los.[85] Isso significa que as CIDEs podem incidir sobre fatos já tributados por impostos, inclusive impostos estaduais e municipais.

Apoiada nesse entendimento da jurisprudência, a União Federal vem instituindo muitas outras CIDEs. Entretanto, e apesar da relativa vaguidade do texto constitucional, não se deve

---

80 MACHADO SEGUNDO, Hugo de Brito. **Contribuições e federalismo**. São Paulo: Dialética, 2005, *passim*.

81 STF, ADIn 2.556-2/DF, *DJ* de 8/8/2003.

82 STF, RE 396.266/SC – *DJ* de 27/2/2004, p. 22.

83 STF, RE 177.137/RS – *DJ* de 18/4/1997, p. 13788.

84 STF, RE 218.061/SP – *RTJ* 174-02/648.

85 STF, RE 177.137/RS – *DJ* de 18/4/1997, p. 13788.

entender de modo tão abrangente a competência da União para instituir CIDEs, sob pena de as demais limitações constitucionais ao poder de tributar, impostas a outras espécies tributárias, perderem o sentido. A União passará a instituir apenas CIDEs.[86]

Finalmente, a EC nº 33/2001 inseriu no art. 177 da CF/88 a possibilidade de se instituir CIDE sobre a importação ou comercialização de petróleo e seus derivados, gás natural e seus derivados e álcool combustível (§ 4º).

Essa contribuição, conhecida por CIDE-Combustíveis, poderá ter alíquotas diferenciadas por produto ou uso. Suas alíquotas poderão, ainda, ser reduzidas e restabelecidas pelo Poder Executivo (observada, naturalmente, os limites máximos fixados em lei), não se lhe aplicando o disposto no art. 150, III, *b*, da CF/88, vale dizer, o princípio da anterioridade ao exercício financeiro.

De acordo com o art. 177, § 4º, II, da CF/88, os recursos arrecadados serão destinados: *(i)* ao pagamento de subsídios a preços ou transporte de álcool combustível, gás natural e seus derivados e derivados de petróleo; *(ii)* ao financiamento de projetos ambientais relacionados com a indústria do petróleo e do gás; *(iii)* ao financiamento de programas de infraestrutura de transportes; *(iv)* ao pagamento de subsídios a tarifas de transporte público coletivo de passageiros.

O atendimento de tais finalidades é obrigatório, sob pena de invalidar-se a própria CIDE, que se justifica – como as contribuições em geral – como instrumento para chegar a finalidades determinadas pela Constituição.

8.8.4.5. Contribuições corporativas

São chamadas "corporativas" as contribuições criadas no interesse de categorias profissionais ou econômicas. A União pode instituí-las, colhendo como contribuintes os membros de determinado grupo ou setor profissional ou econômico, a fim de custear atividades que sejam do interesse desse mesmo grupo. Embora devam ser criadas pela União (através de lei federal), tais exações podem ser destinadas a terceiros, ou mesmo administradas e arrecadadas por estes, encarregados de desempenhar a atividade correspondente.

Podem ser citadas as contribuições para o SESC, SESI, SENAC, SENAR, SENAI etc., exações que custeiam serviços, cursos, treinamentos etc., desenvolvidos diretamente no interesse dos grupos econômicos que as recolhem.

A contribuição ao SENAR, por exemplo, destina-se ao Serviço Nacional de Aprendizagem Rural, cujo objetivo é o de administrar e executar em todo o Território Nacional o ensino da formação profissional rural e a promoção social do trabalhador rural, em centros instalados e mantidos pela instituição ou sob forma de cooperação, dirigida aos trabalhadores rurais (Lei 8.315/91, art. 1º). Os seus contribuintes são pessoas integrantes da categoria econômica correspondente (setor rural), ou seja, aqueles que exercem atividades: agroindustriais, agropecuárias, extrativistas vegetais e animais, cooperativas rurais etc. (Lei 8.315/91, art. 3º).

É preciso ressaltar que, nos termos do art. 195, I, da CF/88, o pagamento de salários e demais espécies de remuneração pelo trabalho somente pode sofrer a incidência de contribuição para a seguridade social. Algumas contribuições corporativas, porém, incidem sobre a folha de salários, mas isso porque existe expressa ressalva da Constituição nesse sentido (CF/88, art. 240).

---

86 MACHADO SEGUNDO, Hugo de Brito. **Contribuições e federalismo**. São Paulo: Dialética, 2005, *passim*.

As contribuições devidas aos conselhos de regulamentação profissional, tais como Conselho Regional de Medicina (CRM), Conselho Regional de Odontologia (CRO) e assim por diante, são consideradas contribuição de interesse de categoria profissional. Assim, pelo menos, tem entendido o STJ.[87] Curiosamente, porém, a jurisprudência do STJ excepciona – afirmando não ter natureza tributária – a contribuição devida à OAB. Afirma o STJ, para tanto, que a OAB não se submete aos controles pertinentes ao dinheiro público (Tribunal de Contas), não se enquadrando no conceito de "Fazenda Pública".[88]

Não é correto estabelecer diferença entre as contribuições devidas à OAB e as devidas aos demais conselhos de regulamentação profissional. Todas são contribuições corporativas, em nossa concepção, não havendo por que afirmar que a exação paga pelos advogados é *sui generis*. O aprofundamento desta crítica, porém, não se comporta nos limites deste livro. O que é relevante, pelo menos para fins pragmáticos, é saber que, quanto às contribuições cobradas no interesse de categorias profissionais, o entendimento do STJ é hoje pacífico no sentido de que as anuidades dos conselhos profissionais, à exceção da OAB, têm natureza tributária, de contribuição instituída no interesse de categoria profissional.[89]

8.8.4.6. Contribuição de iluminação pública

Tendo em vista que o Poder Judiciário considerou inconstitucional a taxa de iluminação pública cobrada pelos diversos Municípios brasileiros, estes obtiveram, junto ao Congresso Nacional, a aprovação da EC nº 39/2002, que inseriu na CF/88 o art. 149-A, com a seguinte redação:

> "Art. 149-A. Os Municípios e o Distrito Federal poderão instituir contribuição, na forma das respectivas leis, para o custeio do serviço de iluminação pública, observado o disposto no art. 150, I e III.
>
> Parágrafo único. É facultada a cobrança da contribuição a que se refere o *caput*, na fatura de consumo de energia elétrica."

Os que se ocupam do estudo do Direito, no plano acadêmico, fizeram inúmeras críticas à nova exação, que podem ser assim sintetizadas:

a) o serviço de iluminação pública não é prestado a um grupo de contribuintes, mas a toda a coletividade. Não seria possível, por isso, utilizá-lo para justificar a cobrança de uma contribuição. O único caso em que a CF/88 admite a criação de contribuições a serem cobradas de contribuintes integrantes da sociedade em geral, e não apenas de um "grupo" específico, é o das contribuições de *seguridade social*, ressalva que, além de haver sido feita pelo poder constituinte originário, deve-se a uma finalidade socialmente relevante, o que não ocorre com a CIP;

b) pode estar havendo violação à forma federativa de Estado (art. 60, § 4º, I), na medida em que se permite aos Municípios, por vias tortas, invadir uma das mais expressivas fontes de recursos destinadas aos Estados-membros (ICMS incidente sobre energia elétrica), com repercussões na autonomia destes;

---

87 STJ, REsp 652.554/RS, *DJ* 16/11/2004, p. 209.

88 STJ, REsp 273674/RS, *DJ* de 27/5/2002.

89 STJ, EREsp 462.273/SC, *DJ* de 2/5/2005, p. 149.

c) faz-se necessária, de qualquer forma, a prévia edição de uma lei complementar nacional, para disciplinar, em normas gerais, a forma como os mais de 5 mil Municípios brasileiros poderão criar essa contribuição. Essa lei complementar é necessária, pois existem Municípios criando essa contribuição das mais diversas e inusitadas formas;

d) muitos Municípios se limitaram a editar nova lei alterando o nome do tributo já previsto em leis anteriores (de "taxa" de iluminação para "contribuição" de iluminação), o que não seria possível em face da inconstitucionalidade originária das citadas leis municipais;

e) na generalidade dos casos, o pagamento da "contribuição" é condição para o pagamento da conta de luz e, por conseguinte, caso não seja pago o tributo, o fornecimento de energia é cortado. Isso representa forma oblíqua de cobrança do tributo, o que a CF/88 não autoriza. O parágrafo único do art. 149-A da CF/88 apenas permite a cobrança na fatura, mas não determina que uma coisa seja condicionada à outra. E, se determinasse, estaria havendo ofensa ao direito de defesa, e ao devido processo legal, que são cláusulas pétreas.

Com base nesses argumentos, a exação chegou a ser combatida, mas o STF, julgando o RE 573.675, decidiu pela sua constitucionalidade. O acórdão, a propósito, foi assim ementado:

> "[...] I – Lei que restringe os contribuintes da COSIP aos consumidores de energia elétrica do município não ofende o princípio da isonomia, ante a impossibilidade de se identificar e tributar todos os beneficiários do serviço de iluminação pública. II – A progressividade da alíquota, que resulta do rateio do custo da iluminação pública entre os consumidores de energia elétrica, não afronta o princípio da capacidade contributiva. III – Tributo de caráter *sui generis*, que não se confunde com um imposto, porque sua receita se destina a finalidade específica, nem com uma taxa, por não exigir a contraprestação individualizada de um serviço ao contribuinte. IV – Exação que, ademais, se amolda aos princípios da razoabilidade e da proporcionalidade. V – Recurso extraordinário conhecido e improvido".[90]

A contribuição de iluminação pública (CIP) suscita, ainda, problemas ligados à própria natureza das contribuições e seu reflexo no orçamento, em ponto de interseção entre o Direito Tributário e o Financeiro. Esses problemas, na verdade, são inerentes a todas as contribuições, mas se revelam de forma mais eloquente em relação à CIP, porquanto a iluminação, diferentemente de despesas com saúde e educação, é uma finalidade que pode ser atendida de maneira completa com maior facilidade, gerando um excedente nos recursos arrecadados.

As contribuições, como explicado, geram uma arrecadação que deve ser aplicada, obrigatoriamente, em despesas inerentes à finalidade que justifica sua instituição. Isso enrijece o orçamento, subtraindo a liberdade do gestor público de decidir como aplicar os recursos. No que tange a despesas com saúde e educação, esse enrijecimento acontece, e tem levado à edição de normas dedicadas à desvinculação das receitas assim obtidas pela União (DRU), o que pode ser visto como uma fraude à própria ideia subjacente à criação das contribuições. Se não são necessários mais recursos para a saúde, mas sim para outras finalidades, que se reduzam as contribuições, e se aumentem os impostos. Mas, de qualquer modo, há a DRU, e,

---

[90] STF, RE 573675, Rel. Min. Ricardo Lewandowski, Repercussão geral – mérito *DJe* 94, de 22/5/2009, *RDDT* 167, 2009, p. 144-157.

de mais a mais, saúde e educação, mesmo com os recursos que atualmente lhes são destinados, ainda se encontram deficientes. Não é o que ocorre com a iluminação pública, que em alguns municípios gera arrecadação expressiva, toda ela aplicada em iluminação, e ainda assim propiciando a formação de saldos, que os Municípios ficam tentados a gastar em outros fins.

É preciso que se entenda, contudo, que a destinação dos recursos arrecadados à finalidade que justifica a criação de contribuições não é apenas uma desculpa, um pretexto, para se afastarem limitações inerentes a impostos (ou, no caso da CIP, às taxas). Ao mudar o nome, pode ser que alguns limites se tornem inaplicáveis, mas existem outros, inerentes a essa nova figura, e a aplicação necessária na finalidade que a justifica é o mais importante deles. E se sobram recursos? Se o Município arrecada muito mais do que é necessário gastar com a iluminação pública? Nesse caso, em vez de inventar maneiras para burlar o limite e usar os recursos em outras finalidades diferentes, a solução é *reduzir o valor da contribuição*, que se estará mostrando *excessivo* à finalidade que justifica sua cobrança.

Com o advento da EC 132/2023, inicialmente voltada para uma reforma na tributação do consumo, aproveitou-se o ensejo para alterar a redação do art. 149-A da CF/88, que passou a dispor:

> "Art. 149-A. Os Municípios e o Distrito Federal poderão instituir contribuição, na forma das respectivas leis, para o custeio, a expansão e a melhoria do serviço de iluminação pública e de sistemas de monitoramento para segurança e preservação de logradouros públicos, observado o disposto no art. 150, I e III."

Além da remissão à expansão e melhoria do serviço de iluminação em si (e não só ao seu custeio), algo que já se poderia considerar implícito na redação anterior, ampliou-se a possibilidade de uso dos recursos arrecadados com a exação, para que se possam aplicar também em sistemas de monitoramento para segurança e preservação de logradouros públicos, dotados de câmeras de segurança. O uso de tais sistemas suscita diversos questionamentos, ligados ao devido processo legal, à proteção de dados e à privacidade dos cidadãos, vigiados e devassados em seus dados biométricos por um Estado que se pode tornar cada vez mais vigilante, mas esse é um aspecto que ultrapassa a questão tributária inerente à cobrança. O que se vê, quanto ao aspecto tributário, é um alargamento da competência, já de origem espúria, em mais uma demonstração de que as reformas constitucionais se iniciam com propósitos anunciados de simplificação e de redução de carga, para sensibilizar a opinião pública insatisfeita com um sistema complexo e oneroso, mas, quando se alteram os limites ao poder de tributar, faz-se invariavelmente para afrouxá-los um pouco mais.

8.9. SIMPLES NACIONAL

A Constituição Federal de 1988 prevê, no art. 170, IX, e no art. 179, a necessidade de se dar tratamento favorecido às microempresas e às empresas de pequeno porte, "visando a incentivá-las pela simplificação de suas obrigações administrativas, tributárias, previdenciárias e creditícias, ou pela eliminação ou redução destas por meio de lei". A disposição se justifica, pois, para garantir a liberdade de iniciativa e de mercado a todos, de forma isonômica, é preciso atentar para eventuais diferenças entre os agentes econômicos, as quais eventualmente podem servir de empecilho ao exercício dessas liberdades.

Considerando-se as diferenças ligadas ao *tamanho* das empresas, sabe-se que, além da natural dificuldade que as menores enfrentam diante da competição pura e simples com as maiores, decorrentes de volume de atividades, capacidade de absorver perdas etc., há aquelas oriundas da maior capacidade, que as grandes têm, de cumprir formalidades e de suportar ônus impostos pelo Poder Público. Como se sabe, os ônus inerentes ao atendimento de complexas exigências burocráticas podem representar fator que, por si só, inviabiliza ou dificulta demasiadamente a abertura e a continuidade das atividades de uma empresa. Além disso, esses ônus são mais facilmente assimiláveis por grandes empresas, que podem dedicar departamentos inteiros apenas para resolvê-los, o que os transforma em (mais um) fator de desvantagem para microempresas (ME) e empresas de pequeno porte (EPP) em relação às demais. Como em todo espaço onde há competição, nas mais diversas esferas da realidade, a proteção dos pequenos é indispensável a que possam sobreviver e, quem sabe, tornar-se também grandes.

O tratamento diferenciado às microempresas e empresas de pequeno porte, portanto, não é favor, benesse ou generosidade do constituinte, mas algo indispensável que a um dos fundamentos da República – a proteção à livre iniciativa – seja devidamente implementado. Algo análogo, no que toca à isonomia, ao tratamento diferenciado que a Constituição concede à criança, ou ao idoso, por exemplo, em face da generalidade dos cidadãos.

Embora a legislação própria de cada tributo contivesse tratamento eventualmente menos gravoso a contribuintes de menor porte, não havia, no Brasil, uma forma simplificada e favorecida de pagamento de tributos que *unificasse* as diversas obrigações, principais e acessórias, a serem atendidas diante do Fisco. Somente em 1996 se editou a Lei 9.317/96, que instituiu o "Simples Federal", sistema de tributação unificado para abranger todos os tributos federais incidentes sobre a atividade da empresa.

Entretanto, em face da estrutura federativa na qual o Brasil é organizado, essa tentativa de simplificação não eliminou a necessidade de cumprimento de obrigações perante duas ou até mesmo três esferas de governo distintas. Uma microempresa dedicada ao comércio varejista e à prestação de serviços, por exemplo, ainda que aderisse ao "Simples Federal", por meio dele recolhendo de maneira simplificada e unificada todos os tributos federais (imposto de renda, contribuição social sobre o lucro, contribuição previdenciária etc.), continuaria com obrigações, principais e acessórias, perante o Estado-membro correspondente, relativamente ao ICMS[91], e perante o Município, em relação ao ISS[92].

Para contornar essa situação e aperfeiçoar o regime unificado de pagamento de tributos (chamado de "SIMPLES"), editou-se, em 2003, uma Emenda Constitucional (EC 42/2003), que incluiu mais uma alínea no art. 146, III, da CF/88, estabelecendo ser papel da Lei Complementar estabelecer normas gerais sobre a "definição de tratamento diferenciado e favorecido para as microempresas e para as empresas de pequeno porte, inclusive regimes especiais ou simplificados no caso do imposto previsto no art. 155, II, das contribuições previstas no art. 195, I e §§ 12 e 13, e da contribuição a que se refere o art. 239."

Na mesma ordem de ideias, o parágrafo único do art. 146 da Constituição agora esclarece que tal lei complementar "também poderá instituir um regime único de arrecadação dos impostos e contribuições da União, dos Estados, do Distrito Federal e dos Municípios, observado que: *i)* será opcional para o contribuinte; *ii)* poderão ser estabelecidas condições de enquadramento diferenciadas por Estado; *iii)* o recolhimento será unificado e centralizado e a distribuição da parcela de recursos pertencentes aos respectivos entes federados será imediata, vedada qualquer retenção ou condicionamento; *iv)* a arrecadação, a fiscalização

---

91 Imposto sobre operações relativas à circulação de mercadorias e à prestação de serviços de transporte interestadual e intermunicipal e de comunicação, assemelhado, em alguma medida, ao Imposto sobre o Valor Agregado que se cobra em países da Europa e da América Latina (CRFB, art. 155, II).

92 Imposto sobre serviços de qualquer natureza, cobrado pelos Municípios (CRFB, art. 156, III).

e a cobrança poderão ser compartilhadas pelos entes federados, adotado cadastro nacional único de contribuintes."

Tais disposições se valem da noção, já assente no Direito Brasileiro, e na jurisprudência do Supremo Tribunal Federal, de que cabe à lei complementar, em matéria tributária, traçar normais que vinculam União, Estados, Distrito Federal e Municípios. Dando cumprimento a essas disposições, o Congresso Nacional editou, em 2006, a Lei Complementar 123, que veicula não propriamente "normas de competência", ou meras "normas sobre normas" de tributação, mas, em sua maioria, disposições já atributivas de direitos, o que, todavia, não lhe altera a natureza de lei "nacional", vinculante da legislação ordinária dos entes políticos que compõem o Estado federal.

A unificação levada a efeito pela LC 123/2006 permite às microempresas, e às empresas de pequeno porte, a declaração e o recolhimento, de forma unificada, de todos os tributos que oneram sua atividade, sejam os federais, os estaduais e os municipais. Por meio de uma apuração e um pagamento mensal, quitam-se imposto de renda, contribuição social sobre o lucro, contribuição ao financiamento da seguridade social, contribuição ao PIS, IPI[93], ICMS, ISS e contribuição previdenciária. Não estão incluídos no recolhimento unificado do SIMPLES, contudo, os tributos incidentes sobre o comércio exterior, os que oneram a propriedade imobiliária, os veículos, ou qualquer outro fato ou atividade que não esteja diretamente relacionado à atividade empresarial propriamente dita (renda, faturamento e empregados).

Registre-se que, no Brasil, o principal ônus tributário enfrentado pelas empresas, e que se afigura ainda mais pesado para as pequenas, não é representado, propriamente, pelo montante de tributo a pagar, mas pela quantidade de formalidades a serem cumpridas, declarações a serem preenchidas, formulários a serem entregues etc. São as chamadas "obrigações acessórias", das quais já se tratou em item próprio deste livro, assim entendidas aquelas "que tem por objeto as prestações, positivas ou negativas, nela previstas no interesse da arrecadação ou da fiscalização dos tributos."[94] Não se pode negar que o tempo para cumprir obrigações acessórias, preencher formulários, guias, declarações etc., representa um *custo oculto* da tributação, como já destacado. Com o Simples Nacional, além de se estabelecer uma forma de tributação que, na maior parte das vezes, é menos onerosa, a simplificação representada pela redução do número de obrigações acessórias a serem cumpridas por si só leva a uma menor oneração da atividade empresarial, vital à sobrevivência das micro e pequenas empresas.

Naturalmente, a simplificação tem o seu preço, pois há um *trade off* entre ela e a equidade. Ao dispensar o contribuinte de escriturar despesas e créditos de impostos não cumulativos, os quais não mais poderão ser deduzidos dos valores a pagar a título de imposto de renda ou de ICMS, o regime simplificado pode fazer, em certas situações, com que o tributo recolhido por uma ME ou por uma EPP (que, *v.g.*, esteja a experimentar prejuízos) seja maior que o devido pela sistemática normal. Mas, como se disse, trata-se do preço cobrado pela simplificação, que, de resto, é sempre decorrente de uma *opção* do contribuinte, que pode, quando a considerar desvantajosa, optar pelo retorno à sistemática normal de tributação.

Diversamente do que se deu em outros países, no Brasil o critério adotado para definir uma empresa como microempresa ou empresa de pequeno porte não é a quantidade de empregados, mas o faturamento anual. A depender deste, será classificada como microempresa ou empresa de pequeno porte. Microempresa ou empresa de pequeno porte não é uma forma

---

93 Imposto sobre Produtos Industrializados, de competência federal, que equivale a um *excise tax*. É não cumulativo, tal como o ICMS cobrado pelos Estados-membros brasileiros e o IVA cobrado em países da Europa.

94 Código Tributário Nacional (Lei 5.172/66), art. 113, § 2º.

societária ou uma espécie de pessoa jurídica. É uma classificação que pode ser atribuída a pessoas físicas (que atuem como empresários individuais) ou jurídicas (desde que não se trate de sociedade por ações[95]). Além do faturamento, que pode ser considerado o principal critério para enquadramento de uma empresa como MEI, ME ou EPP, há também a restrições adicionais, ligadas à atividade, ao domicílio dos sócios, ou à forma societária[96], que complementam o quadro delimitador do que se pode compreender como MEI, ME ou EPP.

Como já salientado, a LC 123/2006 veicula um tratamento diferenciado e favorecido para microempreendedores individuais, microempresas e empresas de pequeno porte, nas searas trabalhista, empresarial, administrativa e tributária. Do ponto de vista tributário, a diferença consiste na redução de todas as declarações a serem apresentadas a apenas uma, e ao pagamento de todos os tributos incidentes sobre a atividade da empresa por meio de recolhimento único, mensal. O valor a ser recolhido é obtido por meio da aplicação de uma alíquota (percentual) ao faturamento obtido no mês correspondente, conforme tabela constante da parte final da LC 123/2006. Há tabelas diferentes conforme a atividade desenvolvida pelo contribuinte (comércio, indústria, prestação de serviços etc.), tendo em vista que, a depender da atividade, impostos diferentes incidem. Se o contribuinte exerce exclusivamente a prestação de serviços, a tabela de alíquotas não contempla o ICMS ou o IPI, mas sim o ISS. Se exerce o comércio, e não a prestação de serviços ou a industrialização, aplica-se outra tabela, que não contém o ISS e o IPI.

Para empresas com muitos empregados, e pouco faturamento, a adesão ao Simples é muito vantajosa, pois a contribuição destinada à Seguridade Social, devida pelo contribuinte na condição de empregador, passa a ser calculada sobre seu faturamento, e não sobre o salário pago a seus empregados. Por isso mesmo, para atividades nas quais há uso intensivo de mão de obra (certas prestações de serviços), o pagamento da contribuição previdenciária se dá separadamente, conforme dispõem as tabelas anexas à LC 123/2006.

A LC nº 123/2006, como dito, também concede às microempresas e empresas de pequeno porte tratamento favorecido no que diz respeito ao Direito Administrativo (*v.g.*, participação de licitações), ao Direito do Trabalho e ao Direito Empresarial. Em 2020, editou-se a LC 174/2020,

---

[95] LC 123/2006, art. 3. º, § 4.º, V.

[96] O art. 3. º, § 4.º, da LC 123/2006 estabelece que não "poderá se beneficiar do tratamento jurídico diferenciado previsto nesta Lei Complementar, incluído o regime de que trata o art. 12 desta Lei Complementar, para nenhum efeito legal, a pessoa jurídica: I – de cujo capital participe outra pessoa jurídica; II – que seja filial, sucursal, agência ou representação, no País, de pessoa jurídica com sede no exterior; III – de cujo capital participe pessoa física que seja inscrita como empresário ou seja sócia de outra empresa que receba tratamento jurídico diferenciado nos termos desta Lei Complementar, desde que a receita bruta global ultrapasse o limite de que trata o inciso II do *caput* deste artigo; IV – cujo titular ou sócio participe com mais de 10% (dez por cento) do capital de outra empresa não beneficiada por esta Lei Complementar, desde que a receita bruta global ultrapasse o limite de que trata o inciso II do *caput* deste artigo; V – cujo sócio ou titular seja administrador ou equiparado de outra pessoa jurídica com fins lucrativos, desde que a receita bruta global ultrapasse o limite de que trata o inciso II do *caput* deste artigo; VI – constituída sob a forma de cooperativas, salvo as de consumo; VII – que participe do capital de outra pessoa jurídica; VIII – que exerça atividade de banco comercial, de investimentos e de desenvolvimento, de caixa econômica, de sociedade de crédito, financiamento e investimento ou de crédito imobiliário, de corretora ou de distribuidora de títulos, valores mobiliários e câmbio, de empresa de arrendamento mercantil, de seguros privados e de capitalização ou de previdência complementar; IX – resultante ou remanescente de cisão ou qualquer outra forma de desmembramento de pessoa jurídica que tenha ocorrido em um dos 5 (cinco) anos-calendário anteriores; X – constituída sob a forma de sociedade por ações. XI – cujos titulares ou sócios guardem, cumulativamente, com o contratante do serviço, relação de pessoalidade, subordinação e habitualidade."

que dispõe sobre a possibilidade de créditos tributários constituídos em face de microempresas e empresas de pequeno porte optantes do SIMPLES serem objeto de transação tributária.

Registre-se que nem toda empresa, pelo fato de se qualificar como ME ou EPP, poderá, só por isso, aderir ao Simples Nacional. Isso porque esse regime de recolhimento unificado de tributos exige condições adicionais, a serem preenchidas pelos contribuintes já enquadrados como ME ou EPP, para que possam optar pelo Simples.

Vale ressaltar, finalmente, que há diversos aspectos polêmicos e controvertidos nas disposições da legislação complementar alusiva ao SIMPLES, a exemplo das que tratam de algumas vedações ao ingresso no Simples Nacional, das que autorizam a exigência de ICMS antecipado nas fronteiras, das que permitem a fiscalização, o lançamento e a exclusão de MEs e EPPs do Simples tanto por fiscais federais como estaduais e municipais, dentre outras.[97]

Com a EC 132/2023, as empresas optantes pelo SIMPLES podem seguir recolhendo seus tributos de forma unificada e simplificada, notadamente IRPJ, CSLL e INSS, mas com a gradual substituição de PIS, COFINS, IPI, ICMS e ISS por IBS e CBS, tudo dentro do próprio regime unificado, adotando para IBS e CBS as alíquotas a ele pertinentes para o SIMPLES (e gerando créditos para seus adquirentes no montante a elas equivalente) ou, por opção destas, podem recolher o IVA-Dual (IBS e CBS) fora do regime simplificado (no qual permanecerão apenas IRPJ, CSLL e INSS), apropriando integralmente os créditos de operações anteriores, e gerando-os para as operações seguintes, ou seja, mantendo-se, no que tange à tributação sobre o consumo, na sistemática "normal". Como a opção cabe a cada ME e EPP, é o caso de fazer os cálculos e, a depender do setor e da atividade, aderir ao que lhes for mais conveniente.

---

97 Confira-se, a propósito: MARTINS, Sérgio Pinto; NOHARA, Irene Patrícia; MACHADO SEGUNDO, Hugo de Brito; MAMEDE, Gladston. **Comentários ao Estatuto Nacional da Microempresa e da Empresa de Pequeno Porte (LC nº 123/2006)**. São Paulo: Atlas, 2007, *passim*.

Capítulo 9

ILÍCITO TRIBUTÁRIO

Acesse e assista à aula explicativa sobre este assunto.

> *https://uqr.to/1phej*

9.1. PRELIMINARMENTE

As normas tributárias, como normas jurídicas que são, caracterizam-se pelo fato de terem estrutura dupla, composta a rigor por duas normas, primária e secundária, a primeira a indicar a conduta devida, e a segunda a sanção para o caso de inobservância dessa conduta[1]. Pelo menos no que tange às regras jurídicas, trata-se de um dos aspectos que diferenciam as normas jurídicas de outras espécies de normas, como as morais, sendo marca das primeiras a existência de uma sanção organizada. A própria definição de uma norma como jurídica, portanto, pressupõe sua inserção em um ordenamento e sua relação com outras normas.

Norma primária:	Dado o fato temporal	→	deve ser a prestação
Norma secundária:	Dada a não prestação	→	deve ser a aplicação de uma sanção

Toda norma possui estrutura composta de um *antecedente*, no qual se preveem os pressupostos de fato para a sua incidência, e um *consequente*, no qual se prescrevem as condutas devidas diante da concretização da hipótese prevista no antecedente[2]. No caso da norma secundária, sancionatória, o antecedente, ou sua hipótese de incidência, é o não cumprimento da prestação exigida pela norma primária. Daí por que, embora com alguma impropriedade, o art. 113, § 3.º, do CTN estabelece que "a obrigação acessória, pelo simples fato da sua inobservância, converte-se em obrigação principal relativamente à penalidade pecuniária." Isso significa, por outras palavras, que o descumprimento de uma obrigação tributária acessória é fato gerador de uma obrigação principal de pagar a penalidade, nos termos antes explicados.

---

1 Para Hans Nawiasky, por exemplo, há "un par de normas, que conectan un deber material de conducta y la sanción prevista en relación a él." NAWIASKY, Hans. **Teoría General Del Derecho**, traducción de la segunda edición en lengua alemana por José Zafra Valverde, Granada: Editorial Comares, 2002, p. 16.

2 No caso dos princípios jurídicos, assim entendidas aquelas disposições que determinam a promoção de certos objetivos ou finalidades, sem indicar em que hipóteses ou por meio de quais condutas isso deve ocorrer, pode-se entender que eles, a rigor, contêm uma série indeterminada de regras jurídicas implícitas, a serem (re)construídas ou deles deduzidas pelo intérprete à luz de cada caso e a partir do choque com outros princípios. Aprofundamento dessa questão de Teoria do Direito, porém, não se comportaria nos limites deste livro.

No entanto, não apenas o descumprimento de normas que cuidam de obrigações acessórias enseja a aplicação de penalidades. Também o descumprimento de obrigações principais, a exemplo do atraso no pagamento do tributo, enseja a aplicação de penalidades. Desse modo, embora o tributo não se confunda com a penalidade, e o Direito Tributário, enquanto ramo do conhecimento, tenha por objeto de estudo as normas (e os fatos e valores a elas relacionados) que cuidam da cobrança de tributos, é inseparável a análise, também, das penalidades tributárias, previstas nas normas secundárias.

Com o agigantamento da quantidade de obrigações acessórias a serem cumpridas pelos contribuintes, e a complexidade cada vez maior da legislação que as impõe e disciplina a forma de cálculo dos tributos, é grande a insegurança do contribuinte diante da possibilidade de se lhe aplicarem penalidades pela inadequada compreensão sobre como se deve portar no âmbito da relação tributária. Esse fato, aliado à transferência crescente, ao contribuinte, de deveres que caberiam em princípio à Administração, no âmbito do lançamento por homologação e com a ampliação das hipóteses de responsabilidade tributária[3], tem incrementado a insegurança no que tange ao ônus representado pela possível aplicação de penalidades pecuniárias, e mesmo ao risco de uma ação penal. E isso para não referir o fato de que o valor representado pelas multas, quando da lavratura de autos de infração ou outras espécies de lançamento de ofício, é não raro bastante expressivo. Daí a relevância de se dedicar maior atenção ao assunto.

Ressalte-se que os textos legais não apresentam de forma explícita e organizada a estrutura indicada esquematicamente acima. As normas jurídicas são, como pacífico no âmbito da Teoria do Direito, (re)construídas pelo intérprete, a partir dos textos legais. A própria estrutura de uma norma primária, assim, é obtida pelo intérprete a partir do cotejo, eventualmente, de diversas partes de uma mesma lei, ou às vezes até da conjunção de dispositivos de leis diferentes. O mesmo se dá, com maior intensidade ainda, em relação à norma secundária, que pode ser veiculada em dispositivos diferentes ou mesmo em diplomas legais diferentes dos que veiculam as normas primárias. O importante, seja no que tange à instituição de tributos, seja no que toca à cominação de penalidades, é que a estrutura de ambas as normas – primárias e secundárias – seja passível de reconstrução a partir apenas de disposições contidas em leis, e não em atos normativos infralegais.

Quanto às sanções tributárias, assim entendidas aquelas fixadas por normas secundárias em virtude do descumprimento de obrigações tributárias, sejam elas principais ou acessórias, a literatura especializada as divide em *sanções administrativas* e em *sanções penais*. Em síntese, o que diferencia umas e outras é o fato de que as sanções administrativas podem ser aplicadas independentemente de um prévio processo judicial que apure a prática da infração, a punibilidade e a culpabilidade do infrator e avalie o dimensionamento da pena correspondente. A sanção é aplicada, no caso do Direito Tributário por autoridades da própria Administração Fazendária, e o contribuinte, apontado como infrator, pode submetê-la a um posterior controle judicial de validade. Por igual, caso o contribuinte relute em se submeter à infração, apenas por meio do Judiciário poderá ser compelido ao seu adimplemento. No caso das sanções penais, que podem ser de natureza pecuniária, mas em último caso culminam com a supressão da liberdade do infrator, é indispensável a prévia existência de um processo judicial destinado a acertar ou declarar a possibilidade de serem aplicadas.

Essa é, em suma, a diferença entre essas duas espécies de sanções, até mesmo porque ambas podem ter natureza meramente pecuniária. Tanto a sanção administrativa como a penal,

---

3 Criando o que Casalta Nabais denomina "crescente privatização da administração fiscal" NABAIS, Casalta. **Direito Fiscal**. 9. ed. Coimbra: Almedina, 2016, p. 327.

de fato, podem consistir em multas, pelo que a prévia necessidade de um processo judicial que proceda ao *accertamento* de sua aplicabilidade é a marca que particulariza as sanções de natureza penal, justamente porque estas podem, em último caso, culminar com a perda da liberdade pelo infrator, e esta forma de punição, com exceção dos casos de flagrante, só por autoridade judicial pode ser determinada.

9.1.1. Sanção e prêmio

Nos parágrafos acima, e no próprio título deste capítulo, utiliza-se a palavra "sanção" como sinônimo de pena, ou, em sentido mais amplo, como consequência do descumprimento da prestação. Não é adequada – embora não se ignore seu uso eventual – o uso da palavra sanção também como associada à consequência de uma prestação superior à exigida. Ter-se-ia, nesse caso, uma "sanção premial".

Não é adequado, porém, colocar-se o prêmio (v.g., o desconto pelo pagamento de um tributo antes de seu vencimento) ao lado da punição, como espécies do gênero sanção. E isso não guarda relação com a ideia, legítima, de que a mera punição é insuficiente para dar eficácia ao Direito, sendo importante o uso também de mecanismos de premiação. Defender o uso da expressão "sanção premial" usando como justificativa a importância das premiações implica incorrer em *falácia* definida por Irving Copi como *ignoratio elenchi,* segundo a qual "um argumento que pretende estabelecer uma determinada conclusão é dirigido para provar uma conclusão diferente"[4]. Invoca-se a importância do prêmio (premissa em torno da qual há relativo consenso, hoje), mas não se conclui pela necessidade apenas de se premiarem condutas; chega-se à conclusão, não autorizada pela correta premissa invocada, segundo a qual se pode inserir o prêmio na estrutura da norma jurídica como uma espécie de sanção, à qual seria ajuntado o adjetivo "premial", o que é um problema diferente.

Na verdade, a utilização do prêmio como forma de estimular o adimplemento dos deveres jurídicos é útil e até louvável. O problema é baralhar dois conceitos diferentes, tornando inútil a palavra sanção se não acompanhada de um qualificativo (punitiva ou reparatória, e premial). A palavra "sanção" passa a não ter significado nenhum se não estiver acompanhada de um adjetivo: – Vou aplicar-lhe uma sanção! – Mas não fiz nada de errado! – Sim, mas a sanção a que me refiro é a premial!... Isso só gera confusão, sendo muito mais proveitoso o uso apenas das palavras *sanção* e *prêmio.*

Quanto à estrutura da norma, que conteria uma consequência para a *prestação maior que a exigida,* deve-se observar que nem sempre a observância "a maior" das condutas normativamente prescritas é premiada, ao passo que a inobservância é necessariamente geradora de uma punição, de um dever de reparar, ou de submeter-se forçadamente à prestação. Por outro lado, por vezes o prêmio é ligado à observância, pura e simples, da norma, sem que se faça necessário o "plus" em relação à conduta ordinariamente exigida. Enfim, a sanção inerente à norma jurídica não é a "premial", não fazendo sentido alterar a estrutura da norma para nela incluir elementos que não são necessários, e, por isso mesmo, nem sempre estarão presentes. Mais lógico parece ser o emprego da estrutura tradicional, dentro da qual o prêmio pode ser inserido, com maior proveito e precisão, como prestação exigida por regra jurídica distinta daquela cujo cumprimento se deu "a maior", assim:

Regra "A" (que exige determinada conduta):

Dado o fato temporal, deve ser a prestação

Dada a não prestação, deve ser a sanção

---

4 COPI, Irving M. **Introdução à Lógica.** Tradução de Álvaro Cabral, 2. ed., São Paulo: Mestre Jou, 1978, p. 86.

Regra "B" (que institui o prêmio):

Dado o fato temporal (prestação maior que a exigida pela regra "A"), deve ser a prestação (concessão do prêmio)

Dada a não prestação (não entrega do prêmio), deve ser a sanção (consequência negativa àquele que não entregou o prêmio)

Essa, aliás, é a lição de Hugo de Brito Machado, que assevera não haver qualquer razão para incluir o prêmio entre as categorias de sanção. Em suas palavras,

> "(...) O prêmio é, isto sim, uma prestação. A conduta que enseja o prêmio é prevista na endonorma, e não na perinorma. Assim, por exemplo, se alguém paga, antes do vencimento, um tributo, está realizando o fato temporal ao qual a norma liga uma prestação, vale dizer, o prêmio. Neste sentido é a lição de Mário Alberto Campello, em monografia considerada por Cossio como o mais perfeito trabalho sobre o assunto"[5].

O prêmio, enfim, é importante para o Direito, inclusive para o Direito Tributário, e para a eficácia de suas normas, mas não precisa por isso ser confundido com a sanção (com prejuízo para a precisão da linguagem), nem incluído na estrutura tradicional da norma como um desnecessário agente complicador.

9.1.2. Espécies ou classificações de sanções

Como se sabe, as classificações consistem na divisão de parcelas da realidade em grupos distintos, conforme critério previamente escolhido. Assim, as classificações são praticamente infinitas, dependendo da criatividade de quem as leva a efeito. Releva destacar, porém, aquelas que trazem maior utilidade a quem as faz. No caso de classificação de instituições jurídicas, a principal relevância consiste em separá-las conforme critérios relacionados ao regime jurídico que se lhes aplica, ou seja, ao tratamento, em linhas gerais, que a ordem jurídica dedica a elas.

Nessa ordem de ideias, uma divisão possível, no gênero "sanções", seria para distinguir as de cunho precipuamente reparatório, as de natureza executiva, e as de caráter punitivo. As primeiras teriam por fim obter uma compensação pelo prejuízo causado pela *não prestação* (*v.g.* indenização). As segundas almejariam *forçar* o adimplemento da prestação (processo de execução). Já as terceiras teriam o propósito de impor um *castigo* ao infrator, para que este não volte a praticar a conduta reprovada juridicamente (penalidades pecuniárias, restrição de direitos, etc.). Neste capítulo, serão examinadas precipuamente as desta última espécie.

Classificação também verificada com alguma frequência na doutrina toma por critério o ramo do Direito integrado pelas normas de cuja sanção se cogita. Diz-se, assim, que existem sanções ambientais, tributárias, civis, comerciais, administrativas, etc. As sanções tributárias, nesse contexto, conforme explicado no início deste capítulo, são aquelas que têm por finalidade (tentar) garantir a eficácia das normas tributárias, sendo decorrentes da não prestação de deveres tributários, principais ou acessórios. Outra classificação, mais comumente adotada com relação às penalidades, e na qual podem ser divididas as sanções classificadas como tributárias pelo critério anteriormente apontado, as separa conforme o procedimento de sua

---

5 MACHADO, Hugo de Brito. **O Conceito de Tributo no Direito Brasileiro.** Rio de Janeiro: Forense, 1987, p. 34.

aplicação: *cíveis*, *administrativas* e *penais*. Essa é a forma de classificação que nos parece mais útil, pelo menos para os propósitos deste capítulo.

Diz-se que uma sanção é *cível* quando seu acertamento pode ocorrer contratualmente. A multa que decorre do descumprimento de uma cláusula contratual, por exemplo, pode ser suportada pela parte infratora independentemente de qualquer procedimento, desde que esta o queira. A consequência a ser infligida ao sancionado, sua gênese e a sua quantificação, dependem em larga medida da *vontade*. Poderá eventualmente ser necessário o manejo de um processo de execução, ou mesmo de um processo conhecimento, mas para isso deverá ter havido resistência do infrator, que não aceitou submeter-se "voluntariamente" à sanção respectiva.

Classifica-se como *administrativa* a sanção aplicada pela Administração Pública de forma *ex lege*, em face do descumprimento de um dever jurídico qualquer. É o caso da multa de trânsito, ou das penalidades impostas pela Administração Tributária. Apurada a infração e quantificada a penalidade, através de um devido processo legal *administrativo* (que deve ser facultado ao administrado, mas que pode ser por ele provocado, ou não), o acesso ao Judiciário é necessário apenas para obter a aplicação, forçada se necessário, da sanção já apurada e quantificada. Ao administrado é que caberá socorrer-se do Judiciário, caso considere inocorrente a infração, ou indevida ou demasiada a sanção, ou ainda malferido o seu direito a um devido processo legal administrativo.

Finalmente, a sanção *penal* é aquela que, porque geralmente (mas não sempre) é utilizada para reprimir violação a normas que protegem valores importantes para a sociedade (vida, liberdade, etc.), *pode* consubstanciar a privação da liberdade do infrator (reclusão ou detenção). É a única que pode chegar a esse ponto[6]. Por isso, a apuração de infração que enseja a aplicação de sanção penal, e a aplicação dessa sanção, devem *necessariamente* ser antecedidas de um devido processo legal *judicial*[7]. Não é possível – e aqui está sua grande distinção em face das sanções cíveis e administrativas – a submissão "voluntária" de um infrator a uma sanção penal. Não é possível ao acusado de homicídio, ou de furto, "abrir mão" do processo judicial e recolher-se voluntariamente a um presídio, sem um julgamento, por órgão do Poder Judiciário, envolvido de todas as garantias constitucionais processuais.

Note-se que as sanções cíveis e administrativas podem ser aplicadas sem o manejo de um processo judicial, que só é utilizado quando há resistência por parte daquele que à sanção se deveria submeter[8]. O motorista multado por conduzir o veículo sem cinto de segurança pode recolher a multa sem que o ente público tenha de executá-lo judicialmente. O condômino que atrasa o pagamento de sua contribuição mensal pode pagar ao síndico do edifício a multa moratória sem qualquer interferência judicial ou administrativa, o mesmo se podendo dizer daquele que indeniza amigavelmente todos os prejuízos causados por um abalroamento de

---

6 Poder-se-ia cogitar da prisão civil do devedor alimentício como uma possível exceção à regra segundo a qual somente as sanções penais podem culminar com a restrição da liberdade, mas convém lembrar que a prisão civil é usualmente definida pela literatura especializada como tendo natureza não propriamente de uma punição, mas de um meio para compelir o devedor ao adimplemento da dívida. Seria sanção, em um sentido amplo, por decorrer do inadimplemento do dever e visar a que seu adimplemento ocorra, mas não é uma sanção no sentido de pena, ou punição, porquanto tem apenas esse propósito coercitivo e, tão logo satisfeita a dívida, o devedor é liberado.

7 Pode-se inverter a posição da causa e da consequência apontadas no texto, para dizer, chegando ao mesmo resultado prático, que na verdade a sanção penal pode implicar restrição à liberdade porque sua imposição deve ser necessariamente antecedida de um devido processo legal *judicial*.

8 Aliás, cumpre repetir que a execução é uma espécie de sanção, mesmo considerada isoladamente, quando utilizada para viabilizar o adimplemento da *prestação* exigida pela norma primária (*v.g.* tributo).

automóveis. A sanção penal, no entanto, como já explicado, tem como elemento essencial a existência de um devido processo legal *judicial* prévio à sua aplicação.

Aplicando esses vários critérios classificatórios, pode-se dizer que, no âmbito do Direito Tributário, as sanções punitivas são administrativas, e penais. Até mesmo em face da natureza do Direito Tributário, e dos deveres jurídicos correspondentes, não existem em seu âmbito, salvo em situações bastante excepcionais[9], sanções de natureza *cível.*

9.1.3. Cumulação de sanções administrativas e penais

Poder-se-ia questionar, em face da existência de sanções administrativas e de sanções penais, a possibilidade de *duas* sanções, uma administrativa e uma penal, serem impostas a um mesmo cometimento ilícito. Isso porque isso poderia configurar possível violação ao princípio que veda o *bis in idem.*

De início, poder-se-ia afirmar que *não existe* vedação, em nossa ordem jurídica, a que sejam impostas duas sanções (uma administrativa, e outra penal) a uma mesma infração. Não está *escrito expressamente* em nenhum artigo da CF/88 que um fato só possa submeter-se a sanções administrativas, ou penais, alternativa e não cumulativamente. Ter-se-ia, no caso, simplesmente *duas* normas que, por coincidência, têm o mesmo ilícito como suporte fático, impondo a esse ilícito sanções de natureza diferente. Para fundamentar tal conclusão poderia ser aduzido ainda que: a) contribuintes faltosos são normalmente submetidos a essas duas formas de penalidade; b) o art. 225, § 3.º, da CF/88, autoriza expressamente que, em face de um mesmo ilícito, sejam aplicadas sanções administrativas e sanções penais, além da reparação dos danos causados.

Quanto à inexistência de vedação explícita, vale notar que ela não significa que a dupla punição esteja autorizada. A vedação pode decorrer, implicitamente, por exemplo, do princípio da proporcionalidade. Embora no Brasil essa questão não seja de discussão muito frequente, na literatura estrangeira é tema recorrente nos trabalhos sobre o assunto[10]. O fato de que "sempre foi assim", por sua vez, não é argumento válido. Do contrário, ainda se estariam usando métodos de punição envolvendo o uso de fogueiras e esquartejamentos.

Ademais, cumpre diferenciar duas normas que têm *hipóteses de incidência* diferentes, mas que podem, por coincidência, incidir sobre um mesmo fato temporal (que preencha as duas hipóteses); de duas normas que têm precisamente a *mesma hipótese de incidência,* e que, por isso, incidem sempre e necessariamente sobre os mesmos fatos, em analogia semelhante à distinção que se faz, em relação aos tributos, entre bitributação econômica e bitributação jurídica, sendo a primeira juridicamente admissível – e muitas vezes inevitável – e a segunda, em regra, vedada pela ordem jurídica brasileira. No primeiro caso, estão sendo punidos

---

[9] Imagine-se o caso, por exemplo, de isenções, parcelamentos ou remissões individuais e específicas, amparadas em lei, mas também em contrato firmado entre o contribuinte e a Administração Pública, hipótese em que o contrato poderia, em princípio, prever alguma forma de punição para o inadimplemento de suas cláusulas, colocando-se a questão de saber se esse tipo de sanção seria "cível" ou "administrativo".

[10] Confira-se, a propósito, SPISSO, Rodolfo. "Criminalización de las infracciones tributarias", em **A criminalização das infracções fiscais**, Lisboa: AFP/ILADT, 1998, livro 2, p. 81; ROYO, Fernando Pérez. "Los delitos contra la Hacienda Publica: Opciones de Politica Legislativa em su regulación y questiones sobre su aplicación", em **A criminalização das infracções fiscais**, Lisboa: AFP/ILADT, 1998, livro 1.b, pp. 36 e 37; ELISECHE, Marco Antonio. "La criminalización de las infracciones tributarias", em **A criminalização das infracções fiscais**, Lisboa: AFP/ILADT, 1998, livro 1, p. 223; VILLALBA, Francisco Javier de León. **Acumulación de sanciones penales y administrativas – sentido y alcance del principio "ne bis in idem"**. Barcelona: Bosch Casa Editorial S.A, 1998.

ilícitos diferentes que podem, circunstancialmente, ser praticados através de uma mesma conduta. No segundo caso, toma-se um mesmo ilícito e pune-se *duas vezes* o responsável por sua ocorrência. Essa segunda situação, conquanto possa estar autorizada por critérios de lógica formal, pode não se coadunar com o princípio da proporcionalidade, que preconiza, no caso, que a sanção seja, ao mesmo tempo, adequada, necessária e não excessiva para punir o ilícito. Se existem *duas* sanções para um mesmo ilícito, aplicadas independentemente uma da outra, de duas uma: ou cada uma delas, sozinha, é *inadequada*, ou as duas são *excessivas*.

Por exemplo, pode ser cominada penalidade pecuniária administrativa pela prática do fato ilícito "A", e sanção penal (pecuniária ou não), pela prática do fato ilícito "A+1". Nesse caso, não há dupla imposição punitiva, pois o segundo ilícito "A+1", a rigor, é distinto, notadamente em gravidade ou em grau de reprovabilidade, do ilícito "A". O que pode impactar o princípio da proporcionalidade, como afirmamos no parágrafo anterior, é impor ao mesmo ilícito "A+1" uma sanção administrativa e uma sanção penal.

Poder-se-ia objetar esse risco de ofensa à proporcionalidade defendendo que a punição haveria de ser dosada tomando-se em consideração as duas sanções, administrativa e penal, evitando-se que as duas, juntas, somadas, não sejam, à luz de cada caso, desproporcionais. Deve-se ponderar, porém, que cada uma dessas sanções (administrativa e penal) é idealizada sem a consideração de outras que poderiam ser cominadas a um mesmo fato, e, o que é pior, são aplicadas *por órgãos diferentes*. O problema da dupla punição, administrativa e penal, aliás, não está propriamente na existência de duas punições pecuniárias, ou de uma punição pecuniária e outra restritiva de direitos, ou da liberdade. O problema está na duplicidade julgamentos, na duplicidade de órgãos punitivos, não tendo um órgão controle sobre a aplicação da sanção pelo outro. Isso faz, invariavelmente, com que não seja dosada a proporcionalidade da pena à infração. Por isso, na Europa, a literatura aponta a necessidade de se unificarem os órgãos sancionadores[11], ou de o órgão de aplicação da sanção penal considerar, obrigatoriamente, na fixação da pena a ser aplicada, as sanções administrativas já impostas pela mesma infração[12]. Ainda quanto à Europa, porém, merece registro o fato de que, embora haja países em que existe essa unificação, a Corte de Direitos Humanos decidiu, relativamente aos países europeus em que não há a unificação, que inexiste ofensa ou invalidade na dupla punição[13]. No caso do Brasil, o Supremo Tribunal Federal ainda não se pronunciou sobre o assunto, notadamente em razão da pouca atenção que a literatura nacional tem dado ao tema.

---

11 "Independientemente de que el procedimiento administrativo se hubiera o no iniciado, o incluso en el supuesto de que fuera el órgano judicial penal el que tuviera conocimiento de un hecho que a la postre pudiera ser constitutivo igualmente de infracción administrativa, la competencia para conocer en estos casos ha de pretender a un único órgano sancionador que, siguiendo el ejemplo de los Ordenamientos alemán e italiano, debiera ser el órgano penal con competencia en el asunto." VILLALBA, Francisco Javier de León. **Acumulación de sanciones penales y administrativas – sentido y alcance del principio "ne bis in idem"**. Barcelona: Bosch Casa Editorial S.A, 1998, p. 585.

12 É o que ocorre, por exemplo, na Dinamarca, conforme anota Villalba, onde "el legislador ha sido cauto a la hora de crear una regulación que ha evitado la confluencia de normas administrativas y penales, utilizando en último extremo el principio de proporcionalidad como criterio para solucionar la posible acumulación de sanciones. (...). En supuestos en los que la sanción administrativa ya ha sido ejecutada, necesariamente ha de ser tomada en consideración por la resolución judicial en virtud del art. 30.4. de la VStG" VILLALBA, Francisco Javier de León. **Acumulación de sanciones penales y administrativas – sentido y alcance del principio "ne bis in idem"**. Barcelona: Bosch Casa Editorial S.A, 1998, p. 138).

13 Corte Europeia de Direitos Humanos – CASE OF A AND B v. NORWAY (Applications n.s. 24130/11 and 29758/11).

9.2. PENALIDADES ADMINISTRATIVAS EM MATÉRIA TRIBUTÁRIA

9.2.1. Fundamento constitucional para a imposição de uma penalidade pecuniária

Já faz algum tempo, o estudo e a aplicação do Direito passaram por uma importante mudança de paradigma, por meio da qual a Constituição assumiu posição de destaque e primazia.

Diz-se, de forma um tanto imprópria, que a partir de algum momento do Século XX, momento que no Brasil seria representado pela promulgação da Constituição Federal de 1988, os princípios jurídicos teriam sido expressamente positivados, passando a ter força normativa e a vincular juízes e legisladores. Em verdade, essa mudança de paradigma realmente aconteceu; a alteração, contudo, não se deu, propriamente, nos textos constitucionais,[14] mas na forma de interpretá-los e aplicá-los. O que antes era visto como mera recomendação passou a ser tratado como enunciado normativo, dotado de força cogente, desenvolvendo-se toda uma metodologia para interpretar e aplicar tais normas.

Seja como for, é inegável que, a partir das últimas décadas do Século XX, observa-se sensível mudança na forma como os problemas jurídicos são tratados pelos que se ocupam do estudo e da aplicação das normas jurídicas. Questões que antes eram tratadas à luz da *lei*, cujo conteúdo era eventualmente aceito, por ser o direito positivo, ou criticado, à luz de um direito natural, passaram a ser examinadas à luz da Constituição, notadamente dos princípios que, nela contidos, dariam *fundamento* para o texto legal correspondente. A crítica à lei, em vez de fundar-se no direito natural, passou a apoiar-se na Constituição, o que lhe confere maior objetividade, ou, pelo menos, melhores possibilidades de controle intersubjetivo. Por essa razão, muitos autores intitularam essa nova fase da teoria jurídica de "pós-positivismo"[15], fruto de uma síntese dialética entre as correntes juspositivistas e jusnaturalistas.[16]

Não parece que tenha havido, de fato, superação do positivismo, ou do jusnaturalismo, tampouco do debate entre os partidários de tais correntes. A rigor, apenas subiu-se um degrau na hierarquia normativa, mas se continuou no âmbito do direito positivo. Tanto que os princípios, para serem aplicados, tiveram de ser reconhecidos como normas positivadas nas Constituições. Isso suscita a questão de saber como seria possível a dita superação, do antagonismo entre jusnaturalismo e positivismo, no caso de Constituições que expressamente consagrem princípios injustos, ou nas hipóteses de condutas que parecem adequadas para os membros de uma sociedade e absurdas para os de outra, exemplos aqui citados apenas para indicar a subsistência, só que em outro plano, das mencionadas correntes jusfilosóficas e do antagonismo entre seus partidários.[17]

---

[14] Leitura do art. 179 da Constituição de 1824, por exemplo, revela que seu conteúdo não era assim tão diferente do que hoje se acha contido no art. 5.º da Constituição de 1988. Não obstante, embora nele se achasse prevista a necessidade de igualdade entre os homens, os que combatiam a escravidão, que existia sob a sua vigência, o faziam invocando o Direito Natural, e não o texto constitucional. Isso mostra que, como se está afirmando aqui, a mudança foi muito mais na maneira de ver os textos do que propriamente na redação destes.

[15] Cf., *v.g.*, BARROSO, Luís Roberto. Fundamentos teóricos e filosóficos do novo direito constitucional brasileiro – pós-modernidade, teoria crítica e pós-positivismo. In: BARROSO, Luís Roberto (Org.). **A nova interpretação constitucional**. ponderação, direitos fundamentais e relações privadas. Rio de Janeiro: Renovar, 2006. p. 2-47.

[16] É o caso, por exemplo, de GUERRA FILHO, Willis Santiago. **Teoria processual da constituição**. São Paulo: Celso Bastos Editor/Instituto Brasileiro de Direito Constitucional, 2000, p. 169, que associa essa "superação" ao fato de se admitir atualmente a positividade de normas com estrutura de princípio, pois com isso se estaria conferindo validade objetiva, ou positividade, aos valores.

[17] Nesse sentido: MACHADO SEGUNDO, Hugo de Brito. **Fundamentos do Direito**. São Paulo: Atlas, 2010, *passim*.

De uma forma ou de outra, o que importa é que, atualmente, se reconhece estarem positivados na Constituição princípios, assim entendidas as normas que apenas indicam a necessidade de se perseguirem objetivos, metas, fins ou propósitos, sem indicar explicitamente os meios que deveriam ser empregados para tanto.[18] São essas disposições, antes tidas como "meramente programáticas", que hoje são vistas como dotadas de eficácia normativa, a vincular todos os poderes constituídos, notadamente juízes e legisladores.

Nessa ordem de ideias, por exemplo, se a Constituição impõe, como objetivo a ser perseguido pelos que estão sujeitos às suas disposições, por norma com estrutura de princípio, a proteção ao meio ambiente (CF/88, art. 170, VI), não se tem aí apenas uma indicação de intenções sem valor normativo, como se consideravam, à época, as constantes do art. 179 da Constituição de 1824. De rigor, com a disposição constante do art. 170, VI, da CF/88, entende-se hoje que a Constituição está, indiretamente e *a priori*: *(i)* proibindo todas as condutas que agridem o meio ambiente; *(ii)* tornando obrigatórias todas as condutas que promovem, prestigiam ou protegem o meio ambiente; *(iii)* considerando lícitas todas as demais condutas, indiferentes à proteção ao meio ambiente. Assim, nesse exemplo, a imposição de multas pecuniárias, por meio de lei, encontraria fundamento na necessidade de se proibirem as condutas agressivas ao meio ambiente, servindo de sanção punitiva àqueles que assim se conduzissem.

A questão é que o texto constitucional não se resume ao art. 170, VI. Em seus demais dispositivos, a Constituição veicula muitas outras normas, algumas com estrutura de regra, outras com estrutura de princípio, as quais servem de limites ao alcance daquela que impõe a proteção ao meio ambiente. Dessa forma, não é possível proibir, literalmente, todas as condutas que de algum modo prejudicam o meio ambiente, punindo-as com severas sanções; tampouco seria juridicamente admissível tornar obrigatórias todas aquelas que de alguma maneira beneficiam o meio ambiente: com isso não seria possível atender à proteção à livre iniciativa, ou ao pleno emprego, à propriedade privada ou à própria liberdade individual. Daí a necessidade de tais mandamentos serem conciliados, o que só se obtém por meio do princípio, ou postulado,[19] da proporcionalidade.

O conteúdo do postulado da proporcionalidade e de suas subdivisões já foi examinado em muitos livros e artigos, o que, em princípio, tornaria prescindível seu trato aqui. Entretanto, como o que se pretende é demonstrar sua aplicabilidade à definição de ilícitos tributários e à graduação das penalidades correspondentes, pede-se licença ao leitor para, em poucas linhas, relembrarem-se algumas ideias básicas em torno do tema.

Sempre que a Constituição, por meio de normas com estrutura de princípio[20], determina a promoção de um objetivo (ou de um "estado ideal de coisas"), entende-se que ela está a

---

18 Para os vários sentidos em que a palavra "princípio" é empregada pela doutrina brasileira, e uma explicação de seu uso em termos semelhantes ao adotado no presente texto, confira-se: SILVA, Virgílio Afonso da. "Princípios e Regras: Mitos e equívocos acerca de uma distinção", **Revista Latino-Americana de Estudos Constitucionais**, n.º 1, janeiro/junho 2003, Belo Horizonte: Del Rey, 2003, p. 607.

19 Humberto Ávila prefere o termo "postulado" para designar o que a maior parte da doutrina nomina como "princípio" da proporcionalidade, pois, a rigor, por meio dele não se prescreve um objetivo a ser perseguido na medida do possível, ou a promoção de um "estado ideal de coisas", mas antes se estabelecem critérios para a aplicação de outras normas jurídicas. ÁVILA, Humberto. **Teoria dos princípios**. 4. ed. São Paulo: Malheiros, 2004, *passim*.

20 Assim entendidas aquelas "imediatamente finalísticas, primariamente prospectivas e com pretensão de complementaridade e de parcialidade, para cuja aplicação se demanda uma avaliação da correlação entre o estado de coisas a ser promovido e os efeitos decorrentes da conduta havida como necessária à sua promoção." ÁVILA, Humberto. **Teoria dos princípios**. 4. ed. São Paulo: Malheiros, 2004, p. 70.

determinar a adoção de meios que sejam *adequados, necessários* e *proporcionais em sentido estrito* a essa promoção. O meio será adequado quando, de fato e efetivamente, conduzir ao objetivo perseguido. Será necessário quando, dentre os meios existentes e adequados, não existir outro que seja menos gravoso à promoção dos demais princípios igualmente prestigiados pela Constituição. Finalmente, será proporcional em sentido estrito quando, além de adequado e necessário, o emprego do meio em questão causar aos outros princípios, igualmente prestigiados constitucionalmente, impactos mínimos, justificáveis em face do maior benefício obtido com a sua adoção (os bônus justificam os ônus). É nesse último momento, da proporcionalidade em sentido estrito, que se realiza verdadeiramente a *ponderação*, aferindo-se se os prejuízos advindos da adoção do meio escolhido se justificam à luz dos benefícios por ele trazidos, ou por outras palavras, dando-se primazia à solução que implicar o menor sacrifício possível aos princípios envolvidos.

Note-se que esse juízo de proporcionalidade é feito por toda criatura racional, a cada instante, em maior ou menor intensidade, sempre que se avaliam alternativas a serem escolhidas à luz das metas ou objetivos que se pretendem atingir. Ao decidir sobre ir ou não a um compromisso social, sobre assumir ou não um encargo profissional, sobre faltar ou não à academia de ginástica, o sujeito avalia até que ponto isso seria adequado, necessário e proporcional em sentido estrito, em face das metas que elege para orientar sua vida e do peso que atribui a cada uma delas.

Um bom exemplo disso pode ser colhido na prescrição de um tratamento de saúde por um médico. Suponha-se que o paciente tem dores no joelho, e o ortopedista lhe pretende receitar um medicamento. Inicialmente, será o caso de verificar se o medicamento realmente produzirá efeitos sobre o joelho dolorido. Caso nenhum efeito produza sobre ele, não será atendido o quesito da *adequação*. Em seguida, o médico examinará se não existe outra droga ou tratamento (acupuntura, ginástica, fisioterapia...) igualmente eficaz para o tratamento do problema, mas que seja menos gravoso a outros valores a serem por ele igualmente respeitados (economia, conforto, saúde de outras partes do corpo etc.). Se há marca mais barata, não há motivo para receitar a mais cara. Se o paciente é uma criança, o tratamento será demorado e há xarope com agradável sabor de frutas, não há razão para receitar doloridas injeções. Se há versão sem efeitos colaterais, não há justificativa para receitar aquela que os têm. Trata-se, aí, do requisito da *necessidade*. E, finalmente, se apenas existe um remédio que cura o problema, caro e com severos efeitos colaterais (sendo, portanto, adequado e necessário receitá-lo, se se pretende curar o problema), será o caso de verificar se esses efeitos colaterais não serão mais graves e danosos que a própria doença a ser combatida, sendo, portanto, preferível não a remediar (proporcionalidade em sentido estrito). Se a única droga capaz de realmente curar as dores no joelho causará danos irreversíveis ao fígado, pode ser o caso de não a prescrever em absoluto, sendo preferíveis as dores eventuais no joelho a um problema hepático que pode conduzir à morte do paciente.

Aliás, mesmo em processos não conscientes, mas nos quais há um *trade off* entre diferentes metas a serem atingidas diante de recursos escassos para promovê-las todas na máxima medida, observa-se a aplicação da ideia subjacente à proporcionalidade. É o caso, por exemplo, do processo de seleção natural. Os recursos disponíveis para um animal são limitados, e os fins a serem por ele atingidos são os mais diversos. É preciso conhecer o ambiente que o circunda, para melhor interagir com ele, dispor de meios de locomoção eficientes, para fugir de predadores e obter alimento, destacar-se diante dos demais membros da mesma espécie, para atrair um parceiro apto à reprodução, esconder-se de predadores, e assim por diante. Nesse contexto, por exemplo, um animal somente desenvolverá a visão, a audição, ou penas coloridas para atrair as fêmeas, apenas na medida em que isso seja adequado, necessário e proporcional em sentido estrito para garantir-lhe a sobrevivência e a reprodução. Suas penas serão coloridas apenas o suficiente para que as fêmeas o prefiram diante dos outros machos, mas não coloridas demais, mais do que o necessário para esse fim, pois isso consumiria recursos úteis para outros fins, além de atrair predadores também.

Na aplicação da proporcionalidade para que se proceda ao controle da relação entre meios e fins na realização de princípios constitucionais não é diferente. Relativamente às multas tributárias, portanto, é preciso encontrar, na Constituição, o fundamento para a sua instituição e aplicação, vale dizer, a finalidade ou o objetivo a ser com elas alcançado. Esse fundamento parece contido em várias disposições esparsas, mas, de forma mais específica, é possível identificá-lo no art. 145, § 1.º, e no art. 150, II, dispositivos que consagram os princípios da capacidade contributiva e da isonomia.[21] Todos devem contribuir para o financiamento do Estado na medida de suas possibilidades econômicas, finalidade que evidentemente deve ser conciliada com outras normas constitucionais,[22] mas que deve ser perseguida na medida do que for factual e juridicamente possível.

Nesse contexto, o contribuinte que oculta seus bens, adultera declarações, omite operações tributáveis etc., está realizando condutas contrárias ao mencionado objetivo. Trata-se, pois, de conduta reprovável, contrária a um valor objetivamente consagrado no texto constitucional, passível, portanto, de punição por parte do legislador ordinário.

O primeiro limite a ser observado, na perseguição desses objetivos – igualdade tributária e capacidade contributiva – por meio do estabelecimento de sanções aos contribuintes que os contrariam é representado pela regra da legalidade. As infrações, e as sanções cominadas aos que as praticam, devem ser definidas em lei em sentido estrito. Trata-se, todavia, de limite meramente formal, que nada diz sobre quais condutas poderiam ser definidas como infração, nem de como as respectivas sanções podem ser estabelecidas e graduadas. É nesse controle, substancial, que assume importância o postulado da proporcionalidade.

Como a definição da infração e a cominação da penalidade são *meio* para se atingir o fim (tributação isonômica e conforme a capacidade contributiva), é preciso que o meio seja, de início, *adequado* a essa finalidade. Para tanto, será o caso de indagar: a conduta realmente pode ser considerada ilícita, por contrariar o objetivo buscado? Caso a conduta seja *inócua* relativamente ao objetivo buscado (bem como a quaisquer outros, igualmente perseguidos pela Constituição), não poderá ser considerada ilícita, nem ter à sua prática associada uma penalidade, pois isso não será adequado à consecução do objetivo que a justifica e lhe dá fundamento. Seria o caso, por exemplo, de lei que resolvesse punir contribuintes por terem

---

21 Não se está dizendo, aqui, que isonomia e capacidade contributiva sejam equivalentes ou que se confundam. Não. A rigor, à luz do art. 150, II, da CF/88, os contribuintes em situação igual devem ser tratados igualmente, e aqueles em situação desigual devem ser tratados desigualmente, na medida de suas desigualdades. O problema, como explicado no item deste livro dedicado ao princípio da igualdade tributária, é saber qual *medida* deve ser tomada em consideração, quando da atribuição de tratamento desigual aos desiguais. Afinal, igual, ou desigual, segundo qual critério? A capacidade contributiva, nessa ordem de ideias, e *um* critério. Certamente o principal, mas não o único, eis que contribuintes podem ser tratados de forma desigual, não obstante tenham capacidade contributiva equivalente, à luz de considerações extrafiscais (*v.g.*, ambientais).

22 Exemplificando, as pessoas devem contribuir conforme sua capacidade contributiva, mas os tributos devem ser instituídos em lei (art. 150, I), essa lei deve ser anterior aos fatos tributáveis (art. 150, III, "a"), ou mesmo anterior ao exercício em que esses fatos venham a acontecer (art. 150, III, "b"), e assim por diante.

os cabelos grandes ou por usarem óculos. Mesmo amparada em lei em sentido estrito, uma penalidade assim não seria válida.[23] Condutas irrelevantes, que em nada atrapalham a realização dos princípios a serem protegidos por meio da definição de infrações e da cominação de penalidades, não podem ser consideradas ilícitas, por evidente inadequação.

Mas não basta que a sanção seja adequada, por ser a conduta que justifica sua aplicação realmente contrária à efetivação de um valor constitucionalmente protegido. É preciso, ainda, que a sanção seja *necessária*, à luz da inexistência de outros meios, igualmente adequados à proteção do princípio e menos gravosos aos demais princípios envolvidos na questão. Suponha-se, por exemplo, que a forma de cumprimento de uma obrigação tributária seja modificada, tornando-a até mais fácil e menos onerosa ao contribuinte. Em tal situação, para levar os contribuintes a cumprirem a tal obrigação, seria mais adequado informá-los da nova sistemática, de forma educativa, não sendo necessário estabelecer e aplicar desde logo uma multa se, pelo esclarecimento, resultado tão ou mais eficaz poderia ser alcançado.

Finalmente, deve-se verificar se a sanção imposta a uma conduta, além de adequada, por conduzir ao prestígio de valores constitucionalmente protegidos, e necessária, em face da inexistência de outros meios igualmente adequados e menos gravosos para se chegar a esse fim, é também *proporcional em sentido estrito,* vale dizer, se o gravame por ela representado (inclusive à efetivação de outros princípios constitucionais, como a proteção à propriedade) justifica-se à luz dos benefícios ou das vantagens por ela trazidas. Nessa ordem de ideias, uma multa pesadíssima representa gravame ao direito de propriedade, sendo de se observar se o dano causado pela conduta infratora é de tal gravidade que justifique, para ser reprimido, a imposição de tamanho gravame. Uma multa assim tão alta até pode ser adequada e necessária, mas, pelo exagero (à luz da pequena gravidade da conduta faltosa) incorrer em inconstitucionalidade, por não ser proporcional em sentido estrito. Em exemplo caricaturesco, uma lei que impusesse multa de um milhão de reais aos contribuintes que atrasassem o pagamento do imposto no valor de mil reais seria inconstitucional, por desproporcionalidade. Para reprimir essa falta, que realmente é contrária aos princípios que justificam a imposição de multas tributárias, não seria *necessário* aplicar multa tão elevada. E ainda que se considere necessário, pois assim elevada a multa nenhum contribuinte se atreveria a praticar a infração, ela não seria proporcional em sentido estrito, pois a compressão por ela causada no direito de propriedade seria incomparavelmente maior que o diminuto incremento no prestígio aos princípios da isonomia e da capacidade contributiva: o ônus não seria justificado pelo bônus.[24]

Podem ser citadas como exemplo real de sanções desproporcionais, por causarem lesões excessivamente gravosas a outros princípios constitucionais, as chamadas "sanções políticas", das quais se tratará de forma específica mais adiante. Trata-se de meio indireto de cobrança que, a pretexto de punir o contribuinte inadimplente (o que, em princípio, seria legítimo, sendo a sanção um meio adequado e, às vezes, talvez até necessário), promovem

---

[23] Tal lei, além de inadequada, seria também inválida por agressão à liberdade individual, vício até mais evidente, mas se mantém o exemplo, aqui, apenas para mostrar que a higidez da ordem tributária e o correto pagamento dos tributos devidos não poderiam ser invocados para justificá-la.

[24] Nesse sentido, Maria Luiza Vianna Pessoa de Mendonça observa que "a máxima da proporcionalidade em sentido estrito exige que a ablação do patrimônio do infrator que decorrerá do pagamento da multa tributária seja proporcional ao ganho que terá o Fisco com o cumprimento da obrigação tributária principal ou da obrigação tributária acessória pelo obrigado..." MENDONÇA, Maria Luiza Vianna Pessoa de. **Multas Tributárias – Efeito confiscatório e desproporcionalidade – tratamento jusfundamental.** In: FISCHER, Octavio Campos (Coord.). *Tributos e Direitos Fundamentais*. São Paulo: Dialética, 2004, p. 253.

desmedidas violações aos princípios do devido processo legal, da ampla defesa e do contraditório e da proteção à liberdade econômica, incorrendo em desproporcionalidade em sentido estrito.

9.2.2. Infrações mais graves, multas mais pesadas

As ideias explicadas no item anterior oferecem a justificativa pela qual as penalidades, em geral, devem ser proporcionais à gravidade do ilícito que visam a punir. Afinal, se a restrição à liberdade ou ao patrimônio só se justifica porque o seu titular provocou gravame a outros bens juridicamente protegidos (liberdade ou propriedade de outras pessoas, boa-fé, meio ambiente etc.), então, por imposição lógica, a restrição à liberdade ou ao patrimônio deve ser proporcional a esse gravame. Trata-se de princípio geral de direito punitivo, conhecido e defendido há muitos séculos, e que orienta, ou deve orientar, a aplicação de sanções em geral, penais ou administrativas.

Em relação às multas aplicadas no âmbito administrativo, aos que descumprem obrigações tributárias principais ou acessórias, os seus montantes são, não raro, proporcionais ao valor do tributo devido, ou da operação realizada. Parte-se da premissa de que não pagar tributo de valor mais expressivo é mais grave que não pagar tributo de valor reduzido, pelo que as sanções devem ser proporcionais ao valor não recolhido, o que, em princípio, é correto. Destaque-se, apenas, a circunstância de que o valor do tributo não recolhido é apenas um dos elementos a ser tomado em consideração, não sendo lícito deixar de lado aspectos como, por exemplo, o emprego de meios fraudulentos, a adulteração de documentos, o recurso a interpostas pessoas etc.

Nessa ordem de ideias, se um contribuinte atrasa o pagamento de um tributo, mas a operação correspondente foi contabilizada, e o débito foi declarado, a gravidade de sua conduta não é a mesma daquele que contabiliza a operação, mas não declara a dívida, que tampouco pode ser equiparado àquele que sequer contabiliza a operação, fazendo, para tanto, uso de documentos fraudulentos. E, em sendo diversos os graus de gravidade dos ilícitos (que impactam, como se vê, de maneira diversa os princípios constitucionais pertinentes), diversas deverão, por igual, ser as penalidades aplicáveis.

O Supremo Tribunal Federal tem precedentes nos quais aplica às penalidades pecuniárias em matéria tributária essa exigência de proporcionalidade entre a pena e o ilícito praticado, eventualmente empregando a expressão "confiscatória" para designar a penalidade que não a observa, por incorrer em excesso. Inobstante, não se trata, a rigor, de aplicação da vedação ao confisco, contida no art. 150, VI, da CF/88, não só porque a disposição se reporta apenas a tributos, como porque estes, os tributos, não podem ser confiscatórios porque oneram situações que, em tese, são lícitas, tendo os contribuintes o direito de continuá-las praticando, direito que seria malferido por um tributo excessivo. Tanto que a vedação ao confisco, mesmo se não positivada, poderia ser considerada uma decorrência da proteção à propriedade e à livre iniciativa, as quais seriam obstaculizadas se aqueles que licitamente a elas fizessem jus fossem a tanto impedidos por um oneroso tributo. Não é o caso das multas, que têm como pressuposto não o exercício de um direito, mas a prática de um ilícito, sendo o seu propósito precisamente o de desestimular a sua prática, conforme explicado no item deste livro dedicado à vedação ao confisco[25].

---

25 Valdés Costa, a propósito, chama atenção para o fato de que o tributo, embora tenha elementos que o assemelham à penalidade pecuniária, é cobrado em face de situações normais, que se espera que continuem acontecendo, ao passo que a multa diz respeito sempre à violação da ordem juridica,

O importante é que, embora possam (e devam) ser onerosas, para desestimular a prática dos fatos que ensejam a sua aplicação, as multas não podem ser desproporcionais, vale dizer, desmedidas em relação à gravidade desses mesmos fatos, ou ao dano que causam aos bens ou valores constitucionalmente tidos por relevantes.

Embora não seja fácil determinar quando essa "desproporção" começa a acontecer, estabelecendo uma linha de fronteira, isso não significa que não seja possível identificar casos nos quais essa linha foi evidentemente transgredida. Como em toda situação na qual há uma zona de penumbra ou de transição, pode ser difícil estabelecer o ponto exato em que a transição acontece, mas isso não impõe dificuldade a que se identifiquem casos situados claramente além dela. Por mais complicado que seja determinar quando termina o dia e começa a noite, durante o crepúsculo, não há dificuldade em afirmar que às 23h00min já é noite[26]. Do mesmo modo, marcar o fim da adolescência e o início da idade adulta não é simples, mas o é a identificação de um adulto (pelo menos no plano fisiológico) em um indivíduo de 35 anos.

É o caso de lembrar, aqui, o exemplo, usado na crítica às teorias da justiça de cunho idealistas[27], da sauna que começa a ficar muito quente, mas que tem o controle de sua temperatura situado do lado de fora. De uma pequena janela de vidro, as pessoas que estão dentro da sauna, já sufocadas pelo calor, pedem a outra, fora dela, que ajuste a potência, diminuindo-a. A pessoa do lado de fora, porém, recusa-se a atender ao pedido, afirmando que só reduzirá a temperatura quando aqueles situados dentro da sauna definirem qual seria a temperatura *ideal*. O exemplo é bastante ilustrativo, e ajusta-se com perfeição ao estudo da (des)proporcionalidade das multas: não é preciso saber com absoluta precisão a partir de quando uma multa passa a ser desproporcional para que se identifiquem casos situados claramente além dele.[28]

9.2.3. Multa proporcional ao valor do tributo, quando este não é devido

Relevante, nessa ordem de ideias, é saber se são válidas as multas proporcionais ao valor do tributo, ou da operação, nas hipóteses em que o tributo tiver sido recolhido, ou, por qualquer razão (imunidade, isenção, não incidência etc.) não for devido. Na legislação não são raras multas assim, que são conhecidas como "isoladas", geralmente aplicadas a contribuintes que descumprem obrigações acessórias, mesmo quando as principais são integralmente respeitadas.

No âmbito dos Estados-membros, a legislação do ICMS geralmente estabelece multas assim, punindo, por exemplo, o contribuinte que realiza operações com documentação "irregular", às quais se aplicam penalidades proporcionais ao valor do tributo (mesmo que

---

que com ela se pretende ver desestimulada. COSTA, Ramón Valdés. **Curso de derecho tributario**. 2. ed. Buenos Aires: Depalma, 1996, p. 15.

26 Com exceção, naturalmente, das regiões do globo de elevada latitude (extremos norte e sul), durante o verão. Isso, contudo, não inviabiliza o uso do exemplo, se seu parâmetro for o anoitecer nas cidades brasileiras.

27 Ver SEN, Amartya. **The idea of justice**. Cambridge, Massachusetts: Harvard University Press, 2009, p. 104 e ss.

28 Argumentando nessa mesma ordem de ideias, o Ministro Pertence, no voto proferido no julgamento da ADI 551/RJ (Rel. Min. Ilmar Galvão, j. em 24/10/2002, v. u., *DJ* de 14/2/2003, p. 58), esclareceu que essa dificuldade o recordaria "no caso, o célebre acórdão do Ministro Aliomar Baleeiro, o primeiro no qual o Tribunal declarou a inconstitucionalidade de um decreto-lei, por não se compreender no âmbito da segurança nacional. Dizia o notável Juiz desta Corte que ele não sabia o que era segurança nacional; certamente sabia o que não era: assim, batom de mulher ou, o que era o caso, locação comercial. Também não sei a que altura um tributo ou uma multa se torna confiscatório; mas uma multa de duas vezes o valor do tributo, por mero retardamento de sua satisfação, ou de cinco vezes, em caso de sonegação, certamente sei que é confiscatório e desproporcional."

recolhido), ou da operação (mesmo que não tributada), o que leva contribuintes que pagam seus tributos e contabilizam suas operações (e as declaram ao fisco) a serem severamente punidos por terem usado o formulário errado, ou terem praticado equívocos no preenchimento da declaração (*v.g.*, erro na digitação do CNPJ).

Parece claro, à luz do que foi explicado nos itens anteriores, que tais multas são desproporcionais. Em situações assim, a ofensa aos valores consagrados constitucionalmente, e que autorizam a imposição de multas aos contribuintes que descumprem obrigações tributárias, principais ou acessórias, *se existente*, não guarda nenhuma relação ou proporção com o valor do tributo ou da operação, tampouco podendo ser equiparada à lesão que se verifica quando o tributo não é recolhido. Quando muito, se realmente importante e relevante o deslize formal cometido, seria admissível a aplicação de multa por valor fixo, de pequena expressão[29], pois se o erro consiste na não colocação de um selo, ou no uso de formulário diverso do previsto, mas o tributo foi quitado, ou não é devido, a sua gravidade será a mesma em uma operação de R$ 1.000,00 e em uma de R$ 1.000.000.000,00.

É preciso ter atenção à causa, ou ao fundamento da multa. Se ela é devida porque praticada uma infração, assim entendida a conduta contrária a um valor constitucionalmente protegido, o gravame por ela representado deverá ser proporcional à ofensa causada ao mencionado valor constitucionalmente protegido. O que passar disso não encontrará justificativa na ofensa, carecendo a exigência correspondente de amparo jurídico-constitucional.

Aliás, pode-se mesmo dizer que uma multa proporcional ao valor da operação, em hipóteses nas quais o tributo, em sendo devido, foi recolhido, não apenas não encontra fundamento nos princípios constitucionais que justificam o estabelecimento de obrigações acessórias e a imposição de multas aos que as descumprem. Além de não encontrar fundamento, a exigência de uma multa assim é *contrária* aos tais princípios, pois estimula o contribuinte inseguro quanto ao correto cumprimento de obrigações acessórias a tampouco pagar seus tributos, eis que, em sendo descoberto, a punição será a mesma.[30]

Pode-se chegar a resultado equivalente à luz do princípio da igualdade, o mesmo que, por outro ângulo, justifica a penalização de contribuintes que não cumprem suas obrigações tributárias. É que, como se sabe, o princípio da igualdade não impõe tratamento idêntico a todos, mas tratamento igual àqueles em situação igual, e desigual àqueles em situação desigual, na medida de suas desigualdades. E, no caso de infratores, a medida de sua desigualdade, tanto em relação aos que nenhuma infração praticaram, como àqueles que praticaram outras infrações, é a gravidade do ilícito correspondente. Se o contribuinte "A" declarou o tributo e não pagou, o contribuinte "B" adulterou notas fiscais e não pagou todo o tributo devido, e o contribuinte "C" pagou todo o tributo devido, mas se equivocou no uso de um formulário, no cumprimento de uma obrigação acessória, é, além de tudo, contrário à igualdade, tendo em

---

29 Cf., *v.g.*, MACHADO, Hugo de Brito. **Aspectos Fundamentais do ICMS**. São Paulo: Dialética, 1997, p. 227.

30 Cesare Beccaria, a propósito, no Século XVIII já dizia que "(...) se dois crimes que afetam de modo desigual a sociedade recebem idêntico castigo, o homem votado ao crime, não tendo a recear uma pena maior para o crime mais hediondo, resolver-se-á com mais facilidade pelo crime que traga mais vantagens; (...) se for estabelecido um mesmo castigo, a pena de morte por exemplo, para aquele que mata um faisão e para o homicida ou aquele que falsifica um documento importante, logo não se procederá mais a nenhuma diferença entre esses crimes" (BECCARIA, Cesare. **Dos delitos e das penas**. Tradução de Torrieri Guimarães. 11. ed. São Paulo: Hemus, 1995, p. 61 e 62). É o caso: o contribuinte, sendo punido igualmente pelo descumprimento de mero dever formal, tendo recolhido ou não o tributo, logo não verá diferença entre essas condutas, restando estimulado a tampouco pagar seus tributos.

conta a gravidade dos ilícitos como critério de descrímen, tratá-los todos da mesma forma, ou tratá-los de qualquer outra maneira que não lhes aplicando penas proporcionais à gravidade dos ilícitos praticados.

9.2.4. A alegada "responsabilidade objetiva" pela prática de infrações administrativas

Há quem afirme, fundado no art. 136 do CTN, que a responsabilidade por infrações administrativas tributárias é *objetiva,* independendo de dolo ou culpa do agente. Confira-se, a propósito, o que consta do citado artigo:

> "Art. 136 - Salvo disposição de lei em contrário, a responsabilidade por infrações da legislação tributária independe da intenção do agente ou do responsável e da efetividade, natureza ou extensão dos efeitos do ato".

É de se observar, inicialmente, que o citado artigo ressalta a possibilidade de *disposição de lei em contrário.* Assim, mesmo considerado o dispositivo de modo literal e isolado, o que se sabe não ser adequado em se tratando da interpretação de textos normativos, percebe-se que não há uma *determinação* de que a responsabilidade por infrações independa da intenção do agente (dolo), mas uma *disposição* para que assim seja no caso de omissão da lei.

E, na prática, o que ocorre é que as leis geralmente dispensam o elemento subjetivo quando cuidam de sanções de natureza precipuamente reparatória, como é o caso da multa de mora, mas geralmente o exigem quando preveem sanções de natureza punitiva, notadamente as que decorrem de infrações mais "graves". Em outros termos, a multa moratória, ou a multa pela feitura de um lançamento de ofício, por exemplo, podem *não* conter em sua hipótese de incidência o elemento subjetivo, e a consumação de efeitos danosos, a teor do que autoriza o art. 136 do CTN. Afinal, são sanções pelo mero não pagamento do crédito tributário. Entretanto, infrações outras, como o uso de um documento "inidôneo", por exemplo, reclamam necessariamente a presença do elemento subjetivo, bem como considerações sobre a existência, a natureza e a extensão dos efeitos do ato. Pode-se considerar, no caso, que, para a consumação de certas infrações, citados elementos são essenciais, reputando-se implícitos na norma que comine penalidades a tais ilícitos.

Viu-se que a sanção administrativa se diferencia da penal, essencialmente, pelo procedimento de aplicação. Em face desse procedimento, a sanção administrativa não pode restringir a liberdade do infrator, mas pode punir ilícitos semelhantes (ou, eventualmente, até os mesmos) aos punidos pela norma penal. Nesses casos, à sanção administrativa aplicam-se os mesmos princípios jurídicos inerentes ao chamado *direito punitivo* (art. 112 do CTN, p. ex.). Impossível, portanto, é ter por "irrelevante" o elemento subjetivo, bem como a efetividade, a natureza e a extensão dos efeitos do ato.

Aliás, o art. 136 do CTN não pode ser interpretado isoladamente, sem se considerar a Constituição Federal, que repele a responsabilidade objetiva em matéria penal, e que, além disso, impõe que as sanções sejam *proporcionais* à repulsividade do ilícito a que visam repelir. Ninguém ousaria negar que não seria *proporcional* (nem isonômico) punir da mesma maneira um contribuinte que, por engano, usou uma nota fiscal "vencida", mas pagou todos os tributos decorrentes da operação, e um outro contribuinte, que não só fraudou as notas fiscais utilizadas como deixou de recolher o tributo encoberto pela fraude. O elemento subjetivo e a extensão dos danos causados ao Fisco, no caso, são essenciais à aplicação, e à quantificação da penalidade aplicável. E nem poderia ser mesmo diferente, pois o art. 136 do CTN não pode ser interpretado como se o art. 112 do CTN não existisse, eis que nesse último consta que a lei tributária que define infrações, ou lhes comina penalidades, interpreta-se da maneira mais favorável ao acusado, em caso de dúvida quanto à natureza ou às circunstâncias materiais do fato, ou à natureza ou extensão dos seus efeitos, e ainda quanto à autoria, imputabilidade ou punibilidade.

Como observa Hugo de Brito Machado, em trecho já referido no capítulo deste livro dedicado à responsabilidade tributária, "o art. 136 do CTN não estabelece responsabilidade objetiva em matéria de penalidades tributárias, mas a responsabilidade por culpa presumida"[31].

A consideração do art. 137 do CTN, aliás, torna clara essa conclusão, eis que nele se diz ser *pessoal do agente* a responsabilidade: (i) quanto às infrações conceituadas por lei como crimes ou contravenções, salvo quando praticadas no exercício regular de administração, mandato, função, cargo ou emprego, ou no cumprimento de ordem expressa emitida por quem de direito; (ii) quanto às infrações em cuja definição o dolo específico do agente seja elementar; (iii) quanto às infrações que decorram direta e exclusivamente de dolo específico das pessoas referidas no art. 134, contra aquelas por quem respondem; dos mandatários, prepostos ou empregados, contra seus mandantes, preponentes ou empregadores; e dos diretores, gerentes ou representantes de pessoas jurídicas de direito privado, contra estas.

Na verdade, o que o art. 137 do CTN faz é estabelecer *a quem* pode ser atribuída a autoria de certas infrações, marcadamente quando praticadas no âmbito de pessoas jurídicas, ou no seio de atividades desenvolvidas para terceiros. Em suma, a citada norma aponta critérios para determinar quando a responsabilidade será daquele "em nome" de quem foi praticada a infração, e quando será pessoal de quem materialmente a praticou. Só isso. Assim, por exemplo, caso a infração tenha sido praticada por uma pessoa jurídica, como é o caso do mero inadimplemento do tributo, a multa (moratória ou pelo lançamento de ofício) é exigida da pessoa jurídica autora da infração. Não de seus dirigentes, ou gerentes. Caso, porém, se trate de infração praticada pelo dirigente da pessoa jurídica, na condição de pessoa natural (e não de órgão desta), ou seja, fora de suas atribuições de órgão, a responsabilidade será pessoal deste último. No art. 137, o CTN deixa claro algo que a doutrina já considerava implícito na interpretação do art. 135 do mesmo Código: utiliza-se o auferimento de *vantagem* para determinar se a ação ilícita é atribuível à pessoa física que *presenta* a pessoa jurídica, ou se à própria pessoa jurídica.

Desse modo, naturalmente, quando for o caso de atribuir responsabilidade pela infração ao diretor, ao gerente, etc., *não há que se responsabilizar a pessoa jurídica,* tão vítima da infração quanto o Fisco.

9.2.5. Conteúdo das sanções: critérios e limites

Questão das mais relevantes diz respeito aos critérios que devem orientar a imposição e a quantificação das sanções, notadamente as de caráter pecuniário. Muitas são as sanções abusivamente elevadas impostas pela Administração, e muitos são os argumentos que, de modo impreciso, têm sido aduzidos contra essa imposição. Afirma-se, diante de penalidades excessivas, por exemplo, o seu efeito confiscatório, contrário à capacidade contributiva do infrator, pugnando-se por sua invalidade por ofensa aos arts. 145, § 1.º, e 150, IV, da CF/88.

Tais argumentos, contudo, são carentes de razão. Como já explicado, as sanções não apenas podem ser confiscatórias, como também não devem necessariamente ser graduadas conforme a capacidade contributiva dos infratores. Existem limites e critérios para a

---

[31] MACHADO, Hugo de Brito. **Curso de direito tributário.** 37. ed. São Paulo: Malheiros, 2016. p. 167.

quantificação das sanções, inclusive das de conteúdo pecuniário, mas o princípio da capacidade contributiva e a proibição do tributo confiscatório não têm nenhuma pertinência com a questão, por dizerem respeito aos *tributos,* e não às penalidades.

É evidente que não se afirma a inaplicabilidade da vedação ao confisco e do princípio da capacidade contributiva às penalidades com fundamento na expressão literal dos textos respectivos. O ponto essencial da questão está na *natureza* das penalidades, e dos elementos que as distinguem dos tributos. Como se sabe, a norma que institui o dever de pagar o tributo tem por hipótese de incidência a descrição de um fato *lícito* (*v.g.*, promover a circulação de mercadorias, auferir renda, ser proprietário de um imóvel, etc.). Eventual ilicitude surgida, circunstancialmente, no momento da ocorrência do fato gerador, como ocorre no caso de rendimentos oriundos de atividade ilícita, não tem o condão de transformar o tributo em penalidade. A ilicitude, dado eventualmente presente no fato gerador, precisamente porque *excede* o necessário à incidência da norma de tributação, é *irrelevante* para determinar essa incidência. A penalidade, por sua vez, é a consequência jurídica prescrita por uma norma que tem a ilicitude como *elemento essencial de sua hipótese de incidência.* Se não houver ilícito, a norma não incide.

Em outras palavras, se uma norma define determinada exação e põe a ilicitude como essencial ao nascimento da respectiva obrigação, tem-se uma *penalidade.* Caso a ilicitude seja *irrelevante,* tem-se um tributo.

Daí se conclui, com facilidade, que o tributo não pode ser confiscatório para que não haja *desestímulo* à prática dos fatos que fazem nascer o dever de pagá-lo, não apenas porque tais fatos são lícitos, mas especialmente porque são, em regra, de ocorrência desejável do ponto de vista econômico. O ICMS não pode ser oneroso a ponto de coibir a circulação de mercadorias; o IR não pode ser elevado a ponto de desestimular o auferimento de rendas; o IPVA não pode representar ônus capaz de desestimular a propriedade de veículos automotores; a COFINS não deve tornar desinteressante o auferimento de receitas; a taxa pelo uso dos serviços judiciários não deve representar obstáculo à jurisdição, e assim por diante. A impossibilidade de tais tributos serem confiscatórios não decorre apenas da literalidade do inciso IV do art. 150 da CF/88, mas das normas que asseguram o direito ao comportamento que lhes serve de fato gerador. Não se pode, em sã consciência, afirmar o mesmo das penalidades. Não se pode dizer que existe um *direito subjetivo* à prática de ilicitudes, a justificar que as penalidades sejam brandas de sorte a não inibir a prática de tais ilicitudes.

Além da vedação ao confisco, a norma que estabelece a obrigação de pagar o tributo tem outras limitações, decorrentes diretamente da espécie de tributo de que se cuida, ou, mais propriamente, de seu suporte fático. Aqui não é o lugar para se aprofundar este ponto, mas é conveniente lembrar que, no caso do imposto, completamente desvinculado de qualquer atividade estatal, seu valor deve ser *graduado* conforme a capacidade contributiva revelada pelo fato que lhe serve de pressuposto de incidência. Em se tratando de taxas, limites podem ser extraídos através de uma proporção, naturalmente aproximada, entre o valor cobrado e o custo da atividade estatal (serviço ou poder de polícia) dividido pelo número de usuários. No âmbito das contribuições de melhoria, a esse limite referente às taxas pode ser adicionado o da valorização do imóvel correspondente. As contribuições especiais, por sua vez, submetem-se a algumas limitações típicas de impostos (quando seu fato gerador se assemelhar ao destes), acrescidas daquelas inerentes à sua finalidade (custo da atividade por ela custeada etc.). Nada disso tem pertinência quando o assunto é a quantificação de penalidades, mas pode-se aferir uma premissa geral: seu valor há de guardar alguma proporção com seu fato gerador.

Mas, em que medida? O essencial para a imposição de uma penalidade não é a revelação de capacidade contributiva, nem a utilização de um serviço público, nem o atendimento de determinada finalidade referida a um grupo de contribuintes. O essencial é a prática de uma ilicitude, de uma infração. Pois bem: a penalidade há de ser proporcional a essa ilicitude, à sua reprovabilidade, indesejabilidade, gravidade, à culpabilidade de quem a praticou etc. Trata-se, por sinal, de princípio geral e elementar de direito punitivo, decorrente da razoabilidade e da isonomia. Nesse contexto, mostra-se claro que uma penalidade pecuniária realmente não poderá ser confiscatória, mas somente quando esse confisco representar medida *desproporcional* (inadequada, desnecessária ou excessiva) à punição do ilícito correspondente. Será a desproporcionalidade, e não a confiscatoriedade em si, a causa da invalidade da sanção imposta. Em outras palavras, a sanção deverá ser *apta* ao fim a que se destina, realmente desestimulando a prática de novos comportamentos ilícitos[32], não podendo ser utilizada com desvio de finalidade, para atingir outros objetivos que não o de coibir a prática do apontado ilícito. Deve, também, ser *necessária*, ou seja, deve ser, além de *apta*, a maneira *menos gravosa* de se chegar à mesma finalidade. E, finalmente, conquanto *apta* e *necessária*, a sanção não deve ser excessiva, no sentido de que não pode, a pretexto de punir uma conduta e assim preservar um valor importante para a ordem jurídica, estiolar de modo injustificado outros valores, igualmente nobres.

De uma maneira geral, em matéria tributária, é razoável que as penalidades sejam calculadas em termos percentuais, tomando-se por base de cálculo o valor do tributo devido, ou da operação tributável correspondente, *sempre que a infração estiver relacionada com esse montante.* Isso porque, nesses casos, a gravidade da infração, ou seu grau de lesividade, é proporcional ao tributo correspondente. Omitir rendimentos tributáveis no valor de R$ 1.000,00 não é tão grave, nem tão lesivo, quanto omitir rendimentos tributáveis no valor de R$ 1.000.000,00. Justifica-se, portanto, que a sanção seja proporcional ao montante omitido. Uma penalidade *fixa,* nesses casos, não seria *apta* para punir aqueles que cometessem infrações relativas a valores muito elevados, e seria *excessiva* em face daqueles que as houvessem praticado em relação a valores inexpressivos. Além de desproporcional, a medida seria ofensiva à isonomia.

Completamente diferente é a situação na qual a infração *não tem qualquer relação com o valor do tributo, ou da operação correspondente.* É o caso, por exemplo, de operações imunes, isentas, já tributadas por substituição tributária "para frente", ou nas quais o tributo, por qualquer razão, tiver sido pago, ou não for devido. Nesses casos, infrações meramente formais representam ilícito cuja gravidade ou lesividade não é proporcional ao valor da operação, não podendo, pela mesma razão, o ônus representado pela sanção ser quantificado em face do valor da operação. Caso seja vendida uma mercadoria, contabilizada a operação e *pago o ICMS sobre ela incidente,* mas a nota fiscal emitida estiver "vencida", ou com um dígito do CNPJ do contribuinte grafado de maneira incorreta, por exemplo, a ilicitude representada pela irregularidade formal da nota não pode ser sancionada de modo proporcional ao valor das mercadorias vendidas, pois isso poderia ser *inadequado*, seria *desnecessário*, e implicaria clara *desproporcionalidade em sentido estrito.*

---

32 Para ser verdadeiramente apta, a penalidade pode eventualmente ser calculada tomando-se em consideração, *entre muitos outros fatores (dos quais o primordial sempre será a gravidade do ilícito)*, a capacidade econômica do infrator. Especialmente quando se tratar de penalidade pecuniária, o "peso" dessa pena, de sorte a efetivamente desestimular novas condutas, pode ser aferido de acordo com a capacidade econômica do infrator. Confira-se, a esse propósito, o art. 60 do Código Penal Brasileiro. Mas isso não quer dizer, por óbvio, que as penas devam ser "leves" de sorte a não agredirem a capacidade contributiva dos infratores.

Além da proporcionalidade com a gravidade da infração – principal critério na determinação do conteúdo das sanções – existem ainda outros limites a esse conteúdo, tais como a impossibilidade de penas de morte (salvo no caso de guerra declarada), de caráter perpétuo, de trabalhos forçados, de banimento e cruéis, conforme dispõe o art. 5.º, XLVII, da CF/88. As sanções também não podem restringir desproporcionalmente direitos outros, consagrados constitucionalmente, tais como o livre exercício da qualquer atividade profissional ou econômica (CF/88, art. 5.º, XIII, e 170, parágrafo único).

9.2.6. Interpretação dos textos normativos que veiculam sanções

Os textos normativos que veiculam a imposição de sanções, sejam elas administrativas ou penais, devem ser interpretados da maneira mais benéfica ao acusado. Trata-se da aplicação do princípio geral do *in dubio pro reo,* inspirado, por sua vez, na ideia de, na dúvida, deixar de punir um culpado é um *mal menor,* menos grave e menos injusto, do que punir um inocente.

Esse princípio está positivado, de modo bastante claro, no art. 112 do Código Tributário Nacional, que dispõe:

> "Art. 112 – A lei tributária que define infrações, ou lhes comina penalidades, interpreta-se da maneira mais favorável ao acusado, em caso de dúvida quanto:
>
> I – à capitulação legal do fato;
>
> II – à natureza ou às circunstâncias materiais do fato, ou à natureza ou extensão dos seus efeitos;
>
> III – à autoria, imputabilidade, ou punibilidade;
>
> IV – à natureza da penalidade aplicável, ou à sua graduação".

É curioso que, quase sempre que invocado esse artigo perante autoridades administrativas, notadamente as de lançamento, estas afirmam não terem nenhuma dúvida quanto à pertinência e o acerto da interpretação que adotam, geralmente a mais gravosa possível ao acusado. Não obstante, reconheça-se, as autoridades administrativas de julgamento, e especialmente os membros do Poder Judiciário, têm um pouco mais de atenção ao dispositivo.

O inciso I cuida das hipóteses nas quais, conquanto não haja nenhuma dúvida quanto ao fato praticado pelo acusado, não se sabe se esse fato constitui, ou não, infração. A incerteza, como se vê, reside precipuamente no componente normativo, ou seja, na delimitação da hipótese de incidência da norma secundária, que comina a penalidade.

Já o inciso II cuida de aspectos relativos às circunstâncias *de fato.* Não se sabe se o fato preenche a hipótese normativa, não porque se tenha dúvida quanto à interpretação dessa hipótese, mas sim porque não se sabe em que termos esse fato realmente ocorreu. Imagine-se, por exemplo, que não se sabe ao certo se houve omissão de saídas, ou omissão de entradas, no âmbito de uma indústria, pois não há certeza quanto ao percentual de "perda" de matéria prima no processo produtivo. Dependendo do percentual de perda adotado, dentre vários tecnicamente possíveis, pode-se concluir pela omissão de entradas, pela omissão de saídas, ou pela inexistência de qualquer irregularidade. Essa é uma típica situação na qual não se pode afirmar certeza quanto à ocorrência da infração, atraindo a incidência do art. 112, II, do CTN. O mesmo se pode dizer quanto ao inciso III, só que especificamente em relação ao sujeito responsável pela infração.

A hipótese prevista no inciso IV, por sua vez, pode muitas vezes confundir-se com as demais, pois quase sempre a natureza e a graduação da penalidade dependem de elementos descritos nos demais incisos do artigo.

Em suma, em atenção ao princípio do *in dubio pro reo*, expressamente positivado no art. 112 do CTN, em se tratando de aplicação de sanções tributárias[33] (penais ou administrativas), sempre que for possível atribuir à norma mais de uma interpretação, ou houver dúvida quanto ao fato praticado pelo infrator, deve ser acolhida pelo aplicador a solução mais benéfica para o acusado. Há diversas situações em que essa dúvida está objetivamente evidenciada, como quando há empate em órgãos colegiados de julgamento da validade de lançamentos tributários, por exemplo, hipótese em que o art. 112 do CTN deveria ser aplicado pelo menos para afastar a penalidade em questão. Foi o que fez a Lei 14.689/2023, segundo a qual, quando mantida uma exigência por voto de qualidade no âmbito do Conselho Administrativo de Recursos Fiscais (CARF), devem ser excluídas as penalidades correspondentes.

9.2.7. Sanções administrativas e o princípio da legalidade

Questão bastante relevante, que se coloca no estudo das sanções administrativas tributárias à luz do Direito Brasileiro, diz respeito ao disposto nos arts. 113, § 2.º e 115, do CTN, segundo os quais a obrigação acessória decorre *da legislação tributária*, ou seja, não necessariamente da lei, em sentido estrito, mas também de atos normativos de hierarquia inferior.

Poder-se-ia dizer, então, que as penalidades decorrentes do descumprimento de obrigações acessórias podem ser fixadas pela legislação tributária, e não pela lei em sentido estrito?

A resposta, à toda evidência, é não. Primeiro, porque o princípio da legalidade não o admitiria. Segundo, porque o art. 97 do CTN é expresso que somente a lei pode estabelecer a cominação de penalidades para as ações ou omissões contrárias a seus dispositivos, ou para outras infrações nela definidas (inciso V).

Na verdade, o que a legislação tributária (e não necessariamente a lei) pode fazer é estipular o cumprimento de deveres acessórios, meramente instrumentais à execução da conduta preconizada em lei. Exemplificando, se a lei determina o pagamento do tributo até o dia 15 do mês subsequente ao do fato gerador, a norma infralegal pode estabelecer que esse pagamento deva ocorrer com o emprego de determinado documento, de determinado formato etc. Nesse contexto, a lei, e somente a lei, pode então cominar penalidades para o descumprimento de tais deveres acessórios.

9.2.8. Denúncia espontânea da infração

De acordo com o art. 138 do CTN, "A responsabilidade é excluída pela denúncia espontânea da infração, acompanhada, se for o caso, do pagamento do tributo devido e dos juros de mora, ou o depósito da importância arbitrada pela autoridade administrativa, quando o montante do tributo dependa de apuração."

Tal artigo suscitou – e ainda suscita – uma série de questionamentos. Um deles diz respeito às relações entre o ato que defere o parcelamento e o instituto da denúncia espontânea, de que cuida o art. 138 do CTN. Questionou-se, no passado, se o contribuinte que realiza a denúncia espontânea e obtém o parcelamento das quantias devidas teria, ou não, direito à exclusão das penalidades correspondentes ao ilícito denunciado.

---

33 Na verdade, embora o art. 112 do CTN se reporte à "lei tributária" (naturalmente por estar contida em um Código Tributário), nele se contém mera explicitação do princípio do *in dubio pro reo*, aplicável a toda sorte de infrações, tributárias ou não.

O Superior Tribunal de Justiça, por meio de suas Primeira e Segunda Turmas e de sua Primeira Seção, proferiu acórdãos tanto acolhendo como rejeitando a tese segundo a qual a denúncia espontânea seguida de pagamento parcelado enseja, também, a incidência do art. 138 do CTN:

> "Tributário – ICMS – Denúncia espontânea – Parcelamento – Não incidência de multa. Deferindo-se o pedido de parcelamento antes do início de procedimento administrativo, descabe a imposição de multa, caracterizando-se a denúncia espontânea. Recurso provido."[34]

> "Embargos de divergência. Tributário. Denúncia espontânea. Parcelamento. Exclusão da multa moratória. Impossibilidade. Súmula n.º 208 do TFR.
>
> 1. O benefício da denúncia espontânea da infração, previsto no art. 138 do Código Tributário Nacional, não é aplicável em caso de parcelamento do débito, porquanto a exclusão da responsabilidade do contribuinte pelo referido dispositivo legal tem como condição *sine qua non* o adimplemento integral da obrigação tributária.
>
> 2. Embargos acolhidos, para que prevaleça o entendimento firmado no acórdão paradigma."[35]

> "Tributário. Denúncia espontânea. Parcelamento. Multa moratória. Afastamento. Juros moratórios. Incidência. CRT, art. 138. Precedente (EREsp 193.530/RS)
>
> A eg. Primeira Seção deste STJ já assentou o entendimento no sentido de que, não havendo procedimento administrativo em curso pelo não recolhimento do tributo e tendo sido deferido o pedido de parcelamento, está configurada a denúncia espontânea, que exclui a responsabilidade do contribuinte tornando inexigível o pagamento da multa moratória.
>
> (...)".[36]

Enquanto ainda estava presente a divergência, poderia parecer que, em face do art. 155-A, § 1.º, a questão estaria definitivamente equacionada, pelo menos a partir da inclusão do dispositivo no CTN pela LC 104/2001, não sendo mais possível sustentar-se a aplicação do art. 138 do CTN aos casos de denúncia espontânea acompanhada de parcelamento do valor denunciado. A propósito, dispõe o § 1º do art. 155-A do CTN que "salvo disposição de lei em contrário, o parcelamento do crédito tributário não exclui a incidência de juros e multas".

Mesmo sem entrar na questão central, depois solucionada pela jurisprudência, note-se que o argumento fundado no art. 155-A, § 1.º, do CTN, é completamente carente de razão. Na verdade, *ou* o art. 138 do CTN sempre exigiu que a denúncia espontânea fosse acompanhada do pagamento *imediato* do débito como condição para a exclusão da responsabilidade pelas infrações, ou essa exigência de pagamento imediato nunca esteve, e continua não estando, contida na ordem jurídica. A inovação, em qualquer caso, é inócua. E a razão é simples. Não é o parcelamento, sozinho, que "exclui a incidência de juros e multas". É a denúncia espontânea,

---

34 Ac. un. da 1ª S. do STJ – REsp 323.787/SP – Rel. Min. Garcia Vieira – jul.18/02/2002 – Recte.: Itap S/A – Recda.: Fazenda do Estado de São Paulo – DJU-1 25/03/2002, p. 168 – Repertório de Jurisprudência IOB cad. 1 nº 08/2002, p. 265.

35 Ac un da 1.ª S do STJ – EREsp 207663 / RS – Rel. Min. Laurita Vaz – *DJ* de 28/10/2002, p. 214.

36 Ac un. da 2.ª T do STJ – RESP 243307/RS – Rel. Min. Peçanha Martins – *DJ* de 24/03/2003, p. 175.

acompanhada do pagamento, imediato ou parcelado (e aqui está o ponto nodal da questão), que tem esse condão. Assim, o art. 155-A, § 1.º, do CTN só afirma o óbvio, e em nada contribui para solucionar a questão na medida em que deve ser entendido em conjunto com o art. 138 do mesmo Código, precisamente a *disposição de lei em contrário* à qual aquele faz alusão.

O parcelamento, como forma de pagamento de tributo objeto de denúncia espontânea, deveria ensejar, sim, a incidência do art. 138 do CTN, e a exclusão das penalidades correspondentes à infração denunciada. O objetivo da norma contida no CTN é incentivar o infrator levar as infrações praticadas ao conhecimento do Fisco, ao invés de apostar na ineficiência da fiscalização, e na consequente consumação dos prazos de decadência. Tanto o pagamento imediato como o parcelado atendem a essa finalidade, sendo os juros acrescidos ao montante parcelado, no momento da "consolidação" do valor correspondente, o diferencial entre aquele que paga de modo imediato e aquele que obtém o parcelamento. Por outro lado, eventual descumprimento do parcelamento pode ser causa para que o contribuinte seja colocado em situação correspondente à qual se encontrava antes de obter o benefício, com a imposição da penalidade prevista no ato de concessão do benefício.

O Superior Tribunal de Justiça, porém, depois de algumas idas e vindas em sua jurisprudência, firmou posicionamento no sentido de que a denúncia espontânea, para atrair a incidência do art. 138 do CTN e assim conduzir à dispensa das penalidades, deve ser acompanhada do pagamento imediato do tributo devido, não sendo possível invocar sua aplicação nos casos de parcelamento, estando a matéria hoje solucionada inclusive por meio da sistemática dos "recursos repetitivos": "O instituto da denúncia espontânea (art. 138 do CTN) não se aplica nos casos de parcelamento de débito tributário." (REsp. 1.102.577/DF, *DJ* de 18/5/2009).

9.2.9. Sanções administrativas e devido processo legal. As chamadas "sanções políticas"

Conforme explicado no início deste capítulo, a sanção presta-se para (tentar) imprimir eficácia à norma jurídica primária. Se uma determinada prestação é exigida, e não é observada, impõe-se a sanção como forma de se obter o cumprimento da prestação (*v.g.*, execução forçada) ou como forma de desestimular o infrator a repetir a conduta ilícita (*v.g.*, penalidade pecuniária).

Na aplicação da sanção, todavia, deve-se observar o devido processo legal, de sorte a garantir o direito de defesa daquele apontado como infrator. Isso é necessário para se garantir que, na máxima medida possível, se afastem erros relativos à aplicação da sanção a quem não cometeu infração, ou à aplicação de sanção inadequada, por excesso, à infração efetivamente cometida.

Existem casos, porém, em que a Fazenda Pública aplica sanções a contribuintes que considera infratores, mas o faz de maneira oblíqua, indireta ou anômala, cerceando o exercício de direitos fundamentais que não têm relação direta com a infração alegadamente cometida por quem é punido. É o caso, por exemplo, da recusa, por parte do Ministério da Educação, em conceder autorização ou reconhecimento a cursos de ensino superior, a serem oferecidos por instituições de ensino superior particulares, caso estas possuam alguma pendência com o Fisco. Tais cursos podem ter estruturas, equipamentos, biblioteca e corpo docente da melhor qualidade possível, mas, se a instituição de ensino possuir uma pendência relativa ao IPTU incidente sobre um imóvel que usa como estacionamento, por conta de divergência com o Município em relação à base de cálculo correspondente, não obterá a autorização para funcionar, a qual funciona, nesse caso, como poderoso instrumento de cobrança, o qual põe de lado o princípio do devido processo legal e da ampla defesa, porquanto se trata de instrumento de cobrança no âmbito do qual não é possível questionar a exigência respectiva.

No âmbito da jurisprudência do Supremo Tribunal Federal, tais sanções ganharam a alcunha de *sanções políticas*, a qual nada tem a ver com o exercício de direitos políticos ou com o Direito Eleitoral, sendo chamadas de políticas porque seriam aplicadas à margem do direito, como meio de cobrança que a ordem jurídica não autoriza que seja utilizado. Além do exemplo antes mencionado, podem ser citados vários outros, tais como a proibição de que o contribuinte em débito imprima blocos de notas fiscais, ou adquira equipamentos eletrônicos destinados a emitir cupons fiscais, a apreensão de mercadorias cuja liberação é condicionada ao pagamento de tributos, a suspensão ou cancelamento do CNPJ do contribuinte, entre outros[37].

Tais medidas são inconstitucionais, pois consistem em formas de cobrança que tangenciam o princípio do devido processo legal. Através delas, o contribuinte é colocado em uma situação na qual ou paga o crédito tributário da maneira como este foi lançado pela autoridade, sem nada questionar, ou se vê cerceado no exercício de um direito fundamental que nenhuma relação direta tem com o débito, vale dizer, que não poderia ser razoavelmente limitado pelo simples fato de existir um débito tributário em aberto, ainda que ele seja efetivamente válido e exigível.

Com o uso de tais expedientes, o Fisco malfere, de maneira clara, o princípio – ou postulado – da proporcionalidade, pois o meio mais adequado e menos gravoso para a cobrança de tributos é aquele que, se por um lado assegura ao fisco o recebimento do que lhe é de direito, por outro garante ao contribuinte o controle da legalidade da exigência que lhe é feita. Concilia-se, com isso, o direito do Estado ao recebimento de tributos com o direito do contribuinte a que o valor exigido não ultrapasse os limites fixados em lei. Com a cobrança feita através da apreensão de mercadorias, expediente oblíquo, verdadeira execução indireta administrativa, a Fazenda leva às últimas consequências o seu direito ao recebimento do tributo que entende devido, com o completo desprezo ao direito do contribuinte ao devido processo legal, à ampla defesa e aos demais princípios apontados nos parágrafos acima.

Exatamente por isso, tal atitude há mais de 50 anos é repelida pelo Poder Judiciário. O Supremo Tribunal Federal, através da Súmula n.º 323, pacificou ser "*inadmissível a apreensão de mercadorias como meio coercitivo para o pagamento de tributo*", entendimento que por igual se acha refletido nas Súmulas 70 e 547 da mesma Corte, com a seguinte redação:

> *Súmula n.º 70/STF – "É inadmissível a interdição de estabelecimento como meio coercitivo para cobrança de tributo."*
>
> *Súmula n.º 547/STF – "Não é lícito à autoridade proibir que o contribuinte em débito adquira estampilhas, despache mercadorias nas alfândegas e exerça suas atividades profissionais."*

Vale ressaltar que, embora antigas, tais súmulas tiveram seu teor confirmado pelo STF em diversos momentos mais recentes, nos quais o tema das sanções políticas pode ser "revisitado" pela Corte Maior à luz da proporcionalidade (cf., *v.g.*, STF, Pleno, RE 413.782-8/SC, *DJU* de 03/06/2005, p. 4).

Deve ser feita a ressalva, naturalmente, em relação às hipóteses excepcionais de aplicação da pena de perdimento, no plano federal, no caso de bens importados de maneira fraudulenta.

---

37 Confiram-se, a propósito: MACHADO, Hugo de Brito. "Sanções Políticas no Direito Tributário", em **Revista Dialética de Direito Tributário** n.º 30, p. 46; MACHADO SEGUNDO, Hugo de Brito. "As Liberdades Econômica e Profissional e os Cadastros de Contribuintes", em **Revista Dialética de Direito Tributário** n.º 67, p. 73.

Isso porque, nesse caso, a apreensão, e o perdimento das mercadorias, não são medidas coercitivas para a cobrança de tributos ou penalidades, que cessam quando do pagamento destas, mas a própria penalidade em si mesma[38].

9.2.10. Descumprimento ao art. 212 do CTN por parte do Fisco e infrações decorrentes do desconhecimento da legislação

Como referido na introdução deste capítulo, a aplicação de sanções tributárias tornou-se mais frequente, dentre outras razões, em virtude da transferência de deveres da Administração ao sujeito passivo, no âmbito do lançamento por homologação. Incumbido de efetuar a liquidação tributária e submetê-la à homologação da autoridade competente, o sujeito passivo é multado quando descumpre o mais formal e irrelevante dos deveres[39].

Nesse contexto, não raro o sujeito passivo comete infrações sem qualquer dolo, às vezes até em prejuízo próprio (*v.g.* comete irregularidades que ensejam recolhimento indevido de tributos), *por puro e simples desconhecimento da mutante e confusa legislação.*

Para evitar situações dessa natureza, o art. 212 do CTN dispõe:

> "Art. 212 – Os Poderes Executivos federal, estaduais e municipais expedirão, por decreto, dentro de 90 (noventa) dias da entrada em vigor desta Lei, a consolidação, em texto único, da legislação vigente, relativa a cada um dos tributos, repetindo-se esta providência até o dia 31 de janeiro de cada ano".

Poder-se-ia, então, indagar qual seria a *sanção* da norma jurídica veiculada pelo texto acima. Qual a decorrência da *não prestação,* ou seja, qual a decorrência de não se fazer a consolidação, em texto único? A resposta é dada por Hugo de Brito Machado[40], que assevera:

> "É certo que ninguém pode escusar-se de cumprir a lei alegando que a desconhece. Não se trata, porém, de invocar o desconhecimento da lei para deixar de cumpri-la. Ninguém se escusará de cumprir a lei tributária, vale dizer, ninguém deixará de pagar tributos, alegando que desconhece a lei que o instituiu, ou aumentou. Em face do não cumprimento, pela Administração Tributária, do dever de consolidar anualmente em texto único a legislação de cada tributo, o que na verdade se há de questionar é

---

38 É da maior evidência, entretanto, que se a pena de perdimento é decretada, não se consuma a importação, nem, por conseguinte, o fato gerador do imposto correspondente. O Fisco não pode, por isso, exigir os impostos incidentes sobre a importação, somados a penalidades pecuniárias pelo cometimento de alguma infração, e a tudo isso *cumular* a aplicação da pena de perdimento. Tanto é assim que, em sua redação atual, o art. 1.º, § 4.º, III, do Decreto-lei n.º 37/66 dispõe que *"o imposto não incide sobre mercadoria estrangeira (...) III – que tenha sido objeto de pena de perdimento, exceto na hipótese em que não seja localizada, tenha sido consumida ou revendida".*

39 Incorrendo em incoerência, o Fisco, com a complacência do Poder Judiciário, impõe severas multas ao sujeito passivo que erra "para menos" na feitura da liquidação do tributo, e suprime o direito ao devido processo legal administrativo, à ampla defesa e ao contraditório, ao contribuinte que erra "para mais", como se depreende do enunciado das Súmulas 436 e 446 do STJ: "A entrega de declaração pelo contribuinte reconhecendo débito fiscal constitui o crédito tributário, dispensada qualquer outra providência por parte do fisco." (Súmula 436/STJ) "Declarado e não pago o débito tributário pelo contribuinte, é legítima a recusa de expedição de certidão negativa ou positiva com efeito de negativa" (Súmula 446/STJ).

40 MACHADO, Hugo de Brito. "A consolidação da legislação de cada tributo e possíveis consequências da inobservância do art. 212 do CTN", em **Revista Dialética de Direito Tributário** n.º 77, pp. 49 e 50.

> o poder da Administração inadimplente de impor penalidades ao sujeito passivo da relação tributária.
>
> Ressalte-se, em primeiro lugar, que a imposição de penalidades, pela Administração inadimplente, carece de todo e qualquer respaldo moral. Nada justifica a inércia da Administração no cumprimento do seu dever, que corresponde ao direito do sujeito passivo da obrigação tributária à certeza jurídica. É princípio universal de Direito, fundado em regra moral de reciprocidade e de lealdade, aquele segundo o qual, em uma relação jurídica, a parte que não cumpre os seus deveres não pode exigir o cumprimento dos deveres da outra.
>
> Assim, mesmo que se reconheça o caráter impositivo da relação tributária, que até certo ponto justificaria a desconsideração de sua bilateralidade, no sentido de que nela o sujeito passivo só tem deveres, isto somente pode levar à conclusão de que o tributo será em qualquer caso devido, ainda que deveres eventualmente estabelecidos para o sujeito ativo da relação sejam por este descumpridos. Não será razoável, porém, chegar-se ao extremo de admitir que o sujeito passivo pode punir o sujeito passivo, porque este, em face da falta das informações que lhe foram negadas por aquele, deixou de cumprir os seus deveres na relação tributária.
>
> É certo que estamos falando de situações nas quais o descumprimento da lei, pelo sujeito passivo, possa ser razoavelmente admitido como fruto da ausência daquela consolidação, em texto único, da legislação tributária respectiva. Nossa tese, assim, não se aplica a todos os casos de infração de lei tributária. Preconizamos, simplesmente, a não aplicação de sanções ao sujeito passivo da obrigação tributária por infrações que possam ser atribuídas a erros de direito escusáveis.
>
> O erro de direito, a final, pode ser causa de absolvição do réu. A moderna doutrina do Direito Penal o admite, a partir da distinção entre erro de tipo e erro de proibição. (...)"

Assiste-lhe inteira razão. Muito pouco custaria ao Poder Público designar pequeno grupo de servidores para dar cumprimento ao artigo 212 do CTN, facilitando a atividade de apuração do crédito tributário desempenhada pelo contribuinte, atividade que, convém lembrar, é de competência da autoridade fiscal (art. 142 do CTN). Além de respeito ao CTN, tal atitude propiciaria melhor compreensão das normas tributárias pelos próprios servidores fazendários, a todos beneficiando.

A complexidade e a obscuridade da legislação trazem insegurança, criando ambiente fértil a que autoridades apliquem penalidades que ensejam custos expressivos e imprevisíveis à atividade econômica desempenhada pelo contribuinte. Pode-se mesmo dizer que decorre do princípio da legalidade, não apenas que certas matérias sejam tratadas em lei, mas, por imposição lógica, que essas leis sejam não apenas prévias aos fatos que visam a alcançar, mas, por igual, claras e compreensíveis, características que desaparecem quando há uma pulverização de normas em diplomas distintos, repletos de remissões, ressalvas e exceções[41]. Adequado, portanto, que a consequência do não cumprimento do art. 212 do CTN por parte da Administração Tributária seja a impossibilidade de se imporem *penalidades administrativas* ao contribuinte que, *por evidente desconhecimento da legislação,* sem dolo, infringe seus dispositivos.

E nem se diga, no caso, que essa solução seria muito benéfica ao contribuinte infrator, e que seria contrária ao interesse público. Primeiro, há de se considerar que bastaria que o

---

41 SPISSO, Rodolfo R. **Derecho Constitucional Tributario.** Buenos Aires: Depalma, 1993, p. 188.

Poder Público *cumprisse a lei*, fazendo o que determina o art. 212 do CTN, para que nenhum contribuinte se "beneficiasse" da não aplicação de penalidades nas situações em estudo. Não é moral, nem jurídico (afinal, a moralidade é um dos princípios vetores da Administração Pública – CF/88, art. 37, *caput*), que o Estado descumpra abertamente um dever seu, e pretenda punir o administrado por um equívoco a que este foi levado, em última análise, pelo descumprimento desse dever do Estado. Basta consolidar em texto único a legislação de cada tributo, anualmente, para que o contribuinte não tenha essa justificativa para o descumprimento da legislação. Segundo, a impossibilidade de aplicação de penalidades diz respeito apenas àquelas devidas ao mero equívoco, decorrente do desconhecimento da legislação, não alcançando os tributos eventualmente não recolhidos, tampouco as penalidades oriundas de condutas dolosas. E, terceiro, não se pode negar que é do interesse público que a legislação tributária seja clara e de fácil compreensão e acesso, de modo a que os cidadãos saibam dos direitos, deveres e ônus que lhes dizem respeito.

Defender o contrário seria o mesmo que pugnar pelo direito do Estado de localizar os sinais e placas de trânsito em locais escuros, ocultos por copas de árvores, para *confundir* os motoristas e depois multá-los em prol do interesse público. O verdadeiro interesse público impõe que os sinais sejam claros, para que os motoristas e pedestres possam observá-los e evitar acidentes. Não se pode chamar de interesse público, mas sim de imoralidade, o ato de "estimular" infrações, ou não providenciar para que elas diminuam, e de depois exigir as penalidades correspondentes a equívocos cometidos por administrados de boa-fé.

Uma importante medida, no âmbito do IVA-Dual (IBS e CBS) previsto na reforma tributária implantada pela EC 132/2023, foi estabelecer que seu regramento será uno e uniforme em todo o território nacional, devendo ocorrer em uma mesma lei complementar (CF/88, art. 149-B e art. 124, parágrafo único, do ADCT).

9.3. DIREITO PENAL TRIBUTÁRIO

9.3.1. Noções gerais

Ao lado das sanções administrativas, há também normas de Direito Penal que cuidam de sanções decorrentes do descumprimento de deveres tributários, as quais compõe o chamado *Direito Penal Tributário*.

Há normas de Direito Penal Tributário no Código Penal Brasileiro, e em algumas leis extravagantes, assim chamadas as que tratam de matéria penal e seu texto não se destina a alterar ou acrescentar disposições do Código Penal, mas a disciplinar da matéria paralelamente a ele. A Lei 8.137/90, cujo primeiro capítulo trata dos crimes contra a ordem tributária, é o principal exemplo.

O Código Penal tem diversos dispositivos com pertinência ao Direito Tributário, por veicularem sanções a condutas levadas a efeito em descumprimento de suas disposições. É o caso dos artigos que tipificam a falsificação de documentos, a corrupção, a facilitação do descaminho, dentre outros. Nos itens seguintes, porém, serão examinados alguns dos que mais especificamente dizem respeito ao Direito Tributário, além das disposições da Lei 8.137/90, o que não significa, porém, que não existam, também em outras leis extravagantes, disposições que tratam da matéria. Apenas a análise exaustiva de todas elas não se comportaria nos limites deste livro.

9.3.2. Apropriação indébita previdenciária

Dispõe o art. 168-A do Código Penal ser crime "Deixar de repassar à previdência social as contribuições recolhidas dos contribuintes, no prazo e forma legal ou convencional", cominando-se pena de reclusão "de 2 (dois) a 5 (cinco) anos, e multa."

A teor do § 1º, incorre nas mesmas penas quem deixar de: i) recolher, no prazo legal, contribuição ou outra importância destinada à previdência social que tenha sido descontada de pagamento efetuado a segurados, a terceiros ou arrecadada do público; ii) recolher contribuições devidas à previdência social que tenham integrado despesas contábeis ou custos relativos à venda de produtos ou à prestação de serviços; iii) pagar benefício devido a segurado, quando as respectivas cotas ou valores já tiverem sido reembolsados à empresa pela previdência social.

A primeira questão que se coloca, então, é a de saber se não está prevista, nos artigos transcritos, hipótese específica de prisão por dívida tributária. A segunda consiste em indagar por qual razão a "apropriação" de contribuições previdenciárias enseja a aplicação de pena mais gravosa que a "apropriação" de outros tributos, prevista no art. 2.º, II, da Lei 8.137/90, à qual se comina pena de detenção de seis meses a dois anos.

Quanto ao problema de saber se há, no caso, típico exemplo de prisão por dívida tributária, diz-se que não se trata de mera dívida, mas de apropriação, o que afastaria a incidência do dispositivo constitucional que veda a prisão por dívida. A questão, contudo, não pode ser resolvida de modo assim tão simplista. Há apropriação quando o infrator, estando na posse de coisa alheia móvel em função do consentimento de seu dono, não a devolve ou não a entrega a quem de direito, animado pelo propósito de dela apoderar-se, ou seja, de dela tornar-se o proprietário. É necessário, portanto, que *exista* uma coisa móvel, e que essa "coisa" seja legitimamente posta sob a posse do infrator. Essa, aliás, é a grande distinção entre a apropriação e o furto, pois enquanto neste último o infrator *subtrai* indevidamente a coisa da esfera de disponibilidade de seu titular, na apropriação indébita a coisa é legitimamente entregue ao infrator, e a ilicitude está em sua não devolução.

Naturalmente, deve estar presente, também, para que se caracterize a apropriação indébita, o propósito de tornar-se proprietário da coisa. Se esta não for entregue por razões diversas desse propósito do infrator de fazer-se proprietário, não há apropriação[42].

Observe-se, ainda, que o fato de não se configurar a apropriação indébita não quer dizer que a conduta do infrator não seja ilícita, ou que a dívida não subsista e deva ter seu adimplemento obtido com o uso de todos os meios que a ordem jurídica oferece. Não se deve confundir, no enfrentamento desta questão, a configuração do crime com a ideia de que a dívida existe e deve ser paga, visto que uma coisa não tem relação necessária com a outra: o fato de não haver crime no mero não pagamento não quer dizer que o pagamento não deva acontecer.

De saída, contudo, deve ser reconhecida a inconstitucionalidade do § 1.º, II, do art. 168-A do CPB, por configurar nítida e indiscutível hipótese de prisão por dívida. As contribuições previdenciárias das quais o sujeito seja contribuinte *e* responsável, quando não recolhidas sem qualquer fraude ou ocultação, representam pura e simplesmente uma dívida tributária. O argumento de que foram consideradas como despesas relativas à venda de mercadorias, e que por isso mesmo teriam sido "embutidas" nos preços pagos pelos consumidores, não conduz à conclusão de que seu não recolhimento implique uma apropriação. Isso porque não apenas as contribuições previdenciárias, mas todos os custos e despesas de um empreendimento

---

42 Cf. MACHADO SEGUNDO, Hugo de Brito; MACHADO, Raquel Cavalcanti Ramos. Sanções Penais Tributárias. In: MACHADO, Hugo de Brito. (Org.). **Sanções Penais Tributárias.** São Paulo: Dialética, 2005, p. 413-447.

são – ou pelo menos se procura que sejam – repercutidos nos preços dos produtos e serviços oferecidos à sociedade.

É relevante lembrar, a esse respeito, que o STF, julgando a ADI 1.055, declarou inconstitucional norma com conteúdo semelhante, contida na Lei 8.866, de 1994. Referida lei definia como "depositário" da Fazenda Pública "a pessoa a que a legislação tributária ou previdenciária imponha a obrigação de reter ou receber de terceiro, e recolher aos cofres públicos, impostos, taxas e contribuições, inclusive à Seguridade Social", para com isso impor ao contribuinte que incorre na mera inadimplência as penas inerentes ao depositário infiel, usando-se a prisão como forma de cobrança, algo aliás explícito no procedimento ali previsto. Entendeu o STF, porém, que se trata de modalidade de sanção política, inteiramente desproporcional. Seria, realmente, contraditório, para dizer o mínimo, o STF negar ao Fisco credor o direito de apreender mercadorias (Súmula 323), mas permitir-lhe a "retenção" da própria pessoa do credor.

Assim, ao se admitir que o § 1.º, II, do art. 168-A do CPB não trata de clara hipótese de prisão por dívida, também ter-se-ia de admitir que qualquer dívida não paga, no exercício de qualquer atividade profissional ou econômica, enseja "apropriação", sendo o correspondente inadimplemento passível de tipificação penal. Ao admitir tal conclusão, o art. 5.º, LXVII, da CF/88, e nada, equivalerão precisa e exatamente à mesma coisa.

Exemplificando, o advogado deve cobrar honorários que o permitam pagar o IPTU da sede de seu escritório, o ISS incidente sobre seus serviços, o material de escritório adquirido, a remuneração de uma secretária, de um contínuo, a ajuda de custo de um estagiário, a conta de energia elétrica e assim por diante. Não se pode pretender, por isso, que o não pagamento da conta de energia, porque se trata de custo já embutido dos honorários cobrados do cliente, seja tipificado como "apropriação". Do contrário, repita-se, o não pagamento de toda e qualquer dívida contraída no âmbito de uma atividade econômica, se inadimplida, configuraria "apropriação".

Entretanto, quanto ao *caput,* que trata de contribuição retida pelo sujeito na condição de *responsável tributário,* ainda se poderia falar em apropriação, eis que o responsável "retém" valor que a rigor deveria ter sido pago ao empregado, obrigando-se a repassá-lo ao Fisco.

Ainda nesse caso, porém, como é necessária a existência de "algo" a ser apropriado, afasta-se de plano, por não preencher o tipo, a hipótese na qual o contribuinte tem recursos para pagar apenas o "líquido" de sua folha de salários, não havendo recursos disponíveis para o pagamento das contribuições. Imagine-se, por exemplo, que o contribuinte tem folha de salários no valor de R$ 1.000,00, e a contribuição que deveria ser "retida" sobre tais salários é de R$ 200,00[43]. Tendo os R$ 1.000,00 em caixa, caso entregue os R$ 800,00 diretamente aos seus empregados, mas não recolha os R$ 200,00 à previdência, poder-se-ia falar na configuração da "apropriação". Entretanto, caso o contribuinte esteja em dificuldades e só possua R$ 800,00, que entrega diretamente aos seus empregados, qual "coisa" ou "objeto" terá sido objeto da apropriação? Coisa nenhuma, não havendo crime à míngua de algo a ser apropriado. É claro que existe a dívida, que tem de ser honrada pelo contribuinte, se for o caso com a execução de seu patrimônio, mas não existe crime. Como aponta Vicente Oscar Diaz, *"para no caer en error se debe considerar que, en primer lugar, solo puede decirse que existe falta de ingreso de retenciones cuando las mismas se hubiesen practicado realmente existiendo fondos líquidos para ello, porque de lo contrario se estaría en una ficción jurídica o en una aplicación por analogía contraria a los postulados del derecho penal."*[44]

---

[43] Os valores são fictícios, apenas para facilitar o exemplo, e não necessariamente guardam relação com as alíquotas atualmente em vigor.

[44] DIAZ, Vicente Oscar. "Criminalización de las infracciones tributarias". **XIX Jornadas Latino-Americanas de Direito Tributário,** Lisboa: ILADT, 1998, livro 4, p. 92.

Considerando, ainda, a necessidade da presença do dolo para a configuração do crime, só o propósito do contribuinte de apropriar-se, tornar-se proprietário dos valores. Se o pagamento não ocorre por outras razões, também não há crime. Nesse contexto, se o contribuinte não paga o tributo "retido", mas escritura e declara ao Fisco a retenção e o seu dever de recolher o valor correspondente, não há a intenção de apropriar-se dele. E se a retenção é feita, mas não é escriturada nem declarada, há crime, mas sua tipificação já se encontra prevista no art. 1.º da Lei 8.137/90.

Fora disso, não há apropriação, mas uma dívida, e criminalizá-la também implica desrespeito ao art. 5.º, LXVII, da CF/88.

Não se afirme que o responsável pela retenção está, no caso, se apropriando de algo, porque isso na verdade não ocorre. E alguns exemplos o esclarecerão muito facilmente.

Suponha-se que uma pessoa jurídica faça um pagamento para uma pessoa física. Do valor contratado deverá ser retido o IRFonte. Assim, por exemplo, se uma sociedade comercial remunera um professor de Direito para a elaboração de um parecer jurídico, e são contratados honorários no valor de R$ 10.000,00, a contratante deverá pagar ao contratado R$ 7.250,00, e recolher R$ 2.750,00 de IRFonte.[45] Se o IRFonte não for recolhido, dir-se-á, estará configurado o crime previsto no art. 2.º, II, da Lei 8.137/90, ainda que não tenha havido omissão, fraude, ocultação, falsificação ou adulteração de qualquer livro, documento ou declaração fiscal. No entanto, será que houve mesmo apropriação? Se a pessoa jurídica contratante não tivesse pago *nada* do que contratara com o parecerista, teria havido apropriação? Não. Apenas subsistiria a dívida relativa aos honorários contratados. E se a pessoa jurídica contratasse o pagamento dos honorários em duas parcelas, e pagasse apenas a primeira, mantendo-se inadimplente com a segunda, teria havido apropriação? Não. Apenas subsistiria a dívida relativa à segunda parte dos honorários. Então, por que o parcelamento desses honorários, com a entrega de 72,5% ao prestador do serviço, e 27,5% ao Fisco credor desse mesmo prestador, configura apropriação? Sinceramente, não vemos qualquer diferença entre essa divisão da dívida, e o enquadramento jurídico do inadimplemento de qualquer das duas parcelas, e as duas divisões e inadimplementos apontados nos parágrafos anteriores.

A não ser assim, e dado ao termo "apropriação" o sentido coloquial e amplo que parece ser o empregado pelos artigos em questão, o não pagamento de toda e qualquer dívida será uma apropriação, tornando letra morta o disposto no art. 5.º, LXVII, da CF/88, que dispõe: "não haverá prisão civil por dívida, salvo a do responsável pelo inadimplemento voluntário e inescusável de obrigação alimentícia e a do depositário infiel".

Nem será discutido, aqui, o argumento fundado na literalidade do dispositivo, que se reporta apenas à prisão civil, pelo que a prisão penal estaria autorizada. Tal objeção é equivocada, como demonstra Hugo de Brito Machado[46], em argumentos que poderiam ser assim sintetizados: (i) os dispositivos constitucionais, notadamente os que tratam de direitos fundamentais, não podem ser interpretados literalmente; (ii) a prisão civil é algo muito menos grave, e menos ofensivo à liberdade e à dignidade do preso, que a prisão penal. Se o inadimplemento de uma dívida não pode ensejar a primeira, com muito mais razão não pode, também, ensejar a segunda.

Assim, e em suma, os artigos que cuidam da chamada "apropriação indébita previdenciária", e do "não pagamento de tributos retidos ou descontados", podem em tese ser interpretados

---

45 Não foram consideradas, no exemplo, para facilitar o cálculo, as deduções relativas ao limite de isenção, e ao intervalo submetido às alíquotas inferiores a 27,5%.

46 MACHADO, Hugo de Brito. **Estudos de Direito Penal Tributário.** São Paulo: Atlas, 2003, p. 21 e ss.

conforme a Constituição, caso se entenda que exigem, para a configuração do crime: (i) dolo específico, representado pelo propósito de apropriação dos valores, propósito este revelado pela prática de atos no sentido de ocultar a dívida correspondente, inviabilizando sua cobrança pelo Fisco; (ii) efetiva existência de valores com os quais o pagamento pudesse ocorrer.

Subsiste, porém, a questão relativa à incongruência entre as penas fixadas, se comparado o art. 1.º, e o art. 2.º da Lei 8.137/90, o que pode recomendar efetivamente a declaração de inconstitucionalidade do inciso II do art. 2.º referido. Realmente, o art. 2.º, II, da Lei 8.137/90 impõe pena de detenção, de 6 (seis) meses a 2 (dois) anos, e multa para a retenção e o não pagamento de tributos e contribuições de uma maneira geral, enquanto o art. 168-A do CPB impõe pena de reclusão, de 2 (dois) a 5 (cinco) anos, e multa, para a retenção e o não pagamento de contribuições previdenciárias, distinção para a qual não parece haver justificativa plausível.

Poder-se-ia dizer que existe um "valor social" mais forte subjacente às contribuições previdenciárias, mas isso não é justificativa para a diferenciação. Com efeito, os impostos em geral também são utilizados para finalidades de grande importância social. E, além disso, o art. 2.º, II, da Lei 8.137/90 abrange também outras contribuições, como a COFINS e a CSLL, que têm finalidade social tão ou mais importante que as contribuições especificamente previdenciárias.[47]

Há, então, aparentemente, tratamento penal desigual para situações equivalentes. Não é possível, porém, impor à apropriação, considerado o tipo em interpretação *conforme* a Constituição, como delito menos grave que o previsto no art. 1.º da Lei 8.137/90, consequência à qual se chegaria se se aplicasse à apropriação indébita previdenciária prevista no art. 168-A do Código Penal a sanção prevista no art. 2.º, II, da Lei 8.137/90. Ou o crime é o mesmo, ou a apropriação é mais grave. Não menos. Não há, portanto, como interpretar o art. 2.º, II, da Lei 8.137/90 *conforme* a Constituição, pois não faria sentido nele estar tipificada conduta igual ou mais grave que a do art. 1.º, com a imputação de pena menor, o que não ocorre caso o mesmo seja simplesmente suprimido da ordem jurídica por vício de invalidade, mesma invalidade que permeia o § 1º, II, do art. 168-A do Código Penal, hipótese na qual a conduta nele tipificada passaria a estar abrangida pelo art. 1.º. da mesma lei, e punível também nos termos e condições deste outro artigo. Essa solução faz desaparecer o conflito decorrente da diversidade das penas para ilícito da mesma natureza, pois tanto o art. 1.º da Lei 8.137/90 como o art. 168-A do CPB impõem a pena de reclusão de 2 a 5 anos, e multa.

Ainda quanto ao art. 2º, II, da Lei 8.137/90, o Superior Tribunal de Justiça recentemente modificou seu entendimento para considerar, com base no referido artigo, crime o mero não recolhimento de ICMS, mesmo quando as operações tributáveis e a própria dívida tributária são devidamente escrituradas e declaradas ao Fisco (HC 399.109). Trata-se do crime de mero não pagamento, autêntica hipótese de prisão por dívida e, por isso, contrária ao texto constitucional. Não se sustenta a tese de que o "verdadeiro contribuinte" seria o contribuinte de fato, que pagou o preço no qual o tributo estaria embutido, o que tornaria o inadimplemento do contribuinte "de direito" uma "apropriação". Primeiro, porque eventual repasse do custo no preço não faz com que o débito tributário, que é do "contribuinte de direito" junto ao fisco, deixe de ser apenas uma dívida não paga deste, convertendo-se em uma "apropriação". Segundo, porque a premissa é falsa: o comprador da mercadoria paga preço, que até pode ser mais elevado em razão do custo tributário do vendedor, mas não se pode dizer que o comprador da mercadoria esteja pagando tributos, não havendo, portanto, "apropriação" de nada no caso de inadimplência do comerciante junto ao Fisco. Tanto que, se houver inadimplência do

---

47 Confira-se, a propósito, ESTELLITA, Heloisa. "O Princípio Constitucional da Isonomia e o Crime de Omissão no Recolhimento de Contribuições Previdenciárias (art. 168-A, § 1.º, I, Código Penal)". In. ESTELLITA, Heloísa (Coord.). **Direito Penal Empresarial**. São Paulo: Dialética, 2001, p. 93 e ss.

consumidor, na compra, mesmo assim o contribuinte dito "de direito" terá de pagar o tributo, pois a dívida é sua. O referido entendimento, portanto, e com todo o respeito, é equivocado, e conduz ao absurdo de, diante da mera dívida tributária de ICMS declarada e não paga, ser inconstitucional apreender as mercadorias do contribuinte (Súmula 323/STF), mas não haver problema em levar o próprio contribuinte preso pelo mesmo motivo. O STF, inclusive, incorre em contradição evidente no julgamento desse tema, pois, em um trecho do julgado, afirma que há apropriação indébita, por ter o tributo sido repassado nos preços; mas, em seguida, afirma que só isso não bastaria, caso a dívida tivesse sido declarada e não paga, porquanto ausente o dolo: seria preciso, por igual, a "contumácia" (que o acórdão tampouco define), pois ela indicaria o propósito de lesar a concorrência com a prática de preços mais baixos, possíveis por conta do inadimplemento.

Ocorre que, se o preço é mais baixo por conta de estar sendo inadimplido o ICMS, isso é uma evidência de que o tributo não está sendo repassado nos preços. É o não repasse do tributo nos preços, aliás, que permite a prática de preços danosos à concorrência, mas isso naturalmente remove a premissa de que haveria a apropriação indébita dos valores repassados.

9.3.3. Excesso de exação

As normas tributárias, como as normas jurídicas em geral, são bilaterais. Disciplinam a conduta em interferência intersubjetiva. É inadequado, portanto, estudar o direito penal tributário a partir apenas de infrações potencialmente praticadas por contribuintes. As autoridades da Administração Tributária também estão suscetíveis a cometer crimes, sendo importante destacar, a esse respeito, o que dispõe o art. 316, § 1º, do Código Penal.

Embora parágrafos, na boa técnica legislativa, não devam veicular tipos autônomos, é isso o que acontece no caso, pois o dispositivo em questão estabelece configurar-se o crime de excesso de exação, punível com reclusão de três a oito anos e multa, "se o funcionário exige tributo ou contribuição social que sabe ou deveria saber indevido, ou, quando devido, emprega na cobrança meio vexatório ou gravoso, que a lei não autoriza". A pena é de dois a doze anos "se o funcionário desvia, em proveito próprio ou de outrem, o que recebeu indevidamente para recolher aos cofres públicos".

Verifica-se com alguma frequência a referência à punição de autoridades que, em conivência com contribuintes desonestos, mostram-se coniventes com a sonegação de tributos, algo pouco comum em se tratando de autoridades que cometem ilegalidades na cobrança de tributos destinadas a exigi-los mesmo quando indevidos, ou por meios indevidos. Relativa complacência dos órgãos de investigação e punição, especialmente no que tange ao delito previsto no art. 316, § 1º, do Código Penal, transmitem a impressão de que, desde que convergentes com os interesses arrecadatórios do Estado, ilegalidades podem ser cometidas, mentalidade que precisa mudar.

Observe-se, contudo, que, conforme já decidiu o Superior Tribunal de Justiça (REsp 1.943.262), o erro na interpretação da lei tributária não configura crime de excesso de exação. Aliás, o erro na interpretação da lei tributária por igual afasta a configuração de outros crimes tributários, a exemplo daqueles previstos no art. 1.º da Lei 8.137/90, pois não há crime de interpretação.

9.3.4. Sonegação de contribuição previdenciária

Nos termos do art. 337-A do Código Penal, configura crime de sonegação de contribuição previdenciária "suprimir ou reduzir contribuição social previdenciária e qualquer acessório, mediante as seguintes condutas: I – omitir de folha de pagamento da empresa ou de documento de informações previsto pela legislação previdenciária segurados empregado, empresário, trabalhador avulso ou trabalhador autônomo ou a este equiparado que lhe prestem serviços; II – deixar de lançar mensalmente nos títulos próprios da contabilidade da empresa as quantias descontadas dos segurados ou as devidas pelo empregador ou pelo tomador de serviços; III – omitir, total ou parcialmente, receitas ou lucros auferidos, remunerações pagas ou creditadas e demais fatos geradores de contribuições sociais previdenciárias". Imputa-se a esse crime a pena de reclusão de dois a cinco anos, e multa.

Trata-se de disposição, a rigor, desnecessária, pois as condutas nela previstas subsumir-se-iam, de uma forma ou de outra, na descrição contida no art. 1.º da Lei 8.137/90, que comina a mesma penalidade. Seu propósito é meramente simbólico.

9.3.5. Descaminho

Dispõe o art. 334 do Código Penal que configura crime de descaminho, sujeito à pena de reclusão de um a quatro anos, "iludir, no todo ou em parte, o pagamento de direito ou imposto devido pela entrada, pela saída ou pelo consumo de mercadoria."

Trata-se da conduta de quem, realizando importação e atraindo a incidência da regra tributária que torna devido o imposto de importação e os demais tributo incidentes na entrada do bem no território nacional, deixa de declarar e de recolher os tributos devidos e oculta o fato da autoridade, impedindo-a de aplicar as normas incidentes por meio do lançamento dos tributos respectivos. Na linguagem coloquial, é comum que seja confundido com o contrabando, crime diverso que consiste na importação ou na exportação de mercadoria proibida (art. 334-A, CPB).

Nos termos do § 1º do art. 334 do Código Penal, "incorre na mesma pena quem: I – pratica navegação de cabotagem, fora dos casos permitidos em lei; II – pratica fato assimilado, em lei especial, a descaminho; III – vende, expõe à venda, mantém em depósito ou, de qualquer forma, utiliza em proveito próprio ou alheio, no exercício de atividade comercial ou industrial, mercadoria de procedência estrangeira que introduziu clandestinamente no País ou importou fraudulentamente ou que sabe ser produto de introdução clandestina no território nacional ou de importação fraudulenta por parte de outrem; IV – adquire, recebe ou oculta, em proveito próprio ou alheio, no exercício de atividade comercial ou industrial, mercadoria de procedência estrangeira, desacompanhada de documentação legal ou acompanhada de documentos que sabe serem falsos."

Quanto à conduta de expor à venda mercadoria introduzida ilegalmente no País, é importante lembrar que não se pode exigir do contribuinte que adquire a mercadoria de comerciante estabelecido no País que investigue ou mesmo adivinhe a origem dessa mercadoria ou a forma como ela entrou no país. Comprada de alguém regularmente estabelecido, a boa-fé se presume e não se pode considerar autor do crime de descaminho alguém que apenas as expôs à venda sem conhecer sua origem irregular.

Veja-se que o crime de descaminho é, fundamentalmente, um crime contra a ordem tributária. A conduta nele prevista inclusive subsumir-se-ia no tipo previsto no art. 1.º da Lei 8.137/90, não fosse a existência do art. 334 do Código Penal, mais específico. Por isso, a rigor, o entendimento consolidado na Súmula Vinculante 24 deveria ser aplicado a este tipo de crime também. O Supremo Tribunal Federal, contudo, já manifestou entendimento em sentido contrário[48].

---

[48] STF, 2T, HC 99.740, Rel. Min. Ministro Ayres Britto, *DJe* de 1º.02.11; STF, 1T, HC 120.783, Rel. Min. Rosa Weber, *DJe* de 11.04.14.

9.3.6. Disposições da Lei 8.137/90

A Lei 8.137/90, em seu capítulo I, trata de crimes contra a ordem tributária. Os dois primeiros artigos cuidam de crimes praticados por particulares, e o terceiro, crimes praticados por autoridades da Administração Tributária.

Nos termos do art. 1.º da Lei 8.137/90, constitui "crime contra a ordem tributária suprimir ou reduzir tributo, ou contribuição social e qualquer acessório, mediante as seguintes condutas: I – omitir informação, ou prestar declaração falsa às autoridades fazendárias; II – fraudar a fiscalização tributária, inserindo elementos inexatos, ou omitindo operação de qualquer natureza, em documento ou livro exigido pela lei fiscal; III – falsificar ou alterar nota fiscal, fatura, duplicata, nota de venda, ou qualquer outro documento relativo à operação tributável; IV – elaborar, distribuir, fornecer, emitir ou utilizar documento que saiba ou deva saber falso ou inexato; V – negar ou deixar de fornecer, quando obrigatório, nota fiscal ou documento equivalente, relativa a venda de mercadoria ou prestação de serviço, efetivamente realizada, ou fornecê-la em desacordo com a legislação." A pena aplicável é reclusão, de dois a cinco anos, e multa.

Estabelece ainda o parágrafo único que "a falta de atendimento da exigência da autoridade, no prazo de 10 (dez) dias, que poderá ser convertido em horas em razão da maior ou menor complexidade da matéria ou da dificuldade quanto ao atendimento da exigência, caracteriza a infração prevista no inciso V."

Note-se, de início, que o crime, no caso do art. 1º., não se configura com o mero não pagamento do tributo. "Suprimir", no contexto da Lei 8.137/90, significa não pagar e ocultar do conhecimento da autoridade a ocorrência do fato gerador correspondente, de modo a que ela não consiga nem mesmo efetuar o eventual lançamento de ofício revisional. Daí por que se exigem as condutas descritas nos incisos, que têm, todas, a fraude como elemento essencial.

No que tange à norma veiculada pelo parágrafo único do art. 1.º da Lei 8.137/90, verifica-se que ela é inconstitucional, por ofensa ao princípio ou postulado implícito do legislador racional.[49] Isso porque encerra um *nonsense,* dispondo sobre condutas absurdas, contraditórias ou impossíveis.[50] Está eivada da mesma nulidade que contaminaria uma lei que obrigasse as pessoas, por exemplo, a gritar e a ficar em silêncio, ao mesmo tempo. Não se trata de um tipo específico. Embora parágrafos, incisos, alíneas, etc. possam definir tipos penais de forma autônoma do *caput*, como se vê, por exemplo, no caso do excesso de exação (CPB, art. 316, § 1.º), é indispensável que definam também a pena correspondente a esse outro tipo, o que não ocorre no caso do parágrafo único do art. 1.º da Lei 8.137/90, que, por esse motivo, trataria de um paradoxal ilícito sem pena.

Poder-se-ia dizer, ao revés, que a conduta descrita no parágrafo único se submete à mesma pena prevista para o *caput* e seus incisos. Isso, porém, não está expresso. Pelo contrário, a norma tenta equiparar os ilícitos, e não as penas que lhes são cominadas. Subsistirá, ainda assim, o *nonsense,* pois o ilícito descrito no inciso V do art. 1.º da Lei 8.137/90 somente se configura com o resultado previsto no *caput,* e não é possível, com a simples recusa referida

---

49 Cf., *v.g.,* AARNIO, Aulis. **Lo racional como razonable – un tratado sobre la justificación juridica.** Traducción de Ernesto Garzón Valdés, Madrid: Centro de Estudios Constitucionales, 1991, p. 286; SICHES, Luis Recasens. **Nueva Filosofia de La Interpretacion del Derecho**. México: Porrúa, 1973, p. 278; ATIENZA, Manuel. **Contribución a una teoría de la legislación**. Madrid: Civitas, 1997, p. 11; ORTEGA, Manuel Segura. **La Racionalidad Jurídica.** Madrid: Tecnos, 1998, p. 15.

50 ESTELLITA, Heloisa. **A tutela penal e as obrigações tributárias na Constituição Federal**. São Paulo: Revista dos Tribunais, 2001, p. 209-210.

no parágrafo único, suprimir-se o tributo[51]. Ou o livro está adulterado, ou contém omissões, e o tipo se configura em face dos incisos I ou II do art. 1.º, ou o livro está corretamente escriturado, e o tributo foi pago, não sendo a recusa que implicará sua supressão. Pelo contrário: como se sabe, o fiscal, diante da recusa do contribuinte em entregar ou exibir os tais livros e/ou documentos, pode calcular o tributo eventualmente devido por arbitramento, ensejando não raro a arrecadação de valores até maiores que os efetivamente devidos. O próprio resultado exigido pelo *caput* do artigo, portanto, não tem como se consumar com a conduta descrita no parágrafo único.

Caso, finalmente, se entenda que é a simples recusa, independentemente de qualquer resultado, que configura crime, a melhor resultado não se chegará. Realmente, essa tese conciliadora salva a norma do *nonsense,* mas a torna inconstitucional por desproporcionalidade. Com efeito, o simples fato de não se entregar um livro a uma autoridade fiscal, no prazo por ela estipulado, não é algo reprovável a ponto de reclamar a aplicação da pena de reclusão de 2 a 5 anos, acrescida de multa. Nesse contexto, soa absurdo, para dizer o menos, pretender que alguém seja condenado criminalmente a até 5 anos de reclusão pelo simples fato de haver atrasado o cumprimento de uma determinação da fiscalização tributária. Admitir essa conclusão implicaria dizer que o mero atraso na entrega de um livro – ainda que não traga quaisquer consequências tributárias relevantes – é praticamente tão grave, em face da proximidade das penas, quanto: (i) instigar alguém ao suicídio, com a consumação deste (CPB, art. 122); ou (ii) praticar infanticídio (CPB, art. 123), só para citar dois exemplos de graves crimes dolosos contra a vida.

Aliás, considerando que a lesão corporal, desde que não seja grave, é punida com pena de 3 meses a 1 ano (CPB, art. 129, *caput*), a tese que extrai do parágrafo único do art. 1.º da Lei 8.137/90 um "tipo específico", de natureza formal, punido com a mesma pena prevista para o *caput*, é tão absurda que leva à conclusão de ser menos grave agredir fisicamente o agente fiscal que atrasar em um dia a entrega do livro por ele solicitado.

Note-se, ainda, que o art. 1.º da Lei 8.137/90 em comento trata de um crime material, ou de resultado. Não basta o emprego das condutas descritas nos incisos, sendo preciso, para que o crime se configure, que o resultado "suprimir ou reduzir" tributo (devido, por óbvio) seja alcançado. Daí a pertinência do entendimento consolidado na Súmula Vinculante 24, a ser abordado mais à frente.

Já o artigo 2.º da Lei 8.137/90 estabelece que "constitui crime da mesma natureza: I – fazer declaração falsa ou omitir declaração sobre rendas, bens ou fatos, ou empregar outra fraude, para eximir-se, total ou parcialmente, de pagamento de tributo; II – deixar de recolher, no prazo legal, valor de tributo ou de contribuição social, descontado ou cobrado, na qualidade de sujeito passivo de obrigação e que deveria recolher aos cofres públicos; III – exigir, pagar ou receber, para si ou para o contribuinte beneficiário, qualquer percentagem sobre a parcela dedutível ou deduzida de imposto ou de contribuição como incentivo fiscal; IV – deixar de aplicar, ou aplicar em desacordo com o estatuído, incentivo fiscal ou parcelas de imposto liberadas por órgão ou entidade de desenvolvimento; V – utilizar ou divulgar programa de processamento de dados que permita ao sujeito passivo da obrigação tributária possuir informação contábil diversa daquela que é, por lei, fornecida à Fazenda Pública." A pena cominada, porém, é menos severa: detenção, de seis meses a dois anos, e multa.

---

[51] Cf. MACHADO SEGUNDO, Hugo de Brito.; MACHADO, Raquel Cavalcanti Ramos. Sanções Penais Tributárias. In: MACHADO, Hugo de Brito. (Org.). **Sanções Penais Tributárias**. São Paulo: Dialética, 2005, p. 413-447.

Quanto ao crime previsto no art. 2.º, I, da Lei n.º 8.137/90, merece registro o fato de que ele não depende de resultado. Não depende, em suma, de saber se o contribuinte conseguiu efetivamente eximir-se do tributo, ou não. Até porque, se dependesse, o art. 2.º, I, e o art. 1.º, I e II, estariam a impor penas distintas para o mesmíssimo fato típico. Por isso diz-se que os crimes previstos no art. 2.º da Lei 8.137/90 são crimes formais, ou de mera conduta.

Isso não quer dizer, porém, que a mera divergência entre a realidade e o conteúdo de uma declaração (DIRPF, DCTF, GIA etc.) configure o crime em questão. É preciso que essa omissão seja movida por *dolo específico*, ou seja, animada com o propósito do contribuinte de "eximir-se, total ou parcialmente, de pagamento de tributo".

É preciso esclarecer, ainda, que, além do dolo específico, a "falsidade" a que alude o artigo, como caracterizadora do tipo penal, deve estar necessariamente ligada ao aspecto factual da declaração, e não aos seus efeitos jurídicos. Exemplificando, se o contribuinte declarar que vendeu livros, quando em verdade vendeu camisas, há falsidade. Entretanto, se o contribuinte declarar a venda de livros eletrônicos imunes, e o Fisco não aceitar essa declaração por não considerar a imunidade extensível aos tais produtos eletrônicos, o tipo não está configurado, ainda que depois se conclua ser efetivamente devido o tributo.

Quanto ao inciso II do art. 2.º. da Lei 8.137/90, sua inconstitucionalidade é evidente, por consistir em clara hipótese de prisão por dívida. O assunto já foi objeto de exame no item 9.3.2, *supra*, ao qual se remete o leitor. O Supremo Tribunal Federal, porém, como dito, o considera válido, e aplicável aos casos de "devedores contumazes" que declaram e não pagam o ICMS. Constou da ementa do respectivo julgado (RHC 163.334/SC), da qual merecem transcrição os seguintes itens:

> "(...) 1. O contribuinte que deixa de recolher o valor do ICMS cobrado do adquirente da mercadoria ou serviço apropria-se de valor de tributo, realizando o tipo penal do art. 2º, II, da Lei nº 8.137/1990.
>
> 2. Em primeiro lugar, uma interpretação semântica e sistemática da regra penal indica a adequação típica da conduta, pois a lei não faz diferenciação entre as espécies de sujeitos passivos tributários, exigindo apenas a cobrança do valor do tributo seguida da falta de seu recolhimento aos cofres públicos.
>
> (...)
>
> 4. Em terceiro lugar, uma interpretação teleológica voltada à proteção da ordem tributária e uma interpretação atenta às consequências da decisão conduzem ao reconhecimento da tipicidade da conduta. Por um lado, a apropriação indébita do ICMS, o tributo mais sonegado do País, gera graves danos ao erário e à livre concorrência. Por outro lado, é virtualmente impossível que alguém seja preso por esse delito. 5. Impõe-se, porém, uma interpretação restritiva do tipo, de modo que somente se considera criminosa a inadimplência sistemática, contumaz, verdadeiro modus operandi do empresário, seja para enriquecimento ilícito, para lesar a concorrência ou para financiar as próprias atividades.
>
> 6. A caracterização do crime depende da demonstração do dolo de apropriação, a ser apurado a partir de circunstâncias objetivas factuais, tais como o inadimplemento prolongado sem tentativa de regularização dos débitos, a venda de produtos abaixo do preço de custo, a criação de obstáculos à fiscalização, a utilização de "laranjas" no quadro societário, a falta de tentativa de regularização dos débitos, o encerramento irregular das suas atividades, a existência de débitos inscritos em dívida ativa em valor superior ao capital social integralizado etc.

> 7. Recurso desprovido.
>
> 8. Fixação da seguinte tese: O contribuinte que deixa de recolher, de forma contumaz e com dolo de apropriação, o ICMS cobrado do adquirente da mercadoria ou serviço incide no tipo penal do art. 2º, II, da Lei nº 8.137/1990".[52]

Além das críticas feitas no item próprio – 9.3.2, *supra* –, vale adicionar, com todo o respeito, mais duas.

A primeira foi a criação de um tipo penal por meio jurisprudencial, pois se alterou o disposto no art. 2.º, II, da Lei 8.137/90, para exigir a "contumácia" da inadimplência. Não há, porém, lei criminal definindo o que se deve entender por devedor contumaz. É aquele que atrasa um mês, dois, dez? Declara e não paga o ICMS por quanto tempo? Cabe a cada estado-membro definir? O fato de tais perguntas não serem passíveis de resposta a partir do texto da Lei 8.137/90 ou mesmo da decisão do STF que a "interpretou" é motivo suficiente para evidenciar o equívoco da decisão, com todo o respeito.

A segunda, e não menos grave, é a evidente contradição interna ao raciocínio constante da própria ementa. Primeiro, diz-se que o ato de declarar e não pagar o ICMS é crime porque envolve uma "apropriação". Parte-se da ideia, equivocada, de que o imposto, com esse rótulo, teria sido pago pelo consumidor final, embutido no preço das mercadorias consumidas. Caberia ao comerciante, contribuinte dito "de direito", apenas repassá-lo à Fazenda. Ao se omitir em proceder a esse repasse, haveria o crime de apropriar-se do que seria alheio. Mesmo sem entrar, agora, no mérito desse raciocínio (para tanto, remete-se o leitor ao item deste livro dedicado ao crédito tributário e ao art. 166 do CTN – 6.4.2.4.1, *supra*), vê-se que ele é frontalmente contraditório com a segunda premissa do julgado, a de que a inadimplência levaria a um prejuízo à concorrência, pois o agente estaria, com ela, a vender produtos com preços mais baixos, abaixo do custo, visto que livres do ônus tributário. Mas como é possível apropriar-se do imposto embutido nos preços, e ao mesmo tempo lesar a concorrência por vender mais barato visto que sem o tributo embutido nos preços? A contradição entre os próprios itens da ementa é evidentíssima, tanto quanto o equívoco da conclusão que em tais premissas se apoia.

Finalmente, o art. 3.º. da Lei 8.137/90 trata dos crimes praticados por funcionários públicos, estabelecendo que constitui "crime funcional contra a ordem tributária, além dos previstos no Decreto-Lei nº 2.848, de 7 de dezembro de 1940 – Código Penal (Título XI, Capítulo I): I – extraviar livro oficial, processo fiscal ou qualquer documento, de que tenha a guarda em razão da função; sonegá-lo, ou inutilizá-lo, total ou parcialmente, acarretando pagamento indevido ou inexato de tributo ou contribuição social; II – exigir, solicitar ou receber, para si ou para outrem, direta ou indiretamente, ainda que fora da função ou antes de iniciar seu exercício, mas em razão dela, vantagem indevida; ou aceitar promessa de tal vantagem, para deixar de lançar ou cobrar tributo ou contribuição social, ou cobrá-los parcialmente", cominando-lhes pena de reclusão de três a oito anos e multa. No caso de patrocínio, direto ou indireto, de "interesse privado perante a administração fazendária, valendo-se da qualidade de funcionário público" (inciso III), a pena é de um a quatro anos, e multa.

9.3.7. Prévio exaurimento da via administrativa

Durante muito tempo, discutiu-se a questão de saber se a conclusão do processo administrativo fiscal de determinação e exigência do crédito tributário seria necessária para a propositura da ação penal, vale dizer, a ação destinada à aplicação da sanção penal tributária.

[52] RHC 163.334, Tribunal Pleno, Rel. Roberto Barroso, j. em 18/12/2019.

A resposta afirmativa parece a mais adequada para o problema, vale dizer, apenas depois de concluído o processo administrativo é possível cogitar-se da propositura de ação penal, pelo menos no que tange a crimes que tenham a supressão do tributo correspondente como elemento nuclear do tipo.

E assim é, primeiro, porque somente depois de concluído o processo poder-se-á dizer se houve efetivamente a supressão ou a redução de tributo, pois é a autoridade administrativa aquela dotada de competência para dizer se há tributo devido, e em que montante (CTN, art. 142). É certo que o Poder Judiciário pode fazer um controle negativo sobre esse pronunciamento (afirmando, por exemplo, que o tributo lançado não é devido), mas naturalmente não pode, ele próprio, apurar, quantificar e arrecadar o tributo que considerar devido. Segundo, porque admitir o contrário implicaria forte restrição ao direito do cidadão ao devido processo legal *administrativo*[53]. O receio de uma ação penal contra si, faria com que o contribuinte, mesmo sabendo não ser devido o tributo lançado, pagasse-o integralmente para extinguir a punibilidade. A apresentação da defesa administrativa traria, com ela, automaticamente, o ônus de ter de responder a uma ação penal. Para o Ministro Nélson Jobim, no julgamento do HC 77.002,

> "(...) restaria ao contribuinte a opção de pagar para evitar a ação penal.
>
> Ou, não pagar e não evitar a ação penal.
>
> Na primeira alternativa, o contribuinte, porque decide pagar, renuncia ao direito constitucional de discutir a legalidade do lançamento tributário, na esfera administrativa.
>
> Na segunda, o exercício do direito ao contraditório e ampla defesa na esfera administrativa, sujeita o contribuinte à ação penal.
>
> Só o pagamento, sem discussão, evita a ação penal.
>
> Dito de uma forma mais inteligível para o leigo e retoricamente forte, o contribuinte está sob ameaça.
>
> Se não pagar e discutir, será réu em ação penal.
>
> Com todas as consequências daí decorrentes.
>
> É um preço alto."[54]

O Ministro Sepúlveda Pertence, no mesmo sentido, afirmou que a propositura de ação penal por crime contra a ordem tributária sem o prévio exaurimento da via administrativa representaria...

> "(...) abuso do poder de instaurar o processo penal para constranger o cidadão a render-se incondicionalmente aos termos da exigência do Fisco, com a renúncia não só da faculdade – que a lei complementar lhe assegura –, de impugnar o lançamento mediante procedimento administrativo nela previsto, mas também, principalmente, de eminentes garantias constitucionais, sintetizadas na do 'devido processo legal'.

---

53 Cf. MACHADO SEGUNDO, Hugo de Brito; MACHADO, Raquel Cavalcanti Ramos. Sanções Penais Tributárias. In: MACHADO, Hugo de Brito. (Org.). **Sanções Penais Tributárias.** São Paulo: Dialética, 2005, p. 413-447.

54 Voto do Ministro Nélson Jobim, no julgamento do HC 77.002, pelo STF. O *habeas corpus* foi considerado prejudicado, por perda do objeto, porque antes de seu julgamento definitivo o paciente foi absolvido nas ações penais correspondentes (*DJ* de 02.08.2002) – Inteiro teor do acórdão, e dos votos citados, pode ser obtido em www.stf.gov.br.

Que a ordem jurídica não o permite, mostraram-no – entre outros juristas de vulto – o voto do Ministro Jobim, já recordado, e o trabalho doutrinário do Prof. Hugo de Brito Machado."[55]

E nem poderia ser diferente, até porque, segundo o art. 151, III, do CTN, a apresentação de impugnação ou recurso administrativos *suspende a exigibilidade do crédito tributário.*[56] Essa suspensão torna o crédito não exigível, devendo o Fisco inclusive fornecer ao contribuinte "certidão positiva com efeito de negativa" (CTN, art. 206). Nesse contexto, como punir o contribuinte por não haver ainda pago quantia que, a rigor, enquanto não concluído o processo administrativo, não é sequer exigível?

Em oposição ao entendimento acima defendido, poder-se-ia afirmar que ele representa indevida restrição à atuação do Ministério Público, bem como à "autonomia das instâncias" administrativa e judicial. Além disso, os órgãos administrativos de julgamento têm representantes dos contribuintes em sua composição, e podem ser influenciados pela corrupção.

Tais argumentos, porém, não sustentam a conclusão que deles se pretende extrair, segundo a qual o Ministério Público poderia oferecer denúncia pela prática de crime de supressão ou redução de tributos independentemente da conclusão do processo administrativo. O ordenamento jurídico não pode ser interpretado aos pedaços, e a mesma Constituição que cuida da competência do Ministério Público trata, também, do direito do cidadão ao devido processo legal administrativo. Por outro lado, o *parquet* não está vinculado à conclusão da autoridade administrativa quanto à configuração do *crime*; está, na verdade, vinculado à conclusão a respeito de ser o tributo devido, ou não, o que não é a mesma coisa.[57] Além disso, a "autonomia das instâncias" não pode servir de fundamento para que o Estado afirme, através da autoridade competente (CTN, art. 142), que nenhum tributo é devido, recusando-se a cobrá-lo, e, ainda assim – sem que afirme e demonstre estar viciado o ato daquela autoridade – pretenda punir o cidadão que "suprimiu" o inexistente tributo.

Por outro lado, não se pode invocar o fato de os órgãos administrativos de julgamento possuírem membros indicados pelos contribuintes como justificativa para desacreditar suas decisões. De saída, porque às vezes o lançamento é considerado insubsistente pelos julgadores de primeira instância, e estes não são indicados por contribuintes. Ademais, os conselheiros dos órgãos paritários são, no exercício de suas funções, julgadores como quaisquer outros, não sendo necessário que, só porque foram indicados por entidades de contribuintes, decidam sempre a favor destes. Do contrário, os Ministros do Superior Tribunal de Justiça oriundos dos quadros do Ministério Público não poderiam julgar questões penais, pois seriam todos parciais e decidiriam sempre a favor da acusação.

---

55 Voto do Ministro Sepúlveda Pertence, no julgamento do HC 77.002, pelo STF. Os grifos estão no original.

56 Como adverte Alberto Xavier, aliás, a disposição do art. 151, III, do CTN é desdobramento ou decorrência do direito à ampla defesa "nos termos do qual nenhum ato administrativo suscetível de produzir consequências desfavoráveis para o administrado poderá ser praticado de modo definitivo sem que a este tenha sido dada a oportunidade de apresentar as razões (fatos e provas) que achar convenientes à defesa dos seus interesses." XAVIER, Alberto. **Do Lançamento, Teoria Geral do Ato, do Procedimento e do Processo Tributário.** 2.ª ed. Rio de Janeiro: Forense, 1997, p. 162.

57 A autoridade pode considerar que, conquanto devido e não pago, o tributo não foi suprimido com o uso das condutas descritas nos incisos do art. 1.º da Lei 8.137/90, por exemplo. O Ministério Público não estará "vinculado" a essa conclusão, podendo afirmar que houve sim o emprego de meios fraudulentos na supressão ou na redução do tributo. O que não é possível é que o Ministério Público pretenda "devido" um tributo que o Fisco afirma não ser devido.

Se o problema é a possibilidade de ocorrer corrupção nos julgamentos dos órgãos administrativos de julgamento, a discussão muda de foco, e o argumento dos que sustentam desnecessidade do prévio exaurimento da via administrativa torna-se ainda mais inconsistente. Isso porque a corrupção é um problema grave, reprovável, que deve ser combatida porque lesiona as bases das instituições sociais, mas que, em tese, é passível de ocorrência não só entre julgadores oriundos de indicações de entidades representativas de contribuintes, mas também entre os indicados pela Fazenda, e ainda entre fiscais, juízes, desembargadores, ministros, testemunhas, peritos... Assim, a prevalecer o argumento que sustenta a desnecessidade do "prévio exaurimento" por conta da hipotética *possibilidade* de corrupção, não só as decisões administrativas, mas também depoimentos, laudos periciais, sentenças e até acórdãos poderiam ser desconsiderados quando "embaraçassem" a atividade do Ministério Público. E isso, naturalmente, se os membros do *parquet* fossem antecipadamente excluídos da tal lista de autoridades que, porque podem em tese estar corrompidas ou sofrendo outro tipo de influência inconfessável, não devem ter seus atos levados a sério. Se se admitir que também o acusador, como de resto qualquer ser humano, pode *em tese* agir movido por influências escusas, então nem suas acusações poderiam ser consideradas por ninguém. Seria o caos, o que mostra que a possibilidade, em tese, de corrupção, não pode servir de justificativa para nivelar todas essas pessoas e desqualificar liminar e incondicionalmente seus atos e afirmações. Não será, enfim, a mera possibilidade hipotética de corrupção, não demonstrada nem mesmo alegada especificamente, que justificará a desconsideração de um pronunciamento do órgão administrativo fiscal.

Havendo suspeita de corrupção nos órgãos da administração fazendária, ela deve ser investigada e punida. O Ministério Público, então, deve denunciar não só o contribuinte, mas também os fiscais e/ou julgadores administrativos, pela conduta tipificada no art. 3.º, II, da Lei 8.137/91. O que não é possível é apenas "supor" que "pode" existir corrupção, e com base nisso punir apenas o contribuinte, suprimindo-lhe o direito de defesa.

Também não é procedente a afirmação de que o lançamento pode ser considerado nulo, na esfera administrativa, por razões meramente formais, e por isso o julgamento fazendário não deve ser aguardado. Além de cumprimento das formalidades processuais administrativas ser direito do contribuinte, não devendo ser encarado como uma "anomalia" ou um "estorvo", a anulação, no caso de irregularidade formal, reabre o prazo para feitura do lançamento (CTN, art. 173, II), sendo o caso de o MP provocar a autoridade para refazê-lo, e não suprimir o direito de defesa do cidadão contribuinte.

Deve ser feito, sobretudo, um juízo de proporcionalidade. Denunciar desde logo o contribuinte, sem aguardar o exaurimento da via administrativa, não é *adequado* para chegar à finalidade de punir a prática de ilícitos havidos na relação tributária, pois só depois de julgado o processo administrativo poder-se-á saber se houve o ilícito. Além disso, o Ministério Público deve punir não só contribuintes, mas também autoridades fazendárias que eventualmente incorram em condutas tipificadas, e a defesa da desnecessidade do exaurimento implica ignorar a conduta destas últimas, deixando-as impunes pelos ilícitos que eventualmente praticarem. Ao p*arquet* interessa a integridade da ordem jurídica, na defesa da coletividade, e não constranger o contribuinte a transferir mais recursos para o Erário – esta que certamente não é sua finalidade.

Entretanto, mesmo que se considere haver *adequação* em não se aguardar o prévio exaurimento, a pressa na propositura da ação penal será, com certeza, *desnecessária,* eis que se pode seguramente chegar à mesma finalidade de forma muito menos gravosa aos direitos fundamentais do contribuinte. Basta esperar o julgamento do processo administrativo, o que em nada, ou em muito pouco, prejudicará o exercício do poder punitivo do Estado. Registre-se que eventual demora no julgamento do processo administrativo, além de imputável ao Estado, e não ao contribuinte, não é relevante, eis que, pelo princípio da *actio nata*, não terá curso o prazo prescricional.[58]

Há, finalmente, desproporcionalidade em sentido estrito, eis que não esperar pelo julgamento do processo administrativo, ainda que adequado e necessário seja, causa prejuízos à defesa do contribuinte, à sua dignidade e à sua imagem, prejuízos estes muito maiores que os supostos embaraços trazidos à pretensão punitiva do Ministério Público.

Correto, portanto, o entendimento do Supremo Tribunal Federal, consolidado na Súmula Vinculante 24, que porta a seguinte redação: "Não se tipifica crime material contra a ordem tributária, previsto no art. 1º, incisos I a IV, da Lei nº 8.137/90, antes do lançamento definitivo do tributo."

Pode-se questionar, então, como deve proceder o Ministério Público, caso tenha notícia de indícios da ocorrência de sonegação fiscal, mas não exista ação fiscalizadora ou lançamento tributário em fase de constituição contra o suposto infrator.

Nesses casos, tomando conhecimento da possível ocorrência de crime contra a ordem tributária, o Ministério Público deve provocar a autoridade fiscal para que esta investigue o fato e, se for o caso, quantifique e cobre os tributos suprimidos, dando-lhe conhecimento depois de suas conclusões. Não é possível, como já explicado, promover desde logo a ação penal correspondente.

Depois de lançado o tributo, caso o contribuinte não ofereça impugnação, nem pague, poderá ser oferecida a denúncia. Apresentada impugnação, contudo, a denúncia somente poderá ser proposta depois do julgamento definitivo do processo administrativo, e isso apenas na hipótese de se concluir pela manutenção da exigência, esta não seja quitada.

Se o Ministério Público provocar a autoridade fiscal e esta, mesmo assim, continuar inerte, ou se o *parquet* entender que houve irregularidade no processo administrativo, que, por razões inconfessáveis deu razão ao contribuinte que não a tinha, deverá propor ação penal contra a autoridade fazendária, e eventualmente também contra o contribuinte, mas pela prática do crime tipificado no art. 3.º da Lei n.º 8.137/90.

Deverá, por igual, levar ao conhecimento das autoridades fazendárias superiores, na hierarquia administrativa, a ocorrência das tais irregularidades. Diante desses elementos que demonstrem a nulidade do ato ou da decisão administrativa, a Administração poderá proceder à sua reforma, amparada na faculdade que lhe assiste de rever seus próprios atos, observado o devido processo legal administrativo. Depois disso, efetuado ou restabelecido o lançamento, e concluído o seu processo de revisão, aí sim, o contribuinte poderá ser, se for o caso, denunciado pela prática do crime definido no art. 1.º da Lei 8.137/90.

Em outras palavras, o Ministério Público deverá sempre provocar o "Estado-Fisco" a apurar e lançar tributos eventualmente devidos. Não faz sentido que possa denunciar o contribuinte independentemente ou até contra a postura adotada pelo "Estado-Fisco", pois nem o Ministério Público nem o Poder Judiciário poderão, legitimamente, lançar e cobrar os tributos por eles considerados "devidos". Caso alguns integrantes do "Estado-Fisco" ajam de modo desonesto para deixar de cobrar o tributo, isso deverá ser apurado e demandado

---

[58] Foi o que consignou o STF, antes mesmo da edição da Súmula Vinculante 24: "Se está pendente recurso administrativo que discute o débito tributário perante as autoridades fazendárias, ainda não há crime, porquanto "tributo" é elemento normativo do tipo. (...) Em consequência, não há falar-se em início do lapso prescricional, que somente se iniciará com a consumação do delito, nos termos do art. 111, I, do CP." (HC 83.414-1-RS – 1.ª T. – STF – j. 02.03.2004 – Rel. Min. Joaquim Barbosa – *DJU* 23.04.2004).

criminalmente pelo *parquet*, servindo ainda de motivo à anulação de tais atos pela própria Administração Fazendária.

Trata-se, aliás, do exercício da própria função do Ministério Público à luz da CF/88. O seu papel não é o de cobrador de tributos, função agora exercida, no plano federal, pela Procuradoria da Fazenda Nacional, e, nos demais entes federativos, por suas respectivas procuradorias judiciais. A função do Ministério Público é a de defender a sociedade e a ordem jurídica, não se podendo esquecer que um agente fazendário desonesto é inúmeras vezes mais prejudicial aos cofres públicos, e à sociedade, que um contribuinte que pratica isoladamente supressão de tributos. O agente desonesto, além de incentivar a fraude fiscal e a inadimplência, ainda gera potencialmente prejuízos muito maiores, por estar em contato com a universalidade de contribuintes sob sua área de atuação.

9.3.8. Lançamentos baseados em presunções e reflexos no âmbito penal

Outra questão relevante, no âmbito dos crimes contra a ordem tributária, diz respeito às consequências penais de um lançamento tributário baseado em presunções, quando a supressão do tributo em referência for apontada como elemento configurador do crime previsto no art. 1.º. da Lei 8.137/90.

Como se sabe, há situações nas quais o lançamento tributário é feito, reconhecidamente, a partir de fatos indiciários, os quais fazem presumir a ocorrência do fato gerador do tributo e invertem o ônus da prova ao contribuinte. É o que acontece, em linhas gerais, quando há um arbitramento (CTN, art. 148). O problema, em tais situações, é que, se houver repercussão penal, com a propositura de ação por crime contra a ordem tributária, poderá haver igual inversão do ônus da prova no processo penal, o qual se rege por princípios diferentes quanto a esse particular.

Sem discutir aqui a validade de tais presunções no campo tributário, elas não podem repercutir no âmbito "penal tributário", sob pena de violar-se o princípio da presunção de inocência, positivado no art. 5.º, LVII, da CF/88. Isso porque o réu já inicia sua participação no processo como "presumidamente culpado", cabendo-lhe provar a inocorrência da supressão do tributo (fato típico), ou seja, provar a própria inocência.

É o que observam Angel Aguallo Avilés e Florián García Berro, professores da Universidade de Sevilha:

> "Cuando se aplica una presunción, el hecho que se acredita no surte efectos por sí mismo, sino sólo en cuanto su existencia permite deducir la producción de un hecho distinto, no probado, al que la ley sí asocia determinados efectos. Cuando se demuestra, por ejemplo, que el sujeto pasivo ha realizado una cesión de capitales, ha de convenirse en que este hecho por sí solo no permite afirmar la existencia de un rendimiento; pero la ley – artículo 7 de la ley del IRPF – permite en este caso presumir que la cesión ha sido remunerada, circunstancia que sí resulta ya constitutiva del hecho imponible. Se invierte de esta forma la carga de la prueba del hecho deducido, cuya realidad no viene acreditada por quien lo alega, pero cuya inexistencia se ve obligado a probar quien lo impugna. De ahí que el indicado mecanismo probatorio deba reputarse contrario a la presunción de inocencia, quedando vedada su aplicación en el ámbito punitivo, que es donde dicho principio despliega sus efectos."[59]

---

[59] AVILÉS, Angel Aguallo; BERRO, Florián García. "Los incrementos de patrimonio no justificados y la presunción de inocencia en el procedimiento tributario sancionador". In. **XIX Jornadas Latino-Americanas de Direito Tributário.** Lisboa: ILADT, 1998, livro 2, p. 118.

Imagine-se, por exemplo, que um contribuinte receba a visita de um representante comercial em seu estabelecimento, oferecendo determinados produtos, dos quais leva amostras. Considerando o preço interessante, o contribuinte os adquire, pagando em dinheiro. Recebe o carregamento algum tempo depois, acompanhado da respectiva nota fiscal. A compra é contabilizada, e o custo a ela relativo, computado na apuração do lucro tributável[60].

Posteriormente, a Receita Federal fiscaliza esse contribuinte, e glosa a aquisição das citadas mercadorias. Presume que elas nunca haviam sido adquiridas de fato, e que as notas eram "frias", porque a pessoa jurídica que as emitiu fora considerada "inidônea". Lavra, como consequência, auto de infração de IRPJ, e oferece representação ao Ministério Público, pois considerou configurado o crime descrito no art. 1.º, I e IV, da Lei 8.137/90.

No curso da ação penal, então, é o réu, o contribuinte, quem, além de sustentar outros argumentos cuja referência não seria relevante aqui, tem de "provar" a própria inocência, demonstrando que: (i) não tinha como saber se a tal firma era "idônea" ou "inidônea", porquanto nunca fora em sua sede, tendo adquirido as mercadorias através de um representante comercial; (ii) não tinha como saber se a nota fiscal era "fria", pois a mesma ostentava os requisitos formais regulares, não sendo ele fiscal para os questionar ou conferir; *e, principalmente,* que (iii) nenhum tributo havia sido suprimido, visto que as tais mercadorias, independentemente da idoneidade das notas que as acompanhavam, haviam sido efetivamente adquiridas, e, por conseguinte, o custo redutor do lucro tributável havia ocorrido de fato, não se podendo falar em supressão de tributo. O lucro, em outros termos, não havia sido reduzido por uma compra fictícia, não se podendo cogitar de crime de supressão ou redução de tributo. Em suma, o acusado é quem tem de demonstrar a inocorrência do fato típico, de ocorrência já legalmente presumida.

No exemplo citado, poder-se-ia chegar ao cúmulo de uma condenação criminar "por falta de provas"(!) de que o tributo efetivamente não seria devido pelo contribuinte, em total inversão do princípio da presunção de inocência.

Sabe-se que, a rigor, não é possível obter certeza *absoluta* e *definitiva* em relação a quase nada. Talvez seja possível ter certeza definitiva da própria existência, visto que o sujeito que de tudo o mais duvida *está pensando* (o cogito cartesiano), e da morte (e dos impostos), conforme explicado no início deste livro. Todas as demais crenças de um ser humano são provisórias, tendo ele certeza apenas relativa de sua veracidade. Assim, mesmo sem aprofundar aqui esta questão de filosofia e epistemologia jurídicas, pode-se concluir que todas as provas são, em maior ou menor medida, indiciárias, e toda certeza haurida a partir delas é provisória, calcando-se em presunções.

Ainda assim, a questão versada neste item guarda relevância, pois o *grau de certeza* exigido para uma condenação no plano cível é muito diferente daquele exigido no campo criminal. No plano cível, em que se discutem questões patrimoniais, considera-se que é igualmente ruim errar em favor do autor, e em favor do réu. É tão nocivo reconhecer uma dívida inexistente quanto deixar de reconhecer uma existente. Daí por que o grau de certeza exigido para que se conclua verdadeira uma afirmação quanto a fatos controversos é menor: exige-se que seja *mais provável que seja sim do que não.* Em outras palavras, basta que seja mais provável que a versão de uma das partes seja verdadeira, para que ela assim seja considerada. No plano criminal, não. Considera-se muito mais grave manter um inocente preso e condenado do

---

60 Cf. MACHADO SEGUNDO, Hugo de Brito; MACHADO, Raquel Cavalcanti Ramos. Sanções Penais Tributárias. In: MACHADO, Hugo de Brito. (Org.). **Sanções Penais Tributárias**. São Paulo: Dialética, 2005, p. 413-447.

que deixar solto um culpado. Daí por que se exige, para a condenação criminal, uma certeza além da dúvida razoável. O transplante puro e simples de discussões tributárias para o campo penal é perigoso porque não dá a devida atenção a essa diferença, levando a que o Ministério Público possa calcar-se nas mesmas e precárias presunções que eventualmente poderiam justificar a cobrança de um tributo de existência duvidosa, mas não a condenação criminal por sua supressão.

9.3.9. Concurso de crimes e crime continuado

Não é raro que, no âmbito tributário, a inserção *de elementos inexatos em uma nota fiscal leve à redução do valor de diversos tributos diferentes, a exemplo do IPI, da COFINS, do imposto de renda e do ICMS. Questiona-se, em tais circunstâncias, se haveria concurso de crimes. E, no caso de a conduta repetir-se por um espaço de tempo, se haveria crime continuado.*

O crime tipificado no art. 1.º da Lei 8.137/90 configura-se com a supressão ou a redução de tributo mediante as condutas descritas nos incisos. Não importa se a supressão foi de um, dois ou três tributos. Praticada a conduta descrita em um dos incisos do art. 1.º (*v.g.*, falsificar nota fiscal), e dela decorrendo a supressão de tributo (*um* ou *vários*), há *um* crime. Não se deve, então, cogitar de concurso.

Há quem afirme que, se várias foram as "ordens tributárias" afetadas (federal, estadual, municipal...), vários teriam sido os crimes. Haveria, então, concurso formal, não pela quantidade de tributos suprimidos, mas pela existência de distintas pessoas jurídicas de direito público titulares de direitos violados pela conduta delituosa: a supressão do ICMS prejudica o Estado-membro, a supressão da COFINS prejudica a União, e assim por diante.[61]

Não há, entretanto, o citado concurso formal. Nem mesmo na hipótese de vários serem os "titulares" dos bens jurídicos violados.

Comparação com outra situação menos complexa pode ser instrutiva na apreensão do raciocínio. Imagine-se, por exemplo, que alguém, encontrando um ônibus turístico estacionado e aberto, sem ninguém por perto, nele entra e furta diversos objetos deixados em seu interior (óculos, máquinas fotográficas etc.). Nesse caso, terá havido *um* furto, ainda que os objetos furtados sejam vários, e pertençam a pessoas diferentes. Não há concurso. O mesmo ocorre no caso de supressão de tributo mediante a falsificação de uma nota, ainda que haja efetiva redução de tributos federais, estaduais e municipais[62].

Se forem várias notas fiscais, configura-se apenas um crime continuado, conforme, aliás, tem corretamente entendido a jurisprudência[63]. Realmente, muitas vezes, a adoção de uma prática delitiva por parte do contribuinte, em seu relacionamento com o Fisco (*v.g.*, subfaturamento), pelas condições de tempo, lugar, e maneira de execução, configuram uma única conduta que se prolonga no tempo. Há de ser tratada como um único crime, com o agravamento de um sexto a dois terços, nos termos do art. 71 do Código Penal.

---

61 É o caso do entendimento manifestado pelo TRF da 4.ª Região, no julgamento do processo 97.04.40045-4/RS (HC), relatado pelo Des. Fed. Juiz Jardim de Camargo – 2.ª Turma – j. em 23.10.1997. Cf. MACHADO, Hugo de Brito. **Estudos de Direito Penal Tributário**. São Paulo: Atlas, 2003, p. 217 e ss.

62 Cf. MACHADO SEGUNDO, Hugo de Brito; MACHADO, Raquel Cavalcanti Ramos. Sanções Penais Tributárias. In: MACHADO, Hugo de Brito. (Org.). **Sanções Penais Tributárias**. São Paulo: Dialética, 2005, p. 413-447.

63 Ac. un. da 6ª Turma do TRF da 2ª Região – rel. Des. Fed. Poul Erik Dyrlund – ACR 2801 – *DJU* 25/09/2003, p. 190.

9.3.10. A necessidade do dolo

Como adiantado quando da referência aos crimes previstos no art. 1.º da Lei 8.137/90, a fraude é elemento essencial do tipo ali previsto, sendo inafastável, por igual, a configuração do dolo por parte do contribuinte. Vale lembrar, a propósito, que crimes somente são puníveis pela modalidade culposa quando a lei expressamente o determina, o que não é o caso das disposições em exame.

Além disso, viola o senso comum exigir que os contribuintes sejam peritos no conhecimento da legislação tributária, notadamente quando se considera que, ante à constante alteração das normas tributárias, até mesmo aos peritos é árduo o trabalho para alcançar o conhecimento em questão.

Nesse contexto, o art. 212 do CTN, já anteriormente comentado, tem um significado muito expressivo. Representa o reconhecimento oficial de que a legislação é complexa e esparsa, de difícil compreensão, como se disse no parágrafo anterior. E os seguidos descumprimentos de seus termos pela Administração Tributária implicam a impossibilidade - por falta de amparo jurídico e moral - de o Poder Público punir o contribuinte que, até mesmo por conta da inexistência de consolidação - comete equívoco na interpretação ou na aplicação da lei fiscal[64].

Além de ser necessário o *dolo,* não se deve esquecer que a fraude é sempre elemento essencial do tipo, pelo menos no que diz respeito aos arts. 1.º e 2.º da Lei 8.137/90. Não se configura o crime diante do erro, da inexatidão ou mesmo da aberta divergência quanto ao enquadramento jurídico dos fatos (conceito no qual se encontra o erro relativo à legislação tributária), mas sim diante da ocultação ou da inexatidão quanto à ocorrência dos fatos.[65]

Para bem compreender essa última afirmação, é indispensável a separação entre o *mundo dos fatos* e o *mundo do direito,* ou entre os *fatos puros* e os *fatos jurídicos,* ou ainda entre o *fato bruto* e o *fato institucional.* Trata-se da separação entre a ocorrência de um fato, no mundo fenomênico, e a significação ou a consequência que o homem dá a esse fato *à luz do Direito.*[66]

O Superior Tribunal de Justiça já decidiu, a propósito, que "a errônea exegese da lei tributária quanto ao cálculo correto do ICMS no lançamento de crédito, em face da diferença de alíquotas praticadas no Estado de destino e no de origem, ausente o elemento fraude, não configura a infração tipificada no art. 1º, incisos I e II, da Lei n.º 8.137/90. (...) A segurança jurídica não pode nem deve permitir que simples desencontros interpretativos, ocorrentes muitas vezes até mesmo nas altas esferas do Judiciário sirvam de pretexto para acionamento da Justiça Criminal, como meio rápido, eficaz e expedito de incrementar as receitas governamentais. (...) Na operação não houve fraude nem inserção de elementos inexatos em documentos, mas mero aproveitamento de créditos de ICMS decorrentes de transações interestaduais."[67]

O que o contribuinte não pode inserir de modo "inexato" em notas fiscais é a ocorrência de fatos no mundo fenomênico, e não a significação destes para o Direito. Usando um exemplo

---

64 Cf. MACHADO SEGUNDO, Hugo de Brito; MACHADO, Raquel Cavalcanti Ramos. Sanções Penais Tributárias. In: MACHADO, Hugo de Brito. (Org.). **Sanções Penais Tributárias**. São Paulo: Dialética, 2005, p. 413-447.

65 MACHADO, Hugo de Brito. **Estudos de Direito Penal Tributário**. São Paulo: Atlas, 2003, p. 30 e ss.

66 Pode-se discutir a existência do fato, puramente considerado em seu aspecto bruto. Isso porque, a partir de quando um homem dele toma conhecimento, esse fato já é visto à luz de algum tipo de conhecimento. Seja como for, a divisão traçada no texto continua válida, pois não se discute que, mesmo assim, um determinado fato pode ter um significado para a Economia, para a Sociologia, para a Biologia, para a Religião, para a Moda etc., e *outro para o Direito.*

67 Ac un da 6.ª T do STJ - Rel. Min. Fernando Gonçalves - RHC n.º 7.798/PA - j. em 25/05/99 - *DJU* 1 de 14.06.99, p. 227 - *Revista Dialética de Direito Tributários* n.º 47, p.176.

simples, se um contribuinte vender 12 camisas, não pode fazer constar na nota que vendeu 10 camisas, ou que vendeu 12 livros. Se o fizer, e assim suprimir o ICMS pela fictícia venda de bens em quantidade inferior, ou de natureza supostamente diversa, terá realizado o fato descrito no art. 1.º, II, da Lei 8.137/90. Entretanto, se o contribuinte entende que a alíquota aplicável às camisas é de 12%, assim declarando e pagando o ICMS, quando na verdade essa alíquota é de 17%, ou se entender que as camisas, porque feitas por ele, submetem-se ao ISS, e não ao ICMS, não há crime nenhum.

O elemento essencial do tipo, portanto, é o encobrimento, em declarações, livros e documentos, de um fato que efetivamente ocorreu. O resultado, que é a supressão do tributo, é também indispensável à consumação do crime, mas ele sozinho não ensejaria sequer a aplicação da sanção penal. A fraude, sim. Isso porque, caso o contribuinte apenas deixe de pagar o tributo, mas declare-o devidamente, apenas atribuindo-lhe enquadramento jurídico equivocado, o ordenamento jurídico oferece ao Fisco meios para constituir e cobrar o crédito, o que pode ser feito normalmente através do lançamento do valor respectivo e do eventual ajuizamento de execução fiscal. A fraude, porém, retira do Fisco elementos que lhe permitiriam corrigir erros e cobrar diferenças, encobrindo definitivamente a própria supressão. Retira, enfim, do Fisco a possibilidade de – salvo se descoberta a própria fraude, naturalmente – aferir a retidão do que foi declarado e a suficiência do que foi pago.

9.3.11. Denúncia genérica e crimes praticados no âmbito de pessoas jurídicas

Problema comum no âmbito dos crimes contra a ordem tributária diz respeito à apresentação de denúncias, por parte do Ministério Público, nas quais não é *descrita a conduta pessoal do denunciado, capaz de configurar sua participação no cometimento ilícito. Indicam-se como réus, genericamente, todos os sócios constantes do contrato social, ou, de maneira mais restrita, todos os sócios-gerentes.* Suscita-se, então, a questão de saber se *a responsabilização de um sócio ou diretor de pessoa jurídica por crime contra a ordem tributária, como simples decorrência de sua condição de sócio ou diretor, implicaria admitir a responsabilidade penal objetiva, ou, o que é pior, a responsabilidade penal por fato de outrem.*

A clareza da acusação é indispensável ao exercício do direito de defesa. Não há como apresentar defesa se não se tem perfeita consciência do que é imputado pela acusação. Assim, quando o Ministério Público imputa ao réu a prática de um fato determinado, narrando-o em todas as suas circunstâncias, abre para este a oportunidade de demonstrar que não participou do tal fato, ou que este ocorreu de maneira diversa etc. Quando, ao contrário, a denúncia não contém essa descrição, dificulta demasiadamente a defesa, e termina por inverter o ônus da prova em desfavor do acusado. Malfere, com isso, o art. 41 do Código de Processo Penal e, com ele, os princípios constitucionais do devido processo legal, da ampla defesa e da presunção de inocência.

Se o crime é suprimir ou reduzir tributo mediante inserção de elementos inexatos, fraude, falsificação etc., a denúncia deve dizer como e em que circunstâncias o denunciado o cometeu. Não basta dizer que o denunciado é sócio ou dirigente de pessoa jurídica no âmbito da qual tal crime foi praticado, pois ser sócio ou ser dirigente de pessoas jurídicas não é ilícito. Do contrário, não será a acusação que terá de produzir qualquer prova (o contrato social terá sido suficiente), sendo do sócio ou diretor acusado o ônus de provar que, não obstante seja sócio, não participou do crime.

Poder-se-ia dizer que a denúncia genérica seria admissível em certas hipóteses de crime societário, pois, nestes, os vícios acima apontados não surgem, ou não se configuram. É preciso muito cuidado, contudo, na determinação do que seja um crime societário. A palavra "societário", nesse contexto, não tem relação com "sociedade comercial", como ocorre quando se afirma que a "legislação societária" vai ser alterada, ou que fulano de tal possui pequena "participação societária". Não. Quando se fala de crime societário, designa-se uma *sociedade criminosa*, o que é coisa diversa.

Exemplificando, quanto várias pessoas se associam para praticar um crime, todas estão envolvidas nele. É o caso clássico do assalto a um banco. Dos vários comparsas, um fica no carro esperando para a fuga. Outro, na porta, observa para avisar da eventual chegada da polícia. Outros dois rendem os seguranças, e os demais fazem a "limpeza" nos clientes, funcionários e nos caixas da instituição. Todos mascarados. Caso sejam apanhados alguns dias depois, e denunciados penalmente, a denúncia realmente não precisará dizer, detalhadamente, quem ficou ao volante do carro, quem rendeu os seguranças e quem coletou o dinheiro. Isso não terá grande importância, pois todos participaram voluntariamente da ação, e todos queriam o resultado.

Não se pode, entretanto, transplantar essa ideia para o crime havido no âmbito de pessoas jurídicas constituídas para fins lícitos, pois não se pode dizer que os seus sócios todos se reuniram para praticá-lo. Como o objeto da sociedade é outro, não se pode dizer, *a priori*, que todos os sócios e dirigentes são culpados ou mesmo que estão envolvidos no ilícito. Muitos podem nem ter conhecimento dele, tendo sido até mesmo lesados pela prática delituosa. Não é tão raro, aliás, que um vendedor de uma empresa comercial pratique preços superiores aos contabilizados e registrados nas notas fiscais, mas guarde *para si* (e não para um "caixa-2" na sociedade) a diferença, e os sócios do empreendimento sequer desconfiem de que estão sendo tão ou mais ludibriados e subtraídos que o próprio o Fisco.

Imagine-se, no exemplo do vendedor desonesto citado no parágrafo anterior, que o Fisco descubra a prática da fraude, cobrando os tributos suprimidos. Os diretores não pagam, e são denunciados de forma "genérica". Caso não consigam provar a própria inocência, demonstrando que não ordenaram e nem sabiam da fraude, e que foram até lesados por ela, serão condenados por infração de outrem contra eles próprios. E o empregado, na hipótese, provavelmente testemunharia dizendo que tudo fez por ordem dos patrões, que ficaram com todo o produto da infração...

Por essas razões, admitir a denúncia genérica, nos crimes contra a ordem tributária, implicaria admitir: (i) forte restrição ao direito de defesa do acusado; (ii) inversão do ônus da prova no processo penal; (iii) malferimento ao princípio da presunção de inocência; (iv) responsabilidade penal por fato de outrem, em ofensa aos incisos XLV, XLVI, LIV, LV, LVII do art. 5.º da CF/88.

A jurisprudência, embora tenha apresentado alguma vacilação, hoje se orienta no sentido de não admitir a denúncia genérica. O Superior Tribunal de Justiça, a esse respeito, entende que a "denúncia genérica caracteriza-se pela imputação de vários fatos típicos, genericamente, a integrantes da pessoa jurídica, sem delimitar, minimamente, qual dos denunciados teria agido de tal ou qual maneira. Patente, pois, que a criptoimputação da denúncia genérica vulnera os princípios constitucionais da ampla defesa e do contraditório, bem como a norma extraída do art. 8º, 2, 'b' e 'c', da Convenção Americana de Direitos Humanos e do art. 41 do CPP, haja vista a indevida obstaculização do direito conferido ao acusado de preparar dignamente sua defesa. (...) Imprescindível explicitar o liame do fato descrito com a pessoa do denunciado, malgrado a desnecessidade da pormenorização das condutas, até pelas comuns limitações de elementos de informações angariados nos crimes societários, por ocasião do oferecimento da denúncia, sob pena de inviabilizar a persecução penal nesses crimes. A acusação deve correlacionar com o mínimo de concretude os fatos delituosos com a atividade do acusado, não sendo suficiente a condição de sócio da sociedade, sob pena de responsabilização objetiva. (...)"[68]. Outra não é a orientação do Supremo Tribunal Federal, para quem "a denúncia não pode ser genérica. Ela deve estabelecer o vínculo de cada sócio ou gerente ao ato ilícito que lhe está sendo imputado."[69]

9.3.12. Inexigibilidade de conduta diversa

O Direito disciplina as condutas, assim entendidos os comportamentos possíveis e livres do ser humano. Não existem normas jurídicas destinadas a obrigar à adoção de comportamentos impossíveis, ou a proibir o que é inafastável. Daí por que se entende que a *inexigibilidade de conduta diversa* é uma causa supralegal excludente da culpabilidade.

Hugo de Brito Machado, a propósito, explica que "há inexigibilidade de outra conduta nas circunstâncias em que não é razoável exigir-se do homem médio conduta diversa da que adotou. No estado de necessidade é assim. Não é razoável exigir-se, daquele que age em estado de necessidade, conduta diversa. No entanto, a inexigibilidade de outra conduta vai além, para alcançar situações não abrangidas pelo estado de necessidade."[70]

A exigência de que normas e decisões judiciais sejam razoáveis decorre da própria lógica que orienta a feitura e a interpretação da ordem jurídica. É, portanto, um postulado suprapositivo. E, ainda que assim não fosse, poder-se-ia considerar implícito na Constituição. Em qualquer caso, é induvidoso que a mesma se aplica ao Direito Penal como um todo, inclusive aos crimes contra a ordem tributária.

Nos crimes contra a ordem tributária, notadamente naqueles definidos no art. 2.º, II, da Lei 8.137/90, e no art. 168-A do Código Penal, uma possível causa de inexigibilidade de conduta diversa é a existência de grave crise financeira, que faça com que o contribuinte opte por não pagar o tributo para conseguir pagar funcionários e fornecedores e, com isso, sair da crise para depois pagar os tributos.

O TRF da 4.ª Região, a esse respeito, já decidiu que "comprovada a falência da empresa, surge a inexigibilidade de conduta diversa, eis que o réu demonstrou não possuir numerário para o pagamento de dívidas, como as contribuições previdenciárias, por ter dado preferência ao pagamento dos salários dos empregados."[71]

Em termos mais explícitos, o TRF da 5.ª Região consignou:

> "Penal. Não Recolhimento de Contribuições Previdenciárias. Ilícito Tributário – O não recolhimento de contribuições previdenciárias sujeita a empresa a toda uma série de retaliações previstas em lei. – A caracterização de ilícito penal, contudo, depende de um contexto em que a atuação dolosa do dirigente reste plenamente demonstrada naquele sentido. Comprovado que se via premido pela conjuntura econômica (necessidade de pagar aos empregados), de modo a não se lhe poder exigir diversa conduta, merece confirmação a sentença absolutória. – Apelação improvida."[72]

Assim, pondo de lado, aqui, a questão de saber se os crimes definidos nos art. 2.º, II, da Lei 8.137/90 e 168-A do CPB são inconstitucionais, por agressão ao art. 5.º, LVII, da CF/88,

---

68 STJ, 5T, RHC 72.074/MG, *DJe* de 19/10/2016.

69 STF, 2T, HC 79.399-1/SP – Rel. Min. Nelson Jobim – jul. 26/10/99 – *DJU* 1-e 01/06/2001 – **Revista Dialética de Direito Tributário** nº 71, p. 228.

70 MACHADO, Hugo de Brito. **Estudos de Direito Penal Tributário**. São Paulo: Atlas, 2003, p. 171.

71 Ac un da 1.ª T do TRF da 4.ª R – rel. Vladimir Freitas – AC 97.04.08827-2/RS – *DJU II* de 4.2.1998, p. 147 – **Revista Dialética de Direito Tributário** n.º 31, p. 211.

72 Ac un da 1ª T do TRF da 5ª R – ACr 95.05.23373-6-RN – Rel. Juiz Castro Meira – *DJU II* de 26.1.1996, p. 2794.

assunto já examinado no item 9.3.2., *supra*, o fato é que a existência de crise financeira – que há de ser provada pelo contribuinte, naturalmente – pode ser uma causa excludente de ilicitude, por conta da inexigibilidade de conduta diversa. A jurisprudência, aliás, tem acolhido essa tese com relativa frequência[73]. O TRF da 4.ª Região editou até mesmo uma Súmula, segundo a qual "a prova de dificuldades financeiras, e consequente inexigibilidade de outra conduta, nos crimes de omissão no recolhimento de contribuições previdenciárias, pode ser feita através de documentos, sendo desnecessária a realização de perícia." (Súmula 68/TRF4).

9.3.13. Extinção da punibilidade pelo pagamento

Nos termos da jurisprudência do Supremo Tribunal Federal, firmada em função da Lei 10.684/2003, o pagamento do tributo, a qualquer tempo, integral ou parceladamente, extingue a punibilidade, no que tange aos crimes contra a ordem tributária[74]. No caso de pagamento parcelado, naturalmente, é preciso que este se dê integralmente, tendo o parcelamento o condão apenas de suspender a pretensão punitiva do Estado, com a extinção da punibilidade advindo do adimplemento da última parcela. Com isso, ressalta clara a utilização do Direito Penal, no que tange aos crimes contra a ordem tributária, como mero instrumento de cobrança.

9.3.14. Direito ao silêncio e o dever de informar

O art. 5.º, LXIII, da CF/88, dispõe sobre o chamado direito ao silêncio, ou direito de não se autoincriminar. Aplicável aos que cometem os mais diversos tipos de crimes, coloca-se a questão de saber se pode ser invocado também pelos acusados de crimes tributários. Isso porque haveria aparente contradição entre o direito de não produzir provas contra si mesmo, de um lado, e o dever do contribuinte de prestar as informações e os esclarecimentos exigidos pelas autoridades da Administração Tributária.

Na verdade, não existe razão para que o direito ao silêncio também não seja aplicável ao acusado de suprimir ou reduzir tributos. A Constituição não faz qualquer discriminação, sendo ele reconhecido até ao acusado do mais hediondo dos crimes. Como consequência disso, o contribuinte não pode ser obrigado a fornecer à autoridade administrativa livros e documentos fiscais, quando nestes puderem estar as provas do cometimento de crimes. A recusa em fornecê-los há de ser considerada lícita, e não poderá ser motivo para a imposição de penalidades. Se o contribuinte for compelido a entregar tais livros, haverá violação de seu direito ao silêncio, e os elementos assim obtidos poderão ser considerados prova ilícita. Realmente, o próprio art. 145, § 1.º, da CF/88, do qual se extraem todas as prerrogativas da fiscalização tributária, ressalva de modo expresso a necessidade de serem respeitados os direitos e garantias individuais.

---

73 No julgamento da Apelação Criminal 2000.04.01.036953-3/SC, a 8ª T do TRF 4ª R, embora tenha adotado outros fundamentos bastante questionáveis para sustentar a validade, em tese, da criminalização do mero inadimplemento, admitiu que "existindo robusto conjunto probatório nos autos demonstrando a total impossibilidade de cumprimento da obrigação em tela, relacionada às dificuldades financeiras da empresa do acusado, incide a causa supralegal de exclusão da culpabilidade." (j. em 30/08/2001 – *DJU* 19/09/2001).

74 "Ação penal. Crime tributário. Tributo. Pagamento após o recebimento da denúncia. Extinção da punibilidade. Decretação. Habeas corpus concedido de ofício para tal efeito. Aplicação retroativa do art. 9.º da Lei Federal 10.684/2003, c/c o art. 5.º, XL, da CF, e art. 61 do CPP. O pagamento do tributo, a qualquer tempo, ainda que após o recebimento da denúncia, extingue a punibilidade do crime tributário" (STF, 1T, HC 81.929-0- RJ, *DJU* 27.02.2004).

E nem se diga que, por isso, a fiscalização tributária seria inviabilizada. Trata-se do preço que o Poder Público tem de pagar pela criminalização do delito fiscal, e, de qualquer sorte, "*los regímenes de estimación indirecta y demás métodos indiciarios de determinación de deudas para con contribuyentes resistentes a la colaboración, no son de ahora.*"[75] Se o contribuinte se recusar a exibir livros e documentos, que se arbitre o tributo. O que não é possível é obrigá-lo a fornecer as provas do próprio crime. Do contrário, adverte Hugo de Brito Machado, haveria clara violação à isonomia, porquanto os demais acusados, como dito, têm esse direito assegurado, não existindo justificativa para que não seja respeitado quanto o acusado for contribuinte.[76]

---

75 MONTERO, José María Lago. "Procedimiento sancionador separado del procedimiento de liquidación tributario. Reflexiones sobre el derecho a no autoinculparse". In: **XIX Jornadas Latino-Americanas de Direito Tributário**. Lisboa: ILADT, 1998, livro 2, p. 356.

76 MACHADO, Hugo de Brito. **Estudos de Direito Penal Tributário**. São Paulo: Atlas, 2003, p. 176.

Capítulo 10

NOÇÕES DE PROCESSO ADMINISTRATIVO TRIBUTÁRIO

Acesse e assista à aula explicativa sobre este assunto.

> *https://uqr.to/1phel*

10.1. NOÇÕES PRELIMINARES

A Administração Pública exerce suas atividades através de atos interligados, disciplinados de modo a permitir um controle mais efetivo de sua legalidade e a eventual participação dos sujeitos interessados no resultado que deles será obtido. Sua atividade, portanto, é procedimentalizada.

Quando essa série de atos interligados, através da qual a Administração desenvolve suas atividades, tem por finalidade a obtenção de um resultado final que deverá ser *legitimado* pela participação das pessoas que por ele serão afetadas, sendo seu desenvolvimento organizado de modo a facultar ou permitir essa participação, diz-se tratar-se de um *processo administrativo.* Quando o resultado final consiste na resolução de um conflito entre o cidadão e a Administração Pública, a apontada participação dos interessados deve ocorrer *em contraditório* (CF/88, art. 5º, LV).

Em face do princípio da legalidade, entende-se que a Administração Pública pode *rever* seus próprios atos, anulando-os, quando neles constate alguma ilegalidade. É a chamada "autotutela vinculada", também conhecida como "autocontrole", da Administração.

Quando se sente prejudicado por ato praticado pela Administração Pública, o cidadão pode, nos termos da lei, provocar o exercício do autocontrole sobre esse ato, pleiteando seu reexame a fim de que se corrija a ilegalidade nele presente. Trata-se de decorrência do próprio direito de petição (CF/88, art. 5º, XXXIV, *a*), que, em face do direito ao devido processo legal administrativo, à ampla defesa e ao contraditório (CF/88, art. 5º, LIV e LV), fundamenta a existência de um processo administrativo contraditório, no qual se devem assegurar amplas oportunidades de manifestação e defesa ao cidadão interessado.

Em razão de sua importância no âmbito da relação tributária, nos itens seguintes essas realidades serão examinadas em maior detalhe, especificamente no que diz respeito ao *lançamento tributário.*

10.2. LANÇAMENTO

10.2.1. Natureza e espécies

O lançamento já foi examinado em item próprio deste livro. Para bem compreendê-lo, releva lembrar que, enquanto para o Direito Privado *obrigação* e *crédito* são os dois lados de uma mesma realidade (vista sob o prisma ora do devedor, ora do credor), para o Direito Tributário essas palavras designam realidades que, embora relacionadas, são distintas, pois relativas a dois momentos diferentes da existência da relação jurídica tributária.

Obrigação tributária designa a relação jurídica – decorrente da incidência da norma (contida na lei tributária) sobre o fato nela previsto – ainda em estágio inicial (CTN, art. 113). Ilíquida e incerta. Depois de devidamente acertada, quantificada e liquidada, a relação tributária passa a um segundo estágio, tornando-se líquida, certa e exigível. Essa segunda realidade é chamada pelo Código Tributário Nacional de *crédito tributário*.

Assim, pode-se dizer que o lançamento é a liquidação, a quantificação ou o acertamento da obrigação tributária, que, depois de lançada, torna-se líquida, certa e exigível, denominando-se, a partir de então, crédito tributário.

De acordo com os arts. 147, 149 e 150 do CTN, existem três espécies de lançamento: *(i)* de ofício; *(ii)* por declaração; *(iii)* por homologação. De tais espécies de lançamento, aquela na qual o procedimento preparatório e o processo administrativo posterior, de controle de sua legalidade, contam com tratamento legal mais detalhado e despertam maior interesse prático quando se examina o *processo tributário* é a do *lançamento de ofício revisional*. Afinal, neste, o procedimento preparatório do lançamento envolve, não raro, a fiscalização do contribuinte, gerando tensão entre os direitos individuais deste e os poderes do fisco de investigar a ocorrência dos fatos tributáveis. Além disso, como o lançamento pressupõe a detecção de equívoco ou insuficiência em lançamento anterior, não raro da modalidade por homologação (cujos atos preparatórios foram efetuados pelo sujeito passivo), a possibilidade de conflito ou de inconformidade do sujeito passivo é maior. É do que cuidam, portanto, os itens seguintes.

10.2.2. Procedimento preparatório do lançamento de ofício revisional

No caso de tributos ordinariamente submetidos ao lançamento de ofício, assim como aqueles sujeitos a lançamento por declaração e por homologação, o procedimento preparatório do lançamento é relativamente simples e não exige exame detalhado, especialmente se consideradas as limitações de espaço inerentes a um livro como este. No entanto, no caso de lançamento de ofício revisional, a legislação disciplina com maior rigor o procedimento a ser seguido, visto que este se desenvolve no âmbito de uma *fiscalização*.

A fiscalização enseja a ingerência do Fisco no âmbito das atividades desempenhadas pelo sujeito passivo, com a entrada de agentes fiscais em seus estabelecimentos, a retenção e o exame de documentos fiscais etc. Ademais, pode surgir, ao final desse procedimento oficioso, não apenas a manifestação de discordância com os atos praticados pelo sujeito passivo no âmbito de um lançamento por homologação ou por declaração, mas provavelmente também a imposição de penalidades. A atuação da autoridade lançadora, enfim, pode efetuar-se em tensão com direitos fundamentais do contribuinte (propriedade, livre-iniciativa, intimidade etc.), os quais devem ser por ela respeitados. Tudo isso enseja que o procedimento a ser observado, nesse caso, seja exaustivamente disciplinado em lei.

De acordo com o CTN, o procedimento de fiscalização deverá ser documentado através de termos específicos, dos quais o sujeito passivo sempre deverá ficar com cópia autenticada pela autoridade competente (art. 196). Isso torna clara a natureza formal do procedimento, com vistas a assegurar o respeito aos direitos fundamentais do cidadão e limitar os poderes da autoridade fiscalizadora. Convém advertir, ainda, que o CTN deve ser interpretado, assim como as demais normas atinentes ao procedimento de fiscalização, em conjunto com a Constituição Federal, que assegura ao Fisco a atribuição de fiscalizar o patrimônio, os rendimentos e as atividades econômicas dos contribuintes, como forma de viabilizar uma tributação conforme a capacidade econômica de cada um, *mas desde que respeitados os direitos individuais e nos termos da lei* (CF/88, art. 145, § 1º).

Exemplificando, um agente fiscal não poderá violar o domicílio de um contribuinte (ou, o que é o mesmo, a parte de seu estabelecimento que não é aberta ao público), nele penetrando à força, *sem* autorização do fiscalizado, salvo se munido de *ordem judicial*. O art. 200 do CTN deve ser entendido em harmonia com os arts. 5º, XII, e 145, § 1º, da CF/88. Em casos em que essa violação ocorra sem amparo em ordem judicial, é nulo o procedimento, bem como o lançamento que com base nele tenha sido efetuado, dada a ilicitude presente na obtenção das provas necessárias à sua feitura. Tanto o STF[1] como o STJ têm se pronunciado nesse sentido.[2]

No âmbito federal, a disciplina do procedimento de fiscalização encontra-se no Decreto nº 70.235/72, que foi recepcionado pela CF/88 com *status* de lei ordinária por cuidar de matéria a ela atualmente reservada. No âmbito de Estados e Municípios, a matéria deverá ser disciplinada em lei estadual ou municipal, respectivamente, mas, nem é preciso dizer, respeitando o disposto na Constituição Federal.

A fiscalização desenvolve-se de modo *inquisitório*, dada a sua natureza de mero procedimento investigativo e não contencioso. Em seu decorrer, a autoridade pode solicitar e examinar livros e documentos etc., tudo devendo ser objeto de formalização em termos próprios. Saliente-se que, embora em algumas situações a autoridade solicite informações ou esclarecimentos ao contribuinte, não é de uma oportunidade de "defesa" que se cuida, até porque nada lhe está sendo imputado nesse momento.

Os atos que compõem o procedimento de fiscalização devem ser formalizados por escrito, para a segurança tanto do contribuinte como da autoridade fiscalizadora. O registro escrito representa sutil freio para alguns excessos (que são praticados sem muito conforto quando são documentados); possibilita a prova, necessária à fundamentação de eventual ato de lançamento, ou à defesa do contribuinte em futuro processo litigioso; e ainda facilita posteriores esclarecimentos e conferências. Imagine-se, por exemplo, que, em virtude de um procedimento de fiscalização federal, um fiscal da Receita Federal leve determinado livro contábil do contribuinte, para examiná-lo em sua repartição. Poucos dias depois, antes de o citado livro ser devolvido, tem início outro procedimento de fiscalização (por exemplo, da Secretaria da Fazenda do Estado), e é feita solicitação desse mesmo livro. Ao justificar as razões pelas quais não pode entregá-lo imediatamente a essa segunda fiscalização, será de suma importância que o contribuinte junte o termo no qual estão documentadas a requisição e a entrega do citado livro ao fiscal da Receita Federal. Relativamente à requisição de livros, é importante esclarecer que o contribuinte somente está obrigado a fazê-lo em relação aos livros que *por lei* sejam exigíveis, não podendo ser obrigado a apresentar livros que não é obrigado a possuir.

Registre-se que a fiscalização não configura ainda um lançamento, e o seu desenvolvimento não representa o "exercício do direito de lançar". Tanto que pode haver fiscalização e, concluindo-se pela inexistência de tributo a ser exigido, não haver lançamento. Por isso, o

---

1 STF, Pleno, HC 79.512, Rel. Min. Sepúlveda Pertence, *DJ* de 16/5/2003, p. 92.

2 STJ, 1ª T., REsp 300.065/MG, Rel. Min. José Delgado, *DJ* de 18/6/2001, p. 117.

início de uma fiscalização não tem nenhuma interferência ou reflexo sobre o curso do prazo de decadência do direito de lançar, que, como se sabe, é de cinco anos contados:

a) da data da ocorrência do fato gerador, em se tratando de tributo submetido a lançamento por homologação, desde que tenha havido declaração prévia e pagamento (sendo a decadência aplicável para o lançamento de ofício de diferenças), e não tenha havido dolo, fraude ou simulação;

b) do primeiro dia do ano seguinte àquele em que o lançamento já poderia ter sido efetuado, e não o foi, nos casos de tributos ordinariamente submetidos a lançamento de ofício, ou por declaração, ou ainda a lançamento por homologação, desde que o contribuinte nada tenha apurado e declarado ao fisco, ou tenha havido dolo, fraude ou simulação;

c) de quando se tornar definitiva a decisão que anular lançamento anterior, por vício formal.

Quanto à hipótese *c*, trata-se de um novo prazo de decadência que tem início a partir da decisão, administrativa ou judicial, que reconhecer a nulidade formal de lançamento anterior. São exemplos de vícios formais a falta de fundamentação no ato de lançamento, ou a fundamentação deficiente; a ausência de assinatura da autoridade lançadora; enfim, qualquer vício na *formalização* do crédito tributário, mas que não implique, necessariamente, a inexistência de uma obrigação tributária subjacente. Essa norma, contida no art. 173, II, do CTN, tem sido apontada como uma "exceção" à regra segundo a qual os prazos de decadência não se suspendem nem se interrompem. Com efeito, constituído o crédito tributário através do lançamento, a sua ulterior anulação por vício formal ensejaria o reinício do prazo de decadência, em autêntico exemplo de interrupção desse prazo. Não se trata, contudo, de verdadeira interrupção, mas da abertura de um *novo* prazo de caducidade, pertinente apenas ao lançamento que vier a corrigir o vício formal causador da nulidade. Tanto que esse novo prazo pode ter início muito depois de consumado aquele previsto no art. 173, I, do CTN, o que não seria possível se se tratasse de mera interrupção dele.

10.2.3. Lançamento. Requisitos

O procedimento de fiscalização pode ser concluído sem que nenhuma quantia seja lançada. Verifica-se que a situação do contribuinte é regular e que os pagamentos feitos no âmbito do lançamento por homologação estão todos corretos (ou que os valores que eventualmente poderiam ser lançados foram alcançados pela decadência), lavrando-se apenas o termo de encerramento da ação fiscal.

Mas pode ocorrer, também, de a fiscalização apurar a existência de quantias devidas e não pagas, efetuando então o *lançamento de ofício revisional* destinado a constituir o crédito tributário a elas relativo.

O lançamento, como se sabe, tem natureza declaratória em relação à obrigação tributária, mas constitutiva do crédito tributário enquanto realidade formal autônoma. Precisamente por isso, aplica-se ao lançamento a legislação vigente à época da ocorrência do fato gerador, no que diz respeito aos aspectos materiais da relação a ser acertada (*v.g.*, alíquota aplicável), mas, em relação aos aspectos formais do procedimento (quantos fiscais devem efetuá-lo, que tipo de formulário deve ser usado etc.), aplica-se a legislação vigente na data da feitura do lançamento, como didaticamente explica o art. 144 do CTN.

Como qualquer ato administrativo, o lançamento deve atender a determinados requisitos, tais como portar a devida *fundamentação*, sob pena de invalidade. Referida fundamentação será mais ou menos complexa, a depender da modalidade do lançamento, ou, mais propriamente, do procedimento preparatório que o antecedeu. Em se tratando de lançamento por homologação, a fundamentação estará contida na própria atividade desenvolvida pelo contribuinte, que a autoridade simplesmente ratifica, *desde que não altere o quantum apurado pelo sujeito passivo*. Entretanto, caso haja alteração em tal *quantum* (*v.g.*, com a imposição de penalidades), ou caso se trate de qualquer outra modalidade de lançamento, uma fundamentação explícita é indispensável, até como forma de viabilizar o direito de defesa do sujeito passivo.

Na hipótese de lançamento por declaração, essa fundamentação poderá consistir na simples aceitação das informações declaradas e na indicação dos dispositivos legais aplicáveis, em face dos quais se chegou ao montante finalmente lançado. Caso não sejam aceitos os valores declarados, a fundamentação deverá indicar, detalhadamente, as razões correspondentes, bem como o critério adotado para se chegar aos valores efetivamente utilizados para o cálculo do tributo. Semelhante deverá ser a fundamentação, em se tratando de lançamento de ofício efetuado de maneira ordinária, em relação a tributo já normalmente submetido a essa modalidade de lançamento, como é o caso do IPTU.

Maiores detalhes, rigor e exaustividade são requeridos quando se tratar da fundamentação de um lançamento de ofício efetuado de forma a exigir valores que o Fisco entenda que deveriam ter sido lançados anteriormente, por quaisquer das modalidades anteriores de lançamento, mas que não o foram. Nesse caso, assim como na hipótese de recusa dos valores declarados, no âmbito do lançamento por declaração, como o lançamento é manifestação de discordância entre o Fisco e o contribuinte, é indispensável que este último conheça as razões das imputações que lhe estão sendo feitas, até para que possa efetuar de modo útil a sua defesa, se for o caso. Sempre que ausente ou insuficiente a fundamentação, há nulidade no ato de lançamento.

A *nomenclatura* dos atos que corporificam a conclusão de um lançamento de ofício varia um pouco conforme a entidade tributante, e, a rigor, não é relevante. Em se tratando de lançamento de ofício revisional, efetuado diante da discordância do Fisco em relação à atividade desempenhada pelo contribuinte no âmbito do lançamento por homologação, utiliza-se geralmente a expressão *auto de infração*, até porque no mesmo documento não raro é objeto de lançamento não só o tributo, mas também a penalidade pela infração que ensejou o seu não pagamento na forma e no momento correto.

É requisito essencial à completude do lançamento a notificação do sujeito passivo, determinando-lhe um prazo para pagamento *ou* para impugnação administrativa, devendo este último direito ser expressamente informado ao contribuinte na referida notificação. Somente a partir de então se pode considerar lançado o crédito tributário, seja para fins de oferecimento de impugnação administrativa, seja para fins de verificação da ocorrência de decadência do direito de lançar. Pouco importa que o lançamento tenha sido elaborado pela autoridade antes de consumada a decadência: se o contribuinte somente é notificado *depois* de consumada a decadência, o lançamento é caduco. De acordo com o STJ, "a notificação do lançamento do crédito tributário constitui condição de eficácia do ato administrativo tributário, mercê de figurar como pressuposto de procedibilidade de sua exigibilidade". Por isso, "a sua falta implica em ausência de pressuposto válido e regular de constituição e desenvolvimento do processo".[3]

Caso não seja oferecida impugnação, e em não havendo na legislação específica previsão para julgamento de ofício, o lançamento considera-se finalizado, e o crédito tributário, definitivamente constituído. Caso o contribuinte ofereça impugnação, ou haja (caso previsto)

---

3 STJ, 1ª T, REsp 738.205/PR, *DJ* de 30/10/2006, p. 249.

o julgamento de ofício, tem início um *processo administrativo propriamente dito*, contencioso e com feição jurisdicional, no qual a Administração Tributária, no exercício do *autocontrole*, realiza o controle da legalidade do ato administrativo de lançamento, e do procedimento que o antecedeu. É o que o art. 14 do Decreto nº 70.235/72 chama de "fase litigiosa do procedimento".

10.2.4. Impugnação

Notificado a respeito da feitura do lançamento, o sujeito passivo tem - em virtude do direito de petição e das garantias do devido processo legal, da ampla defesa e do contraditório (CF/88, art. 5º, XXXIV, *a*, LIV e LV) - o direito de *provocar* a Administração Pública a exercer sobre esse ato administrativo a *autotutela vinculada* ou o *autocontrole*, que decorrem do princípio da legalidade.

Em decorrência das apontadas garantias constitucionais processuais, esse autocontrole será exercido no âmbito de um processo administrativo, no qual é assegurada a participação *em contraditório* do sujeito passivo, com amplas oportunidades de defesa. O instrumento através do qual o sujeito passivo provoca o exercício do autocontrole e dá início ao processo administrativo, no exercício de seu direito de defesa, chama-se *impugnação*.

De acordo com a jurisprudência do STF e do STJ, a Administração só não tem o dever de assegurar ao sujeito passivo o direito de defesa no âmbito administrativo, instaurando, sob sua provocação, processo administrativo contencioso, no qual há participação em contraditório, em relação ao lançamento por homologação, e apenas nas hipóteses em que o contribuinte apura o tributo devido, declara o resultado dessa apuração ao Fisco, mas não recolhe a quantia que ele próprio encontrara e reconhecera como devida (cf., *v.g.*, REsp 120.699/SP). Firmou-se o entendimento segundo o qual "A entrega de declaração pelo contribuinte reconhecendo o débito fiscal, constitui o crédito tributário, dispensada qualquer providencia por parte do Fisco". (Súmula 436/STJ).

Em todas as demais situações, sobretudo naquelas em que, em relação ao lançamento por homologação, a Fazenda *diverge* da quantia apurada e paga pelo sujeito passivo e lança de ofício eventuais diferenças, a abertura da oportunidade para apresentação de defesa e instauração de processo administrativo contencioso é indispensável, sob pena de nulidade.

Registre-se que é altamente questionável esse entendimento de que, no caso de quantia apurada, declarada e não paga pelo próprio contribuinte, o direito de defesa é prescindível. Afinal, a obrigação tributária é *ex lege*, e o fato de o próprio contribuinte ter feito a apuração não significa que não possa existir erro que ele próprio poderá apontar, depois, no âmbito de um processo de controle de legalidade. Seja como for, o importante é que a jurisprudência pelo menos vem dando a essa questão tratamento *coerente*. É o caso, por exemplo, da contagem do prazo prescricional, que, em tais hipóteses, como o lançamento de ofício e a concessão do direito de defesa não são necessários, tem início logo após o vencimento do débito declarado e não pago (cf., *v.g.*, REsp 437.363/SP).

Mas, como mencionado, com exceção apenas dessa hipótese de valor declarado e não pago pelo próprio contribuinte, no âmbito do lançamento por homologação, em todos os demais casos (lançamento de ofício, ordinário ou revisional, ou lançamento por declaração) a abertura da oportunidade para apresentação de defesa e instauração de processo administrativo contencioso é indispensável. À defesa apresentada pelo sujeito passivo, em tais casos, dá-se o nome de *impugnação*.

Caso o sujeito passivo não questione a exigência em sua totalidade, mas apenas em parte, a parte incontroversa poderá ser objeto de cisão, e encaminhada desde logo para cobrança (Decreto nº 70.235/72, art. 21).

No plano federal, o entendimento da Receita Federal é no sentido de que todas as provas documentais devem ser juntadas com a impugnação, e, quando houver pedido de perícia, este deve ser específico e justificado, com a indicação dos quesitos e do assistente técnico. Do contrário, considera-se que não foi formulado o pedido. Tal entendimento, contudo, é demasiadamente rigoroso e formalista, sendo importante averiguar, na verdade, se a prova é *lícita*, *necessária*, *pertinente* e *praticável*. Enquadrando-se nesses quatro adjetivos, sua realização é obrigatória, sob pena de violação aos princípios do devido processo legal e da ampla defesa.

Cabe registrar, também, que, a teor da jurisprudência pacífica do STF, impugnado o lançamento tributário, o Ministério Público não pode oferecer denúncia por crime contra a ordem tributária a ele relacionado antes que a Administração decida, em definitivo, pela subsistência do auto de infração (Súmula Vinculante 24). A pendência do processo administrativo mantém suspensa não apenas a exigibilidade do crédito tributário (CTN, art. 151, III), mas a própria pretensão punitiva do Estado. A rigor, entende-se que como a supressão de um tributo devido é elemento essencial do tipo, não se pode considerar que este esteja configurado antes do definitivo lançamento do tributo de cuja supressão se cogita.

Finalmente, deve ser lembrado que, a fim de evitar soluções eventualmente contraditórias para um mesmo conflito, e tendo em vista a inafastabilidade do controle judicial, o questionamento judicial de determinado ato administrativo implica a "renúncia" do cidadão à instância administrativa. É o que dispõe, a propósito, o parágrafo único do art. 38 da Lei 6.830/80, segundo o qual a propositura, pelo contribuinte, de ação judicial com o propósito de discutir os termos da relação tributária "importa em renúncia ao poder de recorrer na esfera administrativa e desistência do recurso acaso interposto". Essa "renúncia", contudo, diz respeito exclusivamente à matéria questionada judicialmente, a ser deslindada pelo *dispositivo* da sentença, e não a todo e qualquer aspecto relacionado ao ato impugnado. Imagine-se, por exemplo, que determinado contribuinte tem contra si lavrado um auto de infração pelo Fisco Estadual, formalizando a exigência de ICMS e de multa. E, por conta desse auto de infração, diversas mercadorias são ilegalmente apreendidas. É perfeitamente possível impugnar administrativamente a exigência do ICMS e da multa formulada no auto de infração, e, paralelamente, mover ação judicial pleiteando exclusivamente a liberação das mercadorias. Não há, nesse caso, que se cogitar de renúncia à via administrativa para a impugnação do lançamento.

10.2.5. Julgamento de primeira instância

Na prática, os órgãos julgadores de primeira instância têm autonomia reduzida. Costumam limitar-se a homologar o ato impugnado, por mais improcedente que seja a exigência nele contida ou por maiores os vícios que se tenham verificado no procedimento preparatório. As poucas hipóteses nas quais os julgamentos de primeira instância consideram procedente, no todo ou em parte, a impugnação apresentada são aquelas nas quais se discutem apenas aspectos de fato, demonstráveis objetivamente com documentos juntados à impugnação: através de documento, por exemplo, o contribuinte demonstra que já pagou o imposto lançado. Quando são discutidas questões de fato um pouco mais complexas, as perícias são obtusamente consideradas "protelatórias"; e, quando há discussão "de direito", os argumentos do impugnante são afastados em função de mera repetição dos termos já empregados na fundamentação do ato impugnado.

Tal fato deve-se à menor "imparcialidade orgânica" de tais órgãos, os quais, não obstante dotados de especialização funcional (são julgadores, e não fiscalizadores, o que já lhes assegura tênue imparcialidade), são normalmente vinculados à mesma organização que prolatou o ato impugnado, bem como às normas infralegais por ela própria editadas.

Na maior parte dos entes tributantes, o julgamento de primeiro grau é feito por julgador monocrático. No plano federal também era assim: havia o Delegado de Julgamento, incumbido de julgar em primeira instância o processo administrativo fiscal federal. Esse órgão monocrático, contudo, foi substituído por Delegacias de Julgamentos, órgãos de deliberação interna e natureza colegiada da Receita Federal, no âmbito das quais os julgamentos são feitos por Turmas Julgadoras, compostas de servidores da Administração Fazendária (não se trata de órgão paritário, como o Conselho Administrativo de Recursos Fiscais - CARF).

Assim como acontece no plano judicial, a autoridade julgadora, ao proferir sua decisão, tem o dever de manifestar-se sobre todas as razões aduzidas pelo impugnante, nem que seja para afirmar, fundamentadamente, a sua impertinência ou improcedência. Trata-se de decorrência do direito de petição (que implica, obviamente, uma resposta *ao que foi pedido*), do direito à ampla defesa e ao contraditório (para recorrer da decisão, ou conformar-se com ela, aceitando-a, é preciso saber *por que* os argumentos aduzidos na impugnação não foram por ela acolhidos), enfim, de todas as regras e princípios que impõem à Administração que responda *fundamentadamente* aos requerimentos que lhe são dirigidos.

10.2.6. Recurso voluntário e remessa de ofício

Proferida a decisão de primeiro grau, o princípio do devido processo legal substantivo impõe a existência de uma segunda instância, à qual a questão possa ser submetida para reexame. Trata-se de decorrência da própria falibilidade humana, a impor, nos processos em geral, a possibilidade de impugnação das decisões proferidas.

Na hipótese de a decisão de primeiro grau ser prejudicial aos interesses da Fazenda Pública (considerar inválido, total ou parcialmente, o ato impugnado), e dependendo dos valores em disputa, a legislação dos vários entes tributantes geralmente prevê um *recurso de ofício*, a ser interposto pela própria autoridade julgadora. Não se trata, propriamente, de um recurso, mas do reexame de ofício da questão. Quanto aos pontos favoráveis à Fazenda Pública, e prejudiciais ao impugnante, estes podem ser submetidos a reexame de instância superior através de *recurso voluntário*, a ser interposto dentro do prazo fixado em lei, e necessariamente explícito no ato de intimação da decisão de primeira instância. Apesar de o termo *recurso voluntário* encerrar uma tautologia (na verdade, todo recurso é voluntário), e de a expressão *recurso de ofício* conter uma impropriedade (não se trata de recurso, mas de reexame obrigatório), tais expressões já se encontram sedimentadas no âmbito dos processos administrativos.

Questão de relevo, relacionada aos recursos, especialmente ao "voluntário", diz respeito à possibilidade de juntada de documentos, ou de outros elementos de prova. Em verdade, o princípio da verdade material impõe à administração a busca por um esclarecimento dos fatos o mais completo possível, o que a impede de recusar-se a considerar provas sob o argumento de que trazida aos autos em momento inadequado. Entende-se que, desde que submetida à autoridade antes do julgamento, a prova tem de ser apreciada[4].

10.2.7. Julgamento de segunda instância

No plano federal, e na maior parte dos demais entes tributantes, o julgamento de segundo grau é feito por órgãos colegiados compostos de representantes da Fazenda Pública e de representantes dos contribuintes, estes últimos geralmente indicados pelas entidades de

---

4 1º CC, 2ª C, Ac. 102-44.198, *DOU* I-E de 27/12/2000, p. 4, *RDDT* 66, p. 237.

classe correspondentes. No âmbito federal, esse julgamento é feito por uma das câmaras do Conselho Administrativo de Recursos Fiscais (CARF).

Nesses órgãos colegiados ocorre um julgamento menos submisso, ensejando um mais efetivo controle da legalidade do ato impugnado. Talvez por isso mesmo a legislação tributária federal tenha, nos últimos anos, tentado restringir o acesso do sujeito passivo aos Conselhos de Contribuintes, anterior denominação do CARF, no que foi considerada inconstitucional pelo STF.

Uma vez recebido o recurso, de ofício ou voluntário, é este distribuído a um relator, o qual deverá estipular uma data para o julgamento (colocando-o na "pauta" correspondente). Essa estipulação é da maior importância porque, através dela, a parte ou seu advogado poderão comparecer à sessão respectiva, a fim de sustentar oralmente suas razões de defesa.

Na sessão de julgamento, é feito o relatório do processo, através do qual o relator sintetiza a razão de ser da exigência, os argumentos usados na impugnação, os motivos da decisão de primeira instância, as razões recursais e tudo o mais que houver de relevante para o deslinde da causa. Em seguida, representantes da Fazenda e do contribuinte têm direito à sustentação oral. Encerradas as sustentações, inicia-se a fase de discussão entre os conselheiros e votação, iniciando-se esta pelo voto relator.

Nos órgãos colegiados e paritários, na hipótese de empate, Estados e Municípios geralmente preveem, em suas legislações específicas, a possibilidade de o Presidente da sessão, julgador indicado pela Fazenda, proferir o chamado "voto de desempate". No plano federal, junto ao CARF, a sistemática é semelhante, mas ainda menos legítima: o presidente participa normalmente dos julgamentos colegiados, não apenas conduzindo a sessão, mas proferindo opiniões e votando. No caso de empate, seu voto tem "peso dobrado", configurando o que se conhece por "voto de qualidade", o qual chegou a ser abolido pela Lei 13.988/2020, que alterou, neste ponto, a Lei 10.522/2002. Nos termos dessa lei, em havendo empate, deveria prevalecer a tese mais favorável ao sujeito passivo da relação tributária.

A supressão do voto de qualidade, no âmbito do CARF, foi objeto de grande resistência por parte de setores do Fisco, que por dois caminhos, pelo menos, tentaram combatê-la. O primeiro foi a propositura de ações diretas junto ao STF. E, o segundo, a criação de teses destinadas a restringir sua aplicação.

Quanto ao questionamento judicial, e à suposta inconstitucionalidade do fim do voto de qualidade, não havia qualquer vício na revogação. A própria argumentação de que o fim do voto de qualidade contraria os interesses do Fisco funciona *contra* o voto de qualidade, pois implica o reconhecimento de que ele sempre favorecia a Fazenda mesmo. O ponto de vista substancial, não há nada no texto da constituição que imponha a adoção do voto de qualidade, de um voto de desempate, ou que vede a instituição do *in dubio pro contribuinte* na definição do crédito tributário. Se se precisa de certeza para constituir o crédito por meio do lançamento, o empate é uma objetivação da dúvida no seio do órgão colegiado, justificando, sim, a prevalência da tese mais favorável ao cidadão, e desfavorável ao ato que, depois disso, se mantido, teria até "presunção" de validade.

Tampouco há vício formal, pois a medida provisória que originou a lei, alterada durante a conversão, tratava de métodos alternativos – não judiciais – de solução de conflitos entre Fisco e contribuinte, notadamente a transação, inserindo-se o fim do voto de qualidade perfeitamente dentro da mesma temática.

Quanto aos entendimentos restritivos, que surgiram no seio do CARF, estes conseguem ser ainda mais equivocados. Alegava-se que o voto de qualidade só não seria aplicável em processos de determinação do crédito tributário, e com isso ele seguiu sendo utilizado, *contra legem*, em processos em que se discute decadência, ou compensação tributária, por exemplo, quando em verdade em todos estes, a depender do desfecho, poderá, sim, haver um crédito tributário que ao cabo restará determinado e será exigido do sujeito passivo.

Outro caminho buscado foi a edição de uma medida provisória (MP 1.160/23), que reintroduziu a figura do voto de qualidade, além de estabelecer limitação de mil salários mínimos para que um recurso possa ser apreciado pelo CARF.

É lamentável que uma maior arrecadação seja buscada, pelo Poder Público, por intermédio do amesquinhamento do devido processo legal, de ferramentas que viabilizam um processo mais justo e equilibrado. Perde o Estado de Direito, e incrementa-se a probabilidade de ter-se um aumento de arrecadação indevido.

Quanto à reintrodução do voto de qualidade, é de validade duvidosa que a medida tenha sido levada a efeito por medida provisória, ausentes a relevância e a urgência. Além disso, a Fazenda suspendeu os julgamentos do CARF, aguardando a edição da MP, e, uma vez iniciada a sua vigência, passou a julgar com urgência os principais processos em relação aos quais o voto de qualidade poderia fazer diferença. Notória manipulação das ferramentas legislativas e processuais, em ofensa ao devido processo legal substantivo, e criadora de forte insegurança jurídica: caso a medida provisória não seja convertida em lei, nesta parte, os processos julgados posteriormente voltarão a se submeter à regra segundo a qual, em caso de empate, prevalece a tese favorável ao contribuinte, fazendo com que, a depender do dia do julgamento, o desfecho seja diferente. Aliás, a iniciativa e o esforço em ressuscitar o voto de qualidade só evidencia que ele é, sim, parcial, e favorável ao Fisco, do contrário não partiria dele, com tanta energia, a campanha para o seu restabelecimento. É no mínimo contraditório, nesse contexto, defender-se que o voto de qualidade é imparcial.

Quanto à "baixa complexidade" de disputas em torno de quantias inferiores a mil salários mínimos, há frontal impacto ao disposto na Súmula Vinculante 21. Se o Fisco não pode restringir o acesso ao CARF àqueles que não depositam 30% do valor cobrado ou de qualquer forma garantem a exigência, com mais razão ainda não pode vedar o recurso, de forma absoluta, àqueles que não debatem quantias expressivas.

Note-se que mesmo ao restringir o acesso ao Superior Tribunal de Justiça, a Emenda Constitucional 125/2022, que estabeleceu a necessidade de se demonstrar a "relevância" de um Recurso Especial, determinou serem relevantes todos aqueles que debatem quantias superiores a 500 salários mínimos (CF/88, art. 105, § 3.º, III). Além de se tratar de uma instância excepcional – a julgar processos que já passaram por dois graus de jurisdição – os processos que tratem de quantias inferiores podem, ainda, ser sim relevantes, o que dependerá de um exame caso a caso pelo STJ. Já no processo administrativo, o valor para acesso à segunda instância é o dobro, e um critério absoluto, comparação que fez com que o excesso da MP 1.160/2023 se tornasse ainda mais evidente.

O fato é que a referida MP 1.160/2023 não foi convertida em lei, tendo sua vigência expirada. Em seguida, o Congresso Nacional editou lei adotando solução intermediária. Manteve o voto de qualidade no âmbito do CARF, mas estabeleceu uma série de providências devidas na hipótese de a exigência tributária ser mantida por conta dele, como a exclusão de multas e dos encargos legais, o afastamento da possibilidade de configuração de crime contra a ordem tributária, bem como a facilitação do pagamento (com a redução também dos juros, caso haja manifestação do contribuinte no sentido de que deseja pagar o débito em vez de discuti-lo em juízo), e a dispensa de garantias como condição para a discussão judicial da dívida em sede de embargos à execução, dentre outras medidas (Lei 14.689/2023).

10.2.8. Recursos excepcionais

Embora os processos administrativos tributários, especialmente os de controle da legalidade de atos de lançamento, na prática, tenham o seu julgamento definitivo prolatado por um órgão colegiado de segundo grau, a legislação federal, assim como a de diversos Estados e Municípios, prevê a possibilidade de interposição de recurso a instâncias especiais.

Relativamente ao processo administrativo tributário federal, a matéria se acha tratada no art. 37, § 2º, do Decreto nº 70.235/72, que dispõe:

> "Art. 37. [...]
>
> § 2º Caberá recurso especial à Câmara Superior de Recursos Fiscais, no prazo de 15 (quinze) dias da ciência do acórdão ao interessado:
>
> I – (VETADO)
>
> II – de decisão que der à lei tributária interpretação divergente da que lhe tenha dado outra Câmara, turma de Câmara, turma especial ou a própria Câmara Superior de Recursos Fiscais."

Vê-se que o recurso especial, no âmbito do contencioso administrativo fiscal federal, tem função semelhante à do recurso de embargos de divergência no processo judicial, tendo a CSRF função uniformizadora semelhante à do Plenário do Supremo Tribunal Federal, ou da Primeira Seção do Superior Tribunal de Justiça, por exemplo. Sua finalidade principal não é garantir o direito da parte, mas unificar a jurisprudência do tribunal administrativo em torno de determinado assunto, em homenagem à segurança jurídica e à previsibilidade das decisões administrativas.

Alguns entes tributantes seguiram o exemplo da legislação federal, e criaram órgãos especiais de julgamento administrativo em termos semelhantes à CSRF.

Por fim, deve-se observar que a feição jurisdicional que possui o processo administrativo, imprimida pelos princípios inerentes ao *devido processo legal*, impõe que a possibilidade de julgamento por uma instância especial, ou extraordinária, conte com expressa previsão em lei. O recurso há de ser interposto nos termos e no prazo previstos em lei, não havendo espaço para o chamado "recurso hierárquico", fundado apenas no poder hierárquico (sem previsão legal) e que por isso mesmo não se submete nem a prazos nem a formas legais.

10.2.9. Decisão administrativa definitiva e discussão judicial

Como consequência de o processo administrativo representar forma de *autocontrole*, ou seja, de controle interno da legalidade dos atos da administração, uma decisão proferida no âmbito de tal processo não pode ser judicialmente questionada pela própria administração. Se, por exemplo, um contribuinte questiona administrativamente a validade de um auto de infração e obtém, junto ao órgão de julgamento administrativo, acórdão que considera inválido o referido auto, a Administração não pode pretender o "desfazimento" judicial da referida decisão administrativa.

Na verdade, os atos administrativos, quando eivados de vícios, podem ser anulados pela própria Administração. É o chamado *autocontrole* ao qual já nos referimos. Assim, caso a decisão administrativa ainda comporte recurso, cabe à Administração interpô-lo. Se de citada decisão não mais cabe recurso, opera-se a *preclusão*. Em qualquer hipótese, não há espaço para impugnação judicial por parte da Administração, pois foi *ela mesma que, exercendo o autocontrole*, reconheceu o direito do contribuinte através da decisão administrativa.

A preclusão administrativa e a impossibilidade de impugnação judicial por parte da administração decorrem, em última análise, de uma questão de atribuição de competência. O Poder Público é composto de *órgãos*, cada um dotado de competência para o exercício de determinadas funções. Quando há decisão administrativa *definitiva*, tem-se que foi a Administração, através do órgão competente, que decidiu pela validade, ou invalidade, do ato impugnado pelo contribuinte. Assim, outros órgãos, como Procuradorias de Fazenda, Coordenações de Arrecadação etc., simplesmente não têm competência para rever tal decisão, e o ente público por eles integrado não tem *interesse de agir* para questionar judicialmente um ato dele próprio.

Trata-se, mais uma vez, de imposição do princípio do devido processo legal. Além de todos os aspectos acima apontados, se se admitisse que a Administração Pública pode ingressar em juízo contra decisões dela própria, nas quais reconhece a ilegalidade de seus atos, o processo administrativo seria completamente inútil.

10.2.10. Decisão administrativa definitiva e rediscussão na via administrativa

Em homenagem ao princípio da segurança jurídica e da impossibilidade de serem perenizados os conflitos, o processo administrativo, assim como o processo judicial, possui um número finito de recursos e hipóteses específicas nas quais tais recursos são cabíveis. Esgotados todos os recursos, ou não interpostos os ainda eventualmente disponíveis, diz-se que a decisão administrativa é definitiva. O mesmo ocorre quando o ato administrativo não é impugnado, e não há previsão legal para julgamento de ofício.

Caso conclua pela ilegalidade do ato impugnado, essa decisão extingue-o definitivamente, operando-se a chamada *preclusão administrativa*. Na hipótese de o processo concluir pela validade do ato impugnado, total ou parcial, ter-se-á manifestação também definitiva da administração a respeito dele, que em princípio só judicialmente poderá ser questionada pelo administrado; iniciam-se, então, os atos tendentes à *execução* da decisão. Realiza-se, então, a chamada "cobrança amigável", ou "administrativa", que consiste no envio de correspondência ao sujeito passivo, para que este pague a dívida definitivamente apurada, sob pena de inscrição em dívida ativa e cobrança através de execução fiscal.

Em suma, concluído o processo administrativo, seja porque foram percorridas todas as instâncias disponíveis, seja porque recursos eventualmente ainda cabíveis não foram oportunamente manejados, opera-se a chamada *preclusão administrativa*, que poderia ser impropriamente chamada de *coisa julgada administrativa*, e que significa a imodificabilidade da decisão pela Administração Pública.

No âmbito do processo administrativo, a Administração exerce a chamada *autotutela vinculada*, que também pode ser denominada *autocontrole*. Assim, a decisão definitiva proferida no âmbito de um processo administrativo é a palavra final da Administração Pública sobre a questão ali discutida, que por isso mesmo só pode ser impugnada judicialmente, e pelo administrado, nunca pela própria administração.

Sem o reconhecimento da definitividade de tais decisões *em relação à Administração Pública*, o processo administrativo não faria sentido algum. Seria pura perda de tempo. Nesse sentido, aliás, o STJ já decidiu que, "em observância ao princípio da segurança jurídica, o administrado não pode ficar à mercê de posterior revisão de decisão definitiva em processo administrativo regularmente prolatada".[5]

---

5 STJ, 2ª T, REsp 572.358/CE, *DJ* de 6/12/2006, p. 239.

10.2.11. Agravamento da exigência e devido processo legal

Pode ocorrer de a decisão administrativa, seja de primeira instância, de segunda instância ou de instância especial, concluir pela validade da exigência impugnada, mas por motivos distintos daqueles apresentados no ato administrativo questionado. Nesse caso, considerando-se que a defesa oferecida pelo contribuinte questionou os fundamentos do ato impugnado, e não os novos fundamentos que lhe foram inseridos pela autoridade julgadora, ao contribuinte deve ser dada oportunidade de oferecer *nova impugnação*, dando origem a um novo processo administrativo.

Essa mesma conclusão há de ser adotada, com muito mais razão, quando a instância julgadora (qualquer que seja) decide pelo *agravamento* da exigência, ou seja, quando a impugnação ou o recurso oferecidos pelo sujeito passivo dão ensejo à prolação de uma decisão ainda mais gravosa aos seus interesses que o próprio ato impugnado. Nesse caso, porque a revisão do ato administrativo implicou não apenas a manutenção do ato impugnado, mas também a prática de outro ato, que lhe é complementar, deve ser dada ao sujeito passivo a possibilidade de impugnar esse novo ato, sob pena de flagrante e brutal cerceamento ao seu direito de defesa.

Naturalmente, o agravamento da exigência somente será possível enquanto não extinto pela decadência o direito da Fazenda Pública de fazê-lo. Em outras palavras, só pode haver o agravamento da situação do sujeito passivo caso não se tenha consumado a decadência do direito da Fazenda Pública de praticar o ato que consiste no agravamento. Essa ressalva é da maior importância, especialmente porque o processo administrativo não raro se prolonga por período superior ao prazo de decadência do direito de lançar quantias complementares daquela objeto da impugnação. Suponha-se, por exemplo, que um contribuinte seja fiscalizado por agentes da Receita Federal durante o ano de 2005, e tenha contra si efetuado um lançamento de COFINS relativo a fatos ocorridos em fevereiro de 2002. Oferecida impugnação administrativa em 2005, esta vem a ser julgada apenas em 2009. Obviamente, ainda que nesse julgamento se conclua pela necessidade de agravar a exigência inicial, o Fisco não mais poderá fazê-lo, porque extinto pela decadência o seu direito de lançar as quantias correspondentes. Apenas a quantia já lançada poderá ser exigida.

Com relação ao prazo para a conclusão do processo administrativo de controle de legalidade do lançamento, embora a matéria seja discutida no âmbito acadêmico, a jurisprudência tem decidido pela inexistência de prazo.[6]

Efetuado o lançamento de ofício, já não se cogitaria mais da decadência, e enquanto não concluído o processo administrativo não teria início ainda a prescrição, inexistindo prazo específico, na legislação, para o julgamento de defesas e recursos apresentados pelo sujeito passivo.

10.2.12. Inscrição em dívida ativa

Após a conclusão de um processo administrativo de controle da legalidade do lançamento, caso seja mantido, no todo ou em parte, o crédito tributário, este se considera, nos termos do CTN, "definitivamente constituído". Deve ser feita, então, a chamada cobrança amigável, depois da qual, caso não haja a sua quitação, a quantia devida deve ser inscrita em dívida ativa e executada judicialmente.

Naturalmente, quantias lançadas e não impugnadas, uma vez não recolhidas em face da chamada cobrança amigável, devem ser igualmente inscritas em dívida ativa e exigidas em ação de execução fiscal.

---

6 STJ, REsp 435.896-SP, *RDDT* 100, p. 158-165.

Além de outros requisitos, a Certidão de Dívida Ativa deverá conter, sob pena de nulidade, a referência ao processo administrativo que a originou. Essa formalidade possibilita que se conheçam a origem da dívida consubstanciada na CDA, os fatos que a geraram, seu fundamento legal etc., sendo portanto essencial ao controle da validade do crédito executado, em juízo, em sede de embargos à execução. De acordo com o STJ, a ausência de menção ao processo administrativo é causa para a nulidade da CDA.[7]

O ato de inscrição em dívida ativa não é mera formalidade automática. Trata-se de mais uma forma de controle interno da legalidade dos atos da Administração Pública, conforme dispõe o art. 2º, § 3º, da Lei 6.830/80. Naturalmente, o Procurador responsável pela inscrição não poderá fazer um "julgamento" de todo o mérito da exigência, pois não é instância julgadora, mas poderá corrigir erros relacionados ao ato de inscrição. Pode ocorrer, por exemplo: *(a)* o julgador administrativo acolhe defesa do contribuinte, extinguindo o crédito tributário, mas por erro o valor correspondente é encaminhado para inscrição em dívida ativa; *(b)* o crédito a ser inscrito é considerado inconstitucional pelo STF, no âmbito do controle concentrado de constitucionalidade; *(c)* o valor a ser inscrito corresponde a crédito tributário que já foi pago, parcelado, compensado com créditos do sujeito passivo etc. Em quaisquer dessas hipóteses, o Procurador responsável pela inscrição não deverá efetuá-la, ou a deverá cancelar, por provocação do sujeito passivo, ou mesmo independentemente de qualquer provocação, desde que por meio de ato devidamente fundamentado.

Vale lembrar, em relação aos tributos administrados pela Receita Federal do Brasil, que a inscrição em dívida ativa não se confunde com a inscrição no CADIN, sigla sob a qual é conhecido o Cadastro Informativo de Créditos Não Quitados do Setor Público Federal, disciplinado pela Lei 10.522/2002. Enquanto a inscrição em dívida ativa é ato de controle de legalidade praticado pela Fazenda Nacional a fim de concluir o processo de formação do título executivo (com a emissão da respectiva CDA) e viabilizar a propositura da execução fiscal, a inscrição no CADIN presta-se apenas para permitir o controle, pelo Fisco, de contribuintes considerados inadimplentes, para permitir a aplicação das restrições relativas à concessão de financiamentos, de incentivos, à contratação com o Poder Público etc. Tanto que, uma vez determinada a suspensão da exigibilidade do crédito tributário (ou garantida a dívida em sede de execução fiscal), afigura-se inconstitucional manter a sua inscrição no CADIN, que passa a funcionar como oblíquo instrumento de cobrança, à margem do *due process of law*.[8]

10.3. PROCESSOS DE RECONHECIMENTO DE DIREITO

10.3.1. Noções gerais

Praticamente toda a atividade da Administração desenvolve-se através de *procedimentos*, ao final dos quais são praticados *atos administrativos*, podendo estes ser submetidos a um processo administrativo de controle interno de sua legalidade. Isso não ocorre apenas em relação ao lançamento tributário, mas também no âmbito da prática de diversos outros atos administrativos. Nos itens seguintes, serão examinados alguns processos nos quais o sujeito passivo postula, com fundamento no art. 5º, XXXIV, *a*, da CF/88, o *reconhecimento de direitos*, a exemplo do deferimento de uma isenção, a concessão de um parcelamento etc.

Note-se que, assim como ocorre em relação ao procedimento preparatório do lançamento e ao ato administrativo que o ultima, também os procedimentos de deferimento de isenção,

---

7 REsp. 212.974/MG, *DJ* de 27/9/1999, p. 58.

8 STF, ADIn 1.155-MC, 15/2/1995, e ADIn 1.454-MC, *RTJ* 179/1.

parcelamento, compensações, de exclusão do SIMPLES e quaisquer outros que se desenvolvam no âmbito da Administração Pública, e os atos administrativos em geral que são praticados ao cabo de tais procedimentos, são *impugnáveis*, ou seja, podem ser questionados pelo cidadão que por eles se considerar indevidamente prejudicado.

Esse questionamento pode ocorrer perante o Poder Judiciário, em face do princípio do Estado de Direito, e da consequente possibilidade de controle jurisdicional dos atos administrativos (CF/88, art. 5º, XXXV). Antes disso, contudo, e caso o contribuinte assim o queira, o inconformismo pode ser dirigido à própria Administração, dando origem a um *processo administrativo propriamente dito*, no qual a Administração, através de seu poder de *autocontrole*, poderá rever o ato questionado. Essa possibilidade de impugnação é inafastável pelo legislador infraconstitucional (seja ele complementar ou ordinário), tendo em vista o *status* constitucional dos direitos de petição e ao devido processo legal administrativo (CF/88, art. 5º, XXXIV, *a*, LIV e LV).

10.3.2. Reconhecimento e cancelamento de imunidades e isenções individuais

Não seria adequado tratar, aqui, em item dedicado aos aspectos mais relevantes do processo administrativo tributário, da definição e das características das imunidades e das isenções, bem como das diferenças que existem entre tais institutos. Algo a esse respeito foi examinado nos itens deste livro dedicados às imunidades e às isenções. É importante, contudo, recordar que as imunidades têm matriz constitucional e representam verdadeira *limitação* à competência tributária; as isenções, por outro lado, constituem manifestação do poder legislativo do próprio ente tributante, que poderia tributar determinado fato, mas não o faz, estabelecendo *exceção* à regra matriz de incidência do tributo de cuja isenção se cogita.

Tanto a imunidade como a isenção podem dizer respeito a situações de fato que prescindam de qualquer constatação específica. É o caso, por exemplo, da imunidade concedida às operações com livros, jornais ou periódicos, ou da isenção concedida aos rendimentos auferidos na caderneta de poupança. Em tais hipóteses, obviamente, não se há de cogitar de qualquer procedimento tendente a reconhecê-las.

Pode ocorrer, contudo, que a imunidade, ou a isenção, seja instituída sobre situações específicas, cuja ocorrência seja de constatação mais complexa. Nesses casos, é necessário que se faça um exame tendente a verificar se estão sendo preenchidos os requisitos necessários à incidência da norma isentiva ou imunizante. A imunidade concedida a instituições de assistência social sem fins lucrativos, por exemplo, somente pode ser reconhecida mediante comprovação do atendimento dos requisitos exigidos em lei (não distribuição de lucros ou de parcelas do patrimônio, escrituração contábil regular etc., a teor do art. 14 do CTN). Outro exemplo é a isenção concedida a pessoas jurídicas que instalem empreendimentos em determinadas zonas do território nacional e que atendam a determinados requisitos.

A verificação do atendimento de tais requisitos é feita através de um procedimento, findo o qual a autoridade profere ato reconhecendo o direito ao gozo do benefício, ou não. É o que se depreende do art. 179 do CTN, segundo o qual a "isenção, quando não concedida em caráter geral, é efetivada, em cada caso, por despacho da autoridade administrativa, em requerimento com o qual o interessado faça prova do preenchimento das condições e do cumprimento dos requisitos previstos em lei ou no contrato para sua concessão".

É importante destacar que o ato que reconhece o direito ao gozo da imunidade, ou da isenção, é meramente declaratório. O direito subjetivo à isenção depende exclusivamente do atendimento dos requisitos legais, e o direito ao gozo das imunidades, apenas dos requisitos constitucionais e legais, dentre os quais *não* está a vontade da autoridade administrativa, que simplesmente reconhece o atendimento de tais requisitos[9]. E nem poderia mesmo ser diferente, especialmente se se considerar a hipótese inversa: o descumprimento dos requisitos necessários ao gozo da isenção, ou da imunidade, por parte de contribuinte para o qual o benefício já foi reconhecido. Imagine-se uma entidade assistencial, sem fins lucrativos, que há muitas décadas tem reconhecido o seu direito à imunidade tributária a que alude o art. 150, VI, *c*, da CF/88. Suponha-se, ainda, que a partir de determinado momento a referida entidade passa a *descumprir* tais requisitos, mas somente após três anos de descumprimento e de gozo indevido da imunidade, a autoridade competente o descobre. É evidente que os tributos são devidos a partir de quando os requisitos necessários ao gozo da imunidade deixaram de ser cumpridos, e não a partir de quando esse descumprimento foi constatado pela autoridade. Em suma, seja para reconhecer, seja para suspender o direito ao gozo de uma imunidade, ou de uma isenção, o que importa é o atendimento, ou não, dos requisitos legais a tanto exigidos, e não o ato administrativo que formalmente reconhece tal cumprimento, ou descumprimento.

Existe, a propósito, também um procedimento destinado a averiguar se tais requisitos, depois de reconhecida a isenção, ou a imunidade, continuam sendo cumpridos, e que pode culminar, se for o caso, na suspensão do benefício (CTN, art. 14, § 1º). No âmbito de muitos Estados e Municípios, esse procedimento não é individualizado nem específico. Há, não raro, procedimento para a *concessão* de tais benefícios, mas o seu cancelamento confunde-se, tanto na fase procedimental como na fase processual, com a própria feitura dos lançamentos decorrentes da desconsideração da imunidade, ou da isenção. No plano federal, contudo, tal procedimento é disciplinado pelo art. 32 da Lei 9.430/96.

10.3.3. Restituição e compensação

Quando o contribuinte solicita a restituição de um tributo que considera haver pago indevidamente, ou o reconhecimento da compensação desse valor pago de modo indevido com outros realmente devidos, há um *mero procedimento*, inquisitório, através do qual a autoridade competente deve verificar a existência e o montante do crédito a ser restituído, ou submetido à compensação.

Note-se que esse procedimento, inicialmente, não é contencioso, na medida em que a autoridade pode concordar com o contribuinte quanto à natureza indevida, ao montante, e à possibilidade de ressarcimento, atendendo ao pedido por ele formulado. Pode ocorrer, também, de a autoridade indeferir o pedido, e o contribuinte conformar-se com citado indeferimento, em face das convincentes razões que o fundamentam. Em qualquer caso, não haverá conflito a ser solucionado. Assim como no lançamento e no reconhecimento de isenções, conflito pode haver depois, se houver discordância do contribuinte em relação ao ato de indeferimento da compensação ou da restituição requerida.

Mas como muitos são os motivos encontrados por autoridades fazendárias para indeferir pedidos de restituição, ou de compensação, mesmo quando cabíveis e procedentes, conflitos invariavelmente surgem. No plano federal e na generalidade dos Estados e Municípios, tais conflitos são submetidos a processo administrativo contencioso no todo semelhante ao processo de impugnação do ato de lançamento.

Embora o contribuinte tenha o *direito* de requerer administrativamente a restituição, ou a compensação de tributos, e de ver esse requerimento julgado por todas as instâncias administrativas, isso não pode ser colocado como *condição* para que a mesma pretensão

---

9 STF, RE 85.471/RJ, *DJ* de 18/3/1977.

seja submetida à apreciação do Poder Judiciário, até em face da garantia da inafastabilidade da jurisdição.[10]

No que diz respeito especificamente a pedido administrativo de *compensação*, existe um aspecto muito importante, relacionado à sua utilidade, que não pode ser esquecido. Enquanto a autoridade fiscal examina a viabilidade da compensação requerida, e enquanto esse exame não é *definitivamente* julgado pela Administração, o débito do contribuinte, a ser objeto do encontro de contas, não pode ser cobrado. Deve permanecer com a sua *exigibilidade suspensa*. A razão é simples. Se o objeto do pedido administrativo é promover a compensação de um débito com um crédito, esse pedido perderia completamente a finalidade se, paralelamente à sua apreciação (que muitas vezes é demorada), o contribuinte fosse compelido ao pagamento de seu débito. Haveria ofensa oblíqua, mas evidente, ao devido processo legal, e ao direito de petição, que assistem ao requerente da compensação. Para contornar o seu dever de apreciar e responder o pedido de compensação, bastaria à autoridade engavetá-lo e dar seguimento à cobrança do crédito tributário a ser compensado. Nesse sentido tem decidido, com inteiro acerto, o STJ, que afirma, fundado nos postulados da ampla defesa e do contraditório: "formulado na esfera administrativa pedido de compensação de exação declarada inconstitucional com débitos referentes a tributos da mesma espécie, não pode a Fazenda Pública ignorar a reclamação (CTN, art. 151, III), e inscrever o débito, executando-o judicialmente".[11]

No âmbito dos Estados, e dos Municípios, cabe à lei específica disciplinar o procedimento de compensação. Caso haja omissão a esse respeito, pode-se defender a aplicação, por analogia, do disciplinamento federal. Note-se que o CTN veicula normas gerais de Direito Tributário, razão pela qual a compensação, conquanto nele genericamente referida, deverá ser disciplinada por lei editada pelo respectivo ente tributante.

10.3.4. Moratória e parcelamento

Praticamente toda a atividade administrativa é procedimentalizada. No âmbito do deferimento de pedidos de parcelamento não é diferente, desenvolvendo-se tal procedimento desde o requerimento do interessado, passando pela verificação feita pela autoridade competente a respeito do preenchimento dos requisitos legais exigidos como condição ao deferimento do parcelamento, até o aperfeiçoamento do ato que o concede.

Não é o caso de cuidar, aqui, do instituto do parcelamento, o que foi feito em parte própria deste livro, no item dedicado às causas de suspensão da exigibilidade do crédito tributário. Quanto ao *procedimento* em face do qual o parcelamento é deferido, porém, é necessário advertir que é *nele* que todas as exigências legalmente necessárias à concessão do benefício devem ser formuladas.

Em outras palavras, não é facultado ao Fisco conceder um parcelamento e, posteriormente, formular exigências *novas* como condição para o reconhecimento dos efeitos a ele correspondentes. O parcelamento, ou quaisquer de seus efeitos, só poderá ser pelo Fisco desconsiderado caso o contribuinte dê causa para a sua rescisão.

Não obstante, eventualmente ocorre de parcelamentos serem concedidos e, posteriormente, o fisco não respeitar os efeitos dessa concessão. Exemplificando, conquanto o parcelamento seja causa para a suspensão da exigibilidade do crédito parcelado (CTN, art. 151, I e, repetitivamente, VI), o fisco às vezes concede parcelamento e, depois, condiciona o fornecimento de certidão positiva com efeito de negativa (CTN, art. 206) ao fornecimento de "garantias".

---

[10] STJ, REsp 8.206/SP, *DJ* de 30/3/1992, p. 3971, Repertório IOB de Jurisprudência 12/92, p. 229, c.1.

[11] STJ, REsp 491.557/RS, *DJ* de 20/10/2003, p. 194.

O contribuinte só é considerado como não sendo devedor de nenhuma dívida *exigível* e *vencida* caso indique bens para garantir o débito parcelado, o que não encontra amparo no CTN.

Na verdade, se a Fazenda Pública deseja garantir o crédito tributário parcelado, e é razoável que o faça, deve formular a exigência de garantias como condição para a concessão do parcelamento (desde que isso esteja previsto em lei, naturalmente), e não como condição para respeitar um parcelamento já regularmente deferido. Em casos assim, o STJ tem decidido, com inteiro acerto, que o contribuinte "tem direito à certidão de que trata o art. 206, do CTN, mesmo na hipótese de parcelamento do respectivo débito, desde que as parcelas venham sendo pagas regularmente". Como consequência disso, "se o credor não exige garantia para a celebração do acordo de parcelamento, não pode, no curso do negócio jurídico firmado, inovar".[12]

Em face da natureza plenamente vinculada da atividade administrativa tributária, as exigências necessárias para a concessão do parcelamento, bem como os termos deste (número de parcelas, juros aplicáveis, penalidades pelo descumprimento etc.), devem ser disciplinadas em lei. Não têm validade disposições que condicionam a concessão do benefício ao discricionarismo da autoridade administrativa. Expressões como *a autoridade poderá...*, por exemplo, devem ser entendidas como "desde que presentes os requisitos legais, a autoridade deverá...".

Entre as exigências legais ao deferimento de parcelamentos, as leis dos vários entes federados geralmente incluem o fato de não se tratar de parcelamento de quantias objeto de parcelamento anteriormente descumprido (reparcelamento), ou de não se tratar de contribuinte que tenha praticado ato definido como crime contra a ordem tributária. Quanto a este último requisito, contido na legislação inerente às contribuições de seguridade social, o Superior Tribunal de Justiça tem decidido pela necessidade de se aguardar o trânsito em julgado da decisão condenatória, como condição para que sejam negados parcelamentos sob tal fundamento.[13]

Deve ser entendido com o devido cuidado, também, o termo *confissão de dívida* contido nos formulários preenchidos pelo contribuinte que requer um parcelamento. Não se pode esquecer que a obrigação tributária é *ex lege*. Nasce da incidência da norma jurídica tributária sobre o fato nela previsto, e a *vontade* do contribuinte não é ingrediente formador desse fato. Assim, se o crédito tributário a ser objeto do parcelamento não encontra amparo em lei, ou encontra amparo em lei inconstitucional, o fato de o contribuinte haver "confessado" a dívida é absolutamente irrelevante, e não impede o posterior questionamento judicial das quantias parceladas. O Fisco poderá rescindir o parcelamento, em face do questionamento judicial, mas isso é outra questão. A confissão só terá algum relevo no que tange aos elementos *de fato* nos quais se funda o lançamento, mas, mesmo nesse caso, pode ser objeto de ulterior prova em contrário.

Registre-se que o ato que exclui um contribuinte de um programa de parcelamento, por imputar-se a prática de uma irregularidade, é passível de impugnação administrativa. Deve ser assegurado o direito constitucional à ampla defesa.

10.3.5. Exclusão do Simples Nacional

Entende-se por Simples Nacional o sistema unificado de recolhimento de tributos e contribuições previsto no art. 146, § 1º, da CF/88, disciplinado pela LC nº 123/2006, através do qual Microempresas e Empresas de Pequeno Porte que atendam a determinados requisitos podem calcular e pagar IRPJ, CSLL, PIS, COFINS, contribuição sobre a folha, IPI, ICMS e ISS através da aplicação de apenas uma alíquota sobre sua receita mensal, alíquota esta determinada em função da atividade desempenhada e da receita auferida nos 12 meses anteriores.

---

12 STJ, 1ª T., AgRg no AI 248.510/SC, *DJ* de 29/11/1999.

13 STJ, 1ª T., REsp 328.583/SC, *DJ* de 8/10/2001.

De acordo com o art. 29 da LC nº 123/2006, a exclusão de ofício das empresas optantes pelo Simples Nacional dar-se-á quando: (*i*) verificada a falta de comunicação de exclusão obrigatória; (*ii*) for oferecido embaraço à fiscalização, caracterizado pela negativa não justificada de exibição de livros e documentos a que estiverem obrigadas, bem como pelo não fornecimento de informações sobre bens, movimentação financeira, negócio ou atividade que estiverem intimadas a apresentar, e nas demais hipóteses que autorizam a requisição de auxílio da força pública; (*iii*) for oferecida resistência à fiscalização, caracterizada pela negativa de acesso ao estabelecimento, ao domicílio fiscal ou a qualquer outro local onde desenvolvam suas atividades ou se encontrem bens de sua propriedade; (*iv*) a sua constituição ocorrer por interpostas pessoas; (*v*) tiver sido constatada prática reiterada de infração ao disposto nesta Lei Complementar; (*vi*) a empresa for declarada inapta, na forma dos arts. 81 e 82 da Lei 9.430, de 27/12/1996, e alterações posteriores; (*vii*) comercializar mercadorias objeto de contrabando ou descaminho; (*viii*) houver falta de escrituração do livro-caixa ou não permitir a identificação da movimentação financeira, inclusive bancária; (*ix*) for constatado que durante o ano-calendário o valor das despesas pagas supera em 20% (vinte por cento) o valor de ingressos de recursos no mesmo período, excluído o ano de início de atividade; (*x*) for constatado que durante o ano-calendário o valor das aquisições de mercadorias para comercialização ou industrialização, ressalvadas hipóteses justificadas de aumento de estoque, for superior a 80% (oitenta por cento) dos ingressos de recursos no mesmo período, excluído o ano de início de atividade; (*xi*) houver descumprimento da obrigação contida no inciso I do *caput* do art. 26 desta Lei Complementar; e (*xii*) omitir da folha de pagamento da empresa ou de documento de informações previsto pela legislação previdenciária, trabalhista ou tributária, segurado empregado, trabalhador avulso ou contribuinte individual que lhe preste serviço.

A competência para proceder à exclusão de ofício e para *julgar o processo administrativo contencioso eventualmente instaurado em face dela*, nos termos do art. 39 da LC nº 123/2006, será do ente federativo que efetuar o lançamento ou a exclusão de ofício, observados os dispositivos legais atinentes aos processos administrativos fiscais desse ente.

Como se percebe, no caso dos tributos apurados e recolhidos de forma unificada, através do Simples, a LC nº 123/2006 atribuiu competência tanto à União, como aos Estados-membros, ao Distrito Federal e aos Municípios para fiscalizar e lançar os tributos devidos, e para excluir contribuintes do regime unificado. Todos podem fazê-lo, ficando com a União apenas a competência para cobrar, receber o pagamento correspondente, inscrever em dívida ativa e executar judicialmente, se for o caso, o crédito tributário não pago. Conquanto a defesa, em juízo, da validade dos atos administrativos praticados, relativos ao Simples, seja da União (mesmo em relação a atos ou exigências pertinentes ao ICMS ou ao ISS inseridos no Simples), o julgamento administrativo desses mesmos atos compete ao ente federativo que os houver praticado.

Exemplificando, se o Estado-membro lavra auto de infração exigindo diferença devida através do Simples, a União ficará encarregada de inscrever em dívida ativa e cobrar os valores correspondentes, bem como de defender em juízo a exigência, em face de ação anulatória ou de restituição do indébito movida pelo contribuinte. Entretanto, o julgamento administrativo de uma impugnação oferecida a esse auto de infração caberá ao Estado-membro, nos termos de sua legislação específica.

10.3.6. Consulta fiscal

Fundado no direito de petição (CF/88, art. 5º, XXXIV, *a*), o processo administrativo de consulta fiscal tem por finalidade sanar um estado de incerteza do contribuinte quanto à conduta que a Administração Pública entende deva ser adotada em face de determinada situação de fato. A dúvida pode residir na presença de uma lacuna, na existência de normas aparentemente contraditórias, no surgimento de dispositivos novos etc.

Em sua petição, o contribuinte deve descrever a situação de fato pertinente à consulta, apontar a dúvida que entende estar presente e indicar a solução que considere adequada, pedindo ao final o pronunciamento da Administração Tributária a respeito do problema. A dúvida não precisa ser relativa ao entendimento do consulente, que pode estar seguro quanto à retidão de determinada interpretação, residindo em verdade na incerteza a respeito de qual interpretação o Fisco entenderá como correta.

A resposta dada à consulta fiscal vincula a Administração. Assim, caso a autoridade competente responda ao consulente, no exemplo acima imaginado, afirmando a não incidência do ICMS em face da imunidade tributária, agentes fiscais não poderão exigir referido imposto sobre as operações praticadas pelo consulente com livros eletrônicos. Essa vinculação não alcança o consulente, que poderá questionar em juízo a resposta dada à consulta, mas apenas a Administração consultada; diz respeito apenas aos fatos postos na consulta, servindo como proteção ao consulente. Isso significa que a orientação dada em resposta à consulta pode ser alterada, mesmo em relação precisamente aos fatos e ao período consultado, desde que em benefício do consulente.

Imagine-se, por exemplo, que o consulente, insatisfeito com a resposta dada à sua consulta, não a observa, deixando que a Administração lance as quantias que entender devidas. Posteriormente, apresentando impugnação administrativa ao lançamento efetuado, esse contribuinte pode submeter a orientação dada em resposta à sua consulta – que fundamentou o lançamento impugnado – à apreciação do órgão de julgamento, que pode – desde que em benefício do consulente/impugnante – alterá-la, julgando improcedente o lançamento dela decorrente. Pode haver alteração do entendimento manifestado na consulta, também, em prejuízo do consulente, mas nesse caso é indispensável que o contribuinte seja notificado dessa alteração, que somente poderá produzir efeitos em relação aos fatos ocorridos *após* essa notificação (CTN, art. 146).

A propósito, a manifestação da autoridade fazendária, ao responder a uma consulta fiscal, pode ainda ser atacada judicialmente, inclusive através de mandado de segurança, pois consubstancia a manifestação explícita do entendimento adotado pelo Fisco a respeito de determinada questão jurídica. Em face da resposta à consulta, impugnada judicialmente, não será mais discutida a ocorrência de fatos, mas tão somente a interpretação que a Administração deu a esses fatos.[14]

Por decorrer diretamente do inciso XXXIV, alínea *a*, do art. 5º da CF/88, a consulta fiscal, a rigor, não depende de disciplinamento no plano legal. Ainda que não exista lei específica, federal, estadual, distrital ou municipal, disciplinando o processo de consulta fiscal, a mesma poderá ser empregada pelo cidadão que se vir em situação de incerteza perante o poder tributante respectivo. Naturalmente, se houver disciplinamento legal específico, não contrário à Constituição Federal, deverá o mesmo ser seguido.

No plano federal, a consulta é disciplinada pelos arts. 46 a 58 do Decreto nº 70.235/72, o qual, como já explicado, tem *status* de lei ordinária federal. Também são pertinentes à consulta, no plano da Secretaria da Receita Federal do Brasil, os arts. 48 a 50 da Lei 9.430/96. As disposições do citado decreto federal, relativas à consulta fiscal, assim como aquelas pertinentes ao procedimento de lançamento, e ao processo de controle de sua legalidade, influenciaram a elaboração de leis específicas em diversos Estados e Municípios.

---

14 STJ, REsp 37.551.7/PE, *DJ* de 10/4/1995, p. 9258.

10.4. PROCESSO ADMINISTRATIVO E REFORMA TRIBUTÁRIA (EC 132/2023)

Com a reforma tributária levada a efeito pela Emenda Constitucional 132/2023, previu-se a gradual extinção do ICMS, do ISS, do IPI, do PIS e da COFINS, e a substituição destes por um Imposto sobre o Valor Agregado Dual (IVA-Dual), ou seja, dotado de duas partes ou frações, uma de competência da União, e, a outra, compartilhada pelos entes federativos subnacionais (Estados-membros, Distrito Federal e Municípios). O pedaço federal atende pelo nome de "contribuição sobre bens e serviços" (CBS), e o pedaço subnacional, "imposto sobre bens e serviços" (IBS). Serão disciplinados pela mesma lei complementar e terão regime jurídico único e uniforme (CF/88, art. 149-B).

A questão que se coloca, diante sobretudo do IBS, é como será organizado o seu processo administrativo. Estados, Municípios e Distrito Federal continuarão com suas estruturas administrativas, e com o processo administrativo que se instaura no âmbito delas, não só em relação ao ICMS e ao ISS, que terão alguma sobrevida durante o período de transição, como no que tange aos demais tributos de sua competência (ITCMD, IPVA, IPTU, ITBI...). O IBS, contudo, terá seu processo administrativo regulado em lei complementar, o qual será unificado e, embora possa contar com delegações para as estruturas administrativas dos Estados, dos Municípios e do Distrito Federal, será centralizado no âmbito de um "Comitê Gestor".

O que se espera é que o Comitê Gestor centralize e harmonize a atuação das fazendas estaduais, municipais e distrital, as quais passarão a funcionar, no que toca ao IBS, como ramificações suas, como ocorre com a Receita Federal, que tem suas delegacias em diferentes regiões do País.

Capítulo 11

NOÇÕES DE PROCESSO JUDICIAL TRIBUTÁRIO

Acesse e assista à aula explicativa sobre este assunto.

> *https://uqr.to/1pheo*

11.1. ASPECTOS FUNDAMENTAIS

Como visto no capítulo anterior, os conflitos verificados entre o Poder Público cobrador de tributos e aqueles dos quais esses tributos são exigidos podem ser equacionados por meio de uma série encadeada de atos através da qual a Administração Pública exerce o autocontrole, ou o controle interno da legalidade de seus atos. É o processo administrativo, no âmbito do qual há uma fase oficiosa, ou meramente procedimental, preparatória do lançamento (ou de outro ato administrativo, como, *v.g.*, de homologação de uma compensação), e uma fase contenciosa, ou verdadeiramente processual, na qual se faz o controle da legalidade desse ato.

Sabe-se, porém, que é constitucionalmente assegurada a inafastabilidade da tutela jurisdicional (CF/88, art. 5º, XXXV), razão pela qual o cidadão não pode ser compelido a se valer do processo administrativo, cujo emprego é sempre facultativo, nem a se conformar com a decisão nele obtida. Pela mesma razão, a Fazenda não pode compelir, por conta própria, o cidadão a cumprir o que restar apurado administrativamente. Nessas hipóteses, subsistindo o conflito, faz-se necessária a intervenção do Poder Judiciário, que presta a tutela jurisdicional através do processo judicial tributário.

Verifica-se, portanto, que nem sempre o disciplinamento de condutas, através de normas jurídicas, é suficiente para evitar o surgimento de conflitos. Às vezes as pessoas não observam o que lhes determinam as normas jurídicas, seja porque as desconhecem, seja porque não as aceitam, seja porque não têm meios de cumpri-las, seja porque têm dúvidas quanto ao seu significado. Surge, então, a necessidade de um mecanismo destinado a que se possa (tentar) obter o cumprimento da norma violada, vale dizer, uma série encadeada de atos destinada a dirimir o conflito: o *processo*. Como também essa série encadeada de atos tem o seu desenrolar regido pelo Direito, que disciplina a conduta dos que dela participam, diz-se que as normas que disso cuidam compõem o chamado *direito processual*. Diferenciam-se, assim, daquelas relativas ao *direito material*, vale dizer, daquelas que cuidam da própria distribuição dos bens da vida (liberdade, patrimônio etc.).

Do mesmo modo como ocorre em relação aos demais ramos do Direito, também as normas tributárias são insuficientes, pelo simples fato de existirem e estarem em vigor, para dirimir de forma definitiva os conflitos, que no caso se verificam entre o Estado cobrador de tributos (fisco) e os cidadãos dos quais tais tributos são exigidos (contribuintes). Embora sejam *observadas* na maioria das situações, às vezes são descumpridas, tanto por contribuintes como pelas autoridades que corporificam o Estado. Surge, em tais situações, a necessidade de um *processo* ao cabo do qual venham a ser *aplicadas*, inclusive com o uso da força, se necessário.

Essa série de atos, já se disse, é também disciplinada pelo Direito, cujas normas que a tanto se prestam formam uma subdivisão conhecida como *Direito Processual*. Em se tratando da aplicação de normas tributárias, a fim de garantir sua eficácia e dirimir eventuais conflitos entre fisco e contribuintes, utilizam-se as expressões mais específicas *Processo Tributário* e *Direito Processual Tributário*, tema do qual tratam os Capítulos 10 e 11 deste livro, dedicados, respectivamente, ao Processo Administrativo e ao Processo Judicial Tributário.

O uso de tais expressões mais específicas se justifica, mesmo não havendo um disciplinamento autônomo para o processo judicial tributário (como há para o processo do trabalho ou para o processo penal), porque a realidade subjacente ao processo, vale dizer, o direito material a ser por meio dele efetivado, é distinto, diferente daquele reclamado em uma relação entre particulares, por exemplo. Daí por que, mesmo quando se estudam normas normalmente conhecidas como sendo de "Processo Civil" (*v.g.*, disposições do CPC), o fato de estarem elas sendo empregadas em processo no qual se discute o Direito Tributário faz com que possam ser compreendidas de forma diversa, reclamando, nesse caso, denominação e estudo próprios.

Por outro lado, a aplicação da lei tributária, e até mesmo a resolução de possíveis conflitos surgidos na relação entre fisco e contribuintes, não ocorre apenas no âmbito do processo judicial. No exercício do chamado *autocontrole*, decorrente do princípio da legalidade, a Administração Pública pode rever seus próprios atos, e isso pode ocorrer através de um processo administrativo contencioso, em contraditório, no qual se devem assegurar ao contribuinte amplas oportunidades de defesa. É o processo administrativo tributário, também estudado pelos que se ocupam do Direito Processual Tributário, e que reforça a ideia de que se trata de disciplina apartada, diversa do mero estudo do Direito Processual Civil ou do Direito Administrativo (embora o conhecimento destes seja indispensável).

11.2. AÇÕES DE INICIATIVA DO FISCO E AÇÕES DE INICIATIVA DO CONTRIBUINTE

A tutela jurisdicional pode ser objeto de diversas classificações, a depender do critério adotado. O mais difundido separa as espécies de *tutela jurisdicional* conforme a *finalidade* do provimento correspondente. Segundo esse critério, a tutela jurisdicional pode ser: *(a)* de conhecimento; *(b)* executiva; *(c)* cautelar.

Diz-se "de conhecimento" a tutela por meio da qual o Judiciário afirma a existência, ou a inexistência, no caso concreto, do direito invocado pela parte. Afere-se a ocorrência de fatos, discute-se a interpretação das normas a eles aplicáveis e, ao final, declara-se o direito subjetivo decorrente da incidência ali reconhecida. Sua finalidade é a de dizer "quem" é o titular do direito subjetivo (seja apenas *declarando* relação preexistente; seja declarando e *condenando* a parte demandada a prestação dele decorrente; seja *constituindo* situação jurídica nova, ou desconstituindo situação preexistente). Executiva, por sua vez, é a tutela na qual não se perquire sobre a existência do direito, que é presumido em face de certos títulos: busca-se, tão somente, o adimplemento forçado do direito. Finalmente, cautelar é a tutela cuja finalidade é a de assegurar a efetividade de uma das anteriores (conhecimento e executiva), afastando situações que poderiam levar à inutilidade delas.

Registre-se que a Fazenda Pública, dotada da competência de editar atos administrativos e constituir seus próprios títulos executivos, e de desconstituir os seus atos que considerar ilegais, em regra não tem *interesse* nem *legitimidade* para pleitear a prestação da tutela jurisdicional de conhecimento. Através de uma *autotutela vinculada* a Fazenda *acerta* as relações nas quais está envolvida, cabendo-lhe apenas valer-se da *tutela executiva* (execução fiscal) ou da *tutela cautelar* (cautelar fiscal). Ao administrado inconformado é que caberá reclamar ao Poder Judiciário a anulação do ato administrativo, se for o caso.

Os autores que se ocupam do Processo Judicial Tributário costumam dividir as ações conforme a parte – o Fisco ou o contribuinte – que as detém, ou seja, conforme a parte que pode provocar a respectiva tutela jurisdicional. Fala-se, então, de "ações de iniciativa do Fisco", e de "ações de iniciativa do contribuinte", considerando-se a ideia – aqui já explicada – segundo a qual a Fazenda Pública não se vale da tutela de conhecimento, visto que tem o poder de elaborar, unilateralmente se for o caso, seus próprios títulos executivos.

Ao contribuinte, portanto, cabe a utilização das ações de conhecimento de uma maneira geral, sendo certo que, a teor do CPC/2015, as tutelas provisórias e o próprio cumprimento da sentença em face da Fazenda Pública se dão no âmbito do mesmo procedimento sincrético, não deixando, contudo, de ser formas de tutela cautelar e de tutela executiva. À Fazenda, por sua vez, assiste a faculdade de reclamar, em regra, unicamente o exercício da tutela executiva (execução fiscal) e da tutela cautelar (cautelar fiscal).

11.3. AÇÕES DE INICIATIVA DO FISCO

11.3.1. Execução fiscal

O processo de execução fiscal, disciplinado pela Lei 6.830/80, é uma espécie de *processo de execução por quantia certa, fundado em título extrajudicial*, através do qual se busca a prestação da *tutela jurisdicional executiva*. Isso significa que através dele não se busca o *acertamento* da relação conflituosa, mas sim a *satisfação* do direito já acertado e não adimplido, representado pelo título executivo que é a Certidão de Dívida Ativa (CDA). Seu papel, no âmbito tributário, é o de obter o adimplemento do crédito tributário (da União, dos Estados-membros, do Distrito Federal, dos Municípios e de suas respectivas autarquias ou fundações) devidamente constituído, vencido, exigível e não pago.

Vale lembrar, contudo, que a execução fiscal e seu disciplinamento jurídico não têm por finalidade o adimplemento do crédito incondicionalmente. Assim como acontece com o Direito Tributário material, também o procedimento de cobrança sempre ocorreu, onde quer que tenha surgido um governante. Regras pré-estabelecidas que afirmam como, em que termos, e até que ponto, se pode avançar coativamente no patrimônio do cidadão são de aparição mais recente, se examinada a História de forma mais ampla. É por isso, por exemplo, que a presunção estabelecida pelo título executivo é apenas relativa, sendo certo que o crédito executado pode não ser devido, ou não ter a dimensão que lhe foi atribuída pelo exequente. Afinal, a execução é um processo judicial – no qual é exercida a tutela jurisdicional – precisamente porque se faz necessária a atuação de um terceiro, em tese imparcial (Poder Judiciário), na resolução do problema, a fim de que a expropriação de bens do executado não se dê de maneira desproporcional, abusiva, em desrespeito aos princípios constitucionais etc.

A Certidão de Dívida Ativa (CDA) deve conter o nome do devedor, dos corresponsáveis, e, sempre que conhecido, o domicílio ou a residência de um e de outros. Já decidiu o STJ que "A CDA é título formal, cujos elementos devem estar bem delineados para não impedir a defesa do executado", e, por isso, uma CDA que "deixou de discriminar os valores do IPTU cobrado por exercício, bem como os juros e a multa" é inválida porque "prejudica a defesa do executado, que se vê tolhido de questionar as importâncias e a forma de cálculo".[1]

Determina o § 8º do art. 2º da Lei 6.830/80 que, até a decisão de primeira instância, a Certidão de Dívida Ativa poderá ser emendada ou substituída, assegurada ao executado a devolução do prazo para embargos. Essa possibilidade de substituição tem por finalidade, exclusivamente, permitir a correção de erros materiais. Não tem, contudo, a força de permitir a convalidação de nulidade plena do procedimento ou do processo administrativo, como a que decorre da prática do ato de lançamento por autoridade incompetente, ou com o uso de provas ilícitas, ou ainda quando se verificar cerceamento de direito de defesa no âmbito do processo administrativo. Com a substituição, como a rigor tem-se *novo* título executivo, ao executado é renovada a oportunidade de oposição de *embargos do executado*, ou de aditar os embargos eventualmente já ajuizados.

11.3.1.1. Corresponsáveis

Pode a CDA indicar, ainda, corresponsáveis, ou seja, pessoas que, solidária ou subsidiariamente, também respondem pelo crédito tributário executado.

A corresponsabilidade é matéria que não deveria ser apurada na execução fiscal, mas sim em momento anterior, no bojo do procedimento preparatório do lançamento, ou do processo administrativo propriamente dito. A execução não busca o exercício da tutela de conhecimento, mas sim da tutela executiva, sendo descabido admitir que no título conste o nome de um devedor, mas a Fazenda judicialmente "prove" a responsabilidade de outro, para contra ele redirecionar o feito executivo. Deve-se mencionar, contudo, que a jurisprudência admite esse redirecionamento. Superando entendimento ainda mais permissivo, do STF, segundo o qual o redirecionamento poderia ocorrer sempre, o STJ exige que o nome dos corresponsáveis conste da CDA como condição para que sua responsabilidade seja presumida de modo *juris tantum* e a execução possa ser contra eles movida. Assim, se não houver remissão a corresponsáveis na CDA, o redirecionamento da execução pode ser feito, mas depende da "prova", feita pelo fisco nos autos da própria execução, da presença das condições que ensejam a responsabilização de terceiros:

> "A Primeira Seção, no julgamento dos EREsp 702.232/RS, de relatoria do Ministro Castro Meira, assentou entendimento no sentido de que: (a) se a execução fiscal foi promovida apenas contra a pessoa jurídica e, posteriormente, foi redirecionada contra sócio-gerente cujo nome não consta da Certidão de Dívida Ativa, cabe ao Fisco comprovar que o sócio agiu com excesso de poderes ou infração de lei, contrato social ou estatuto, nos termos do art. 135 do CTN; (b) se a execução fiscal foi promovida contra a pessoa jurídica e o sócio-gerente, cabe a este o ônus probatório de demonstrar que não incorreu em nenhuma das hipóteses previstas no mencionado art. 135; (c) se a execução foi ajuizada apenas contra a pessoa jurídica, mas o nome do sócio consta da CDA, o ônus da prova também compete ao sócio, em virtude da presunção relativa de liquidez e certeza da referida certidão. [...] Constando da CDA o nome dos sócios-gerentes, entende-se que a eles incumbe o ônus probatório de demonstrar, em sede de embargos à execução, que não incorreram em nenhuma das hipóteses previstas no art. 135 do CTN, porquanto a referida certidão possui presunção relativa de liquidez e certeza [...]."[2]

---

1 STJ, REsp 815.739/RS, *DJ* de 9/5/2006.

2 STJ, 1ª T., REsp 620.855/RJ, Rel. Min. Denise Arruda, j. em 7.3.2006, *DJ* de 27/3/2006, p. 163.

Cumpre notar que, para inserir o nome de um sócio, ou de qualquer outro corresponsável, em uma CDA, é preciso que se tenha dado a ele a oportunidade de participar do processo administrativo correspondente, no qual a sua responsabilidade foi apurada. Afinal, a CDA é um "espelho" do que se apurou no processo administrativo, pelo que, se nele nada foi apurado ou afirmado em torno de uma possível corresponsabilidade, a CDA não pode agasalhar o nome de terceiros a esse título. Confira-se, a propósito, o que o STF decidiu no RE 608426, *DJe*-204, publicado em 24.10.2011.

O art. 4º da Lei 6.830/80 dispõe que a execução poderá ser promovida não apenas contra o devedor, mas também contra: o fiador; o espólio; a massa; o responsável, nos termos da lei, por dívidas, tributárias ou não, de pessoas físicas ou jurídicas de direito privado; e os sucessores a qualquer título.

Relativamente ao redirecionamento da execução fiscal contra sócios e dirigentes de pessoas jurídicas, para exigir o pagamento de débitos tributários destas, faz-se importante o exame dos arts. 134, VII e 135, III, do CTN, já examinados no capítulo 5, item 5.5, deste livro. Quanto ao art. 134, é preciso observar que a responsabilidade nele referida exige, para se configurar, além da impossibilidade de cumprimento da obrigação pelo contribuinte, que exista relação entre a obrigação tributária e o comportamento do terceiro responsável. É por isso, aliás, que o *caput* do art. 134 alude à responsabilidade dos terceiros nos atos em que intervierem e pelas omissões de que forem responsáveis. Além disso, a responsabilidade diz respeito apenas aos sócios de sociedades de pessoas, em face da liquidação destas. E mais: liquidada a sociedade, a responsabilidade de seus sócios deve ser apurada nos termos da legislação societária específica, que o CTN não derrogou nem excepcionou. Se se trata de responsabilidade limitada, sua regular liquidação não pode dar margem à exigência de tributos por parte dos sócios, se estes, por exemplo, integralizaram o capital social regularmente, nos termos da lei societária de regência desse tipo social.

A rigor, o art. 134, VII, do CTN autoriza a responsabilidade de sócios no caso de *dissolução* da sociedade, quando, em face dessa dissolução, os débitos tributários da empresa não são pagos.

Quanto ao art. 135, III, do mesmo Código, é preciso observar, primeiro, que ele se reporta a pessoas que têm poder de gerência ou direção. Não ao sócio, mas ao sócio-gerente, diretor ou administrador (REsp 260.524/RS – *RDDT* 75/226). Além disso, o ato praticado com infração de lei, a que se reporta o *caput* daquele artigo, não se confunde com o mero não pagamento do tributo, que, conquanto ilícito, em condições normais é praticado pela pessoa jurídica, através de seu órgão, e não pessoalmente pela pessoa natural que a representa. A maneira de diferenciar esses atos – o ato do órgão, e o ato da pessoa natural que corporifica o órgão – é a vantagem: atos praticados pela pessoa natural do diretor, e não pela pessoa jurídica através do órgão que ele corporifica, são aqueles que o beneficiam, em prejuízo do Fisco e da própria empresa. Nesse rol, além da já apontada dissolução irregular da sociedade, pode-se incluir a retirada de recursos sociais em limites superiores aos juridicamente possíveis, que implique o indevido esvaziamento patrimonial da sociedade em benefício dos seus integrantes. Nesse sentido pacificou-se a jurisprudência, que se acha sumulada: "o inadimplemento da obrigação tributária pela sociedade não gera, por si só, a responsabilidade solidária do sócio-gerente" (Súmula 430/STJ).

Na verdade, "a responsabilidade do administrador depende da comprovação da prática de ato ilícito que tenha encoberto a obrigação tributária ou diminuído as garantias do crédito tributário".[3]

---

[3] TRF da 4ª R., 2ª T., AC 2003.72.08.005559-6/SC, j. em 1º.6.2005, *DJ* de 7/7/2004, p. 376.

Assim, em suma, pode-se dizer que os sócios de uma pessoa jurídica somente respondem pelos débitos tributários desta se: (*a*) procederem à sua liquidação irregular; *ou* (*b*) no exercício da gerência, praticarem ato contrário aos interesses do fisco e aos da própria pessoa jurídica, em benefício próprio, deixando a empresa sem condições de solver o débito tributário. Se o sócio exerce a gerência e não pratica qualquer ato irregular nessa condição, não poderá, note-se, ser responsabilizado se, depois de sua saída do quadro societário, os sócios remanescentes praticam ilegalidades e procedem, por exemplo, à dissolução irregular da sociedade (STJ, REsp 1.377.019-SP). Neste caso, serão estes – os que procederam à dissolução irregular – que poderão ser responsabilizados.

Registre-se que, se a dissolução é *regular*, em princípio, não se pode responsabilizar o sócio ou o dirigente, senão nos termos – e com os limites – previstos na legislação empresarial.[4]

Nos termos do § 3º do art. 4º da Lei de Execuções Fiscais, os responsáveis, "poderão nomear bens livres e desembaraçados do devedor, tantos quantos bastem para pagar a dívida". Ainda conforme o citado dispositivo, contudo, os bens dos responsáveis ficarão sujeitos à execução, "se os do devedor forem insuficientes à satisfação da dívida". Com isso, torna-se claro que o corresponsável só há de ter seus bens constritos no âmbito da execução fiscal diante da insuficiência do patrimônio do devedor principal.

11.3.1.2. Exceção de pré-executividade

No processo de execução, a existência e a validade do crédito executado são pressupostas, não podendo, em princípio, ser discutidas. Todo questionamento a respeito de tais pontos deve ser feito, em princípio, em sede de embargos à execução. Isso não quer dizer que na execução não haja discussão, questionamentos, e contraditório. Há. Mas eles não giram em torno da existência ou da validade da dívida, e sim sobre quais bens podem ser penhorados, o valor que se deve atribuir a eles etc. Caso se admitisse a plena discussão a respeito da própria quantia executada, nos autos da execução, seria esvaziada a própria divisão entre as espécies de processo e de tutela jurisdicional.

Entretanto, existem situações nas quais não há sequer condições de ser admitida a ação de execução fiscal. Situações nas quais o Juiz, se tivesse examinado detidamente a inicial antes de recebê-la, a teria indeferido. É o caso, por exemplo, de uma execução desacompanhada de título executivo, ou acompanhada de título executivo visivelmente ilíquido, ou em cujo título executivo não consta o nome daquele que se pretende devedor, nem conste qualquer demonstração de sua "corresponsabilidade". Ou, ainda, de execução de quantia claramente alcançada pela decadência, ou pela prescrição (notadamente a intercorrente). Nessas hipóteses, e em outras semelhantes que poderiam ser aqui enumeradas, admite-se, desde que não haja questionamento quanto aos *fatos*, a manifestação do executado, antes da penhora, que pode, eventualmente, ensejar a extinção da execução, pois a rigor são questões que poderiam ser conhecidas de ofício pelo magistrado, ou que, conquanto não fossem verificáveis de ofício, poderiam ser demonstradas de plano pelo executado, independentemente de dilação probatória. Embora haja divergência na literatura especializada a respeito dessa denominação, popularizou-se chamar a petição na qual esses vícios são apontados de "exceção de pré-executividade".

No processo civil comum, no que tange às execuções por quantia certa contra devedor solvente em geral, a figura da exceção de pré-executividade perdeu grande parte de sua relevância prática, visto que os embargos podem ser interpostos mesmos sem a garantia do juízo. No que tange à execução fiscal, porém, sua relevância subsiste, pois o art. 16, § 1º, da Lei 6.830/80 segue condicionando a interposição dos embargos a essa garantia.

---

4 STJ, REsp 755.153/RS, Rel. Min. Luiz Fux, *DJ* de 1º/12/2005, p. 308/309, *RDDT* 126/193.

11.3.1.3. Garantia da execução

A execução fiscal pode ser garantida por penhora, fiança, seguro garantia ou depósito.

Em caso de penhora de bens, merece referência o fato de que o STJ não tem admitido a constrição de bens considerados impenhoráveis (*v.g.*, imóvel que serve de residência ao devedor),[5] *mesmo quando a indicação desses bens é feita pelo próprio executado.* No julgamento do REsp 813.546/DF, a Primeira Turma do STJ considerou, por maioria, que a "indicação do bem de família à penhora não implica renúncia ao benefício conferido pela Lei nº 8.009/1990 quanto a sua impenhorabilidade, máxime se tratar de norma cogente contendora de princípio de ordem pública, consoante a jurisprudência do STJ. Assim, essa indicação não produz efeito capaz de ilidir aquele benefício".

Garantido o juízo, seja pela penhora, pelo depósito ou pela fiança bancária, inicia-se o prazo de 30 dias para que o executado maneje, se for o caso, a ação de embargos do executado. Importa insistir que, no caso de garantia da execução por meio da penhora de bens, esse prazo tem início da intimação da penhora, e não da juntada aos autos do mandado de intimação correspondente. Não interpostos os embargos, a execução segue seu curso, sendo importante destacar que não se forma, no caso, coisa julgada. Nela não há julgamento "de mérito".[6] Assim, nada impede que o executado, não embargando tempestivamente a execução, pague o que lhe é exigido e depois promova a restituição do indébito, ou mesmo proponha ação anulatória *antes* que esse pagamento aconteça na via executiva.[7]

Aspecto prático de grande importância, no que diz respeito à garantia da execução como condição para a interposição de embargos, diz respeito ao termo inicial do prazo para embargar, na hipótese em que *a garantia é feita de modo insuficiente, e depois é reforçada.* A jurisprudência entende, de modo pacífico, que o prazo, nesses casos, inicia-se da intimação da penhora, ou do depósito, ou da juntada aos autos da prova da fiança bancária, *e não do eventual reforço posteriormente verificado:*

> "Intimada a executada da penhora, a partir daí começa a correr o prazo para apresentação dos embargos do devedor. Essa penhora deve ser suficiente para a satisfação do débito, não importa. Pode ser excessiva, não importa. Pode ser ilegítima, como no caso de constrição sobre bens impenhoráveis, também não importa. Na primeira hipótese a penhora poderá ser aplicada. Na segunda, poderá ser reduzida. Na terceira, poderá ser substituída. Em qualquer dos três casos, haverá intimação do executado, mas o prazo para a apresentação dos embargos inicia-se da intimação da primeira penhora, mesmo que seja insuficiente, excessiva ou ilegítima, e não da sua ampliação, redução ou substituição (Acórdão recorrido, fl. 87). (...)."[8]

Assim, caso seja efetuada a penhora de bem cujo valor é insuficiente para garantir toda a dívida executada, deve o executado, caso pretenda insurgir-se contra a execução, interpor desde logo os respectivos embargos, sob pena de perder o prazo de que dispõe para tanto. Essa

---

5 Observe-se, ainda em relação ao tema, que, a teor da Súmula 364 do STJ, "o conceito de impenhorabilidade de bem de família abrange também o imóvel pertencente a pessoas solteiras, separadas e viúvas".

6 STJ, AgRg no AI 8.089/SP, *DJ*-I 20/5/1991, p. 6537.

7 STJ, REsp 336.995/PR, *DJ* de 4/2/2002, p. 309; REsp 135.355/SP, *DJ* de 19/6/2000.

8 STJ, REsp 244.923/RS, *DJ* de 11/3/2002.

circunstância, aliás, torna interessante a discussão a respeito da relação entre a *suficiência* da penhora e o direito de opor embargos do executado, assunto tratado a seguir.

O art. 16, § 1º, da Lei 6.830/80 é taxativo ao afirmar que "não são admissíveis embargos do executado antes de garantida a execução", razão pela qual se poderia considerar que a penhora de bens em valor inferior à quantia executada não autoriza a oposição de embargos do executado. Mesmo se se admitir essa conclusão, caberia ainda perguntar qual o destino desses bens, e da execução fiscal, enquanto não sejam penhorados *outros* que a garantam suficientemente.

A esse respeito, o art. 40 da Lei 6.830/80 dispõe que "o juiz suspenderá o curso da execução, enquanto não for localizado o devedor *ou encontrados bens sobre os quais possa recair a penhora*" (grifamos). Considerando-se insuficiente a penhora, portanto, a solução seria suspender o recebimento dos embargos, e também o curso da execução, até que fosse feito o reforço (*RSTJ*, 110/72). Nada obstante, os mesmos juízes que inadmitem os embargos por conta da insuficiência da penhora recusam-se a suspender a execução até que sejam encontrados outros bens. Afirmam ser aplicável o art. 40 da LEF apenas aos casos de *completa ausência* de bens penhoráveis, e de modo unilateral e irrefreável levam à hasta pública aqueles bens sobre os quais já recaiu a constrição.

Coloca-se, então, a questão de saber se o patrimônio do executado pode ser alienado sem que lhe seja facultada a oposição de embargos. Questão esta que há de ser respondida negativamente, sob pena de aceitação da absurda realidade de confisco de bens do contribuinte pelo Estado, sem oportunidade de oposição ou defesa, em desprezo a direitos fundamentais constitucionalmente garantidos, "ficando o Juiz, em tal hipótese perversa, na condição de algoz do executado indefeso".[9]

Conforme a expressão literal do art. 40 da Lei 6.830/80, a completa ausência de bens que garantam a execução implica a sua suspensão. Em casos assim, a questão que se coloca é a de saber se o executado pode opor embargos, em razão da impossibilidade material de adimplir a exigência legal feita pelo art. 16, § 1º, da Lei de Execuções Fiscais (LEF). Essa questão é respondida afirmativamente por respeitáveis processualistas, mas, de qualquer modo, mesmo para quem assim não entende, não há como negar que a alternativa à admissão dos embargos seria a suspensão da execução nos moldes do art. 40 da LEF. Assim, estaria de todo modo aberta para o executado a via da ação anulatória, que, em razão da suspensão da execução pela ausência de bens, teria praticamente os mesmos efeitos da ação de embargos.

A questão não se afigura tão simples quando há bens que são penhorados, mas cujo valor é inferior ao da execução. Vale lembrar, aqui, que a jurisprudência considera *termo inicial* do prazo para a oposição de embargos a data em que garantida a execução, *ainda que deficientemente*. Um reforço de penhora ou uma complementação de depósito não têm o condão de reabrir o prazo para embargos. Duas conclusões, então, podem ser extraídas: a primeira, de que a suficiência da penhora não é condição para a interposição dos embargos; a segunda, decorrência lógica da primeira, de que o reforço há de ser buscado paralelamente ao normal processamento dos embargos.

Esse, aliás, foi o entendimento que prevaleceu no âmbito do STJ.[10] Assim, em suma:

a) se o executado não possui quaisquer bens penhoráveis, a solução imposta pelo art. 40 da Lei 6.830/80 é a de suspender a execução. Para o executado, trata-se de solução

9 TRF da 5ª R., AGTR 38.406/CE, *RDDT* nº 76, p. 199 e 200.

10 STJ, REsp 80.723/PR, *DJU* 1º/8/2000, p. 218; STJ, 1ª S., EREsp 80.723/PR, *DJ* de 17/6/2002, p. 183, *RDDT* 87/160– *RT* 805/196.

razoável, porquanto é viável o manejo de uma ação anulatória, que teria os mesmos efeitos de uma ação de embargos, tendo em vista a suspensão da execução. Para a Fazenda exequente, contudo, é vantajosa a admissão dos embargos, pois implica maior tempo para diligenciar na busca de bens que garantam a execução, e dificulta, por outro lado, a ocorrência de prescrição intercorrente;

b) se o executado possui bens penhoráveis, mas em valor inferior ao da execução, é inconstitucional e contrária à Lei 6.830/80 a conduta do juiz que rejeita os embargos tempestivamente opostos, e leva à hasta pública os bens já penhorados. A partir da realização da penhora, não se pode afastar o direito do executado de opor embargos, e de tê-los processados, salvo, quanto a esse processamento, se optar o juiz pela suspensão da execução, nos termos do art. 40 da Lei de Execuções Fiscais.

Insista-se, ainda, que embora o CPC admita de forma expressa, a oposição de embargos independentemente de penhora, a discussão do tema e as decisões citadas continuam no todo pertinentes em relação à execução fiscal, diante do que preconiza o art. 16, § 1º, da Lei 6.830/80, que, como visto, exige a garantia do juízo como condição para o processamento dos embargos.

11.3.1.4. Oposição de embargos e suspensão da execução

Quanto aos embargos, que serão tratados em item próprio, a seguir, é importante notar que eles constituem processo autônomo, no qual é prestada a tutela jurisdicional de conhecimento. Formam autos apartados, que são apensos aos do processo executivo. Como, à luz do CPC, não há efeito suspensivo automático em face da interposição dos embargos, estabeleceu-se controvérsia em torno de sua aplicabilidade às execuções fiscais. Há quem defenda a aplicabilidade dessa sistemática às execuções fiscais, em face de suposta ausência de disposição em contrário na Lei 6.830/80. Assim, mesmo em face de penhora suficiente, e da interposição dos embargos, a execução poderia ter continuidade, a menos que o juiz decidisse em sentido contrário. Consideramos, contudo, que a razão está com os que sustentam o contrário, vale dizer, que defendem a existência de efeito suspensivo *ex lege* em face da oposição dos embargos. Primeiro, porque a forma peculiar como o título executivo é constituído, nas execuções fiscais, torna imperiosa a existência de um controle judicial de sua validade *prévio* à sua satisfação forçada, algo que não ocorre com os demais títulos executivos (que aparelham execuções regidas pelo CPC), que são constituídos de forma bilateral, pela vontade do devedor. Além disso, os arts. 19, 24 e 32, § 2º, da LEF são bastante claros ao determinar que, seja qual for a modalidade de garantia (penhora, fiança ou depósito), a satisfação definitiva da dívida somente pode ocorrer *se não embargada a execução ou se rejeitados os embargos*, afirmando de forma clara e expressa o efeito suspensivo destes.

O STJ, porém, acolheu entendimento diverso[11], considerando que o efeito suspensivo dos embargos, mesmo nas execuções fiscais, depende de deliberação do juízo acerca da presença dos requisitos referidos no CPC, análogos aos exigidos ao deferimento de uma tutela provisória e genericamente designados como "fumaça do bom direito" e "perigo da demora".

Apesar disso, é importante destacar que mesmo aplicando às execuções fiscais o CPC, no que tange à ausência de efeito suspensivo automático dos embargos à execução, nos casos em que os embargos não forem recebidos no efeito suspensivo, a execução somente poderá prosseguir até a alienação dos bens eventualmente penhorados, no caso de penhora de bens, para a obtenção do numerário suficiente à satisfação do crédito. Não será possível entregar esse

---

[11] STJ, 2ª T., REsp 1195977/RS, *DJe* de 20/9/2010.

valor, desde logo, à Fazenda. Entrega que também não pode acontecer no caso de depósito. Isso porque, além de tal satisfação integral criar uma situação de difícil reversibilidade para o devedor (considerando-se que se trata da Fazenda Pública, e que a restituição seria feita por meio de o), violar-se-ia a expressa dicção do art. 32, § 2º, da LEF.[12] Se a garantia for dada por meio de fiança bancária ou seguro garantia, sua liquidação só poderá ocorrer depois de definitivamente rejeitados os embargos, por sentença transitada em julgado (Lei 6.830/80, art. 9º, § 7º, com a redação dada pela Lei 14.689/2023).

11.3.1.5. Honorários de sucumbência nas execuções não embargadas

Consta do art. 26 da Lei 6.830/80 que, "se, antes da decisão de primeira instância, a inscrição de dívida ativa for, a qualquer título, cancelada, a execução fiscal será extinta, sem qualquer ônus para as partes". Corretamente, a jurisprudência afastou a aplicação de tal dispositivo, quando a execução fiscal já houver sido objeto de ação de embargos. O cancelamento da CDA, nessa hipótese, implica reconhecimento do direito do embargante, ensejando a procedência da ação de embargos e a condenação da Fazenda exequente nos ônus da sucumbência (Súmula 153/STJ). E nem poderia mesmo ser diferente, pois a parte executada já experimentou, nesse caso, o ônus de constituir advogado para defender-se, não sendo possível extinguir-se a execução "sem ônus" para ela. O ônus já houve, e há de ser ressarcido por quem indevidamente deu causa à descabida execução.

Posteriormente, surgiu a questão de saber se também seriam devidos honorários pela Fazenda Pública, em face da extinção do processo executivo motivada pela atuação do executado sem que fossem interpostos embargos (*v.g.*, em face de "exceção de pré-executividade"). Diante do ônus que a execução, em tais casos, já representou para o executado, o STJ conferiu a tais situações o mesmo tratamento já cristalizado em sua Súmula 153, asseverando ser "dever da Fazenda arcar com a responsabilidade de honorários advocatícios da executada quando indevidamente promove execução fiscal, embora desista antes da apresentação dos embargos de devedor. Suficiente, para tanto, que o advogado tenha sido contratado e apresente manifestação no curso da execução".[13]

A questão é tratada de forma bastante elucidativa em acórdão que foi assim ementado:

> "Recurso especial. Processual civil. Execução fiscal. Desistência. Não interposição de embargos à execução. Exceção de pré-executividade. Honorários. Cabimento.
>
> 1. A verba honorária é devida pela Fazenda exequente tendo em vista o caráter contencioso da exceção de pré-executividade e da circunstância em que ensejando o incidente processual, o princípio da sucumbência implica suportar o ônus correspondente.

---

[12] Mesmo admitindo a aplicabilidade do CPC às execuções fiscais neste ponto, Fredie Didier, Leonardo José Carneiro da Cunha, Paula Sarno Braga e Rafael Oliveira observam que "há, contudo, uma hipótese em que o efeito suspensivo será automático: quando se chega à fase satisfativa da execução. Nesse momento, os embargos à execução fiscal têm efeito suspensivo automático, pois a adjudicação depende do trânsito em julgado da sentença dos embargos. De igual modo, o levantamento da quantia depositada em dinheiro depende do trânsito em julgado da sentença dos embargos. Na verdade, há uma peculiaridade na relação entre o particular e a Fazenda Pública que impõe tal regime: convertido o dinheiro em renda para a Fazenda Pública, o particular somente poderia reavê-lo por demanda própria, submetida à sistemática do precatório. Tal situação revela-se bastante prejudicial ao particular. Então, até para protegê-lo, institui-se esse regime de a conversão em renda somente ser feita após o trânsito em julgado" (DIDIER JR., Fredie; CUNHA, Leonardo José Carneiro da; BRAGA, Paula Sarno; OLIVEIRA, Rafael. **Curso de direito processual civil**. 3. ed. Salvador: JusPodivm, 2011. v. 5, p. 770-771).

[13] STJ, AgRg no AI 177.375/SP, *DJ* de 17/8/1998.

2. A *ratio legis* do art. 26 da Lei 6.830 pressupõe que a própria Fazenda, *sponte sua*, tenha dado ensejo à extinção da execução, o que não se verifica quando ocorrida exceção de pré-executividade, situação em tudo por tudo assemelhada ao acolhimento dos embargos.

3. Raciocínio isonômico que se amolda à novel disposição de que são devidos honorários na execução e nos embargos à execução (§ 4º do art. 20 – 2ª parte).

4. A novel legislação processual, reconhecendo as naturezas distintas da execução e dos embargos, estes como processo de cognição introduzido no organismo do processo executivo, estabelece que são devidos honorários em execução embargada ou não.

5. Deveras, reflete nítido, do conteúdo do artigo 26 da LEF, que a norma se dirige à hipótese de extinção administrativa do crédito com reflexos no processo, o que não se equipara ao caso em que a Fazenda, reconhecendo a ilegalidade da dívida, desiste da execução.

6. Forçoso reconhecer o cabimento da condenação da Fazenda Pública em honorários advocatícios na hipótese de desistência da execução fiscal após a citação e o oferecimento da exceção de pré-executividade, a qual, mercê de criar contenciosidade incidental na execução, pode perfeitamente figurar como causa imediata e geradora do ato de disponibilidade processual, sendo irrelevante a falta de oferecimento de embargos à execução, porquanto houve a contratação de advogado, que, inclusive, peticionou nos autos.

7. Recurso especial desprovido."[14]

Por isso, em síntese, são devidos honorários advocatícios de sucumbência, mesmo em face de desistência da Fazenda Pública, sempre que o executado houver oposto embargos, ou de qualquer modo provocado a desistência da União, ainda que mediante manifestação no bojo do próprio processo executivo ("exceção de pré-executividade"). Para tentar alterar essa realidade, foi editada a Medida Provisória nº 2.180-35, que inseriu na Lei 9.494/97 um art. 1º-D, dispondo que "não serão devidos honorários pela Fazenda Pública nas execuções não embargadas". A norma, contudo, é visivelmente inconstitucional. Primeiro, porque malfere o princípio da isonomia, criando discriminação injustificada em favor do Poder Público. Segundo, porque causa maus-tratos ao art. 133 da CF/88, que assevera ser o advogado indispensável à administração da Justiça. Com base nesses fundamentos, o STF já se pronunciou sobre o art. 1º-D da Lei 9.494/97, declarando sua inconstitucionalidade sem redução de texto, vale dizer, afirmando sua constitucionalidade, "*desde que entendido como a excluir a condenação de honorários apenas nos casos em que, executada, a Fazenda não apresenta embargos e paga o débito executado*". Nos casos em que a Fazenda é a exequente, e a execução é extinta sem embargos por conta da propositura de exceção de pré-executividade, por exemplo, o dispositivo legal não pode ser aplicado.[15]

11.3.1.6. Suspensão da execução e prescrição intercorrente

Determina o art. 40 da LEF que, quando não for localizado o devedor, ou quando não forem encontrados bens sobre os quais possa recair a penhora, o juiz suspenderá o curso da execução. Caso o processo permaneça suspenso por um ano, sem que seja localizado o devedor ou encontrados bens penhoráveis, o juiz deverá ordenar o arquivamento dos autos.

A principal questão que se coloca, em relação à suspensão da execução e ao arquivamento dos autos, diz respeito à prescrição. Primeiro, porque o referido art. 40 da LEF assevera

---

14 STJ, REsp 508.301/MG – Rel. Min. Luiz Fux – *DJ* de 29/9/2003, p. 166.

15 STF, RE-AgR 453.056/RS, *DJ* de 3/2/2006.

expressamente que, durante essa suspensão, "não correrá o prazo de prescrição" (Lei 6.830/80, art. 40, *caput*), e que, "encontrados que sejam, a qualquer tempo, o devedor ou os bens, serão desarquivados os autos para prosseguimento da execução" (Lei 6.830/80, art. 40, § 3º).

Fundado na impossibilidade de existirem dívidas imprescritíveis, e na impossibilidade de a Lei 6.830/80, que é lei ordinária, estabelecer restrições ao disposto no CTN a respeito do assunto, o STJ entende que não há invalidade nas disposições do art. 40 da Lei 6.830/80 a respeito da prescrição, *desde que sejam interpretadas em consonância com o art. 174 do CTN*.[16] Essa interpretação harmônica conduz à conclusão de que a prescrição mantém-se suspensa por um ano, enquanto suspensa mantiver-se a execução, mas inicia-se novamente tão logo escoado este um ano e arquivada a execução fiscal.

O transcurso do prazo prescricional, como se vê, é pacífico no âmbito da jurisprudência do STJ. Tanto é assim que a Primeira Seção confirmou, em 12/12/2005, o enunciado da Súmula 314 do STJ, do seguinte teor: *"em execução fiscal, não localizados bens penhoráveis, suspende-se o processo por um ano, findo o qual se inicia o prazo da prescrição quinquenal intercorrente"*.

Questão correlata, mas distinta, é a de saber se o juiz pode, ou não, decretar de ofício a consumação da prescrição intercorrente, a qual vinha sendo respondida negativamente por aquela Corte Superior.[17] Talvez para contornar esse entendimento, foi editada a Lei 11.051, de 29 de dezembro de 2004, inserindo um § 4º no art. 40 da Lei 6.830/80 (Lei de Execuções Fiscais), dispondo: "Se da decisão que ordenar o arquivamento tiver decorrido o prazo prescricional, o juiz, depois de ouvida a Fazenda Pública, poderá, de ofício, reconhecer a prescrição intercorrente e decretá-la de imediato."

Poder-se-ia pensar que tal disposição é inconstitucional, pois teria cuidado de matéria privativa de lei complementar (CF/88, art. 146, III, *b*). Tal argumento, porém, não se sustenta. É importante perceber que a Lei 11.051/2004 não cuidou de prazos prescricionais. Não alterou a forma de contá-los, seus termos inicial e final, nem o número de anos ao cabo dos quais estão consumados. Não. Limitou-se a dispor sobre norma de direito processual civil, relativa aos poderes do juiz de declarar uma situação preexistente. A prescrição consumou-se por conta da incidência do art. 174 do CTN, tendo a alteração legislativa apenas dado ao juiz o poder de reconhecer isso *ex officio*. Não se pode cogitar, portanto, de agressão ao art. 146, III, *b*, da CF/88.

Finalmente, observe-se que a prescrição só reinicia o seu curso, de modo intercorrente, quando o arquivamento da execução acontece por não haver sido encontrado o executado, ou bens penhoráveis, nos termos do art. 40 da LEF. É óbvio que, se a suspensão é causada por outra circunstância, como, por exemplo, a determinação de juiz perante o qual é processada uma ação anulatória, ou mesmo pela interposição dos embargos, essa prescrição não tem lugar. Isso porque a prescrição intercorrente pressupõe a *inércia* do exequente, o que não ocorre quando a suspensão se deve à determinação judicial, ou a qualquer outra circunstância que implique a suspensão da própria pretensão executiva. Nesse sentido, o STJ tem decidido, com acerto, que, "em sede de execução fiscal, o mero transcurso do tempo, por mais de cinco anos, não é causa suficiente para deflagrar a prescrição intercorrente, se para a paralisação do processo de execução não concorre o credor com culpa. Assim, se a estagnação do feito decorre da suspensão da execução determinada pelo próprio juiz em face do ajuizamento de anulatórias de débito fiscal a serem julgadas, em conjunto, com os embargos do devedor opostos, em razão

---

16 STJ, REsp 194.296/SC, *DJ* de 1º/8/2000, p. 235.

17 STJ, REsp 432.586/RO, *DJ* de 2/6/2003, p. 274; AGA 503.946/PE, *DJ* de 22/9/2003, p. 270; REsp 263.632/RO, *DJ* de 7/4/2003, p. 256.

da conexão havida entre elas, não é possível reconhecer a prescrição intercorrente, ainda que transcorrido o quinquídio legal".[18]

11.3.2. Cautelar fiscal

Como já se afirmou anteriormente, a Fazenda Pública, em regra, não se vale de processos de conhecimento. Não tem interesse nem legitimidade para tanto, pois dotada da aptidão de constituir unilateralmente seus próprios títulos executivos. O Estado-Fisco necessita, isso sim, do processo *executivo*, para obter o adimplemento do crédito por ele próprio lançado, e, eventualmente, pode necessitar de um processo *cautelar*, para assegurar a efetividade do processo de execução. Do processo executivo manejado pela Fazenda Pública cuidou o item anterior. Tratar-se-á, aqui, da *cautelar fiscal*, processo de natureza cautelar, utilizado pela Fazenda para ver assegurado o adimplemento de crédito tributário lançado, ou a efetividade da execução desse mesmo crédito, tornando indisponíveis os bens do sujeito passivo, de sorte a que este não se possa utilizar de meios sub-reptícios para não adimplir o crédito da Fazenda Pública (pondo seus bens em nome de terceiros, contraindo dívidas fictícias etc.).

A disciplina normativa da cautelar fiscal é feita pela Lei 8.397, de 6 de janeiro de 1992, que assevera ser possível a sua propositura antes ou no curso da execução fiscal, sendo desta sempre dependente (art. 1º). Poderá ser requerida sempre que o devedor da Fazenda Pública, de crédito regularmente constituído, tributário ou não, adotar conduta indicativa do propósito de frustrar seu adimplemento.

A tutela cautelar é definida por sua finalidade, que é a de assegurar a eficácia, ou a utilidade, da tutela de conhecimento, ou da tutela executiva. Seus pressupostos básicos, portanto, residem na existência de uma situação de perigo à efetividade de uma prestação jurisdicional, e na possibilidade de essa prestação vir a ocorrer em favor de quem a requer. É o que os processualistas costumam chamar de perigo da demora, e de aparência do direito, respectivamente.

No que tange à cautelar fiscal, seus pressupostos não diferem muito dos resumidamente explicados. A Fazenda Pública há de possuir em seu favor um crédito regularmente constituído em processo administrativo (aparência do direito), e esse crédito deve estar com seu adimplemento ameaçado por atos do sujeito passivo que revelem seu propósito de furtar-se fraudulentamente do respectivo pagamento (perigo da demora).

Aliás, conquanto se tenha afirmado que a "fumaça do bom direito", capaz de justificar a concessão de uma cautelar fiscal, seja a constituição definitiva de crédito tributário, admite-se que essa era a regra antes de 1997. Nesse ano, com a edição da Lei 9.532/97, a lei passou a autorizar de forma explícita seu ajuizamento (e, por conseguinte, sua concessão) mesmo antes de concluído o processo administrativo. O STJ, a propósito, entende que "A medida cautelar fiscal, ensejadora de indisponibilidade do patrimônio do contribuinte, pode ser intentada mesmo antes da constituição do crédito tributário, nos termos do artigo 2º, inciso V, 'b', e inciso VII, da Lei nº 8.397/92 (com a redação dada pela Lei nº 9.532/97) [...]".[19]

Presentes os requisitos necessários, o juiz poderá conceder *liminarmente* a medida cautelar fiscal, em despacho que pode ser impugnado através de agravo de instrumento.

Quanto ao perigo da demora, não basta que a Fazenda o alegue, genericamente, sem demonstrar concreta e objetivamente a sua presença. É preciso justificar o seu receio de que,

---

18 STJ, REsp 242.838/PR, *DJ* de 11/9/2000, p. 245, *RSTJ* 138/218). No mesmo sentido, mas especificamente em relação à suposta prescrição por conta da demora no julgamento dos embargos de devedor: REsp 198.205/RS, *DJU* I de 21/6/1999, p. 86.

19 REsp 689.472/SE, Rel. Min. Luiz Fux, j. em 5/10/2006, *DJ* de 13/11/2006, p. 227.

não deferida a medida cautelar fiscal, o direito a ser satisfeito no processo executivo poderá restar esvaziado.

O efeito do provimento jurisdicional que defere uma medida cautelar fiscal, em suma, é o de tornar *indisponíveis* os bens do sujeito contra o qual se requereu a medida. Trata-se, enfim, de uma forma de garantir o adimplemento do crédito a ser posteriormente objeto de execução fiscal.

Deve-se observar, porém, que essa indisponibilidade só pode alcançar os bens necessários à satisfação do alegado crédito. A cautelar fiscal não pode implicar a indisponibilidade de bens em montante *superior* ao dos créditos que justificaram sua concessão, seja por que motivo for. Não é possível tornar indisponíveis todos os bens do devedor, não obstante o crédito contra ele constituído seja de valor bem inferior à totalidade de tais bens, sob a justificativa de que "outros" créditos poderiam vir a ser constituídos. Haveria, nesse caso, além de clara ilegalidade, uma flagrante afronta ao princípio da proporcionalidade.

A indisponibilidade dos bens do requerido, no caso de pessoa jurídica, recairá somente sobre os bens do ativo permanente (*v.g.*, imóvel onde funciona a sociedade), o que significa que não poderão ser tornados indisponíveis bens do chamado "ativo circulante", tais como mercadorias em estoque, por exemplo. A ressalva tem por finalidade impedir que a pessoa jurídica tenha suas atividades "paralisadas" por conta da medida, o que poderia implicar desnecessária e abusiva ofensa à liberdade de iniciativa e à liberdade empresarial, asseguradas constitucionalmente. Tendo em vista a finalidade da proibição, admite-se a indisponibilidade de tais bens caso a pessoa jurídica já não mais esteja em funcionamento.[20]

Quanto à hipótese de o requerido, na ação cautelar fiscal, ser uma pessoa jurídica, a Lei 8.397/92 assevera ainda que a indisponibilidade poderá "ser estendida aos bens do acionista controlador e aos dos que em razão do contrato social ou estatuto tenham poderes para fazer a empresa cumprir suas obrigações fiscais, ao tempo: (a) do fato gerador, nos casos de lançamento de ofício; (b) do inadimplemento da obrigação fiscal, nos demais casos". Note-se, aí, a expressão *poderá*, que serve para viabilizar uma interpretação *conforme a Constituição*, e, também, *conforme o CTN*, pois não será em qualquer caso que os bens dos que decidem em nome da pessoa jurídica poderão ser alcançados pelas dívidas fiscais desta. Na verdade, para obter a extensão dos efeitos da medida cautelar fiscal sobre os bens dos que integram os *órgãos* da pessoa jurídica requerida, a Fazenda Pública terá de demonstrar a ocorrência da situação de fato que autoriza a extensão da responsabilidade tributária correspondente, nos termos do art. 135, III, do CTN, do mesmo modo como tem de fazer para obter o "redirecionamento" da execução fiscal correspondente.[21]

Observe-se que a Lei 13.606/2018 inseriu alguns dispositivos na Lei 10.522/2002, em face dos quais a cautelar fiscal tornou-se praticamente desnecessária, visto que os principais objetivos para os quais a Fazenda a poderia utilizar passaram a ser alcançáveis unilateralmente pelo Fisco, na esfera administrativa. É conferir:

> "Art. 20-B. Inscrito o crédito em dívida ativa da União, o devedor será notificado para, em até cinco dias, efetuar o pagamento do valor atualizado monetariamente, acrescido de juros, multa e demais encargos nela indicados.
>
> § 1º A notificação será expedida por via eletrônica ou postal para o endereço do devedor e será considerada entregue depois de decorridos quinze dias da respectiva expedição.

---

20 STJ, REsp 637.146/SE, *DJe* de 30/6/2008.

21 STJ, REsp 197.278/AL, *DJ* de 24/6/2002, p. 233.

§ 2º Presume-se válida a notificação expedida para o endereço informado pelo contribuinte ou responsável à Fazenda Pública.

§ 3º Não pago o débito no prazo fixado no *caput* deste artigo, a Fazenda Pública poderá:

I – comunicar a inscrição em dívida ativa aos órgãos que operam bancos de dados e cadastros relativos a consumidores e aos serviços de proteção ao crédito e congêneres; e

II – averbar, inclusive por meio eletrônico, a certidão de dívida ativa nos órgãos de registro de bens e direitos sujeitos a arresto ou penhora, tornando-os indisponíveis."

"Art. 20-C. A Procuradoria-Geral da Fazenda Nacional poderá condicionar o ajuizamento de execuções fiscais à verificação de indícios de bens, direitos ou atividade econômica dos devedores ou corresponsáveis, desde que úteis à satisfação integral ou parcial dos débitos a serem executados.

Parágrafo único. Compete ao Procurador-Geral da Fazenda Nacional definir os limites, critérios e parâmetros para o ajuizamento da ação de que trata o *caput* deste artigo, observados os critérios de racionalidade, economicidade e eficiência."

"Art. 20-D. Sem prejuízo da utilização das medidas judicias para recuperação e acautelamento dos créditos inscritos, se houver indícios da prática de ato ilícito previsto na legislação tributária, civil e empresarial como causa de responsabilidade de terceiros por parte do contribuinte, sócios, administradores, pessoas relacionadas e demais responsáveis, a Procuradoria-Geral da Fazenda Nacional poderá, a critério exclusivo da autoridade fazendária:

I – notificar as pessoas de que trata o *caput* deste artigo ou terceiros para prestar depoimentos ou esclarecimentos;

II – requisitar informações, exames periciais e documentos de autoridades federais, estaduais e municipais, bem como dos órgãos e entidades da Administração Pública direta, indireta ou fundacional, de qualquer dos Poderes da União, dos Estados, do Distrito Federal e dos Municípios;

III – instaurar procedimento administrativo para apuração de responsabilidade por débito inscrito em dívida ativa da União, ajuizado ou não, observadas, no que couber, as disposições da Lei no 9.784, de 29 de janeiro de 1999."

"Art. 20-E. A Procuradoria-Geral da Fazenda Nacional editará atos complementares para o fiel cumprimento do disposto nos arts. 20-B, 20-C e 20-D desta Lei."

Tais alterações nos parecem inconstitucionais. Em vez de comprovar a ocorrência de atos fraudulentos pelo contribuinte que deseja se evadir do pagamento de tributos, o Fisco simplesmente o notifica para pagar o débito em cinco dias, sob pena de automático bloqueio de todos os seus bens, bloqueio este que a lei sequer limita ao montante do débito inscrito. O mesmo se pode dizer da eventual apuração de responsabilidade de terceiros, que se não ocorreu no âmbito do lançamento somente poderia se dar em juízo. Isso, inclusive, foi reconhecido pelo STF na ADI 5.886, oportunidade na qual a Corte destacou que tal "indisponibilidade de bens" não se pode operar sem a interveniência do Poder Judiciário.

Na verdade, o direito à tutela jurisdicional assiste não apenas ao autor, mas, nas relações de direito público sobretudo, ao réu. Em períodos remotos, o soberano satisfazia suas pretensões junto aos seus súditos unilateralmente. Um longo processo de tentativa e erro aperfeiçoou as instituições humanas para inserir um terceiro, em tese imparcial, como juiz relativamente ao exercício de tais pretensões. Esse terceiro passou historicamente a ser dotado de garantias exatamente para ter condições e coragem de conter eventuais excessos do soberano. O cidadão, portanto, tem não apenas o direito de processar o Estado, se entender possuir direitos por ele não respeitados, mas igualmente o direito de ser processado por ele, algo que a Lei 13.606/2018 colocou de lado.

11.4. AÇÕES DE INICIATIVA DO CONTRIBUINTE

11.4.1. Embargos do executado

A ação de embargos do executado, também conhecida como "embargos de devedor", ou "embargos à execução", é ação de conhecimento através da qual o executado opõe-se à pretensão executiva da Fazenda Pública. Seu principal objetivo é o de obter a invalidação, total ou parcial, do título executivo, e, por conseguinte, obter a extinção da execução por ele aparelhada.

A petição inicial dos embargos à execução deve requerer a produção das provas com as quais se pretende demonstrar a ocorrência dos fatos nela afirmados. Exige o art. 16, § 2º da Lei 6.830/80 que a inicial seja desde logo acompanhada dos documentos a serem juntados aos autos, bem como do rol de testemunhas a serem ouvidas em juízo (até três ou, a critério do juiz, o dobro desse limite). Não há, em princípio, a opção de juntar documentos, ou de depositar o rol de testemunhas, em momento posterior, como ocorre na generalidade das ações de conhecimento, de procedimento comum. Essa exigência, porém, há de ser considerada com temperamentos, notadamente à luz das normas constitucionais que consagram a garantia a um devido processo legal substantivo, à ampla defesa e ao contraditório. Pode ocorrer de somente após a impugnação dos embargos mostrar-se relevante a ouvida de determinada testemunha, ou a juntada de algum documento. Se o juiz pode determinar a produção de provas até mesmo de ofício, no interesse de apurar a verdade e bem aplicar o Direito, não se justifica que se ampare em uma infundada preclusão para negar a produção de provas relevantes e assim prestigiar uma execução descabida. O juiz deve indeferir a produção de tais provas, ou deixar de apreciá-las, quando se mostrarem irrelevantes ou desnecessárias para o deslinde da causa, não quando não houverem sido requeridas na inicial, ou acompanhando-a de forma pré-constituída.

Ainda quanto à produção de provas, especificamente no âmbito da ação de embargos à execução fiscal, merece destaque a questão relativa à "presunção de validade" da Certidão de Dívida Ativa, e do ônus da prova daquele que se insurge contra essa validade.

Com efeito, a Certidão de Dívida Ativa, como qualquer título executivo, goza de presunção de liquidez e certeza. Esse fato, aliado à "presunção de validade" que se costuma atribuir aos atos emitidos pelo Poder Público de uma maneira geral, têm gerado uma falsa ideia segundo a qual o ônus da prova, no âmbito dos embargos à execução, seria *integralmente* do embargante e de que toda a dúvida porventura existente teria de ser resolvida favoravelmente à Fazenda exequente. Mas não deve ser exatamente assim. Na condição de *autor* da ação de embargos, realmente incumbe ao embargante demonstrar a insubsistência da CDA, que tem presunção de liquidez e certeza. Tanto que, se a Fazenda não apresenta impugnação aos embargos, isso não dispensa o executado/embargante de provar as afirmações que faz na inicial dos embargos.

Entretanto, se os embargos se fundam no argumento de que a Fazenda não teria demonstrado, ao fazer o lançamento, a ocorrência do "fato gerador" cuja prática imputa ao contribuinte, o contribuinte embargante não precisará demonstrar a *inocorrência* de tais fatos geradores. Bastará que demonstre o vício na fundamentação do lançamento, apontando não haver sido respeitado, caso se trate de tributo federal, o disposto no art. 9º do Decreto nº 70.235/72, que de resto decorre do dever de fundamentação dos atos administrativos.

Dispõe o art. 16, § 3º, da Lei 6.830/80 que "não será admitida reconvenção, nem compensação, e as exceções, salvo as de suspeição, incompetência e impedimentos, serão arguidas como matéria preliminar e serão processadas e julgadas com os embargos". Merecem exame essas limitações.

Quanto à reconvenção, é mesmo lógico que não seja viável, em sede de execução fiscal. Os embargos não são uma "contestação" à execução, mas processo de espécie diferente, através do qual é prestada tutela de conhecimento, e não a tutela executiva. Além disso, a limitação à reconvenção não malfere qualquer direito do executado, que pode, a qualquer tempo, mover ação autônoma, de conhecimento, contra a Fazenda exequente, deduzindo em juízo a mesma pretensão que deduziria na reconvenção cujo manejo é legalmente vedado, sem qualquer prejuízo.

Em se tratando de compensação, porém, não é acertada a vedação, que deve ser vista com temperamentos, à luz da Constituição. No momento atual, deve-se considerar que a compensação é amplamente autorizada por lei (o que não ocorria em 1980), não fazendo sentido algum vedar sua arguição em sede de embargos.

Não há amparo jurídico para que o ente público, reconhecidamente devedor, postergue o adimplemento de suas dívidas, e, paralelamente, exija coercitivamente os valores que esse mesmo credor lhe deve. E nem se alegue que o crédito que o executado afirma possuir pode não existir, ou não ser suficiente para extinguir por compensação toda a quantia executada: essas questões são "de mérito", e devem ser discutidas no âmbito dos embargos à execução. O que não é possível é afastar – sem exame – toda e qualquer questão relacionada à compensação, apenas porque o art. 16, § 3º, da LEF o determina. Relativamente a essa questão, o Superior Tribunal de Justiça chegou a decidir com inteiro acerto, nos seguintes termos:

> "[...] 2. O art. 16, § 2º, da LEF deve ser lido com tempero. O que não é permitido é, em defesa na execução fiscal, o executado apresentar créditos que possui (indébitos tributários, créditos presumidos ou premiais ou outros créditos contra o ente público exequente tais como: os a receber e ações diversas ajuizadas) a fim de abater os créditos tributários em execução. No entanto, nada impede que alegue a existência de compensações efetivamente já realizadas, efetivadas e reconhecidas, em processo administrativo ou judicial, com os créditos que são objeto da CDA, e que, por esse motivo, não poderiam ali estar (compensações tributárias pretéritas). Hipótese em que o crédito tributário veiculado na CDA foi incorretamente inscrito. [...]."[22]

A matéria, aliás, foi submetida à sistemática dos recursos repetitivos, tendo a Corte então deixado claro que:

> "[...] 1. A compensação tributária adquire a natureza de direito subjetivo do contribuinte (oponível em sede de embargos à execução fiscal), em havendo a concomitância de três elementos essenciais: (i) a existência de crédito tributário, como produto do ato administrativo do lançamento ou do ato-norma do contribuinte que constitui o crédito tributário; (ii) a existência de débito do fisco, como resultado: (a) de ato administrativo de invalidação do lançamento tributário, (b) de decisão administrativa, (c) de decisão judicial, ou (d) de ato do próprio administrado, quando autorizado em lei, cabendo à Administração Tributária a fiscalização e ulterior homologação do débito do fisco

---

[22] STJ, 2ª T., REsp 1.252.333/PE, *DJe* de 3/8/2011.

> apurado pelo contribuinte; e (iii) a existência de lei específica, editada pelo ente competente, que autorize a compensação, *ex vi* do artigo 170, do CTN.
>
> 2. Deveras, o § 3º, do artigo 16, da Lei 6.830/80, proscreve, de modo expresso, a alegação do direito de compensação do contribuinte em sede de embargos do executado.
>
> [...]
>
> 4. A alegação da extinção da execução fiscal ou da necessidade de dedução de valores pela compensação total ou parcial, respectivamente, impõe que esta já tenha sido efetuada à época do ajuizamento do executivo fiscal, atingindo a liquidez e a certeza do título executivo, o que se dessume da interpretação conjunta dos artigos 170, do CTN, e 16, § 3.º, da LEF, sendo certo que, ainda que se trate de execução fundada em título judicial, os embargos do devedor podem versar sobre causa extintiva da obrigação (artigo 714, VI, do CPC).
>
> [...]
>
> 6. Consequentemente, a compensação efetuada pelo contribuinte, antes do ajuizamento do feito executivo, pode figurar como fundamento de defesa dos embargos à execução fiscal, a fim de ilidir a presunção de liquidez e certeza da CDA, máxime quando, à época da compensação, restaram atendidos os requisitos da existência de crédito tributário compensável, da configuração do indébito tributário, e da existência de lei específica autorizativa da citada modalidade extintiva do crédito tributário.
>
> [...]
>
> 10. Recurso especial provido. Acórdão submetido ao regime do artigo 543-C, do CPC, e da Resolução STJ 08/2008."[23]

Nada está dito, no acórdão, sobre a necessidade de a compensação prévia já ter sido expressamente aceita pelo Fisco. Até porque, se ela tivesse sido aceita, dificilmente se estaria diante de uma execução exigindo a quantia extinta por compensação já homologada.

Entretanto, em momento mais recente, terminou por prevalecer compreensão mais fiscalista e, com todo o respeito, inaceitável, que praticamente inviabiliza qualquer objeção fundada na invalidade do crédito que nasceu da ilegal recusa de uma compensação. Essa orientação limita a possibilidade de se invocar a compensação àquelas hipóteses em que ela já tiver sido aceita na via administrativa, e por erro, apesar disso, tiver sido proposta a execução do débito por ela previamente extinto, tornando, em nossa ótica, o art. 16, § 3º, da LEF inconstitucional. Está assim livre o caminho para o Fisco exigir o que entende ser-lhe devido, sem que o Judiciário possa sequer apreciar a questão de saber se é legítimo indeferimento da compensação que subjaz a cobrança. Sem maior debate, o "repetitivo" (REsp 1.008.343/SP) foi contornado, e invertido, como se nele se tivesse decidido na verdade o inverso do que dele consta, dando-se a matéria hoje como pacífica no seio da Corte:

> "(...) 1. Ambas as Turmas que compõem a Primeira Seção do Superior Tribunal de Justiça entendem que não pode ser deduzida em embargos à execução fiscal, à luz do art. 16, § 3º, da Lei n. 6.830/1980, a compensação indeferida na esfera administrativa, não havendo mais que se falar em divergência atual a ser solucionada.

---

23 REsp 1.008.343/SP, Rel. Min. Luiz Fux, Primeira Seção, j. em 9.12.2009, *DJe* 1.º.2.2010.

2. Incide, na hipótese, o óbice da Súmula 168 do STJ, *in verbis*: 'Não cabem embargos de divergência, quando a jurisprudência do Tribunal se firmou no mesmo sentido do acórdão embargado.'

3. Embargos de divergência não conhecidos."[24]

Com todo o respeito, é equivocada a compreensão firmada no acórdão cuja ementa se acaba de transcrever. Ela faz letra morta a legislação alusiva à compensação tributária (*v.g.*, no plano federal, o art. 74 da Lei 9.430/96), pois qualquer violação a ela é excluída da apreciação do Poder Judiciário, quando culmina com a propositura de uma execução indevida. Na verdade, não deve importar se a compensação foi deferida ou indeferida na via administrativa, pois isso implica colocar nas mãos do exequente a decisão sobre se o pressuposto da execução será passível de controle judicial ou não. É óbvio que, se a compensação tiver sido aceita pela autoridade, a execução sequer será proposta, pelo que essa nova orientação, além de atropelar o que a Corte decidiu em sede de "repetitivos", restringe o debate sobre a compensação tributária a situações praticamente impossíveis de serem verificadas. Não há razão legítima para suprimir do controle do Poder Judiciário a tutela a uma lesão ao direito do contribuinte, só porque esse direito diz respeito à extinção de obrigações por meio de um encontro de contas que uma das partes foi provocada para aceitar, mas se recusou a fazê-lo. Se não existe o crédito, ou se não há possibilidade jurídica de compensação, essa é outra questão a ser enfrentada no julgamento dos embargos; mas suprimir a faculdade de levar esse debate ao Judiciário é contrário ao próprio direito a uma prestação jurisdicional útil. Precisamente por isso, e para que a matéria, que é de índole constitucional – se assim for entendida a LEF pelas instâncias encarregadas de interpretá-la – seja apreciada pelo STF, ajuizou-se a ADPF 1.023, questionando a validade do dispositivo tal como entendido pelo STJ, a qual se espera, pelas razões apontadas, tenha seus pedidos julgados procedentes.

Quanto aos honorários de sucumbência, seja por entender que a parte perdedora não pode ser duplamente punida, seja por entender que a dupla condenação é possível, mas o somatório não pode ultrapassar 20%,[25] teses diferentes que chegam à mesma conclusão, o STJ considera que o ônus imposto à parte perdedora nos embargos não pode ultrapassar 20% do valor da sucumbência. Em vista disso, como em relação às execuções fiscais *movidas pela Fazenda Nacional* esse ônus já é previamente "embutido" na CDA, a teor do Decreto-lei nº 1.025/69 (são os "encargos legais"), a jurisprudência entende que, em sendo julgados improcedentes os pedidos do embargante, em execuções fiscais da União, não deve haver a condenação no pagamento de honorários de sucumbência. Era, aliás, o que já decidia o Tribunal Federal de Recursos: "o encargo de 20% do Decreto-lei nº 1.025, de 1969, é sempre devido nas execuções fiscais da União e substitui, nos embargos, a condenação do devedor em honorários advocatícios" (Súmula 168/TFR), entendimento que foi mantido pelo Superior Tribunal de Justiça.[26] Apenas no caso de *procedência* dos pedidos feitos pelo embargante é que haverá condenação, também única (ou dupla, limitada ao teto previsto no art. 85 do CPC), da União.

Aliás, com o advento do CPC de 2015, em cujo art. 85, § 3º, se estabelecem objetivamente percentuais de honorários a serem fixados nas ações em que a Fazenda Pública seja *parte* (portanto, vencida ou vencedora), pode-se colocar a questão de saber se os "encargos legais" referidos no Decreto-lei nº 1.025/69 subsistem. Sua validade, importa reconhecer, sempre foi duvidosa, ora sendo definidos pela jurisprudência como taxa, ora como honorários. Como

---

24 EREsp 1.795.347/RJ, Rel. Min. Gurgel de Faria, Primeira Seção, j. em 27.10.2021, *DJe* 25.11.2021.

25 REsp 168.538/MG, *DJ* de 9/10/2000.

26 STJ, AgRg no Ag 491.151/SP, *DJ* de 10/11/2003, p. 162.

taxa eles não podem subsistir, pois não há serviço específico e divisível sendo prestado ao executado pela Fazenda exequente, tampouco se pode cogitar, aí, do exercício do poder de polícia. O "serviço" prestado pela Procuradoria da Fazenda, quando da inscrição de um crédito como dívida ativa e da posterior propositura da execução, tem como beneficiária a própria Fazenda, e não o contribuinte executado, que tampouco está, no caso, a ser submetido ao poder de polícia. Como honorários, por sua vez, o percentual de 20% previsto no Decreto-lei nº 1.025/69 pode ser tido como revogado, por frontal incompatibilidade, com o regramento atualmente constante do CPC em torno da matéria.

11.4.2. Mandado de segurança

11.4.2.1. Noções gerais

Dispõe o art. 5º, LXIX, da CF/88 que "conceder-se-á mandado de segurança para proteger direito líquido e certo, não amparado por *habeas corpus*, ou *habeas data*, quando o responsável pela ilegalidade ou abuso de poder for autoridade pública ou agente de pessoa jurídica no exercício de atribuições do Poder Público". No plano legal, essa ação é disciplinada, basicamente, pela Lei 12.016/2009, que em agosto de 2009 revogou a Lei 1.533/51 e passou a tratar de forma consolidada da matéria.

Observe-se que todo direito cuja lesão ou ameaça pode ser submetida ao Judiciário através de um mandado de segurança pode, por igual, ser tutelado através de outros instrumentos processuais, notadamente por uma ação de conhecimento, de procedimento comum, no âmbito da qual pode ser formulado um pedido de antecipação dos efeitos da tutela. Existem, porém, alguns dados que devem ser ponderados por quem vai a juízo, antes de escolher por um desses instrumentos. O mandado de segurança tem rito mais célere e simples, mas, precisamente por isso, em seu âmbito não pode haver dilação probatória. Outro ponto a ser considerado é o de que no mandado de segurança não há condenação da parte vencida no pagamento de honorários de sucumbência (Súmula 512/STF), o que pode recomendar o emprego desse instrumento para evitar que uma disputa em torno de valores elevados culmine com o agravamento destes em até 20%.

É importante atentar para os seguintes aspectos, essenciais ao cabimento desta ação: *(i)* que se trate de ato de autoridade (ou de alguém no exercício de atribuição do Poder Público, como, por exemplo, o reitor de uma Universidade privada); *(ii)* que esse ato tenha violado *direito líquido e certo;* e que *(iii)* não possa ele ser tutelado por *habeas corpus* (liberdade de ir e vir) ou por *habeas data* (direito de acesso à informação e de retificação de informação equivocada).

Deve-se lembrar, ainda, que o mandado de segurança deve ser impetrado, no máximo, em 120 dias contados da data em que o impetrante tomar conhecimento da lesão ao seu direito. Trata-se de prazo *sui generis*, pois não atinge o direito material invocado pelo impetrante (decadência), nem o seu direito de ação (ou à pretensão relativa ao seu direito material) de maneira geral (prescrição), pois o direito que seria protegido pelo mandado de segurança subsiste após os 120 dias, sendo passível de proteção por outras formas de ação judicial. Diz-se que se trata de um prazo de decadência do direito ao mandado de segurança. Esse prazo foi considerado constitucional pelo STF (Súmula 632/STF). Como ele é contado a partir de quando o impetrante tem conhecimento da lesão ao seu pretenso direito, evidentemente não poderá ser invocado quando se tratar de mandado de segurança *preventivo*, modalidade de impetração destinada a evitar que a lesão aconteça.

Quanto ao conceito de direito líquido e certo, aspecto que ainda tem suscitado divergências e equívocos por parte dos que se ocupam do mandado de segurança, é importante afastar a ideia de que se trata de direito "indiscutível", "inquestionável", ou "claro". Tais impressões são erradas, mas a insistência de algumas pessoas nesse erro fez com que o STF editasse uma Súmula dizendo o óbvio: "controvérsia sobre matéria de direito não impede concessão de mandado de segurança" (Súmula 625/STF). Na verdade, direito líquido e certo é aquele direito subjetivo que decorre de *fatos incontroversos*. Considerando que todo direito subjetivo decorre da incidência de uma norma sobre um fato, é este último, e não a primeira, que deve ser indiscutível. Isso porque a celeridade que se pretende obter, com o rito especial do mandado de segurança, decorre precipuamente da inexistência de dilação probatória, devendo toda a prova dos fatos alegados na inicial ser feita de forma pré-constituída, juntamente com a inicial.

Assim, em matéria tributária, para que seja cabível, o mandado de segurança há de ser empregado em hipóteses nas quais não haja discussão quanto aos fatos. A divergência entre o contribuinte e a Fazenda há de situar-se na interpretação das normas jurídicas e não na ocorrência dos fatos sobre os quais elas incidem.

Imagine-se, para esclarecer o que se quis dizer no parágrafo anterior, o seguinte exemplo. Um cidadão, contribuinte do imposto de renda das pessoas físicas, cai na "malha fina" e, em seguida, sofre auto de infração por parte da Secretaria da Receita Federal do Brasil. No auto de infração, é formulada a exigência do IRPF que se fez devido em face da glosa (desconsideração) de uma despesa médica que o contribuinte havia indicado como "dedutível" em sua declaração de bens e rendimentos. A autoridade autuante não duvida da ocorrência da despesa, nem de seu valor. Está de acordo com o contribuinte quanto à ocorrência do fato. Entretanto, a autoridade considera que a despesa médica, uma cirurgia plástica meramente estética, não lhe dá direito à dedução no cálculo do IRPF. O contribuinte, sem negar que se trata realmente de uma cirurgia plástica, discorda dessa interpretação, não vendo na lei, que autoriza a dedução, qualquer discriminação quanto à natureza da cirurgia. Nesse caso, o contribuinte poderá impetrar mandado de segurança contra a exigência formulada por intermédio de tal auto de infração. Afinal, não será necessário fazer qualquer dilação probatória, pois não há divergência quanto ao fato (a cirurgia, sua natureza e seu valor), mas apenas quanto ao componente normativo (se a lei autoriza ou não esse tipo de dedução).

Agora, imagine-se situação um pouco diferente. Se o contribuinte do exemplo anterior tivesse a despesa glosada (desconsiderada), não por se tratar de cirurgia estética, mas porque o fiscal cruzou os dados com os declarados pelo médico e constatou não ter ocorrido cirurgia nenhuma. Ou constatou que o seu valor foi outro, bastante inferior. A despesa, no entendimento do fiscal, é falsa. O contribuinte discorda e tem como provar haver incorrido na despesa, no valor declarado, alegando ter sido talvez um erro do médico a falta de informação compatível, na declaração deste. Nesse caso, estando toda a divergência no plano dos fatos, o mandado de segurança não poderá ser utilizado, pois não há direito líquido e certo. Será o caso de se ajuizar ação anulatória do lançamento fiscal, ou embargos à execução fiscal, quando esta vier a ser proposta.

11.4.2.2. Cabimento em matéria tributária

Atualmente, é induvidoso o cabimento do mandado de segurança em matéria tributária, de resto expressamente reconhecido no art. 151, IV, do CTN. E nem haveria qualquer razão para que fosse diferente. Com esse remédio – respeitada a impossibilidade de dilação probatória, já explicada – o contribuinte pode impugnar atos administrativos (*v.g.*, um lançamento), insurgir-se contra a aplicação de "sanções políticas" (*v.g.*, apreensão indevida de mercadorias e outras restrições a direitos fundamentais levadas a efeito pelo Fisco para coagir contribuintes tidos como inadimplentes), ver respeitado o devido processo legal administrativo (obter o conhecimento de recursos independentemente da prestação de garantias), para ver declarado seu direito à compensação tributária (Súmula 213/STJ), enfim, obter a garantia de qualquer direito *líquido e certo* que considere possuir, no âmbito da relação tributária, e que considere haver sido malferido por uma autoridade fazendária.

11.4.2.3. *Mandado de segurança e compensação*

O mandado de segurança pode ser usado, também, para afastar óbices indevidamente colocados pela autoridade administrativa ao exercício do direito à compensação. Desde que, naturalmente, a demonstração da ilegalidade dos tais óbices não dependa da solução de controvérsia quanto à ocorrência de fatos.

Registre-se que, para que seja cabível o mandado de segurança, o contribuinte não deve pedir que seja "efetivada" a compensação, com a extinção de um crédito tributário no valor de "X". O contribuinte deve pedir que seja declarado o seu *direito de efetuar a compensação*, afastando-se o óbice apontado pela autoridade. Caso a autoridade tenha negado a compensação por considerar que o tributo "A" – conquanto realmente indevido – não pode ser compensado com o tributo "B", por exemplo, a impetração terá por finalidade apenas ver reconhecida essa possibilidade, com a determinação de que a autoridade *acate* a compensação do tributo "A" com o tributo "B". No mandado de segurança não será discutido *quanto* de tributo "A" foi pago indevidamente, o que será apurado pelo próprio contribuinte, por sua conta e risco, e submetido à homologação da autoridade competente.

Superadas tais divergências, hoje é pacífica a possibilidade de emprego do mandado de segurança para garantir o direito à compensação, conforme entendimento sumulado do Superior Tribunal de Justiça (Súmula 213/STJ). Entretanto, e de modo aparentemente contraditório, o mesmo tribunal sumulou também que "a compensação de créditos tributários não pode ser deferida por medida liminar" (Súmula 212/STJ), entendimento que depois foi positivado no art. 170-A do CTN, que assevera ser "vedada a compensação mediante aproveitamento de tributo, objeto de contestação judicial pelo sujeito passivo, antes do trânsito em julgado da respectiva decisão judicial".

O referido art. 170-A do CTN deve ser visto com as devidas cautelas, não apenas porque pode implicar restrição desproporcional ao princípio que assegura a utilidade da prestação jurisdicional, mas também porque seus termos não são tão abrangentes quanto têm parecido a algumas decisões judiciais que o aplicam. Com o advento da Lei 12.016/2009, essa orientação foi ratificada, dispondo o seu art. 7º, § 2º, que não será concedida medida liminar que tenha por objeto a compensação tributária. Resta saber como o STJ, que em alguns arestos já havia estabelecido exceções à aplicação do art. 170-A do CTN, entenderá a restrição contida na nova lei. É importante perceber que, por meio de uma liminar, o juiz a rigor não procede à compensação, mas apenas determina – desde que presentes os requisitos – a suspensão da exigibilidade do crédito tributário que poderá, após o trânsito em julgado da sentença concessiva da segurança, ser objeto da compensação no âmbito administrativo. Como o STJ já havia decidido, são

> "impertinentes, por não se tratar de deferimento de compensação, mas de mera suspensão da exigibilidade do crédito, as alegações relativas à inaplicabilidade ao caso concreto do que dispõe a Súmula 212/STJ – 'a compensação de créditos tributários não pode ser deferida por medida liminar', bem como à vedação introduzida pela Lei Complementar 104/2001 – 'é vedada a compensação mediante o aproveitamento de

tributo, objeto de contestação judicial pelo sujeito passivo, antes do trânsito em julgado da respectiva decisão judicial'."[27]

Ressalte-se que, julgando a ADI 4.296, o STF declarou inconstitucionais disposições da Lei 12.016/2009 (art. 7.º, § 2.º) que, na mesma linha, limitavam a concessão de tutelas provisórias relativamente às compensações tributárias, o que motivou o STJ, em atenção ao efeito vinculante da ADI, a cancelar a Súmula 212 de sua jurisprudência. Na verdade, presentes os requisitos, é inadmissível que o magistrado não possa suspender a exigibilidade de quantias que, quando do desfecho do processo, serão definitivamente extintas pela compensação. Com isso, concilia-se o direito à tutela jurisdicional efetiva com o disposto no art. 170-A do CTN, de modo a que se deva aguardar o trânsito em julgado para que se opere definitivamente a compensação, mas não se impede que, liminarmente, o Fisco seja impedido de cobrar a quantia sujeita ao encontro de contas.

11.4.2.4. Mandado de segurança coletivo

De acordo com o inciso LXX do art. 5º da CF/88, o mandado de segurança coletivo pode ser impetrado por (*a*) partido político com representação no Congresso Nacional ou por (*b*) organização sindical, entidade de classe ou associação legalmente constituída e em funcionamento há pelo menos um ano, em defesa dos interesses de seus membros ou associados.

Trata-se de instrumento de defesa dos mesmos direitos que, em tese, poderiam ser tutelados em um mandado de segurança individual, mas que pode ser manejado, *por substituição processual*, por pessoa distinta do titular do direito correspondente, legitimada a fazê-lo por disposição expressa da Constituição.

Advirta-se que o mandado de segurança coletivo não se confunde com as ações de controle concentrado de constitucionalidade. Nele não se busca restabelecer a integridade da ordem jurídica no plano hipotético (geral e abstrato, como preferem alguns). Não. Busca-se a tutela de direitos subjetivos, da mesma maneira que ocorre em mandado de segurança individual, ou em qualquer outra ação na qual se busca o autêntico exercício da jurisdição. Deve a impetrante, por isso mesmo, demonstrar a ocorrência, ou a ameaça, da lesão ao direito daqueles que substitui processualmente.

A propósito, como se trata de substituição processual, e não de "representação", não é necessária procuração dos associados ao impetrante do mandado de segurança coletivo. Tal representação seria necessária se não existisse a figura do mandado de segurança coletivo, e exigi-la implica negar vigência à norma do inciso LXX do art. 5º da CF/88.

Nos termos do art. 21 da Lei 12.016/2009, o mandado de segurança coletivo pode ser impetrado por partido político com representação no Congresso Nacional, na defesa de seus interesses legítimos relativos a seus integrantes ou à finalidade partidária, ou por organização sindical, entidade de classe ou associação legalmente constituída e em funcionamento há, pelo menos, um ano, em defesa de direitos líquidos e certos da totalidade, ou de parte, dos seus membros ou associados, na forma dos seus estatutos e desde que pertinentes às suas finalidades, dispensada, para tanto, autorização especial.

Em nítido amesquinhamento do poder do magistrado de tornar efetiva a tutela jurisdicional coletiva, o § 2º do art. 22 da Lei 12.016 dispõe que, no mandado de segurança coletivo, a liminar só poderá ser concedida após a audiência do representante judicial da pessoa jurídica de direito público, que deverá se pronunciar no prazo de 72 horas. Proíbe-se, com

---

[27] STJ, REsp 575.867/CE, *DJ* de 25/2/2004, p. 121.

isso, a concessão da medida sem a ouvida da parte contrária, o que pode impactar a norma constitucional na qual se funda esse instrumento, sobretudo nos casos em que essa concessão imediata seja condição indispensável para a eficácia da prestação jurisdicional. A concessão ou não da liminar *inaudita altera pars* deveria ficar a critério do juiz, à luz das peculiaridades do caso, e não ser cerceada de forma geral, abstrata e incondicionada pelo próprio legislador.

11.4.2.5. Impetração preventiva e mandado de segurança contra "lei em tese"

Como se sabe, o mandado de segurança pode ser impetrado também de forma *preventiva*. Nessa modalidade, o impetrante, tendo *justo receio* de que seu direito líquido e certo seja violado, pede ao Juiz que determine à autoridade coatora que *não* pratique a lesão que se receia ver concretizada.

Essa sua função preventiva, que deveria ser prestigiada, foi durante muito tempo amesquinhada em matéria tributária com a exigência de que o impetrante fizesse sempre e necessariamente a "prova da ameaça". Sem essa prova, considerava-se que o impetrante estava questionando a "lei em tese", com a extinção do mandado de segurança.

Na verdade, não apenas o mandado de segurança, mas nenhum tipo de ação, na qual se exerça autêntica jurisdição, comporta questionamento da lei – ou de qualquer outro ato normativo – em tese. É essa, aliás, a diferença entre as ações nas quais é exercida a jurisdição, dos instrumentos de controle concentrado de constitucionalidade.

No mandado de segurança preventivo, porém, não se questiona a lei em tese. Em mandado de segurança no qual se demonstra a inconstitucionalidade de uma lei que cria determinado tributo e se pretende afastar o ato ilegal e abusivo da autoridade que irá executar essa mesma lei, não se questiona a validade da lei em tese, mas sim a sua aplicação pela autoridade, que exerce atividade plenamente vinculada. Basta, portanto, que o impetrante comprove a ocorrência dos fatos que autorizam a aplicação da lei, para restar demonstrado o seu justo receio de que essa aplicação aconteça (*RSTJ* 148/91).

Essas conclusões não são pertinentes apenas no questionamento de tributos fundados em leis inconstitucionais, ainda não lançados, mas também na impugnação preventiva de toda e qualquer exigência que se considere ilegal e abusiva, mas que tenha fundamento (inválido) em lei, decreto ou qualquer outro ato normativo, a exemplo do cumprimento de determinadas obrigações acessórias. Ocorrido o fato em face do qual, fundada na norma que se considera inválida, a autoridade poderá praticar a lesão, a impetração preventiva está justificada. Entretanto, se a impetração preventiva não se deve ao receio de que seja cumprida lei inconstitucional, ou decreto ilegal, mas sim à prática de um ato ilegal que não encontra amparo em qualquer diploma normativo preexistente, a prova da ocorrência de fatos que possam ser objetivamente considerados uma "ameaça" é necessária.

De qualquer modo, feita ou não a prova da ameaça, "se, nas suas informações, a autoridade impetrada contestou o mérito da impetração, caracterizada se acha a ameaça da prática do ato malsinado na referida ação" (STJ, REsp 20.307-0/CE, *DJ* de 11.10.1993, p. 21.305). Esse entendimento, aliás, é pacífico no âmbito do STJ. Confira-se, a propósito, o seguinte julgado:

> "'Especificamente em matéria tributária, para que se torne cabível a impetração de mandado de segurança preventivo, não é necessário esteja consumado o fato imponível. Basta que estejam concretizados fatos dos quais logicamente decorra do fato imponível. Em síntese e em geral, o mandado de segurança é preventivo quando, já existente ou em vias de surgimento a situação de fato que ensejaria a prática do ato considerado ilegal, tal ato ainda não tenha sido praticado, existindo apenas o justo receio de que venha a

ser praticado pela autoridade impetrada. É preventivo porque destinado a evitar a lesão ao direito, já existente ou em vias de surgimento, mas pressupõe a existência da situação concreta na qual o impetrante afirma residir ou dela recorrer o seu direito cuja proteção, contra a ameaça de lesão, está a reclamar do Judiciário. [...] Insistimos, todavia, em que a ameaça de prática de ato abusivo, pela autoridade da administração tributária, decorre da edição de norma que lhe caiba aplicar, e que seja desprovida de validade jurídica. Lei inconstitucional, ou norma inferior, ilegal.' (Hugo de Brito Machado. In *Mandado de Segurança em matéria tributária.*) 4. Deveras, encerrando o lançamento atividade vinculada (art. 142 do CTN) e *a fortiori*, obrigatória, revela-se a juridicidade da ação preventiva. É que para propor a ação é mister interesse de agir que surge não só diante da lesão, mas, também, ante a ameaça da mesma [...]."[28]

11.4.2.6. Medida liminar

Conforme o inciso III do art. 7º da Lei 12.016/2009, o juiz ordenará, ao despachar a petição inicial, "que se suspenda o ato que deu motivo ao pedido, quando houver fundamento relevante e do ato impugnado puder resultar a ineficácia da medida, caso seja finalmente deferida, sendo facultado exigir do impetrante caução, fiança ou depósito, com o objetivo de assegurar o ressarcimento à pessoa jurídica". É a chamada "medida liminar", assim conhecida porque se trata de provimento judicial expedido no início do processo.

Por meio de provimento liminar, portanto, o juiz pode determinar a *suspensão* do ato impugnado. Obviamente, nas hipóteses em que o mandado de segurança for impetrado contra *omissão* da autoridade coatora, o provimento liminar determinará a prática do ato cuja ausência lesa direito líquido e certo do impetrante. E, em se tratando de mandado de segurança preventivo, determinará à autoridade que se abstenha de praticar o ato receado. Isso, naturalmente, quando estiverem presentes os requisitos respectivos, quais sejam, a relevância do fundamento e a possibilidade de ineficácia da medida, também conhecidos como fumaça do bom direito, ou *fumus boni juris*, e perigo da demora, ou *periculum in mora*.

Deve-se lembrar, primeiro, que a liminar é medida destinada a assegurar a eficácia da sentença que, posterior e eventualmente, venha a conceder a segurança. A possibilidade de o impetrante sofrer "danos irreparáveis", por isso mesmo, deve ser avaliada à luz da sentença do mandado de segurança, e não em face de possíveis reparações a serem obtidas através de outras ações. Danos irreparáveis são todos aqueles danos que a sentença do mandado de segurança não seja capaz, ela própria, de corrigir. É absurdo, por isso, dizer que não há perigo da demora a justificar a concessão de medida liminar em mandado de segurança impetrado contra exigência de determinado tributo, por exemplo, sob a justificativa de que o impetrante poderia, depois, obter a restituição deste. O simples fato de se fazer necessária outra ação para reparar o dano sofrido mostra que o mandado de segurança, em face do pagamento do tributo nele questionado, torna-se carente de sentido. Por outro lado, caso o tributo, não obstante exigível, não seja pago, o impetrante é submetido a uma série de gravames, decorrentes da mora, os quais lhe causam danos também irreparáveis pela sentença concessiva do *writ*. Há, por isso mesmo, sério risco de "ineficácia da medida" caso seja mantida a exigibilidade de tributo discutido em sede de mandado de segurança.

O julgador deve considerar também, no exame dos requisitos constitucionais, se há risco de *irreversibilidade da medida*, ou o chamado "perigo da demora inverso". Nesse caso, como a liminar pode, de fato, tornar-se definitiva e esvaziar a utilidade dos atos processuais

---

28 STJ, 1ª T., REsp 586.521/MG, *DJ* de 21/6/2004, p. 172.

subsequentes, o juiz não deve, em princípio, deferi-la. Entretanto, em casos extremos, nos quais há risco de danos irreparáveis, e de irreversibilidade, de ambos os lados, o juiz pode deferir a medida em face da prestação de uma contracautela por parte do impetrante, ou concedê-la mesmo sem essa contracautela, ainda que irreversível, caso a fumaça do bom direito seja eloquente. É a essa possibilidade de exigência de contracautela que o art. 7º, III, da Lei 12.016/2009 se refere, quando afirma que é facultado exigir do impetrante uma caução. Tal exigência há de ser excepcional, não sendo demais lembrar que, a teor do art. 151 do CTN, no caso de liminar destinada apenas a suspender a exigibilidade do crédito tributário impugnado através do *writ*, que a liminar *e* o depósito são causas autônomas e independentes que justificam essa suspensão. Em verdade, se a parte efetua o depósito, a liminar é *desnecessária*, pois a suspensão da exigibilidade do crédito tributário, e todas as suas consequências, são obtidas com o próprio depósito. O que deve fazer o juiz é examinar se estão presentes os requisitos legais, a fim de deferir, ou indeferir, o pedido liminar. Caso indefira a liminar, em despacho devidamente fundamentado, será uma escolha da parte tentar obter a reforma do despacho em segunda instância, em sede de agravo de instrumento, ou efetuar o depósito da quantia controvertida. Não pode a falta do depósito, porém, servir de "fundamento" para o indeferimento da liminar.

O que pode ocorrer é de, a depender do conteúdo do provimento urgente requerido, surgir no juiz o receio da irreversibilidade. Nesses casos, para superar essa possível irreversibilidade, também conhecida como "perigo da demora inverso", o depósito, ou uma outra espécie de contracautela, pode ser exigido. Trata-se, contudo, de situação excepcional, que não se pode converter em regra sob pena de negar-se vigência ao art. 151 do CTN, notadamente ao seu inciso IV, e a todos os princípios constitucionais nele desdobrados, que asseguram a prestação de uma tutela jurisdicional efetiva.

Em face do despacho que defere, ou indefere, o pedido de medida liminar, pode ser interposto agravo de instrumento. O agravo, como todo recurso, tem efeito devolutivo, o que significa que submete ao tribunal a matéria apreciada na decisão agravada. A ele pode ser, também, atribuído efeito suspensivo, em face do qual são suspensos os efeitos da decisão agravada até que seja julgado o recurso. Pode, também, haver a antecipação dos efeitos da tutela recursal, com a concessão, pelo relator, da liminar denegada em primeira instância até que o órgão colegiado aprecie definitivamente o recurso.

11.4.2.7. O pedido de suspensão de liminar e de suspensão de segurança

Caso a decisão proferida em mandado de segurança, deferindo medida liminar ou concedendo a segurança, cause grave lesão à ordem, à saúde, à segurança e à economia públicas, a parte prejudicada – ou o Ministério Público – pode requerer ao Presidente do Tribunal, ao qual couber o conhecimento do respectivo recurso, que suspenda, em despacho fundamentado, a sua execução. É a chamada "suspensão de liminar", ou "suspensão de segurança", conforme, naturalmente, seja manejada contra a liminar ou contra a sentença concessiva da segurança.

Como os requisitos legais para o pedido de suspensão não dizem respeito, literalmente, ao *mérito* da controvérsia, ou seja, não dizem respeito ao direito invocado pela parte, nem à possibilidade de ineficácia da sentença, há quem sustente que se trata de decisão de cunho exclusivamente político, e que, por isso mesmo, pode ser concedida ainda que o direito do impetrante seja evidente. Esse entendimento, contudo, embora difundido, deve ser visto com reservas. Seria inconcebível que um cidadão, tendo efetivamente lesado um direito líquido e certo, e correndo esse direito risco de total fenecimento, não se pudesse valer de uma efetiva prestação jurisdicional apenas porque isso poderia ensejar lesão à "ordem pública", por exemplo.

O Supremo Tribunal Federal, efetuando uma interpretação da Lei 4.348/64[29] *conforme* a Constituição de 1988, já decidiu que a suspensão de liminar, ou de segurança, tem natureza "acautelatória" dos efeitos de futuro recurso. Sua finalidade é assegurar a eficácia do recurso interposto, ou que venha a ser interposto, contra a decisão de cuja suspensão se cogita. Assim, o perigo de lesão à ordem, à segurança pública etc. é apenas *um* dos requisitos ao seu deferimento, equiparável ao "perigo da demora" necessário à concessão de medidas cautelares em geral. É indispensável, para que seja deferida a suspensão de segurança, ou de liminar, que também haja uma fundamentação jurídica relevante. Em outras palavras, é preciso que, no mérito, a decisão a ser suspensa seja considerada, pelo menos em um juízo provisório, como juridicamente desacertada (STF, SS 846). É lamentável que, em período de plena democracia, a figura da suspensão tenha sido consolidada na própria lei do mandado de segurança (Lei 12.016/2009), em termos até mais autoritários que os originalmente previstos na Lei 4.348/64.

Para que a suspensão seja deferida, portanto, a decisão há de estar aparentemente equivocada, quanto ao mérito, e ainda causar uma das lesões referidas no art. 15 da Lei 12.016/2009. Obviamente, não basta que a decisão desagrade aos interesses da entidade pública correspondente, sendo necessário que efetivamente cause uma das lesões legalmente referidas como requisitos para a suspensão, que devem ser devidamente demonstradas. Caso não haja tal risco de lesão, serão cabíveis apenas os recursos que seriam "acautelados" pela suspensão de segurança, ou de liminar, como a apelação, ou o agravo de instrumento, conforme o caso.

11.4.2.8. Participação do MP

O Ministério Público atua, nos mandados de segurança, como fiscal da lei. Emite parecer, após a manifestação da autoridade coatora, no qual opina a respeito da matéria discutida, manifestando-se pela concessão ou pela denegação da segurança.

Na legislação anterior (Lei 1.533/51), não havia previsão expressa a respeito das consequências da não apresentação, pelo Ministério Público, de qualquer parecer. Caso a oportunidade fosse oferecida, mas o membro do Ministério Público não oferecesse o parecer, seria o caso de o processo seguir seu curso, normalmente. A jurisprudência do STJ, porém, passou a considerar nulos todos os atos que se seguissem, devendo-se aguardar, obrigatoriamente, pela manifestação do MP. Entendia-se como obrigatória não apenas a concessão de uma *oportunidade* ao *Parquet*, mas a sua efetiva participação, sob pena de nulidade.

Esse entendimento do STJ, aplicado em matéria tributária, gerava distorções, pois dava ao Ministério Público a oportunidade de embaraçar por completo a garantia constitucional de que se cuida. Bastava não fazer nada. E, mesmo admitindo que os membros do MP não teriam jamais a intenção de obstaculizar qualquer mandado de segurança, tal entendimento dava a eles o trabalho desnecessário de emitir parecer mesmo naqueles casos em que a questão não dissesse respeito a qualquer aspecto relevante ao interesse público, a justificar sua atuação. Tanto que o MP passou a emitir pareceres, em muitos mandados de segurança, simplesmente dizendo não haver interesse em atuar no feito, só para atender à exigência criada pelo STJ.[30]

Com o advento da Lei 12.016/2009, corrigiu-se esse problema, pois seu art. 12 preconiza ter o Ministério Público dez dias para emitir parecer, estabelecendo que *com ou sem* o parecer do Ministério Público, os autos serão conclusos ao juiz, para a decisão.

---

[29] Trata-se de lei que disciplinava originalmente o pedido de suspensão de liminar e de suspensão de segurança., hoje revogada pela Lei 12.016/2009, que contém dispositivos análogos tratando do mesmo assunto, aos quais se aplica, por igual, o entendimento firmado pelo STF e referido no texto.

[30] STJ, REsp 541.199/MG, *DJ* de 28/6/2004, p. 195.

11.4.2.9. Sentença e recursos

Como as sentenças e os atos com conteúdo decisório de maneira geral, a sentença proferida no âmbito de um mandado de segurança deve ser devidamente fundamentada, explicando as razões de fato e de direito pelas quais concede, ou denega, a segurança. A parte vencida há de arcar com as custas judiciais eventualmente pagas. De acordo com a jurisprudência já pacífica e reiterada, em mandado de segurança não há condenação do vencido no pagamento de honorários advocatícios de sucumbência (Súmula 512/STF, art. 25 da Lei 12.016/2009), aspecto que deve ser levado em consideração quando da escolha entre esse instrumento e uma ação de conhecimento, de procedimento comum (*v.g.*, uma ação anulatória).

Quanto aos recursos, a sentença proferida em sede de mandado de segurança desafia apelação (chamada, por isso mesmo, de "apelação em mandado de segurança", ou simplesmente AMS). O trâmite do processo, a partir de então, não guarda distinções significativas em relação às demais ações de conhecimento, *à exceção de um ponto.* A jurisprudência considera – e a Lei 12.016/2009 o confirmou, em seu art. 25 – incabível o recurso de *embargos infringentes*, no âmbito do mandado de segurança. Assim, em sendo a apelação objeto de julgamento por maioria no âmbito do Tribunal de Apelação (*v.g.*, TJ ou TRF), deve a parte prejudicada, que acaso pretenda recorrer, manejar diretamente o recurso que se mostrar cabível às instâncias superiores (STJ ou STF).

Quanto aos efeitos da coisa julgada, existem alguns aspectos, inerentes especificamente ao mandado de segurança, que merecem exame aqui. Trata-se da eficácia "no futuro" da sentença proferida no âmbito de um mandado de segurança. Há quem afirme que, como se trata apenas de uma ordem, de um mandamento, seus efeitos limitam-se ao ato impugnado, que poderia ser repetido, dias depois, reclamando a propositura de um novo *writ.*

Não nos parece, contudo, que seja exatamente assim. De plano, deve-se ressalvar da aplicação de tal tese o mandado de segurança preventivo. Nessa modalidade, o remédio processual destina essencialmente a evitar a prática *futura* de um ato ilegal e abusivo que se receia venha a acontecer, sendo logicamente impossível restringir seus efeitos à invalidação de um ato passado. Admitir o contrário tornaria inócua a norma constitucional que garante aos cidadãos a apreciação, pelo Poder Judiciário, não apenas das lesões, mas também das *ameaças* a direito (CF/88, art. 5º, XXXV).

Mesmo quanto ao mandado de segurança repressivo, qual seja, aquele destinado a desconstituir um ato ilegal e abusivo já praticado, a tese segundo a qual os efeitos da coisa julgada se limitam ao ato impugnado deve ser vista com muitas reservas. Tudo depende das peculiaridades do caso, e especialmente do que foi pedido pelo impetrante. Caso o impetrante tenha requerido, além da desconstituição do ato impetrado, também a concessão de tutela que iniba, preventivamente, a prática de outros, pelos mesmos fundamentos, volta-se à situação tratada no parágrafo anterior, e os efeitos futuros da *res judicata* são inquestionáveis.

Na verdade, o que limita os efeitos da coisa julgada no tempo é a situação jurídica submetida ao juízo, em face da qual foi proferida a decisão de cuja eficácia se cogita. Situação jurídica que, como se sabe, decorre da incidência de uma norma sobre um fato. Um direito objetivo e um caso concreto por ele juridicamente qualificado. Tendo o "caso concreto" as mesmas características apreciadas em juízo, e sendo o direito aplicável o mesmo apreciado em juízo, os efeitos da coisa julgada perduram.

Em se tratando de sentença que *denega* a segurança, seus efeitos dependem, obviamente, das razões pelas quais a segurança foi denegada. Caso se reconheça o cabimento do mandado de segurança e se conclua por sua improcedência, outra ação não poderá ser manejada, para a discussão da mesma relação jurídica (salvo, é claro, uma rescisória, em uma das hipóteses previstas no CPC). Entretanto, caso se afirme apenas o *descabimento* do mandado de segurança (*v.g.*, pela impetração depois de transcorrido o prazo de 120 dias), sem apreciação de seu mérito, a propositura de ação de conhecimento, de procedimento comum, na qual o mesmo ato poderá ser impugnado, por outros ou pelos mesmos fundamentos, é plenamente possível. Aliás, se as causas do descabimento forem contornáveis (*v.g.*, falta da prova pré-constituída), o próprio *writ* pode ser renovado.

11.4.3. Ação anulatória

A chamada "ação anulatória" é uma ação de conhecimento, de procedimento comum, movida com o propósito de se obter uma tutela jurisdicional que implique o desfazimento do ato administrativo de lançamento por conta de nulidade nele verificada. Essa nulidade pode dizer respeito a questões substanciais (inexistência da obrigação tributária), ou formais (incompetência da autoridade lançadora, vícios no procedimento ou no processo administrativos etc.), e sua demonstração pode envolver não apenas controvérsia quanto à interpretação de normas e ao significado *jurídico* de fatos, mas também divergência quanto à própria ocorrência dos fatos sobre os quais se funda a pretensão do autor.

Exatamente porque comporta ampla dilação probatória, a ação de conhecimento, de procedimento comum, é instrumento mais amplo que o mandado de segurança para a discussão da validade do crédito tributário. Na ação anulatória, portanto, podem ser discutidos os mesmos lançamentos que seriam judicialmente impugnáveis em sede de mandado de segurança, além de outros que demandem dilação probatória, ou se tenham consumado há mais de 120 dias. Como há condenação do vencido no pagamento de honorários advocatícios de sucumbência, e pagamento de custas mais elevadas (especialmente nas Justiças dos Estados-membros), a ação anulatória pode tornar mais onerosa a discussão judicial do crédito tributário, ponto que também deve ser levado em consideração quando de sua escolha pelo contribuinte.

Note-se que, diversamente do mandado de segurança, que é impetrado contra ato de autoridade, a ação anulatória (como as ações de conhecimento de uma maneira geral, a exemplo de uma ação declaratória, ou de restituição do indébito) é movida contra a entidade pública prolatora do ato cuja desconstituição se pretende obter em juízo. Seu rito, em regra, é o ordinário, ou comum, e nela é possível uma ampla dilação probatória.

Para suspender a exigibilidade do crédito tributário cujo lançamento se pretende anular, o autor da ação pode requerer a concessão de tutela provisória, nos termos do art. 151, V, do CTN, demonstrando a presença dos requisitos a tanto necessários. O mesmo resultado pode ser alcançado através do depósito do montante integral do crédito tributário (CTN, art. 151, II). O depósito, convém insistir, é uma alternativa, sendo absurdo "condicionar" o deferimento de tutelas provisórias suspensivas da exigibilidade do crédito ao depósito de seu montante integral, pois o depósito, nesses casos, torna a liminar inteiramente desnecessária.

Ressalte-se, a propósito do depósito de que cuida o art. 151, II, do CTN, que montante integral é quantia exigida pelo Fisco (e que se questiona na ação), e não da quantia que o contribuinte eventualmente considera devida. Embora nos estejamos reportando ao depósito aqui, em item destinado à ação anulatória, o depósito em princípio pode ser feito em qualquer tipo de procedimento judicial no qual se questione exigência tributária (*v.g.*, mandado de segurança), sendo direito do contribuinte cujo exercício independe de autorização judicial ou administrativa.

Para a feitura do depósito, não é preciso formular pedido de tutela provisória,[31] nem requerer "autorização" ao Juiz. Basta *comunicar* ao juiz a sua feitura, nos autos da própria

---

31 STJ, MC 636/SP, *DJ* de 15/9/1997, p. 44285/6 – *RDDT* 29/111.

anulatória, pedindo a cientificação da parte ré para que respeite os efeitos suspensivos que lhe são próprios. O mesmo procedimento pode ser adotado no âmbito do mandado de segurança utilizado para impugnar a validade de lançamento tributário. Trata-se, aliás, de posicionamento hoje pacífico na jurisprudência, que, após alguma divergência, acolheu a tese que há muito vinha sendo defendida pela literatura especializada.[32]

O depósito é uma faculdade do contribuinte que pretender a suspensão da exigibilidade do crédito tributário discutido em juízo. Não é uma imposição ao exercício do direito de ação, constitucionalmente assegurado, devendo o art. 38 da Lei de Execuções Fiscais - que determina a feitura de depósito do montante integral do crédito tributário no âmbito da ação anulatória - ser interpretado *conforme a Constituição.* Seu correto sentido é o de que, não sendo feito o depósito (e não sendo concedida uma tutela provisória nos termos do art. 151, V, do CTN), a anulatória não implica, por si só, a suspensão da exigibilidade do crédito tributário, podendo a Fazenda Pública executá-lo.

Registre-se, a propósito, que a ação que dá origem a um processo de conhecimento, de procedimento comum, destinada a obter a desconstituição de um ato administrativo, pode ter muitos outros usos que não apenas a impugnação judicial de um ato de lançamento. Por meio dela podem ser impugnados outros atos administrativos, tais como atos de suspensão de imunidade, de revogação de uma isenção condicionada, de indeferimento ou rescisão de um parcelamento etc.

Quando o ato impugnado, conquanto não seja um lançamento, puder implicar a ulterior exigência de tributos - já lançados (*v.g.*, rescisão de parcelamento) ou a serem ainda lançados (*v.g.*, suspensão de imunidade) -, é possível requerer a concessão de tutela provisória para suspender os efeitos desse ato até o julgamento da questão.

11.4.4. Ação declaratória

A ação declaratória é aquela na qual o autor busca a manifestação do Poder Judiciário a respeito da existência, do modo de ser, ou da inexistência, de uma relação jurídica, ou acerca da autenticidade ou da falsidade de um documento, a fim de superar um estado de incerteza, de insegurança. A sentença, nesse caso, simplesmente declara, sem condenar, nem constituir ou desconstituir.

Note-se que as ações de conhecimento, de uma maneira geral, ensejam a prolação de sentenças com conteúdo declaratório. A sentença que anula um lançamento tributário por vício material, por exemplo, invariavelmente declara a inexistência da relação jurídica tributária nele acertada. Nesse caso, entretanto, sabendo-se que o que transita em julgado é o dispositivo da sentença, e não os seus fundamentos, o contribuinte não estaria livre de ver contra si efetuados outros lançamentos semelhantes, no futuro. A peculiaridade da ação declaratória reside precisamente no fato de que, nela, o que se pede é precisamente a declaração, que será veiculada no dispositivo da sentença. A coisa julgada, portanto, vincula as partes no tocante à relação jurídica declarada, mesmo em relação aos períodos futuros, naturalmente enquanto subsistir o mesmo contexto fático/normativo.

Vale lembrar a possibilidade, de resto presente em qualquer ação de conhecimento, de serem cumulados pedidos de prestação de tutela jurisdicional de espécies distintas. É possível pedir-se, em uma mesma ação, por exemplo: *(a)* a declaração da existência, da forma, ou inexistência, de uma relação jurídica; e, como consequência; *(b)* a desconstituição de um ato administrativo de lançamento discrepante da relação cuja declaração se almeja; e *(c)* a

---

32 STJ, EREsp 40.668/DF, *DJ* de 19/10/1998, p. 5, *RDDT* 40/190.

condenação da pessoa jurídica de direito público correspondente na restituição de quantias eventualmente já pagas a esse título.

A simples *pendência* de uma ação meramente declaratória não inibe o réu de considerar existente a relação jurídica cuja inexistência o autor pretende ver reconhecida, ou de reputar inexistente a relação jurídica cuja existência se pede seja declarada. Assim, caso o contribuinte pretenda ver assegurada a inexistência de relação jurídica que o obrigue ao pagamento de determinado tributo, a propositura da ação declaratória não será suficiente para que a Fazenda Pública não exija o crédito tributário relativo a esse tributo. Será necessário provocar a incidência do art. 151 do CTN, pleiteando a concessão de um provimento jurisdicional de urgência, ou procedendo-se ao depósito do montante integral do crédito tributário.

Naturalmente, em se tratando de ação meramente declaratória, ou declaratória verdadeiramente "pura", o depósito a rigor não é pertinente, pois não se discute a específica apuração que culminou com o estabelecimento da quantia depositada. Tanto é assim que, caso a Fazenda Pública, apesar do depósito, venha a fazer um "lançamento para prevenir a decadência", a sentença não será capaz de desconstituir esse lançamento. Apesar disso, não é o caso de "proibir" a feitura do depósito, no âmbito das ações declaratórias em matéria tributária, mas sim o de vislumbrar em tais ações, em virtude do depósito, também um efeito *cominatório.* Não são puras, pois se pede a condenação da Fazenda Pública em uma obrigação de fazer, não fazer, ou tolerar, relativamente à relação jurídica a ser declarada.

Esclareça-se, ainda, que com o trânsito em julgado da sentença que julgar procedentes os pedidos do autor da ação declaratória, o depósito deve ser levantado por este. Diante da procedência dos pedidos, não é possível manter o depósito à disposição do juízo, ou convertê-lo em renda em favor da pessoa jurídica de direito público respectiva, nem mesmo sob o argumento de que existem "outros débitos" lançados contra o mesmo contribuinte. Ora, se o depósito suspende a exigibilidade do crédito discutido em juízo, e não de "qualquer" crédito, a declaração de que esse crédito não pode sequer vir a ser constituído libera o depósito efetuado.

Em sendo os pedidos do autor julgados improcedentes, esse depósito deve ser convertido em renda da pessoa jurídica de direito público respectiva. Essa conversão em renda deve ocorrer mesmo quando não tiver havido o lançamento de ofício das quantias questionadas, não sendo lícito ao contribuinte invocar a consumação da decadência e a inexistência de um lançamento de ofício relativo às quantias depositadas, para com isso levantá-las mesmo tendo perdido a ação. Não se há de cogitar da consumação da decadência do direito da Fazenda Pública de efetuar esse lançamento, no caso, pois a concordância desta em relação ao depósito efetuado configura o lançamento por homologação do crédito tributário correspondente.

Como já foi dito, a principal distinção entre a ação declaratória "pura", ou meramente declaratória, e a ação apenas condenatória, é que nesta segunda a "declaração" é simples fundamento da sentença, não integrando o dispositivo respectivo; na primeira, por sua vez, a declaração integra o próprio dispositivo da decisão, precisamente o seu trecho que se reveste dos efeitos e da autoridade da coisa julgada. A sentença declaratória, portanto, tem efeitos mais abrangentes no tempo e que envolvem todas as possíveis decorrências da relação jurídica declarada em seu dispositivo.

Assim, se um contribuinte se considera *isento* do IPTU, mas propõe ação de restituição do indébito formulando *apenas* o pedido de condenação do Município à devolução do que já houver sido pago, a sentença, devidamente executada, obrigará o Município a efetuar a devolução pretendida, mas não o impedirá de, em outro momento, exigir novamente o IPTU relativo a outros períodos. O mesmo pode ser dito caso seja promovida ação pedindo-se apenas a desconstituição de um ato de lançamento. Isso porque a isenção, que enseja a inexistência de relação jurídica que obrigue ao pagamento do imposto, terá sido mero fundamento da decisão, e não parte do dispositivo. Por outro lado, se esse mesmo contribuinte propuser ação com pedido meramente declaratório da inexistência de relação jurídica que obrigue ao pagamento do IPTU, e seus pedidos forem julgados procedentes, o Município não poderá mais exigir o imposto, nem mesmo em outros exercícios; mas somente através de uma outra ação – condenatória – poderá ser *compelido* a restituir os valores já pagos.

Os efeitos da sentença declaratória *no tempo*, como dito, perduram enquanto perdurar a mesma situação fático/jurídica. Em outras palavras, enquanto as normas jurídicas forem as mesmas, e o fato a elas subsumido for também o mesmo (ou, conquanto posterior, reúna os elementos daquele considerado pela sentença), os efeitos da ação declaratória subsistem. E é bastante lógico que seja assim, pois o juiz "declarou" uma relação jurídica, que nada mais é que o fruto da incidência de uma norma sobre um fato. Permanecendo a norma e o fato, o mesmo se pode dizer da incidência da primeira sobre o segundo. Por conseguinte, em havendo alteração na situação de fato, ou no direito a ela aplicável, os efeitos da sentença declaratória não podem mais ser invocados.

Suponha-se que um contribuinte promova ação declaratória de inexistência de relação jurídica que o obrigue ao pagamento do IPTU. Invocando a legislação municipal específica, pede seja reconhecido o seu direito à isenção de referido imposto, pois é proprietário de apenas um imóvel residencial, no qual vive com a família, e cujo valor não ultrapassa a R$ 20.000,00. Constatadas a veracidade das afirmações quanto aos fatos e a previsão legal para a concessão de referido benefício, a ação é julgada procedente e transita em julgado. Nesse caso, o Município não poderá exigir-lhe o IPTU, nem mesmo nos exercícios fiscais subsequentes, pois a sentença tem "efeito normativo no que concerne à existência ou à inexistência de relação jurídica entre as partes".[33] Caso, porém, o contribuinte ponha abaixo a sua pequena casa e no terreno construa imenso edifício comercial, ou adquira outros imóveis, terá havido mudança no contexto fático, e a declaração da "incidência" contida na sentença não mais produz efeitos futuros. O mesmo se pode dizer no caso de mudança no plano normativo (*v.g.*, revogação da lei isentiva).

11.4.5. Ação de repetição do indébito

A Constituição Federal de 1988 estabelece que nenhum tributo será exigido sem lei que o estabeleça. Além disso, enumera os requisitos a serem preenchidos pela lei que instituir ou majorar tributos. Como consequência, o direito à restituição de um tributo pago indevidamente, vale dizer, sem amparo em lei válida, tem fundamento na Constituição, não podendo a lei, seja ordinária ou complementar, estabelecer formalidades para o exercício do direito à restituição que, desproporcionais, terminem representando a sua indireta supressão.

Como explicado no capítulo dedicado ao crédito tributário e às causas de sua extinção, o art. 165 do CTN, ao preconizar que o direito à restituição *independe de prévio protesto*, está a afirmar que o pagamento é indevido e deve ser restituído, independentemente de o sujeito passivo havê-lo pago "forçadamente", ou motivado por "erro". No Direito Tributário, como a obrigação é *compulsória*, a vontade do sujeito passivo não influi na relação tributária correspondente. Não será a manifestação de vontade do contribuinte que fará o tributo tornar-se indevido, assim como não será essa mesma vontade que "convalidará" um tributo indevido.

Questão das mais relevantes, no que toca à restituição de tributos pagos indevidamente, diz respeito à norma contida no art. 166 do CTN, segundo o qual "a restituição de tributos

---

33 CINTRA, Antônio Carlos de Araújo; GRINOVER, Ada Pellegrini; DINAMARCO, Cândido Rangel. **Teoria geral do processo.** 18. ed. São Paulo: Malheiros, 2002. p. 304.

que comportem, por sua natureza, transferência do respectivo encargo financeiro somente será feita a quem prove haver assumido referido encargo, ou, no caso de tê-lo transferido a terceiro, estar por este expressamente autorizado a recebê-la."

De logo se percebe que o dispositivo se reporta apenas à *restituição.* Assim, se o contribuinte *deixar de pagar* o tributo que considera indevido – em vez de pagá-lo para depois pleitear a devolução –, o art. 166 do CTN não se aplica.[34] Apesar de não se tratar, propriamente, de "restituição", o STJ entende que o art. 166 do CTN se aplica aos casos de *compensação.* Considera, para tanto, que "a compensação de crédito tributário é uma forma, ainda que indireta, de restituição de indébito".[35]

O maior problema na interpretação do artigo acima transcrito é a determinação do que vem a ser um tributo que comporte, por sua natureza, transferência do respectivo encargo financeiro. Isso porque, a rigor, de um ponto de vista econômico, *todo* tributo comporta transferência do encargo financeiro. Aliás, não apenas todo tributo, mas todo e qualquer ônus suportado no exercício de uma atividade econômica. Remete-se o leitor, aqui, para o que foi explicado no item *6.4.2.4.1,* no capítulo 6 deste livro.

O art. 168 do CTN dispõe que o direito de pleitear a restituição de tributos pagos indevidamente extingue-se com o decurso do prazo de cinco anos, contados: *(a)* da data da extinção do crédito tributário; ou *(b)* da data em que se tornar definitiva a decisão, administrativa ou judicial, que reformar, anular ou rescindir decisão condenatória.

A rigor, de acordo com o CTN, o prazo de cinco anos de que cuida o art. 168 seria para se pleitear a restituição na via administrativa. Resolvida definitivamente a questão pela Administração, de modo desfavorável ao contribuinte, este teria então dois anos, nos termos do art. 169, para propor a ação judicial correspondente. Não obstante, a jurisprudência tem considerado prescindível a formulação do pedido administrativo, que, por isso mesmo, não teria o condão de suspender e nem de interromper o prazo de prescrição para formular a pretensão de restituição do indébito em juízo, o qual seria contado nos termos do art. 168 do CTN.[36] A questão relativa à aplicabilidade do art. 169 do CTN, contudo, não parece estar pacificada no âmbito do STJ, pois existem julgados que, em face de pedidos administrativos de restituição denegados, admitem a aplicação do art. 169 do CTN às ações visando a discutir o acerto das decisões administrativas correspondentes[37].

Há, ainda, julgados do STJ que voltam a condicionar a propositura da ação de restituição do indébito ao indeferimento de um pedido administrativo, sem o qual não haveria "interesse de agir". Tais decisões são equivocadas, e impactam as premissas do entendimento subjacente à Súmula 625 do STJ[38], que não foi cancelada. Remete-se o leitor, nesta parte, ao que se escreveu no item *6.4.2.4*, no capítulo 6 deste livro.

A teor do art. 168, II, do CTN, o prazo de cinco anos para se pleitear a restituição de tributo pago indevidamente também tem início, no caso de pagamento feito em face de decisão condenatória, da data em que se tornar definitiva a decisão que reformar, anular ou rescindir essa decisão em face da qual o contribuinte foi obrigado a fazer o pagamento depois tido como indevido.

---

[34] STJ, 2ª T., REsp 698.611/SP, *DJ* de 6/6/2005, p. 288.

[35] STJ, 2ª T., REsp 472.162/SP, *DJ* de 9/2/2004, p. 157.

[36] STJ, 1ª T., AgRg no Ag 629.184/MG, *DJ* de 13/6/2005, p. 173.

[37] STJ, 2ª T., EDcl nos EDcl no REsp 1.035.830/SC, *DJe* de 8/10/2010.

[38] Súmula 625/STJ: "O pedido administrativo de compensação ou de restituição não interrompe o prazo prescricional para a ação de repetição de indébito tributário de que trata o art. 168 do CTN nem o da execução de título judicial contra a Fazenda Pública."

Na verdade, de um ponto de vista técnico, nenhuma decisão condena o contribuinte a pagar o tributo, até porque a Fazenda não precisa manejar ação de conhecimento, condenatória, para obter o seu título executivo. A decisão à qual o art. 168, II, do CTN está a se reportar é aquela que julga improcedente pedido feito pelo contribuinte, em ação manejada por ele. Tal decisão só indireta e impropriamente o "condena" a pagar o tributo o qual estava a impugnar. Imagine-se, por exemplo, que o contribuinte é executado, tem seus bens penhorados e opõe embargos, que são julgados improcedentes. Apela, mas, premido pelas circunstâncias, paga a dívida. Caso, depois, sua apelação seja provida, terá início com o trânsito em julgado do acórdão (que reformou a sentença) o prazo prescricional para pleitear a restituição do tributo correspondente.

Quando do trânsito em julgado da sentença proferida em sede de ação de restituição do indébito, inicia-se a fase relativa à sua *execução.* A Fazenda Pública pode opor embargos à execução, mas, como se trata de título judicial, a questão de mérito versada na sentença não pode ser reaberta.

Na hipótese de a Fazenda Pública alegar "excesso de execução", ou qualquer outro fundamento que implique o reconhecimento em parte da obrigação executada, o Juiz deverá desmembrar a dívida, determinando a expedição do precatório relativamente à parcela incontroversa, deixando suspensa, para eventual adimplemento depois do julgamento dos embargos, somente a parcela impugnada.

Caso não sejam opostos embargos, ou estes sejam julgados improcedentes, deverá então ser expedido o precatório, nos termos do art. 100 da CF/88. Nesse momento, o contribuinte pode optar por compensar o valor correspondente ao seu crédito (já liquidado e acertado) com débitos seus em face da entidade pública executada, *desistindo* da expedição do respectivo precatório. Essa postura é plenamente admitida pela jurisprudência,[39] que, inclusive, aceita até mesmo que o contribuinte vitorioso em ação na qual pedia a declaração de seu direito à compensação (e não à restituição do indébito) posteriormente "desista" da compensação e execute a sentença pedindo a expedição do precatório.[40]

Quanto à sistemática de precatórios, convém registrar que a Emenda Constitucional 94/2016 novamente a modificou, em uma tentativa de viabilizar seu pagamento por parte de entes públicos sem condições financeiras de fazê-lo. Estabelece, entre outras coisas, a possibilidade de os entes públicos endividados com precatórios "financiarem" o pagamento dos mesmos, não se aplicando, em tais hipóteses, os limites de endividamento estabelecidos no art. 52, VI e VII, da Constituição Federal, ou "quaisquer outros limites". Dispõe, ainda, o fracionamento de precatórios cujo montante seja superior a 15% do total representado por todos os demais, os quais serão pagos parte (15% de seu montante) no exercício seguinte, e o saldo parcelado em cinco anos, permitindo-se "acordos diretos" nos quais o cidadão pode aceitar redução de até 40% do seu crédito para recebê-lo com maior brevidade (CF/88, art. 100, § 2º). Outra inovação da Emenda consiste na permissão para que se utilizem, relativamente a Estados, Distrito Federal e Municípios que estejam *em mora* quanto ao pagamento de precatórios, os valores de depósitos judiciais referentes tanto a ações em que forem parte tais entes públicos, ou mesmo depósitos relativos a ações entre partes litigantes inteiramente diversas (ressalvadas apenas os que digam respeito a verba de caráter alimentar) para pagar os precatórios por eles devidos (ADCT, art. 101).

Não bastassem tais alterações, que se aplicam apenas a Estados e Municípios, notadamente àqueles que já não vinham conseguindo pagar seus precatórios por dificuldades

---

39 STJ, AGA 471.645/RS, *DJ* de 19/12/2003, p. 413.

40 STJ, REsp (AgRg) 227.048/RS, *DJ* de 26/3/2001, p. 414.

orçamentárias, as ECs 113 e 114 modificaram, no final de 2021, novamente, a sistemática de pagamento de precatórios, para condicionar, dificultar e obstaculizar seu adimplemento. Dentre outras disposições, passou-se a estabelecer um teto no orçamento, de valor máximo a ser usado no pagamento de tais condenações, acima do qual os precatórios são transferidos para pagamento no ano seguinte, com a possibilidade de "acordo" para que o cidadão o receba desde que renuncie a até 40% do valor devido.

Tais modificações representam inaceitável violação à ideia de Estado de Direito, além de criarem cenário destinado a tornar o pagamento de precatórios cada vez mais difícil, diante do represamento e do consequente aumento das quantias que a cada ano não são pagas e são transferidas ao ano seguinte. As razões pelas quais o STF já declarou inconstitucionais as ECs 30/2001 e 62/2009 aplicam-se, com mais intensidade até, a essas mais recentes tentativas de calote, o que por igual foi reconhecido pela Corte[41].

11.4.6. Ação de consignação em pagamento

Ação de consignação em pagamento é aquela através da qual se busca a proteção ao direito de pagar uma dívida, em face de indevida resistência oferecida pelo credor, ou da pretensão de mais de um credor de recebê-la. Trata-se de instrumento processual adequado, em outras palavras, à tutela do direito de pagar, e pagar ao credor correto.

O disciplinamento legal de referida ação pode ser encontrado nos arts. 539 a 549 do CPC, e, no que diz respeito ao processo tributário, no art. 164 do CTN, que afirma cabível a ação de consignação em pagamentos nos casos: (*i*) de recusa de recebimento, ou subordinação deste ao pagamento de outro tributo ou de penalidade, ou ao cumprimento de obrigação acessória; (*ii*) de subordinação do recebimento ao cumprimento de exigências administrativas sem fundamento legal; e (*iii*) de exigência, por mais de uma pessoa jurídica de direito público, de tributo idêntico sobre um mesmo fato gerador.

O emprego da ação de consignação, no que tange aos incisos I e II, é de verificação pouco frequente, não só porque qualquer quantia paga à Fazenda Pública a determinado título pode ser por ela imputada a outra dívida (CTN, art. 163), mas especialmente porque o pagamento de tributos, feitos em estabelecimentos bancários, não costuma ser recusado, nem subordinado ao pagamento de outros tributos ou ao cumprimento de obrigações acessórias. Pode ocorrer, contudo, no âmbito do lançamento do IPTU, de o documento que o formaliza veicular também o lançamento de outro tributo, considerado indevido (*v.g.*, taxa de limpeza pública), não permitindo o pagamento de um sem o outro. Nessa hipótese, seguramente, será cabível a consignatória[42].

A consignatória mostra-se mais relevante, e útil, na hipótese referida no inciso III do art. 164, quando mais de uma pessoa jurídica de direito público estiverem a exigir tributo idêntico sobre um mesmo fato gerador. Imagine-se, por exemplo, que um contribuinte,

---

41 "(...) 17. A redação do art. 100, § 9º, da CRFB, estabelecida pela Emenda 113/2021, apesar de sensivelmente diferente daquela declarada inconstitucional pelo Supremo Tribunal Federal nas ADIs 4.425 e 4.357, contém a mesma essência e não se coaduna com o texto constitucional. 18. A compensação requerida pelo titular do precatório nas situações descritas no § 11 do mesmo artigo 100 somente mantém sua legitimidade após a exclusão do subteto para pagamento dos requisitórios se afastada a expressão que determina sua auto aplicabilidade à União. 19. A atual sistemática de atualização dos precatórios não se mostra adequada e minimamente razoável em vista do sem-número de regras a serem seguidas quando da realização do pagamento do requisitório. (...)". (STF, Pleno, ADI 7.047, Rel. Min. Luiz Fux, DJe-s/n de 18/12/2023, DJ de 19/12/2023).

42 STJ, 2ª T., REsp 197.922/SP, Rel. Min. Castro Meira, j. em 22/3/2005, *DJ* de 16/5/2005, p. 276.

estabelecido em um Município, preste serviços a tomador estabelecido em outro Município, e seja alvo, por esse serviço, da cobrança do ISS pelos dois Municípios.

Conquanto o dispositivo reporte-se a "tributo idêntico", não é necessário que se trate do mesmíssimo tributo, com o mesmo nome, e instituído por entidade tributante da mesma natureza, até porque isso reduziria despropositadamente o âmbito de incidência da norma nele contida. Não é necessário que estejam dois Municípios a exigir o ISS, ou dois Estados a exigir o IPVA. Pode se tratar de um conflito entre a União, pretendendo o ITR, e um Município, que exige o IPTU. O relevante é que esteja em discussão a cobrança de dois tributos, sobre um mesmo fato gerador, sendo a exigência de um *excludente* da exigência do outro.

Registre-se que o § 1º do art. 164 do CTN explicita a ideia, aqui já explicada, de que ação de consignação em pagamento presta-se à defesa do direito de pagar. O valor consignado pelo contribuinte é aquele considerado devido, ou, nos termos do dispositivo, aquele "que o consignante se propõe a pagar". Caso a exigência formulada seja tida como indevida, não porque o tributo é devido a outro ente, mas porque se considera que o tributo não é devido, o contribuinte deveria manejar, a rigor, ação anulatória, e não ação de consignação em pagamento.

Entretanto, nada impede, até porque os pedidos não são contraditórios ou incompatíveis, que o contribuinte maneje ação pedindo a declaração de seu direito de pagar apenas a quantia que considera devida, que é consignada, e, por consequência, pedindo que se anule o crédito tributário no que tange à parcela remanescente. Isso, inclusive, é admitido pelo Superior Tribunal de Justiça.[43] É apenas importante lembrar, em tal caso, que o depósito, se consistir apenas na quantia que o autor da ação pretende pagar, não suspenderá a exigibilidade do crédito tributário no que diz respeito à parcela impugnada.

O juízo competente para o processamento e o julgamento da ação consignatória dependerá dos entes tributantes envolvidos no problema. Caso a ação tenha por fundamento o inciso I ou II do art. 164 do CTN (recusa de recebimento pelo ente tributante), o juízo será aquele competente para processar as causas normalmente propostas contra o ente tributante correspondente. Em se tratando de recusa levada a cabo pela União, portanto, a ação deverá ser proposta perante a Justiça Federal, na seção judiciária em cuja circunscrição se encontrar estabelecido o contribuinte.

A competência não é de tão fácil determinação, contudo, em se tratando de ação proposta com fundamento no inciso III do mesmo artigo, hipótese na qual mais de uma pessoa jurídica de direito público estará envolvida na questão.

Caso o conflito se verifique entre União e Estado, entre União e Distrito Federal, entre Estado e o Distrito Federal, ou entre Estados, apesar do que dispõe o art. 102, I, *e*, da CF/88, a ação não será da competência do STF (Súmula 503 do STF). Entende o STF que, nesses casos, não há propriamente um conflito entre entes federados, mas um conflito entre um contribuinte e dois ou mais entes federados, não sendo possível que o contribuinte provoque essa competência originária (*RTJ* 44/564).

Assim, caso o conflito se verifique entre União e Estado (algo pouco provável em face da divisão de competências entre tais entes), a ação deverá ser proposta na seção judiciária federal instalada na capital do Estado correspondente. E, na hipótese de a exigência ser formulada por mais de um Estado, a ação deverá ser proposta em face da Justiça Estadual em cuja jurisdição estiver situado o contribuinte, cabendo ao STJ, se for o caso, dirimir conflito suscitado

---

43 STJ, 2ª T., REsp 538.764/RS, Rel. Min. Castro Meira, j. em 12/4/2005, *DJ* de 13/6/2005, p. 237. No mesmo sentido: STJ, 1ª T., REsp 659.779/RS, Rel. Min. Teori Albino Zavascki, j. em 14/9/2004, *DJ* de 27/9/2004, p. 281.

entre esse Juízo e o Juízo Estadual do outro Estado envolvido na questão. O mesmo vale para a exigência de tributo feita por mais de um Município situados em Estados diferentes. Caso, porém, o conflito se configure entre União e Município (*v.g.*, ITR × IPTU), ou entre Estado e Município (*v.g.*, ICMS × ISS), a ação deverá ser movida perante a Justiça Federal, ou a Justiça Estadual, respectivamente, em cuja circunscrição estiver situado o correspondente Município.

11.5. AÇÕES DA COLETIVIDADE

11.5.1. Nota distintiva

Nas chamadas "ações da coletividade", não há a defesa, pelo autor da ação, de um direito subjetivo seu. Postula-se a proteção de um direito subjetivo, mas de pessoas diversas daquela que promove a ação. É o caso de uma ação popular, na qual o cidadão que a promove não pretende defender a integridade de direito individual seu, mas direito da própria coletividade, dele e de todos os demais cidadãos.

11.5.2. Ação popular

A ação popular é instrumento processual disponível a qualquer cidadão, e sua finalidade é obter prestação jurisdicional que anule "ato lesivo ao patrimônio público ou de entidade de que o Estado participe, à moralidade administrativa, ao meio ambiente e ao patrimônio histórico e cultural, ficando o autor, salvo comprovada má-fé, isento de custas judiciais e dos ônus da sucumbência" (CF/88, art. 5º, LXXIII).

Sua utilidade não se restringe à defesa do Poder Público, ou seja, de direitos subjetivos de uma pessoa jurídica de Direito Público, mas envolve também a defesa de direitos coletivos, de todos e de cada um dos indivíduos que compõem a sociedade, tais como o direito a um ambiente saudável, à preservação de sítios arqueológicos, obras de arte, construções históricas etc.

No âmbito tributário, pode ser manejada como forma de preservar o patrimônio público em face de atos ilegais da Administração Tributária, lesivos ao Erário. Uma isenção concedida irregularmente a determinada empresa, por exemplo, pode ser questionada por qualquer cidadão, no âmbito de uma ação popular. Basta que o autor da ação comprove sua condição de cidadão, através da juntada de cópia de seu título de eleitor (Lei 4.717/65, art. 1º, § 3º, e art. 6º, § 5º).

Naturalmente, não é preciso que o autor da ação tenha interesse específico no problema a ser discutido na ação, ou tenha sido diretamente atingido pelo ato nela impugnado, pois não se trata da defesa de interesse subjetivo e individual seu, mas de um direito da coletividade.

Registre-se, ainda quanto à ação popular, o seu descabimento quando se pretender a discussão da lei em tese, ou seja, quando não se estiver impugnando a prática de um ato administrativo, mas a própria edição de uma lei, com conteúdo que se considera lesivo ao patrimônio público ou à moralidade, ao meio ambiente etc. Nesse caso, de impugnação da lei enquanto ato legislativo que veicula normas jurídicas, cabível será a ação direta de inconstitucionalidade, submetida a rito próprio e reservada a um estreito rol de legitimados à sua propositura.

11.5.3. Ação civil pública

Ação civil pública é o instrumento processual através do qual são tutelados direitos coletivos, *supra* ou *metaindividuais*. Direitos subjetivos, decorrentes da incidência de normas sobre fatos (diversamente de uma ADIn, na qual se versa o direito "em tese"), mas que pertencem à sociedade, a cada um e a todos os indivíduos que a compõem, e que por isso mesmo não podem ser atribuídos, individualmente, a este ou àquele cidadão. Sua finalidade é reprimir ou impedir danos ao meio ambiente, ao consumidor, a bens e direitos de valor artístico, estético, histórico, turístico ou paisagístico.

Em entendimento que tem despertado críticas no plano acadêmico, a jurisprudência não admite o uso da ação civil pública em matéria tributária, para impugnar a exigência de tributos.[44] Por essa razão, essa ação não será tratada aqui de forma mais detalhada.

11.6. CONTROLE CONCENTRADO DE CONSTITUCIONALIDADE

11.6.1. Natureza e finalidade

O Poder Público, composto de pessoas tão falíveis quanto quaisquer outras, não raro pratica atos inválidos, que não guardam coerência com o ordenamento jurídico dentro do qual se devem encartar. E esses atos inválidos não advêm apenas da Administração Pública, mas também do Poder Legislativo, em sua atuação no âmbito da criação de normas jurídicas.

A partir de precedentes da Suprema Corte dos Estados Unidos da América, firmou-se o entendimento de que também os atos legislativos, quando incompatíveis com as normas de superior hierarquia, contidas na Constituição, são suscetíveis de controle jurisdicional. Afinal, para que a Constituição seja realmente suprema, rígida e hierarquicamente superior, não se pode admitir que um juiz, ao solucionar um caso concreto, seja obrigado a aplicar uma lei que contrarie seus dispositivos. Em outras palavras, o controle de constitucionalidade das leis e demais atos normativos é uma consequência lógica da própria supremacia constitucional.

Da ideia de que o juiz não deve aplicar ao caso concreto, no exercício da jurisdição, uma lei que considere inconstitucional, surgiu o controle difuso de constitucionalidade, também conhecido como controle concreto, ou incidental. Em face das condições nas quais é exercitada, essa espécie de controle de constitucionalidade tem seus efeitos limitados às partes do processo judicial correspondente.

O controle difuso de constitucionalidade foi o primeiro a ser adotado no Brasil. Desde a Constituição de 1891, todo e qualquer órgão do Poder Judiciário pode declarar, incidentalmente aos casos que estiver apreciando, a inconstitucionalidade de leis ou atos normativos.

Paralelamente a essa forma de controle, desenvolveu-se na Europa o chamado controle concentrado, ou abstrato, de constitucionalidade. Realizado por apenas um órgão (daí o nome "concentrado") e produzindo efeitos sobre todos (*erga omnes*), seus efeitos se processam no plano normativo, ou da abstração jurídica, não havendo um caso concreto a ser deslindado. Trata-se, a rigor, de um procedimento especial de invalidação de normas jurídicas, em tese, no qual o Judiciário atua como legislador negativo, excluindo do próprio ordenamento jurídico a norma impugnada.

Esse sistema de controle foi também inserido no Direito Brasileiro, a partir da Constituição de 1934, em cujo art. 12, § 2º, já constava a referência ao controle concentrado de constitucionalidade, que entretanto limitava-se às leis de intervenção federal em Estado-membro. Feição semelhante à atual foi obtida somente em 1965, com a Emenda nº 16 à Constituição de 1946, que passou a prever a possibilidade de ser proposta "representação de inconstitucionalidade", perante o STF, pelo Procurador-Geral da República (art. 101, I). Atualmente, o controle concentrado de constitucionalidade está previsto nos arts. 102, I, *a*, e 103 da CF/88, que tratam das ações diretas de constitucionalidade e de inconstitucionalidade, tendo sido regulamentado pela Lei 9.868/1999.

---

44 Cf., *v.g.*, STF, Pleno, RE 195.056/PR, *DJ* de 30/5/2003, p. 30.

Nas linhas que se seguem, não será tratado o controle difuso de constitucionalidade, que pode ser normalmente exercido na determinação dos fundamentos de acórdão ou sentença proferida em quaisquer das ações anteriormente examinadas (embargos do executado, mandado de segurança, anulatória, declaratória, restituição do indébito etc.). Não há, nesse ponto, peculiaridades procedimentais que mereçam tratamento apartado aqui. Cuidar-se-á, porém, de alguns aspectos relacionados ao controle concentrado de constitucionalidade, especialmente dos aspectos relacionados ao direito intertemporal.

11.6.2. ADI e ADC

Em face da EC nº 45/2004, a ação direta de inconstitucionalidade e a ação declaratória de constitucionalidade passaram a ter tantos pontos em comum que talvez se possa falar, hoje, em uma ação apenas, de controle concentrado de constitucionalidade.

O art. 103 da Constituição Federal de 1988 atribui competência para a propositura da ação direta de inconstitucionalidade e da ação declaratória de constitucionalidade ao Presidente da República; à Mesa do Senado Federal; à Mesa da Câmara dos Deputados; à Mesa de Assembleia Legislativa ou da Câmara Legislativa do Distrito Federal; ao Governador de Estado ou do Distrito Federal; ao Procurador-Geral da República; ao Conselho Federal da Ordem dos Advogados do Brasil; a partido político com representação no Congresso Nacional e a confederação sindical ou entidade de classe de âmbito nacional. Recebida a ação pelo STF, deverá ser citado o Advogado-Geral da União, a fim de que defenda a validade do ato ou texto impugnado. Como em todos os processos de competência do STF, o Ministério Público deverá ser ouvido.

Percebe-se, na atual Constituição, sensível incremento no *rol* dos legitimados para a propositura de uma ADI (ou de uma ADC), antes adstrito ao Procurador-Geral da República. A inclusão do Conselho Federal da Ordem dos Advogados do Brasil e de confederações sindicais ou entidades de classe de âmbito nacional deu feição mais democrática ao instituto, que passou a ser manejado também por integrantes da sociedade, tão ou mais interessada na manutenção da integridade da ordem jurídica e da higidez constitucional. Ganhou também o sistema de *checks and balances*, com um maior controle do poder pelo poder, em face da inclusão de Partidos políticos com representação no Congresso e de Mesas do Senado, da Câmara dos Deputados e de Assembleia Legislativa. Possibilitou-se, com isso, a participação das várias forças envolvidas no processo legislativo, bem como de representantes de entes federados.

Ainda quanto à legitimidade, no que concerne às entidades de classe, às confederações sindicais, aos Governadores dos Estados e às Assembleias Legislativas, o STF tem exigido, ainda, a presença de *pertinência temática* entre o autor da ADIn e a matéria a ser nela apreciada. Exemplificando, a Confederação Nacional das Indústrias não poderia questionar, em sede de controle concentrado de constitucionalidade, a validade de lei que cria tributo a ser pago apenas por produtores rurais (ADIn 1.103/DF), ou por prestadores de serviços. Essa exigência não é feita quando o autor é Conselho Federal da OAB, ou o Presidente da República, por exemplo, pois neles se presume o legítimo interesse em preservar a supremacia da Constituição em quaisquer áreas, matérias ou aspectos.

A propósito do termo *ação*, conquanto já esteja consagrada a expressão *ação direta de inconstitucionalidade*, ou *ação de inconstitucionalidade*, não se trata aqui, a rigor, de uma ação, no sentido processual da palavra. Isso porque não há exercício da jurisdição, pelo menos em sua significação tradicional, que é a de resolução de um conflito *em um caso concreto*. Ao julgar ações de inconstitucionalidade, o STF não aplica a Constituição a um caso concreto, mas sim corrige um defeito que, no plano hipotético, normativo, da abstração jurídica, é verificado no ordenamento. Em outros termos, e lembrando lições básicas de Teoria Geral do Direito, é o direito objetivo - e não o direito subjetivo - que se corrige. A rigor, trata-se de produção normativa. O STF atua como legislador negativo, de modo *erga omnes*.

Note-se que, no âmbito das "ações" de controle concentrado de constitucionalidade, o Tribunal (STF ou TJ, conforme o caso) não está adstrito ao cotejo da compatibilidade entre o dispositivo impugnado e um determinado artigo da Constituição, tido como violado pelo autor da ação. Não. O dispositivo cuja constitucionalidade é objeto de apreciação pode ter sua invalidade decretada em face de outros artigos da Constituição que não aqueles apontados na inicial. Aplica-se, com toda a intensidade, o princípio do *jura novit curia*, não estando o Tribunal "adstrito aos fundamentos invocados pelo autor, podendo declarar a inconstitucionalidade por fundamentos diversos dos expendidos na inicial".[45]

Questão das mais relevantes diz respeito aos efeitos *no tempo* da decisão que decreta a inconstitucionalidade de uma lei ou de um ato normativo outro. O STF tem considerado que, em princípio, a medida cautelar que suspende a vigência do ato normativo impugnado tem eficácia *ex nunc*, ou seja, apenas para o futuro, enquanto a decisão que julga definitivamente a ação, declarando a inconstitucionalidade da norma impugnada, produz efeitos *ex tunc*, quer dizer, a partir da edição da norma declarada inconstitucional.

Esses são os efeitos da decisão, liminar e definitiva, *em princípio*. Entretanto, o STF tem admitido, em alguns casos, por atribuir eficácia *ex tunc* à medida cautelar, e pode, por autorização da Lei 9.868/99, atribuir eficácia *ex nunc* à decisão que julgar definitivamente a ação.

A propósito, há um dado que deve ser considerado, na hipótese de uma norma ser considerada inconstitucional de forma *ex tunc*. Trata-se do respeito aos *cidadãos* que, de boa-fé, a houverem observado. Não se pode simplesmente aplicar a "teoria das nulidades", afirmando-se que a lei inconstitucional é um "nada", "nunca existiu", quando isso implique o prejuízo de cidadãos que observaram a lei confiantes na presunção de sua constitucionalidade. Premissas e fundamentos inerentes ao controle difuso de constitucionalidade, que é invariavelmente exercitado em favor do cidadão e é feito à luz de uma situação concreta, não podem ser transplantadas de modo impensado para o âmbito do controle concentrado, sob pena de surgirem inaceitáveis distorções, que poderiam ser chamadas de "situações ainda mais inconstitucionais".

Com efeito, a declaração da inconstitucionalidade de uma lei faz com que, automaticamente, a lei que havia sido por ela revogada, ou que não incidia sobre as situações nela previstas por ser mais genérica, passe a ser aplicável de modo retroativo. Isso, na generalidade das situações, se dá em favor do cidadão, que passa a ter direito à restituição de tributos pagos com base na lei declarada inconstitucional, por exemplo. Na hipótese - certamente menos frequente - de tais efeitos retro-operantes *prejudicarem o cidadão*, porém, tal eficácia *ex tunc* não pode ser absoluta. E isso independentemente de modulação expressa por parte do STF.

Imagine-se, por exemplo, que um cidadão importa mercadoria beneficiada com isenção, e a operação assim é declarada ao Fisco. Caso posteriormente se declare, em ADIn, inconstitucional a lei isentiva, que seria então tida como "nunca existente", teria o contribuinte praticado o crime de descaminho? Obviamente não, o que mostra que a lei, conquanto inconstitucional, há de produzir efeitos em relação a quem a houver de boa-fé observado, especialmente se se considerar que não foi o cidadão em exame o responsável por sua elaboração.

As normas jurídicas, enfim, sejam oriundas do Poder Legislativo, sejam decorrentes da atuação do Poder Judiciário, em sede de controle abstrato de constitucionalidade, não podem retroagir em desfavor do cidadão.

---

[45] STF, ADI 2396 MC/MS, *DJ* de 14/12/2001, p. 23.

11.6.3. ADPF

A EC nº 3/93 inseriu, no texto constitucional, remissão ao julgamento, pelo STF, de ação chamada *arguição de descumprimento de preceito fundamental* (ADPF). Trata-se de norma constitucional de eficácia limitada, só tendo o STF admitido conhecer ações dessa natureza depois de sua regulamentação pela Lei 9.882, de 3 de dezembro de 1999.

Nos termos da apontada lei, a arguição de descumprimento de preceito fundamental será proposta perante o STF e terá por objeto evitar ou reparar lesão a preceito fundamental, resultante de ato do Poder Público. Caberá também arguição de descumprimento de preceito fundamental quando for relevante o fundamento da controvérsia constitucional sobre lei ou ato normativo federal, estadual ou municipal, incluídos os anteriores à Constituição (Lei 9.882/99, art. 1º). Os legitimados para propor a arguição de descumprimento de preceito fundamental são as mesmas partes legítimas para a propositura de ADIn (Lei 9.882/99, art. 2º).

A petição inicial da ADPF deverá conter: (*i*) a indicação do preceito fundamental que se considera violado; (*ii*) a indicação do ato questionado; (*iii*) a prova da violação do preceito fundamental; (*iv*) o pedido, com suas especificações; (*v*) se for o caso, a comprovação da existência de controvérsia judicial relevante sobre a aplicação do preceito fundamental que se considera violado. Será acompanhada de instrumento de mandato, se for o caso, e deverá ser apresentada em duas vias, devendo conter cópias do ato questionado e dos documentos necessários para comprovar a impugnação (Lei 9.882/99, art. 3º).

Como se percebe, trata-se de instrumento de controle *concentrado* de constitucionalidade, pois manejado diretamente perante o STF, mas não necessariamente esse controle será feito, como na ADIn e na ADC, de forma *abstrata*, vale dizer, em face do direito "em tese". O "ato do poder público", que, no entendimento do autor da ação, viola preceito fundamental, tanto pode ser um ato *normativo* como um ato *concreto*. O relevante, no caso, é que *não exista outro meio eficaz de sanar a lesividade* (Lei 9.882/99, art. 4º, § 1º), sendo a ADPF evidente instrumento *subsidiário*, destinado a evitar que um preceito fundamental da Constituição pereça por falta de um remédio adequado à sua tutela. Daí a possibilidade de seu emprego em face de leis municipais, bem como de leis anteriores à Constituição Federal de 1988, pois em tais hipóteses, segundo jurisprudência consagrada do STF, não seriam cabíveis ADI ou ADC.

O pedido de medida liminar deverá ser apreciado e, se for o caso, deferido, pela maioria absoluta dos membros do STF. Entretanto, em caso de extrema urgência ou perigo de lesão grave, ou ainda durante período de recesso, o relator poderá conceder a liminar, *ad referendum* do Tribunal Pleno (Lei 9.882/99, art. 5º), vale dizer, o Plenário deverá deliberar, posteriormente, se ratifica a liminar, ou não.

A liminar poderá consistir na determinação de que juízes e tribunais suspendam o andamento de processo ou os efeitos de decisões judiciais, ou de qualquer outra medida que apresente relação com a matéria objeto da arguição de descumprimento de preceito fundamental, salvo se decorrentes da coisa julgada. Percebe-se, neste ponto da Lei 9.882/99, evidente preocupação com a segurança jurídica, na medida em que a decisão, proferida em ADPF, poderá atingir processos em curso, mas não aqueles já encerrados.

O relator da ADPF poderá ouvir os órgãos ou autoridades responsáveis pelo ato questionado, bem como o Advogado Geral da União ou o Procurador-Geral da República, no prazo comum de cinco dias (Lei nº 9.882/99, art. 5º, § 2º).

Apreciado o pedido de liminar, o relator solicitará as informações às autoridades responsáveis pela prática do ato questionado, no prazo de dez dias. Se entender necessário, poderá o relator ouvir as partes nos processos que ensejaram a arguição, requisitar informações adicionais, designar perito ou comissão de peritos para que emita parecer sobre a questão, ou, ainda, fixar data para declarações, em audiência pública, de pessoas com experiência e autoridade na matéria (Lei 9.882/99, art. 6º). Percebe-se o caráter subsidiário da ADPF, destinada a suprir lesões antes não remediadas por falta de instrumento adequado. Nela tanto se pode provocar o controle abstrato como o concreto (embora sempre concentrado no STF), e a lesão ao preceito fundamental pode inclusive ter surgido no âmbito de um processo judicial, fazendo a ADPF, nesse caso, as vezes de um recurso excepcionalíssimo.

Julgada a ação, far-se-á comunicação às autoridades ou órgãos responsáveis pela prática dos atos questionados, fixando-se as condições e o modo de interpretação e aplicação do preceito fundamental. Seu cumprimento será determinado pelo Presidente do STF imediatamente, deixando-se para lavrar o acórdão em momento posterior. A decisão deverá ter o seu dispositivo publicado em seção especial tanto do *Diário da Justiça* como do *Diário Oficial* e terá eficácia *erga omnes* e efeitos vinculantes relativamente aos demais órgãos do Poder Público (Lei 9.882/99, art. 10).

Tal como ocorre no âmbito da ADIn e da ADC, ao declarar a inconstitucionalidade de lei ou ato normativo, no processo de arguição de descumprimento de preceito fundamental, e tendo em vista razões de segurança jurídica ou de excepcional interesse social, poderá o STF, por maioria de dois terços de seus membros, restringir os efeitos daquela declaração ou decidir que ela só tenha eficácia a partir de seu trânsito em julgado ou de outro momento que venha a ser fixado (Lei 9.882/99, art. 11).

Da decisão que conhece ADPF, julgando-lhe procedente ou improcedente o pedido, não cabe recurso ou ação rescisória, sendo possível, contudo, a apresentação de reclamação ao STF, em face de seu eventual descumprimento.

Em face de sua natureza excepcional e subsidiária, não são muito numerosas as hipóteses em que a ADPF pode ser utilizada, em matéria tributária. Mas existem exemplos de casos nos quais, em tese, esse instrumento pode ser utilizado.

Primeiro, em função de lei municipal (*v.g.*, que institui o IPTU com a aplicação de alíquotas progressivas simples, sem possibilidade de dedução dos valores relativos às faixas de alíquotas inferiores) contrária à Constituição Federal. Se houver dispositivo semelhante ao violado também na Constituição Estadual, poder-se-á preferir a ADIn perante o TJ, e inclusive alegar-se que se trata de outro meio eficaz para sanar a lesividade, sendo incabível a ADPF. Entretanto, se não houver disposição análoga na Constituição Estadual, não sendo cabível a ADIn perante o TJ estadual, o cabimento da ADPF nos parece induvidoso. A mera possibilidade de cada cidadão se utilizar do controle difuso não nos parece equivalente a um outro meio igualmente eficaz para sanar a lesividade. E, além disso, a Lei 9.882/99 prevê expressamente a possibilidade de, por meio de ADPF, fazer-se o controle concentrado, e abstrato, da constitucionalidade de leis municipais perante a Constituição Federal.

Outro exemplo que pode ser citado, ainda no campo do controle abstrato, é o de leis ainda vigentes, mas editadas anteriormente à CF/88. É o caso de muitas leis, estaduais e municipais, que instituem "taxas" inconstitucionais, mas que foram editadas no início da década de 1980, e por isso não desafiam ADIn. Há, também nesse caso, autorização expressa para o uso de ADPF, pelo art. 1º da Lei 9.882/99.

A tutela cautelar é definida por sua finalidade, que é a de assegurar a eficácia, ou a utilidade, da tutela de conhecimento, ou da tutela executiva. Seus pressupostos básicos, portanto, residem na existência de uma situação de perigo à efetividade de uma prestação jurisdicional, e na possibilidade de essa prestação vir a ocorrer em favor de quem a requer. É o que os processualistas costumam chamar de perigo da demora, e de aparência do direito, respectivamente.

Capítulo 12

NOÇÕES DE DIREITO FINANCEIRO

Acesse e assista à aula explicativa sobre este assunto.

> *https://uqr.to/1phep*

12.1. CONCEITO DE DIREITO FINANCEIRO

Como explicado anteriormente, a atividade de obter, administrar e aplicar os recursos necessários ao funcionamento do Estado nem sempre foi submetida a normas preestabelecidas, limitadoras do poder dos que corporificam a máquina estatal. Tais normas surgiram gradualmente, ao longo da História, sendo o Direito Financeiro o ramo do ordenamento jurídico que regula a atividade relacionada com a obtenção, a administração e a aplicação dos recursos necessários à subsistência e ao funcionamento do Poder Público. Por isso mesmo, há relação umbilical entre o Direito Financeiro e o Direito Constitucional[1]. Como o disciplinamento da obtenção das receitas tributárias ganhou autonomia didática em virtude de sua crescente importância prática, sendo conhecido como Direito Tributário, pode-se dizer que o Direito Financeiro é o conjunto de regras e princípios que se ocupam da obtenção das receitas públicas (excetuadas as de natureza tributária e as acessórias destas), dos orçamentos, da dívida e da despesa pública.

Sob a influência do positivismo jurídico, inspirado por ideias de demarcação dos objetos dos vários ramos do conhecimento científico, e por certa aversão a temas axiológicos, ou ligados a valores, o Direito Financeiro tem recebido pouca ou nenhuma atenção dos que se dedicam ao Direito Tributário, o que conduz a problemas, inclusive, ligados à investigação a respeito da legitimidade do que se arrecada a título de tributo. Questões inerentes à ética e aos fins da tributação são colocadas de lado, talvez por se situarem em zona de fronteira entre o Direito e a Filosofia, levando tributaristas a tangenciá-las por ser demasiadamente filosóficas, e filósofos a se distanciarem delas por considerarem a tributação assunto demasiadamente árido e técnico[2]. Questionamentos em torno da causa ou da razão de ser da tributação costumavam conduzir, no Século XX, no máximo, a um estudo do fato gerador e da norma que sobre ele incidia, jamais se discutindo as

---

1 BEREIJO. Álvaro Rodríguez. Estudio preliminar a LABAND, Paul. **Derecho Presupuestario.** Madrid: Instituto de Estudios Fiscales, 1979, p. X.

2 GUTMANN, Daniel. Du droit a la philosophie de l'impôt. **Archives de philosophie du droit**. L'impôt. Tome 46. 2002. p. 7.

razões pelas quais referida norma teria sido elaborada e deveria ser cumprida[3]. Para que se supra essa deficiência, por certo não é possível ao estudioso aprofundar-se em todos os ramos do conhecimento, mas, ainda que se decida verticalizar a abordagem em um deles, é preciso pelo menos dialogar com as constatações feitas pelos que se aprofundam nos outros. Para tanto, inserem-se, neste manual, algumas breves noções de Direito Financeiro, no que mais de perto se relacionam com o Direito Tributário, por estarem relacionadas sobretudo ao tratamento dado aos recursos arrecadados nos termos deste.

É importante considerar que houve importante mudança de compreensão do Direito Tributário, e, com isso, altera-se também a maneira como se examinam suas relações com o Direito Financeiro. A título exemplificativo, ganhou destaque, nas últimas décadas, a figura das *contribuições*, que se caracterizam por sua finalidade e que, por isso mesmo, demandam análise do que ocorre com o produto de sua arrecadação – matéria antes isolada como "pertinente apenas ao Direito Financeiro" – para que se verifique se o disciplinamento jurídico que caracteriza esse tributo está sendo observado. A própria maneira como se compreende a lei orçamentária, nessa ordem de ideias, sofreu modificações, já tendo sido inclusive admitido o uso de ações de controle concentrado de constitucionalidade em face de suas disposições, conforme será visto mais adiante.

Isso porque, conforme explicado nos capítulos iniciais deste livro, o tributo, nos dias atuais, tem finalidades que não se limitam à mera arrecadação de recursos. Em um passado não muito distante, notadamente em virtude do papel que se atribuía ao Estado, seu objetivo era abastecer o Poder Público com os recursos necessários à consecução de suas finalidades, não estando relacionado a atuações do Estado de natureza social ou destinadas a alterar a ordem social ou econômica.[4] Atualmente, o tributo pode ser usado como instrumento para a redução das desigualdades sociais e regionais, *legitimando-se* pela maneira como é aplicado, o que faz indispensáveis, para que se corretamente compreendam as normas de Direito Tributário, mínimas noções a respeito de outras receitas públicas, e, especialmente, do orçamento, da dívida e da despesa pública, matéria disciplinada pelo Direito Financeiro.

Aliomar Baleeiro faz remissão, a esse respeito, das diversas *fases* pelas quais passaram as *receitas públicas*. A primeira delas teria sido a *parasitária*, sendo o custeio da máquina pública, precipuamente, obtido por meio de extorsões sobre povos vencidos. Em seguida, teria havido a fase *dominial*, na qual a principal fonte de custeio teria sido a exploração direta do próprio patrimônio público. A terceira, a *regaliana*, consubstanciar-se-ia naquela cujas receitas decorreriam da cobrança de direitos por parte daqueles terceiros, particulares, encarregados de usar ou explorar o patrimônio público. A quarta, por sua vez, seria a *tributária*, na qual a atividade econômica seria exercida pelos particulares e o Estado, por meio do tributo, obteria

---

3 Como observa Ricardo Lobo Torres, "boa parte dos problemas das finanças públicas atuais, no Brasil e no estrangeiro, veio do corte observado entre poder de tributar e poder de gastar ou entre direito tributário e direito financeiro, que conduziu à irresponsabilidade fiscal e à própria crise fiscal que desestruturou o Estado do Bem-estar Social." TORRES, Ricardo Lobo. **Tratado de direito constitucional, financeiro e tributário.** Rio de Janeiro: Renovar, 2009. v. 1, p. 4.

4 James Bryce e Bernhard Grossfeld registram a posição do então Primeiro-Ministro da Inglaterra, William Pitt, a respeito da criação do imposto de renda e de como deveria haver a distribuição do ônus e a aplicação dos recursos correspondentes: "*Even though Pitt considered the income tax a means to distribute the burden of the war equally on all shoulders, he argued strongly against any attempt to use the income tax as an instrument to achieve social equality. He regarded it as futile and dangerous to make any change in the traditional order.*" BRYCE, James D. and GROSSFELD, Bernhard. Brief Comparative History of the Origins of the Income Tax in Great Britain, Germany and the United States. **Am. J. Tax Pol'y 211 (1983).** p. 217.

a receita derivada necessária ao seu sustento. Finalmente, a quinta, seria a fase *social*, na qual agregar-se-ia a função extrafiscal sociopolítica ao tributo[5].

Essas fases, naturalmente, não contam com divisões nítidas ou estanques ao longo da História. Até hoje, por exemplo, o Estado explora seu próprio patrimônio, além de cobrar direitos de quem o explora (os *royalties* pela exploração de petróleo e minerais, por exemplo). Mas elas indicam períodos de preponderância de um tipo de receita, que se reflete, por igual, em um perfil de Estado. O perfil atual, em razão do aspecto social apontado, torna ainda mais importante o diálogo entre o Direito Tributário e o Financeiro.

No ordenamento jurídico brasileiro, as normas gerais de Direito Financeiro, a serem observadas pela União, pelos Estados-membros, pelo Distrito Federal e pelos Municípios, encontram-se na Constituição Federal, na Lei 4.320/64 e na Lei Complementar nº 101/2000, também conhecida como Lei de Responsabilidade Fiscal (LRF).

Quanto à Lei 4.320/64, vale registrar que, embora se trate de *lei ordinária*, a matéria nela versada, atualmente, só por lei complementar pode ser disciplinada. Isso significa que suas disposições somente por lei complementar podem ser alteradas, dizendo-se, portanto, que ela tem *status* de lei complementar. É rigorosamente o mesmo que ocorre, ver-se-á em seguida, com o Código Tributário Nacional.

Sempre que se cogita da "autonomia" de um ramo do direito, como já explicado, é importante distinguir *conhecimento* e *objeto do conhecimento*, ou, por outras palavras, deve-se diferenciar a ciência e aquilo que é por ela estudado. Em outros setores, há palavras ou expressões diversas para designar essas duas realidades (*v.g.*, Medicina e funcionamento do corpo humano; Biologia e vida, e assim por diante), mas, em relação à ciência jurídica, a palavra *direito* designa tanto o ramo do conhecimento quanto o objeto desse conhecimento, ou o setor da realidade por ele estudado. Direito, com efeito, designa tanto a ciência jurídica quanto o conjunto de normas (e a realidade a ele subjacente) estudado por essa ciência[6].

Feita essa diferença, pode-se dizer que, enquanto objeto, o direito é indivisível, e não existem setores ou departamentos "autônomos". Tal como ocorre com o corpo humano, tem-se um sistema ou um conjunto de partes interligadas e que não têm existência independente do todo. Entretanto, se tomamos a palavra *direito* como a designar a *ciência* ou o *conhecimento* que se tem de tais objetos, pode-se, sim, cogitar de separações, ou departamentalizações. Embora relativas, sendo sempre necessário ter também uma visão geral ou holística da realidade, as ciências se especializam, e do mesmo modo que se pode, na Medicina, mencionar a oftalmologia, a cardiologia ou a neurologia (e, dentro destas, estabelecer ainda diversas separações), sem que com isso se reconheça a existência de um olho ou de um cérebro "autônomos" e destacados do corpo que integram, pode-se cogitar, também, de um Direito Financeiro, de um Direito Tributário ou de um Direito Penal, enquanto *ramos do conhecimento* que se ocupam de parcelas da realidade, ainda que se saiba que tais parcelas da realidade – tal como as partes do corpo humano – não têm existência independente uma da outra ou do todo que integram.

---

5 BALEEIRO, Aliomar. **Uma introdução à ciência das finanças**. 17. ed. Atualização de Hugo de Brito Machado Segundo. Rio de Janeiro: Forense, 2010, p. 147-148. No mesmo sentido, Cristina Pauner Chulvi anota que *"con La llegada del Estado social y democrática de Derecho se ha dotado de un contenido solidario al deber de contribuir al sostenimiento de los gastos públicos al emplearlo como instrumento al servicio de la política del Estado redistribuidor"* (CHULVI, Cristina Pauner. **El deber constitucional de contribuir al sostenimiento de los gastos públicos**. Madrid: CEPC, 2001. p. 70).

6 Cf. COELHO, Sacha Calmon Navarro. **Curso de direito tributário brasileiro**. 9. ed. Rio de Janeiro: Forense, 2006, p. 15-16.

12.2. RECEITA PÚBLICA

12.2.1. Conceito

Para atender as suas finalidades, sejam elas quais forem, o Estado necessita de recursos. Seja para financiar campanhas militares, luxos para a realeza, construção de monumentos, cerimônias religiosas, e, mais contemporaneamente, obras públicas, serviços públicos etc., o Poder Público precisa de dinheiro. Denomina-se *receita pública*, nesse contexto, o ingresso de dinheiro nos cofres públicos destinado à satisfação das necessidades públicas[7].

Vale notar que, no âmbito da Ciência das Finanças, a palavra *receita* é empregada para designar não todo ingresso de dinheiro, mas apenas aquele *definitivo*, que não tem correspondência no passivo, conceito no qual não se incluiriam, por exemplo, os empréstimos[8]. À luz do Direito Positivo Brasileiro, porém, essa definição é imprecisa, pois *receita pública*, para fins jurídicos, envolve todos os ingressos destinados a satisfazer as despesas públicas, sejam eles definitivos ou não[9]. A Constituição, por exemplo, submete os empréstimos compulsórios, que não seriam receita sob o ponto de vista da Ciência das Finanças, ao regime jurídico próprio dos impostos, além de a Lei 4.320/64 tratar expressamente como receita todos os ingressos, inclusive os oriundos de operações de crédito (art. 57). Assim, adequado é definir-se receita pública, no âmbito do Direito Financeiro, como faz Ricardo Lobo Torres, para quem se trata da "soma de dinheiro percebido pelo Estado para fazer face à realização de gastos públicos."[10]

12.2.2. Espécies

As receitas públicas, como quaisquer outras parcelas da realidade, podem ser classificadas das mais diversas formas, a depender do critério escolhido por quem procede à classificação. Nos itens que se seguem, são examinadas algumas dessas classificações, feitas pela literatura especializada. (a) receitas ordinárias e receitas extraordinárias; (b) receitas originárias e receitas derivadas; e (c) receitas correntes e receitas de capital.

12.2.2.1. Receitas extraordinárias e receitas ordinárias

Caso se tome como parâmetro a periodicidade com que a receita é auferida, diz-se que pode ser *extraordinária* ou *ordinária*. Como o nome está a dizer, as receitas públicas extraordinárias são aquelas recebidas esporadicamente, de modo inconstante ou excepcional, e que por isso mesmo não se prestam como fonte permanente de custeio do Tesouro. É o caso do imposto extraordinário de guerra, de uma herança jacente, de uma doação recebida etc. Já as receitas ordinárias são aquelas auferidas com periodicidade regular, e de modo constante, como o ICMS arrecadado pelos Estados-membros, o IPTU arrecadado pelos Municípios, ou o Imposto de Renda arrecadado pela União.

---

7 SARAIVA FILHO, Oswaldo Othon de Pontes. "Receitas Públicas: conceito e classificação", In: MARTINS, Ives Gandra da Silva; MENDES, Gilmar Ferreira; NASCIMENTO, Carlos Valder do. **Tratado de Direito Financeiro**. São Paulo: Saraiva, 2013, v. 2, p. 7.

8 BALEEIRO, Aliomar. **Uma introdução à ciência das finanças**. 17. ed. Atualização de Hugo de Brito Machado Segundo. Rio de Janeiro: Forense, 2010, p. 147.

9 SARAIVA FILHO, Oswaldo Othon de Pontes. "Receitas Públicas: conceito e classificação", In: MARTINS, Ives Gandra da Silva; MENDES, Gilmar Ferreira; NASCIMENTO, Carlos Valder do. **Tratado de Direito Financeiro**. São Paulo: Saraiva, 2013, v. 2, p. 8.

10 TORRES, Ricardo Lobo. **Curso de direito financeiro e tributário**. 9. ed. Rio de Janeiro: Renovar, 2002, p. 165.

Trata-se de classificação importante, pois na gestão de recursos é necessário conhecer aquelas com as quais se pode contar usualmente, apartando-as daquelas auferidas de forma eventual e esporádica.

12.2.2.2. Receitas originárias e receitas derivadas

Outra classificação possível separa as receitas públicas em dois conjuntos, conforme a origem ou a atividade da qual são obtidas. Diz-se, então, que podem ser *originárias* ou *derivadas.*

Receita pública originária é geralmente definida como aquela decorrente da exploração de bens e empresas do Poder Público, no exercício de atividade assemelhada à dos cidadãos em geral. Por isso, é chamada de "originária": a receita se origina de atividade desempenhada pelo próprio Estado. É o caso dos dividendos recebidos de uma empresa estatal lucrativa, da receita oriunda do aluguel de um bem público, dos preços públicos, dos valores oriundos da venda do patrimônio público etc.

As receitas originárias submetem-se, de forma precípua, a regime jurídico bastante diverso daquele aplicável às receitas derivadas. Aplicam-se as normas referentes ao exercício de atividades econômicas pelo Estado, normas de Direito Administrativo, ou mesmo de Direito Privado. Como explica Régis Fernandes de Oliveira, "quando as entradas advêm do patrimônio do Estado (independentemente de ser disponível, pois assim não podem ser qualificadas as ruas e praças públicas, onde se permite o uso de bem comum do povo), são elas originárias, constituindo-se em preços. Estes, pois, podem advir de relações obrigacionais de direito privado ou de direito público".

Vale notar que existem algumas modalidades de receitas que, embora sejam classificadas ordinariamente como originárias, não decorrem, propriamente, da exploração do patrimônio público pelo próprio Estado, ou do desempenho de atividade econômica por parte deste. Por isso, parece adequado dizer-se que as receitas originárias se caracterizam, a rigor, por decorrerem de vínculo em que os interessados estão em nível horizontal de interesses, havendo bilateralidade de intenções. O regime jurídico a elas aplicável pode ser público ou privado, mas sempre com essa ideia de *comportamentos confluentes para a formação de um vínculo*, na lição de Régis Fernandes de Oliveira[11]. Assim, entendem-se como originárias, também, as receitas decorrentes de doações feitas ao Poder Público (Código Civil, art. 538 a 564), bem como de heranças, sendo o caso de lembrar que, além de o *de cujus* poder deixar parte de seu patrimônio à Fazenda Pública por meio de testamento, esta pode herdar, por igual, através da sucessão legítima, visto que "não sobrevivendo cônjuge, ou companheiro, nem parente algum sucessível, ou tendo eles renunciado à herança, esta se devolve ao Município ou ao Distrito Federal, se localizada nas respectivas circunscrições, ou à União, quando situada em território federal." (Código Civil, art. 1.844).

Para Oswaldo Othon de Pontes Saraiva Filho, um importante critério para diferenciar receitas originárias e receitas derivadas é a vontade da pessoa que participa da situação em face da qual a receita é obtida. Nas receitas originárias, a vontade é relevante (pagamento de aluguel, preço, feitura de doação etc.). Nas derivadas (tributos e multas), não[12]. Esse, há bastante tempo, era também o pensamento de A. D. Gianinni[13].

---

11 OLIVEIRA, Régis Fernandes. **Curso de Direito Financeiro**. 2. ed. São Paulo: Saraiva, 2008, p. 109.

12 SARAIVA FILHO, Oswaldo Othon de Pontes. "Receitas Públicas: conceito e classificação", In: MARTINS, Ives Gandra da Silva; MENDES, Gilmar Ferreira; NASCIMENTO, Carlos Valder do. **Tratado de Direito Financeiro.** São Paulo: Saraiva, 2013, v.2, p. 12.

13 GIANNINI, A. D. **Istituzioni di Diritto Tributario.** 4. ed. Milano: Giuffrè, 1948, p. 31.

No passado, no âmbito do chamado Estado Patrimonial, tais receitas tinham importância maior, assim como, na história mais recente, nos países de economia estatizada de cunho socialista.

Receita pública derivada, por sua vez é aquela obtida compulsoriamente, em função de constrangimento legal que o Poder Público exerce sobre o setor privado. Daí a denominação "derivada": a riqueza não é *originária* de uma atividade econômica desempenhada pelo Estado, mas oriunda, decorrente, *derivada* de atividade desempenhada pela iniciativa privada, de cuja parcela o Estado se apropria de forma compulsória. Como visto no que tange às doações e às heranças, a palavra originária é empregada porque muitas dessas receitas se originam na atuação do próprio Estado na Economia, mas, a rigor, tais receitas envolvem todas as entradas referentes a relações jurídicas nas quais o ente público participa em situação de horizontalidade com o particular, cujos interesses convergem com os seus, características ausentes nas receitas derivadas, nas quais a tônica é a compulsoriedade. Daí por que o regime jurídico destas últimas é dotado de maiores limitações ao poder de instituí-las e cobrá-las, e proteções a quem a elas se submete.

É o caso dos tributos em geral e das penalidades pecuniárias (multas). Considerando que a maior parte das receitas derivadas é obtida com os impostos, pode-se dizer que as receitas derivadas, em regra, devem ser utilizadas para o custeio das despesas gerais do Estado, não podendo ser previamente vinculadas a determinado fundo, despesa ou órgão (CF/88, art. 167, IV). Deve ser feito um destaque, porém, a título de exceção, à figura das contribuições, cuja importância cresceu bastante nas últimas duas décadas, sendo certo que as contribuições se caracterizam precisamente por terem destinação constitucionalmente determinada.

As receitas derivadas de natureza tributária, por responderem pela maior parte das receitas públicas e por ensejarem o surgimento de relações bastante conflituosas, passaram a ter o seu disciplinamento estudado de forma autônoma, destacado do *Direito Financeiro*: delas, e das penalidades a elas relacionadas, ocupa-se o *Direito Tributário.*

Longo processo de tentativas e erros, ao longo da História, parece ter mostrado que a iniciativa econômica deve ser franqueada aos particulares, em um ambiente de liberdade[14], cabendo ao Estado atender aos interesses coletivos e atuar de modo a garantir alguma igualdade de oportunidades entre os que vivem em seu território, fazendo uso para tanto de receitas derivadas obtidas daqueles que exercem a atividade econômica. Trata-se do que se conhece hoje por *Estado Fiscal*, assim chamado porque sua principal fonte de custeio são os tributos.

Na literatura especializada, é possível encontrar, ainda, a remissão, ao lado das receitas originárias e das derivadas, às receitas *transferidas*, a saber, aquelas que são "arrecadadas pela pessoa jurídica competente para a tributação, mas a ela não pertencem, devendo ser transpassadas a outras pessoas jurídicas menores (Estados e Municípios)."[15] A repartição constitucional de receitas será examinada em item específico, abaixo, mas faz-se aqui o registro de que, embora a observação seja importante, não se trata de uma terceira espécie de receita, em meio às outras duas, originárias e derivadas, mas de uma receita derivada que, depois de ingressar nos cofres públicos, é objeto de transferência entre pessoas jurídicas de direito público.

---

14 Como observa Amartya Sen, ser "*genericamente contra* os mercados seria quase tão estapafúrdio quanto ser genericamente contra a conversa entre pessoas (ainda que certas conversas sejam claramente infames e causem problemas a terceiros – ou até mesmo aos próprios interlocutores). A liberdade de trocar palavras, bens ou presentes não necessita de justificação defensiva com relação a seus efeitos favoráveis mais distantes; essas trocas fazem parte do modo como os seres humanos vivem e interagem na sociedade (a menos que sejam impedidos por regulamentação ou decreto)." SEN, Amartya. **Desenvolvimento como liberdade.** Tradução de Laura Teixeira Motta. São Paulo: Companhia das Letras, 2000, p. 21.

15 OLIVEIRA, Régis Fernandes. **Curso de Direito Financeiro**. 2. ed. São Paulo: Saraiva, 2008, p. 112.

12.2.2.3. Receitas correntes e receitas de capital

Finalmente, as receitas podem ser classificadas em *correntes* e *de capital* (Lei 4.320/64, art. 11). Receitas correntes são aquelas relacionadas a operações correntes, e que devem corresponder a despesas correntes, opondo-se às de capital.

Receitas correntes são as receitas tributária, patrimonial, agropecuária, industrial, de serviços e outras, e ainda as provenientes de recursos financeiros recebidos de outras pessoas de direito público ou privado, quando destinadas a atender despesas classificáveis em despesas correntes. Vale dizer, são receitas auferidas já com o propósito de serem exauridas dentro do período anual. É o caso da receita tributária, usada no decurso da execução orçamentária, e por isso mesmo prevista todos os anos. Registre-se que, com o advento da Lei de Responsabilidade Fiscal, considera-se receita corrente *líquida* o somatório das receitas tributárias, de contribuições patrimoniais, industriais, agropecuárias, de serviços, transferências correntes e outras receitas também correntes, *deduzidos*: *(i)* em se tratando da União (de receita corrente líquida da União), os valores transferidos aos Estados e Municípios por determinação constitucional ou legal, e as contribuições mencionadas na alínea *a* do inciso I e no inciso II do art. 195 e no art. 239 da Constituição; e, *(ii)* em se tratando de Estados (de receita corrente líquida do Estado), as parcelas entregues aos Municípios por determinação constitucional.

A Receita Corrente Líquida é parâmetro, atualmente, para determinar a capacidade de pagamento do ente público, porquanto se trata da receita destinada a custear as despesas inerentes ao funcionamento da máquina pública. Por isso, ela é o principal parâmetro, colhido pela Constituição, para determinar a situação do ente público relativamente a dívidas representadas por condenações judiciais (precatórios), por exemplo (EC 94/2016, art. 100 da CF/88 e ADCT, art. 101).

As receitas de capital, por sua vez, são as provenientes da realização de recursos financeiros oriundos de constituição de dívidas; da conversão, em espécie, de bens e direitos; os recursos recebidos de outras pessoas de direito público ou privado, destinados a atender a despesas classificáveis em despesas de capital e, ainda, o superávit do orçamento corrente.

Diversamente das receitas correntes, as receitas de capital não são auferidas para utilização usual, com despesas correntes, pois alteram o patrimônio do Estado de forma duradoura. As receitas de capital somente podem ser utilizadas para a realização de despesas de capital. Por essa razão, não se pode realizar empréstimo, ou vender parcelas do patrimônio público, para pagar remuneração de servidores, por exemplo. A classificação condiciona o uso, levando a uma disciplina quanto ao modo de usar as verbas. Para compreender a razão de ser desse condicionamento, pode-se fazer um paralelo com as receitas e as despesas em um orçamento doméstico, familiar: é legítimo que se faça um empréstimo para a compra de uma casa, mas não para o pagamento das despesas periódicas inerentes ao funcionamento do lar, como compras de supermercado quinzenais, a quota condominial ou o colégio das crianças, despesas estas que, para que se mantenha o equilíbrio orçamentário, devem ser custeadas pelas receitas também periódicas e inerentes ao funcionamento do lar, como o salário dos que o proveem. Do contrário, haverá crescente e descontrolado endividamento, em vez de reorganização das receitas e despesas de modo a que se recomponha o equilíbrio.

12.2.3. Repartição constitucional de receitas

Conforme explicado anteriormente, para assegurar a autonomia dos entes federativos, utilizam-se, em tese, duas formas de divisão das rendas tributárias: atribuição de competência e repartição de receitas. Ambas devem ser determinadas na Constituição, visto que é da própria autonomia dos entes que compõem o Estado que se está tratando.

Pela técnica da atribuição de competência se confere ao ente tributante a aptidão de criar e arrecadar determinado tributo, facultando-lhe um "âmbito constitucional de incidência" sobre o qual o mesmo poderá ser criado. Já pela técnica da repartição de receitas, atribui-se ao ente central a competência de instituir e arrecadar o tributo, mas se lhe impõe o dever de dividir com os entes periféricos o resultado dessa arrecadação. Essa receita partilhada – frise-se – não se confunde com as "transferências voluntárias" que um ente público pode fazer a outro, sendo, em verdade, imposta pela Constituição.

No caso do Brasil, a Constituição Federal de 1988 adotou as duas formas de divisão de rendas. Nos arts. 145, 148, 149, 149-A, 153, 154, 155, 156, 156-A, 177, § 4º, e 195, cuida da atribuição de competência tributária. E nos arts. 157 a 162 trata da repartição das receitas, determinando à União que reparta com Estados-membros, Distrito Federal e Municípios parcela do que arrecada com o Imposto de Renda e com o IPI, os dois principais tributos que compõem o Fundo de Participação dos Estados (FPE) e o Fundo de Participação dos Municípios (FPM).

A União também partilha com Municípios o ITR, dando-lhes 50% do arrecadado em relação aos imóveis situados em seu território, ou 100%, caso o Município exerça a opção, que lhe cabe, de fiscalizar e cobrar esse imposto.

No caso de IOF incidente sobre ouro (utilizado como ativo financeiro), o imposto será devido uma única vez, devendo a União entregar 30% ao Estado-membro (ou DF) de origem e 70% ao Município de origem, vale dizer, de onde o ouro houver sido extraído.

Caso crie imposto no exercício da competência residual (CF/88, art. 154, I), a União também deverá partilhar 20% do valor arrecadado com os Estados-membros. Talvez por isso tenha preferido expandir sua gama de tributos, e a carga tributária respectiva, no âmbito das contribuições.

Aos Municípios cabem ainda 50% do IPVA (relativo aos veículos licenciados em seus territórios) e 25% do ICMS arrecadado pelo Estado-membro correspondente, este último de forma proporcional aos fatos geradores (operações relativas à circulação de mercadorias ou à prestação de serviços de comunicação e de transporte interestadual ou intermunicipal) havidos em seus territórios.

Por conta de forte pressão exercida por Estados-membros e Municípios, estes conseguiram, com a EC nº 44/2004, participação de 29% no produto da arrecadação da CIDE-combustíveis. A EC 132/2023 alterou a redação do dispositivo, mas manteve o aludido percentual de partilha.

12.3. ORÇAMENTO

12.3.1. Noções gerais

Orçamento, como a linguagem coloquial está a dizer, é o ato ou efeito de orçar, calcular, de estimar. É a *previsão* feita, em qualquer atividade, das receitas e das despesas a ela inerentes, de como serão obtidos e aplicados os recursos etc. Como qualquer outra entidade que movimenta recursos financeiros, o Poder Público também possui o seu orçamento. Aliás, no sentido coloquial, acima resumido, o Estado sempre elaborou orçamentos, desde quando se organizou e passou a desenvolver atividade financeira[16].

[16] Em ambientes em que não havia regras prévias estipulando como o orçamento deveria ver feito, comuns na Antiguidade, os recursos do Estado (e seu orçamento) confundiam-se com o do Rei ou

Entretanto, com o surgimento do Direito Financeiro e o fortalecimento da ideia de que o poder do Estado deve ser limitado e dividido, a figura do orçamento ganhou uma nova feição. Além de ato no qual se estima, avalia ou calcula a receita necessária ao funcionamento da máquina estatal e se preveem as despesas, ou seja, a maneira como os recursos obtidos serão aplicados, o orçamento passou a representar a forma de o Poder Legislativo controlar e limitar o Poder Executivo. O orçamento, enfim, é mais uma forma pela qual atuam os freios e contrapesos através dos quais os três "poderes" limitam-se e fiscalizam-se mutuamente.

Em outras palavras, nos modernos Estados de Direito, o orçamento é o ato através do qual o Poder Legislativo prevê e autoriza ao Poder Executivo, por certo período e em detalhes, a realização das despesas destinadas à prestação dos serviços e ao atendimento de seus fins em geral, bem como a obtenção das receitas a tanto necessárias. São os representantes do povo, em suma, pelo menos em tese, que consentem com a obtenção das receitas e em como elas serão aplicadas.

O orçamento é veiculado através de *lei*. Considerando a ideia de que essa lei não cria direitos subjetivos, nem revoga normas veiculadas em leis preexistentes, prevalece entre os estudiosos a ideia de que o orçamento é mera *lei formal*, ou seja, ato que apenas ostenta a *forma* de uma lei, sendo materialmente um ato administrativo que simplesmente prevê receitas e autoriza gastos.

Como observa Aurélio Pitanga Seixas Filho,

> "é o orçamento público, aprovado por lei do Congresso Nacional, o instrumento jurídico que define o tamanho da despesa governamental para o exercício financeiro anual seguinte, resultante da soma das despesas específicas decididas política e economicamente, pelos representantes dos contribuintes".[17]

Por essa razão, inclusive, a jurisprudência do Supremo Tribunal Federal considerava, de maneira pacífica, não ser cabível o manejo de ações de controle concentrado de constitucionalidade (*v.g.*, ADI) contra leis orçamentárias.

O Direito, porém, enquanto realidade institucional que é, consiste em um produto cultural que, enquanto tal, evolui com o tempo, como acontece com os idiomas, os ritmos e a moda. O surgimento de figuras tributárias como as contribuições, que se caracterizam pela finalidade, e, nessa condição, tem na destinação do produto de sua arrecadação um aspecto central à sua identificação enquanto espécie e à sua validade enquanto tributo, modificou essa ideia já assentada. Afinal, a lei orçamentária que eventualmente contiver a previsão de aplicação de receitas obtidas com tais contribuições em finalidades diversas das que as caracterizam será inconstitucional, controle passível de acontecer, assim, em sede de ação direta. Foi o que decidiu o STF, por exemplo, no âmbito da ADI 2925[18], diante de lei orçamentária que dava à CIDE-Combustíveis destinação diversa da determinada pelo art. 177, § 4.º, da CF/88.

Tradicionalmente, no âmbito do Direito Financeiro, entende-se a previsão no orçamento como condição para que seja juridicamente possível realizar uma despesa. Não haveria, contudo, em princípio, obrigatoriedade de que essa despesa fosse feita. Explicando de outra maneira, poderia ocorrer de uma despesa estar prevista no orçamento e não vir a se concretizar.

Imperador. OLIVEIRA, Régis Fernandes. **Curso de Direito Financeiro**. 2. ed. São Paulo: Saraiva, 2008, p. 296.

17 SEIXAS FILHO, Aurélio Pitanga. Contribuições e vinculação de sua receita. In: ROCHA, Valdir de Oliveira (Coord.). **Grandes questões atuais do direito tributário**. São Paulo: Dialética, 2004. v. 8, p. 29.

18 STF, Pleno, Rel. Min. Ellen Gracie, Rel. p. ac. Marco Aurélio, j. em 19/12/2003, *DJ* de 4/3/2005, p. 10.

O que não poderia acontecer seria o contrário: a ocorrência de uma despesa não prevista no orçamento. Com o advento da EC 100/2019, essa realidade foi modificada, em relação às emendas de bancada, que passaram a estar sujeitas ao que se entende por "orçamento impositivo".

As receitas constantes do orçamento, por sua vez, são mera previsão. Podem se concretizar como imaginadas ou não. Afinal, a atividade econômica pode experimentar recessão, o Judiciário pode considerar inconstitucional tributo cuja receita era prevista no orçamento etc. Pela mesma razão, e especialmente considerando que a CF/88 não consagrou o princípio da *anualidade tributária*, a previsão de uma receita tributária na lei do orçamento não é condição indispensável para que ela seja exigida. Por isso, caso um tributo seja validamente criado, poderá ser cobrado mesmo que não tenha havido a inclusão da receita correspondente na lei orçamentária.

12.3.2. Espécies de orçamento

No Direito Brasileiro, em face da CF/88, podemos falar não em um, mas em vários orçamentos. Segundo o art. 165 da CF/88, leis de iniciativa do Poder Executivo estabelecerão: (i) o plano plurianual; (ii) as diretrizes orçamentárias; (iii) os orçamentos anuais.

O plano plurianual presta-se ao estabelecimento de metas e ao planejamento de longo prazo (quatro anos). Nele devem estar contidos as diretrizes, os objetivos e as metas da administração pública federal para as despesas de capital e outras delas decorrentes, bem como para as relativas aos programas de duração continuada. A lei de diretrizes orçamentárias, por sua vez, deve conter as metas a serem seguidas especificamente na feitura da lei orçamentária. Para que isso seja possível, deve ser feita ainda no primeiro semestre do ano (ADCT, art. 35, § 2.º, II), de sorte a os parâmetros nela indicados poderem atuar na elaboração da lei orçamentária relativa ao ano subsequente. E, de modo mais específico, a lei orçamentária anual deverá conter os orçamentos propriamente ditos, ou seja, a previsão de todas as receitas e despesas da União.

Os Estados-membros, o Distrito Federal e os Municípios também têm seus orçamentos, que são feitos nos termos das respectivas Constituições Estaduais e Leis Orgânicas Municipais, seguindo as *normas gerais* contidas na Constituição Federal e na legislação nacional complementar (Lei 4.320/64 e LC nº 101/2000 – Lei de Responsabilidade Fiscal).

Note-se a integração que deve haver entre o plano plurianual, a lei de diretrizes orçamentárias e a lei orçamentária anual. O primeiro traça metas genéricas, de longo prazo. A segunda implementa essas metas de modo mais específico, mas ainda sob a forma de diretrizes, orientando como deve ser feita a lei orçamentária. E esta última, finalmente, contém a previsão específica de receitas e despesas para o exercício subsequente, através dos orçamentos propriamente ditos, que são três: o orçamento fiscal da União, o orçamento de investimentos e o orçamento da seguridade social.

O orçamento fiscal, no plano federal, diz respeito aos três Poderes da União, seus fundos, órgãos e entidades da administração direta e indireta, inclusive fundações instituídas e mantidas pelo Poder Público. Nele devem estar previstas as receitas e despesas relacionadas com todo o funcionamento da União: o Poder Executivo e seus Ministérios, o Legislativo e suas Casas e Gabinetes, o Judiciário e seus Tribunais etc. No orçamento de investimentos devem constar as previsões relativas às empresas das quais a União participa, direta ou indiretamente, por deter a maioria do capital social com direito a voto (empresas públicas e sociedades de economia mista). Finalmente, o orçamento da seguridade social deve abranger todas as entidades e órgãos vinculados às atividades de Saúde, Assistência e Previdência Social, da administração direta ou indireta, bem como os fundos e fundações instituídos e mantidos pelo Poder Público. O orçamento da seguridade social, a teor do art. 195 da CF/88, deve ser custeado, dentre outras receitas, pelas contribuições incidentes sobre o faturamento, a receita, a folha de salários e o lucro das empresas.

Vale insistir que esses três orçamentos (fiscal, de investimento e de seguridade social), embora integrantes da lei orçamentária anual, são necessariamente distintos e autônomos entre si.

12.3.3. Orçamento e controle da atividade financeira do Estado

O orçamento, nos Estados de Direito contemporâneos, é um importante instrumento de controle da atividade financeira do Estado. Esse controle é exercido não apenas pelo Poder Legislativo, quando de sua elaboração e posterior aprovação das contas correspondentes, e pelo Judiciário, no âmbito do controle jurisdicional, mas também pela sociedade, em razão da publicidade e da transparência exigidas. Atualmente, com o uso da internet, tem sido cada vez mais fácil o acesso da população às contas públicas, de sorte a que possa haver a necessária participação democrática na condução dos assuntos ligados aos interesses da coletividade. A Lei de Responsabilidade Fiscal, a propósito, dispõe:

> Art. 48. São instrumentos de transparência da gestão fiscal, aos quais será dada ampla divulgação, inclusive em meios eletrônicos de acesso público: os planos, orçamentos e leis de diretrizes orçamentárias; as prestações de contas e o respectivo parecer prévio; o Relatório Resumido da Execução Orçamentária e o Relatório de Gestão Fiscal; e as versões simplificadas desses documentos.

É importante que esse controle aconteça, sob pena de serem meras figuras retóricas as ideias de democracia e participação popular, e mesmo a legislação referente à tributação e às políticas públicas, que assumem papel meramente simbólico quando os gastos públicos são efetivamente direcionados a fins diversos daqueles anunciados pelos governantes em seus discursos.

12.4. DESPESA PÚBLICA

Despesa pública, segundo Baleeiro,[19] é expressão que pode designar simplesmente o conjunto de dispêndios do Estado, para o funcionamento dos serviços públicos; mas também pode significar "a aplicação de certa quantia, em dinheiro, por parte da autoridade ou agente público competente, dentro de uma autorização legislativa, para execução de fim a cargo do governo".

As despesas públicas foram rigidamente disciplinadas pela Lei Complementar nº 101/2000 (Lei de Responsabilidade Fiscal). A criação, expansão ou aperfeiçoamento de ação governamental que acarrete aumento da despesa, por exemplo, deverá ser acompanhada de: (i) estimativa do impacto orçamentário-financeiro no exercício que deva entrar em vigor, e nos dois subsequentes; (ii) declaração do ordenador da despesa de que o aumento tem adequação orçamentária e financeira com a lei orçamentária anual e compatibilidade com o plano plurianual e com a lei de diretrizes orçamentárias. O cumprimento desses requisitos, aliás, é condição prévia para o empenho e a licitação de serviços, fornecimento de bens ou execução de obras, inovação destinada a proporcionar uma "gestão fiscal responsável" que não encontrava paralelo na antiga Lei 4.320/64. Registre-se, porém, que é dispensada do atendimento

---

19 BALEEIRO, Aliomar. **Uma introdução à ciência das finanças**. 17. ed. Atualização de Hugo de Brito Machado Segundo. Rio de Janeiro: Forense, 2010. p. 83.

dos requisitos dos arts. 16 e 17 da LRF a despesa considerada *irrelevante*, conforme dispuser a lei de diretrizes orçamentárias.

Caso não atendam aos requisitos dos arts. 16 e 17 da Lei de Responsabilidade Fiscal, e não sejam consideradas *irrelevantes* (LRF, art. 16, § 3º), as despesas são consideradas *não autorizadas, irregulares* e *lesivas ao patrimônio público*. É óbvio, porém, que não basta atender aos tais artigos para a despesa ser considerada válida. Caso os tais requisitos sejam atendidos, mas outros dispositivos legais ou constitucionais sejam descumpridos, a despesa também poderá ser considerada não autorizada, irregular ou lesiva ao patrimônio público.

As despesas, assim como as receitas, podem igualmente ser classificadas em *ordinárias* e *extraordinárias*. Despesas ordinárias são aquelas que ocorrem com habitualidade, com periodicidade certa (p. ex., manutenção do Poder Judiciário). Já as despesas extraordinárias são aquelas eventuais e esporádicas (p. ex., custeio de uma guerra). Nos termos da Lei 4.320/64, que traça "normas gerais de Direito Financeiro", as despesas também podem ser classificadas em *correntes* e *de capital* (art. 12).

12.4.1. Despesas correntes

Despesas correntes "destinam-se aos gastos para pagamento das atividades rotineiras do Estado, como, por exemplo, o custeio da estrutura administrativa, os gastos com pessoal, a aquisição de materiais de consumo e de serviços e encargos diversos."[20] São, portanto, as despesas de custeio e as transferências correntes, estando ligadas à necessidade de a máquina administrativa funcionar com regularidade na persecução de seus fins institucionais[21].

Despesas de custeio são aquelas destinadas à manutenção de serviços anteriormente criados, inclusive as destinadas a atender a obras de conservação e adaptação de bens imóveis. É o caso das despesas com pessoal, com serviços prestados por terceiros etc. (Lei 4.320/64, art. 12, § 1º), destinadas a manter o Poder Público em seu funcionamento ordinário. Já as transferências correntes são as dotações para despesas às quais não corresponda contraprestação direta em bens ou serviços, inclusive para contribuições e subvenções destinadas a atender à manifestação de outras entidades de direito público ou privado (art. 12, § 2º). É o caso do pagamento de aposentadorias e pensões, dos juros da dívida contratada etc.

12.4.2. Despesas de capital

Despesas de capital são os investimentos, as inversões financeiras e as transferências de capital.

Investimentos são as dotações para o planejamento e a execução de obras, inclusive as destinadas à aquisição de imóveis considerados necessários à realização destas últimas, bem como para os programas especiais de trabalho, aquisição de instalações, equipamentos e material permanente e constituição ou aumento do capital de empresas que não sejam de caráter comercial ou financeiro (Lei 4.320/64, art. 12, § 4º).

As inversões financeiras, por sua vez, são as dotações orçamentárias destinadas a: (i) aquisição de imóveis, ou de bens de capital já em utilização; (ii) aquisição de títulos representativos do capital de empresas ou entidades de qualquer espécie, já constituídas, quando a

---

20 FERRAZ, Luciano; GODOI, Marciano Seabra de; SPAGNOL, Werther Botelho. **Curso de Direito Financeiro e Tributário**. Belo Horizonte: Fórum, 2014, p. 47.

21 NASCIMENTO, Carlos Valder. "Despesas Públicas: conceito e classificação". In: MARTINS, Ives Gandra da Silva; MENDES, Gilmar Ferreira; NASCIMENTO, Carlos Valder do. **Tratado de Direito Financeiro**. São Paulo: Saraiva, 2013, v. 2, p. 81.

operação não importe aumento do capital; (iii) constituição ou aumento do capital de entidades ou empresas que visem a objetivos comerciais ou financeiros, inclusive operações bancárias ou de seguros (art. 12, § 5º).

Finalmente, transferências de capital são as dotações para investimentos ou inversões financeiras que outras pessoas de direito público ou privado devam realizar, independentemente de contraprestação direta em bens ou serviços, constituindo essas transferências auxílios ou contribuições, segundo derivem diretamente da Lei de Orçamento ou de lei especialmente anterior, bem como as dotações para amortização da dívida pública (§ 6º).

12.5. DÍVIDA PÚBLICA

A dívida pública decorre da celebração de empréstimos públicos, vale dizer, atos através dos quais o Estado se beneficia de uma transferência de liquidez com a obrigação de restituí-la no futuro, normalmente com o pagamento de juros. Também pode ser considerada dívida pública a concessão de garantias e avais, pois tais atos podem gerar endividamento.[22]

Embora, em um sentido vulgar, os encargos da Administração Pública em geral também sejam "dívidas" do Estado, o conceito jurídico de *dívida pública* é restrito e limitado aos empréstimos (decorrentes de contratos assinados com instituições financeiras, da emissão de títulos ou da concessão de avais e outras garantias), não abrangendo "aquelas que se caracterizam como dívida da Administração, como sejam as relativas a aluguéis, aquisição de bens, prestações de serviços, condenações judiciais etc.".[23]

Diversas podem ser as classificações da dívida pública. Pode ser *interna* ou *externa*, conforme seja captada no âmbito do território do Estado respectivo (com emissão de títulos no mercado interno, ou celebração de empréstimo com instituições financeiras estabelecidas no país) ou no exterior (com o FMI, Estados estrangeiros, bancos estrangeiros, títulos lançados no exterior etc.).

A dívida pública pode ser classificada, também, em *fundada* e *flutuante*. Dívida fundada (ou consolidada) é aquela decorrente de empréstimos de médio ou longo prazo, ou até de modo perpétuo, enquanto a dívida flutuante é contraída em curto prazo.

De acordo com a Lei 4.320/64, dívida fundada compreende os compromissos de exigibilidade superior a 12 meses, contraídos para atender a desequilíbrio orçamentário ou a financeiro de obras e serviços públicos. Alterando um pouco esse conceito, a LC nº 101/2000 (LRF) define dívida pública fundada ou consolidada como o montante total, apurado sem duplicidade, das obrigações financeiras do ente da federação, assumidas em virtude de leis, contratos, convênios ou tratados e da realização de operações de crédito, para amortização em prazo superior a 12 meses.

12.6. PRINCÍPIOS DE DIREITO FINANCEIRO

Como ocorre com todo ramo do Direito, também o Direito Financeiro conta com princípios que orientam a interpretação e a aplicação das demais normas que o compõem. Estão consagrados no texto constitucional, de forma explícita ou implícita, e justificam diversas prescrições contidas em normas mais específicas, tanto constitucionais como infraconstitucionais.

---

22 TORRES, Ricardo Lobo. **Curso de direito financeiro e tributário.** 11. ed. Rio de Janeiro: Renovar, 2004. p. 215.

23 TORRES, Ricardo Lobo. **Curso de direito financeiro e tributário.** 11. ed. Rio de Janeiro: Renovar, 2004, p. 216.

Nos itens seguintes, os mais relevantes deles serão enumerados. Como dizem respeito à elaboração do orçamento, são também designados de *princípios orçamentários*.

12.6.1. Princípio da exclusividade

Ao tratar da lei orçamentária, o art. 165, § 8º, da CF/88 assevera que ela não conterá "dispositivo estranho à previsão da receita e à fixação da despesa, não se incluindo na proibição a autorização para abertura de créditos suplementares e contratação de operações de crédito, ainda que por antecipação de receita, nos termos da lei".

Isso significa, por outras palavras, que a lei orçamentária não pode ser utilizada para o trato de matérias estranhas ao próprio orçamento. Não pode a lei orçamentária, por exemplo, alterar alíquotas de tributos, conceder isenções ou anistias, e assim por diante. A finalidade, aqui, é evitar os chamados "rabilongos", tão usuais no passado, por meio dos quais parlamentares aproveitavam a necessidade de se aprovar o orçamento para inserir nele qualquer matéria que quisessem ver também aprovada.

12.6.2. Princípio da programação

O orçamento deve seguir uma programação, ou uma orientação, não podendo ser feito de forma aleatória ou pontual, vale dizer, não se pode a cada ano fazer um orçamento que visa ao atendimento de objetivos diversos e não ligados uns aos outros. Essa ideia está bem clara no art. 165 da CF/88, quando ali se determina a feitura de um plano plurianual, de uma lei de diretrizes orçamentárias e de uma lei orçamentária, devendo as duas últimas ser feitas à luz das diretrizes de longo prazo estabelecidas no primeiro, estando ainda entre as funções dos três a redução das desigualdades inter-regionais (§ 7º).

12.6.3. Princípio do equilíbrio

De acordo com o inciso III do art. 167 da CF/88, é vedada "a realização de operações de créditos que excedam o montante das despesas de capital, ressalvadas as autorizadas mediante créditos suplementares ou especiais com finalidade precisa, aprovados pelo Poder Legislativo por maioria absoluta". Tem-se, nesse dispositivo, a positivação do princípio do equilíbrio orçamentário, pois se proíbe que o poder público contraia empréstimos para fazer face a despesas correntes (*v.g.*, com pagamento de pessoal, conservação de imóveis etc.). Despesas ordinárias devem ser custeadas com receitas também ordinárias, como em qualquer orçamento que se pretenda equilibrado, e não pela contração de novas dívidas. Por outras palavras, evita-se o endividamento público na medida em que se proíbe que desequilíbrios nas contas públicas sejam criados e mantidos com a contração de empréstimos.

Na mesma ordem de ideias, não se podem estabelecer medidas que impliquem diminuição da receita, sem que se apontem formas de compensação (LRF, art. 14), assim como a lei não pode impor a ente federativo que assuma "encargo financeiro decorrente da prestação de serviço público, inclusive despesas de pessoal e seus encargos, para a União, os Estados, o Distrito Federal ou os Municípios, sem a previsão de fonte orçamentária e financeira necessária à realização da despesa ou sem a previsão da correspondente transferência de recursos financeiros necessários ao seu custeio, ressalvadas as obrigações assumidas espontaneamente pelos entes federados e aquelas decorrentes da fixação do salário mínimo, na forma do inciso IV do *caput* do art. 7º desta Constituição" (CF/88, art. 167, § 7.º, com a redação dada pela EC 128/2022).

12.6.4. Princípio da anualidade

Todo orçamento contempla a previsão de receitas e despesas para certo período, razão pela qual um de seus atributos é a *periodicidade*. No caso do Poder Público, o orçamento deve ter periodicidade anual, a teor do art. 165, § 5º, daí cogitar-se em *princípio da anualidade*.

Cumpre não confundir, aqui, o princípio da anualidade orçamentária, inerente ao Direito Financeiro, segundo o qual o orçamento deve ser elaborado anualmente, com o princípio da anualidade tributária, previsto na CF/46 e não mais em vigor nos dias de hoje, segundo o qual um tributo somente poderia ser exigido em cada ano se constasse da lei orçamentária correspondente a previsão para a sua cobrança. Esse princípio tributário, insista-se, não se confunde com o financeiro do qual se está aqui a tratar, e foi substituído pelo que atualmente se conhece por princípio da *anterioridade* da lei tributária.

12.6.5. Princípio da unidade

Pelo princípio em exame, a lei orçamentária deve ser una, vale dizer, o orçamento deve ser materializado em um único documento, conforme já preconizado pelo art. 2º da Lei 4.320/64.

Registre-se que esse princípio não é excepcionado pelo fato de o art. 165, § 5º, da CF/88 determinar a feitura de três orçamentos (fiscal, de investimentos e da seguridade social). Ao contrário, tem-se aí a sua confirmação, pois o que importa é que esses três orçamentos devem constar, a teor desse dispositivo da Constituição, de uma mesma e única lei orçamentária anual. É possível cogitar-se, por isso, de um *princípio da totalidade,* em vez de princípio da unidade.

Evidentemente, em atenção à forma federativa adotada pelo Brasil, que implica a autonomia dos entes por meio dos quais se faz uma *divisão vertical interna* do poder (União, Estados-membros, Distrito Federal e Municípios), o princípio da unidade não significa que deva existir apenas um orçamento para todos eles – o que seria flagrantemente inconstitucional, por lhes suprimir a autonomia –, mas que cada uma dessas entidades federativas possuirá um orçamento, ou, mais propriamente, uma lei orçamentária anual.

12.6.6. Princípio da universalidade

Por universalidade entende-se a necessidade de previsão, na lei orçamentária anual, de todas as receitas e despesas relativas à entidade federativa correspondente, inclusive, no caso da União, a empresa na qual tenha maioria do capital social com direito a voto e à seguridade social. E nem poderia ser mesmo diferente, pois a existência de receitas ou despesas não previstas no orçamento implicaria a imprestabilidade deste como instrumento de controle da atividade financeira do Estado, especialmente por parte do Poder Legislativo.

12.6.7. Princípio da legalidade

O orçamento, além de dever conter a previsão de todas as receitas e despesas, de ser organizado em documento único, de ser equilibrado, elaborado anualmente etc., deve ainda ser veiculado por intermédio de *lei* de iniciativa do Presidente da República (ou do correspondente chefe do Poder Executivo, em relação às demais entidades federativas, respeitado o princípio da simetria). O art. 165 da CF/88 estabelece, de forma clara, que tanto a lei de diretrizes orçamentárias como o plano plurianual e a lei orçamentária anual são *leis* em sentido formal, de iniciativa do chefe do Executivo, devidamente discutidas e aprovadas pelo Poder Legislativo.

12.6.8. Princípio da transparência

Nos termos do art. 165, § 6º, da CF/88, que consagra o princípio da transparência, o "projeto de lei orçamentária será acompanhado de demonstrativo regionalizado do efeito, sobre as receitas e despesas, decorrente de isenções, anistias, remissões, subsídios e benefícios de natureza financeira, tributária e creditícia". A finalidade da exigência é a de tornar mais fácil a compreensão do orçamento e do impacto, nele, dos aludidos subsídios e benefícios. Tendo em vista que se trata de assunto técnico e relativamente complexo, o dever de transparência impõe, para que o orçamento cumpra a sua função, que as informações estejam nele dispostas de forma clara e de fácil compreensão, e não ocultas ou disfarçadas.

Com o propósito de dar efetividade a este princípio, e ao da publicidade, a seguir examinado, que com ele se relaciona, o art. 48 da Lei de Responsabilidade Fiscal determina a ampla divulgação, inclusive em meios eletrônicos de acesso público, dos planos, orçamentos e leis de diretrizes orçamentárias, bem como as prestações de contas, o relatório de execução orçamentária e de gestão fiscal, inclusive por meio de versões simplificadas, para auxiliar na compreensão por parte do público.

12.6.9. Princípio da publicidade

Em decorrência do princípio republicano e da própria ideia do Estado Democrático de Direito, os atos praticados pelo Estado devem ser públicos. Por essa razão, aliás, o art. 37, *caput*, da CF/88, enumera os princípios jurídicos aplicáveis à Administração Pública, indicando, entre outros, o da publicidade. Além disso, o orçamento deve necessariamente ser aprovado sob a forma de lei, e esta tem na publicidade verdadeira condição de existência.

Aliás, avançando na consagração de normas que visam à concretização da democracia, a Lei Complementar nº 131/2009 impõe ao Poder Público a utilização de meios eletrônicos para assegurar a plena divulgação de dados relacionados não apenas à elaboração, mas à própria execução do orçamento.

12.6.10. Princípio da quantificação

Para que possa atender à sua finalidade, de propiciar a previsão e o controle da atividade financeira do Estado, o orçamento deve conter a discriminação de receitas e despesas de forma precisa e detalhada. Trata-se do princípio da quantificação, ou da discriminação, que pode ser considerado implícito na Constituição, decorrente do princípio republicano e da própria razão de ser do orçamento e dos controles estabelecidos em torno de sua feitura e de sua execução. Acha-se expresso no art. 5º da Lei 4.230/64, segundo o qual a Lei de Orçamento não consignará dotações globais destinadas a atender indiferentemente a despesas de pessoal, material, serviços de terceiros, transferências ou quaisquer outras.

12.6.11. Princípio da não vinculação

Pertinente apenas aos impostos, ou, mais propriamente, à receita decorrente de sua arrecadação, o princípio da não vinculação estabelece que essa receita não pode ser atrelada a órgão, fundo ou despesa, ressalvadas apenas as hipóteses previstas na própria Constituição.

Esclareça-se que por vinculação, no contexto do princípio em questão, entende-se a relação necessária da receita com determinada despesa. O sentido é diferente, portanto, daquele em que a palavra aparece no art. 3.º do CTN, que define tributo como prestação pecuniária cobrada mediante atividade administrativa *plenamente vinculada*, quando vinculação presta-se a designar a atividade administrativa na qual não há liberdade para o agente público decidir conforme juízos de conveniência e oportunidade quanto ao objeto ou aos motivos do ato administrativo. É diverso, ainda, do sentido em que aparece na frase "o imposto é tributo não vinculado", pois nesse caso se faz remissão ao fato gerador da respectiva obrigação, que é uma situação na qual o Poder Público não participa, ou à qual não está associada, uma atividade estatal específica.

Na redação do art. 167, IV, da CF/88, veda-se:

> "a vinculação de receita de impostos a órgão, fundo ou despesa, ressalvadas a repartição do produto da arrecadação dos impostos a que se referem os arts. 158 e 159, a destinação de recursos para as ações e serviços públicos de saúde, para manutenção e desenvolvimento do ensino e para realização de atividades da administração tributária, como determinado, respectivamente, pelos arts. 198, § 2º, 212 e 37, XXII, e a prestação de garantias às operações de crédito por antecipação de receita, previstas no art. 165, § 8º, bem como o disposto no § 4º deste artigo".

Outra exceção, esta específica para Estados-membros, Distrito Federal e Municípios, se acha prevista no § 4º do mesmo art. 167, segundo o qual é permitida a vinculação de receitas próprias geradas pelos impostos a que se referem os arts. 155 (IPVA, ICMS e ITCMD), 156 (ISS, IPTU e ITBI) e 156-A (IBS), e dos recursos de que tratam os arts. 157, 158 e 159, I, *a*, *b*, *d*, *e* e *f* e II (participação de Estados, Municípios e Distrito Federal no produto da arrecadação de certos impostos federais e de Municípios em certos impostos estaduais), para a prestação de garantia ou contragarantia à União e para pagamento de débitos para com esta.

Registre-se, uma vez mais, que a não vinculação diz respeito apenas aos impostos, não sendo extensível às demais espécies de tributo. Em relação a algumas delas, aliás, entende-se que a vinculação é essencial, como se dá com os empréstimos compulsórios (CF/88, art. 148, parágrafo único).

Quanto às exceções, observa-se que são apenas aquelas previstas na própria Constituição. A vedação é dirigida aos órgãos constituídos, infraconstitucionais, especialmente ao Executivo, que tem a iniciativa, e ao Legislativo, que aprova a lei orçamentária.

A respeito da não vinculação, é importante realçar um fenômeno a ele relacionado, e que revela a importância de o Direito Financeiro ser considerado também por quem se especializa em Direito Tributário apenas. Trata-se da distorção verificada em relação às contribuições.

Em um Estado com preocupações sociais, a ordem jurídica dispõe não apenas sobre como o tributo deve ser cobrado, e, *a contrario*, sobre como não deve ser cobrado, protegendo o cidadão de investidas exageradas ou imprevisíveis. Além disso, o ordenamento dispõe sobre como os tributos, ou certos tributos, devem necessariamente ser aplicados ou gastos. O limite ao poder de tributar surge não apenas para conter a cobrança, mas, por igual, para tolher o arbítrio no gasto, que passa assim a ser direcionado normativamente. É por isso, aliás, que essas novas facetas do Estado Fiscal, ligadas à realização de direitos sociais, devem ser vistas como *limites adicionais* à atividade financeira, e não como um afrouxamento de limites pré-existentes[24].

Nesse contexto, as contribuições aparecem como espécie tributária que, *à luz apenas do Direito Tributário*, estaria sujeita a limitações *menos intensas* que as aplicáveis aos impostos. Em relação a elas, algumas imunidades não seriam aplicáveis, além de ser possível, em tese, alcançar fatos geradores e bases de cálculo próprios de impostos estaduais ou municipais. Em função disso, assistiu-se, nos anos 1990 e 2000, um crescimento no uso dessa espécie

---

24 MACHADO SEGUNDO, Hugo de Brito. **Contribuições e federalismo**. São Paulo: Dialética, 2005, *passim*.

tributária, que passou a responder por parcela significativa das receitas tributárias federais. Criou-se, com isso, importante distorção, com a hipertrofia de algo que deveria ser exceção ao princípio da não vinculação.

O que a União pretendia, com isso, era maximizar sua receita tributária, sem precisar partilhá-la com Estados-membros, Distrito Federal e Municípios, além de não se submeter a algumas limitações constitucionais ao poder de tributar.

A questão é que essa figura tributária, como dito, tem um perfil próprio, que lhe impõe limites importantes, ligados ao Direito Financeiro. A receita com ela obtida deve ser aplicada, necessariamente, em despesas voltadas à finalidade que justifica sua instituição. Esse aspecto levou a uma maior rigidez no orçamento, distorção contornada com outra, que consistiu na instituição da chamada "Desvinculação das Receitas da União – DRU", norma inserida no ADCT e que permite à União gastar até 30% da arrecadação da União com contribuições sociais, de intervenção no domínio econômico e taxas, já instituídas e que vierem a ser instituídas, até 2024 (art. 76).

A incoerência e a contradição não poderiam ser maiores, com sacrifício de todo o sistema tributário, e dos direitos a serem com os tributos em tese atendidos. Se a União deseja receitas desvinculadas de despesas específicas, para que possa gastar como melhor lhe aprouver, deve instituir impostos, os quais são sujeitos a regime jurídico específico justamente por serem geradores de receitas desvinculadas. Não pode instituir contribuições, que têm regime tributário distinto por conta da suposta vinculação das receitas que geram, e, em seguida, proceder à sua desvinculação, em manobra incoerente e imoral.

Não bastasse isso, mesmo os valores arrecadados com contribuições e que seguem vinculados a certas despesas passaram a ser utilizados nessas despesas *em substituição* aos recursos não vinculados que antes eram a elas dirigidos. Exemplificando, quando instituída, por período limitado, a contribuição provisória sobre a movimentação financeira (CPMF), que se destinava à saúde, os recursos que até então eram destinados à saúde passaram a ser gastos em outros fins. Isso significa, dada a fungibilidade do dinheiro, que a CPMF, embora vinculada à saúde, serviu em verdade para liberar os recursos que não tinham essa vinculação, mas que antes eram destinados a essa importante finalidade[25].

12.7. ALGUMAS NOTAS SOBRE A LEI DE RESPONSABILIDADE FISCAL

12.7.1. Aspectos gerais

A propósito da LRF, trata-se de lei complementar de "normas gerais" a respeito de Direito Financeiro. Embora não tenha revogado a Lei 4.320/64, a LRF inovou em inúmeros aspectos o disciplinamento da obtenção da receita pública, da organização dos orçamentos, da realização de despesas públicas e da assunção de dívida pública, com a finalidade precípua de moralizar a utilização do dinheiro público e controlar o déficit público (não só da União, mas dos Estados-membros e dos Municípios). Suas disposições aplicam-se não só ao Poder Executivo, mas também ao Judiciário, ao Legislativo, ao Tribunal de Contas e ao Ministério Público.

De acordo com o § 1º do art. 1º da LRF, a responsabilidade na gestão fiscal pressupõe a ação planejada e transparente, em que se previnem riscos e corrigem desvios capazes de afetar o equilíbrio das contas públicas, mediante o cumprimento de metas de resultados entre

---

25 SCAFF, Fernando Facury. Para Além dos Direitos Fundamentais do Contribuinte: o STF e a Vinculação das Contribuições. In: SCHOUERI, Luis Eduardo (Coord.). **Direito Tributário** – Estudos em Homenagem a Alcides Jorge Costa. São Paulo: Quartier Latin, 2003, v. 2, p. 1136.

receitas e despesas e a obediência a limites e condições no que tange à renúncia de receita, geração de despesas com pessoal, da seguridade social e outras, dívidas consolidada e mobiliária, operações de crédito, inclusive por antecipação de receita, concessão de garantia e inscrição em Restos a Pagar.

Considerando a extensão da LRF, a complexidade de suas disposições e o propósito de concisão buscado nesta obra, nos itens que se seguem trataremos apenas de alguns de seus aspectos, que nos parecem mais relevantes, de forma evidentemente não exaustiva.

12.7.2. Exigências relativas ao orçamento

Dentro da ideia de impor uma gestão fiscal responsável, a LRF formula exigências a serem cumpridas pela Lei de Diretrizes Orçamentárias (LDO) e pela lei orçamentária. Quanto à lei de diretrizes orçamentárias, deverá ela dispor, à luz da LRF, sobre: *(i)* equilíbrio entre receitas e despesas; *(ii)* critérios e forma de limitação de empenho; *(iii)* normas relativas ao controle de custos e à avaliação dos resultados dos programas financiados com recursos dos orçamentos e outras condições e exigências para que se transfiram recursos públicos a entidades públicas e privadas.

Ainda nos termos da LRF, a LDO deverá ser acompanhada de um "Anexo de Metas Fiscais", em que deverão ser estabelecidas metas anuais, em valores correntes e constantes, relativas a receitas, despesas, resultados nominal e primário e montante da dívida pública, para o exercício a que se referir e para os dois seguintes. Nesse anexo deverão ser incluídos, ainda, *(i)* avaliação de cumprimento das metas relativas ao ano anterior; *(ii)* demonstrativo das metas anuais, instruído com memória e metodologia de cálculo que justifiquem os resultados pretendidos, comparando-as com as fixadas nos três exercícios anteriores, e evidenciando a consistência delas com as premissas e os objetivos da política econômica nacional; *(iii)* evolução do patrimônio líquido, também nos últimos três exercícios, destacando a origem e a aplicação dos recursos obtidos com a alienação de ativos; *(iv)* avaliação da situação financeira e atuarial dos regimes geral de previdência social e próprio dos servidores públicos e do Fundo de Amparo ao Trabalhador, bem como dos demais fundos públicos e programas estatais de natureza atuarial; *(v)* demonstrativo da estimativa e compensação da renúncia de receita e da margem de expansão das despesas obrigatórias de caráter continuado; *(vi)* quadro demonstrativo do cálculo da meta do resultado primário de que trata o § 1º deste artigo, que evidencie os principais agregados de receitas e despesas, os resultados, comparando-os com os valores programados para o exercício em curso e os realizados nos 2 (dois) exercícios anteriores, e as estimativas para o exercício a que se refere a lei de diretrizes orçamentárias e para os subsequentes.

Conterá a LDO, finalmente, Anexo de Metas Fiscais, onde deverão ser avaliados os passivos contingentes e outros riscos capazes de afetar as contas públicas, informando as providências a serem tomadas, caso se concretizem.

Já em relação à Lei Orçamentária Anual, a LRF exige que seu projeto seja elaborado de acordo com o plano plurianual, com a LDO e com as normas fixadas na própria LRF, contendo, como anexo, demonstrativo da compatibilidade da programação dos orçamentos com os objetivos e metas constantes do "Anexo de Metas" constante da LDO. Dela deverá constar ainda, de modo destacado e separado, o refinanciamento da dívida pública.

Para garantir, tanto quanto possível, a precisão da *previsão* representada pela Lei Orçamentária, a LRF *veda* que dela conste crédito com finalidade imprecisa ou com dotação ilimitada, bem como consignação de dotação para investimento com duração superior a um exercício financeiro *que não esteja previsto no plano plurianual ou em lei que autorize a sua inclusão* (art. 5º, § 5º).

12.7.3. Exigências relativas à receita pública (e à sua renúncia)

A LRF estabelece, em seu art. 11, que constituem requisitos essenciais da responsabilidade na gestão fiscal a instituição, previsão e efetiva arrecadação de todos os tributos da competência constitucional dos entes da Federação. Para forçá-los a cumprir essa determinação, o parágrafo único do mesmo artigo veda a realização de transferências voluntárias para o ente que não a observar, no que se refere aos impostos. Trata-se de disposição que tem por finalidade compelir Estados, e principalmente Municípios, a efetivamente exigir os tributos que lhes cabem, deixando a cômoda situação de não se "indispor" com a população local e permanecer na dependência de transferências do poder central. A disposição pode trazer efeitos positivos, mas não deixa de ser curioso que a União exija esse tipo de comportamento de Estados e Municípios, quando *ela própria não institui todos os impostos de sua competência, a exemplo do Imposto sobre Grandes Fortunas.*

Vale frisar, porém, que tal vedação aplica-se apenas às transferências voluntárias (definidas no art. 25 da LRF), não se aplicando, por exemplo, à partilha do produto da arrecadação do IR e do IPI, que a Constituição determina seja feita pela União entre Estados e Municípios, nem a qualquer outra hipótese de repartição constitucional de receitas tributárias (CF/88, arts. 157 a 162).

Ainda em face de sua preocupação com uma gestão fiscal responsável, a LRF determina que a concessão ou ampliação de incentivo ou benefício de natureza tributária da qual decorra renúncia de receita deverá ser acompanhada de estimativa do impacto orçamentário-financeiro no exercício em que deva iniciar sua vigência e nos dois seguintes, atender ao disposto na Lei de Diretrizes Orçamentárias e a pelo menos uma das seguintes condições: *(i)* demonstração pelo proponente de que a renúncia foi considerada na estimativa de receita da lei orçamentária e de que não afetará as metas de resultados fiscais previstas no anexo próprio da Lei de Diretrizes Orçamentárias; *(ii)* estar acompanhada de medidas de compensação, por meio do aumento de receita, proveniente da elevação de alíquotas, ampliação da base de cálculo, majoração ou criação de tributo ou contribuição (art. 14).

Entende-se por renúncia de receita, para os fins do art. 14 da LRF, a concessão de anistia, remissão, subsídio, crédito presumido, concessão de isenção em caráter não geral, alteração de alíquota ou modificação de base de cálculo que implique redução discriminada de tributos ou contribuições e outros benefícios que correspondam a tratamento diferenciado.

Apesar de a alteração de alíquota, em tese, enquadrar-se como renúncia de receita, a exigência do art. 14 da LRF não será aplicável em relação à mudança nas alíquotas do Imposto de Importação, do Imposto de Exportação, do IPI e do IOF, efetuadas pelo próprio Poder Executivo para atender à finalidade extrafiscal desses impostos, nos termos do art. 153, § 1º, da CF/88. Também não se aplica ao cancelamento de débitos (que, a rigor, configura remissão) cujo montante seja inferior ao dos respectivos custos de cobrança.

12.7.4. Exigências relativas à despesa pública

A LRF exige que a criação, a expansão ou o aperfeiçoamento de ação governamental que acarrete aumento da despesa seja acompanhado de: *(i)* estimativa do impacto orçamentário-financeiro no exercício em que deva entrar em vigor e nos dois subsequentes; e *(ii)* declaração do ordenador da despesa de que o aumento tem adequação orçamentária e financeira com a lei orçamentária anual e compatibilidade com o plano plurianual e com a Lei de Diretrizes Orçamentárias.

Sempre que for criada uma despesa obrigatória de caráter continuado, assim entendida aquela derivada de lei, medida provisória ou ato administrativo que fixe para o ente público a obrigação de sua execução por período superior a dois exercícios, deverá ser feita, por igual, a estimativa – que deve acompanhar o ato que a criar – de seu impacto orçamentário, demonstrando ainda a origem dos recursos necessários ao seu custeio. Enquanto isso não for implementado – são condições a serem preenchidas pelo ato que criar a despesa –, a mesma não poderá ser executada.

Considera-se adequada com a lei orçamentária anual, para esse fim, a despesa objeto de dotação específica e suficiente, ou que esteja abrangida por crédito genérico, de forma que somadas todas as despesas da mesma espécie, realizadas e a realizar, previstas no programa de trabalho, não sejam ultrapassados os limites estabelecidos para o exercício. Compatibilidade com o plano plurianual e com a LDO, por sua vez, é a despesa que se conforme com as diretrizes, objetivos, prioridades e metas previstos nesses instrumentos e não infrinja qualquer de suas disposições.

Ressalvada a despesa considerada *irrelevante* pela LDO, toda despesa que não atenda a esses requisitos será considerada irregular, não autorizada e lesiva ao patrimônio público.

12.7.5. Transferências voluntárias

Considera-se transferência voluntária a entrega de recursos correntes ou de capital a outro ente da Federação, a título de cooperação, auxílio ou assistência financeira, que não decorra de determinação constitucional, legal ou os destinados ao Sistema Único de Saúde. Exemplificando, se a União transfere parcela da arrecadação do IPI, ou do IR, para Estados e Municípios, cumprindo determinação constitucional ligada à partilha constitucional de receitas, não se trata de transferência voluntária, que se caracteriza, como o nome está a dizer, por não ser imposta pela ordem jurídica.

A transferência voluntária somente poderá ser feita ao ente que houver instituído e estiver efetivamente arrecadando os tributos de sua competência, e exige o cumprimento de uma série de outros requisitos, dentre eles o de estar em dia quanto ao pagamento de tributos, empréstimos e financiamentos devidos ao ente transferidor, bem como quanto à prestação de contas de recursos anteriormente dele recebidos. O descumprimento dos requisitos exigidos pela LRF poderá implicar a suspensão das transferências voluntárias, exceto quando relativas a ações de educação, saúde e assistência social.

Registre-se que, como tem decidido o STJ, o descumprimento de requisitos por uma gestão não pode implicar a punição, com a suspensão das transferências voluntárias, à gestão subsequente. Entendeu aquela Corte que "a transferência voluntária, que se caracteriza pelo repasse, a cargo da CEF, das verbas provenientes da União impõe, dentre as inúmeras exigências, estar a municipalidade em dia com as suas obrigações", e que, não obstante tenha ocorrido o descumprimento "da exigência consistente na apresentação do balanço geral do exercício anterior", a nova administração, "que tomou todas as providências cabíveis para a regularização da situação, não pode ser penalizada. Precedente da Segunda Turma no REsp 580.946/SC"[26].

Ainda quanto às exigências que devem ser atendidas para que se recebam transferências voluntárias, o STJ entende "ilegal a imposição de restrições para a liberação de verbas ou para a concretização de transações, pelo fato de estar o ente estatal inadimplente, inscrito como tal no Cadin ou no Siafi (precedentes MS 8.440/DF e MS 8.117/DF)".[27] Conquanto a Corte tenha usado a expressão *ilegal*, tratar-se-ia, na verdade, de *inconstitucionalidade*, por se estar

[26] STJ, 2ª T., REsp 671.320/CE, Rel. Min. Eliana Calmon, j. em 28/3/2006, *DJ* de 30/5/2006, p. 138.

[27] STJ, 1ª S., MS 11.031/DF, Rel. Min. Eliana Calmon, j. em 22/3/2006, *DJ* de 29/5/2006, p. 140.

diante de forma oblíqua de cobrança, à margem do princípio do devido processo legal, que a Constituição não autoriza.

12.7.6. LRF e dívida pública

A fim de impor aos entes da federação maior responsabilidade na contração de dívidas, a LRF dispõe (art. 31) que se a dívida consolidada de um ente da Federação, ao final de um quadrimestre, ultrapassar o limite legalmente estabelecido, deverá ser a ele reconduzida até o término dos três subsequentes, reduzindo o excedente em pelo menos 25% (vinte e cinco por cento) no primeiro. Enquanto durar o "excesso" da dívida, porém, o ente público sofrerá uma série de restrições, a exemplo da proibição de realizar operação de crédito interna ou externa, inclusive por antecipação de receita. Vencido o prazo e não tendo havido retorno da dívida aos limites legalmente estabelecidos, o ente público ficará inclusive impedido de receber transferências voluntárias.

Tais "limites" à dívida dos entes federativos (União, Estados e Municípios), vale esclarecer, são propostos pelo Presidente da República ao Senado Federal (no caso da dívida consolidada) ou ao Congresso Nacional (através de projeto de lei, no caso da dívida mobiliária federal), nos termos do art. 30 da LRF.

Registre-se, ainda, que, para evitar que um gestor público, ao final de seu mandato, contraia obrigações que deixariam em situação difícil o gestor subsequente, o art. 42 da LRF veda ao titular de Poder ou órgão, nos últimos dois quadrimestres do seu mandato, contrair obrigação de despesa que não possa ser cumprida integralmente dentro dele, ou que tenha parcelas a serem pagas no exercício seguinte sem que haja suficiente disponibilidade de caixa para este efeito. E, a teor do parágrafo único desse mesmo artigo, para se determinar essa disponibilidade de caixa, deverão ser considerados os encargos e as despesas compromissadas a pagar até o final do exercício.

12.7.7. Transparência, controle e fiscalização na LRF

Para assegurar a transparência e viabilizar o controle da gestão fiscal, a LRF (art. 48) determina seja dada ampla divulgação, inclusive em meios eletrônicos de acesso público, aos planos, orçamentos e leis de diretrizes orçamentárias; às prestações de contas e ao respectivo parecer prévio; ao Relatório Resumido da Execução Orçamentária e ao Relatório de Gestão Fiscal; e às versões simplificadas desses documentos.

A transparência será assegurada também – esclarece o inciso I do § 1º do art. 48 da LRF – mediante incentivo à participação popular e realização de audiências públicas, durante os processos de elaboração e de discussão dos planos, Lei de Diretrizes orçamentárias e orçamentos.

Os Chefes do Poder Executivo deverão prestar contas, nas quais deverão estar incluídas, além das suas próprias, as dos Presidentes dos órgãos dos Poderes Legislativo e Judiciário e do Chefe do Ministério Público, as quais receberão parecer prévio, separadamente, do respectivo Tribunal de Contas, devendo ser dada ampla divulgação dos resultados da apreciação delas, julgadas ou tomadas.

Nessa prestação de contas, deverá ser evidenciado o desempenho da arrecadação em relação à previsão, destacando-se as providências adotadas no âmbito da fiscalização das receitas e combate à sonegação, as ações de recuperação de créditos nas instâncias administrativa e judicial, bem como as demais medidas para incremento das receitas tributárias e de contribuições.

A fiscalização relativa ao cumprimento do disposto na LRF cabe ao Poder Legislativo, diretamente ou com o auxílio do Tribunal de Contas, ao sistema de controle interno de cada Poder e do Ministério Público, que deverão verificar, consideradas as normas de padronização metodológica editadas pelo conselho de gestão fiscal referido no art. 67 da LRF: *(i)* o atingimento das metas estabelecidas na lei de diretrizes orçamentárias; *(ii)* os limites e condições para realização de operações de crédito e inscrição em Restos a Pagar; *(iii)* medidas adotadas para o retorno da despesa total com pessoal ao respectivo limite, nos termos dos arts. 22 e 23 da LRF; *(iv)* providências tomadas, conforme o disposto no art. 31 da LRF, para recondução dos montantes das dívidas consolidada e mobiliária aos respectivos limites; *(v)* destinação de recursos obtidos com a alienação de ativos, tendo em vista as restrições constitucionais e as desta Lei Complementar; *(vi)* cumprimento do limite de gastos totais dos legislativos municipais, quando houver (LRF, art. 59).

12.8. O *IMPEACHMENT* DE DILMA ROUSSEFF E O DIREITO FINANCEIRO

No ano de 2016, a Presidente da República Dilma Rousseff sofreu *impeachment*, nos termos do art. 85 da Constituição Federal de 1988. As condutas imputadas a ela, na parte em que a acusação fora recebida pelo Presidente da Câmara dos Deputados, são ambas diretamente relacionadas ao Direito Financeiro, dizendo respeito a: *(i)* edição de decretos de abertura de créditos suplementares sem autorização legislativa; e *(ii)* contração de empréstimos com bancos públicos federais.

Quanto à edição de decretos de abertura de créditos suplementares, a Lei de Diretrizes Orçamentárias vigente à época exigia, como condição para que fossem validamente editados, que estivesse sendo cumprida a meta de superávit primário, a saber, a meta relacionada à obtenção de receitas que superem as despesas, antes de se proceder ao pagamento dos juros da dívida. Os decretos editados por Dilma Rousseff e que levaram ao seu *impeachment* deram-se em contexto em que havia sido descumprida a aludida meta, estando o governo a enfrentar, a rigor, déficit público.

No que tange às operações de crédito com bancos públicos, apelidadas de "pedaladas fiscais", descumpriu-se o disposto no art. 36 da Lei Complementar nº 101/2000 (LRF), que prescreve ser "proibida a operação de crédito entre uma instituição financeira estatal e o ente da Federação que a controle, na qualidade de beneficiário do empréstimo." A finalidade da proibição é a de evitar que o gestor público, que também tem controle sobre o respectivo banco, contraia empréstimos junto a ele em montantes e condições que uma outra instituição financeira, que não estivesse sob o seu controle, não aceitaria. No período anterior à LRF essa prática era comum, principalmente no âmbito dos Estados-membros, o que levou muitos deles a um endividamento descontrolado, e à ruína de muitos bancos estaduais.

Em sua defesa, a Presidente argumentou que o Congresso, em momento posterior à edição dos decretos de abertura de créditos suplementares, alterou a meta fiscal, modificação esta que teria convalidado os decretos editados antes dela, porquanto a nova meta, ajustada, estaria sendo cumprida. Quanto às pedaladas, aduziu, em síntese, que não teria feito operações de crédito com tais bancos, celebrando contratos formais, nos termos da legislação civil e empresarial: teria apenas atrasado o repasse de recursos necessários a que tais bancos procedessem a pagamentos de dívidas da União, o que implicaria descumprimento de deveres da União junto a tais bancos, mas não a celebração de contrato de empréstimo. Argumentou-se, ainda, que outros Presidentes da República teriam feito o mesmo, no passado, e a prática não havia sido considerada ilegal pelo Tribunal de Contas ou pelo Congresso Nacional.

Tais argumentos, contudo, não foram aceitos. No que tange aos decretos de abertura de créditos suplementares, considerou-se que, ainda que a meta tenha sido reajustada depois, tendo o déficit sido decorrente de uma inesperada crise, que tornou imperiosa edição de tais decretos, não foram respeitadas as determinações da Lei de Responsabilidade Fiscal aplicáveis em situações assim. Foi o caso do art. 9º da mencionada lei, no qual se determina que "*verificado, ao final de um bimestre, que a realização da receita poderá não comportar o cumprimento das metas de resultado primário ou nominal estabelecidas no Anexo de Metas Fiscais, os Poderes e o Ministério Público promoverão, por ato próprio e nos montantes necessários, nos trinta dias subsequentes, limitação de empenho e movimentação financeira, segundo os critérios fixados pela lei de diretrizes orçamentárias.*" Por outras palavras, ao perceber que as metas não seriam cumpridas, teria sido necessário contingenciar despesas e limitar o gasto público até que a meta fosse reajustada, se fosse o caso, e não seguir gastando de maneira incontida, inclusive com a prática das "pedaladas", para depois tentar proceder à alteração da meta.

Quanto às pedaladas, de fato não foram celebrados com os bancos públicos os contratos de empréstimo, até porque isso é frontal e expressamente vedado pela LRF. Mas criou-se mecanismo que, para efeitos práticos, equivale precisamente na mesma coisa, configurando-se o que, no âmbito do direito privado, tem sido chamado de *fraude à lei*. A sistemática de pagamentos da União feitos por intermédio de bancos públicos, e os contínuos atrasos nos repasses correspondentes, criaram situação idêntica, do ponto de vista substancial, à que decorreria do empréstimo que a lei proíbe seja celebrado. Em situações como essa, inclusive, quando a manobra é praticada por contribuintes para se submeter a lei tributária menos gravosa, o Fisco, e parte da literatura especializada, apontam na fraude à lei um motivo para que se tribute o fato que o contribuinte pretendeu realizar disfarçadamente, e não aquele que na aparência realizou.

Esse aspecto se conecta, finalmente, com a defesa ligada à prática adotada pelos Presidentes anteriores. Ela de fato aconteceu, mas por períodos muito pequenos, e em montantes infinitamente menores, de modo a que, diversamente do que se deu em relação à Presidente Dilma, os presidentes anteriores não poderiam ter sido acusados de estar a contrair empréstimos de maneira disfarçada e fraudulenta junto a bancos públicos.

Sem entrar no mérito da questão política subjacente ao *impeachment*, o fato é que o controle das contas públicas, e a transparência na condução delas, é considerado da maior importância pelas normas de direito financeiro previstas na Constituição e na legislação infraconstitucional, sendo sua infringência inclusive motivo para o impedimento do Presidente da República (Lei 1.079/50, art. 10). No caso em questão, pode-se dizer que foram violados, ainda, princípios como o do equilíbrio e o da transparência, apenas para citar dois exemplos, pois houve o aumento descontrolado da dívida por meio de medidas (as pedaladas) que não foram devidamente contabilizadas como tal.

12.9. ESTABELECIMENTO DE UM TETO PARA AS DESPESAS PÚBLICAS

Desde o início dos anos 1990, a arrecadação tributária brasileira tem crescido, em razão, sobretudo, do crescimento econômico verificado desde então. E, juntamente com ela, têm aumentado também as despesas públicas, mantendo-se por muito tempo, todavia, um *superávit primário*, assim entendida a diferença positiva entre as receitas e as despesas, antes do pagamento dos juros da dívida. Em outras palavras, o Poder Público, pelo menos no âmbito federal, conseguia arrecadar mais do que gastava, mantendo assim a dívida pública sob controle.

Em 2015 e especialmente em 2016, porém, uma retração na economia, e no consumo, base sobre a qual se apoia precipuamente a arrecadação tributária brasileira, levou a uma queda significativa na arrecadação, mantendo-se, todavia, crescentes as despesas públicas. Isso gerou um *déficit primário* significativo, vale dizer, o Poder Público, pelo menos no plano federal, passou a arrecadar menos do que gasta, o que o obrigou a aumentar a dívida pública como forma de pagar todas as suas despesas. Essa situação, todavia, poderia levar a um incremento descontrolado da dívida e à própria insolvência do Estado Brasileiro, problema para o qual três soluções, em tese, seriam possíveis.

A primeira delas seria um aumento na carga tributária, com a instituição de novos tributos ou a majoração das alíquotas dos tributos pré-existentes, bem como com a supressão de desonerações fiscais (isenções, alíquota zero etc.). A segunda consistiria no corte atual de despesas públicas, algo que a Presidente Dilma Rousseff, inclusive, já estava fazendo nos últimos meses de seu segundo mandato. A terceira, proposta pela equipe econômica do governo de Michel Temer, consistiria em um congelamento dos gastos públicos, os quais passariam a se submeter a um teto fixado com base na totalidade das despesas referentes ao exercício anterior, corrigidas apenas pela inflação.

As três soluções não se excluem, mas se optou precipuamente pela terceira delas, o que gerou bastante polêmica por conta de possíveis impactos que esse "teto" estabelecido para as despesas públicas poderia ter, notadamente sobre despesas com saúde e educação. Estabeleceu-se, no texto constitucional, no Ato das Disposições Constitucionais Transitórias (ADCT), por obra da Emenda Constitucional 95/2016, o "Novo Regime Fiscal". Assim, o limite para a despesa primária (sem se considerar o pagamento dos juros da dívida) seria, nos termos do art. 107 do ADCT, hoje revogado, para o exercício de 2017, equivalente "à despesa primária paga no exercício de 2016, incluídos os restos a pagar pagos e demais operações que afetam o resultado primário, corrigida em 7,2% (sete inteiros e dois décimos por cento);" e "para os exercícios posteriores, ao valor do limite referente ao exercício imediatamente anterior, corrigido pela variação do Índice Nacional de Preços ao Consumidor Amplo – IPCA, publicado pelo Instituto Brasileiro de Geografia e Estatística, ou de outro índice que vier a substituí-lo, para o período de doze meses encerrado em junho do exercício anterior a que se refere a lei orçamentária."

Esse Regime Fiscal, e o limite de despesas a ele inerente, teria vigência por vinte anos, mas terminou sendo revogado pela EC 126/2022.

Como explicado, muitas críticas e protestos foram provocados pela instituição do referido limite para o crescimento dos gastos públicos, dizendo-se, em suma, que seria um congelamento dos incentivos em educação e em saúde, em prol dos credores da dívida pública, beneficiados pelo pagamento dos juros. Criar-se-ia, assim, perverso instrumento para aumento das desigualdades, pois se limitam despesas com pessoas dotadas de menores condições econômicas, ligadas à concessão de uma maior igualdade de oportunidades, em favor do pagamento de juros, rendimento oriundo do capital acumulado.

Além disso, a Constituição estabelecia limites *mínimos* para aplicação de recursos em áreas como saúde e educação, atrelados à arrecadação, o que significa que, quanto maior a arrecadação, maior seria o gasto com saúde e com educação. Com o advento do Novo Regime Fiscal, esse limite mínimo fica prejudicado pelo teto de despesas, sob o qual se encontram igualmente aquelas relacionadas à saúde e à educação. Assim, se nos anos de aplicação do regime a arrecadação tributária federal crescer consideravelmente, diante de uma recuperação da economia, o valor excedente não seria aplicado em melhoria em tais áreas, mas no pagamento dos juros da dívida pública.

Como contraponto a essas críticas, porém, é preciso lembrar que o teto não dizia respeito apenas às despesas com saúde e com educação. Tratava-se de um limite global para a despesa pública, sendo certo que uma das exceções a ele diz respeito a gastos com a educação básica (art. 212, § 6º, da CF/88 c/c art. 107, § 6º, I, do ADCT). Seria possível, portanto, que se investisse mais em educação e em saúde, desde que se economizasse em outra área, de modo a que o total das despesas não ultrapassasse o limite.

Por outro lado, o pagamento dos juros é importante para que a dívida pública não assuma montante demasiadamente elevado, saindo do controle e levando o Poder Público à insolvência. Com o pagamento dos juros, o equilíbrio das contas públicas e a recondução da dívida a patamares controláveis, é possível que os juros sejam reduzidos, e não elevados, como invariavelmente ocorreria caso a dívida crescesse e com ela fosse incrementado também o risco de insolvência.

Por alegada ofensa ao art. 60, § 4º, da CF/88, partidos políticos de oposição ajuizaram mandado de segurança junto ao STF, impugnando a votação do Projeto de Emenda Constitucional que culminou com a promulgação da EC 95/2016, tendo medida liminar sido indeferida pelo Ministro Luís Roberto Barroso, que, entre outras coisas, ponderou:

> "A responsabilidade fiscal é fundamento das economias saudáveis, e não tem ideologia. Desrespeitá-la significa predeterminar o futuro com déficits, inflação, juros altos, desemprego e todas as consequências negativas que dessas disfunções advêm. A democracia, a separação de Poderes e a proteção dos direitos fundamentais decorrem de escolhas orçamentárias transparentes e adequadamente justificadas, e não da realização de gastos superiores às possibilidades do Erário, que comprometem o futuro e cujos ônus recaem sobre as novas gerações" (STF, MS 34448).

Foi seguido, nesse sentido, o pensamento de Casalta Nabais, para quem

> "(...) a imposição de limites máximos à dívida pública não consubstancia nem um postulado de origem neoliberal decorrente do 'consenso de Washington', nem uma criação europeia do Pacto de Estabilidade e Crescimento, agora juridicamente reforçado pelo Tratado sobre Estabilidade, Coordenação e Governação na União Econômica e Monetária, nem é, no respeitante a Portugal, uma qualquer imposição arbitrária da Troika. Bem ao contrário, num quadro de natural limitação às ambições de realização humana, em que os *commoda* se encontram limitados pelos correspondentes *incommoda*, a liberdade pela responsabilidade e os direitos pelos deveres, a limitação ou restrição ao endividamento público deve ser analisada como verdadeira 'regra de ouro' da economia contemporânea dos Estados desenvolvidos, cujo propósito é, precisamente, o de evitar as situações de bancarrota (...)".[28]

Em edições anteriores deste manual, escrevemos que somente o tempo poderia dizer, caso o regime fiscal fosse respeitado, se os efeitos que ele teria sobre a economia seriam os esperados por seus defensores, ou os temidos por seus opositores, ou ainda outros, que nenhum deles conseguiu antecipar, dada a complexidade e imprevisibilidade da Economia. O importante é que parece contraditório queixar-se do aumento crescente da carga tributária, motivado principalmente por um descontrole e uma irresponsabilidade no que tange aos gastos públicos, e colocar-se em oposição à primeira medida adotada pelo Poder Público capaz de conter efetivamente esse crescimento. Para que ela não tenha reflexos sobre saúde e educação, é preciso que se pressionem os governantes para que priorizem essas finalidades, em detrimento de outras, e, principalmente, é necessário que haja maior *qualidade* e *eficiência* no gasto, evitando-se desperdícios.

---

28 NABAIS, Casalta. "Crise e sustentabilidade do estado fiscal". **Revista da Faculdade de Direito da Universidade do Porto.** v. A1, 2014, p. 123.

Em dezembro de 2022, editou-se a Emenda Constitucional 126, que estabeleceu diversas exceções ao teto de gastos, notadamente – mas não só – para viabilizar o pagamento do benefício de caráter assistencial chamado "Auxílio Brasil", e que no Governo Lula, iniciado em 2023, voltou a intitular-se "Bolsa Família". Com elas, e com o "novo arcabouço fiscal" (LC 200/2023), o teto de gastos restou praticamente abolido, não obstante subsistam regras destinadas a controlar ou limitar os gastos públicos.

12.10. A SISTEMÁTICA DE PRECATÓRIOS E O ENDIVIDAMENTO DOS ENTES FEDERATIVOS PERIFÉRICOS

Tem sido um problema crônico, na ordem jurídica brasileira, o pagamento de precatórios, principalmente por parte de Estados, Distrito Federal e Municípios. Os entes públicos não destinam, em seus orçamentos, quantias suficientes para o pagamento das condenações judiciais, que se acumulam a cada ano, transformando-se em quantias depois tachadas de impagáveis. Os gestores públicos já não têm interesse em pagar quem litigou com o ente público, antipatia que se reforça pelo fato de se tratar de questões antigas e, portanto, de dívidas vistas como "do antecessor" no posto, como se a máquina pública se confundisse com a pessoa que periodicamente a representa.

Seguidas tentativas, no texto constitucional, foram feitas para contornar o problema (p. ex., EC 30/2001, EC 62/2009), as quais não conseguiram resolvê-lo e, de resto, foram declaradas inconstitucionais pelo Supremo Tribunal Federal.

Outra dessas tentativas foi veiculada pela EC 94/2016, que alterou disposições do art. 100 da Constituição, dedicado ao pagamento de dívidas decorrentes de condenação judicial (por meio de precatório ou de requisição de pequeno valor), e adicionou algumas outras ao Ato das Disposições Constitucionais Transitórias (ADCT). E, posteriormente, pelas ECs 113/2021 e 126/2022, que serão comentadas em item próprio, a seguir.

Nos itens deste livro dedicados à restituição do pagamento indevido, e ao processo tributário, notadamente no que tange à ação de restituição do indébito e à execução contra a Fazenda Pública, o tema dos precatórios foi brevemente mencionado, sob a ótica do Direito Tributário e da pretendida restituição de tributos pagos indevidamente. Nas linhas que se seguem, o assunto será retomado, mas com ênfase para aspectos de Direito Financeiro, notadamente oriundos das alterações feitas pela EC 94/2016, no que tange às providências adotadas para viabilizar o pagamento de tais precatórios, especialmente por parte de entes públicos em difícil situação financeira.

Nos termos do art. 100, § 17 da CF/88, "a União, os Estados, o Distrito Federal e os Municípios aferirão mensalmente, em base anual, o comprometimento de suas respectivas receitas correntes líquidas com o pagamento de precatórios e obrigações de pequeno valor."

Em explicitação do que se deve entender por receita líquida, conceito do qual se tratou em item anterior desde livro, o § 18 estabelece que estas compreendem, para os fins do § 17, o somatório das receitas tributárias, patrimoniais, industriais, agropecuárias, de contribuições e de serviços, de transferências correntes e outras receitas correntes, incluindo as oriundas do § 1º do art. 20 da Constituição Federal, verificado no período compreendido pelo segundo mês imediatamente anterior ao de referência e os 11 (onze) meses precedentes, excluídas as duplicidades, e deduzidas: (i) na União, as parcelas entregues aos Estados, ao Distrito Federal e aos Municípios por determinação constitucional; (ii) nos Estados, as parcelas entregues aos Municípios por determinação constitucional; (iii) na União, nos Estados, no Distrito Federal e nos Municípios, a contribuição dos servidores para custeio de seu sistema de previdência e assistência social e as receitas provenientes da compensação financeira referida no § 9º do art. 201 da Constituição Federal.

A Receita Líquida deve ser aferida mensalmente em seu comprometimento com o pagamento de precatórios, porque na hipótese de o montante total de débitos decorrentes de condenações judiciais em precatórios e obrigações de pequeno valor, em período de 12 (doze) meses, ultrapassar a média do comprometimento percentual da receita corrente líquida nos 5 (cinco) anos imediatamente anteriores, a parcela que exceder esse percentual poderá ser financiada, excetuada dos limites de endividamento de que tratam os incisos VI e VII do art. 52 da Constituição Federal e de quaisquer outros limites de endividamento previstos, não se aplicando a esse financiamento a vedação de vinculação de receita prevista no inciso IV do art. 167 da Constituição Federal. (art. 100, § 19, da CF/88).

A ideia é a de aferir uma média do comprometimento da receita com o pagamento de precatórios, tomando-se como base os cinco anos anteriores. Se, em determinado mês, o comprometimento for superior à média, a parcela excedente poderá ser financiada nos termos do § 19 do art. 100, a fim de que se encontre um caminho para que seja honrada sem comprometer o orçamento.

Para evitar o problema decorrente de poucos precatórios de valor muito elevado comprometerem o pagamento de todos os demais, o § 20 do art. 100 da CF/88 estabelece que, caso haja precatório com valor superior a 15% (quinze por cento) do montante global dos precatórios incluídos para pagamento no respectivo exercício, uma parte dele (15%) será paga até o final do exercício seguinte, e o restante "em parcelas iguais nos cinco exercícios subsequentes, acrescidas de juros de mora e correção monetária, ou mediante acordos diretos, perante Juízos Auxiliares de Conciliação de Precatórios, com redução máxima de 40% (quarenta por cento) do valor do crédito atualizado, desde que em relação ao crédito não penda recurso ou defesa judicial e que sejam observados os requisitos definidos na regulamentação editada pelo ente federado."

No ADCT, por sua vez, inseriram-se normas aplicáveis a Estados, Distrito Federal e aos Municípios (não à União), que estejam em situação financeira difícil e por isso se encontrem *em mora* no que tange ao pagamento de precatórios tendo-se como data de referência 25 de março de 2015. Tais entes federativos deverão quitar seus precatórios até 31 de dezembro de 2020, depositando para tanto, junto ao respectivo Tribunal de Justiça, percentual de sua receita corrente líquida (art. 101 do ADCT), percentual este que não poderá ser inferior à média de comprometimento da receita corrente líquida com o pagamento de precatórios verificada entre 2012 e 2014.

Mais uma vez, define-se receita corrente líquida, para os fins específicos de aplicação do regime de pagamento de precatórios previsto no art. 101 do ADCT, "o somatório das receitas tributárias, patrimoniais, industriais, agropecuárias, de contribuições e de serviços, de transferências correntes e outras receitas correntes, incluindo as oriundas do § 1º do art. 20 da Constituição Federal, verificado no período compreendido pelo segundo mês imediatamente anterior ao de referência e os 11 (onze) meses precedentes, excluídas as duplicidades, e deduzidas: (i) nos Estados, as parcelas entregues aos Municípios por determinação constitucional; (ii) nos Estados, no Distrito Federal e nos Municípios, a contribuição dos servidores para custeio de seu sistema de previdência e assistência social e as receitas provenientes da compensação financeira referida no § 9º do art. 201 da Constituição Federal.

Ainda nos termos do regime de pagamento estabelecido no ADCT, Estados-membros, Distrito Federal e Municípios podem pagar precatórios com o uso de depósitos judiciais à disposição do Tribunal de Justiça correspondente, *até mesmo depósitos referentes a ações que têm como partes pessoas diversas da entidade pública respectiva* (ressalvadas apenas as que dizem respeito a verbas de caráter alimentar), sendo 50% desses recursos para o Estado-membro, e 50% para os seus Municípios, sendo, no caso do TJ/DF, 100% dos recursos para o Distrito Federal, naturalmente, que não é dividido em Municípios. Permite-se, ainda, a contratação de empréstimo, não submetido aos limites do Direito Financeiro para conter o endividamento, para que o ente público possa pagar o precatório.

Durante a vigência do "regime especial" de pagamento de precatórios previsto na EC 94/2016, pelo menos 50% dos recursos destinados nos termos do art. 101 do ADCT ao pagamento de precatórios serão usados para honrá-los na ordem cronológica em que forem apresentados, respeitadas as preferências dos créditos alimentares e, nessas, as relativas à idade e ao estado de saúde e à deficiência, nos termos do art. 100, § 2º, da CF/88. Os recursos remanescentes poderão ser usados, por opção dos Estados, do Distrito Federal e dos Municípios, a ser exercida por ato do Executivo (e não por lei), observada a ordem de preferência dos credores, poderá ser destinada ao pagamento mediante acordos diretos, perante Juízos Auxiliares de Conciliação de Precatórios, com redução máxima de 40% (quarenta por cento) do valor do crédito atualizado, desde que em relação ao crédito não penda recurso ou defesa judicial e que sejam observados os requisitos definidos na regulamentação editada pelo ente federado. Isso significa, em relação a tais pessoas, que a ordem cronológica será apenas uma ordem de *preferência*, mas será possível fazer "acordo direto" para que o credor receba o valor que lhe é devido com redução de até 40%.

Como forma de tentar dar efetividade a essas disposições, enquanto elas estiverem sendo respeitadas os Estados, o Distrito Federal e os Municípios não sofrerão, nem suas respectivas autarquias, fundações e empresas estatais dependentes, sequestro de valores, exceto no caso de não liberação tempestiva dos recursos. (art. 103, ADCT). Se os recursos não forem liberados tempestivamente, no todo ou em parte, o Presidente do Tribunal de Justiça local determinará o sequestro, até o limite do valor não liberado, das contas do ente federado inadimplente, bem como o chefe do Poder Executivo do ente federado inadimplente responderá, na forma da legislação de responsabilidade fiscal e de improbidade administrativa. Deverá haver, ainda, a retenção, pela União, dos recursos referentes aos repasses ao Fundo de Participação dos Estados e do Distrito Federal e ao Fundo de Participação dos Municípios, os quais serão depositados na conta especial referida no art. 101 deste Ato das Disposições Constitucionais Transitórias, para utilização como nele previsto. O mesmo deve ser feito pelos Estados-membros e pelo Comitê Gestor do IBS, no que tange aos repasses a serem feitos pelos Municípios dos impostos estaduais com eles partilhados. Vale destacar, ainda, que enquanto perdurar a omissão, o ente federado não poderá contrair empréstimo externo ou interno, exceto para os fins previstos no § 2º do art. 101 do ADCT, ficando ainda impedido de receber transferências voluntárias.

E, a par de tudo isso, o art. 105 do ADCT estabelece que, enquanto vigorar o regime especial nele previsto, os precatórios, próprios ou de terceiros, poderão ser usados na compensação com débitos junto à entidade pública credora, tributários ou não, desde que inscritos em dívida ativa até 25 de março de 2015.

Isso poderia significar, por outras palavras, a construção de um caminho para que os precatórios sejam pagos, em regímen que não inviabiliza o funcionamento da máquina pública porquanto não compromete percentual muito elevado de sua receita corrente líquida, mas que por outro lado não deixa ao gestor alternativa caso a sistemática não seja seguida. A retenção das transferências obrigatórias, o impedimento de que ocorram transferências voluntárias e a vedação a que se contraiam dívidas (salvo as destinadas ao pagamento dos próprios precatórios), aliada à aplicação de sanções ao próprio gestor e ao sequestro de contas, são ferramentas que talvez moralizem o pagamento de condenações judiciais por entes federativos periféricos. O problema, porém, foi que, em seguida, a própria União passou a pretender flexibilizar a forma como também ela honra condenações judiciais, como se estas fossem despesas como outras quaisquer, o que se fez por meio da EC 113/2021.

12.10.1. Adimplemento de Precatórios e Estado de Direito

Com o advento da EC 113/2021, que teve algumas de suas disposições "atualizadas" pela EC 126/2022, o Poder Público inaugura mais uma tentativa de obstaculizar o pagamento de precatórios, incluindo aqueles devidos pela União, que não se encontra na situação de dificuldade financeira de muitos Estados e Municípios. Mesmo assim, estabeleceram-se, dentre outras disposições, limites orçamentários de valores a serem utilizados para o pagamento de precatórios. Em síntese, os precatórios passaram a ser tratados como despesa pública, e submetidos a tetos ou limites anuais. Apenas determinadas quantias, por ano, podem ser empregadas para a satisfação dos precatórios, e o montante que as exceder, e for necessário a que se honrem as condenações judiciais, são transferidos para exercícios seguintes.

Trata-se de alteração inválida, por tratar precatórios – que são decorrentes de condenações judiciais – como dívidas discricionárias, daquelas nas quais o ente público escolhe se deve incorrer ou não. Na verdade, o precatório decorre de uma condenação judicial, de uma decisão, com trânsito em julgado, que reconhece ter o Poder Público causado lesão a direito de terceiro, o qual deve ser restabelecido ou recomposto. Não cabe ao devedor, causador dessa lesão, decidir como, e em que termos, a reparará, ponderando a importância de fazê-lo com despesas outras constantes de seu orçamento.

O Supremo Tribunal Federal, inclusive, já declarou inconstitucionais duas tentativas anteriores semelhantes a esta, veiculadas pelas Emendas Constitucionais 30 e 62. Embora a forma de dar o "calote" fosse ligeiramente diferente em cada uma delas, os fundamentos usados pelo STF para declarar inconstitucionais as duas primeiras aplicam-se a todas, inclusive à EC 113/2021. No julgamento da ADI 2.356, por exemplo, disposições da EC 30/2001 que parcelaram os precatórios à época foram tidas como inconstitucionais porque, a emenda, ao alterar a forma de pagamento dos precatórios, "violou o direito adquirido do beneficiário do precatório, o ato jurídico perfeito e a coisa julgada. Atentou ainda contra a independência do Poder Judiciário, cuja autoridade é insuscetível de ser negada, máxime no concernente ao exercício do poder de julgar os litígios que lhe são submetidos e fazer cumpridas as suas decisões, inclusive contra a Fazenda Pública, na forma prevista na Constituição e na lei. Pelo que a alteração constitucional pretendida encontra óbice nos incisos III e IV do § 4º do artigo 60 da Constituição, pois afronta 'a separação dos Poderes' e 'os direitos e garantias individuais'".

Posteriormente, na ADI 4.425, o STF declarou inconstitucional também a EC 62/2009, que por igual tentou postergar ou protelar o pagamento de precatórios. Entendeu a Corte que, a fazê-lo, o constituinte derivado "viola a cláusula constitucional do Estado de Direito (CF, artigo 1º, *caput*), o princípio da Separação de Poderes (CF, artigo 2º), o postulado da isonomia (CF, artigo 5º), a garantia do acesso à justiça e a efetividade da tutela jurisdicional (CF, artigo 5º, XXXV), o direito adquirido e à coisa julgada (CF, artigo 5º, XXXVI). (...)".

Tudo isso se aplica, como uma mão à luva, por igual à EC 113/2021. A não ser que se reconheça que, no Brasil, voltamos ao período das Ordenações do Filipinas, época na qual o governante cumpria as leis apenas se e quando queria. O Poder Público decidirá se e como cumprirá decisões judiciais, concretizando o que diziam as ordenações, segundo as quais "nenhuma lei, pelo rei feita, o obriga, senão enquanto ele, fundado na razão e igualdade, quiser a ela submeter o seu poder real" (Livro 2, Título 35, § 21). Forte nessas premissas, o Supremo Tribunal Federal, honrando seu papel de guardião do texto constitucional e respeitando sua própria jurisprudência, reconheceu essa inconstitucionalidade, em acórdão que porta a seguinte ementa:

> "EMENTA: DIREITO CONSTITUCIONAL E FINANCEIRO – PRECATÓRIOS – EMENDA CONSTITUCIONAL 113/2021 – INCONSTITUCIONALIDADE FORMAL – INEXISTÊNCIA – REGIME DE PAGAMENTO VIA PRECATÓRIO – CLÁUSULAS DE ISONOMIA E SEGURANÇA JURÍDICA – CONTROLE DE CONSTITUCIONALIDADE DAS EMENDAS À CONSTITUIÇÃO – *JUDICIAL REVIEW* DO MÉRITO DAS EMENDAS CONSTITUCIONAIS – POSSIBILIDADE – ART. 4º, § 4º, DA EMENDA CONSTITUCIONAL 113/21 – PANDEMIA – COTEJO ENTRE DIREITO À SAÚDE E ASSISTÊNCIA SOCIAL E O SISTEMA ORÇAMENTÁRIO DA CONSTITUIÇÃO – ENCONTRO DE CONTAS – INCONSTITUCIONALIDADE NOS TERMOS EM QUE FORMULADO – UTILIZAÇÃO DA SELIC COMO ÍNDICE UNIFICADO DE ATUALIZAÇÃO DOS PRECATÓRIOS – PRATICABILIDADE – POSSIBILIDADE – INEXISTÊNCIA DE VIOLAÇÃO À IRRETROATIVIDADE – PRECATÓRIO – PROCEDIMENTO ADMINISTRATIVO E JUDICIAL – AÇÃO DIRETA JULGADA PARCIALMENTE PROCEDENTE. 1. A Constituição Federal não disciplina questões relativas à votação remota de parlamentares; momento da apresentação de emendas ao projeto; cisão e aglutinação de projetos; e tramitação do projeto por comissões temáticas antes da apreciação pelo Plenário de cada Casa do Congresso Nacional. 2. As normas regimentais das Casas do Congresso Nacional não constituem parâmetro de validade nas ações de controle abstrato de constitucionalidade, na medida em que versam matéria *interna corporis* resguardadas pela cláusula da separação de poderes. Nesse sentido: ADPF 832, Plenário, Rel. Min. Roberto Barroso, *DJe* de 5/5/2023; ADI 5.693, Plenário, Rel. Min. Roberto Barroso, *DJe* de 19/5/2022; ADI 6.696, Plenário, Rel. Min. Roberto Barroso, *DJe* de 13/12/2021; ADI 2.038, Plenário, Rel. Min. Nelson Jobim, *DJ* de 25/2/2000; e ADI 6.986, Plenário, Rel. Min. Edson Fachin, *DJe* de 19/5/2022. 3. O Supremo Tribunal Federal reconhece a possibilidade de *judicial review* do mérito das emendas constitucionais sempre que estas colidam com o core constitucional do texto originário de 1988. (ADI 939, Rel. Min. Sydney Sanches, Tribunal Pleno, julgado em 15/12/1993, *DJ* 18/03/1994, e ADIs 4.357 e 4.425, Rel. Min. Ayres Britto, Redator p/ acórdão o Min. Luiz Fux, Tribunal Pleno, julgado em 14/03/2013, *DJe* 26/09/2014). 4. O direito é reflexo do tempo em que editado e em matéria constitucional, o texto posto na lei fundamental, tanto de maneira originária quanto em sede de revisão, decorre do espírito da época em que produzido. 5. A legitimidade de determinada disposição precisa ser realizada em contexto com o ambiente em que elaborada bem como apreciada em cotejo com os efeitos que a norma é capaz de produzir. 6. A modelagem do tempo não é estranha aos juízos competentes para declarar a inconstitucionalidade de determinada norma mercê da modulação de efeitos da decisão de inconstitucionalidade atribuída à jurisdição constitucional, a partir de preceitos de segurança jurídica. A possibilidade é representativa do domínio sobre o fator tempo que o exercício da interpretação constitucional é capaz de promover, conforme se observa da jurisprudência deste Supremo Tribunal Federal no reconhecimento de uma norma 'ainda' constitucional. (RE 14.7776, Rel. Min. Sepúlveda Pertence, Primeira Turma, *DJ* 19/06/1998). 7. O exame da compatibilidade da Emenda Constitucional 113/21 com os princípios constitucionais postos no texto de 1988 não pode prescindir da avaliação a respeito da legitimidade das mudanças efetivadas, especialmente sob a ótica dos momentos vividos pela sociedade brasileira nos últimos

três anos. O exercício do poder constituinte de maneira legítima precisa estar acorde ao pensamento social vigente ao momento em que as alterações constitucionais são processadas. Esta é, em verdade, umas das implicações da teoria dos 'momentos constitucionais', desenvolvida por Bruce Ackerman. 8. O *judicial review* é parte do processo de emendas à Constituição. Toda democracia liberal funcional depende de uma variedade de técnicas para introduzir flexibilidade no quadro constitucional. 9. A principal modificação promovida pela Emenda Constitucional 113 refere-se à possibilidade de abertura de crédito extraordinário para eventual aumento no exercício de 2021 do limite do teto de gastos aprovado pela Emenda Constitucional 95/2016, com o objetivo de financiar medidas para combate à covid-19. 10. A abertura de créditos adicionais no orçamento é classificada pelo artigo 41 da Lei 4.320/64 como créditos suplementares, especiais e extraordinários; por sua vez, a Constituição Federal estabelece as características do crédito extraordinário no artigo 167, § 3º. 11. *In casu*, por um lado foram ameaçadas regras de *accountability* e responsabilidade fiscal que constam da Constituição orçamentária; de outro, os recursos financeiros eventualmente captados com os referidos créditos extraordinários tiveram destinação para ações sociais e de saúde em momento em que o orçamento público viveu situação delicada decorrente de uma pandemia de proporções mundiais. 12. A escolha da melhor opção a ser tomada pelo administrador público na implementação de políticas públicas não é papel da jurisdição constitucional, a fortiori o encaminhamento a efeito pelo Poder Executivo àquele momento contou com a legitimação do Parlamento por meio da aprovação das emenda constitucional ora impugnada. 13. Compete ao Poder Judiciário dizer se a opção escolhida é válida ou não em cotejo ao regramento constitucional vigente. 14. A medida adotada pelo Congresso, por meio de emenda à Constituição, representou uma opção política dotada de legitimidade no momento em que realizada. 15. O Supremo Tribunal Federal reconheceu em julgados recentes a legitimidade de medidas concretizadas pelo poder público para atendimento de demandas exigidas pela população para o combate aos efeitos do coronavírus. (ADI 6.357 MC-Ref, Rel. Min. Alexandre de Moraes, Tribunal Pleno, julgada em 13/05/2020, *DJe* 20/11/2020, e ADI 6970, Rel. Min. Cármen Lúcia, Tribunal Pleno, julgada em 16/08/2022, *DJe* 29/08/2022). 16. A opção do constituinte derivado, in casu, privilegiou cláusulas constitucionais estabelecidas, especialmente, nos arts. 1º, III, 3º, 5º, *caput*, 6º, 194, *caput*, 196, bem como o inciso VI do art. 203. 17. A redação do art. 100, § 9º, da CRFB, estabelecida pela Emenda 113/2021, apesar de sensivelmente diferente daquela declarada inconstitucional pelo Supremo Tribunal Federal nas ADIs 4.425 e 4.357, contém a mesma essência e não se coaduna com o texto constitucional. 18. A compensação requerida pelo titular do precatório nas situações descritas no § 11 do mesmo artigo 100 somente mantém sua legitimidade após a exclusão do subteto para pagamento dos requisitórios se afastada a expressão que determina sua auto aplicabilidade à União. 19. A atual sistemática de atualização dos precatórios não se mostra adequada e minimamente razoável em vista do sem-número de regras a serem seguidas quando da realização do pagamento do requisitório. O tema 810 de Repercussão Geral, bem como a questão de ordem, julgada na ADI 4.425, em conjunto com o tema 905 de recursos repetitivos fixado pelo Superior Tribunal de Justiça demonstram os diversos momentos e índices a serem aplicados para atualização, remuneração do capital e cálculo da mora nos débitos decorrentes de precatórios. 20. A unificação dos índices de correção em um único fator mostra-se desejável por questões de praticabilidade. No sentido técnico da expressão consagrada pela Ministra do Superior Tribunal de Justiça, Regina Helena Costa, 'a praticabilidade, também conhecida como praticidade, pragmatismo ou factibilidade, pode ser traduzida, em sua acepção jurídica, no conjunto de técnicas que visam a viabilizar a adequada execução do ordenamento jurídico". Cuida-se de um princípio difuso no sistema jurídico, imposto a partir de primados maiores como a segurança jurídica e a isonomia que impõem ao Estado o dever de tornar exequível o conjunto de regras estabelecido para a convivência em sociedade. 21. A Taxa Referencial e a taxa SELIC não são índices idênticos; sequer assemelhados. Conforme já decidiu o Supremo Tribunal Federal, a utilização da taxa SELIC para a correção de débitos judiciais na Justiça do Trabalho em substituição à Taxa Referencial é plenamente legítima. (ADC 58, Rel. Min. Gilmar Mendes, Tribunal Pleno, julgado em 18/12/2020, *DJe* de 07/04/2021) 22. O precedente formado nas ADIs 4.425 e 4.357, que julgou inconstitucional a aplicação da Taxa Referencial para a atualização dos valores dos precatórios, não ostenta plena aderência ao caso presente, em que o índice em debate é a taxa SELIC. 23. A taxa SELIC, desde 1995, é o índice utilizado para a atualização de valores devidos tanto pela Fazenda quanto pelo contribuinte nas relações jurídico-tributárias. Sua legitimidade é reconhecida pela uníssona jurisprudência dos tribunais pátrios, estando sua aplicação pontificada na já vetusta Súmula 199 do Superior Tribunal de Justiça. 24. A dissonância entre os índices de inflação e o valor percentual da taxa SELIC não corresponde exatamente à realidade. A SELIC é efetivamente fixada pelo Comitê de Política Monetária do Banco Central do Brasil, entretanto, suas bases estão diretamente relacionadas aos pilares econômicos do país. A partir da Lei Complementar 179/2021, a autonomia técnica do Banco Central do Brasil é um fator que afasta o argumento de que o índice seria estabelecido de maneira totalmente potestativa pela Fazenda. A lei impõe como objetivo fundamental à autoridade monetária assegurar a estabilidade de preços (art. 1º da LC 179/21). Consectariamente, há elementos outros que não a mera vontade política para a fixação dos patamares da SELIC. 25. A correlação entre a taxa de juros da economia e a inflação é extremamente próxima. Um dos indicadores para que o índice se mova para mais ou para menos é justamente a projeção da inflação para os períodos subsequentes. Não há desproporcionalidade entre uma grandeza e outra, mas sim, relação direta e imediata. 26. O trâmite desde a expedição do precatório até sua inclusão no orçamento para pagamento inclui procedimentos distintos, um de natureza jurisdicional e outro de natureza administrativa. Na execução proposta contra a Fazenda Pública, a atividade judicial de primeiro grau é cumprida e acabada com a expedição do precatório por parte do juízo exequente. A partir daí, o que se desenvolve é a atividade do Presidente do Tribunal quanto ao encaminhamento a ser dado à ordem de pagamento. 27. A possibilidade de a nova legislação captar requisitórios já expedidos não encerra violação à irretroatividade. A aplicação da novel legislação dá-se após o encerramento da fase judicial do procedimento e antes do início da fase administrativa. É dizer que a norma produzirá efeitos após o encerramento das discussões relativas à condenação judicial do Poder Público e antes de finalizados os trâmites administrativos para a inclusão do crédito no orçamento. 28. A disposição incluída no § 5º do art. 101 do ADCT pela EC 113/21 possibilitou a contratação do empréstimo referido no § 2º, III, do dispositivo (qual seja, sem quaisquer limitações fiscais) 'exclusivamente' para a modalidade de pagamento de precatórios por meio de acordo direto com o credor, modalidade na qual o titular do crédito se obriga a aceitar um deságio de 40% do valor de seu precatório. 29. A *contrario sensu*, para todas as outras formas de quitação não é possível a contratação específica daquela modalidade de empréstimo. Torna-se possível que sobejem recursos para o pagamento de precatórios sob a forma de acordo com deságio e falte dinheiro para a quitação de débitos na modalidade usual, qual seja, em espécie pela ordem cronológica de apresentação e em respeito às preferências constitucionais. Como asseverado pela Procuradoria-Geral da República em sua manifestação (fls. 79): 'É como se o Estado dissesse ao credor que, para pagamento com deságio de 40%, há dinheiro disponível, mas não há para pagamento integral'. Ao privilegiar determinada modalidade de quitação de dívida, o art. 101, § 5º, do ADCT prejudica todas as outras opções, inclusive aquela que ontologicamente decorre do regime de precatórios que é o pagamento em dinheiro na ordem de antiguidade da dívida e respeitadas as preferências constitucionais. 30. Ação Direta conhecida e julgada parcialmente procedente para declarar a inconstitucionalidade do art. 100, § 9º, da Constituição Federal, e do art. 101, § 5º, do ADCT, com redação estabelecida pelo art. 1º da EC 113/21 e dar interpretação conforme a Constituição do art. 100, § 11, da Constituição, com redação da EC 113/21 para afastar de seu texto a expressão 'com autoaplicabilidade para a União'." (ADI 7.047, Pleno, Rel. Luiz Fux, j. em 1/12/2023, PROCESSO ELETRÔNICO *DJe-s/n* DIVULG 18/12/2023 PUBLIC 19/12/2023).

REFERÊNCIAS

AARNIO, Aulis. **Lo racional como razonable - un tratado sobre la justificación jurídica.** Traducción de Ernesto Garzón Valdés. Madrid: Centro de Estudios Constitucionales, 1991.

ACEMOGLU, Daron. JOHNSON, Simon, ROBINSON, James A.; YARED, Pierre. Income and Democracy. **NBER Working Paper Series.** Working Paper 11205. Cambridge: National Bureau of Economic Research, March 2005.

ADAMS, Charles. **For good and evil**: the impact of taxes on the course of civilization. 2. ed. New York: Madison Books, 2001.

ALEXY, Robert. **Teoría de los derechos fundamentales.** Traducción de Ernesto Garzón Valdés, Madrid: Centro de Estudios Políticos y Constitucionales, 2002.

AMARO, Luciano. **Direito tributário brasileiro.** 11. ed. São Paulo: Saraiva, 2005.

AMARO, Luciano. **Direito tributário brasileiro.** 4. ed. São Paulo: Saraiva, 1999.

ARDANT, Gabriel. **Théorie Sociologique de L 'Impot.** Paris: Jean Touzot, 1965, v. 1.

ASOREY, Rubén O. (Dir.). **Protección constitucional de los contribuyentes.** Madri/Barcelona: Marcial Pons, 2000.

ATALIBA, Geraldo. **Apontamentos de ciência das finanças, direito financeiro e tributário.** São Paulo: Revista dos Tribunais, 1969.

ATALIBA, Geraldo. **Hipótese de Incidência Tributária.** 6. ed. São Paulo: Malheiros, 2001.

ATIENZA, Manuel. **Contribución a una teoría de la legislación.** Madrid: Civitas, 1997.

ATKINSON, Anthony B. **Inequality**: What can be done? Cambridge: Harvard University Press, 2015.

ÁVILA, Humberto Bergmann. "Postulado do Legislador Coerente" e a Não cumulatividade das Contribuições. In. ROCHA, Valdir de Oliveira. **Grandes questões atuais do Direito Tributário.** 11.vol. São Paulo: Dialética, 2007.

ÁVILA, Humberto Bergmann. **Conceito de renda e compensação de prejuízos fiscais.** São Paulo: Malheiros, 2011.

ÁVILA, Humberto Bergmann. **Segurança Jurídica**: entre permanência, mudança e realização no Direito Tributário. São Paulo: Malheiros, 2011.

ÁVILA, Humberto Bergmann. **Sistema Constitucional Tributário.** São Paulo: Saraiva, 2004.

ÁVILA, Humberto Bergmann. **Teoria da igualdade tributária.** São Paulo: Malheiros, 2008.

ÁVILA, Humberto Bergmann. **Teoria dos Princípios.** 4. ed. São Paulo: Malheiros, 2004.

AVILÉS, Angel Aguallo; BERRO, Florián García. "Los incrementos de patrimonio no justificados y la presunción de inocencia en el procedimiento tributario sancionador". In. **XIX Jornadas Latino-Americanas de Direito Tributário.** Lisboa: ILADT, 1998, livro 2.

AXELROD, Robert. **A evolução da cooperação.** Tradução de Jusella Santos. São Paulo: Leopardo, 2010.

BALEEIRO, Aliomar. **Direito tributário brasileiro.** 11. ed. Rio de Janeiro: Forense, 1999.

BALEEIRO, Aliomar. **Limitações constitucionais ao poder de tributar.** 7. ed. Rio de Janeiro: Forense, 1997.

BALEEIRO, Aliomar. **Uma introdução à ciência das finanças**. 17. ed. Atualização de Hugo de Brito Machado Segundo. Rio de Janeiro: Forense, 2010.

BARONE, Guglielmo; MOCETTI, Sauro. Tax morale and public spending inefficiency. **Int Tax Public Finance** (2011) 18:724-749, Springer, DOI 10.1007/s10797-011-9174-z.

BARRETO, Aires. F. **Curso de Direito Tributário Municipal**. São Paulo: Saraiva, 2009.

BARROSO, Luís Roberto (Org.). **A nova interpretação constitucional**. Ponderação, direitos fundamentais e relações privadas. Rio de Janeiro: Renovar, 2006.

BARROSO, Luís Roberto. Fundamentos teóricos e filosóficos do novo direito constitucional brasileiro – pós-modernidade, teoria crítica e pós-positivismo. In: BARROSO, Luís Roberto (Org.). **A nova interpretação constitucional**. Ponderação, direitos fundamentais e relações privadas. Rio de Janeiro: Renovar, 2006. p. 2-47.

BECCARIA, Cesare. **Dos delitos e das penas**. Tradução de Torrieri Guimarães. 11. ed. São Paulo: Hemus, 1995.

BECHO, Renato Lopes. **Lições de Direito Tributário – teoria geral e constitucional**. São Paulo: Saraiva, 2011.

BECKER, Alfredo Augusto. **Teoria geral do direito tributário**. 3. ed. São Paulo: Lejus, 1998.

BEREIJO. Álvaro Rodríguez. Estudio preliminar a LABAND, Paul. **Derecho Presupuestario.** Madrid: Instituto de Estudios Fiscales, 1979.

BIRK, Dieter. **Steuerrecht**. 7. ed. Heidelberg: C. F. Müller Verlag, 2004.

BODENHORN, Diran. The Shifting of the Corporation Income Tax in a Growing Economy. **The Quarterly Journal of Economics**, Oxford University Press, Vol. 70, nº 4 (nov., 1956), p. 563-580, disponível *on-line* em http://www.jstor.org/stable/1881865, último acesso em 17/07/2012.

BONAVIDES, Paulo. **Curso de Direito Constitucional**. 12. ed. São Paulo: Malheiros, 2002.

BONFIM, Diego. **Tributação e livre concorrência**. São Paulo: Saraiva, 2011.

BORGES, José Souto Maior. "Revisitando a isenção tributária". In: CARVALHO, Maria Augusta Machado de (Coord.). **Estudos de Direito Tributário em homenagem à memória de Gilberto de Ulhoa Canto**. Rio de Janeiro: Forense, 1998.

BOUVIER, Michel. **Introduction au droit fiscal général et à la théorie de l 'impôt**. 13. ed. Paris: Lgdj, 2016.

BRUNETTI, Antonio. **Tratado del derecho de las sociedades**. Buenos Aires: Uteha, traduccion de Felipe de Solá Cañizares, 1960, v.1.

BRYCE, James D. and GROSSFELD, Bernhard. Brief Comparative History of the Origins of the Income Tax in Great Britain, Germany and the United States. **Am. J. Tax Pol'y 211 (1983).**

BUJÁN Y FERNÁNDEZ, Antonio Fernández de. Principios tributarios: una visión desde el Derecho Romano. *Ius fiscale*: instrumentos de política financiera y principios informadores del sistema tributario romano. In: PISÓN, Juan Arrieta Martínez; YURRITA, Miguel Ángel Collado; PÉREZ, Juan Zornoza. **Tratado sobre la Ley General Tributaria**. Navarra: Aranzadi/Thomson Reuters, 2010. t. I.

CALCINI, Fábio Pallaretti. PIS e Cofins. Algumas ponderações acerca da não cumulatividade. **Revista Dialética de Direito Tributário** n. 176. São Paulo: Dialética, maio de 2010.

CAPRILLES, Theo. **On why EU stand on the passing on defence equates to enriching the unjust**. Disponível em http://lup.lub.lu.se/luur/download?func=downloadFile&recordOId=2006260&fileOId=2006296, acesso em 13/7/2012.

CARRAZZA, Roque Antonio. **Curso de direito constitucional tributário**. 17. ed. São Paulo: Malheiros, 2002.

CARRAZZA, Roque Antonio. **ICMS**. 2. ed. São Paulo: Malheiros, 1995.

CARVALHO, Maria Augusta Machado de (Coord.). **Estudos de Direito Tributário em homenagem à memória de Gilberto de Ulhoa Canto**. Rio de Jaeiro: Forense, 1998.

CARVALHO, Paulo de Barro. **Curso de Direito Tributário**. 12. ed. São Paulo: Saraiva, 1999.

CARVALHO, Paulo de Barro. "A definição da base de cálculo como proteção constitucional do contribuinte". In: ASOREY, Rubén O. (Dir.). **Protección constitucional de los contribuyentes**. Madri/ Barcelona: Marcial Pons, 2000.

CATARINO, João Ricardo; GUIMARÃES, Vasco Branco (Coord.). **Lições de Fiscalidade**. 2. ed. Coimbra: Almedina, 2013.

CATARINO, João Ricardo; GUIMARÃES, Vasco Branco (Coord.). A teoria dos sistemas fiscais - a importância da justiça. In. CATARINO, João Ricardo; GUIMARÃES, Vasco Branco (Coord.). **Lições de Fiscalidade**. 2. ed. Coimbra: Almedina, 2013, v. 1.

CHULVI, Cristina Pauner. **El deber constitucional de contribuir al sostenimiento de los gastos públicos**. Madrid: CEPC, 2001.

CINTRA, Antônio Carlos de Araújo; GRINOVER, Ada Pellegrini; DINAMARCO, Cândido Rangel. **Teoria geral do processo**. 18. ed. São Paulo: Malheiros, 2002.

CINTRA, Carlos César Sousa; MATOS, Thiago Pierre Linhares. "Planejamento tributário à luz do direito brasileiro". In. MACHADO, Hugo de Brito (Coord.). **Planejamento tributário**. São Paulo/ Fortaleza: Malheiros/ICET, 2016.

CNOSSEN, Sijbren. VATs in CEE Countries: a survey and analysis. **De Economist** 146, n. 2, Netherlands: Kluwer Academic Publishers, 1998.

COELHO, Sacha Calmon Navarro. **Curso de direito tributário brasileiro**. 9. ed. Rio de Janeiro: Forense, 2006.

COLLET, Martin. **Droit Fiscal**. 6. ed. Paris: PUF, 2017.

COPI, Irving M. **Introdução à Lógica**. Tradução de Álvaro Cabral, 2. ed., São Paulo: Mestre Jou, 1978.

COSTA, Alcides Jorge. História do direito tributário - I e II. In: FERRAZ, Roberto (Coord.). **Princípios e limites da tributação**. São Paulo: Quartier Latin, 2005.

COSTA, Ramón Valdés. **Curso de derecho tributario**. 2. ed. Buenos Aires: Depalma, 1996.

COSTA, Regina Helena. **Curso de direito tributário**. São Paulo: Saraiva, 2009.

COSTA, Regina Helena. **Praticabilidade e justiça tributária** - exequibilidade da lei tributária e direitos do contribuinte. São Paulo: Malheiros, 2007.

DAMÁSIO, António R. **E o cérebro criou o homem**. Tradução de Laura Teixeira Motta. São Paulo: Companhia das Letras.

DEEMTER, Kees Van. **Not exactly**. In Praise of vagueness. Oxford: Oxford University Press, 2010.

DERZI, Misabel Abreu Machado. Notas de atualização. In: BALEEIRO, Aliomar. **Direito tributário brasileiro**. 11. ed. Rio de Janeiro: Forense, 1999.

DI PIETRO, Adriano. Introducción. In. DI PIETRO, Adriano; TASSANI, Thomas (Dir.). **Los princípios europeos del Derecho Tributario**. Barcelona: Atelier, 2015.

DIAZ, Vicente Oscar. "Criminalizacion de las infracciones tributarias". In. **XIX Jornadas Latino-Americanas de Direito Tributário**. Lisboa: ILADT, 1998, livro 4.

DIDIER JR., Fredie; CUNHA, Leonardo José Carneiro da; BRAGA, Paula Sarno; OLIVEIRA, Rafael. **Curso de direito processual civil**. 3. ed. Salvador: Juspodivm, 2011. v. 5.

DIFINI, Luiz Felipe Silveira. **Manual de direito tributário**. 3. ed. São Paulo: Saraiva, 2006.

DÓRIA, A. R. Sampaio. **Discriminação Constitucional de Rendas Tributárias**. São Paulo: José Bushatsky, 1972.

DWORKIN, Ronald. **Is democracy possible here?** (principles for a new political debate). Princeton University Press: Princeton, 2006.

DWORKIN, Ronald. **Levando os direitos a sério**. Tradução de Nelson Boeira. São Paulo: Martins Fontes, 2002.

ELISECHE, Marco Antonio. "La criminalización de las infracciones tributarias", em **A criminalização das infracções fiscais**, Lisboa: AFP/ILADT, 1998, livro 1.

EMERENCIANO, Adelmo da Silva. **Procedimentos fiscalizatórios e a defesa do contribuinte.** Campinas: Copola, 1995.

ENGISCH, Karl. **Introdução ao pensamento jurídico.** traduzido por J. Baptista Machado, 8. ed., Lisboa: Fundação Calouste Gulbenkian, 2001.

ERREYGERS, Guido; VANDEVELDE, Antoon. Is Inheritance Legitimate?: Ethical and Economic Aspects of Wealth Transfers. Berlin: Springer, 1997.

ESTELLITA, Heloisa. "O Princípio Constitucional da Isonomia e o Crime de Omissão no Recolhimento de Contribuições Previdenciárias (Art. 168-A, § 1.º, I, Código Penal)". In. ESTELLITA, Heloísa (Coord.). **Direito Penal Empresarial.** São Paulo: Dialética, 2001.

ESTELLITA, Heloisa. **A tutela penal e as obrigações tributárias na Constituição Federal.** São Paulo: Revista dos Tribunais, 2001.

FALCÃO, Amílcar de Araújo. **Fato gerador da obrigação tributária.** 7. ed. Rio de Janeiro: Forense, 2002.

FALCÃO, Amílcar de Araújo. **Introdução ao direito tributário.** 6. ed. atualizada por Flávio Bauer Novelli. Rio de Janeiro: Forense, 1999.

FALCÃO, Amílcar de Araújo. **Sistema Tributário Brasileiro – discriminação de rendas.** Rio de Janeiro: Edições Financeiras, 1965.

FERRAZ, Luciano; GODOI, Marciano Seabra de; SPAGNOL, Werther Botelho. **Curso de Direito Financeiro e Tributário.** Belo Horizonte: Fórum, 2014.

FERRAZ, Roberto (Coord.). **Princípios e limites da tributação.** São Paulo: Quartier Latin, 2005.

FISCHER, Octavio Campos (Coord.). **Tributos e Direitos Fundamentais.** São Paulo: Dialética, 2004.

FLEINER-GERSTER, Thomas. **Teoria Geral do Estado.** Tradução de Marlene Holzhausen. São Paulo: Martins Fontes, 2006.

FOLLONI, André. **Ciência do Direito Tributário no Brasil.** São Paulo: Saraiva, 2013.

FOLLONI, André. Planejamento tributário e norma antielisiva no direito brasileiro. In: MACHADO, Hugo de Brito (Coord.). **Planejamento tributário.** São Paulo/Fortaleza: Malheiros/ICET, 2016.

FOUGÈRE, Maxime; RUGGERI, Giuseppe C. Flat Taxes and Distributional Justice. **Review of Social Economy**, Vol. 56, No. 3 (FALL 1998), pp. 277-294, published by: Taylor & Francis, Ltd. Stable URL: http://www.jstor.org/stable/29769956. Accessed: 07-01-2016.

GANDHI, I. Ved. P.; MEHTA, B. V.; LALL, V. D. Shifting of Tax by Companies: Comments. **Economic and Political Weekly**, Vol. 2, No. 24 (Jun. 17, 1967), pp. 1089-1093; p. 1095-1097. Disponível *on-line* em: http://www.jstor.org/stable/4358066, último acesso em 17/07/2012.

GARGARELLA, Roberto. **As teorias da justiça depois de Rawls** – um breve manual de filosofia política. Tradução de Alonso Reis Freire. São Paulo: Martins Fontes, 2008.

GIANNINI, A. D. **Istituzioni di Diritto Tributario.** 4. ed. Milano: Giuffrè, 1948.

GODOI, Marciano Seabra de. Estudo comparativo sobre o combate ao planejamento tributário abusivo na Espanha e no Brasil. Sugestão de alterações legislativas no ordenamento brasileiro. **Revista de informação legislativa.** Brasília, ano 49, n.º 194, abril/junho de 2012.

GODOI, Marciano Seabra de. O quê e o porquê da tipicidade tributária. In: RIBEIRO, Ricardo Lodi; ROCHA, Sérgio André (Coords.). **Legalidade e tipicidade no direito tributário.** São Paulo: Quartier Latin, 2008.

GRECO, Marco Aurélio. **Dinâmica da tributação**: uma visão funcional. 2. ed. Rio de Janeiro: Forense, 2007.

GRECO, Marco Aurélio. **Planejamento Tributário.** São Paulo: Dialética, 2004.

GROSCLAUDE, Jacques; MARCHESSOU, Philippe. **Droit fiscal génèreal.** 11. ed. Paris: Dalloz, 2017.

GUERRA, Marcelo Lima. **Competência da justiça do trabalho.** Fortaleza: Tear da Memória, 2009.

GUERRA, Marcelo Lima. **Estudos sobre o Processo Cautelar**. São Paulo: Malheiros, 1997.

GUERRA, Marcelo Lima. **Prova judicial**: uma introdução. Fortaleza: Boulesis, 2016.

GUERRA FILHO, Willis Santiago. **Teoria processual da constituição**. São Paulo: Celso Bastos Editor/ Instituto Brasileiro de Direito Constitucional, 2000.

GUTMANN, Daniel. Du droit a la philosophie de l´impôt. **Archives de philosophie du droit**. L´impôt. Tome 46. 2002.

HAACK, Susan. **Evidence and Inquiry**: towards reconstruction in epistemology. Cambridge: Blackwell, 1993.

HARADA, Kiyoshi. **Direito financeiro e tributário**. 16. ed. São Paulo: Atlas, 2007.

HARARI, Yuval Noah. **Homo Deus**: uma breve história do amanhã. Tradução de Paulo Geiger. São Paulo: Companhia das Letras, 2016.

HART, Herbert L. **O conceito de direito**. 3. ed. Tradução de A. Ribeiro Mendes. Lisboa: Fundação Calouste Gulbenkian, 2001.

HELLER, Herman. **Teoria do Estado**. Tradução de Lycurgo Gomes da Motta. São Paulo: Mestre Jou, 1968.

HENSEL, Albert. **Derecho tributario**. Tradução de Andrés Báez Moreno, María Luisa González-Cuéllar Serrano e Enrique Ortiz Calle. Madrid: Marcial Pons, 2005.

HOLMES, Stephen; SUNSTEIN, Cass R. **The cost of rights** – why liberty depends on taxes. New York: W.W Norton & Company, 1999.

HOUAISS, A. **Grande Dicionário Houaiss da Língua Portuguesa**. Rio de Janeiro: Objetiva, 2001.

JARACH, Dino. **Finanzas Públicas y Derecho Tributário**. Buenos Aires: Abeledo-Perrot, 1996.

JÈZE, Gaston. **Cours Élémentaire de Science des Finances et de Législation Financière Française**. 5. ed. Paris: M. Giard & E. Briere, 1912.

KEELEY, B. **Income Inequality**: The Gap between Rich and Poor, Paris: OECD, 2015, http://dx.doi.org/10.1787/9789264246010-en.

KEEN, Michael; KIM, Yatae; VARSANO, Ricardo. The "flat tax(es)": principles and experience. **Policy watch**. The Int Tax Public Finance (2008) 15: 712–751, DOI 10.1007/s10797-007-9050-z.

KELSEN, Hans. **Teoria geral do direito e do Estado**. Tradução de Luis Carlos Borges. São Paulo: Martins Fontes, 2000.

KELSEN, Hans. **Teoria pura do direito**. Tradução de João Baptista Machado. 6. ed. São Paulo: Martins Fontes, 2000.

LABAND, Paul. **Derecho Presupuestario.** Madrid: Instituto de Estudios Fiscales, 1979.

LAMARQUE, Jean; NÉGRIN, Olivier; AYRAULT, Ludovic. **Droit fiscal général**. 4. ed. Paris: Lexisnexis, 2016.

LAPATZA, José Juan Ferreiro. **Direito Tributário** – Teoria geral do tributo. Barueri/Madrid: Manone/ Marcial Pons, 2007.

LOPES FILHO, Juraci Mourão. **Competências federativas.** Na constituição e nos precedentes do STF. Salvador: Juspodivm, 2012.

MACHADO, Hugo de Brito (Coord.). **Planejamento tributário**. São Paulo/Fortaleza: Malheiros/ICET, 2016.

MACHADO, Hugo de Brito (Coord.). **Regime Jurídico dos Incentivos Fiscais.** São Paulo/Fortaleza: Malheiros/ICET, 2015.

MACHADO, Hugo de Brito. "A consolidação da legislação de cada tributo e possíveis consequências da inobservância do art. 212 do CTN", em **Revista Dialética de Direito Tributário** n.º 77, pp. 49 e 50.

MACHADO, Hugo de Brito. "Sanções Políticas no Direito Tributário", em **Revista Dialética de Direito Tributário** n.º 30, São Paulo: Dialética, 1998.

MACHADO, Hugo de Brito (Org.). **Sanções Penais Tributárias.** São Paulo: Dialética, 2005.

MACHADO, Hugo de Brito. **Aspectos fundamentais do ICMS**. São Paulo: Dialética, 1997.

MACHADO, Hugo de Brito. **Comentários ao Código Tributário Nacional**. 3. ed. São Paulo: Atlas, 2015, v. 1.

MACHADO, Hugo de Brito. **Comentários ao Código Tributário Nacional**. São Paulo: Atlas, 2004. v. 2.

MACHADO, Hugo de Brito. **Comentários ao Código Tributário Nacional**. São Paulo: Atlas, 2005. v. 3.

MACHADO, Hugo de Brito. Confissão de dívida tributária. **Revista Jurídica LEMI**, Belo Horizonte: Lemi, nº 184, p. 10, mar. 1983.

MACHADO, Hugo de Brito. Contribuição de Melhoria. **Fórum de Direito Tributário**, v. 50, p. 07-25, 2011.

MACHADO, Hugo de Brito. **Curso de Direito Tributário**. 37. ed. São Paulo: Malheiros, 2016.

MACHADO, Hugo de Brito. **Direitos Fundamentais do Contribuinte e a Efetividade da Jurisdição**. São Paulo: Atlas, 2010.

MACHADO, Hugo de Brito. **Estudos de Direito Penal Tributário**. São Paulo: Atlas, 2003.

MACHADO, Hugo de Brito. IPTU. Ausência de Progressividade. Distinção entre Progressividade e Seletividade. **Revista Dialética de Direito Tributário**, v. 31, p. 82-91, 1998.

MACHADO, Hugo de Brito. Lançamento Tributário e Decadência. In: MACHADO, Hugo de Brito. (Org.). **Lançamento Tributário e Decadência**. São Paulo: Dialética, 2002, v. 01.

MACHADO, Hugo de Brito. **O Conceito de Tributo no Direito Brasileiro**. Rio de Janeiro: Forense, 1987.

MACHADO, Hugo de Brito. **Os princípios jurídicos da tributação na Constituição de 1988**. 5. ed. São Paulo: Dialética, 2004.

MACHADO, Hugo de Brito. Serviços Públicos e Tributação. **Interesse Público**, v. 32, p. 81-100, 2005.

MACHADO, Hugo de Brito. **Teoria Geral do Direito Tributário**. São Paulo: Malheiros, 2015.

MACHADO, Hugo de Brito. Tributação Oculta e Garantias Constitucionais. **Fórum de Direito Tributário**, v. 10, p. 91-104, 2004.

MACHADO, Hugo de Brito. Virtudes e Defeitos da Não Cumulatividade do Tributo no Sistema Tributário Brasileiro. In: PEIXOTO, Marcelo Magalhães; GAUDÊNCIO, Samuel Carvalho (Org.). **Fundamentos do PIS e da COFINS e o Regime Jurídico da Não Cumulatividade**. São Paulo: MP Editora, 2007, p. 215-243.

MACHADO, Hugo de Brito; MACHADO, Schubert de Farias. **Dicionário de Direito Tributário**. São Paulo: Atlas, 2011.

MACHADO SEGUNDO, Hugo de Brito. "As Liberdades Econômica e Profissional e os Cadastros de Contribuintes", em **Revista Dialética de Direito Tributário** n.º 67, p. 73-80, 2001.

MACHADO SEGUNDO, Hugo de Brito. Ainda a restituição dos tributos indiretos. **Nomos**, v. 32.2, p. 223-274, 2012.

MACHADO SEGUNDO, Hugo de Brito. Algumas notas sobre a invocação do princípio da 'livre concorrência' nas relações tributárias. **Nomos**, v. 28.2, p. 61-81, 2008.

MACHADO SEGUNDO, Hugo de Brito. Amartya Sen como Intérprete e Crítico da Teoria da Justiça de John Rawls. **Revista da Procuradoria Geral do Município de Fortaleza**, v. 17, p. 427-440, 2009.

MACHADO SEGUNDO, Hugo de Brito. **Contribuições e federalismo**. São Paulo: Dialética, 2005.

MACHADO SEGUNDO, Hugo de Brito. **Fundamentos do Direito**. São Paulo: Atlas, 2010.

MACHADO SEGUNDO, Hugo de Brito. **O Direito e sua Ciência**: uma introdução à epistemologia jurídica. São Paulo: Malheiros, 2016.

MACHADO SEGUNDO, Hugo de Brito. **Processo tributário**. São Paulo: Atlas, 2004.

MACHADO SEGUNDO, Hugo de Brito. **Repetição do Tributo Indireto**: incoerências e contradições. São Paulo: Malheiros, 2011.

MACHADO SEGUNDO, Hugo de Brito; MACHADO, Raquel Cavalcanti Ramos. Sanções Penais Tributárias. In: MACHADO, Hugo de Brito. (Org.). **Sanções Penais Tributárias**. São Paulo: Dialética, 2005, p. 413-447.

MACHADO, Raquel Cavalcanti Ramos Machado. **Competência Tributária**: entre a rigidez do sistema e a atualização interpretativa. São Paulo: Malheiros, 2014.

MACHADO, Raquel Cavalcanti Ramos Machado; MACHADO SEGUNDO, Hugo de Brito. O Caos dos Princípios Tributários. In: ROCHA, Valdir de Oliveira (Coord.). **Grandes Questões Atuais do Direito Tributário v. 10.** São Paulo: Dialética, 2006.

MACHADO, Raquel Cavalcanti Ramos Machado. **Interesse Público e Direitos do Contribuinte**. São Paulo: Dialética, 2007.

MACHADO, Raquel Cavalcanti Ramos Machado. Responsabilidade do sócio por créditos tributários lançados contra a pessoa jurídica - os arts. 124, II, 134 e 135 do CTN, o art. 13 da Lei nº 8.620/93 e a razoabilidade. **Revista Dialética de Direito Tributário**, nº 114, p. 84, mar. 2005.

MAIA FILHO, Napoleão Nunes. **Direito ao processo judicial igualitário.** Fortaleza: Curumim sem nome, 2015.

MARINS, James. **Defesa e vulnerabilidade do contribuinte**. São Paulo: Dialética, 2009.

MARTÍNEZ, Soares. **Direito Fiscal**. 10. ed. Coimbra: Almedina, 2000.

MARTINS, Ives Gandra da Silva (Coord.). **Decadência e prescrição.** São Paulo: Revista dos Tribunais/ CEU, 2007.

MARTINS, Ives Gandra da Silva. **Comentários ao Código Tributário Nacional**. 3. ed. São Paulo: Saraiva, 2002.

MARTINS, Ives Gandra da Silva. Decadência e prescrição. In: MARTINS, Ives Gandra da Silva (Coord.). **Decadência e prescrição.** São Paulo: Revista dos Tribunais/CEU, 2007.

MARTINS, Ives Gandra da Silva. Princípios constitucionais tributários. In: MARTINS, Ives Gandra da Silva (Coord.). **Caderno de Pesquisas Tributárias n. 18**: princípios constitucionais tributários, São Paulo: Resenha Tributária, 1993.

MARTINS, Sérgio Pinto; NOHARA, Irene Patrícia; MACHADO SEGUNDO, Hugo de Brito; MAMEDE, Gladston. **Comentários ao Estatuto Nacional da Microempresa e da Empresa de Pequeno Porte (LC nº 123/2006)**. São Paulo: Atlas, 2007.

MELLO, Celso Antônio Bandeira. **Conteúdo Jurídico do Princípio da Igualdade**. 3. ed. São Paulo: Malheiros, 1998.

MELLO, Gustavo Miguez de. Comentários ao art. 166 do CTN. In: MARTINS, Ives Gandra da Silva. **Comentários ao Código Tributário Nacional**. 3. ed. São Paulo: Saraiva, 2002. v. 2.

MELO, José Eduardo Soares de. **Contribuições sociais no sistema tributário**. São Paulo: Malheiros, 1993. MELO, José Eduardo Soares de. **Curso de direito tributário**. 7. ed. São Paulo: Dialética, 2004.

MENDONÇA, Maria Luiza Vianna Pessoa de. **Multas Tributárias - Efeito confiscatório e desproporcionalidade - tratamento jusfundamental**. In: FISCHER, Octavio Campos (Coord.). *Tributos e Direitos Fundamentais*. São Paulo: Dialética, 2004.

MIRANDA, Pontes de. **Comentários à Constituição de 1967, com a Emenda 1/69**. São Paulo: RT, tomo II.

MIRANDA, Pontes de. **Comentários ao Código de Processo Civil.** 3. ed. atualização legislativa de Sérgio Bermudes, Rio de Janeiro: Forense, 2001. t. IV.

MIRANDA, Pontes de. **Tratado de Direito Privado**. Atualizado por Vilson Rodrigues Alves, Campinas, Bookseller, Tomo I, 1999.

MONDINI, Andrea. El principio de neutralidad en el IVA, entre "mito" y (perfectible) realidade. In. DI PIETRO, Adriano. Introducción. In. DI PIETRO, Adriano; TASSANI, Thomas (Dir.). **Los principios europeos del Derecho Tributario.** Barcelona: Atelier, 2015.

MONTERO, José María Lago. "Procedimiento sancionador separado del procedimiento de liquidación tributario. Reflexiones sobre el derecho a no autoinculparse". In: **XIX Jornadas Latino-Americanas de Direito Tributário**. Lisboa: ILADT, 1998, livro 2.

MORAES, Alexandre. **Constituição do Brasil interpretada e legislação constitucional**. São Paulo: Atlas, 2002.

MURPHY, Liam; NAGEL, Thomas. **The myth of ownership**: taxes and justice. New York: Oxford University Press, 2002.

NABAIS, José Casalta. "Crise e sustentabilidade do estado fiscal". **Revista da Faculdade de Direito da Universidade do Porto**. v. A1, 2014.

NABAIS, José Casalta. **Direito Fiscal**. 9. ed. Coimbra: Almedina, 2016.

NABAIS, José Casalta. **O dever fundamental de pagar impostos**: contributo para a compreensão do estado fiscal contemporâneo. Coimbra: Almedina, 2009.

NASCIMENTO, Carlos Valder. "Despesas Públicas: conceito e classificação". In: MARTINS, Ives Gandra da Silva; MENDES, Gilmar Ferreira; NASCIMENTO, Carlos Valder do. **Tratado de Direito Financeiro**. São Paulo: Saraiva, 2013, v.2.

NASCIMENTO, Carlos Valder. Comentários ao art. 166 do CTN. In: NASCIMENTO, Carlos Valder; PORTELLA, André (Coord.). **Comentários ao Código Tributário Nacional**. 7. ed. Rio de Janeiro: Forense, 2008.

NASCIMENTO, Carlos Valder; PORTELLA, André (Coord.). **Comentários ao Código Tributário Nacional**. 7. ed. Rio de Janeiro: Forense, 2008.

NAWIASKY, Hans. **Teoría General Del Derecho**, traducción de la segunda edición en lengua alemana por José Zafra Valverde, Granada: Editorial Comares, 2002.

NAWIASKY, Hans. **Teoría General Del Derecho**, traducción de la segunda edición en lengua alemana por José Zafra Valverde, Granada: Editorial Comares, 2002.

NEVES, Marcelo. **A constitucionalização simbólica**. São Paulo: Martins Fontes, 2007.

NEVIANI, Tarcísio. **A Restituição de Tributos Indevidos, seus problemas, suas incertezas**. São Paulo: Resenha Tributária, 1983, p. 66-67.

NGO, Tuan Q. **Cloud Computing and State Sales Tax**, 9 Hastings Bus. L.J. 327, 350 (2013).

NOGUEIRA, Ruy Barbosa. **Curso de direito tributário**. 15. ed. São Paulo: Saraiva, 1999.

OECD. ***In It Together***: *Why Less Inequality Benefits All. Paris:* OECD Publishing, 2015, DOI: http://dx.doi.org/10.1787/9789264235120-en.

OJHA, P. D.; LENT, George E. Sales Taxes in Countries of the Far East (Les taxes sur le chiffre d'affaires dans les paysd'Extrême-Orient) (Los impuestos sobre las ventas en países del Lejano Oriente). **Staff Papers – International Monetary Fund.** Palgrave Macmillan Journals,Vol. 16, No. 3 (Nov., 1969), pp. 529-581. Disponível *on-line* em http://www.jstor.org/stable/3866284, último acesso em 17/07/2012.

OLIVEIRA, Régis Fernandes. **Curso de Direito Financeiro**. 2. ed. São Paulo: Saraiva, 2008.

OLIVEIRA, Ricardo Mariz de. **Fundamentos do Imposto de Renda**. São Paulo: Quartier Latin, 2008.

ORTEGA, Manuel Segura. **La Racionalidad Jurídica**. Madrid: Tecnos, 1998.

PAULSEN, Leandro. **Direito tributário**: constituição e Código Tributário à luz da doutrina e da jurisprudência. 2. ed. Porto Alegre: Livraria do Advogado: Esmafe, 2000.

PEIXOTO, Marcelo Magalhães; GAUDÊNCIO, Samuel Carvalho (Org.). **Fundamentos do PIS e da COFINS e o Regime Jurídico da Não Cumulatividade**. São Paulo: MP Editora, 2007.

PIKETTY, Thomas. **O capital no século XXI**. Tradução de Monica Baumgarten de Bolle. Rio de Janeiro: Intrínseca, 2014.

PINKER, Steven. **Os anjos bons da nossa natureza**. Tradução de Bernando Joffily e Laura Teixeira Mota. São Paulo: Companhia das Letras, 2013.

PISÓN, Juan Arrieta Martínez; YURRITA, Miguem Ángel Collado; PÉREZ, Juan Zornoza. **Tratado sobre la Ley General Tributaria.** Navarra: Aranzadi/Thomson Reuters, 2010. t. I.

POPPER, Karl. **A Lógica das Ciências Sociais.** 3. ed. Tradução de Estevão de Rezende Martins. Rio de Janeiro: Tempo Brasileiro, 2004.

RAWLS, John. **Uma teoria da justiça.** Tradução de Jussara Simões. São Paulo: Martins Fontes, 2008.

RESCHER, Nicholas. **Epistemology** - An Introduction To The Theory Of Knowledge. Albany: State University of New York Press, 2003.

RIBEIRO, Ricardo Lodi. **Limitações constitucionais ao poder de tributar.** Rio de Janeiro: Lumen Juris, 2010.

RIBEIRO, Ricardo Lodi; ROCHA, Sérgio André (Coords.). **Legalidade e tipicidade no direito tributário.** São Paulo: Quartier Latin, 2008.

RIBEIRO, Ricardo Lodi. Piketty e a reforma tributária igualitária no Brasil. **Revista de Finanças Públicas, Tributação e Desenvolvimento - RFPTD,** v.3, n.3. Rio de Janeiro: UERJ, 2015. Disponível em http://www.e-publicacoes.uerj.br/index.php/rfptd/article/view/15587.

RICHERSON, Peter; BOYD, Robert. **Not by genes alone.** How culture transformed human evolution. Chicago: The University of Chicago Press, 2005.

RIDLEY, Matt. **The rational optimist**: how prosperity evolves. New York: Harper Collins, 2010.

ROCHA, Valdir de Oliveira (Coord.). **Grandes questões atuais do direito tributário.** São Paulo: Dialética, 2004. v. 8.

ROCHA, Valdir de Oliveira. **Determinação do montante do tributo.** São Paulo: Dialética, 1995.

ROYO, Fernando Perez. "Los delitos contra la Hacienda Publica: Opciones de Politica Legislativa em su regulación y questiones sobre su aplicación", em **A criminalização das infracções fiscais,** Lisboa: AFP/ILADT, 1998, livro 1.b.

ROYO, Fernando Perez. **Derecho financiero y tributario.** Parte general. 7. ed. Madrid: Civitas, 1997.

SABBAG, Eduardo. **Manual de Direito Tributário.** 4. ed. São Paulo: Saraiva, 2012.

SANTOS, Ramon Tomazela. A progressividade do imposto de renda e os desafios de política fiscal. **Direito Tributário Atual, n. 33,** São Paulo: Dialética/IBDT, 2015.

SANTOS, Ramon Tomazela. A progressividade do imposto de renda e os desafios de política fiscal. **Direito Tributário Atual, n. 33,** São Paulo: Dialética/IBDT, 2015.

SARAIVA FILHO, Oswaldo Othon de Pontes. "Receitas Públicas: conceito e classificação", In: MARTINS, Ives Gandra da Silva; MENDES, Gilmar Ferreira; NASCIMENTO, Carlos Valder do. **Tratado de Direito Financeiro.** São Paulo: Saraiva, 2013, v.2.

SCAFF, Fernando Facury. Para Além dos Direitos Fundamentais do Contribuinte: o STF e a Vinculação das Contribuições. In: SCHOUERI, Luis Eduardo (Coord.). **Direito Tributário** - Estudos em Homenagem a Alcides Jorge Costa. São Paulo: Quartier Latin, 2003, v. 2.

SCHMÖLDERS, Günter. **Teoria general del impuesto.** Tradução de Luis A. Martín Merino. Madrid: Editorial Derecho Financiero. 1962.

SCHOUERI, Luis Eduardo (Coord.). **Direito Tributário** - Estudos em Homenagem a Alcides Jorge Costa. São Paulo: Quartier Latin, 2003, v. 2.

SCHOUERI, Luis Eduardo. **Direito Tributário.** 2. ed. São Paulo: Saraiva, 2012.

SEARLE, John. **Libertad y neurobiologia.** Tradução de Miguel Candel. Barcelona: Paidós, 2005.

SEIDL, Christian; POGORELSKIY, Kirill; TRAUB, Stefan. **Tax Progression in OECD Countries**: An Integrative Analysis of Tax Schedules and Income Distributions. Berlin: Springer, 2013. DOI 10.1007/978-3-642-28317-8.

SEIXAS FILHO, Aurélio Pitanga. Contribuições e vinculação de sua receita. In: ROCHA, Valdir de Oliveira (Coord.). **Grandes questões atuais do direito tributário.** São Paulo: Dialética, 2004. v. 8.

SEN, Amartya. **Desenvolvimento como liberdade**. Tradução de Laura Teixeira Motta. São Paulo: Companhia das Letras, 2000.

SEN, Amartya. **Sobre ética e economia**. Tradução de Laura Teixeira Mota. São Paulo: Cia das Letras, 1999.

SEN, Amartya. **The idea of justice**. Cambridge, Massachusetts: Harvard University Press, 2009.

SHAPIRO, Fred R. (ed.). **The Yale Book of Quotations**. New Haven: Yale University Press, 2006.

SICHES, Luis Recasens. **Nueva Filosofia de La Interpretacion del Derecho**. México: Porrúa, 1973.

SILVA, Evaldo de Souza da. O conflito entre a Lei Complementar nº 24/1975 e o princípio da democracia. **Revista IOB de Direito Público**, São Paulo, nº 29, p. 16-33, set./out. 2000.

SILVA, Virgílio Afonso da. "Princípios e Regras: Mitos e equívocos acerca de uma distinção", **Revista Latino-Americana de Estudos Constitucionais**, n.º 1, janeiro/junho 2003, Belo Horizonte: Del Rey, 2003.

SIQUEIRA, Natércia Sampaio; XEREZ, Rafael Marcílio. Questões de extrafiscalidade tributária nas democracias contemporâneas. In. MACHADO, Hugo de Brito (Coord.). **Regime Jurídico dos Incentivos Fiscais**. São Paulo/Fortaleza: Malheiros/ICET, 2015.

SOUSA, Rubens Gomes de. "Imposto sobre valor acrescido no sistema tributário", **RDA** 110/17.

SOUSA, Rubens Gomes de. **A distribuição da justiça em matéria fiscal**. São Paulo: Livraria Martins Editora, 1943.

SOUSA, Rubens Gomes de. **Compêndio de legislação tributária**. São Paulo: Resenha Tributária, 1975.

SOUSA, Rubens Gomes de. Curso de Introdução ao Direito Tributário. **Revista de Estudos Fiscais**, nos 5 e 6, p. 212, maio/jun. 1949.

SOUZA, Fátima Fernandes Rodrigues de. Impostos sobre o comércio exterior. In: MARTINS, Ives Gandra da Silva (Coord.). **Comentários ao Código Tributário Nacional**. São Paulo: Saraiva, 1998. v. 1.

SPISSO, Rodolfo R. "Criminalización de las infracciones tributarias", em **A criminalização das infracções fiscais**, Lisboa: AFP/ILADT, 1998, livro 2.

SPISSO, Rodolfo R. **Derecho Constitucional Tributario**. Buenos Aires: Depalma, 1993.

STIGLITZ, Joseph. **The price of inequality**: how today's divided society endangers our future. New York: WW Norton Company, 2012.

TABOSA, Agérson. **Teoria Geral do Estado**. Fortaleza: Imprensa Universitária, 2002.

TARUFFO, Michele. **La prueba de los hechos**. 3. ed. Traducción de Jordi Ferrer Beltrán. Madrid: Trotta, 2009.

TERRA, Ben. **Sales Taxation - The Case of Value Added Tax in the European Community**. Boston: Kluwer Law and Taxation Publishers, 1988.

TIPKE, Klaus. **Moral tributaria del estado e de los contribuyentes**. Tradução de Pedro M. Herrera Molina, Madrid: Marcial Pons, 2002.

TOMASELLO, Michael. **The cultural origins of human cognition**. Harvard University Press, 1999.

TORRES, Ricardo Lobo. **Curso de Direito Financeiro e Tributário**. 11. ed. Rio de Janeiro: Renovar, 2004.

TORRES, Ricardo Lobo. **Curso de Direito Financeiro e Tributário**. 8. ed. Rio de Janeiro: Renovar, 2001.

TORRES, Ricardo Lobo. Liberdade, consentimento e princípios de legitimação do Direito Tributário. **Revista Internacional de Direito Tributário**. Belo Horizonte: Del Rey. v. 5. p. 223-244, jan./jun. 2006.

TORRES, Ricardo Lobo. **O direito ao mínimo existencial**. Rio de Janeiro: Renovar, 2009.

TORRES, Ricardo Lobo. **Tratado de direito constitucional, financeiro e tributário**. Rio de Janeiro: Renovar, 2009. v. 1.

VASCONCELOS, Arnaldo. **Direito, humanismo e democracia**. São Paulo: Malheiros, 1998.

VELLOSO, Andrei Pitten; PAULSEN, Leandro. "Controle das contribuições interventivas e sociais pela sua base econômica: a descurada especificação do seu objeto pela EC 33/2001 e os seus reflexos tributários". In: **Revista Dialética de Direito Tributário n.º 149,** São Paulo: Dialética.

VIANA, Juvêncio Vasconcelos. "Notas acerca da tutela provisória" In. VIANA, Juvêncio Vasconcelos (Coord.). **O Novo CPC**. Fortaleza: Expressão Gráfica, 2016.

VILLALBA, Francisco Javier de León. **Acumulación de sanciones penales y administrativas - sentido y alcance del principio "ne bis in idem"**. Barcelona: Bosch Casa Editorial S.A, 1998.

WAAL, Frans de. **Good natured**: the origins of right and wrong in humans and other animals. Cambridge: Harvard University Press, 1996.

XAVIER, Alberto. **Direito Tributário Internacional do Brasil**. 5. ed. Rio Janeiro: Forense, 2002.

XAVIER, Alberto. **Do lançamento**: teoria geral do ato, do procedimento e do processo tributário. 2. ed. Rio de Janeiro: Forense, 1997.

ZILVETI, Fernando Aurelio. Tributação sobre o comércio eletrônico - o caso *Amazon*. **Revista Direito Tributário Atual**. São Paulo: IBDT/Dialética, 2011, n. 26.

ZOLT, Eric. Inequality, Collective Action, and Taxing and Spending Patterns of State and Local Governments. **New york university tax review**. 62 Tax L. Rev. 445 2008-2009.

ÍNDICE ALFABÉTICO-REMISSIVO

A

B

C

D

E

F

G

H

I

K

L

R

U

V

W

1 2 3 4 5 6 7 8 9 10
2024